CATALOGUE

MÉTHODIQUE

DE LA

BIBLIOTHÈQUE COMMUNALE

DE LA

VILLE D'AMIENS

1ᵉʳ SUPPLÉMENT

AMIENS
IMPRIMERIE YVERT, RUE DES TROIS-CAILLOUX, 64
—
1874

CATALOGUE

MÉTHODIQUE

DE LA

BIBLIOTHÈQUE COMMUNALE

DE LA

VILLE D'AMIENS.

Ier SUPPLÉMENT

CATALOGUE

MÉTHODIQUE

DE LA

BIBLIOTHÈQUE COMMUNALE

DE LA

VILLE D'AMIENS

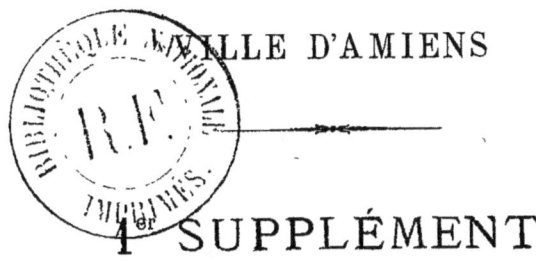

1er SUPPLÉMENT

AMIENS
Imprimerie YVERT, rue des Trois-Cailloux, 64

1874

Monsieur le Maire,

Le catalogue de la Bibliothèque communale d'Amiens, commencé en 1853, avait besoin d'être complété. De nombreux ouvrages sont venus en effet s'ajouter à ceux qui ont été inventoriés, dans les premiers volumes surtout.

Le supplément que je donne aujourd'hui, et qui, à quelques volumes près, fait connaître tout ce que nous possédons, contient 3600 ouvrages nouveaux.

Il est bien entendu que je n'ai point reproduit le catalogue de la Bibliothèque l'Escalopier, qui a été rédigé sur un tout autre plan, en rapport avec l'esprit qui avait présidé à sa formation.

Cette riche collection due à la libéralité de Mme la Comtesse de l'Escalopier, qui en a fait don au mois de Mars 1870, forme un fond particulier, dans une salle spéciale, avec le catalogue de ses 15,000 volumes que l'on peut consulter comme celui du fond principal.

Quant aux ouvrages qui arriveront maintenant, je continuerai, comme je le fais, de les afficher daus un cadre à ce destiné, au fur et à mesure que je les reçois, et j'en dresserai un catalogue sommaire, par ordre de matière, qui sera donné en communication aux lecteurs désireux de connaître nos acquisitions.

J'ai suivi dans ce supplément la marche que j'avais adoptée dans les parties précédentes. J'ai indiqué, en renvoyant aux collections ou aux œuvres complètes dans lesquelles on les peut trouver, certains traités que nous ne possédons point séparés; j'ai rappelé dans plusieurs sections ceux que j'avais déjà cités dans une autre, parce qu'ils pouvaient également y prendre place; enfin j'ai continué de donner le détail de toutes les pièces des divers recueils que j'ai formés.

Je m'applaudis chaque jour de ce soin, ces renvois ont été utiles à plus d'un lecteur, et bien des pièces qui pouvaient paraître insignifiantes, ont eu pour quelques personnes un véritable intérêt.

Je ne dirai point : *Exegi monumentum*, mais j'ai accompli une tâche très longue et beaucoup plus difficile qu'on ne le croit généralement. La ville possède aujourd'hui un inventaire complet de son dépôt littéraire, l'un des plus importants de la France; les hommes d'études savent toutes les ressources qu'il peut leur offrir; il est facile maintenant de constater les parties faibles et de leur donner les développements qui répondent le mieux aux besoins de l'époque, au triple point de vue des sciences, des lettres et des arts.

J'ai la confiance, Monsieur le Maire, d'avoir accompli ce travail avec tout le soin dont je suis capable, et je m'estimerai heureux s'il mérite votre approbation.

Veuillez agréer l'assurance de mes sentiments respectueux.

J. GARNIER,

Conservateur de la Bibliothèque, Chevalier de la Légion d'Honneur, Officier de l'Instruction publique. etc.

Amiens. Bibliothèque, 25 août 1874.

CATALOGUE

DE LA

BIBLIOTHÊQUE COMMUNALE

D'AMIENS.

PREMIER SUPPLÉMENT.

THÉOLOGIE

IIe Division. — Christianisme.

Introduction.

7793. — Pensées de *Blaise* Pascal, suivies d'une nouvelle table analytique. N^e édit.
Paris. 1829. Emler fr. 1 vol. in-8.
7794. — Méditations sur l'état actuel de la religion chrétienne, par M. Guizot.
Paris. 1866. Michel Lévy fr. 1 vol. in-8.
7795. — Méditations sur la religion chrétienne dans ses rapports avec l'état actuel des sociétés et des esprits, par M. Guizot.
Paris. 1868. Michel Lévy fr. 1 vol. in-8.
7796. — Etudes sur le but de la vie. Par *F. V.* Roger.
Caen. 1863. Chénel. 1 vol. in-8.

TITRE I. — Théologie biblique.

Chapitre III. — *Nouveau testament.*

7797. — Η Καινή Διαθήκη.
Εν Λουκετία τῶν Παρησιων. 1534. Παρα Σ. τῷ Κολιναίῳ. 1 v. in-8°.

7798. — Les évangiles des fêtes et dimanches de l'année suivis de Prières à la Sainte-Vierge et aux Saints. Texte revu par M. l'Abbé Delaunay.
Paris. 1864. Curmer. 2 vol. in-4. Fig.

7799. — Evangile de Notre Seigneur Jésus-Christ selon Saint-Luc, d'après la version revue par *J. F.* Ostervald.
Londres. 1862. Société Biblique. 1 vol. in-16.

7800. — Les Actes des Apôtres, traduction nouvelle accompagnée de notes, avec le texte latin en regard, par M. l'Abbé *A.* Crampon.
Paris. 1872. Haton. 1 vol. in-8. Carte.

7801. — Explication de l'Apocalypse, d'après l'Écriture Sainte et l'Histoire ecclésiastique; par M. *L. B.* (Bridoux).
Paris. 1818. Le Clere. 1 vol. in-8.

IVe Section. — Histoire de la Bible.

7802. — Plan de la Bible latine, distribuée en forme de Breviaire, pour la lire toute entière chaque année en particulier, suivant l'esprit général de l'Église... (Par Dom *Remi* Carré).
Paris. 1780. Gobreau. 1 vol. in-12.

7803. - La Sainte-Bible résumée dans son histoire et dans ses enseignements. Par *H.* Wallon.
Paris. 1854-1859. F. Didot fr. 2 vol. in-8.

7804. — La vie de Jésus-Christ en forme de Catéchisme...
Troyes. 1688. J. Febvre. 1 vol. in-8.

7805. — Vie de Jésus par *Ernest* Renan. 13e éd.
Paris. 1867. Michel Lévy fr. 1 vol. in-8.

Vᵉ Section. — Philologie sacrée.

7806. — *Francisci* Titelmanni de authoritate et authore libri Apocalypsis libri duo.
Antuerpiæ 1530. 1 vol. in-8. (Sans titre).
A la suite :
— Epistola apologetica Fratris *Francisci* Titelmanni, pro opere Collationum, ad veteris Ecclesiasticæ interpretationis novi Testamenti defensionem ædito, ad Des. Erasmum.
Antuerpiæ. 1530. Vorstermannus. in-8.
— D. Erasmi ad collationes cujusdam. Opus recens.
Antuerpiæ. 1529. P. Sylvius. in-8.
— Apologia adversus articulos aliquot per Monachos quosdam, in Hispaniis, exhibitos. Per *Des.* Erasmum.
Basileæ. 1529. Th. Wolffius. in-8.

7807. — Notice sur Rabbi Saadia Gaôn et sa version arabe d'Isaïe, et sur une version persane manuscrite de la Bibliothèque royale ; suivie d'un extrait du livre Dalalat-al-Hayirin (de Mousa Ben Maïmoun), en arabe et en français, sur les métaphores employées par Isaïe et par quelques autres prophètes ; par *Salomon* Munk. (Extrait du tome ix de la Bible de M. Cahen).
Paris. 1838. Cosson. 1 vol. in-8.

7808. — Le génie de la Bible contenant les jugemens des plus célèbres écrivains sur la Bible et les plus beaux passages de ce livre traduits ou imités par les meilleurs poètes français.
Paris. 1829. Boulland. 1 vol. in-8.

TITRE II. — Liturgie.

7809. — Bernonis abbatis libellus de officio Missæ quem edidit Rhomæ.
Parisiis. 1518. H. Stephanus. 1 vol. in-4.

7810. — Petit rituel du diocèse d'Amiens, pour l'administra-

tion des Sacremens du Baptême, de l'Eucharistie et de l'Extrême-Onction ; suivi des Prières des Agonisans et de la Bénédiction du lit nuptial.
Amiens. 1811. J. B. Caron. 1 vol. in-12.

7811. — Novi Breviarii Benedictini prospectus.
S. n. n. l. 1747. in-8.

7812. — Graduale sive Missale Romanum abbreviatum, ad usum Fratrum et Sororum Ordinis Carmelitarum discalceatorum.
Antuerpiæ. 1722. 1 vol. in-8.

7813. — Graduale sive Missale Romanum abbreviatum, ad usum Monalium Ordinis Beatæ Mariæ de Monte Carmelo, in Gallià erecti, juxta primitivam observantiam.
Tolosæ. 1836. A. Manavit. 1 vol. in-8.

7814. — Le Propre des Saints et des Festes, pour l'usage des Religieuses de l'Ordre de Nostre-Dame du Mont-Carmel, érigé en France, selon la première Observance.
Paris. 1705. L. Josse. 1 vol. in-8.
A la suite :
— Manuel de divers offices divins, pour l'usage des Religieuses de l'Ordre de Nostre-Dame du Mont-Carmel, érigé en France, selon la première Observance.
Paris. 1705. L. Josse. in-8.

7815. — Manuel de divers offices divins, pour l'usage des Religieuses de l'Ordre de Nostre-Dame du Mont-Carmel, érigé en France, selon la première Observance.
Paris. 1735. L. Josse. 1 vol. in-8.

7816. — Le Propre des Saints et des Festes, pour l'usage des Religieuses de l'Ordre de N-Dame du Mont-Carmel, érigé en France, selon la première Observance.
Paris. 1735. L. Josse. 1 vol. in-8.
On y a joint :
La feste de la translation de S. Jean de la Croix, celle de Ste Thérèse et les Mémoires communes.

TITRE III. — CONCILES.

CHAPITRE V. — *Synodes... Mandements...*

7817. — Decreta Concilii Provinciæ Remensis in Suessioneusi civitate celebrati, anno Domini MDCCCXLIX, Pontificatus Pii Papæ Noui IV. (Primum exemplum corrigendum antequam publicetur).
Reims. 1849. Jacquet. 1 vol. In-4.

7818. — Recueil de Mandements.
1 vol. in-4 contenant :

1 — Mandement de Mgr l'Evêque d'Arras (*Jean* DE BONNEGUIZE), au sujet de la naissance du duc d'Aquitaine.
Arras. 1753. M. Nicolas.

2 — Réflexions sur le mandement de Mgr l'Evêque de Blois, à l'occasion de la suppression des fêtes.

3 — Mandement et Instruction de Mgr l'Evêque de Boulogne (Pierre DE LANGLE) au sujet de l'appel qu'il a interjetté conjointement avec Mgs les Evêques de Mirepoix, de Senez et de Montpellier. 1717.

4 — Mandement de Mgr l'Evêque de Montpellier (*Ch. Joachim* COLBERT) Même sujet.
Paris. 1717. Babuty.

5 — Lettre de MM. les Evêques de Senez, de Montpellier et de Boulogne au Roi, au sujet de l'arrest du Conseil d'Etat du 31 Décembre 1720.

6 — Mandement de Mgr l'Evêque de Boulogne, pour la publication de l'acte par lequel il interjette appel.... Avec un mémoire qui en déduit les motifs.
Paris. 1719. Babuty.

7 — Acte d'appel des mêmes, par lequel ils renouvellent et confirment les appels par eux interjettés le 1 Mars 1717.

8 — Lettre de Mgr l'Evêque de Boulogne (*Fr. Jos.* DE PARTZ DE PRESSY) à M. le Procureur général du Parlement de Paris. En date du 1 Octobre 1754. — Lettre d'un Théologien sur cette lettre. 1754.

9 — Lettre de Madame la Marquise de .... en réponse à la lettre du Chevalier de .... à M. .... Conseiller au Parlement. 1755.

10 — Avertissement de Mgr l'Evêque de Boulogne, sur le choix des sujets les plus dignes de remplir les cures.
Boulogne. 1763. Battut.

11 — Mandement du même pour le carême. 1771..,1772.

12 — Instruction pastorale de Mgr l'Evêque comte de Chaalons (*A. El. Léon* LE CLERC DE JUIGNÉ) sur l'excellence et les avantages de la religion.
Chaalons. 1772. Seneuze.

13 — Lettre de Mgr le Cardinal LE CAMUS, Evesque et Prince de Grenoble ;

aux Curés de son diocèse, touchant la conduite qu'ils doivent tenir à l'égard des nouveaux convertis

Grenoble. 1687. A. Giroud.

14 — Mandement de Mgr l'Evêque Duc de Laon (*Louis* DE CLERMONT) pour défendre la célébration des mariages pendant la nuit.

Laon. 1717. Meunier.

15 — Mandement et Instruction pastorale de Mgr l'Evêque de Laon (*Charles* DE SAINT-ALBIN, au sujet de son acceptation de la Constitution *Unigenitus*.) 1722.

16 — Lettre de Mgr l'Evêque de Marseille (*Henri Fr. X.* DE BELZUNCE), au sujet de la sœur Anne-Marie-Magdeleine Rémusat, du monastère de la Visitation de Rouen, morte à Marseille en odeur de sainteté.

Marseille. 1730. Brebion.

17 — Lettre pastorale de Mgr l'Evesque de Noyon (*François* DE CLERMONT) à tous les curés et vicaires de son diocèse, sur le sujet des vices, scandales et mauvaises coutumes qui se sont glissées dans leurs paroisses.

Saint-Quentin. 1662. Cl. Le Queux.

18 — Lettre du même à Sa Majesté. (Conquête de Namur).

Noyon. 1692. L. Mauroy.

19 — Institution pour les Maîtresses d'école du diocèse de Noyon. 1673.

20 — Matières des conférences ecclesiastiques du diocèse de Noyon. 1684.

21 — Lettre pastorale de Mgr l'Evêque de Noyon au clergé et aux fidèles de son diocèse, pour les exciter à soulager les pauvres par leurs charitez et aumônes.... 1693.

22 — Lettre pastorale de Mgr l'Evêque de Noyon (*Jean-François* DE LA CROPTE DE BOURSAC) au sujet des calamités présentes.

Noyon 1741. Rocher.

23 — Mandement de Mgr l'Archevêque de Paris (*François* DE HARLAY) sur le respect que l'on doit garder dans les églises.

Paris. 1686. Muguet.

24 — Mandement de Mgr l'Archevêque de Paris (*A. Cl. L.* LE CLERC DE JUIGNÉ), qui ordonne des prières publiques dans tout son diocèse, pour les Etats-généraux du Royaume

Paris. 1789. Simon.

25 — Mandement de Mgr l'Archevêque de Rouen (*Louis* DE LAVERGNE DE TRESSAN) sur les nouveaux Breviaires, Missels, Antiphonaires, Graduels et Processionnaux imprimés à l'usage de son diocèse. 1728.

26 — Mandement de Mgr l'Evêque de Saint-Omer (*Jos. Alph.* DE VALBELLE DE TOURVES) à tous les pasteurs et ecclésiastiques de son diocèse. Pour adopter les ordonnances de ses prédecesseurs,

Saint-Omer. 1728. Fertel.

27 — Lettre pastorale de Mgr le Cardinal DE LUYNES, Archevêque de Sens, aux fidèles de son diocèse, (sur les troubles dans le royaume).

Paris. 1775. Desprez.

28 — Instruction pastorale de Mgr le Cardinal DE ROHAN, Evêque de Strasbourg, sur la Pénitence et l'Eucharistie.

Paris. 1748. Vᵉ Mazières & Garnier.

29 — Mandement de Mgr l'Evêque de Tulle (*H. Jos. Cl.* DE BOURDEILLES pour la visite générale de son diocèse.
Tulle. 1764. Chirac.

30 — Responsio Cardinalis BATHIANI, Primatus Hungariæ, ad Imperatorem Josephum II, relativè ad decreta ecclesiastico-politica de Religiosis Ordinibus. Simul ac Rescriptum Papæ Pii VI. (Lat. fr.).
Romæ. 1782.

TITRE IV. — PATROLOGIE.

7819. — Divi *Aurelii* AUGUSTINI, Episcopi Hippon., confessionum libri XIII.
Antuerpiæ. 1650. Off. Plantiniana. 1 vol. in-8.

TITRE. V. — THÉOLOGIE DIDACTIQUE.

CHAPITRE I. — *Œuvres de théologiens.*

7820. — Opus regale in quo continentur infrascripta (*Joan. Ludovici* VIVALDI) opuscula. — Epistola consolatoria in qua tria optima remedia ad repellendum omnes causas tristicie. — Tractatus aureus de pugna partis sensitive et intellective. — Epistola tota notabilis in qua multa curiosa sub brevibus tanguntur. Ad Wladislaum Boemie atque Ungarie Regem. — Tractatus totus curiosus de laudibus ac triumphis trium liliorum que in scuto regis christianissimi figurantur. — Tractatus optimus... de cognitione electorum a reprobis. — Tractatus de duodecim persecutionibus ecclesie dei... — Tractatus de magnificentia glorie Salomonis... — Tractatus de duplici causa contritionis... (Edidit *Andreas* DE SONCINO).
Salutiis. 1507. J. de Circhis & S. de Somaschais. 1. f.

7821. — Apologiæ ERASMI Rot. omnes, adversus eos qui illum locis aliquot, in suis libris, non satis circunspectè sunt calumniati.
Basileæ. 1532. Froben 1 vol. in-fol.

7822. — Declarationes *Des.* Erasmi ad censuras Lutetiæ vulgatas sub nomine Facultatis Theologiæ Parisiensis, vigilanter recognitæ per autorem, et auctæ.
Basileæ. 1532. Froben. 1 vol. in-4.

7823. — Σύνοψις τῶν θειων καί ιερων τῆς Εκκλησίας μυστηρίων, εἰς ὠφέλειαν τῶν Ιερέων, απλῆ φράσει παρά Νεοφύτου Ιερομονάχου Ροδινοῦ Κυπρίου τοῦ Σιναίτου συντεθεῖσα. — Τοῦ αὐτοῦ ἐζήγησις τῶν δέκα ἐντολῶν. — Τοῦ αὐτοῦ περί ἁμαρτιῶν. — Τοῦ αὐτοῦ ἐκκλησιαστικῶν ὀπιτιμίων, καί περί τῆς ἐκκλησιαστικῆς ἀκολουθίας....
Romæ. 1633. Typis sac.Congr. de Prop. fide. 1 v. in-8

7824. — R. P. *Maximiliani* Sandæi theologia symbolica.
Moguntiæ. 1626. Schonvetterus. 1 vol. in-4.

Chapitre ii. — *Théologie dogmatique.*

7825. — Theologus christianus, sive ratio studii et vitæ instituenda à Theologo, qui se ad Ordines Sacros, atque ad Directionem animarum disponit. Per *Joannem* Opstraet. 2ᵃ edit.
Lovanii. 1697. Denique. 1 vol. in-12.

7826. — Catechismus theologicus, seu compendium manualis theologici... Authore R. P. *Jacobo* Boudart.
Lovanii. 1700. Denique. 2 vol. in-12.

7827. — Synopsis variarum resolutionum in Historiam sacram Veteris -et Novi Testamenti... Per P. F. *Vincentium* Nicolle. Adjecta est Appendix variarum propositionum à summis Pontificibus damnatarum.
Duaci. 1725. F. Willerval. 1 vol. in-4.

7828. — La philosophie des espritz. (Par *F. M.* Le Heurt).
Rouen. 1618. Th. Daré. 1 vol. in-8.

7829. — Prolusio theologica de morte Christi pro reprobis. Juxta mentem S. Augustini. Auctore P. *Joanne* Genesti.
Parisiis. 1647. N. Buon. 1 vol. in-8.

7830. — Patrum Ecclesiæ de paucitate adultorum Fidelium salvandorum, si cum reprobandis Fidelibus conferantur, mira consensio adserta et demonstrata. (Autore *Pet. Fr.* Fogginio).
Parisiis. 1759. Vid. Robinot. 1 vol. in-12.

A la suite :

— Traité sur le petit nombre des élus ; dans lequel l'unanimité des Pères de l'Eglise sur le petit nombre des fidèles adultes qui seront sauvés, en comparaison de ceux qui seront réprouvés, est établie et prouvée par leurs propres textes. Traduit sur le latin (de *Fr.* FOGGINI) imprimé à Rome en 1752. Avec un Discours préliminaire et un Plan de Dissertation sur le même sujet. (Par *Claude* LEQUEUX).
Paris. 1760. V⁰ Robinot. in-12.

7831. — De puritate tabernaculi sive Ecclesiæ christianæ, per *Des.* ERASMUM.
Parisiis. 1536. Ch. Wechelus. 1 vol. in-8.

7832. — Onus ecclesiæ temporibus hisce deplorandis Apocalypseos suis æque conveniens, Turcarumque incursui jam grassanti accommodatum... (Opus UBERTINI *de Cabali*).
Anno 1620. 1 vol. in-4.

CHAPITRE III. — *Théologie morale.*

7833. — Adoucissement du jeusne, et moyen facile de jeusner tout le Caresme sans peine, pour les foibles en vertu d'entre les Catholiques... Par *F.* VÉRON.
Paris. 16 . Le Boulanger. 1 vol. in-8.

7834. — Instruction du Sacrement de Confirmation. (Par le Sieur DU TERTRE).
Paris. 1645. L. Boulanger. Pièce in-8.

7835. — Le juge sans intérest, sur le subjet de la fréquente Communion. Traicté fort utile, tant pour les Séculiers, que pour les Ecclésiastiques.
Paris. 1643. Fiacre Dehors. 1 vol. in-8.

7836. — Remarques judicieuses sur le livre intitulé : *De la fréquente Communion*, par *M.* Arnauld.
Paris. 1644. S. et G. Cramoisy. 1 vol. in-8.

7837. — *Joannis* DE LUGO disputationes scholasticæ et morales de virtute Fidei divinæ. 2ª ed.
Lugduni. 1656. Borde, Arnaud & Rigaud. 1 v. in-f.

7838. — De l'Aumosne et Charité.
Sedan. 1623. 1 vol. in-8.

7839. — De la Calomnie; ou introduction du procez entre les Jésuites et leurs adversaires, sur la matière de la Calomnie.
S. n. n. l. 1695. 1 vol. in-12.
A la suite :
— Décret de Nostre S. Père le Pape Innocent XI contre diverses propositions de morale. (Lat. et fr.)

7840. — Les maximes de la religion chrétienne en opposition avec la morale corruptrice des Jésuites. — Inutilité du monachisme.
Paris. 1844. M° de Lacombe. 1 vol. in-8.

7841. — Réponses courtes et familières aux objections les plus répandues contre la religion. Par Mgr DE SÉGUR. 64° édit.
Paris. 1864. Tolra & Haton. 1 vol. in-18.

7842. — Mélanges de théologie.
1 vol. in-4 contenant :

1 — Les prières publiques de l'Eglise, pour la guérison du Roy très-chrestien son fils aisné. Et les vœux particuliers de la France, pour la conservation de ce grand Monarque. Par le sieur REVEREND.
Paris. 1658. A. Lesselin.

2 — *Joannis* DOUJATII *de Eucharistia, pace spirituali, sanctisque nuptiis Christianorum, oratio.*
Parisiis. 1660. Langlæus.

3 — *Philippi* DE BUISINE *oratio de sacrosancta Eucharistia.*
Luteciæ. 1661. E. Martinus.

4 — *Theses theologicæ de scientia Dei ad mentem Doctoris angelici D. Thomæ Aquinatis quas.... defendet P. F. Raymundus* DE BOSSCHÈRE.
Antuerpiæ. 1677. J. Woons.

5 — *Cæcos illuminanti. Quæstio theologica...* (Tueri conabitur *Jac. Nic.* COLBERT.
Rothomagi 1687. Viret.

6 — *Theses theologicæ quas ponit Jacobus* GILBERT *ad explicationem quarundam expressionum in Tractatu suo de Gratia recurrentium....*
Insulis. 1687. Bricquez.

7 — *De prædeterminatione physica, theses philosophicæ...,* Tueri conabitur *Claudius* GODBERT. Ambianus, in Aula Collegii Amb. Soc. Jesu. 1695.

8 — *Conclusiones theologicæ de Deo.,..* Propugnabit D. *Pet. Hyac.* BAUDUIN DE WAMIN, Ambianus, in Aula Collegii Amb. soc. Jesu. 1695.

9 — *Conclusiones theologicæ...* 1. De sacramentis generatim, et Eucha-

ristia ; 2. De deo trino : incarnato : et gratia. Tueri conabuntur Monachi Benedictini.

Parisiis. 1699. V. Steph. Chardon.

10 — Conclusiones theologicæ (de sacramentis). Tueri conabuntur quatuor e Canonicis Regularibus B. M. de Augo.

Parisiis. 1718. Lambin,

11 — Défense de l'Eglise romaine, touchant la suspension du calice ou première Replique au Mémoire du Sieur de Richter par le Sieur *Fr. Barthelemy* D'HALLENES. 2º éd.

Paris. 1725. Hérissant.

12 — Theses theologicæ de Pœnitentiæ sacramento. Tueri conabitur *J. B. Lud.* GRESSET, Ambianus, in Aula Collegii Amb.Soc. Jesu. 11 Jan.1726,

13 - Histoire de la nouvelle édition de Saint-Augustin donnée par les PP. Bénédictins de la Congr. de S. Maur.

En France. 1736.

14 — Thesis apologetica pro D. Augustini doctrina, statu, et habitu monachali, regula, aliisque ad statum ejus pertinentibus. Innocentio X. Pont. O. M. dicata... Per F. *Car.* MOREAU.

Parisiis. 1645. Variquet.

15 — Lettre pastorale de Mgr l'Evêque de Caors (*Alain* DE SOLMINIHAC). touchant les usures et intérests.

Chaalons. 1668. Seneuze.

16 — Lettre pastorale de Mgr l'Archevêque de Sens (*Henri* DE GONDRIN) pour disposer ses diocésains à gaigner saintement le Jubilé.

Sens. 1668. Prussurot.

17 — Lettres touchant la matière de l'usure, par rapport aux contracts de rentes rachetables des deux côtés.

Lille. 1731. P. Mathon.

18 — Défense des contrats de rentes rachetables des deux côtéz, communément usités en Hollande, ou Réflexions sur la lettre de M..... Docteur de Sorbonne du 25 Mars 1730 à M. Van Erckel.... touchant la matière de l'usure par raport à ces contracts.

Amsterdam. 1730. Potgieter.

19 — Conférences ecclésiastiques du diocèse de Lisieux pour l'année 1776. Les contrats.

Lisieux. 1776. Mistral.

20 — Des clercs déguisez.

21 — Les justes plaintes des serviteurs de Dieu nouvellement faites au Roy. Contre les impies qui profanent les temples... 1657.

22 — Avis charitable à la Noblesse chrestienne, sur son peu de respect, de piété et de modestie, dans les Eglises. 1663.

23 — Avis charitables aux Dames chrestiennes qui, dans les églises, s'approchent inconsidérement du pied des autels. 1663.

CHAPITRE IV. — *Théologie catéchétique.*

7843. — Catéchisme pour la jeunesse catholique. Extraict du Catéchisme du Concile provincial célébré à Malines l'an 1607.
Anvers. 1634. H. Aertssens. 1 vol. in-8.

CHAPITRE V — *Théologie parénétique.*

7844. — R. P. Fr. *Adriani* Hofstadii, ex Ordine Minorum, sermones eucharistici LXVIII.
Coloniæ Agripp. 1614. J. Crithius. 1 vol. in-8.

CHAPITRE VI. — *Théologie ascétique.*

7845. — De cœlesti agricultura. (Auctore *Paulo* Ricio.)
Augustæ Vind. 1541. H Stayner. 1 vol. in-4.

7846. — Le palais d'amour divin de Jésus et de l'âme chrestienne, où toute personne, tant religieuse que séculière, peult apprendre à aymer Dieu en vérité. Composé par F. Laurent de *Paris*, capucin.
Paris. 1602. Vᵉ G. de la Noue. 1 vol. in-12.

7847. — Des trois colombes. Traicté fort excellant, tiré d'un ancien manuscript, composé en latin par un dévot Religieux auparavant séculier, qui l'adresse à un nommé Frère Reinier qui avoit suivy la guerre avant sa conversion. Mis en françois par *J. B.* Masson.
Paris 1620. Boullenger. in-4.

7848. — Points notables pour un Religieux désireux d'acquérir une profonde humilité.
Paris. 1656. Vᵉ de Séb. Huré. 1 vol. in-16.

7849. — Prière Théophile, dit du xvᵉ siècle publié pour la première fois d'après un manuscrit (par M. *Félix* Herbet). (1)
Chateauroux. 1872. Nuret et fils. in-8.

---

(1) Herbet (*Marie-Pierre-Félix*) né à Amiens, le 27 Septembre 1847.

7850. — Prières du matin et du soir, ainsi que celles qui se récitent dans le courant de la journée, imprimées à l'usage des jeunes Aveugles.
Paris. 1825. Imprimerie des Aveugles. 1 vol. in-4.
_{Ouvrage imprimé en relief.}

7851. — Instruction sur la manière de bien étudier. Par M. *Charles* GOBINET.
Paris. 1690. Fr. Le Cointe. 1 vol. in-12.

CHAPITRE VII. — *Théologie polémique.*

7852. — Deliberatio *Gulielmi* INSULANI, an et quatenus expediat controversias super religione christiana motas, decidi absolvique in Synodo universali?
Erffurdiæ. 1546. 1 vol. in-12.

7853. — Improbatio quorumdam articulorum Martini Lutheri à veritate catholica dissidentium: et in quodam libello gallico, qui hìc discutitur, non satis exactè nec rectè impugnatorum. Elaborata per *Judocum* CLICHTOVEUM...
Parisiis. 1533. S. Colinæus. 1 vol. in-4.

7854. — Explicationis articulorum venerandæ Facultatis sacræ Theologiæ generalis Studii Lovaniensis, circa dogmata ecclesiastica ab annis triginta quatuor controversa, una cum responsione ad argumenta adversariorum, tomi duo. Authore D. *Ruardo* TAPPER.
Lovanii. 1565. Verhasselt. 1 vol. in-fol.

7855. — De l'impossibilité et impertinence du Concile, tel qu'il est demandé par requeste au Roy. Et des inconvéniens qui en pourroient arriver. (Par M. d'AMBOISE, Chevalier sieur d'HEMERY).
Paris. 1608. F. Huby. 1 vol. in-8.

7856. — Tractatus generales et speciales de controversiis Fidei. Per *Adrianum* et *Petrum* DE WALENBURCH.
Coloniæ Agrip. 1670-1671. 2 vol. in-fol.

7857. — Réponse à l'appel fait à la raison et à la conscience des habitants de la ville d'Amiens.

. — Seconde réponse à M. Puaux, ou réfutation de sa Messe sans voiles, suivie de un mot sur la dernière brochure de M. Puaux intitulée : *Défense de mon appel à la raison et à la conscience des habitants d'Amiens*, contre l'écrit de Mr M. R.

. — Troisième réponse à M. Puaux, ou quelques observations sur sa manière de discuter les questions religieuses. (Par M. *Martial* Roussel). (1)
Amiens. 18 . Caron & Lambert. 1 vol. in-8.

7858. — Pressior declaratio, sive narratio processus omnis observati à Pastoribus Ecclesiarum quos Remonstrantes vocant, in dissidiis istis ecclesiasticis, usque ad annum MDCXII.
Lugduni Batav. 1615. Patius. 1 vol. in-4.
A la suite :

. — Epistola Ecclesiastarum quos in Belgio Remonstrantes vocant, ad exterarum Ecclesiarum reformatos Doctores, Pastores, Theologos : qua sententiam suam de Prædestinatione et annexis ei capitibus exponunt.... Sequitur Epistola Delegatorum classis Walachrianæ.
Lugduni Batav. 1617. Patius. in-4.

CHAPITRE VIII. — *Jansénisme.*

7859. — Propugnaculum humanæ libertatis, seu controversiarum, pro humani arbitrii libertate contra Philosophos, Astrologos, Judiciarios et Hæretios tuenda, et cum certitudine Divinæ Præscientiæ, immobilitate Divini Decreti, et efficacia Divinæ notionis concilianda, libri decem. *Gabriele* PENNOTTO autore.
Lugduni 1624. Cardon et Cavellat. 1 vol. in-fol.

7860. — Réflexions sur un décret de l'Inquisition de Rome portant défense de lire le Catéchisme de la Grace, et un autre Catéchisme contraire fait à Douay sous le mesme titre.
Paris. 1651. 1 vol. in-4.

(1) ROUSSEL (*Martial*) né à Amiens, le 1 Juillet 1803.

7861. — Affaire du Formulaire au diocèse de Séez.
1 vol. in-fol. contenant :
1 — Lettre écrite par le Théologal de Séez (I. LE NOIR) à Mgr l'Archevesque de Rouen, sur l'hérésie contenue dans l'Ordonnance de Mgr l'Evesque de Seez du 28 May 1665, pour la signature du Formulaire envoyé par sa Sainteté. 1665
2 — Souscription du Formulaire de N. S. P. le Pape Alexandre VII par le Théologal de Séez, en exécution de l'Ordonnance de Mgr l'Evesque de Séez. 1665.
3 — A Messeigneurs les rev. et rel. Prélats, juges en la cause d'entre Mgr l'Evesque de Séez, accusé d'hérésie, et Messieurs du Chapitre dudit Séez, demandeurs en réparation d'injures : contre M. Nic. Bordin, Prestre, Chanoine de Séez, défendeur. . . . Supplie ledit BORDIN. (Incomplet).
4 — La II Tissure de la robe mystérieuse de Mgr l'Evesque de Séez, renforcée des propositions contenues dans un ouvrage imprimé depuis peu, et débité dans son diocèse pour la défense de son Ordonnance. L'imprimé a pour tiltre, *Réflexions sur un Libelle intitulé : Souscription du Formulaire, etc., par le Théologal de Séez.*
5 — Profession de foy du Théologal de Séez. Sur le sujet du Mandement de Mgr l'Evesque de Séez du 28 May 1665.
6 — Première remonstrance faite par M° *Nicolas* BORDIN, Chanoine dans l'Eglise Cathédrale de Séez. A MM. du Chapitre de ladite ville. 1667.
7 — Seconde remonstrance. . . 1667.
8 — A Mgr l'Archevesque de Rouen. . . . *Nicolas* BORDIN, présente ses plaintes contre Mgr l'Evesque de Séez et Messieurs du Chapitre. 1667.

7862. — Epistola apologetica M. *Philippi* OLONERGAN Th. Par. ad D. Stephanum Le Camus.
Parisiis. 1656. Josse. 1 vol. in-8.

7863. — Apologie historique des deux censures de Louvain et de Douay sur la matière de la Grâce, par M. GÉRY (le P. P. QUESNEL).
Cologne. 1688. N. Schouten. 1 vol. in-8.

7864. — Ad Em.S.R.E.Card. et Rev. in Christo Pat. Archiep. Paris. D. D. Lud. Ant. de Noailles. Supplicatio et denunciatio plurimorum Paris. Civitatis Metrop. Eccl. Canonicorum, Parochorum, Superiorum Regularium, et S.Facultatis Parisiensis Theologorum.
1 vol. in-12. sans titre.

TITRE VI. — Théologie hétérodoxe,

III. *Calvinisme.*

7865. — Le Philosophe chrétien, par M. Formey. 3ᵉ édit.
Leyde. 1755-1758. Luzac. 4 vol. in-8.

IV. *Anglicanisme.*

7866. — Lectures for the times.—Tractarianism and Popery; being a course of lectures, delivered at Surrey Chapel, by the rev. *John* Cumming. 2 ed.
London. 1844. Hamilton. 1 vol. in-12.

VII. *Swédenborgisme ou Nouvelle Jérusalem.*

7867. — La religion du bon sens, pour servir d'exposé préliminaire à la doctrine de la Nouvelle Jérusalem. Par *Edouard* Richer. 2ᵉ éd.
Saint-Amand (Cher). 1860. Destenay. 1 vol. in-18.

THEOLOGIE

TABLE

A

Amboise, le Chev, 7856.
Andreas de Soncino, 7820.

Augustin (Saint), 7819.

B

Bathiani, 7818
Bauduin de Wamin, 7842.
Belzunce, H.F.X. de, 7818.
Bernon, 7809.
Bonneguize, J. de, 7818.
Bordin, N., 7861.
Bosschère, R. de, 7842.

Boudart, J., 7826.
Bourdeilles, H. J. Cl. de, 7818
Boursac, J.F. de la Cropte de, 7818.
Bridoux, L., 7801.
Buisine, Ph. de, 7842.

C

Cabali, Ub. de, 7832.
Carré, R., 7802.
Clermont, Fr. de, 7818.
Clermont, L. de, 7818.
Clichtoveus, J., 7853.

Colbert, J. N., 7842.
Colbert, Joach., 7818.
Crampon, A., 7800.
Cumming, J., 7866.

D

Delaunay, 7798.
Doujat, J., 7842.

Dutertre, 7834.

E

Erasme, D., 7806-7821-7822-7831.

F

Foggini, P. F.; 7830.

Formey, S., 7865.

G

Genesti, J., 7829.
Géry, 7863.
Gilbert, J., 7842.
Gobinet, Ch., 7851.
Godbert, Cl., 7842.

Gondrin, A. de, 7842.
Gresset, J. B. L., 7842.
Guizot, F. P. G., 7794-7795.
Gulielmus Insulanus, 7852.

H

Hallènes, B. d', 7842.
Harlay, Fr. de, 7818.
Hemery, le sieur d', 7855.

Herbet, F., 7849.
Hofstadius, Ad., 7844.

I

Insulanus Gul., 7852.

J

Juigné, L. Le Clerc de, 7814.

L

La Cropte de Boursac, J. F. de, 7818.
Langle, P. de, 7818.
Laurent de Paris, 7846.
Lavergne de Tressan, L. de, 7818.
Le Camus, 7818.

Le Clerc de Juigné, L., 7818.
Le Heurt, F. M., 7829.
Le Noir, J., 7861.
Lequeux, Cl., 7830.
Lugo, J. de, 7837.
Luynes, le Card. de, 7818.

M

Masson, J. B., 7847.
Moreau, Ch., 7842.

Mousa Ben Maimoun, 7807.
Munk, S., 7807.

N

Nicolle, V., 7827.

O

Olonergan, Ph., 7862.
Opstraet, J., 7825.

Osterwald, J. F., 7799.

P

Partz de Pressy, F.J.de, 7818.
Pascal, B., 7793.

Pennot, Gab., 7859.
Pressy, F.J. de Partz de, 7818.

Q

Quesnel, P., 7863.

Quiercy, 7840.

R

Renan, E., 7805.
Reverend, 7842.
Richer, Ed., 7867.
Ricius, P., 7845.

Roger, F. V., 7796.
Rohan, le Card. de, 7818.
Roussel, M., 7857.

S

Saint-Albin, Ch. de, 7818.
Sandæus, Max., 7824.
Ségur. Mgr de, 7841.

Solminihac, A. de, 7842.
Soncino, Andreas de, 7820.

T

Tapper, R., 7855.
Titelmann, Fr., 7806.
Tourves, J. A. de Valbelle

de, 7818.
Tressan, L. de Lavergne de, 7818.

U

Ubertini de Cabali, 7832.

V

Valbelle de Tourves, J. A. de, 7818.
Véron, F., 7833.
Vivaldus, L. 7820.

W

Walenburgh, Ad. de, 7856.
Walenburgh, P. de, 7856.
Wallon, H., 7803.

JURISPRUDENCE.

Introduction a l'étude du droit.

1598. — Manuel des étudians en droit et des jeunes avocats ; recueil d'opuscules de jurisprudence, par M. Dupin.
Paris. 1835. Joubert. 1 vol. in-12.

1599. — Logique judiciaire, ou traité des argumens légaux, par M. *Hortensius* de St-Albin (*H.* Rousselin).
Paris. 1832. Decourchant. 1 vol. in-16.

Traités généraux.

** — Traité de la réformation de la justice. Par *Michel* de l'Hospital.
Voyez : Œuvres I. II. *Polyg.* N. 162.

1600. — Prix de la justice et de l'humanité, par l'Auteur de la Henriade (Voltaire). Avec son portrait.
A. Ferney. 1778. 1 vol. in-8. Port.

1601. — De l'influence de la philosophie du xviiie siècle sur la législation et la sociabilité du xixe. Par *E.* Lerminier.
Paris. 1833. Didier. 1 vol. in-8.

1602. — La liberté dans l'ordre intellectuel et moral. Études du droit naturel. Par *Emile* Beaussire.
Paris. 1866. A. Durand. 1 vol. in-8.

HISTOIRE GÉNÉRALE DU DROIT.

1603. — Introduction générale à l'histoire du droit. Par *E. Lerminier*. 2ᵉ édit.
Paris. 1835. Chamerot. 1 vol. in-8.

1604. — Das Erbrecht in weltgeschichtlicher Entwickelung. Eine Abhandlung der Universalrechtsgeschichte, von Dʳ. *Eduard* Gans.
Berlin. 1824-1835. Cotta. 4 vol. in-8.

1605. -- Précis de l'histoire du droit civil chez les Grecs, les Romains, les Gaulois et les Français, par *Jules* Rolle.
Paris. 1833. Decourchant. 1 vol. in-16.

1606. — Essais sur l'histoire des institutions, par M. Tailliar.
Douai. 1851. Vᵉ Ceret-Carpentier et A. Obez. in-8.

IIᵉ DIVISION.

Droit civil et criminel.

Chapitre I.

a. — *Droit des Hébreux.*

— Jus regium Hebræorum è tenebris rabbinicis erutum et luci donatum à *Wilhelmo* Schickardo.
Argentinæ. 1625. Zetzner. in-4.

Voyez : Théologie. N. 1170.

Chapitre II.

Droit des Romains.

a. — *Introduction et histoire.*

1607. — Histoire des sources du droit romain, traduite de l'allemand, sur la huitième édition, de M. *F.* Macheldey, et augmentée de notes, par *F. F.* Poncelet, suivie 1º d'un appendice renfermant le texte restitué

de la Loi des XII tables, celui de l'Edit prétorien, etc.,
2° de l'Histoire du droit français, par l'Abbé DE
FLEURY.
Paris. 1829. Gobelet. 1 vol. in-12. Sans titre.

1608. — Histoire du droit romain ou introduction historique à l'étude de cette législation. Par M. *Ch.* GIRAUD.
Paris. 1847. Videcoq. 1 vol. in-8.
C'est le premier volume, seul publié, de l'ouvrage ayant pour titre : Elémens du droit Romain, par HEINECCIUS; traduits, annotés, corrigés et précédés d'une introduction historique, par M. *Ch.* GIRAUD.
Paris. 1835. Goblet.

1609. — De edicto Antonii Pii pro Christianis ad commune Asiæ. Commentatio historico-theologica quam . . . in alma Argentoratensi Universitate D. VI Septembris MDCCLXXXI examini sistit *Isaacus* HAFFNER.
Argentorati. 1781. H. Heitzius. 1 vol. in-4.

1610. — Thesaurus receptarum sententiarum, quas vulgus interpretum communes opiniones vocat, in alphabeti seriem digestarum post omnes omnium eà de re lucubrationes. Authore *Em.* SOAREZ A RIBEIRA.
Venetiis. 1568. Georgius de Caballis. 1 vol. in-8.
A la suite :
— Communium opinionum in jure, loci communes, authore *Matthaeo* GRIBALDO.
Basileæ. 1567. Eus. Episcopius. in-8.

e. — *Droit de Justinien.*

1611. — *Jac.* GOTHOFREDI manuale juris; ubi quatuor sequentia continentur : Juris Romani I. Historia. II. Bibliotheca. III. Florilegium sententiarum ex Corpore Justinianeo desumptarum. IV. Series librorum et titulorum in Institutionibus, Digestis et Codice ; cujus prima pars, ad Institutiones pertinens, scripta est à *J. F.* BERTHELOT. Ed. nova.
Parisiis. 1806. Metier. 1 vol. in-8.

1612. — Immo *D.* GOTHOFREDI. Hoc est : Conciliatio legum in speciem pugnantium quas in notis ad Pandectas

juris civilis D. Gothofredus indicaverat, in concordiam adduxit D. *A. G.* Struvius. Nova editio accuratius emendata. Recensuit P. Pinel-Grandchamp.
Parisiis. 1821. Videcoq. 2 vol. in-8.

1613. — System des Romischen civilrechts im Grundrisse nebst einer Abhandlung über Studium und System des Romischen Rechts von Dr. *Eduard* Gans.
Berlin. 1827. Dümmler. 1 vol. in-8.

1614. — Lehrbuch der Institutionen des Romischem Rechts. Von Dr. *C. F.* Mühlenbruch.
Halle. 1842. Schwetschke. 1 vol. in-8.

1615. — System des Pandekten-Rechts von *Anton-Friedrich-Justus* Thibaut.
Iena. 1834. Mauke. 2 vol. in-8.

1616. — *Jo. Gottlieb.* Heineccii recitationes in elementa juris civilis secundum ordinem Institutionum. Accesserunt, operâ et curâ A. M. J. J. Dupin, Notæ et Observationes quibus textus vel explanatur, vel emendatur, vel illustratur ; quibusque sedula ac perpetua Romanarum et Gallicarum legum collatio continetur.
Parisiis. 1810. Crapelet. 2 vol. in-8.

1617. — Institutes de l'Empereur Justinien, traduites sur le texte de Cujas par *A. M.* Du Caurroy, et augmentées 1° des Novelles cxviii et cxxvii, 2° de plusieurs extraits des autres constitutions qui modifient les Institutes ; avec le texte en regard. 4ᵉ édit.
Paris. 1832. Fanjat. 1 vol. in-8.

1618. — Manuel de droit romain, ou explication des *Institutes de Justinien*, par demandes et réponses ; précédé d'une Introduction historique. Par *Eugène* Lagrange.
Paris. 1 vol. in-18. (Sans titre).

1619. — Cours élémentaire de droit romain contenant 1° un abrégé de l'histoire externe du droit romain ; 2° l'explication complète des Institutes de Gaius et des Institutes de Justinien ; 3° l'explication des prin-

cipaux textes du Digeste et du Code ainsi que des Novelles qui s'y rapportent. Par M. *Ch.* Demangeat. 2⁰ édit. rev. et corr.
Paris. 1866-1867. Marescq. 2 vol. in-8.

1620. — Examen sur le droit romain, selon les Institutes de Justinien, présenté par demandes et réponses, avec des définitions, notes et explications tirées des meilleurs auteurs et commentateurs; par un Avocat.
Paris. 1825. Warée. 1 vol. in-8.

h. — Œuvres de Jurisconsultes.

1621. — Quartarum libri duo... Authore *Franc.* Jammetio. — Ejusdem non vulgaris enarratio § Omnium. De Acti. instit. civil.
Paris. 1540. Arn. & Ch. les Angeliers. 1 vol. in-16
A la suite :
Libelli seu decreta... N° 305.

Chapitre III.

Droit français.

a. — Histoire du droit français.

1622. — Geschichte der Rechtsverfassung Frankreichs bis auf unsere Zeit. Von *Wilhelm* Schaeffner.
Frankfurt am M. 1845-50. Sauerlander. 4 vol. in-8.

1623. — Französische Staats-und Rechtsgeschichte von *L.A.* Warnkoenig und *L.* Stein.
Basel. 1846. Schweighauser. 3 vol. in-8.

** — Essai sur la législation du XVI siècle, par *P.J.F.* Dufey.
Voyez : Œuvres de M. l'Hospital. Polyg. 162.

1624. — Cours public d'histoire du droit politique et constitutionnel, par *M. J. L. E.* Ortolan.
Paris. 1831. Fanjat. 1 vol. in-8.

1625. — Commentaire sur la charte constitutionnelle.
Paris. 1836. Videcoq. 1 vol. in-8.

Ire Section. — *Droit ancien.*

A. — Lois et ordonnances.

1626. — Recueil général des formules usitées dans l'empire des Francs, du ve au xe siècle. Par *Eugène de Rozière.*
Paris. 1859-62. Durand. 3 vol. in-8.

1627. — L'esprit des ordonnances et des principaux édits et déclarations de Louis XV, en matière civile, criminelle et bénéficiale. Par M. Sallé. Ne édit.
Paris. 1771. Savoye. 1 vol. in-4.

B. — Coutumes et statuts locaux.

1628. — Traités sur les coutumes anglo-normandes, publiés en Angleterre, depuis le onzième, jusqu'au quatorzième siècle.... Par M. Houard.
Rouen. 1776. Le Boucher. 4 vol. in-4.

1629. — Texte de la coutume de Normandie, avec des notes sur chaque article. On y a joint les Observations sur les Usages locaux de la Province de Normandie, et les Articles et Placités du Parlement de Rouen. Par M. N. (*Nicolas* Nupied). Ne édit.
Rouen. 1765. Ve Besongne. 1 vol. in-12.

1630. — Coutumes du Boulonnois, conférées avec les Coutumes de Paris, d'Artois, de Ponthieu, d'Amiens et de Montreuil; le Droit commun de la France, et la Jurisprudence des Arrêts. Par Me *Bertrand-Louis* Le Camus d'Houlouve.
Paris. 1777. Didot aîné. 2 vol. in-4.

C. — Traités spéciaux.

1631. — Traicté contre les duels. Avec les Ordonnances et Arrests du Roy Sainct Loys. Par M. *Jean* Savaron.
Paris. 1614. Chevalier. in-8.

1632. — De modo usurarum liber, *Claudio* Salmasio auctore.
Lugd. Batav. 1639. Off. Elseviriorum. 1 vol. in-8.

1633. — Traité des droits appartenans aux Seigneurs sur les biens possédés en roture;.. Par M. PREUDHOMME.
Paris. 1781. Froullé. 1 vol. in-4.

1634. — Le droit de marché, son passé, son présent, son avenir et sa transformation. Par M. G... (GILLET).
Péronne. 1865. Récoupé. in-8.

1635. — *E.* VION, (1) cultivateur à Lœuilly (Somme). Le droit de marché.
Péronne. 1868. Recoupé. in-8.

D. — Arrêts et décisions.

1636. — Recueil de jurisprudence civile du pays de droit écrit et coutumier, par ordre alphabétique. N^e édit. Par Me *Guy* DU ROUSSEAUD DE LA COMBE.
Paris. 1746. Le Gras. 1 vol. in-4.

1637. — Arrêts et remonstrances des Parlements.
6 vol. in-12 contenant :
Tome I.
— Réclamation présentée au Roi le 20 Février 1756 par M. le Duc d'Orléans, au nom des Princes et des Pairs, au sujet de l'invitation qu'ils avoient reçue d'aller prendre leur séance au Parlement.
— Lettre sur les lits de justice. 18 Août 1766.
— Objets des remontrances du Parlement au sujet de 7 édits du mois d'Août 1759.
— Réponse du Roi.
— Nouveau point de vue sur l'affaire du Parlement de Besançon.
— Arrêt du Parlement du 22 Septembre 1761 (contre l'*Epitome historiæ sacræ et profanæ ab Hor. Turselino contexta).*
— Remontrances du Parlement de Toulouse au Roi, au sujet des ordres notifiés au sieur Euzet par M. l'Intendant de Languedoc.
— Remontrances de la Chambre des Comptes de Paris, sur la multiplicité des impôts et la misère des peuples 19 Décembre 1759.
— Récit de ce qui s'est passé à la Cour des Aydes de Paris, contenant le procès-verbal, les arrêtés, objets et remontrances, avec la réponse du Roi. 1760.
— Journal de tout ce qui s'est passé au Parlement de Paris, au sujet de l'exil des trente Magistrats du Parlement de Besançon. 1759.
— Remontrances du Parlement de Toulouse sur le même sujet.
— Remontrances du Parlement de Grenoble sur l'édit de Février relatif au nouveau vingtième.
— Arrêté et objets des remontrances du Parlement de Bordeaux demandant la réunion du Parlement de Paris. Mars 1757.

---

(1) VION (*Victor-Emile*) né à Pœuilly, canton de Roisel, arrondissement de Péronne, le 8 Avril 1820.

Tome II.

— Extraits des registres, arrêtés et remontrances du Parlement de Rouen. 1756-1757-1759-1760-1861.
— Recueil de tous les actes concernant les affaires du Parlement de Rouen pendant les années 1759 et 1760.
— Remontrances de la Cour des Comptes, Aides et Finances de Normandie. 1760.
— Remontrances du Parlement de Provence sur l'édit de Février 1760. — Arrêt contre un mandement de l'Archevêque d'Aix. 12 Août 1760.— Extrait des registres. 1760.
— Remontrances, arrêts, extraits des registres du Parlement de Bretagne. 1656-1760.
— Réquisitoire de M. le Procureur général du Parlement de Bretagne contre la *Théologie morale de Herm. Busembaum*. 1761.
— Actes des membres restant du Parlement de Besançon au sujet de leurs confrères exilés.
— Remontrances de la Cour des Aydes de Montauban, au sujet de l'exil du Président et du Procureur général. 1756.

Tome III.

— Remontrances du Parlement présentées au Roi le 4 Mars 1751. (Affaires ecclésiastiques).
— Déclaration du Roi du 25 Mai 1763 portant permission de faire circuler les grains, farines, légumes, etc.
— Discours de M. de la Chalotais, Procureur général du Parlement de Rennes pour l'enregistrement de cet édit.
— Objets de remontrances arrestés au Parlement sur les édits d'Avril 1763.— Au sujet du lit de justice tenu le 31 Mai 1763.
— Remontrances de la Cour des Aydes sur l'édit du 6 Juin 1763.
— Remontrances de la Cour des Aydes de Clermont-Ferrand.
— Recueil de pièces importantes sur les droits du Parlement et de la Pairie. 1764.
— Requête du Peuple françois à Nosseigneurs de toutes les Cours de Parlement, des Comptes et des Aydes,
— Lettre d'un Avocat au Parlement de Toulouse à un Avocat au Parlement de Paris, au sujet de l'arrêt par lequel le Parlement a prorogé sa séance. 2 Octobre 1763.
— Journal de ce qui s'est passé au Parlement de Toulouse, arrêts, remontrances, etc. sur l'édit d'Avril 1763.
— Remontrances de la Cour des Comptes, Aydes et Finances de Montpellier. Au sujet de la déclaration du Roi du 21 Novembre 1763.
— Remontrances de la Cour des Aides de Montauban. Même objet.

Tome IV.

— Arrêts, remontrances. — Relation de ce qui s'est passé au Parlement de Rouen au sujet de l'édit d'Avril 1763.
— Lettre de M. D.., Avocat au Parlement de Paris, à M. H.., Avocat au Parlement de Rouen.
— Arrêt qui ordonne que la brochure intitulée *Réponse à l'Auteur de l'Antifinancier* sera lacérée et brûlée. 1764.

— Le triomphe des loix et le vœu de la nation,ou recueil d'arrêts, arrêtés et autres piéces intéressantes concernant le retour du Parlement de Normandie, depuis le renvoi des démissions. — Avec la suite. — Edition complète. 1764.
— Recueil de pièces intéressantes, concernant le Parlement de Rouen. 1764.
— Remontrances arrêtées au Conseil souverain de Roussillon. 1763,

Tome V.
— Remontrances du Parlement du Dauphiné.
— Relation de ce qui s'est passé au Parlement de Grenoble au sujet de l'édit d'Avril 1763.
— Arrêts, remontrances, etc., des Parlements de Dijon, de Metz, de Rennes, de Bordeaux, de Toulouse, de Grenoble, de Besançon. 1763.

Tome VI.
— Remontrances de la Cour des Comptes sur l'édit de Décembre 1764 et Réponse du Roi.
— Recueil des arrêts, arrêtés, remontrances et autres pièces qui sont émanées contradictoirement dans l'affaire du Parlement de Bretagne. — Avec le supplément. 1765.
— Arrêtés, remontrances et lettres au Roi des Parlements de Dijon, Toulouse, Rouen, Bordeaux, Metz, Besançon, sur les affaires du Parlement de Bretagne et de Pau.
— Arrest du Parlement d'Aix qui condamne à être lacéré et brûlé l'Extrait du Discours de M. Le Blanc de Castillon, Avocat général. 1766.

1638. — **Recueil d'édits, d'arrêts et remonstrances des Parlements.**

4 vol. in-12 contenant :

Tome I.
— Remontrances du Parlement au Roi, au sujet des usurpations du Conseil des parties.
— Les peuples aux Parlements. 2e édit
— Arrests, arrêtés et remontrances du Parlement de Toulouse, au sujet des entreprises du Grand Conseil. 19 Décembre 1755.
— Remontrances du Parlement de Normandie. (Affaires ecclésiastiques.) 14 Août 1753.
— Arrests, arrêtés et remontrances du Parlement au Roi au sujet des entreprises du Grand Conseil. 27 Novembre 1755.
— Remontrances du Parlement de Bretagne au Roi, sur la nécessité de rappeller tous les anciens magistrats. 23 Janvier 1759.
— Arrêtés et remontrances du Parlement de Franche-Comté au Roi, au sujet de l'abonnement des deux vingtièmes. 8 Janvier 1759.
— Objets de remontrances du Parlement, au sujet de différents édits. le 15 Septembre 1759.
— Jugements du Conseil souverain (de Portugal), chargé par Sa Majesté d'instruire le procès au sujet de l'attentat commis sur sa personne sacrée. Du 12 Janvier 1759.

Tome II.

— Objets de remontrances du Parlement de Toulouse, le 29 Janvier 1760, au sujet de l'édit de Septembre 1759, portant établissement d'une subvention générale.
— Remontrances du Parlement de Bretagne au sujet des violences de M. de Fitz-James contre le Parlement de Toulouse. 1763.
— Mémoire historique de ce qui s'est passé au Parlement de Toulouse au sujet des nouveaux usages que M. Bastard y veut introduire.
— Extrait des registres et arrest du Parlement de Bordeaux, des 28 et 29 Mars 1763.
— Objet des remontrances du Parlement de Rouen au sujet de l'édit de Versailles du mois d'Avril 1763.
— Remontrances du Parlement de Toulouse au sujet des transcriptions illégales de l'édit d'Avril 1763.
— Le triomphe des lois... 1764.
— Représentations faites au Roi par son Parlement, le 22 Décembre 1767, concernant le sieur Thibault de Chanvalon....
— Observations sur l'incompétence de MM. du Grand Conseil pour la vérification des lois.
— Arrêté du Parlement au sujet des lettres-patentes de Janvier 1768 concernant la police et discipline du Grand Conseil....
— Arrêtés du Parlement de Dijon, de Grenoble, de Toulouse. Même objet.
— Recueil de pièces concernant l'affaire du Grand Conseil.
— Réponse instructive à l'extrait de la lettre de Rennes du 18 Mai 1768.

Tome III.

— Lettre du Parlement de Normandie au Roi, pour solliciter sa justice de faire cesser les maux qui affligent la Bretagne.
— Lettres et remontrances au Roi, sur les abus qui causent la cherté du pain. 20 Octobre 1768.
— Recueil des principales lois relatives au commerce des grains, avec les arrêts, arrêtés et remontrances du Parlement sur ce sujet. 1769.
— Lettre du Parlement de Provence au Roi, et des Etats du Languedoc sur la cherté des blés. 1768.
— Arrêtés et remontrances du Parlement au sujet de l'édit du 9 Décembre 1768.
— Réflexions d'un Citoyen sur l'édit de Décembre 1770.
— Lettre du Parlement de Normandie au Roi, sur l'état actuel du Parlement de Paris, 1771.
— Remontrances de la Cour des Aydes de Paris. Même sujet.
— Remontrances du Parlement de Rouen. 19 Mars 1771.
— Lettre du Public à Messieurs les ci-devant officiers du Parlement de Paris.

Tome IV.

— Lettre à un Duc et Pair.
— Remontrances du Parlement de Rouen (Constitution *Unigenitus*). 6 Novembre 1753.

— Réflexions d'un Avocat sur les remontrances du Parlement du 27 Novembre 1755, au sujet du Grand Conseil. Londres 1756.
— Remontrances du Parlement au Roi. Du 4 Août 1756.
— Réponse à la lettre d'un Magistrat à un Duc et Pair, sur le discours de M. le Chancelier au lit de justice. Du 7 Décembre 1770.
— Remontrances d'un Citoyen aux Parlements de France. 1771.
— Considérations sur l'édit de Décembre 1770.
— Remontrances du grenier à sel.
— Lettre du Maître Perruquier à M. le Procureur général, concernant les Magistrats de Rouen et les Dames de Paris. 1771.
— Lettre écrite à M. .... Président du Parlement de Rouen, par un Membre d'un Présidial dans le ressort de ce Parlement.
— Lettre d'un Avocat de Paris aux Magistrats du Parlement de Rouen, au sujet de l'arrêt de cette Cour du 15 Avril 1771.

1639. — Lettres, arrêts et remontrances du Parlement de Provence au Roi. Recueil factice.
1753-1768. 1 vol. in-12.

1640. — Recueil d'édits et d'arrêts imprimés à Amiens et visés par les Intendants.
Amiens. 1686-1790. 1 vol. in-4.

F. — Œuvres des Jurisconsultes.

*** — Essais de jurisprudence, par M. DE TOURREIL.
Voyez Œuvres de M. DE TOURREIL. I. Polyg. N. 189.

IIe SECTION. — Droit nouveau.

Introduction.

*** — Législation et jurisprudence, par St. BERVILLE.
Voyez : Œuvres de St. BERVILLE. V. Polyg. N. 246.

I. — RECUEILS DE LOIS.

1641. — Recueil général des lois et ordonnances, d'un intérêt général, depuis le 7 Août 1830 (jusqu'au 23 Février 1848, règne de Louis-Philippe I): avec des notes et deux tables annuelles, l'une chronologique, et l'autre analytique et alphabétique ; par les Notaires et Jurisconsultes, rédacteurs du Journal des Notaires.
Paris. 1830-1848. 17 vol. in-8.

1642. — Recueil général des lois, décrets et arrêtés, depuis le 24 Février 1848 (jusqu'au 1 Décembre 1852.) X^e série. République française. Avec des notes et deux tables annuelles, l'une chronologique, et l'autre analytique et alphabétique ; par les Notaires et Jurisconsultes, rédacteurs du Journal des Notaires.
Paris. 1848-1852. 5 vol. in-8.

1643. — Recueil général des Senatus-consultes, lois, décrets et arrêtés, depuis le 1 Décembre 1852 (jusqu'au 31 Décembre 1853.) XI série, Empire Français. Avec des notes et deux tables annuelles, l'une chronologique, et l'autre analytique et alphabétique: par les Notaires et Jurisconsultes, rédacteurs du Journal des Notaires.
Paris. 1853. 1 vol. in-8.

1644. — Table analytique, méthodique, chronologique, du Recueil général des lois et ordonnances, du 7 Août 1830 au 31 Décembre 1840, par les Rédacteurs du Journal des Notaires et des Avocats.
Paris. 1843. 1 vol. in-8.

II. — CODES ET COMMENTAIRES.

a. — Codes réunis.

1645. — Les six codes, avec indication de leurs dispositions corrélatives et rapports entre eux. Augmentés de la Charte constitutionnelle... et suivis de la loi relative à la pêche fluviale.
Paris. 1829. Froment. 1 vol. in-16.

1646. — Les codes de l'Empire français contenant la Constitution du 14 Janvier-25 Décembre 1852, les lois et décrets les plus récents, une nouvelle corrélation des articles des Codes, un Supplément par ordre alphabétique renfermant toutes les lois usuelles, une Table générale des matières, un Dictionnaire des termes du droit, par *A. E.* TEULET. 9e édition
Paris. 1865. Marescq. 1 vol. in-8.

1647. — Traité sommaire des diverses parties du droit français, contenant toutes les règles usuelles de législation et de jurisprudence sur le droit public, le droit privé, le droit criminel, et leurs divers élémens. Par A. Rodière.
Paris. 1838. P. Dupont. 1 vol. in-8.

1648. — Le livre de tous les citoyens ou éléments de législation usuelle.... Par N. M. Le Senne.
Paris. 1846. Durand. 1 vol. in-18.

1649 — Le droit usuel ou l'avocat de soi-même. Nouveau guide en affaires... Par Durand de Nancy.
Paris. 1860. Garnier fr. 1 vol. in-8.

b. — Code civil.

1650. — Questions transitoires sur le Code Napoléon, relatives à son autorité sur les actes et les droits antérieurs à sa promulgation ; et dont la discussion comprend 1° le tableau des diverses législations sur chacune des matières qui sont traitées ; 2° des explications sur les lois anciennes et sur le code ; par Chabot de l'Allier.
Paris. 1809. Garnery. 2 vol. in-4.

1651. — Commentaire sur le code civil, contenant l'explication de chaque article séparément... Par J. M. Boileux, revu par M. F. F. Poncelet.
Paris. 1828-34. Videcoq. 3 vol. in-8.

1652. — Le droit civil français par K. S. Zacharle, traduit de l'allemand sur la cinquième édition. Annoté et rétabli suivant l'ordre du Code Napoléon, par M. G. Massé et Ch. Vergé.
Paris. 1854-1860. Durand. 5 vol. in-8.

1653. — Explication théorique et pratique du Code Napoléon, contenant l'analyse critique des auteurs et de la jurisprudence et un traité résumé après le commentaire de chaque titre, par V. Marcadé. 5ᵉ édit.
Paris. 1859. Cotillon. 6 vol. in-8

1654. - Explication du tit. IX, liv. III du Code Napoléon,

contenant l'analyse critique des auteurs et de la jurisprudence. — Commentaire-traité des sociétés civiles et commerciales, par *Paul* Pont.
Paris. 1872. Delamotte. 1 vol. in-8.

1655. — Explication des tit. XVIII et XIX, liv. III du Code Napoléon, contenant l'analyse critique des auteurs et de la jurisprudence, ou commentaire-traité théorique et pratique des priviléges et hypothèques et de l'expropriation forcée, mis en rapport avec la loi sur la transcription. Par *Paul* Pont.
Paris. 1859. Cotillon. 2 vol. in-8.

1656. — Explication du titre XX liv. III du Code Napoléon, contenant l'analyse critique des auteurs et de la jurisprudence, ou commentaire-traité théorique et pratique de la prescription. Par *V.* Marcadé. N° éd.
Paris. 1861. Cotillon. 1 vol. in-8.

1657. — Explication théorique et pratique du Code Napoléon, contenant l'analyse critique des auteurs et de la jurisprudence. Commentaire-traité des petits contrats et de la contrainte par corps. Par *Paul* Pont.
Paris. 1863-67. Cotillon. 2 vol. in-8.

1658. — Explication théorique et pratique de la loi du 21 Mai 1858 sur les articles modifiés des saisies immobilières et sur la procédure d'ordre. Par M. Seligman. Ouvrage examiné et annoté par M. *Paul* Pont et mis en rapport avec son commentaire sur les priviléges et hypothèques et sur l'expropriation forcée.
Paris. 1860. Cotillon. 1 vol. in-8.

1659. — Recherches sur le mariage putatif et la légitimation dans l'ancien et le nouveau droit français, précédées d'une étude sur les conditions du mariage en droit romain, par *Edouard* Pilastre. (1).
Paris. 1861. Thunot. 1 vol. in-8.

1660. — La séparation de corps réformée. Par *Marie-Paul* Bernard.
Paris. 1862. Cotillon. 1 vol. in-8.

---

(1) Pilastre (*Edouard-Napoléon*) né à Amiens le 11 Mars 1838.

1661. — Histoire de l'autorité paternelle en France, ouvrage couronné par l'Académie des sciences morales et politiques (dans sa séance du 18 Mai 1861.) Par *Marie-Paul* BERNARD.
Paris. 1864. Durand 1 vol. in-8

1662. — Etude historique sur le droit de réduction des libéralités faites aux établissements publics. Par M. *Paul* BERNARD.
Paris. 1864. Durand. in-8.

1663. — Faculté de droit de Paris. De la constitution de la tutelle en droit romain et en droit français. Thèse pour le doctorat soutenue par M. *F.* ALLOU.
Amiens. 1857. Caron & Lambert. 1 vol. in-8.

1664. — Traité général de la responsabilité ou de l'action en dommages-intérêts en dehors des contrats. Par M. *A.* SOURDAT. 2ᵉ édit.
Paris. 1872 Cosse, Marchal & Billard. 2 v. in-8.

1665. — Traité théorique et pratique de l'action rédhibitoire dans le commerce des animaux domestiques... Par M. *Oscar* DEJEAN. 3ᵉ édit.
Paris. 1868. Asselin. 1 vol. in-18.

1666. — Commission de la propriété littéraire et artistique. — Rapports à l'Empereur. — Décrets.— Collection des procès-verbaux. — Documents.
Paris. 1863. Imprimerie impériale. 1 vol. in-4.

1667. — Le régime hypothécaire et le sens commun, par M. TRÉMOULET.
Paris. 1860. Cotillon. 1 vol. in-8.

1668. — De l'inscription des hypothèques légales par le Procureur impérial. Traité théorique et pratique à l'usage des Parquets. Par *Marie-Paul* BERNARD.
Montdidier, 1862. Radenez. 1 vol. in-8.

1669. — Manuel ou guide des acquéreurs d'immeubles et des prêteurs de deniers sur hypothèque. Par M. RÔLLAND.
Paris. 1813. Hacquart. 1 vol. in-12.

c. — Code de procédure civile.

1670. — Code de procédure civile expliqué par ses motifs et

par des exemples. Suivi d'un Formulaire des actes de procédure. Par *J. A.* Rogron. 3ᵉ édit.

Paris. 1831. Videcoq. 1 vol. in-12.

1671. — Leçons de procédure civile par Boitard, publiées par *Gustave* de Linage; revues, annotées, complétées et mises en harmonie avec les lois récentes par G. F. Colmet-Daage. 11ᵉ édit. comprenant le Commentaire complet du Code de procédure, avec l'indication de la jurisprudence des Cours d'appel et de la Cour de cassation.

Paris. 1872. Cotillon et fils. 2 vol. in-8.

d. — Code de commerce.

1672. — Traité de droit commercial, cours professé à la Faculté de droit de Paris, par M. Bravard-Veyrières. Publié, annoté et complété par *Ch.* Demangeat.

Paris. 1862-1868. Marescq. 6 vol. in-8.

Le quatrième n'a point encore paru.

e. — Code d'instruction criminelle.

1673. — Traité de la législation criminelle en France; par *J. M.* Le Graverend.

Paris. 1816. Imprimerie royale. 2 vol. in-4.

1674. — Traité théorique et pratique du droit criminel français, ou cours de législation criminelle. Par M. Rauter.

Paris. 1836. Hingray. 2 vol. in-8.

1875. — Etudes historiques, théoriques et pratiques sur le droit criminel. Par *Achille-François* Le Sellyer.(1)

I. — Traité de la criminalité, de la pénalité et de la responsabilité soit pénale, soit civile, en matière de contraventions, de délits et de crimes.

II. — Traité de l'exercice et de l'extinction des actions publique et privée qui naissent des contraventions, des délits et des crimes.

Paris. 1867-70. Pichon, Lamy & Dewez. 4 vol. in-8.

---

(1) Le Sellyer (*Achille François*) né à Amiens le 31 Août 1801.

1676. — Traité théorique et pratique des preuves en droit civil et en droit criminel. Par *Ed.* Bonnier. 3ᵉ édit
Paris. 1862. Durand. 2 vol. in-8.

h. — Droit administratif.

1677. — La justice administrative en France ou traité du contentieux de l'administration. Par *Rod.* Dareste.
Paris. 1862. Durand. 1 vol. in-8.

1678. — Abrégé du droit administratif, contenant les matières de l'examen... Par M. *R.* Gandillot.
Paris. 1833. Joubert. 1 vol. in-16.

1679. — L'agenda du citoyen français, ou guide général de jurisprudence administrative. Par C^r Besnard.
Paris. 1843. Galletaud. 1 vol. in-12.

1680. — Manuels-Roret. Nouveau manuel complet des Officiers municipaux, ou guide des Maires, Adjoints et Conseillers municipaux. Nᵉ édit. Par M. Boyard.
Paris. 1841. Roret. 1 vol. in-18.

1681. — Aperçu du régime des eaux non navigables, suivi d'un examen du projet de loi sur les associations syndicales, par *Henri* Hardouin.
Paris. 1865. Cosse, Marchal & Comp. 1 vol. in-8.

1682. — Etablissements insalubres, dangereux, ou incommodes. — Décret du 31 Décembre 1866. — Classement général. — Circulaire n° 4 du Ministère de l'Agriculture, du Commerce et des Travaux publics.
Paris. 1867. in-4.

l. — Enregistrement.

1683. — Refonte et analyse des circulaires et instructions de l'Administration de l'Enregistrement relatives à la perception des droits d'enregistrement, de greffe, de timbre, d'hypothèques, au notariat et aux contraventions. Par *Em.* Bigorne.
Amiens. 1860. Jeunet. 2 vol. in-4.

1684. — Réforme de la législation de l'Enregistrement ou étude des lois actuelles et modifications dont elles

sont susceptibles au double point de vue des Contribuables et du Trésor, par *Louis* CARON.
Amiens. 1872. Lenoel-Herouart. 1 vol. in-8.

1685. — Tarif des droits d'enregistrement, de timbre et d'hypothèques, arrangé par ordre alphabétique... suivi du texte des lois...Par les Rédacteurs du Journal de l'Enregistrement. 7ᵉ édit.
Paris. 1834. Hayet. 1 vol. in-8.

m. — Notariat.

1686. — Le nouveau parfait Notaire ou la science des Notaires, de feu *C. J.* DE FERRIÈRE, mise en harmonie avec les dispositions du Code civil, et la loi du 25 ventose an II, sur l'organisation du Notariat, par *A. J.* MASSÉ. 2ᵉ édit.
Paris. 1807. Garnery. 2 vol. in-4.

q. — Mélanges.

1687. — Mélanges.
1 vol. in-8 contenant :

1 — Barreau de Paris. Conseil de l'ordre. Réflexions sur l'article du projet de loi tendant à imposer la patente à la profession d'avocat.
Paris. 1835. Dezauche.

2 — De l'influence du Barreau sur nos libertés, par *Ernest* FALCONNET.
Paris. 1837. Cosson.

3 — Discours d'ouverture du cours de droit social des femmes, prononcé par Mad. *Louise* DAURIAT, au Ranelagh, en séance publique, le 29 Mai 1836.
Montceau. 1836. Beaulé & Jubin.

4 — Demande en révision du code civil, adressée à MM. les membres de la Chambre des députés. Par Mad. *Louise* DAURIAT.
Paris. 1837. Malteste.

5 — Plaidoyer de Mᵉ PARQUIN pour l'accusé Fieschi, à l'audience de la Cour des Pairs, du 13 Février 1836.
Paris. 1836. Ducessois.

6 — Ouverture de la Conférence des Avocats de Paris. Discours de M. *Philippe* DUPIN, Bâtonnier, sur les rapports de la Magistrature et du Barreau.

7 — Éloge de M. Delamalle, prononcé, le 22 Novembre 1854, par J. *E.* RICHOMME.
Paris. 1834. Ducessois.

8 — Discours prononcé le 28 Novembre 1835, par M. *Ph.* DUPIN.

9. — Discours prononcé le 28 Novembre 1835, par M. Ed. TERNAUX.
Paris. 1835. Dezauche.
10 — Discours prononcé le 24 Novembre 1836, par M. DELANGLE.
11 — Eloge de Toullier, prononcé le 24 Novembre 1836,par M. Ch. PAULMIER,
Paris. 1836. Dezauche.
12 — Hennequin. Eloge historique prononcé le 21 Novembre 1840 par M. NOGENT-SAINT-LAURENS,
Paris. 1840. Guyot.
13 — Quelques considérations sur l'ouvrage de M. Michelet, intitulé : *Origines du droit français cherchées dans les symboles et formules du droit universel.* Par M. HARDOUIN.
Amiens. 1839. Duval & Herment.
14 — Préface ou exposé du plan d'un ouvrage qui sera intitulé : *Etudes sur l'histoire des origines du droit français.* Par M. HARDOUIN.
Amiens. 1839. Duval & Herment
15 — Rapport présenté à l'Académie d'Amiens, au nom de la Commission chargée de rédiger le Programme sommaire d'un Cours élémentaire de droit commercial. Par M. HARDOUIN.
Paris. 1839. Duval & Herment
16 — Eloge d'Etienne Pasquier, discours prononcé par M. DUPIN, Procureur général, à l'audience de rentrée de la Cour de cassation, le 6 Novembre 1843.
Paris. 1843. Joubert.

1688. — **Discours d'installation et discours de rentrée.**
1 vol. in-8 contenant :
1 — Cour impériale de Bastia. Procès-verbal de l'installation de M. Bécot en qualité de Procureur général. — Audience solennelle du 27 Avril 1864. Discours prononcés par MM. DE CASA-BIENCA, premier Avocat général, GERMANES, premier Président, BÉCOT, Procureur général.
Bastia. 1864. Ollagnier.
2 — Audience solennelle de rentrée. 3 Novembre 1864. Discours prononcé par M. BÉCOT.
Bastia. 1864. Ollagnier.
3 — Procès-verbal de l'installation de M. de Plasman en qualité de Procureur général. Audience solennelle du 4 Juillet 1867. Discours prononcés par MM. DE CASA-BIENCA, premier Avocat général, BÉCOT, premier Président, DE PLASMAN, Procureur général.
Bastia. 1867. Ollagnier.
4 — Cour d'appel de Rouen. Audience solennelle de rentrée du 3 Novembre 1852. Discours prononcé par M. JOLIBOIS, (1) Avocat général.
Rouen. 1852. Vᵉ. Surville.
5 — Cour impériale de Rouen. Audience solennelle de rentrée du 4 Novembre 1856. Discours prononcé par M. JOLIBOIS, premier Avocat général.
Rouen. 1856. V. A. Surville.

---

(1) JOLIBOIS (*Eugène*) né à Amiens le 4 Juin 1819.

6 — Cour impériale de Chambéry. Installation de M. Jolibois, Procureur général. Audience solennelle du 25 Juin 1861.
Chambéry. 1861. Puthod fils.

7 — Cour impériale d'Orléans. Discours prononcé à l'audience solennelle de rentrée le 3 Novembre 1857. par M. Merville, premier Avocat général.
Orléans. 1857. Pagnerre.

8 — Procès-verbal de l'audience solennelle de rentrée de la Cour impériale de Lyon, le 4 Novembre 1861. L'Avocat général Servan, sa vie et ses œuvres. Discours prononcé par M Merville, premier Avocat général.
Lyon. 1861. Perrin.

9 — Cour impériale d Aix. Procès-verbal d'installation de M. Merville, Procureur général.
Aix. 1863. A. Makaire.

10 — Cour impériale d'Aix. Discours prononcé à l'audience solennelle de rentrée, le 3 Novembre 1865, par M. Merville.
Aix. 1865. Remomdet-Aubin.

11 — Cour impériale de Douai. Procès-verbal d'installation de M. Paul, premier Président.
Douai. 1866. Wartelle.

12 — Cour impériale d'Orléans. Audience solennelle du 15 Avril 1858. Installation de M. Savary, Procureur général.
Orléans. 1858. Jacob.

13 — Ouverture de la Faculté de droit de Douai. Circulaire adressée par le Maire de la ville aux autorités et aux familles du ressort académique.
Douai. 1865. Me Ceret-Carpentier.

III. — Dictionnaires et répertoires.

1689. — Jurisprudence générale. Répertoire méthodique et alphabétique de doctrine et de jurisprudence en matière de droit civil, commercial, criminel, administratif, de droit des gens et de droit public. Nou. éd. considérablement augmentée et précédée d'un Essai sur l'histoire générale du droit français ; par M. *D.* Dalloz aîné, et par M. *Armand* Dalloz, son frère, avec la collaboration de plusieurs jurisconsultes.
Paris. 1845-1872. 44 en 47 vol. in-4.

IV. — Arrêts et décisions.

1690. — Journal du Palais (1791-1836), présentant la juris-

prudence de la Cour de cassation et des Cours d'appel de Paris et des départements.
Paris. 1823-1836. Guiraudet. 106 vol.. in-8.
Il manque les tomes 56, 57. 58, 74, 75, 76

1691. — Table alphabétique des matières comprises dans l'ancienne collection du Journal du palais... Par L. A. M. D'AUVILLIERS. 1791 à 1826.
Paris. 1829. Guiraudet. 1 vol. in-8.

1692. — Journal du Palais. — Décisions du Conseil d'Etat et Ordonnances du Roi, en matière de compétence administrative et judiciaire ; publiées par M. M... D'AUVILLIERS. Tome I.
Paris. 1821. 1 vol. in-8.

V. — PLAYDOYERS ET MÉMOIRES.

1693. — Annales des tribunaux, recueil des procès remarquables jugés dans l'année. 1842.
Paris. 1843. Guillois. 1 vol. in-8.

1694. — Cour impériale d'Amiens. — Testament de M. le Marquis de Villette.
. — Plaidoirie de Me MARIE pour M. Alfred de Montreuil.
. — Audience du 23 Juillet 1861. Replique de Me MARIE.
. — Audience du 25 Juillet 1861. Conclusions de M. le Procureur-général *Louis* DUFOUR.
Amiens. 1861. Lenoel-Herouart. 1 vol. in-8.

1695. — Playdoyers et mémoires.
1 vol. in-4 contenant :
— Mémoire pour Messire Jacques-Nicolas Lecarlier, Chevalier, Seigneur d'Herlye et autres lieux, demeurant à Senlis, demandeur du chef de la loi *diffamari*... contre Messire Pierre-Louis de Fenis de Susange. Chevalier, Lieutenant pour le Roi de la citadelle de Cambrai. . . pardevant Monsieur le Reverend Official de Cambrai.
Cambrai. 1780. S. Berthoud.
— Observations pour le Sieur Caron-Berquier, Imprimeur à Amiens, contre le Sieur Caron l'aîné, Imprimeur de la même ville. Par M. COCHU, Avocat.
Amiens. 1788. Caron-Bérquier.
— Mémoire du même, contre le même.
Amiens. 1789. Caron-Berquier.

— Réponse des Créanciers unis du sieur Louis-Charles Caron père, et de demoiselle Barbe Delaroche, sa veuve, au Mémoire distribué par le sieur Caron-Berquier contre le sieur Caron l'aîné.
Amiens. 1789. J. B Caron l'aîné.
— Liquidation de la succession de Marie-Louise Locquet, par J. B. Boissier, notaire à Mondidier, Ch. Fr. Sainneville, feudiste à Amiens et J B. Benj. Warnier, notaire à Hangard, experts nommés.
Amiens. An VII. J. B. Caron.
— Précis pour Jacques-Richard Daubigny, contre Et.-Hyac. Tondu et Fr Habart. (Donation).
Amiens. An XII. Maisnel fils.
— Mémoire pour Pierre-Amable-Jean-Baptiste TRANNOY, Docteur en médecine, appelant contre M. le Procureur général.
Amiens 1816. Maisnel fils.
— Réclamation de M. le comte Louis de Clermont-Tonnerre de Thoury, contre les sieurs Lepage, détenteurs de ses moulins de Pierre-Pont.
Abbeville. 1816. Devérité.
— Consultation pour M. le marquis de Querrieux, contre les communes de Pont-Noyelle et Querrieux.
Paris. 1822. Hacquart.
— Réponse rapide et succincte du Comte DE PFAFFENHOFFEN aux nouvelles assertions erronées de M. le Comte de Villéle à la Chambre des Députés, dans la séance du 27 Janvier 1827.
Paris. 1827. A. Boucher. in-8.
— Consultation pour M. le Comte de Pfaffenhoffen, créancier de l'ex-roi Charles X. (Par MM. PARQUIN, DUPIN et MAUGUIN.
Paris. 1836. Pihan-Delaforest.
— Consultation médico-légale sur les rapports judiciaires faits dans l'affaire Leleu. (Par MM. P.L.B. CAFFE, A. CHEVALLIER, A, THIEULLEN).
Paris. 1838. Locquin et Cie.

CHAPITRE IV.

DROIT ÉTRANGER.

1696. — Concordance entre les codes civils étrangers et le Code Napoléon. Deuxième édition entièrement refondue et augmentée de la concordance de la législation civile de plus de quarante pays. Par M. ANTHOINE DE SAINT JOSEPH. Ouvrage terminé et publié par M. A. DE SAINT-JOSEPH, son fils.
Paris. 1856. Cotillon. 4 vol. in-8.

1697. — Statuti civili e criminali di Corsica, pubblicati, con addizioni inedite e con una introduzione, per mu-

nificenza del Conte Carlo Andrea Pozzodiborgo, da *Gio. Carlo* Gregorj.
Lione. 1843. Dumoulin. 2 en 1 vol. in-8.

1698. — Etudes sur le nouveau code pénal des états de S.M. le roi de Sardaigne, par M. *Paul* Bernard.(1re part.)
Paris. 18 . Thunot. in-8.

1699. — Deutsche Rechts Alterthümer von *Jacob* Grimm.
Gottingen. 1828. Dieterich. 2 vol. in-8.

1700. — Deutsche Staats-und Rechtsgeschichte. Von *Karl Friedrich* Eichhorn.
Gottingen. 1834-36. Bandenhock. 4 vol. in-8.

1701. — Weisthümer gesammelt von *Jacob* Grimm.
Gottingen. 1840-63. Dieterich. 4 vol. in-8.

1702. — Das Femgericht Westphalens, aus den Quellen dargestellt, und mit noch ungedruckten Urkunden erlautert. Ein Beitrag zur deutschen Staats-und Rechtsgeschichte, von *Paul* Wigand.
Hamm. 1825. Schulz, 1 vol. in-8.

1703. — Sammlung merkwurdiger Urkunden für die Geschichte des Femgerichts. Herausgegeben von Dr *Ludwig* Tross.
Hamm. 1826. Schulz. 1 vol. in-8.

1704. — Législation des Musulmans. Par M. le Bon Roguet.
Paris. 1857. Marescq & Dujardin. 1 vol. in-8.

IIIe DIVISION.

Droit canonique.

Chapitre I.

A. — Introduction et histoire.

1705. — *Joannis* Fabri de edictis ac mandatis Imperatorum, Regum, ac aliorum Principum et Magistratuum, pro Catholica et Orthodoxa Religione, adversus hæreses et earundem autores liber unus.
Lipsiæ. 1538. N. Wolrab. 1 vol. in-4.

B. — Dictionnaires et répertoires.

1706. — Clavis ecclesiasticæ disciplinæ, seu index universalis totius juris ecclesiastici, ad Regiam non modo, sed et ad quamcumque aliam Conciliorum Editionem accommmodatus...Opus à *Godefrido* HERMANT... ingenti labore concinnatum. Operâ et studio *Petri* AUGER in lucem prodit.
Parisiis. 1693. A. Dezallier. 1 vol. in-fol.

CHAPITRE II.

C. — Œuvres de Jurisconsultes.

1707. — D. *Martini* AZPILCUETÆ *Navarri* opera omnia in sex tomos distincta. Ed. noviss.
Venetiis. 1618-1621. Apud Juntas. 6 vol. in-4.

D. — Traités sur différents points.

1708. — BULLA *Cœnæ Domini* S. D. N. Pape PAULI III. Prælatis, aliisque vicariis ecclesiasticis, magnopere necessaria... Cum elucidationibus D. *P.* REBUFFI.
Parisiis. 1536. P. Vidoveus. 1 vol. in-8.

CHAPITRE III.

CONSTITUTION DE L'ÉGLISE.

1709. — De la Puissance ecclésiastique et politique.
Paris. 1612. 1 vol. in-8.

1710. — Apologia *Roberti* BELLARMINI, pro responsione suâ ad librum Jacobi, Magnæ Britanniæ Regis, cujus titulus est, *Triplici nodo triplex cuneus*; in quâ apologiâ refellitur Præfatio monitoria Regis ejusdem. — Accessit eadem ipsa Responsio iterum recusa, quæ sub nomine *Matthaei* TORTI anno superiore prodierat. Ad exemplar Rom. editum.
S. n. n. l. 1610. 1 vol. in-8.

1711. — Hierarchiæ ecclesiasticæ assertio libris sex compre-

hensa, item, componendorum dissidiorum et sarciendæ in religione concordiæ ratio, authore *Alberto* Pighio. Omnia... recognita...
Coloniæ Agripp. 1572. Birckmannus. 1 vol. in-fol.

1712. — De Hierarchià et Hierarchis libri ix, in quibus pulcherrimà dispositione omnes Hierarchici gradus et ordines, Episcopalis principatus, Clericalis dignitas, Religiosa sanctitas, secundum Patrum doctrinam, decreta Conciliorum, Ecclesiæ ritus et mores,... explicantur. A. R. P. *Lud.* Cellotio.
Rothomagi. 1641. Le Boullenger. 1 vol. in-fol. Port.

1713. — Defensio ecclesiasticæ Hierarchiæ, seu, vindiciæ censuræ Facultatis Theologiæ Parisiensis, adversus Hermanni Loemelii Spongiam. Auctore *Francisco* Hallier.
Parisiis. 1632. Morellus. 1 vol. in-4.

1714. — Apologia Ludovici Cellotii tribus libris comprehensa ad ipsummet Cellotium. Authore *Alypio* a Sancta Cruce (*Joanne* Hamon, aliàs *Francisco* Hallier).
S. n. n. l. 1648. 1 vol. in-8.

** — *Gasparis* Contareni de potestate Pontificis quod divinitus sit tradita commentariolus. Voyez : Théologie. N. 3030.

1715. — De l'obéissance et soumission qui est deüe à N. S. P. le Pape, en ce qui regarde les choses de la Foy. Par M. *Louis* Abelly.
Paris. 1654. Josse. 1 vol. in-8.

1716. — Traité théologique sur l'autorité et l'infaillibilité des Papes. Par le R. P. Dom *Mathieu* Petitdidier.
Luxembourg. 1724. Chevalier. 1 vol. in-12.

1717. — De l'autorité du second ordre dans le synode diocésain.
S. n. n. l. 1721. in-4.

1718. — Mémoire sur les droits du second ordre du Clergé : avec la tradition qui prouve les droits du second ordre.
En France. 1733. in-4.

— Arrêt du Conseil d'Etat qui ordonne la suppression d'un ouvrage imprimé, ayant pour titre : *Mémoire*

sur les droits du second ordre du Clergé... du 29 Juillet 1733.
Paris. 1733. Imprimerie royale.

1719. — Confidences de deux Curés protestants du diocèse de L.*** (Lisieux), au sujet d'une brochure intitulée *Défense des droits du second ordre, etc., A. Leyde.* Données au public, par M. Exomologèse, Vicaire de *** (l'Abbé Guill.-And.-René Baston.), avec un Commentaire par le même.
Edimbourg. 1778. 1 vol. in-8.

1720. — Consultation sur la juridiction et approbation nécessaires pour confesser, renfermée en sept questions, lesquelles sont discutées exactement. ... Par M. *** (l'Abbé *Nic.* Travers).
S. n. n. l. 1734. 1 vol. in-4.

. — La consultation sur la juridiction et approbation nécessaires pour confesser, défendue par l'Auteur, contre le Mandement de M. l'Archevêque de Sens, du 1 May 1735. Contre le livre de l'*Ordre de l'Eglise selon S. Thomas. Par le P. Bernard*, 1735. Et contre la *Censure* de LXXXVI *Docteurs de Paris dans leur assemblée du* 15 *Septembre* 1735.
En France. 1736. in-4.

Chapitre V.

Procédure canonique.

1721. — Tractatus non minus utilis quam necessarius (his maximè qui stilum et praxim Curiæ Romanæ cupiunt percipere) de literis gratiæ. Authore R. P. D. *Joanne* Staphilæo. Recogniti à mendisque purgati, ac summariis decorati per D. *Philippum* Probum.
Parisiis. 1547. Galeotus à Prato. 1 vol. in-8.

. — *Ludolphi* Hugonis de abusu appellationum tollendo et Camera imperiali immenso earum cumulo levanda, consultatio.
Guelpherbyti. 1662. C. Bunon. in-4.

Voyez : Théologie. N. 3254

Chapitre VI.

Discipline.

1722. — Notes sur le Concile de Trente. (Par *Et.* Rassicod).
Bruxelles. 1711. Foppens. 1 vol. in-8.

1723. — La discipline de l'Eglise tirée du Nouveau-Testament et de quelques anciens Conciles. (Par le P. *Pasquier* Quesnel).
Lyon. 1689. J. Certe. 2 vol. in-4.

Chapitre VII.

Droit canonique de France.

1724. — Recueil de Pièces.
3 vol. in-4 contenant :
Tome I.

1-2 — L'Evêque d'Amiens et les Jésuites.   Histoire. N. 3816. t, 3.

3 — Decretum Sac. Fac. Th. Paris. in librum, cui titulus est *Lud. Cellotii horarum subsecivarum liber singularis.*
Parisiis. 1648. Quesnel.

4 — Règles très-importantes.   Jurisprudence. N. 1221.

5 — Lettres de l'auteur des règles.   Ib.

6 — Ad sapient. MM. Leblond et Regnoust super approbatione libelli *Deffense de la hiérarchie de l'Église...* Baccalaureus S. Fac. Par. 1659.

7 — Ad ill. Episcopum Alectensem Theologus Par.

8 — Responsio ad epistolam Jesuitarum contra censuras Episcoporum Galliæ et Theologorum Par. ad Alexandrum VII nuperrimè datam. Authore Optato, Theologo Par.
Parisiis. 1659.

9 — Bref de N. S. P. le P. Alexandre VII à l'ill. Ev. d'Angers. Avec le décret de N. S. P. sur les différends dudit Seigneur Evesque avec les Religieux de son Diocèse.
Angers. 1659. Avril.

10 — Abrégé d'une instruction pour les Seigneurs qui veulent travailler dans leurs terres pour la gloire de Dieu et pour le soulagement du prochain. Suivant les ordonnances de France.
Paris. 1657. P. Le Petit.

11 — Lettre pastorale de Mgr l'Evesque de Beauvais (*Nic.* Choart de Buzenval), sur le sujet des entreprises faites par le Chapitre de son Eglise cathédrale contre sa juridiction. 1659.

12 — Factum (de *Guill.* Cardinal official du diocèse de Beauvais contre le Chapitre). 1656.

13 — Fait, sur la seconde entreprise du Chapitre (de Beauvais) par un statut.

14 — Pièces justificatives des entreprises du Chapitre de Beauvais, sur la juridiction ecclésiastique....

15 — Arrest du Conseil du 21 Juillet 1659 (sur ce différent).

16 — Arrêt du Conseil du 2 Octobre 1660 auquel le Chapitre (de Beauvais) a fait dénommer l'Official...

17 — Procès-verbal de souscription de l'Official de Beauvais au greffe de l'Officialité du 27 Octobre 1659.

18 — Commandement à la requeste du Chapitre à l'Official de Beauvais de quitter l'habit de chanoine...

19 — Extrait de la sentence rendue par les Officiaux de Rheims, le 11 Septembre 1660 (dans l'affaire de Beauvais).

20 — Arrest du Conseil d'Etat du 28 Septembre 1660.

21 — L'obligation des fidèles de se confesser à leur Curé, pour respondre aux réflexions des Réguliers sur le chapitre 21 du Concile général de Latran IV. tenu en l'année 1215...

Paris. 1653

22 — Sommaire des déclarations des Curez de Paris : sur le vrai sens des onze propositions extraites et objectées contre le livre intitulé : *De l'obligation des fidèles de se confesser à leur Curé*. Par M. Jean ROUSSE. 1657.

23 — Lettre d'AMOLON, Archevêque de Lyon, à Thibaud, Evêque de Langres, dans laquelle il est parlé des Paroisses, des Curez, et des peuples qui leur sont soumis.

Paris. 1654.

24 — Réponse au libelle intitulé *Dom Pacifique d'Avranches* rempli d'erreurs et de calomnies contre la saincte mémoire de feu Mgr l'Evesque de Belley, et contre tous les Curez de Paris, composé et distribué par les Jésuites, en l'an 1654.

25 — Réponse d'un Paroissien de S. Paul à un Conseiller du Parlement de Rouen sur ce qui s'est passé dans l'Eglise de S. Paul le 12 Avril 1654.

26 — Copie de la lettre de M. Victor DES MONTAGNES, Curé de S. Eusèbe en Bourgogne, au P. Segueran, jésuite, sur l'obligation de se confesser aux Curés...

Paris. 1654.

27 — Requête des Curez d'Amiens présentée à Mgr leur Evêque le 24 Mars 1660 contre quelques propositions que le frère...LeMesge, religieux non réformé, de l'Ordre des Frères Prêcheurs, a avancé dans un sermon en l'Eglise cathédrale. Le 24 Mars 1660.

28 — Traduction d'une excellente lettre d'ESTIENNE, Evesque de Tournai, escrite à Robert, Prieur de Pontigny, pour justifier et encourager quelques Religieux de l'Ordre de Grammont qui estoient entrés dans l'Ordre de Cisteaux. Avec une édition de la lettre latine...

Paris. 1652.

Tome II.

1 — Epistola ad ill. et rev. Episcopos Suessionensem et Laudunensem : in qua de jure Episcoporum in Ecclesias suarum urbium disseritur,

Parisiis. 1659.

2 — Epistola ad ill. et rev. utriusque Ordinis Ecclesiæ Gallicanæ Patres ad

Comitia generalia anni MDCLX. Parisiis congregatos. In quā fit discussio privilegii illius quo quibusdam Monasteriis facultas per quem cumque voluerint Episcopum ordines sacros recipiendi, concessa est.

Parisiis. 1660.

3 — Epistola... de origine parochiarum deque fundamentis obligationis ad eas conveniendi. Autore R. P. Joanne FRONTONE.

4 — Epistola... in qua de moribus et vita Christianorum in primis Ecclesiæ sæculis agitur. Autore eodem.

5 — Familia christiana in primis Ecclesiæ sæculis. Autore eodem.

6 — Φιλοτησιαι veterum.Epistola in qua ritus antiqui sese in compotationibus salutandi tractantur, et ad illustrandam divinæ Eucharistiæ institutionem multa afferuntur. Autore eodem.

7 — Epistola... in quā tractatur quomodo se habeant Scriptura et Ecclesia ad mutuam sui probationem. Autore eodem.

8 — Epistola... de Canonicis Cardinalibus. Autore eodem.

9 — Epistola. . de signo sanctæ crucis Authore R. P. Joanne FRONTONE.

Parisiis. 1660-62. Car. Savreux.

10 — *Henrici* HOLDENI epistola... Théologie. N. 7330. 4.

11 — Sentence de M. le Vicaire général de Mgr le Cardinal de Retz, Archevêque de Paris (Al. DE HODENCQ), portant approbation du miracle arrivé en l'Eglise du Monastère de Port-Royal... le 24 Mars 1656.

Paris. 1656. Targa.

12 — Sentence de Mess. les Vicaires généraux de Mgr le Cardinal de Retz portant approbation du miracle arrivé le 27 Mai 1657.

Paris. 1657. Targa.

13 — Miracle arrivé à Provins par la dévotion à la Sainte Epine révérée à Port-Royal, reconnu et approuvé par la sentence de M. le Grand-Vicaire de Mgr l'Archevêque de Sens (*Ch.* DE HANNICQUES), rendue sur les lieux le 14 Décembre 1656

14 — Response à un escrit publié sur le sujet des miracles qu'il a pleu à Dieu de faire à Port-Royal depuis quelques temps par une sainte épine de la couronne de Nostre-Seigneur.

Paris. 1656.

15 — Lettre au P. Adam, jésuite, sur la traduction qu'il a faite en vers de quelques hymnes de l'Eglise.

Paris. 1651.

16 — Ordonnances. Théologie. N. 7330.

17 — Esclaircissement de ces mots que les Gentils proférent dans l'Évangile du dimanche de la Septuagésime : *Nemo nos conduxit.*

18 — Les deux censures différentes imprimées par Meturas contre le Messel.

19 — Observations sur une censure publiée sous le nom de la Faculté de Paris contre la traduction du Messel en MDCLXI,

20 — Observations sur les propositions que les Députés de la Faculté de Théologie de l'Université de Paris ont jugées dignes de censure dans la traduction et explication du Messel.

21 — Dissertatio de amictu, veste sacra sacerdotis evangelici. Authore *Paulo* MOREAU.

Parisiis. 1661. C. Savreux.

22 — Discours chrestien sur l'establissement du Bureau des pauvres Beauvais.

Paris. 1655. G. Desprez.

23 — Traduction d'une épistre de S. BASILE à des Solitaires qui avoient et persécutez par les Ariens.

Paris. 1656. G. Desprez.

24 — Lettre escrite au Roy par la R. M. *Agnès* (*de St-Paul* ARNAULD) Abbesse de Port-Royal. (Le 6 Mai 1661).
25 — Lettre escrite par la Mère *Angélique* ARNAULD... à la Reyne [Mère Roy. 25 Mai 1661.
26 — Lettre sur la constance... 1661.   Théologie. 7
27 — Factum pour M. Claude Cordon, de la Maison de Montaigu, eslu Principal... contre les Pères Chartreux, opposans à cette élection.
28 — Ad Nob. D, Dantin de Gondrin. super supplicatione ejus. Pro B Collegii Sorbonici. M.S.D.
29 — Mémoire pour faire connoistre l'esprit et la conduite de la Compagnie establie en la ville de Caen, appelée l'Hermitage. 1660.
30 — Arrest du Conseil privé du Roy contre les entreprises des Religieuses Ursulines du monastère de la ville de Caen sur l'autorité des Evesques
31 — Extrait d'une lettre du 25 de May 1660, contenant la relation des extravagances que quelques-uns d'une Compagnie appelée l'Hermitage qui est à Caen, ont faites à Argentan et à Séez.
32 — La condamnation d'un prestre de l'Hermitage... 1661.
33 — Compliment de Mess. les Curez de Paris à Mgr le Président Belièvre sur sa promotion à la dignité de premier Président, fait le sieur MAZURE, Curé de S. Paul. 29 Avril 1653.
34 — Harangue de M. MAZURE, Curé de S. Paul, à la Reyne de Suède, Messieurs les Curez de Paris,
35 — Factum de Louis Guyot... contre M. Nicolas Mazure.
36 — Arrest de la Cour de Parlement contre Nic. Mazure. Pour rendre inhumer en l'église des Jésuites, rue St. Antoine, le corps de défunte damoiselle Guyot. 1655.
37 — Mandement de Mgr l'Archevêque de Bourges (*Anne* DE LEVY VANTADOUR) contenant la suspension de F. Charles Guyot, religieux de la Société du nom de Jésus.

Bourges. 1659. Chaudière.

38 — Sentence de Mess. les Vicaires généraux de Mgr le Cardinal de R sur le sujet de quelques sermons prêchez par le P. Maimbourg.
39 — Lettre de Mgr l'Archevêque de Sens à M. le Recteur de l'Université de Paris. (Collége des Crassins). 26 Août 1656.
40 — Lettre de M. Feydeau.   Théologie. 7

Tome III.

(Outre un grand nombre de pièces contenues déjà dans les d volumes précédents, on y trouve :

1 — Réponse aux fausses conséquences de l'escrit du P. Jean B, Jésuite, *De la deffense du droict épiscopal.*
2 — Extrait des censures de la Faculté de Théologie de Paris, par l quelles elle condamne certaines propositions avancées contre

Hiérarchie de l'Eglise, et renouvellées depuis peu par le P. Bagot, dans son livre intitulé *La défense du droit épiscopal*.

Paris. 1656.

3 — Procédures faictes contre les Pères Jésuites de la ville et du diocèse de Sens, et ordonnance de Mgr l'Archevêque (*L H.* DE GONDRIN) portant deffences ausdits Pères d'administrer le sacrement de pénitence, sans permission et approbation signée dudit Seigneur, où de ses Vicaires généraux, sur les peines portées par icelle.

Paris.-1650. Jacquard.

4 — Recueil de plusieurs pièces importantes touchant ce qui s'est passé entre Mgr l'Archevêque de Sens et les Jésuites.

Sens. 1650. Prussurot.

5 — Mandement de Mgr l'Archevêque de Sens pour les prières des quarante heures. 1652.

6 — Sentence d'excommunication prononcée par Mgr l'Archevêque de Sens contre tous ses diocésains de l'un et l'autre sexe qui iront à confesse aux Frères de la Société du nom de Jésus.

Sens. 1653. Prussurot.

7 — Ordonnances du même, contre les Frères Hermites de l'Ordre de S. François dits Capucins. 1653.

8 — Sentence d'excommunication du même contre tous ses diocésains de l'un et l'autre sexe qui iront à confesse aux Frères Hermites de S. François dits Capucins. 1653.

9 — Deffences de Mgr l'Evêque de Langres (*Sébastien* ZAMET), faites aux Capucins du diocèse de Sens de confesser, prescher, dire la messe et faire la queste dans son diocèse. Le 13 Février 1653.

10 — Lettre d'un Théologien à un de ses amis sur ce qui s'est passé à une thèse de théologie, touchant l'obligation d'assister à la messe de paroisse, soutenue au Séminaire archiépiscopal de la ville de Sens, les 9 et 10 de Septembre 1664. Le P. Macheret, Préfect du Collége des Jésuites disputant.

11 — La juste balance, qui fait voir de quel côté est la vérité dans la dispute (précédente.)

12 — L'interdit de deux RR. PP. Capucins dans la ville et le diocèse de Toulouse. 1664.

13 — Remarques de M. l'Abbé de S. Eleuthere sur une lettre que le sieur MARANDÉ a escrite à un R. P. Capucin de Languedoc.

1725. — Mélanges.

1 vol. in-4 contenant :

1 — Recueil des moyens du procès d'Emon Richer contre MM. Seb. Bouthillier, J. Gouault et P. de Bailly. Ensemble la responce aux principales objections faictes contre les *Graduez*. Par M. Denis Bouthillier.

Paris. 1614. Durand.

2 — Factum pour M. J. Gouault... pour rayson de la prébende dont il est pourveu par M. E. Richer.

3 — Factum pour M. le Cardinal Grimaldi, Archevêque d'Aix, contenant la deffense de Bref du Pape Urbain VIII. Avec les observations sommaires sur la replique faite par les Religieux de S. Maximin.

4 — Ordonnance de Mgr l'Archevêque de Corinthe (J. F.P. DE GONDY), Coadjuteur de Paris, sur les entreprises de Mgr l'Archevêque de Sens.
Paris. 1650. Targa.

5 — Procès des véritables habitans de la ville d'Angers contre l'Evesque, avec les pièces justificatives de leur différend. 1652.

6 — Information de la doctrine de M. Fr. Hallier, en attendant celle de ses mœurs, afin de haster les bulles de son Evesché.
Rennes. 1664.

7 — Réponses de M. *Thomas* LE MERCIER, Recteur de l'Université de Reims. à la requeste contre lui présentée au Conseil privé du Roy, par les Jésuites de la ville de Reims, le 21 Juillet 1662.

8 — Arrest de la Cour de Parlement portant règlement général touchant l'institution des Vicaires perpétuels dans toutes les Cures unies aux Communautez, tant séculières que régulières, 1664.

9 — Plaidoyer pour M. Louis Philippe, Directeur du Séminaire d'Aix, contre M. Ph. Balthasar, nommé et tenant l'indulte de feu M. Balthasar, son frère.
Paris. 1666. R. Guignard.

10 — Examen de l'Examen (des réponses données par M. de Verthamon au mémoire des plaintes faites au Roi par Mgr l'Archev. de Paris.) 1667.

11 — Réflexions sur l'écrit qui a paru depuis peu contre les Réguliers.

12 — Mémoire touchant la réponse que les Religieux doivent faire à Nosseigneurs les Evêques, s'ils veulent faire la visite de leurs églises. 1673.

13 — Inventaire des pièces que met et baille par devant vous, Nosseigneurs de Parlement, M. L. Henry de Gondrin, Archevêque de Sens, prenant fait et cause de son Official... contre les Doyen, Chanoines et Chapitre de l'Eglise cathédrale de Sens... (Appel d'abus).
Paris. 1669. Léonard.

14 — Lettre de Mgr. H. de GONDRIN, Archevêque de Sens, à tous les Confesseurs Réguliers approuvés dans son diocèse. 1672.

15 — Mémoire pour M. L. Ant. de Noailles, Evêque de Chaalons, contre les Doyen, Chanoines et Chapitre dudit Chaalons... au sujet de l'approbation des Confesseurs. — Défense du Chapitre. 1684.

16 — Réponse au factum des Réguliers d'Agen pour servir au procès pendant au Conseil privé du Roi entre Mgr l'Evêque et lesdits Réguliers.

17 — Titres et actes par lesquels le droit de Mgr l'Archevêque de Paris sur le territoire du fauxbourg Saint-Germain est reconnu et rétably.
Paris. 1669. Fr. Muguet.

18 — Arrest de la Cour de Parlement rendu en faveur de Mgr. l'Archevêque de Paris contre l'Abbé et Religieux de l'Abbaye de Sainte-Geneviève-du-Mont. (Défense d'assister à la procession du S. Sacrement en habits pontificaux.)
Paris. 1670. F. Muguet.

19 — Factum pour les Religieux et Prieurs des Abbayes en commande de l'Ordre de Prémontré, contre le R. P. Michel Colbert, Abbé de Prémontré et chef de l'Ordre. 1685.

20 — Mémoire sur le différend qui est entre Mgr l'Evesque de Tournay et les Réguliers de son diocèse,
Paris. 1672. G. Desprez.
21 — Réponse à un écrit intitulé, Mémoire sur le différend...
22 — Mémoire pour Mgr l'Evêque de Tournay, contre le Chapitre de son Eglise cathédrale, au sujet de la juridiction.
Tournai. 1689. J. Coulon.
23 — Lettre de M. Gilbert, Prévôt de S. Amé et Chancelier de l'Université de Douay, au R. P. Charles de l'Assomption, au sujet du différent qu'il a avec Mgr l'Evêque de Tournay, du 18 Mars 1684.
24 — Réflexions sur la décrétale d'Innocent III pour l'élection du Patriarche de Constantinople, où les questions du concours de l'Election avec la Postulation sont examinées.
Paris. 1688. J. B. Coignard.
25 — Actes contenant les protestations solennelles publiées au sujet des nullitez insoutenables faites en Cour de Rome dans la confirmation de la prétendue élection du Ser. Prince Joseph Clément Duc de Bavière.
Paris. 1689. J. B. Coignard.

1726. — **Affaires du diocèse d'Alet.**
1 vol. in-4 contenant :
1 — Avertissement produit au Conseil du Roi, pour M. Vincent RAGOT, Promoteur de l'Eglise et Diocèse d'Alet, contre J. Jos. de Ménard de l'Estang et Fr. Rives, Chanoines de la même église, où l'on justifie la conduite de Mgr l'Evesque d'Alet. 1665.
2 — Factum ou replique de M. *Vincent* RAGOT.
3 — Jugement définitif et arrest rendus sur les différens d'entre Mess. Maynard de l'Estang, Fr. Rives et Ant. d'Hautpoul; et M. V Ragot.
4 — A Nosseigneurs de l'Assemblée générale du Clergé de France. Supplie *V.* RAGOT....
5 — Résolutions de plusieurs cas importans pour la morale et pour la discipline ecclésiastique. Par un grand nombre de Docteurs en Théologie de la Faculté de Paris.
Paris. 1666. Savreux.
6 — Factum de M. V. RAGOT tant pour lui que pour le Syndic du Clergé du Diocèse d'Alet et M. Nic. Pavillon, Evesque, contre le prétendu Syndic de quelques Gentilshommes et quelques Ecclésiastiques et Réguliers de ce Diocèse. 1 et 2° partie.
Paris. 1666.
7 — Eclaircissement sommaire sur le procès intenté par des Gentilshommes du Diocèse d'Alet contre leur Evesque et leurs Curez.
8 — Réponse à quelques difficultez proposées de la part des Gentilshommes.
9 — Arrest du Conseil d'Etat portant règlement sur les différents du Diocèse d'Alet. 1666.

Chapitre VIII.

Droit ecclésiastique des pays étrangers.

1727. — Privilegia nominationum Lovanensium, primùm à Sixto IV, summo Pontifice, deinde ab illius successoribus Leone X, Adriano VI, seu Clemente VII, Gregorio XIII et Paulo V.—Accedentibus Placetis Principum Belgii, etiam per modum concordati diversimodè concessa, extensa, restricta, et alterata. **Leodii. 1665. M. Hovius. 1 vol. in-4.**

JURISPRUDENCE.

TABLE

A

Abelly, L., 1715.
Alexandre VII. 1724.
Allou, F,, 1663.
Alypius à Sancta-Cruce, 1714.
Amolon, 1724.
Anthoine de St. Joseph, 1696.

Arnauld, Agnès, 1724.
Arnauld, Angélique, 1724.
Auger, P., 1706.
Auvillers, L. A. M. d', 1691, 1692.
Azpilcueta, M., 1707.

B

Basile (Saint), 1724.
Baston, G. A. R., 1719.
Beaussire, Em., 1602.
Bécot, Joseph, 1688.
Bellarmin, Rob., 1710.
Bernard, M. P., 1660-1661-1662-1668-1698.
Berthelot, J. F., 1611.

Besnard, C., 1679.
Bigorne, Em., 1683.
Boitard, 1671.
Bonnier, Ed., 1676.
Bouthillier, D., 1725.
Boyard, 1680.
Buzenval, N. Choart de, 1724.
Bravard-Veyrières, 1672.

C

Caffe, P. L. B., 1695.
Cardinal, G., 1724.
Caron, L., 1684.
Casa-Bianca, M. de, 1688.
Cellot, L., 1712.

Chabot (de l'Allier), 1650.
Chevallier, A., 1695.
Choart de Buzenval, Nic., 1724.
Colmet-Daage, G. F., 1671.

D

Dalloz, A., 1689.
Dalloz, D., 1689.
Dareste, Rod., 1677.
Dauriat, Louise, 1687.
Dejean, Oscar, 1665.
Delangle, Cl. A., 1687.
Demangeat, Ch., 1619-1672.
Des Montagnes, V., 1724.

Du Caurroy, A. M., 1617.
Dufour, L., 1594.
Dupin, A. M. J. J., 1598-1616-1687-1695.
Dupin, Ph., 1687.
Durand (de Nancy), 1649.
Du Rousseaud de la Combe, Guy 1636.

E

Eichhorn, K. F., 1700.
Estienne, Evêque de Tournai, 1724.

Exomologèse, 1719.

F

Faber, J., 1705.
Falconnet, Ern., 1697.
Ferrière, C. J. de, 1686.

Fleury, l'Abbé Cl., 1607.
Fronton, J., 1724.

G

Gandillot, R., 1678.
Gans, Ed., 1604-1613.
Germanes, 1688.
Gilbert, 1725.
Gillet, 1634.
Giraud, Ch., 1608.
Godefroy, D., 1612.
Godefroy, J., 1611.

Gondrin, L. H. de, 1724.
Gondy, J. F. P. de, 1725.
Gothofredus, D., 1612.
Gothofredus, J., 1611.
Gregorj, G. C., 1697.
Gribaldus, M., 1610.
Grimm, J., 1699-1701.

H

Haffner, Is., 1609.
Hallier, Fr., 1713-1714.
Hamon, J., 1714.
Hannicques, Ch. de, 1724.
Hardouin, H., 1681-1687.
Heineccius, J. G., 1616.

Hermant, G., 1706.
Hodencq, A. de, 1724.
Holden, H., 1724.
Houard, Dav., 1628.
Houlouve, B. L. Le Camus d', 1630.

J

Jammetius, F., 1621.
Jolibois, Eug., 1688.

Justinien, 1617.

L

La Chalotais, C. de, 1637.
La Combe, G. du Rousseaud de, 1636.
Lagrange, E., 1618.
Le Camus d'Houlouve, B.L., 1630.
Le Graverend, J, M., 1673.
Le Mercier, Th., 1725.

Lerminier, E., 1601-1603.
Le Sellyer, A. Fr., 1675.
Le Senne, N. M., 1648.
Lévy de Vantadour, Anne de, 1724.
Linage, G. de, 1671.

M

Macheldey, F., 1607.
Marandé, L. de, 1724.
Marcadé, V., 1653-1656.
Marie, A. Th., 1694.
Massé, A. J., 1686.
Massé, G., 1652.

Mauguin, 1695.
Mazure, Nic., 1724.
Merville, 1688.
Moreau, P., 1824.
Mühlenbruch, C. F., 1614.

N

Nogent-Saint-Laurent, 1687.

Nupied, Nic., 1629.

O

Optatus, 1724.

Ortolan, J. L. E., 1624.

P

Parquin, 1687-1695.
Paul III, 1708.
Paul, 1688.
Paulmier, Ch., 1687.
Petitdidier, M., 1716.
Pfaffenhoffen, le comte de, 1695.
Pighius, Alb., 1711.

Pilastre, Ed., 1659.
Pinel-Grandchamps, P., 1612.
Plasman, 1688.
Poncelet, F. F., 1607-1651.
Pont, Paul, 1654-1655-1657-1658.
Preudhomme, 1633.
Probus, Ph., 1721.

Q

Quesnel, P., 1723.

R

Ragot, V., 1726.
Rassicod, Et., 1722.
Rauter, 1674.
Rebuffi, P., 1708.
Ribeira, Em. Soarez à, 1610.
Richomme, J. E., 1687.
Rodière, A., 1647.

Rogron, J. A., 1670.
Roguet, le Baron, 1704.
Rolland, 1669.
Rolle, J., 1605.
Rousse, J., 1724.
Rousselin, H., 1599.
Rozière, Eug. de, 1626.

S

Saint-Albin, Hortensius de, 1599.
Saint-Joseph, Anthoine de, 1696.
Sallé, J. A., 1627.
Salmasius, Cl., 1632.
Sancta-Cruce, Alypius à, 1714.
Saumaise, Cl., 1632.
Savaron, J., 1631.
Savary, 1688.

Schaeffner, W., 1622.
Seligman, 1658.
Soarez à Ribeira, Em., 1610.
Sourdat, A., 1654.
Staphilæus, J., 1721.
Stein, L., 1623.
Struvius, A. G., 1612.

T

Tailliar, E., 1606.
Ternaux, Ed., 1687.
Teulet, A. F., 1646.
Thibaut, A. F. G., 1615.
Thieullen, A., 1695.

Tortus, M., 1710.
Trannoy, P. A. J. B., 1695.
Travers, Nic., 1720.
Trémoulet, 1667.
Tross, L., 1703.

V

Vantadour, Anne de Lévy de, 1724.
Vergé, Ch., 1652.

Vion, Em., 1635.
Voltaire, 1600.

W

Warnkœnig, L. A., 1623.

Wigand P., 1702.

Z

Zachariæ, K. S., 1652.

Zamet, Séb., 1724.

SCIENCES ET ARTS.

PREMIÈRE CLASSE.

SCIENCES PHILOSOPHIQUES.

I. HISTOIRE DE LA PHILOSOPHIE.

** — *Des.* Jacotii de Philosophorum doctrinâ. Libellus ex Cicerone.
Voyez : Ciceronis opera IX. Polygraphie. N. 89.

3526. — Histoire de la Philosophie par le Dr *Henri* Ritter; traduite de l'allemand par *C. J.* Tissot. Première partie. Histoire de la Philosophie ancienne.
Paris. 1835-1836. Ladrange. 4 vol. in-8.

3527. — Histoire de la Philosophie moderne, par le Dr *Henri* Ritter. Traduction française précédée d'une introduction par *P.* Challemel-Lacour.
Paris. 1861. Ladrange. 3 vol. in-8.

3528. — Histoire de la Philosophie chrétienne, par le Dr *Henri* Ritter, traduite de l'allemand et précédée d'un mot sur la relation de la croyance avec la science, par *J.* Trullard.
Paris. 1844. Ladrange. 2 vol. in-8.

3529. — Histoire générale de la Philosophie depuis les temps les plus anciens jusqu'à la fin du XVIII° siècle. Par M. *Victor* Cousin. Nouv. édit.
Paris. 1864. Didier & Comp. 1 vol. in-8.

3530. — Fragments philosophiques pour servir à l'histoire de la Philosophie, par M. *Victor* Cousin. 5e édition.
Paris. 1865-1866. Didier & Comp. 5 vol. in-8.

    I.   Philosophie ancienne.
    II.   — du moyen-age.
    III IV.   — moderne.
    V.   — contemporaine.

3531. — Manuel de Philosophie ancienne, par *Ch.* Renouvier.
Paris. 1844. Paulin. 2 vol. in-18.

3532. — Manuel de Philosophie moderne, par *Ch.* Renouvier.
Paris. 1842. Paulin. 1 vol. in-18.

3533. — Variétés philosophiques. — Le rôle des grands hommes d'après M. Cousin et d'après l'histoire. — Le positivisme au tribunal de la science. — Le vrai et le faux Platon ou le Timée démontré apocryphe. Par M. Ladeyi-Roche.
Paris. 1867. Hachette. 1 vol. in-8.

3534. — Histoire de l'école d'Alexandrie, par M. *Jules* Simon.
Paris. 1845. Joubert. 2 vol. in-8.

3535. — La Philosophie de Saint Augustin, par Nourrisson.
Paris. 1865. Didier. 2 vol. in-8.

3536. — De la psychologie de Saint Augustin, par M. Ferraz.
Paris. 1862. Durand. 1 vol. in-8.

3537. — La Philosophie de Saint Thomas d'Aquin, par *Charles* Jourdain.
Paris. 1858. Hachette. 2 vol. in-8.

3528. — Bacon, sa vie, son temps, sa philosophie et son influence jusqu'à nos jours, par *Charles* de Rémusat.
Paris. 1857. Didier & Comp. 1 vol. in-8.

3539. — Précurseurs et disciples de Descartes, par *Emile* Saisset.
Paris. 1862. Didier. 1 vol. in-8.

3540. — Histoire de la Philosophie cartésienne, par *Francisque* Bouillier. 3e édit.
Paris. 1868. Delagrave. 2 vol. in-8.

3541. — Histoire de la Philosophie allemande depuis Kant jusqu'à Hegel, par J. WILLM.
Paris. 1846-49. Ladrange. 4 vol. in-8.

3542. — Essai sur l'histoire de la Philosophie en Italie au dix-neuvième siècle, par Louis FERRI.
Paris. 1869. Durand. 2 vol. in-8.

** — La Philosophie en France au XIX siècle, par Félix RAVAISSON.
Paris. 1868. Imprimerie impériale. 1 vol. in-8.
Voyez : Polygraphie. N. 369.

II. TRAITÉS GÉNÉRAUX ET MÉLANGES.

a. — Philosophes anciens.

3543. — Les Ennéades de PLOTIN, chef de l'École néoplatonicienne, traduites pour la première fois en français, accompagnées de sommaires, de notes et d'éclaircissements, et précédées de la vie de Plotin et des principes de la théorie des intelligibles de PORPHYRE. Par M. N. BOUILLET.
Paris. 1857. L. Hachette. 2 vol. in-8.

** — Fragmenta Philosophorum græcorum. Collegit, recensuit, vertit, annotationibus et prolegomenis illustravit, indicibus instruxit Fr. Guil. Aug. MULLACHIUS.—Poeseos philosophicæ cæterorumque ante Socratem Philosophorum quæ supersunt.
Parisiis. 1860. A. F. Didot. 1 vol. in-8.
Vide : Scriptorum græcorum bibliotheca.

c. — Philosophes modernes.

*** — Rabi MOSSEI Ægyptii dux seu director dubitantium et perplexorum, in tres libros divisus. et summa accuratione R. P. Aug. JUSTINIANI recognitus.
Parisiis. 1520. Badius Ascensius. in-fol.
Voyez : Théologie. N. 644.

3544. — Le guide des égarés, traité de théologie et de philosophie de MOÏSE BEN MAÏMOUN dit MAÏMONIDE, traduit pour la première fois sur l'original arabe, et accompagné de notes critiques, littéraires et explicatives, par S. MUNK.
Paris. 1856-1866. Franck. 3 vol. in-8.

3545. — Joannis *Saresberiensis* policraticus, sive de nugis Curialium, et vestigiis Philosophorum, libri octo.
Lugd. Batav. 1595. Off. Plantiniana. 1 vol. in-8.
Voyez aussi : Sciences et Arts. N, 106.

3546. — OEuvres philosophiques de Vanini, traduites pour la première fois par M. *X.* Rousselot.
Paris. 1842. Gosselin. 1 vol. in-18.

3547. — Omnium scientiarum anima, hoc est, axiomata physico-theologica, ex probæ notæ Authoribus editis aut ineditis deprompta... Auctore R.P.D. *Aloysio* Novarino.
Lugduni. 1644-45. Anisson. 2 vol. in-fol.

3548. — OEuvres de Spinosa, traduites par *Emile* Saisset. Avec une introduction critique. Nᵉ édit.
Paris. 1861. Charpentier. 3 vol. in-12.

3549. — Réflexions curieuses d'un esprit désintéressé sur les matières les plus importantes au salut, tant public que particulier. (Traduit de Spinoza par le Sieur de Saint-Grain).
Cologne. 1678. Cl. Emanuel. 1 vol. in-12.

3550. — *God. Guil.* Leibnitii opera philosophica quæ exstant latina, gallica, germanica omnia. Edita recognovit, è temporum rationibus disposita pluribus ineditis auxit, introductione critica atque indicibus instruxit *Joan. Eduardus* Erdmann.
Berolini. 1840. Eichlerus. 1 vol. in-4. Port.

3551. — Critique de la raison pure par *Emm.* Kant. Seconde édition en français, retraduite sur la première édition allemande; contenant tous les changements faits par l'auteur dans la seconde édition, des notes, et une biographie de Kant. Par *J.* Tissot.
Paris. 1845. Ladrange. 2 vol. in-8.

3552. — Critique du jugement, suivie des Observations sur le sentiment du beau et du sublime, par *Emm.* Kant, traduit de l'allemand par *J.* Barni, avec une introduction du traducteur.
Paris. 1846. Ladrange. 2 vol. in-8.

3553. — Philosophie de Kant. Examen de la critique du jugement par *Jules* Barni.
Paris. 1850. Ladrange. 1 vol. in-8.

3554. — Critique de la raison pratique, précédée des Fondements de la métaphysique des mœurs, par *Emm.* Kant, traduit de l'allemand par *J.* Barni.
Paris. 1848. Ladrange. 1 vol. in-8.

3555. — Leçons de métaphysique de Kant, publiées par M. Poelitz, précédées d'une introduction où l'éditeur expose brièvement les principaux changements survenus dans la métaphysique depuis Kant; traduites de l'allemand par *Jh.* Tissot.
Paris. 1843. Ladrange. 1 vol. in-8.

3556. — Principes métaphysiques de la morale, par *Emm.* Kant. 3ᵉ édition en français, corrigée et augmentée 1° du Fondement de la métaphysique des mœurs ; 2° de la Pédagogique ; 3° de divers fragments de morale du même auteur ; avec une Introduction et des Notes par *Joseph* Tissot.
Paris. 1854 Ladrange. 1 vol. in-8.

3557. — Philosophie de Kant. Examen des fondements de la métaphysique des mœurs et de la Critique de la raison pratique, par *Jules* Barni.
Paris. 1851. Ladrange. 1 vol. in-8.

3558. — La religion dans les limites de la raison, par *E.* Kant, traduit de l'allemand par *J.* Trullard ; avec une lettre adressée au traducteur par M. *E.* Quinet.
Paris. 1841. Ladrange. 1 vol. in-8.

3559. — Théorie de Kant sur la religion dans les limites de la raison, ouvrage traduit de l'allemand par M. le Docteur Lortet ; précédé d'une introduction par M. *Francisque* Bouillier.
Paris. 1842. Joubert. 1 vol. in-12.

3560. — Doctrine de la science. Principes fondamentaux de la science de la connaissance, par *J. G.* Fichte, traduit de l'allemand par *P.* Grimblot.
Paris. 1843. Ladrange. 1 vol. in-8.

3561. — Destination de l'homme, de FICHTE. Traduit de l'allemand par BARCHOU DE PENHOEN. 2e édit.
Paris. 1836. Charpentier. 1 vol. in-8.

3562. — De la destination du savant et de l'homme de lettres, par J. G. FICHTE, traduit de l'allemand par M. NICOLAS.
Paris. 1838. Ladrange. 1 vol. in-8.

3563. — Méthode pour arriver à la vie bienheureuse, par FICHTE, traduit de l'allemand par M. BOUILLIER; avec une Introduction par M. FICHTE le fils.
Paris. 1845. Ladrange. 1 vol. in-8.

3564. — Philosophie de la nature de HEGEL, traduite pour la première fois et accompagnée d'une introduction et d'un commentaire perpétuel par A. VÉRA.
Paris. 1863-66. Ladrange. 3 vol. in-8.

3565. — Philosophie de l'esprit de HÉGEL, traduite pour la première fois et accompagnée de deux introductions et d'un commentaire perpétuel, par A. VÉRA.
Paris. 1867-1870. Germer Baillière. 2 vol. in-8.

3566. — Système de l'idéalisme transcendental par M. DE SCHELLING; suivi 1° d'un jugement sur la Philosophie de M. Victor Cousin, et sur l'état de la Philosophie française et de la Philosophie allemande, par le même auteur; 2° du Discours prononcé par M. DE SCHELLING à l'ouverture de son Cours de philosophie à Berlin, le 15 Novembre 1841. Traduit de l'allemand par *Paul* GRIMBLOT.
Paris. 1842. Ladrange. 1 vol. in-8.

3567. — Bruno ou du principe divin et naturel des choses, par *F. W. J.* DE SCHELLING, traduit de l'allemand par *C.* HUSSON.
Paris. 1845. Ladrange. 1 vol. in-8.

3568. — Fragments de philosophie par M. *William* HAMILTON, traduits de l'anglais par M. *Louis* PÉISSE, avec une préface, des notes, et un appendice du traducteur.
Paris. 1840. Ladrange. 1 vol. in-8.

3569. — Les premiers principes par HERBERT SPENCER. Traduit de l'anglais par M. E. CAZELLES.
Paris. 1871. Germer Baillière. 1 vol. in-8.

3570. — La philosophie de VOLTAIRE, avec une introduction et des notes, par *Ern.* BERSOT.
Paris. 1848. Ladrange. 1 vol. in-18.

3571. — Catéchisme et décisions de cas de conscience, à l'usage des Cacouacs; avec un discours du Patriarche des Cacouacs, pour la réception d'un nouveau disciple. (Par *Odet-Joseph* DE VAUX DE GIRY, Abbé de Saint-Cyr.)
A Cacopolis. 1758. 1 vol. in-12.

3572. — Observations modestes sur les Pensées de M. d'Alembert, et sur quelques Écrits relatifs à l'ouvrage qui a pour titre : *La Nature en contraste avec la Religion et la Raison*, etc. (Par le P. *Ch. L.* RICHARD).
Deux-Ponts. Paris. 1774. Crapart. 1 vol. in-8.

3573. — Esprit des livres défendus, ou antilogies philosophiques. (Par l'Abbé DE FONTENAY) (*Abel* DE BONAFONS).
Amsterdam. Paris. 1777. Nyon. 4 vol. in-12.

3574. — De la philosophie de la nature, ou traité de morale pour l'espèce humaine, tiré de la Philosophie et fondé sur la nature. (Par DELISLE DE SALES) *J.-B. Claude* ISOARD). 3ᵉ édit.
Londres. 1778. 6 vol. in-12.

3575. — Œuvres philosophiques de MAINE DE BIRAN, publiées par V. COUSIN.
Paris. 1841. Ladrange. 4 vol. in-8.

3576. — Mélanges philosophiques, par *Théodore* JOUFFROY.
Paris. 1833. Paulin. 1 vol. in-8.

3577. — Lettres philosophiques adressées à un Berlinois. Par *E.* LERMINIER.
Paris. 1832. Paulin. 1 vol. in-8.

3578. — Fragments et souvenirs par *Victor* COUSIN. 3ᵉ édit. (Souvenirs d'Allemagne.— Kant.—Santa-Rosa. — Fourier.— Essai de philosophie populaire.—Etudes sur le style de J. J. Rousseau, etc.)
Paris. 1857. Didier. 1 vol. in-8.

3579. — Philosophie populaire, par *Victor* Cousin, suivie de la première partie de la Profession de foi du Vicaire savoyard, sur la morale et la religion naturelle, (par *J. J.* Rousseau).
Paris. 1848. Pagnerre. 1 vol. in-18.

3580. — Défense de l'Université et de la philosophie. Discours prononcé à la Chambre des Pairs, dans la séance du 21 Avril 1844, par M. *V.* Cousin.
Paris. 1844. Joubert. 1 vol. in-8.

3581. — Le cartésianisme ou la véritable rénovation des sciences, suivi de la théorie de la substance et de celle de l'infini, par Bordas-Demoulin, précédé d'un Discours sur la réformation de la philosophie au dix-neuvième siècle, pour servir d'introduction générale, par *F.* Huet.
Paris. 1843. Hetzel. 2 vol. in-8.

3582. — Essais de critique générale, par *Ch.* Renouvier.
Premier essai. Analyse générale de la connaissance. Bornes de la connaissance. Plus un appendice sur les principes généraux de la logique et des mathématiques. 1854.
Deuxième essai. L'homme, la raison, la passion, la liberté. La certitude, la probabilité morale. 1859.
Troisième essai. Les principes de la nature. 1864.
Quatrième essai. Introduction à la philosophie analytique de l'histoire. 1864.
Paris. 1854-1864. Ladrange. 4 vol. in-8.

3583. — La métaphysique et la sience ou principes de métaphysique positive. Par *Etienne* Vacherot. 2ᵉ édit.
Paris. 1863. Chamerot. 3 vol. in-12.

3584. — La science de l'esprit, principes généraux de philosophie pure et appliquée. Par *F.* Huet.
Paris. 1864. Chamerot. 2 vol. in-8.

3585. — Le naturisme. Dialogue éclectique sur l'universalité des sciences dans ses rapports avec Dieu et la nature. Par Mandy, natif de Lyon.
Lyon. 1858. Lépagnez. 1 vol. in-12.

3586. — Trilogie spirite c'est-à-dire scientifique, psychologique et morale. Par *Augustin* Babin.
Paris. 1868. Rouge. 1 vol. in-12.
3587. — Résumé d'une théorie philosophique. Par Jourdeuil.
Marseille. 1870. Cayer & Comp. in-8.
3588. — Bibliothèque de philosophie contemporaine.
Paris. 1864-1872. Germer-Baillère. 62 vol. in-18.
<small>Cette collection se compose des ouvrages suivants :</small>
- — La philosophie de M. Cousin. Par *J.E.* Alaux. 1864.
- — Philosophie de la médecine. Par le Docteur T.C. E. *Edouard* Auber. 1865.
- — Lettres sur la philosophie de l'histoire. Par Odysse-Barot. 1864.
- — Philosophie de la musique. Par *C.* Beauquier. 1866.
- — Antécédents de l'Hégélianisme dans la philosophie française. Dom Deschamps, son système et son école d'après un manuscrit et des correspondances inédites du xviiie siècle. Par *Emile* Beaussire. 1865.
- — Libre philosophie. Par *Ernest* Bersot. 1868.
- — Le protestantisme libéral. Par M. le Pasteur *Th.* Bost. 1865.
- — Du plaisir et de la douleur. Par *Francisque* Bouillier. 1865.
- — Philosophie de l'architecture en Grèce. Par *Emile* Boutmy. 1870.
- — Science et nature, essais de philosophie et de science naturelle. Par le Docteur *Louis* Büchner. Traduit de l'allemand, avec autorisation de l'auteur, par *Augustin* Delondre. 1866. 2 vol.
- — La philosophie individualiste, étude sur Guillaume de Humbolt. Par Challemel-Lacour. 1864.
- — La morale indépendante dans son principe et dans son objet. Par *C.* Coignet. 1869.
- — Des premières transformations historiques du christianisme. Par *Athanase* Coquerel fils. 1866.
- — La Conscience et la Foi. Par *Athanase* Coquerel fils. 1867.

- — Histoire du *Credo*. Par *Athanase* Coquerel fils. 1869.
- — La variabilité des espèces et ses limites. Par *Ernest* Faivre. 1868.
- — Le christianisme moderne. — Etude sur Lessing. Par *Ernest* Fontanès. 1867.
- — L'astronomie moderne. Par *W.* de Fonvielle. 1868.
- — Philosophie du droit ecclésiastique. Des rapports de la religion et de l'état. Par *Ad.* Franck. 1864.
- — Philosopie du droit pénal. Par *Ad.* Franck. 1864.
- — La philosophie mystique en France à la fin du xviiie siècle. Saint Martin et son maître Martinez Pasqualis. Par *Ad.* Franck. 1864.
- — De la morale dans l'antiquité, par *Ad.* Garnier. — Précédée d'une introduction par M. Prévost-Paradol. 1864.
- — Classification des sciences. Par Herbert Spencer. Traduit de l'anglais sur la troisième édition par *F.* Réthoré. 1872.
- — Le matérialisme contemporain en Allemagne. Examen du système du Dr Büchner. Par *P.* Janet. 1864.
- — La crise philosophique. MM. Taine, Renan, Littré, Vacherot. Par *Paul* Janet. 1865.
- — Le cerveau et la pensée. Par *Paul* Janet. 1867.
- Les problêmes de la nature. Par *Aug.* Laugel. 1864.
- — Les problêmes de la vie. Par *Auguste* Laugel. 1867.
- — Les problêmes de l'âme. Par *Auguste* Laugel. 1868.
- — La voix, l'oreille et la musique. Par *A.* Laugel. 1867.
- — L'optique et les arts. Par *Auguste* Laugel. 1869.
- — Essai sur les formes du gouvernement dans les sociétés modernes. Par M. *Emile* de Laveleye. 1872.
- — Matérialisme et spiritualisme, étude de philosophie positive. Par M. *Alph.* Leblais. Précédé d'une préface par M. *E.* Littré. 1865.
- — Le vitalisme et l'animisme de Stahl. Par *Albert* Lemoine. 1864.
- — De la physionomie et de la parole. Par *Albert* Lemoine. 1865.

. — Physiologie des passions. Par *Ch.* LETOURNEAU. 1868.
. — Déisme et christianisme. Par *Jules* LEVALLOIS. 1866.
. — Le spiritualisme dans l'art. Par *Charles* LÉVÊQUE. 1864.
. — La science de l'invisible, études de psychologie et de théodicée. Par *Charles* LÉVÊQUE. 1865.
. — La philosophie contemporaine en Italie. Essai de philosophie hégélienne. Par *Raphael* MARIANO. 1868.
. — L'Esthétique anglaise, étude sur M. John Ruskin. Par *J.* MILSAND. 1864.
. — La circulation de la vie, lettres sur la physiologie, en réponse aux lettres sur la chimie, de Liebig, par *Jac.* MOLESCHOTT. Traduit de l'allemand, avec l'autorisation de l'auteur, par le Dr *E.* CAZELLES. 1866. 2 v.
. — Philosophie religieuse. De la théologie naturelle en France et en Angleterre. Par *Charles* DE RÉMUSAT. 1864.
. — Histoire du dogme de la divinité de Jésus-Christ. Par *Albert* RÉVILLE. 1869.
. — La physique moderne. — Essai sur l'unité des phénomènes naturels. Par *Emile* SAIGEY. 1867.
. — L'ame et la vie, étude sur la renaissance de l'animisme, suivie d'un examen critique de l'Esthétique française. Par *Emile* SAISSET. 1864.
. — Critique et histoire de la philosophie, fragments et discours. Par M. *Emile* SAISSET. 1865.
. — Philosophie de la raison pure, avec un appendice de critique historique. Par M. SCHOEBEL. 1865.
. — La musique en Allemagne. — Mendelssohn. Par *Camille* SELDEN. 1867.
. — Auguste Comte et le positivisme. Par *J.* STUART MILL. Traduit de l'anglais par M. le Docteur G. CLEMENCEAU. 1868.
. — Le positivisme anglais, étude sur Stuart-Mill. Par *H.* TAINE. 1864.
. — L'idéalisme anglais, étude sur Carlyle. Par *H.* TAINE. 1864.

. — Philosophie de l'art. Par *H.* Taine. Leçons professées à l'École des Beaux-Arts. 1865.
. — De l'idéal dans l'art. Par *H.* Taine. Leçons professées à l'École des Beaux-Arts. 1867.
. — Philosophie de l'art en Italie. Par *H.* Taine. Leçons professées à l'École des Beaux-Arts. 1866.
. — Philosophie de l'art dans les Pays-Bas. Par *H.* Taine. Leçons professées à l'École des Beaux-Arts. 1869.
. — Philosophie de l'art en Grèce. Par *H.* Taine. Leçons professées à l'École des Beaux-Arts. 1869.
. — Des sciences occultes et du spiritisme. Par *J. B.* Tissandier. 1867.
. — La Science et la Conscience. Par *E.* Vacherot. 1870.
. — Essai de Philosophie hégélienne. — La peine de mort. — Amour et philosophie.— Introduction à la philosophie de l'histoire. Par *A.* Véra. 1864.

Mélanges de philosophie et de religion.

3589. — Le sentiment religieux en Grèce, d'Homère à Eschyle, étudié dans son développement moral et dans son caractère dramatique. Par *Jules* Girard.
Paris. 1869. Hachette. 1 vol. in-8.
3590. — Histoire critique des doctrines religieuses de la philosophie moderne. Par *Christian* Bartholmèss.
Paris. 1855, Meyrueis & Comp. 2 vol. in-8.
3591. — Essais sur la philosophie et la religion au xixe siècle. Par *Emile* Saisset.
Paris. 1845. Charpentier. 1 vol. in-18.
3592. — Lettres sur la religion essentielle à l'homme, distinguée de ce qui n'en est que l'accessoire. (Par Mlle Hubert.)
Amsterdam. 1738. Wetstein et Smith. 3 en 1 v. in-12.
3593. — Examen du Catéchisme de l'honête-homme, ou dialogue entre un Caloyer et un homme de bien. (Par l'Abbé *Laur.* François.)
Paris. 1764. Babuty. 1 vol. in-12.

3594. — Examen critique des Apologistes de la Religion chrétienne. Par M. Freret. (Par J. Lévesque de Burigny, publié par J. A. Naigeon.)
S. n. n. l. 1666. 1 vol. in-8.

3595. — Caractères ou religion de ce siècle.
Bordeaux. 1768. Chappuis. 1 vol. in-12.

3596. — Sermons prêchés à Toulouse, devant Messieurs du Parlement et du Capitoulat. Par le Révérend Père Apompée de Tragopone, Capucin de la Champagne-Pouilleuse.
Eleutheropolis. 1772. J. Freethinker. 1 vol. in-12.

3597. — Le Philosophe du Valais, ou correspondance philolophique, avec des observations de l'éditeur. (Par l'Abbé Gab. Gauchat).
Paris. 1772. Le Jay. 2 vol. in-12.

3598. — Mémoires philosophiques du Baron de ***, Chambellan de S. M. l'Impératrice Reine. (Par l'Abbé Louis de Crillon.)
Vienne & Paris. 1777. Berton. 2 vol. in-8. Fig.

3599. — Le dernier coup porté aux préjugés et à la superstition. (Par J. N. Billaud-Varenne).
Londres. 1789. 1 vol. in-8.

3600. — Paroles d'un Croyant. 1833. 2ᵉ édit. (Par Hugues-Félicité Robert de la Mennais).
Paris. 1834. Renduel. 1 vol. in-8.

3601. — Même ouvrage. 9ᵉ édit.
Paris. 1834. Renduel. 1 vol. in-16.

3602. — Paroles d'un Voyant, ou réponse aux Paroles d'un Croyant de M. l'Abbé de la Mennais, par J. Augustin Chaho.
Paris. 1834. Dondey-Dupré. 1 vol. in-8.

3603. — Du catholicisme, du protestantisme et de la philosophie en France. Par Francisque Bouvet. 3ᵉ édit.
Paris. 1834. Prévost. 1 vol. in-8.

3604. — Essai de philosophie religieuse. Par Emile Saisset.
Paris. 1859. Charpentier. 1 vol. in-8.

3605. — La religion. Par E. Vacherot.
Paris. 1869. Chamérot & Lauweryns. 1 vol. in-8.

3606. — La vie future suivant la foi et suivant la raison. Par *Th. Henri* MARTIN. 2° édit.
  Paris. 1858. Dezobry & Comp. 1 vol. in-12.

d. — *Cours de Philosophie.*

3607. — Cours de philosophie, par *A.* GARRIGUES.
  Paris. 1821. Le Normant. 1 vol. in-8.
3608. — Manuel de philosophie expérimentale, ou recueil de dissertations sur les questions fondamentales de la métaphysique, extraites de Locke, Condillac, Destutt-Tracy, Degérando, La Romiguière, Jouffroy, Reid, Dugald-Steward, Kant. Cousin, etc., par *J.-F.* AMICE.
  Paris. 1829. Roret. 1 vol. in-18.

III. — *Logique.*

3609. — La logique populaire, par M. A^d. LECOMTE.
  Paris. 1832. Bibl. populaire. 1 vol. in-16.
3610. — Discours de la méthode de DESCARTES ; Novum organum de BACON, traduction nouvelle ; Théodicée de LEIBNITZ, fragments ; publiés en un seul volume, avec des notes, à l'usage des classes de philosophie, par *A.* LORQUET.
  Paris. 1840. Hachette. 1 vol. in-12.
3611. — Philosophie. Logique. Par *A.* GRATRY. 3° édit. augmentée d'un Appendice polémique et d'une Introduction sur la théorie du procédé inductif.
  Paris. 1858. Douniol. 2 vol. in-8.
3612. — Système de logique déductive et inductive, exposé des principes de la preuve et des méthodes de recherche scientifique, par *John* STUART MILL. Traduit sur la sixième édition anglaise par *Louis* PEISSE.
  Paris. 1866-67. Ladrange. 2 vol. in-8.

IV. — *Métaphysique.*

3613. — Traduction du Phédon de PLATON, par *Marcel* MARS.
  Chateauroux. 1870. V° Migné. 1 vol. in-18.

3614. — Psychologie d'Aristote. Traité de l'âme traduit en français pour la première fois, et accompagné de notes perpétuelles, par J. Barthélemy-St-Hilaire.
Paris. 1846. Ladrange. 1 vol. in-8.

3615. — *Joannis* Neovillei *Genvillani*, de pulchritudine animi libri quinque. In Epicureos et atheos homines hujus seculi.
Parisiis. 1556. Galeotus à Prato. 1 vol. in-8.

3616. — L'immortalité de l'âme, déclarée avec raisons naturelles, témoignages humains et divins pour la Foy catholique, contre les Athées et les Libertins. Par *Louys* Richeome.
Paris. 1621. Nivelle. 1 vol. in-8

3617. — L'histoire de l'esprit humain ou des égaremens de nostre ame, et de son retour à la vérité, imitation du Tableau de Cébès. (Par l'Abbé *** de B.).
Paris. 1670. V° Savreux. 1 vol. in-8.

3618. — Catéchisme du Livre de l'*Esprit*, ou élémens de la philosophie de l'*Esprit*, mis à la portée de tout le monde. (Par *Gabriel* Gauchat.)
S. n. n. l. 1758. 1 vol. in-12.

3619. — Phàdon oder über die Unsterblichkeit der Seele, in drey Gesprachen. Von *Moses* Mendelssohn.
Berlin und Stettin. 1776. Nicolai. 1 vol. in-12.

3620. — Philosophie. De la connaissance de l'âme. Par A. Gratry. 4° édit.
Paris. 1861. Douniol. 2 vol. in-8.

3621. — Traité des facultés de l'ame, comprenant l'histoire des principales théories psychologiques. Par *Adolphe* Garnier.
Paris. 1852. Hachette. 3 vol. in-8.

3622. — L'ame au point de vue de la science et de la raison. Par *J. P.* Chevalier.
Paris. 1861. Dentu. 1 vol. in-8.

3623. — Même ouvrage. N° édit.
Paris. 1863. Dentu. (Amiens. Lemer). 2 vol. in-12.

3624. — Physiologie de la pensée, recherche critique des

rapports du corps à l'esprit. Par M. Lélut. 2ᵉ édit.
Paris. 1862. Didier & Comp. 2 vol. in-8.
3625. — Des idées innées : de la mémoire et de l'instinct, par M. Boucher de Perthes.
Abbeville. 1867. Briez. 1 vol. in-8.
3626. — Discours physique de la parole. (Par Géraud de Cordemoy). 2ᵉ édit.
Paris. 1677. E. Michallet. 1 vol. in-12.

3627. — Cours d'Esthétique, par W. Fr. Hegel, analysé et traduit, en partie, par M. Ch. Bénard. Suivi d'un Essai historique et critique sur l'Esthétique de Hegel, par le traducteur.
Paris. 1840-1852. Vᵉ Joubert & Ladrange. 5 v.in-8.
3628. — Cours d'esthétique, par Jouffroy, suivi de la thèse du même auteur sur le sentiment du beau et de deux fragments inédits, et précédé d'une préface par M. Ph. Damiron.
Paris. 1845. Hachette. 1 vol. in-8.
3629. — Du vrai, du beau et du bien, par M. Victor Cousin. 2ᵉ éd. augmentée d'un Appendice sur l'Art français.
Paris. 1854. Didier. 1 vol. in-8.
3630. — La science du beau étudiée dans ses principes, dans ses applications et dans son histoire. Par Charles Lévêque.
Paris. 1861. A. Durand. 2 vol. in-8.

3631. — Philosophie. De la connaissance de Dieu. Par A. Gratry. 5ᵉ édit.
Paris. 1856. Douniol. 2 vol. in-8.
3632. — L'existence de Dieu, démontrée par les merveilles de la nature. (Par Bernard Nieuwentyt traduit sur la traduction anglaise, par P. Noguez).
Paris. 1725. Jacques Vincent. 1 vol. in-4. Fig.
3633. — Théologie physique ou démonstration de l'existence et des attributs de Dieu, tirée des œuvres de la

création. Par *Guillaume* Derham, traduite de l'anglais (par *Jacques* Lufneu.)
Rotterdam. 1726. Beman. 1 vol. in-8. Fig.

3634. — Théologie astronomique, ou démonstration de l'existence et des attributs de Dieu, par l'examen et la description des cieux. Par *Guillaume* Derham. Traduite de l'anglois sur la 5e éd. (par l'Abbé Bellanger).
La Haye. 1729. G. de Merville. 1 vol. in-8.

3635. — Considérations sur les œuvres de Dieu, dans le règne de la nature et de la Providence. Pour tous les jours de l'année. Ouvrage traduit de l'allemand de M. C. C. Sturm (par El. *Christine* de Brunswick). 2° éd.
La Haye. 1780. P. F. Gosse. 3 vol. in-8.

** — Discours sur l'idée de Dieu dévelopée par la Raison et par la Foi. Par le P. André.
Voyez : Œuvres du P. André. Polygraphie. N. 194.

3636. — Théologie de la nature. Par *Hercule* Straus-Durckheim.
Paris. 1852. V. Masson. 3 vol. in-8.

3637. — Dieu dans la nature. Par *Camille* Flammarion.
Paris. 1867. Didier. 1 vol. in-8. Port.

V. — *Morale.*

3638. -- Histoire des théories et des idées morales dans l'antiquité. Par *J.* Denis.
Paris. 1856. A. Durand. 2 vol. in-8.

3639. — La morale avant les philosophes. Par *Louis* Ménard.
Paris. 1860. F. Didot. 1 vol. in-8.

3640. — Les moralistes sous l'empire romain. Philosophes et poëtes. Par *C.* Martha.
Paris. 1865. Hachette. 1 vol. in-8.

3641. — Histoire des idées morales et politiques en France au dix-huitième siècle. Par M. *Jules* Barni.
Paris. 1865-67. Germer Baillière. 2 vol. in-18.

3642. — Discours sur l'origine de la morale, sur ses progrès comparés à ceux des lumières et des connaissances humaines, et sur la cause et le remède de leur inégalité ; par A. Machart.
Amiens. 1841. Duval & Herment. 1 vol. in-8.

3643. — La morale et la loi de l'histoire. Par A. GRATRY.
Paris. 1868. Douniol. 2 vol. in-8.

3644. — Morale d'ARISTOTE, traduite par J. BARTHÉLEMY-SAINT-HILAIRE.
Paris. 1856. Durand. 3 vol. in-8.

3645. — Elémens de la morale universelle, ou catéchisme de la nature, par feu M. le Baron d'HOLBACH.
Paris. Liége. 1791. Desoer. 1 vol. in-16.

3646. — Morale, principes et préceptes. Par A. LÉGER-VATTEBLED. (1).
Paris. 1853. Lecoffre. 1 vol. in-18.

3647. — Le devoir. Par *Jules* SIMON.
Paris. 1854. Hachette. 1 vol. in-8.

3648. — Le devoir. Par *Jules* SIMON. 2ᵉ édit.
Paris. 1854. Hachette. 1 vol. in-18.

3649. — Le devoir. Par *Jules* SIMON. 3ᵉ édit.
Paris. 1855. Hachette. 1 vol. in-8.

3650. — La conscience ou la règle des actions humaines. Par M. L. BAUTAIN.
Paris. 1861. Didier & Comp. 1 vol. in-8.

3651. — Conférences sur les devoirs des hommes, adressées aux élèves d'une école normale primaire et à ceux d'une école primaire supérieure. Par *C. A.* SALMON.
Paris. 1869. Hachette. 1 vol. in-8.

3652. — Dei doveri degli uomini, discorso ad un giovane, di *Silvio* PELLICO.
Parigi. 1834. Baudry. 1 vol. in-12.

3653. — Philosophie du bonheur. Par *Paul* JANET. 2ᵉ édit.
Paris. 1864. Michel Lévy fr.. 1 vol. in-8.

3654. — Le bonheur, discours prononcés à Genève par le Comte *Agénor* DE GASPARIN. 5ᵉ édit.
Paris. 1872. Michel Lévy fr. 1 vol. in-18.

3655. — ΕΠΙΚΤΗΤΟΥ Εγχειριδιον. EPIKTETS Handbuch. Mit Inhaltsanzeigen, erläuternden Anmerkungen und einem

---

(1) LÉGER (*François-Alphonse*) né à Domart-en-Ponthieu le 13 Mars 1808.

vollstandigen Wortregister. Für Schulen und Gymnasien bearbeitet von *Johann David* Büchling.
Leipzig. 1798. Schwicket. 1 vol. in-12.

3656. — Pensées de Cicéron traduites pour servir à l'éducation de la jeunesse ; par M. l'Abbé d'Olivet. N° éd.
Paris. 1812. Pèrisse & Compère. 1 vol. in-12.

5657. — *Laurentii* Beyerlinck apophthegmata christianorum.
Antuerpiæ. 1608. Moretus. 1 vol. in-8.

3658. — Les Essais de *Michel* de Montaigne. N° éd. enrichie et augmentée aux marges du nom des Autheurs qui y sont citez, avec les versions des passages grecs, latins et italiens.
Paris. 1669. Rondet. 3 vol. in-12. Port.

3659. — Les caractères de La Bruyère. N° édit.
Amsterdam. 1763. La Compagnie. 2 vol. in-12. Fig.

3660. — Chamfort. Maximes, pensées, anecdotes, caractères et dialogues. Précédé de l'histoire de Chamfort par P. J. Stahl (Hetzel). Suivi de fragments inédits.
Paris. 1856. Michel Lévy fr. 1 vol. in-16.

3661. — Les masques : biographie sans nom. Portraits de mes connaissances dédiés à mes amis, par M. Boucher de Perthes.
Paris. 1861. Jung-Treuttel. 2 vol. in-18.

3662. — La magie maternelle. (Par M. *Daniel* Gavet).
Paris. 1860. Houin. (Amiens. A. Caron.) 1 vol. in-18.

3663. — La morale universelle.
L'esprit des Grecs. Pensées, maximes, sentences et proverbes tirées des meilleurs écrivains grecs, recueillis et mis en ordre alphabétique par A. Morel.
— L'Esprit des Latins... Par *A* Morel.
— L'Esprit des Orientaux... Par *A*. Morel.
— L'Esprit des Italiens... Par *P. J.* Martin.
— L'Esprit des Espagnols... Par *P. J.* Martin.
— L'Esprit des Allemands... Par *A*. Morel et *Ed.* Gérimont.

— L'Esprit des anglais... Par A. Esquiros.
Paris. Collection Hetzel. Hachette. 7 vol. in-18.
3664. — Le guide du bonheur. Recueil de pensées, maximes et prières. (Par M. *Benjamin* Delessert). 4e édit.
Paris. 1855. Hachette. 1 vol. in-18.
3665. — Le livre des proverbes français, par Le Roux de Lincy. Précédé d'un Essai sur la philosophie de Sancho-Pança, par *Ferdinand* Denis.
Paris. 1842. Paulin. 2 vol. in-18.

3666. — Die deutschen Frauen in dem Mittelalter. Ein Beitrag zu den Hausalterthümern der Germanen. Von *Karl* Weinhold.
Wien. 1851. Gerold. 1 vol. in-8.
3667. — De la femme dans l'état social, de son travail et de sa rémunération. Par M. Boucher de Perthes. Discours prononcé à la Société impériale d'émulation d'Abbeville, dans la séance du 3 Novembre 1859.
Abbeville. 1860. P. Briez. 1 vol. in-8.

3668. — Les règles de la bienséance et de la civilité chrétienne.... Pour l'instruction de la jeunesse. (Par *J. B.* de la Salle).
Rouen. 1729. Oursel. 1 vol. in-12.
3669. — Civilité chrétienne et morale, pour l'instruction des enfants et de toutes personnes qui n'ont pas encore reçu d'éducation... Dressée par un Missionnaire. Suivie des Quatrains de M. de Pibrac, et d'un petit Traité d'Orthographe, avec la définition grammaticale de chaque mot, le tout corrigé, augmenté et mis dans un nouvel ordre, par le citoyen Deneufchatel. Ne édit.
Paris. 1804. Nyon. 1 vol. in-12. Fig.
3670. — La civilité puérile et honnête pour l'instruction des enfans. . .
Amiens. 1822. Caron-Berquier. 1 vol. in-12.

3671. — Conseils d'un Militaire à son fils. Par le Baron d'A...
Paris. 1781. Dupuis. 1 vol. in-12.

3672. — Instructions d'un Père à son fils. (Par *N.* Dupuy).
Paris. 1787. Clousier. 1 vol. in-12.

3673. — Les pères et les enfants au xixᵉ siècle, par *Ernest* Legouvé. — Enfance et adolescence. 7ᵉ édit.
Paris. 1869. Hetzel. 1 vol. in-18.

3674. — Les pères et les enfants au xixᵉ siècle. Par *Ernest* Legouvé. — La jeunesse. 6ᵉ édit.
Paris. 1869. Hetzel. 1 vol in-18.

3675 — Essai sur les moyens de rendre la Comédie utile aux mœurs. Par M. DE B... (*Fr. Louis* Nouel de Buzonnière.)
Paris. 1767. De Bure. 1 vol. in-12.

3676. — Lettre à un Père de famille sur les petits spectacles de Paris. Par un honnête homme. (*N. J.* Sélis).
Paris. 1789. Garnery. 1 vol. in-8.

3677. — Les prix de vertus fondés par M. de Montyon. — Discours prononcés à l'Académie française par MM. Daru, Laya, De la Place, de Ségur, l'Evêque d'Hermopolis, de Seze, de Cessac, Picard, Lemercier, Cuvier, Parseval Grandmaison, Lebrun, Brifaut, de Jouy, Villemain, Tissot, Nodier, de Salvandy, Etienne, Molé, Flourens, Scribe, Dupin, Viennet, de Tocqueville, St-Marc Girardin, de Sainte-Aulaire, Vitet, de Noailles, de Barante. Réunis et publiés avec une notice sur M. de Montyon par MM. *Frédéric* Lock et *J.* Couly d'Aragon.
Paris. 1858. Garnier fr. 2 vol. in-18.

3678. — Prix de vertu fondés par M. de Montyon. Discours prononcé par M. le Baron de Barante, Directeur de l'Académie française, dans la séance publique du 28 Août 1856, sur les prix de vertu.
Paris. 1856. F. Didot fr. 1 vol. in-18.

3679. — Prix de vertu fondés par M. de Montyon. Discours sur les prix de vertu, par M. de Rémusat, Directeur

de l'Académie française; lu dans la séance publique du 23 Août 1860, par M. Saint-Marc Girardin.
Paris. 1860. F. Didot fr. 1 vol. in-18.

3680. — Prix de vertu fondés par M. de Montyon. Année 1870. Allocution lue par M. LEGOUVÉ, Directeur de l'Académie française, dans la séance publique du 23 Novembre 1871.

Années 1871-1872. Discours prononcé par M. le Duc DE NOAILLES, Directeur de l'Académie française. dans la séance publique du 8 Août 1872.
Paris. 1872. F. Didot fr. 1 vol. in-18.

II. — PÉDAGOGIE.

3681. — Discussion du Rapport de M. Thiers sur la question de l'enseignement, suivi de deux Discours sur la même question, par M. l'Abbé H. DELOR.
Limoges. 1845. Barbou fr. 1 vol. in-8.

3682. — L'enseignement supérieur devant le Sénat, discussion extraite du Moniteur, avec préface et pièces à l'appui.
Paris. 1868. Hetzel. 1 vol. in-18.

** — L'Ecole. Par *Jules* SIMON.
Paris. 1865. A. Lacroix & Comp. 1 vol. in-8.

Voyez : Histoire littéraire. N. 501.

** — Rapport sur l'organisation et les progrès de l'Instruction publique (en France), par M. *Ch.* JOURDAIN.
Paris. 1867. Imprimerie imp. 1 vol. in-8.

Ibid. 369

3683. — Rapport sur l'état de l'Instruction publique dans quelques pays de l'Allemagne, et particulièrement en Prusse. — 11e partie. — Royaume de Prusse. Par M. V. COUSIN.
Paris. 1832. Imprimerie royale. 1 vol. in-4.

3684. — De l'enseignement secondaire en Angleterre et en Ecosse. Rapport adressé à Son Exc. M. le Ministre de l'Instruction publique par MM. J. DEMOGEOT et H. MONTUCCI.
Paris. 1868. Imprimerie impériale. 1 vol. in-8.

3685. — L'Instruction populaire en Europe. Par J. MANIER.
Paris. 1867. Hachette. 1 feuille pliée in-8.
** — L'Instruction publique aux Etat-Unis. — Ecoles publiques, Collèges, Universités, Ecoles spéciales. Rapport adressé au Ministre de l'Instruction publique. Par M. C. HIPPEAU.
Paris. 1870. Didier. 1 vol. in-8.

Voyez : Histoire littéraire. N. 515.

3686. — Adèle et Théodore, ou lettres sur l'éducation; contenant tous les principes relatifs aux trois différents plans d'éducation des Princes et des jeunes Personnes de l'un et de l'autre sexe. (Par Me Stéph. Fél. DUCREST DE ST-AUBIN, Comtesse DE GENLIS). 2e édit.
Paris. 1782. Lambert. 3 vol. in-8.

3687. — Enseignement universel et traité complet de la Méthode Jacotot, rendue accessible à toutes les intelligences, ou manuel-pratique et normal...Par M A. DURIETZ.
Paris. 1829. Dureuil. 1 vol. in-8.

3688. — Les délassements du travail. Par *Maurice* CRISTAL.
Paris. 1860. Dubuisson. 1 vol. in-16.

3689. — Enseignement professionnel. Œuvre des apprentis. (Rapport fait à la Société industrielle d'Amiens par M. *Ch.* LIVET).
Amiens. 1863. Jeunet. in-4.

SECONDE CLASSE.

SCIENCES POLITIQUES ET SOCIALES.

I. — POLITIQUE.

3690. — Les loix du Roy Minos, ou continuation du quatrième livre des Avantures de Télémaque, fils d'Ulisse. Contenant plusieurs règlemens pour l'administration de la justice et de la police, propre à rendre les hommes heureux. N^e édit.
  Amsterdam. 1716. F. Lhonoré. 1 vol. in-12.

3691. — Code de la nature, ou le véritable esprit de ses loix, de tout tems négligé ou méconnu. (Par MORELLY).
  Partout, chez le vrai sage. 1755. 1 vol. in-12.

3692. — La politique naturelle, ou discours sur les vrais principes du gouvernement. Par un ancien Magistrat. (Par *Paul* THIRY, BARON D'HOLBACH).
  Londres. 1773. 2 en 1 vol. in-8.

3693. — Des droits et des devoirs du citoyen, par l'Abbé DE MABLY.
  Nismes. 1793. Gaude. 1 vol. in-12.

** — Essai sur le principe générateur des constitutions politiques. Par le Comte *Joseph-Marie* DE MAISTRE.
  Voyez : Œuvres de M. le Comte DE MAISTRE. I.— Polygraphie. N. 234.

** — Démonstration philosophique du principe constitutif de la société. Par M. DE BONALD.
  Voyez : Œuvres de M. DE BONALD. XII. — Polygraphie. N. 231.

3694. — De la société, et de ses vices principaux. Par *P. G.* Bonnain.
Paris. 1823. Ponthieu. 1 vol. in-8.

3695. — Solution du problême vital des sociétés, et variétés scientifiques. Par *Jules* de Cacheleu. 2ᵉ édit.
Paris. 1870. Dentu. (Amiens. Yvert). 1 vol. in-8.

3696. — Dialogues politiques de maitre Pierre. 2ᵉ édit.
Paris. 1835. Pagnerre. 1 vol. in-12.

3697. — Etat de la question, par M. de Cormenin. 2ᵉ édit.
Paris. 1839. Pagnerre. 1 vol. in-16.

3698. — Dictionnaire démocratique. — Manuel du citoyen. Par *Francis* Wey.
Paris. 1840. Paulin. 1 vol. in-12.

3699. — De la démocratie en France. — Réponse à M. Guizot. Par *Pierre* Margry.
Paris. 1849. J. Laisné. 1 vol. in-8.

3700. — Almanach de la République française pour 1849, rédigé par des représentants du Peuple, d'anciens ministres, des membres de l'Institut... Publié par Pagnerre.
Paris. 1849. Pagnerre. 1 vol. in-16.

3701. — Le conseiller du peuple. Par M. *A.* de Lamartine. 1ʳᵉ et 2ᵉ année.
Paris. 1849-1850. 2 vol. in-8.

3702. — L'enseignement du peuple, par *E.* Quinet. 2ᵉ édit.
Paris. 1850. Chamerot. 1 vol. in-16.

3703. — Définition du gouvernement républicain. (Par M. Jourdeuil.)
Toulon. 1870. Laurent. in-8.

3704. — Du césarisme en France. Par M. Jourdeuil.
Paris. 1871. Muzard. in-8.

3705. — Du principe de l'autorité et de son rétablissement en France. Par *G.* Grimaud de Caux.
Paris. 1871. E. De Soye & fils. in-8.

3706. — Lettre à M. *** sur un nouveau système électoral. Par *E. C. (de Rouen) (E.* Courtonne).
Nice. 1872. Cauvin & Comp. in-8.

3707. — Manuel républicain. Par *Jules* Barni.
Paris. 1872. Germer Baillière. 1 vol. in-18.

3708. — Discours sur le livre de Balzac intitulé *Le Prince* et sur deux lettres suivantes.
1631. s. n. n. l. 1 vol. in-8.

3709. — Le miroir des Souverains où se void l'art de bien regner, et quelles sont les personnes qu'ils doivent élire pour estre leurs Commensaux, leurs Domestiques, leurs Serviteurs, leurs Conseillers et leurs Ministres d'Estat. Quel est le devoir de tous ces divers esprits ; et quelle doit estre leur récompense.
Paris. 1669. F. Noel. 1 vol. in-4.

3710. — Maximes tirées du livre de l'Institution d'un prince, composé par feu M. l'Abbé Du Guet.
S. n. n. l. 1740. 1 vol. in-8.

** — Essai sur les formes de gouvernement et sur les devoirs des souverains. Par Frédéric II.
Voyez : Œuvres de Frédéric II. T. VI. — Polygraphie. N. 217.

** — De la liberté de la Presse. Par M. de Chateaubriand.
Voyez : Œuvres XXVII. — Polygraphie. N. 240.

3711. — La liberté. Par *Jules* Simon.
Paris. 1859. Hachette. 2 vol. in-8.

3712. — Un projet de loi sur la liberté d'association. Par A. Moullart (1).
Paris. 1872. J. Le Clère. in-8.

3713. — Questions sur la tolérance ; où l'on examine si les maximes de la persécution ne sont pas contraires au droit des gens, à la Religion, à la Morale, à l'intérêt des Souverains et du Clergé. (Par l'Abbé J. Tailhé et l'Abbé G. N. Maultrot).
Genève. 1758. Gosse. 2 en 1 vol. in-8.

3714. — Lettres écrites de la montagne, par J. J. Rousseau.
Amsterdam. 1765. M. M. Rey. 2 en 1 vol. in-12.
A la suite :
. — *J. Jacques* Rousseau, Citoyen de Genève, à Chris-

---

(1) Moullart (*Achille-Alfred*) né à Amiens le 4 Juillet 1829.

tophe de Beaumont, Archevêque de Paris... Avec sa Lettre au Conseil de Genève.
Amsterdam. 1763. M. M. Rey. in-12.

3715. — De la liberté des cultes en France. Par M. Prévost-Paradol.
Paris. 1858. Michel Lévy fr. 1 vol. in-8.

3716. — *Thomæ* Mori utopia, à mendis vindicata.
Amsterodami. 1631. J. Janssonius. 1 vol. in-24.

3717. — Le communisme jugé par l'histoire. Par *Ad.* Franck.
Paris. 1848. Joubert. 1 vol. in-12.

3718. — Exposition abrégée du système phalanstérien de Fourier, suivie de Etudes sur quelques problêmes fondamentaux de la destinée sociale. Par *Victor* Considérant. 3ᵉ édit.
Paris. 1846. Librairie sociétaire. 1 vol. in-12.

3719. — Le livre du monde moral, contenant le système social rationel basé sur les lois de la nature humaine, par *Robert* Owen, abrégé et traduit de l'anglais par *T. W.* Thornton.
Paris. 1847. Paulin. 1 vol. in-12.

3720. — Bienveillance mutuelle entre tous les peuples par la tolérance religieuse universelle. — Fondation de prix pour les meilleurs discours en faveur de la tolérance religieuse universelle par le Général de Mylius. — Concours de 1864-1865. — 1ᵉʳ prix. — Médaille en or de 300 francs décernée le 24 Août 1865. M. *M.B.* Bonnefoy. — Programme pour 1866.
Paris. 1865. L'auteur. in-8.

3721. — Débris des opinions démocratiques, littéraires et scientifiques de *J. P.* Chevalier.
Paris. 1844. Martinon. 1 vol. in-12.

** — Idées napoléoniennes. — Mélanges politiques. Par Napoléon III.
Voyez : Œuvres. T. I. II. — Polygraphie. N. 247.

** — Politique. Par Berville. — Voyez : Œuvres diverses. V.
Ibid. N. 246.

3722. — *Victor* Hugo. Douze discours. — I. La famille Bona-

parte.— II. La peine de mort. — III. La misère.—
IV. Congrès de la paix (ouverture).— V. Congrès
de la paix (clôture). — VI. Affaire de Rome.—VII.
Réponse à M. de Montalambert.— VIII. La liberté
d'enseignement. — IX. La déportation. — X. Le
suffrage universel. — XI. Réplique à M. de Montalembert. — XII. La liberté de la presse.
Paris. 1851. Librairie nouvelle. 1 vol. in-8.

3723. — Varia. — Morale. — Politique. — Littérature.
Paris. 1860. Michel Lévy fr. 1 vol. in-18.

3724. — La France nouvelle. Par M. PRÉVOST-PARADOL. 6ᵉ éd.
Paris. 1868. Michel Lévy fr. 1 vol. in-18.

3725. — Décadence de la monarchie française. Par *Eugène* PELLETAN. 2ᵉ édit.
Paris. 1860. Dubuisson. 1 vol. in-16.

3726. — M. E. About et sa lettre à M. Keller. Par *Joseph* DE RAINNEVILLE (1).
Paris. 1861. Tinterlin. 1 vol. in-8.

3727. — Catholiques tolérants et légitimistes libéraux. Par *Joseph* DE RAINNEVILLE.
Paris. 1862. Claye. 1 vol. in-12.

3728. — Lettre d'un Gentilhomme à M. Emile Augier, Auteur du *Fils de Giboyer*. Par *Joseph* DE RAINNEVILLE.
Paris. 1862. Henry. 1 vol. in-8.

3729. — Replique à la circulaire sur les Volontaires pontificaux. A. M. de Persigny. Par *Joseph* DE RAINNEVILLE, ex-officier d'ordonnance du général Pimodan.
Paris. 1862. Bonaventure & Ducessois. 1 vol. in-8.

3730. — Recueil.
1 vol. in-8 contenant :
** — Sénat. — Séance du 13 Juin 1861.— Discussion de la pétition relative aux associations religieuses du département du Nord. (Mgr MATHIEU. S. Ex. M. BILLAULT).
Paris. 1861. Imprimerie impériale. in-8.
** — Traité de commerce avec l'Angleterre. — Discours de Son Exc. M. BAROCHE, au Corps législatif, dans la séance du 13 Juin 1861.
Paris. 1861. Imprimerie impériale. in-8.

---

(1) VAYSSE DE RAINNEVILLE (*Marie-Joseph-Hubert*) né à Allonville (Somme) le 7 Août 1823.

** — Corps législatif. — Séance du 18 Juin 1861. Discussion de la loi sur la presse. — Discours de Son Ex. M. BILLAULT.
Paris. 1862. Imprimerie impériale. in-8.

** — Extrait du Moniteur universel du 26 Février 1862.—Société de Saint-Vincent de Paul. — Discours de S. Exc. M. BILLAULT, dans la séance du Sénat du 25 Février 1862.
Paris. 1862. Panckoucke. in-8.

** — Question italienne. — Discours de Son Exc. M. BILLAULT dans la séance du Sénat du 3 Mars 1862.
Paris. 1862. Panckoucke. in-8.

** — Discours de S. Exc. M. BAROCHE dans la séance du Corps législatif du 5 Février 1863. (Politique intérieure).
Paris. 1863. Panckoucke. in-8.

** — Expédition du Mexique. — Corps législatif. — Séance du 7 Février 1863 — Discours de S. E. M. BILLAULT.
Paris. 1863. Panckoucke in-8.

** — Question italienne. — Corps législatif. — Séance du 11 Février 1863.— Discours de S. E. M. BILLAULT.
Paris. 1863. Panckoucke. In-8.

** — Discours de Son Exc. M. ROUHER, Ministre d'Etat, dans la séance du Corps législatif du 15 Avril 1865. (Question Italienne).
Paris. 1865. Panckoucke. in-8.

** — Discours de Son Exc. M. ROUHER, dans la séance du Corps législatif du 9 Juin 1865. (Affaire du Mexique).
Paris. 1865. Panckoucke. in-8.

** — République française.—Assemblée nationale.—Séance du 20 Juin 1871. Discours prononcé par M. A. THIERS, Président du Conseil des Ministres, Chef du Pouvoir exécutif de la République française, sur l'emprunt de deux milliards.
Paris. 1871. Imprimerie nationale, in-8.

3731. — De l'Allemagne et de la révolution, par *Edgar* QUINET.
Paris. 1832. Paulin. 1 vol. in-8.

3732. — Situation générale de l'Europe. Par M. DONOSO-CORTÈS, Marquis de VALDEGAMAS. Discours prononcé le 30 Janvier (1850) à la Chambre des Députés d'Espagne.
Paris. 1850. Bureaux de l'Univers. in-8.

3733. — Appel aux Electeurs pour l'élection présidentielle des 20 et 21 Décembre 1851. (Par M. COURBET-POULARD) (1).
Abbeville. 1856. Briez. in-8.

---

(1) COURBET (*Alexandre-Augustin*) né à Abbeville le 12 Mars 1815.

3734. — Le Pape et le Congrès.
Paris. 1859. Dentu. 1 vol. in-8.
3735. — L'intention de l'Angleterre en 1863. Par le Baron *Edouard* DE SEPTENVILLE.
Paris. 1863. Dentu. 1 vol. in-8.
3736. — La Perse et la question d'Orient. Par M. *Louis* DE BAECKER.
Saint-Omer. 1866. Guermonprez. in-8.
3737. — Du mouvement politique en France depuis 1789 jusqu'à nos jours. (Par M. JOURDEUIL).
Toulon. 1869. F. Robert.1 vol. in-8.
3738. — Un mot sur la politique française en Algérie. (Par M. JOURDEUIL).
Toulon. 1870. F. Robert. in-8.

II. — ÉCONOMIE POLITIQUE.

3739. — Dictionnaire de l'Économie politique contenant l'exposition des principes de la science, l'opinion des écrivains qui ont le plus contribué à sa fondation et à ses progrès, la Bibliographie générale de l'Économie politique par noms d'auteurs et par ordre de matières, avec des notices biographiques et une appréciation raisonnée des principaux ouvrages.....
Publié sous la direction de MM. *Ch.* COQUELIN et GUILLAUMIN. 3ᵉ édit.
Paris. 1864. Guillaumin. 2 vol. in-8.
3740. — Le produit et le droit des Communes, et les intérêts de l'Agriculture, Population, Arts, Commerce, Marines, Finances et Militaire, à concilier pour le salut des individus et propriétés, l'amélioration des domaines et autres parties, la richesse et prospérité de l'État et des Citoyens. Traité d'économie politique.... Par un Honoraire des Académies des sciences d'Amiens, Arras, etc. (Par le Vicomte *Ch. Fr.* DE LA MAILLARDIÈRE).
Paris. 1782. Quillau. 1 vol. in-8.
3741. — Leçons d'économie politique faites à Montpellier

par M. *Frédéric* Passy, recueillies par MM. *Emile* Bertin et *Paul* Glaize. 1860-1861. 2ᵉ édit.
Paris. 1862. Guillaumin. 2 vol. in-8.

3742. — Cours d'économie politique fondé par la Société industrielle d'Amiens. M. *A.* Moullart, professeur. (Discours d'ouverture prononcé le 7 Janvier 1866).
Amiens. 1866. Jeunet. in-8.

3743. — Essais de morale et d'économie politique de *Benjamin* Franklin, traduits de l'anglais et annotés par *Edouard* Laboulaye.
Paris. 1867. Hachette. 1 vol. in-18.

3744. — Mémoires de *Benjamin* Franklin, écrits par lui-même, traduits de l'anglais, et annotés par *Edouard* Laboulaye.
Paris. 1866. Hachette. 1 vol. in-18.

3745. — Correspondance de *Benjamin* Franklin, traduite de l'anglais et annotée par *Edouard* Laboulaye.
Paris. 1866. Hachette. 2 vol. in-18.

3746. — La science du bonhomme Richard, par *Benjamin* Franklin, l'histoire du sifflet et le testament de Fortuné Ricard, (par *C. J.* Mathon de la Cour).
Paris. s. d. A. Rion. 1 vol. in-12.

3747. — Entretiens de village. Par Timon. (*L. M.* Vicomte de Cormenin). 7ᵉ édit.
Paris. 1846. Pagnerre. 1 vol. in-16.

3748. — Les veillées de maitre Bias ou entretiens familiers sur les rapports sociaux. Par *B.* Veret.
Paris. 1859. C. Fourant. (Arras. A. Courtin). 1v. in-18.

3749. — Œuvres complètes de *Frédéric* Bastiat, mises en ordre, revues et annotées d'après les manuscrits de l'auteur (Par M. Paillottet et précédées d'une notice biographique par M. *R.* de Fontenay). 2ᵉ éd.
Paris. 1862-64. Guillaumin. 7 vol. in-8.

3750. — Dette publique. (Par M. Mallet de Chilly.)
Orléans. s. d. Jacob. in-8.

. — Plus d'octroi. (Par MALLET DE CHILLY).
Orléans. s. d. Gatineau. in-8.
. — Le réveil matin du Ministre des finances et de ses chefs de divisions, par M. MALLET DE CHILLY.
Paris. 1846. Garnier' fr. (Orléans. Gatineau). in-8.

3751. — *Edmond* ABOUT. Le progrès. 2ᵉ édit.
Paris. 1864. Hachette. 1 vol. in-18.

3752. — Eléments des finances, suivis de éléments de statistique, de la misère, l'association et l'économie politique, tableau des causes de la misère et des remèdes à y apporter ; but et limites de l'économie politique et notes diverses. Par M. *Joseph* GARNIER.
Paris. 1858. Garnier fr. 1 vol. in-16.

3753. — Petits traités publiés par l'Académie des sciences morales et politiques.
1 livr. Justice et charité, par M. *Victor* COUSIN.
2 — De la propriété d'après le code civil, par M. TROPLONG.
3 — Des causes de l'inégalité des richesses, par M. *Hippolyte* PASSY.
4 — Bien-être et concorde des classes du peuple français, par M. Ch. DUPIN.
7-8— Vie de Franklin à l'usage de tout le monde, par M. MIGNET.
9 — De la vraie démocratie, par M. BARTHÉLEMY-SAINT-HILAIRE.
10 — Des associations ouvrières, par M. VILLERMÉ.
12-14 — Des classes ouvrières en France pendant l'année 1848, par M. BLANQUI.
Paris. 1849. Pagnerre. 10 vol. in-18.
* — Mémoires de l'Académie des sciences morale et politiques. Tome VII.
Voyez : Histoire littéraire. N, 553.

3754. — Suite aux petits traités publiés par l'Académie des sciences morales et politiques. Egalité par M. LÉLUT.
Paris. 1849. Pagnerre. 1 vol. in-12.

3755. — Enseignement et sort des ouvriers et de l'industrie, avant, pendant et après 1848, par M. *Charles* DUPIN. Leçon donnée au Conservatoire des arts et métiers, le 17 Décembre 1848.
Paris. 1848. Pagnerre. 1 vol. in-12.

3756. — Du mouvement coopératif international. — Etude théorique et pratique sur les différentes formes de l'association, par *Eugène* PELLETIER.
Paris, 1867. Guillaumin & Comp. 1 vol. in-8.

3757. — Eléments de statistique, comprenant les principes

généraux de cette science, et un aperçu historique de ses progrès ; par *Alex.* MOREAU DE JONNÈS.
Paris. 1847. Guillaumin. 1 vol. in-18.

3758. — Annuaire de l'économie politique et de la statistique par MM. GUILLAUMIN, *Joseph* GARNIER, *M.* BLOCK.
Paris. 1844-1867. Guillaumin. 25 vol. in-18.
<small>Le 25e est une table alphabétique et analytique des matières contenues dans les 24 autres.</small>

c. — *Finances.* — *Impôts.*

** — *Ch. Fr.* FRANKENSTEIN de Ærario populi Romani.
Voyez : Polygraphie. N. 279.

** — *Jacobi* BORNITII de nummis in Repub. percutiendis et conservardis libri duo. Ex systemate politico deprompti.
Hanoviæ. 1608. Cl. Marnius. 1 vol. in-4.
Voyez : Polygraphie. N. 131,

3759. — Manuel financier contenant le texte des dispositions législatives et autres documents qu'il importe de connaître pour éclairer le vote des lois de finances. Par *J. B. Ph.* VALETTE.
Paris. 1837. Joubert. 1 vol. in-12.

3760. — Petit manuel des contribuables, ouvrage faisant connaitre toutes les dispositions essentielles concernant les contributions directes et indirectes, etc., suivi du Tarif des droits d'octroi et d'entrée de la ville de Paris....
Paris. 1839. Moquet & Comp. 1 vol. in-16.

3761. — Traité des impots considérés sous le rapport historique, économique et politique, en France et à l'étranger. Par M. ESQUIROU DE PARIEU. 2e édit.
Paris. 1866-67. Cotillon. 4 vol. in-8.

3762. — Etude économique sur les tarifs de douane. Par M. AMÉ. 2e édit.
Paris. 1860. Guillaumin. 1 vol. in-8.

3763. — Etude sur les octrois. Par M. *Auguste* FOULON.
Nantes. 1870. Ve Mellinet. 1 vol. in-8.

3764. — Enquête publique sur les octrois. Déposition d'un contribuable. Par *A.* MOULLART.
Paris. 1870. Guillaumin. 1 vol. in-8.

3765. — Conférence financière sur le rachat de la France. Par M. *Alfred* LEDIEU (1).
Amiens. 1872. Jeunet. in-16.

3766. — Insuffisance des pensions accordées aux militaires blessés; moyen de les augmenter sans accroître les charges du trésor. Par le Comte DE RIENCOURT. (2).
Paris. 1872. Lachaud. in-18.

d. — Banques. — Crédit.

3767. — Questions de la banque. Réponse de M. MANCEL à M. Ad. Lefebvre et à M. Lesobre.
Amiens. 1864. Lemer. in-8.

3768. — Enquête sur les banques. — Réponses au questionnaire dressé par le Conseil supérieur du Commerce, de l'Agriculture et de l'Industrie. (Par *Adéodat* LEFEVRE) (3).
Amiens. 1865. Lenoel-Herouart. in-8.

3769. — Observations sur le programme adopté par MM. les Délégués du commerce de Paris, relativement à la question des banques. (Par *Adéodat* LEFEVRE).
Amiens. 1865. Lenoel-Herouart. in-8.

3770. — Enquête sur les banques. — Ce qui est et ce qui devrait être ou réponse aux quarante-deux questions de la Commission d'enquête par M. CORNET-D'HUNVAL (4).
Paris. 1865. Guillaumin. 1 vol. in-8.

3771. — La banque de France dévoilée. (Par *A.* POULAIN).
Paris. 1872. Brière. in-8.

3772. - Ministère des Finances et Ministère de l'Agriculture, du Commerce et des Travaux publics. — Enquête sur les principes et les faits généraux qui régissent la circulation monétaire et fiduciaire
Paris. 1867-1869. Imprimerie impériale. 6 v. in-4.

---

(1) LEDIEU *(Constant-Alfred-Hector)* né à Abbeville le 3 Mars 1830.
(2) RIENCOURT *(le Comte Marie-Auguste-Louis-Hugues* DE*)* né à Beaucourt-en-Santerre le 5 Juillet 1838.
(3) LEFEVRE *(Adéodat)* né à Amiens le 8 Août 1812.
(4) CORNET-D'HUNVAL *(Adrien-François)* né à Amiens le 8 Avril 1816, mourut à Saint-Omer le 26 Mars 1871.

3773. — Banque du peuple, suivié du rapport de la Commission des délégués du Luxembourg ; par *P. J.* Proudhon.
Paris. 1849. Garnier. 1 vol. in-12.

3774. — Etude sur le chèque. Par M. H^{te} Du Roselle (1).
Amiens. 1864. Jeunet. in-18.

3775. — La liberté de l'escompte et la liberté de l'intérêt. Par *A.* Roger (2).
Amiens. 1867. T. Jeunet. in-8.

3776. — Caisse générale du commerce et de l'industrie. Assemblée générale des actionnaires. — Compte-rendu par MM. les gérans. (1840-41-42-44-46-47).
Paris. 1840-47. P. Dupont. 1 vol. in-4.

3777. — Société générale de Crédit industriel et commercial. — Nouvelle notice sur le service des chèques et des comptes de dépôt d'espèces. — Conditions du services des titres.
Paris. s. d. Lahure. in-8.

3778. — Exposé pratique des opérations financières de la Société de Crédit foncier international et de la Banque du Crédit foncier et industriel par *André* Langrand-Dumonceau, suivi de l'exposé des conditions de l'Emprunt romain 5 % de 50 millions négocié par M. Langrand-Dumonceau.
Paris. s. d. Poissy. Bouret. 1 vol. in-12.

3779. — Crédit communal de France. Note à consulter.
Paris. 1869. Poitevin. in-8.

3780. — La bourse de Paris. — Mœurs. — Anecdotes. — Spéculations et Conseils pour y faire valoir ses capitaux. Par *A. G.* de Méricaet.
Paris. 1856. Dentu. 1 vol. in-12.

e. — *Assurances.* — *Secours mutuels.*

3781. — Quelques réflexions relatives à l'assurance sur la vie. Par *E.* Gros.
Amiens. 1869. Jeunet. in-8.

---

(1) Du Roselle (*Hippolite-Narcisse*) né à Amiens le 1 Avril 1804.
(2) Couillard (*Auguste*) dit Roger, né à Amiens le 21 Mars 1812.

3782. — Rapport à l'Empereur sur les Sociétés de secours mutuels, présenté en exécution de l'article 13 de la loi du 15 Juillet 1850 et de l'article 20 du décret organique du 20 Mars 1852, par la Commission supérieure d'encouragement et de surveillance des Sociétés de secours mutuels. Année 1866.
Paris. 1867. Imprimerie impériale. 1 vol. in-4.

3783. — Société du Prince impérial. — Prêts de l'enfance au travail. — Rapport présenté à S. M. l'Impératrice sur les opérations de l'exercice 1866-1868. — Sur les opérations de l'exercice 1868-69. (Par M. Frémy).
Paris. 1868-69. Imprimerie impériale. 2 vol. in-18.

3784. — Société centrale de sauvetage des naufragés. . . . Compte-rendu de l'assemblée générale des membres bienfaiteurs et fondateurs de la Société tenue le 1 Mai 1869. — Le 14 Mai 1870.
Paris. 1869-70. Pougin. 2 pièces in-8.

3785. — Projet de réorganisation de la Société générale internationale des naufrages de 1835. . . . et d'organisation d'un service de sauvetage pour les naufragés à bord de tous les navires et sur les côtes du globe. — 7e mémoire. Par N. E. Tremblay.
Paris. 1865. Vᵉ Bouchart-Huzard. in-8.

3786. — Société française de secours aux blessés militaires des armées de terre et de mer.

. — Rapport au Conseil au nom du Comité départemental (le 12 Novembre 1870. Par E. Le Camus). Bulletin n° 6. 1870.

. — Compte-rendu du service funèbre célébré à Notre-Dame en mémoire des officiers, sous-officiers et soldats. . . morts pendant la guerre, par M. le Dr Grange.

. — Rapport présenté au nom du Conseil central, par M. le Vicomte de Melun.
Paris 1870. P. Dupont. 1872. Chaix & A. Le Clère. in-8.

3787. — Red cross operations in the north of France. 1870-

1872. Printed for the Boulogne English Committee for Aid to the Sick and Wounded in War.
London. 1872. Spottiswoode. 1 vol. in-8.

f. — Subsistances.

** — Lois, arrêts des Parlements et remonstrances sur le commerce des grains et la cherté des blés.
Voyez : Jurisprudence. N. 1638.

3788. — Etude sur les sociétés économiques alimentaires. Par *A.* ROGER.
Amiens. 1867. T. Jeunet. in-8.

3789. — Rapport sur la boulangerie de MM. Macron, de Warloy. Par M. MOULLART.
Amiens. 1866. Jeunet. in-8.

g. — Paupérisme. — Établissements de charité.

3790. — Organisation du travail. Par *Louis* BLANC. 4e édit. précédée d'une introduction et suivie d'un compte-rendu de la maison Leclaire.
Paris. 1845. Cauville. 1 vol. in-18.

3791. — Annales nationales du travail et des travailleurs, ou recueil destiné à faire connaître 1° les actes du gouvernement concernant l'organisation du travail; 2° les systèmes, théories, documents, opinions et controverses, publiés à ce sujet en France et dans les autres états de l'Europe ; 3° les travaux spéciaux élaborés sur ces matières dans les clubs de Paris et des départements, rédigées et publiées par une Société d'anciens et de nouveaux élèves de l'Ecole polytechnique.
Paris. 1848. 1 vol. in-8. Sans titre.

3792. — Durée légale du travail. — Législation anglaise. — Législation française.
Amiens. 1851. Lenoel-Herouart. in-8.

3793. — Société industrielle d'Amiens. — Questionnaire sur le travail dans les manufactures.
Amiens. 1865. Lambert-Caron. in-8.

3794. — Société industrielle d'Amiens. — Rapport sur les

conditions légales du travail des ouvriers dans les manufactures. Par M. A. MOULLART.
Amiens. 1867. T. Jeunet. 1 vol. in-8.

3795. — A tous et pour tous les agriculteurs, industriels, commerçants, travailleurs, et des abus dont ils sont frappés.— Du travail, son influence sur le présent et sur l'avenir. Par *C.* ANCELLIN.
Lille. 1859. Beghin. 1 vol. in-8.

3796. — Le travail. Par *Jules* SIMON.
Paris. 1866. A. Lacroix & Comp. 1 vol. in-8.

3797. — L'ouvrière. Par *Jules* SIMON.
Paris. 1861. Hachette. 1 vol. in-8.

3798. — Etudes sur le régime des manufactures par *Louis* REYBAUD. — Condition des ouvriers en soie.
Paris. 1859. Michel Lévy fr. 1 vol. in-8.

3799. — La laine. Nouvelle série des études sur le régime des manufactures, par *Louis* REYBAUD.
Paris. 1867. Michel Lévy fr. 1 vol. in-8.

3800. — Le coton.—Son régime, ses problèmes, son influence en Europe. Nouvelle série des études sur le régime des manufactures, par *Louis* REYBAUD.
Paris. 1863. Michel Lévy fr. 1 vol. in-8.

3801. — Etablissements de charité. — Hopitaux.— Recueil.
1 vol. in-4 contenant :
1 — Mois de Septembre et Octobre 1652. Suite de la relation ordinaire contenant le déplorable estat des Pauvres malades des Faux-bourgs de Paris. La nécessité de secourir ceux des villages des environs.
2 — Déclaration du Roy pour l'establissement d'un Hospital général dans les villes et gros bourgs de ce Royaume. Registrée en Parlement le 21 Aoust 1662. Ensemble l'ordonnance du Roy Charles IX. faite à Moulins en 1556 et celle du Roy Henri III donnée à Paris en 1586.
Paris. 1663 Imprimeurs & libraires ord. du Roy.
3 — Arrest rendu en la Chambre des vacations portant règlement par provision pour la subsistance des Pauvres de la campagne. 20 Oct 1693.
Amiens. 1693. Guillain Le-Bel.
4 — Bref de N.S.P. le Pape Innocent XII par lequel il accorde indulgence plénière à perpétuité en faveur des Confréries de la Charité, des Hospices et Congrégations ou Assemblées érigées et à ériger pour le soulagement des Pauvres. (18 Décembre 1693).—Règlement de la Confrérie de la Charité établie par l'Evêque de Luçon. 1696.
Fontenay. 1696. J. Poirier.

5 — Extrait des registres du Parlement (du 23 Novembre 1695, défendant d'amener à Paris aucuns enfans ni aucuns pauvres).
Paris. 1695. Muguet.

6 — Arrest du Conseil d'Estat du Roy... Touchant les rentes viagères dues par l'Hôpital des Incurables. 1696.

7 — Déclaration du Roy portant attribution à l'Hopital général (de Paris) de trois sols par jour sur chaque carrosse de louage. 30 Déc. 1702.

8 — Déclaration du Roy pour la contribution à la subsistance des Pauvres de l'Hôpital général, de l'Hostel-Dieu et des Paroisses de Paris. 3 Septembre 1709.

9 — Déclaration du Roy pour la subsistance des Pauvres de l'Hostel-Dieu et de l'Hôpital général de Paris. 22 Octobre 1709.
Paris. 1709. F. & H. Muguet.

10 — Arrest de la Cour du Parlement pour la subsistance des Pauvres. Du 30 Décembre 1740.
Amiens. 1740. Caron-Hubault.

11 — Mémoire pour M. le Curé Directeur de la Confrérie de la Charité.

12 — Mémoire pour le Procureur de la Confrérie de la Charité.

13 — Mémoire pour la Supérieure...

14 — Mémoire pour la Garde-meubles....

15 — Mémoire pour la Trésorière....

16 — Règlemens des Assemblées de Mad. de la Moignon, pour assister les prisonniers, les pauvres honteux et les malades.

17 — Mémoire instructif pour secourir les pauvres malades : faire leurs bouillons et les leur distribuer.

18 — Projet de la Lettre circulaire de l'Assemblée générale du Clergé de France, à tous les Evesques du Royaume, pour establir dans leurs diocèses l'Arbitre charitable et les Remèdes pour les pauvres.

19 — Abrégé de l'Arbitre charitable. Instruction de Mgr l'Evesque de Tréguier (*Balthazar* GRANGIER) à ses Curés.

20 — Instruction pour le soulagement des pauvres....

21 — Plainte des pauvres de l'Hostel-Dieu de Pontoise, et de la plus grande partie des Religieuses hospitalières du même lieu, qui est de la fondation de saint Louis.

3802. — **Convention nationale.** — Premier rapport fait au nom du Comité de Salut public. Sur les moyens d'extirper la mendicité dans les campagnes, et sur les secours que doit accorder la République aux citoyens indigens ; par BARRÈRE.
Paris. 17 . 1 vol. in-16.

3803. — L'abolition de la misère par l'élévation des salaires. Lettres à M. Thiers, Rapporteur de la Commission de l'Assistance et de la Prévoyance publique, par *Emile* DE GIRARDIN.
Paris. 1850. Gerdès, 1 vol. in-8.

— . Extinction du paupérisme. Par Napoléon III.
Voyez : Œuvres de Napoléon III. T. II. — Polygraphie. N. 247.

3804. — De l'abolition de la misère. Etude par J. Fuix.
Amiens. 1864. E. Yvert. in-8.

3805. — Du rôle de la charité privée dans l'émancipation des classes pauvres. Par M. J. Fuix. Post-scriptum de l'étude relative à l'abolition de la misère.
Amiens. 1865. E. Yvert. in-8.

3806. — Essais sur l'éducation des enfants pauvres. — De l'éducation des enfants assistés par la charité publique. Par le Comte A. de Tourdonnet.
Paris. 1861. Brunet. 1 vol. in-8.

3807. — Essais sur l'éducation des enfants pauvres. — Des colonies agricoles d'éducation. Par le Comte A. de Tourdonnet.
Paris. 1862. Brunet. 3 vol. in-8.

3808. — Sur le déplacement ou l'échange des enfans trouvés et la suppression des tours d'arrondissement. Par J. Ch. Herpin (de Metz).
Chateauroux. 1838. Bayvet & Comp. in-8.

3809. — Administration générale de l'assistance publique à Paris. — Etude sur les hopitaux considérés sous le rapport de leur construction, de la distribution de leurs bâtiments, de l'ameublement, de l'hygiène et du service des salles des malades. Par M. *Armand* Husson.
Paris. 1862. P. Dupont. 1 vol. in-4. Pl.

3810. — Ministère de l'intérieur. — Situation administrative et financière des hopitaux et hospices de l'Empire. Documents recueillis et mis en œuvre par les Inspecteurs généraux des établissements de bienfaisance sous la direction de M. de Lurieu, et publiés par ordre de S. Exc. M. de Forcade la Roquette.
Paris. 1869. Imprimerie impériale. 2 vol. in-4.

3811. — Recherches sur la population, les naissances, les décès, les prisons, les dépôts de mendicité, etc., dans le royaume des Pays-Bas ; par A. Quetelet.
S. n. n. l. n. 1 vol. in-4.

3812. — Mons pietatis. Alberti et Isabellæ SS. Principum auspiciis feliciter erectus.
Bruxellæ. 1619. Antonius. in-4.

3813. — Création d'un Mont-de-piété à Amiens. — Projet. (Par E. COURTOIS (1) et DE LYDEN.)
Amiens. 1860. E. Yvert. in-8.

h. — Police. — Prisons.

3814. — Etudes sur la réforme et les systèmes pénitentiaires considérés au point de vue moral, social et médical. Par le Dr J. Ch. HERPIN (de Metz).
Paris. 1868. Guillaumin. 1 vol. in-12.

3815. — Statistique morale de l'Angleterre comparée avec la statistique morale de la France, d'après les comptes de l'administration de la justice criminelle en Angleterre et en France; les comptes de la police de Londres, de Liverpool, de Manchester, etc., les procès-verbaux de la Cour criminelle centrale et divers autres documents administratifs et judiciaires. Par A. M. GUERRY. Atlas, cartes et constructions graphiques représentant les résultats généraux des tableaux numériques, avec une introduction contenant l'histoire de l'application des nombres aux sciences morales.
Paris. 1864. Baillière & fils. 1 vol. in-fol.

i. — Colonisation. — Esclavage.

3816. — Extracts from the second volume of the slavery of the British West India colonies delineated. By James STEPHEN.
Newcastle. 1831. J. Mort. 1 vol. in-12.

k. — Administration.

3817. — La vérité sur la décentralisation. Par DE BOYER DE SAINTE-SUZANNE.
Amiens. 1861. T. Jeunet. in-8.

---

(1) COURTOIS (*Louis-Jules-Marie-Edouard*) né à Montdidier le 22 Décembre 1823, mort à Amiens le 15 Juin 1866.

3818. — Etude historique et économique sur l'origine, les biens, les droits, les ressources et les moyens d'action des Communes rurales Par M. Bouthors.
Amiens. 1864. Yvert. in-8.

l. — Voies de communication.

3819. — Etudes historiques sur l'administration des voies publiques en France, aux dix-septième et dix-huitième siècles. Par *E. J. M.* Vignon.
Paris. 1862. Dunod. 3 vol. in.8.
3820. — Société industrielle d'Amiens. Rapport présenté au nom de la Société industrielle d'Amiens à MM. les Président et Membres de la Commission supérieure des Chemins de fer près le Ministère de l'Agriculture, du Commerce et des Travaux publics. (Par M. *Vulfran* Mollet). (1).
Amiens. 1862. Jeunet. 1 vol. in-8.
3821. — Sur la création en France d'un grand réseau de voies ferrées ou de communications à vapeur départementales et vicinales. Par le Dr *J. Ch.* Herpin.
Bourges. 1867. Jollet. in-8,
3822. — Pétition remise par les Pêcheurs de Berck à S. M. l'Impératrice contre l'exagération des tarifs de transport pour la marée fraîche sur la ligne du Nord. 6 Mai 1864.
Abbeville. 1864. Briez. in-8.
3823. — Cartes d'abonnement général sur tous les chemins de fer de l'Empire français. Pétition adressée au Sénat par *Ch.* Famechon, (2) le 28 Janvier 1864.
Amiens. 1864. Lemer. in-8.
3824. — Nouveau réseau du Nord de la France. Etude dédiée aux Membres des Conseils généraux représentants les départements intéressés. — Supplément à

---

(1) Mollet (*Pierre-Vulfran*) né à Amiens le 23 Janvier 1816.
(2) Famechon (*Charles-Eugène*) né à Amiens le 2 Novembre 1825, y mourut le 1 Juillet 1866.

l'Indépendant de Saint-Omer du 23 Décembre 1868.
(Par *Ch.* Guermonprez.)
Saint-Omer. 1868. Guermonprez. 1 vol. in-16.

3825. — Livret-Chaix. Guide officiel des voyageurs sur tous les chemins de fer de l'Europe et les principaux paquebots de la Méditerranée et de l'Océan, publié sous le patronage des compagnies. (Nov. 1863.)
Paris. 1863. Nap. Chaix. 1 vol. in-18.

3826. — Bradshaw's monthly continental railway, steam transit, and general guide, for travellers through Europe... (May 1864.)
London. 1864. Adams. 1 vol. in-18.

III. — Commerce.

a. — Histoire. — Traités généraux.

** — Etat du commerce dans le Levant. Par Volney.
Voyez : Œuvres de Volney. III. — Polygraphie. N. 233.

b. — Etude et pratique.

3827. — Essays and treatises on several subjects, by **David** Hume.
Paris. 1806. Parsons. 1 vol. in-12.

3828. — Des crises commerciales et de leur retour périodique en France, en Angleterre et aux Etats-Unis. Par le Dr *Clément* Juglar.
Paris. 1862. Guillaumin. 1 vol. in-8.

3829. — Le cambiste universel, ou traité complet des changes, monnaies, poids et mesures, de toutes les nations commerçantes et de leurs colonies ; avec un exposé de leurs banques, fonds publics et papiers-monnaies ; rédigé par ordre et aux frais du Gouvernement anglais, par Kelly. Traduit et calculé aux unités françaises sur la seconde édition (par *A.* Bulos) ; augmenté de Tableaux des monnaies d'or et d'argent, d'un Aperçu sur la lettre de change et les opérations de la Bourse de Paris.
Paris. 1823. Aillaud. 2 vol. in-4.

3830. — La tenue des livres en partie simple et en partie double mise à la portée de toutes les intelligences, pour être apprise sans maître, . . . Par Louis DÉPLANQUE. 15ᵉ édit.
Paris. 1872. Dutertre. 1 vol. in-8.

c. — Mélanges.

3831. — Origine du libre-échange. Par S. FERGUSON fils.
Amiens. 1861. Jeunet. in-8.

3832. — Chambre de Commerce d'Amiens. — De la liberté commerciale, du système protecteur et des traités de commerce.
Amiens. 1843. Caron-Vitet. in-8.

3833. — Discours de M. THIERS sur le régime commercial de la France, prononcés à l'Assemblée nationale les 27 et 28 Juin 1851.
Paris. 1851. Paulin, Lheureux & Comp. 1 vol. in-8.

3834. — 15 Novembre 1856. — Question des prohibitions. — Industrie des velours de coton. — Rapport présenté à la Chambre de Commerce d'Amiens, par M. Ed. DE ROUCY, à son retour d'un voyage en Angleterre, où il a accompagné MM. Minotte et Sauvalle, délégués de la fabrique d'Amiens.
Amiens. 1856. Alf. Caron. in-8.

3835. — Chambre de commerce d'Amiens. — Enquête administrative sur les traités de commerce. — Séance du mardi 26 Octobre 1869, présidée par M. Ozenne.
Amiens. 1869. T. Jeunet. 1 vol. in-8.

3836. — La vérité sur le libre-échange et les traités de commerce. Par A. ROGER.
Amiens. 1869. T. Jeunet. 1 vol. in-8.

3837. — Le ralo de l'industrie française, et les interpellations qu'il a provoquées au Corps législatif. Par DU MESNIL-MARIGNY. 2ᵉ édit.
Paris. 1868. Eug. Lacroix. 1 vol. in-12.

3838. — De l'inscription maritime. (Suite aux Côtes de la Somme.) (Par J. MANCEL). (1).
Amiens. s. d. Duval & Herment. in-8.

3839. — Observations sur l'inscription maritime et sur la pêche cotière. Par J. MANCEL.
Amiens. 1861. Jeunet. 1 vol. in-8.

3840. — Extrait des Mémoires de l'Académie d'Amiens. — L'inscription maritime. — La pêche cotière. — Les dunes de Saint-Quentin. Par M. J. MANCEL.
Amiens. 1863. E. Yvert. 1 vol. in-8.

3841. — Mémoire sur la situation commerciale des houillères du Nord et du Pas-de-Calais. Par M. DE COMMINES DE MARSILLY.
Paris. s. d. Journal des Mines. 1 vol. in-8.

3842. — Chambre de commerce de Paris. — Statistique de l'industrie à Paris résultant de l'enquête faite par la Chambre de commerce pour l'année 1860.
Paris. 1864. Mourgues frères. 1 vol. in-4.

3843. — Considérations agricoles sur l'importation des bestiaux étrangers en France et sur les droits d'entrée à Paris ; lettre à M. H. Boulay de la Meurthe aîné, par le Dr HERPIN (de Metz).
Paris. 1841. Bouchard-Huzard. in-8.

3844. — Rapport fait au Comice de l'arrondissement d'Amiens par l'un de ses membres (M. SPINEUX), le 29 Août 1835. — De la taxe sur les sucres indigènes.
Amiens. 1835. Ledien fils. in-8.

3845. — Examen de l'article 4 du projet de loi sur les sucres, relatif à l'abonnement.
Lille. 1860. Danel. in-8.

3846. — Quelques mots sur la note intitulée : Examen de l'article 4 du projet de loi sur les sucres relatif à l'abonnement.
Lille. 1860. Reboux. in-8.

3847. — Comice sucrier de l'arrondissement de Lille. — Ob-

---

(1) MANCEL (Joseph) né à Amiens le 5 Janvier 1807.

servations sur le projet de loi des sucres.—Question des classes et types.

Lille. 1860. Reboux. in-8.

** — Question des sucres. Par Napoléon III.
Voyez : Œuvres II. — Polygraphie. N. 247.

3848. — Mémoire sur les conditionnements, lu à la Société industrielle d'Amiens, par A. Roger.
Amiens. 1866. Jeunet. in-8.

3849. — Conditionnement des lins et des cotons. Par A. Roger.
Amiens. 1867. Jeunet. in-8.

3850. — Etude sur l'unité du numérotage des fils. Par A. Roger.
Amiens. 1866. T. Jeunet. in-8.

3851. — Rapport sur le bureau de métrage public. (Par A. Roger).
Amiens. 186 . T. Jeunet. in-8.

3852. — Note statistique sur l'importance de la fabrication du cuir en France, sur la production et la consommation des écorces de chêne.
Fécamp. s. d. Dury. in-4.

3853. — Chambre de Commerce d'Abbeville. — Mémoires sur divers sujets.
Abbeville. 1855-1867. Briez. 1 vol. in-8 contenant :

1 — Mémoire adressé à S. E. M. le Ministre de l'Agriculture, du Commerce et des Travaux publics, sur l'exécution d'un chemin de fer direct de Paris à Creil, tel qu'il a été décrété le 13 Avril 1853. (1855). Pl.

2 — Délibération sur les modifications à introduire dans la loi du 5 Juillet 1844 relative aux brevets d'invention. — Réponse à la Circulaire ministérielle du 26 Décembre 1854. (1856).

3 — Adresse présentée à S. M. Napoléon III lors de son passage à Abbeville, le 28 Septembre 1853. (1856).

4 — Lettre à S. E. M. le Ministre de l'Agriculture.. sur le mérite des tarifs dits d'abonnement proposés au commerce par les compagnies de chemin de fer. 1857.

5 — Notice industrielle et commerciale sur Abbeville et ses environs. 1858.

6 — Considérations présentées à l'administration municipale contre le régime actuel des Portefaix à Abbeville. 1859.

7 — Délibération sur le chemin de fer d'Amiens à Rouen. 1860.

8 — Délibération sur les conséquences de l'abaissement du droit à l'importation de la pêche anglaise et sur les moyens à la pêche française de soutenir la concurrence. 1861.

9 — Enquête sur la marine marchande. — Réponses au Questionnaire de S. E. M. le Ministre de l'Agriculture. 1862.
10 — Délibération relative aux travaux projetés pour le prolongement de la digue de halage entre Saint-Valery et le Hourdel. 1862.
11 — Procès-verbal de la séance du 27 Octobre 1863. (Décoration du Président M. Courbet-Poulard).
12 — Exposé de la situation des pêcheurs par suite de l'exagération des tarifs de chemin de fer pour le transport de la marée fraîche. 1863.
13 — Magasin général dans l'entrepôt d'Abbeville. — Magasins généraux. — Récipissés. — Warrants. — Ventes publiques. 1864.
14 — Délibérations sur la création d'un marché couvert à Abbeville. 1865.
15 — Enquête sur les principes et les faits généraux qui régissent la circulation monétaire et fiduciaire. — Réponses au Questionnaire ministériel. 1866.
16 — Délibérations sur le projet d'un chemin de fer entre Lille et le Havre par Abbeville.

Amiens. 1867. Jeunet. in-8.

TROISIÈME CLASSE.
SCIENCES MATHÉMATIQUES, PHYSIQUES ET NATURELLES.

3854. — Dictionnaire général des sciences théoriques et appliqués... Par MM. Privat-Deschanel et Ad. Focillon, avec la collaboration d'une réunion de Savants, d'Ingénieurs et de Professeurs.
Paris. 1864-1869. V. Masson. 2 vol. gr. in-8.

I. — MATHÉMATIQUES.

3855. — Œuvres de Lagrange, publiées par les soins de M. J. A. Serret, sous les auspices de S. E. M. le Ministre de l'Instruction publique.
Paris. 1867-70. Gauthier-Villars. 5 vol. in-4.

3856. — Notions élémentaires d'arithmétique, de géométrie, de mécanique, de physique, de dessin linéaire, perspective et architecture.... Par A. Teyssèdre.
Paris. 1824. Tourneux. 1 vol. in-12.

3857. — Résumé d'un cours de mathématiques pures, par N. J. Didiez. N° 1. Arithmétique.
Paris. 1826. Bachelier. 1 vol. in-8.

3858. — Petite arithmétique à l'usage des plus jeunes élèves des Sœurs de la Sainte-Famille, par M. l'Abbé A. Crampon (1).
Amiens. 1865. Lenoel-Herouart. 1 vol. in-18

---

(1) Crampon (*Théodore-Joseph-Auguste*) né à Franvillers le 4 Février 1826.

3859. — Traité d'arithmétique à l'usage des élèves des Sœurs de la Sainte-Famille, par M. l'Abbé A. Crampon.
Amiens. 1866. Lenoel-Hérouart. 1 vol. in-12.

3860. — Elémens d'arithmétique ; par M. Bourdon. 4ᵉ édit.
Paris. 1828. Bachelier. 1 vol. in-8.

3861. — Traité complet d'arithmétique théorique et appliquée au commerce, à la banque, aux finances, à l'industrie, contenant un recueil de problèmes avec les solutions, Cours professé à l'École supérieure du Commerce par MM. F. Wantzel et *Joseph* Garnier, rédigé par ce dernier. Nᵉ édit.
Paris. 1861. Guillaumin. 1 vol. in-8.

3862. — Application de l'arithmétique à la construction de l'armure des satins réguliers. Par *Édouard* Lucas(1).
Paris. 1867. Retaux. (Amiens. Jeunet). in-8.

3863. — Le chiffre unique des nombres. Etude curieuse de leur propriété. Moyen instantané de vérifier une ou plusieurs opérations de l'arithmétique... Par Robert. 3ᵉ édit.
Saint-Etienne. s. d. Bénevent. in-12.

3864. — Principes pour calculer de tête, par Roze. 3ᵉ édit.
Paris. 1859. Prévot. in-12.

3865. — Arithmétique universelle de Newton ; traduite du latin en français ; avec des notes explicatives, par *Noël* Beaudeux.
Paris. 1802. Bernard. 2 vol. in-4. Pl.

3866. — Introduction à l'analyse infinitésimale, par *Léonard* Euler ; traduite du latin en français, avec des notes et des éclaircissements, par *J. B.* Labey.
Paris. 1796-97. Barrois. 2 en 1 vol. in-4. Pl.

3867. — Cours de calcul différentiel et intégral, par *J. A.* Serret.
Paris. 1868. Gauthier-Villars. 2 vol. in-8.

3868. — Exercices de mathématiques, par M. *Augustin-Louis* Cauchy.
Paris. 1826-1830. De Bure fr. 51 livr. en 5 v. in-4.

---

(1) Lucas *(François-Édouard-Anatole)* né à Amiens le 4 Avril 1842.

3869. — Nouveaux exercices de mathématiques, par M Augustin-Louis CAUCHY.
Prague. 1835-1836. J. Sperny. 8 liv. en 1 vol. in-4

3870. — Résumés analytiques, par M. *Aug.-Louis* CAUCHY.
Turin. 1833. Impr. roy. 5 liv. en 1 vol. in-4.

3871. — Exercices d'analyse et de physique mathématique, par le Baron *Augustin* CAUCHY.
Paris. 1840-1847. Bachelier. 4 vol. in-4.

3872. — Recherches sur l'Analyse indéterminée et l'Arithmétique de Diophante, par *Edouard* LUCAS.
Moulins. 1873. Desrosiers. 1 vol. in-8.

3873. — Recherches sur la probabilité des jugements en matière criminelle et en matière civile, précédées des règles générales du calcul des probabilités ; par *S. D.* POISSON.
Paris. 1837. Bachelier. 1 vol. in-4.

3874. — Mémoire sur le calcul des probabilités appliqué à la médecine, par RISUENO D'AMADOR.
Paris. 1837. J. B. Baillière. 1 vol. in-8.

3875. — Programme d'un nouveau mode d'enseignement de la géométrie élémentaire. Par M. FUIX.
Amiens. 1867. Yvert. 1 vol. in-8. Pl.

3876. — La géométrie de l'école primaire. . . . Par A. HAILLECOURT. 2ᵉ édit.
Paris. 1869. André-Guédon. 1 vol. in-18.

3877. — Application de l'analyse à la géométrie, par G. MONGE. 5ᵉ édition, revue, corrigée et annotée par M. LIOUVILLE.
Paris. 1850. Bachelier. 1 vol. in-4. Port.

3878. — Quadrature du cercle. (Par MANDY).
Lyon. 1860. Porte. in-12.

** — Rapport sur les progrès de la géométrie. Par M. CHASLES.
Voyez : Histoire littéraire. N. 369.

3879. — Tables de logarithmes pour les *Sinus* et *Tangentes* de toutes les minutes du Quart de Cercle, et pour tous les Nombres naturels depuis 1 jusqu'à 21,600. Avec

une Exposition abrégée de l'usage de ces tables. (Par l'Abbé *N.L.* DE LA CAILLE et *J.F.* MARIE.) N° éd.
Paris. 1791. V° Desaint. 1 vol. in-12.

3880. — Barême universel, contenant tous les comptes faits, dont on a journellement besoin dans le commerce, la banque et les affaires....
Paris. 1821. Guillaume. 1 vol, in-12.

3881. — La nécessaire du capitaliste; ouvrage sur l'escompte et la rente ; par *J.* DURIEU-LACROIX.
Paris. 1827. Doyen. 2 vol. in-16.

3882. — Niveau-graphomètre-équerre breveté (s. g. d. g.) Guide théorique et pratique dans l'emploi de ce nouvel instrument. Par *G. A.* LEROYER. 2° édit.
Paris. 1864. Leiber. 1 vol. in-8.

— D. EPIPHANII libellus de mensuris ac ponderibus, et de asterisco ac obelo.... Jano CORNARIO interprete.
Basileæ. 1543. Winter. in-fol.

Voyez : Théologie. N. 2101.

3883. — On the french system of measures, weights, and coins, and its adaptation to general use by *James* YATES. With en abstract of the discussion upon the paper. Edited by *Charles* MANBY.
London. 1854. Clowes. 1 vol. in-8.

3884. — Petit traité des poids et mesures, contenant l'exposé des anciennes mesures et celui des nouvelles. Par *L. P.* CHRÉTIN, 3° édit.
Paris. 1839. Delloye. 1 vol. in-16.

3885. — Système métrique démontré d'après l'appareil dit Méthode Level. Par *J.* LEVEL.
Strasbourg. 1868. Heitz. 1 vol. in-16.

II. — PHYSIQUE.

3886. — Physique d'ARISTOTE ou leçons sur les principes généraux de la nature. traduite en français, pour la première fois, et accompagnée d'une paraphrase et

de notes perpétuelles par J. BARTHÉLEMY SAINT-HILAIRE.
Paris. 1862. Durand. 2 vol. in-8.

3887. — Traité élémentaire de physique théorique et expérimentale, avec les applications à la météorologie et aux arts industriels.... Par P. A. DAGUIN. 2e édit.
Paris. 1861-62. Dezobry. 4 vol. in-8.

3888. — Cours élémentaire de physique précédé de notions de mécanique et suivi de problème. Par A. BOUTAN et J. Ch. d'ALMEIDA. 2e édit.
Paris. 1863. Dunod. 1 vol. in-8.

3889. — Cours de physique de l'Ecole polytechnique, par M. J. JAMIN. 2e édit.
Paris. 1863-1869. Gauthier-Villars. 3 vol. in-8.

3890. — Leçons de physique. . . Par Paul POIRÉ (1).
Paris. 1865. Tandou & Comp. 1 vol. in-12.

3891. — Nouvelle théorie de l'action capillaire; par S. D. POISSON.
Paris. 1831. Bachelier. 1 vol. in-4. Pl.

3892. — Théorie mathématique de la chaleur; par S. D. POISSON.
Paris. 1835. Bachelier. 1 vol. in-4. Pl.

3893. — Théorie mathématique de la chaleur; mémoire et notes formant un supplément à l'ouvrage publié sous ce titre; par S. D. POISSON.
Paris. 1837. Bachelier. 1 vol. in-4.

3894. — Théorie mécanique de la chaleur. — Conséquences philosophiques et métaphysiques de la thermodynamique, par G. A. HIRN. — Analyse élémentaire de l'univers.
Paris. 1868. Gauthier-Villars. 1 vol. in-8.

** — Rapport sur les progrès de la thermodynamique. Par M. BERTIN.
" " de la chaleur. Par M. P. DESAINS.
De l'électricité, du magnétisme et de la capillarité. Par M. QUET.
Voyez : Histoire littéraire. N. 369.

3895. — Traité d'optique physique. Par M. F. BILLET.
Paris. 1858-1859. Mallet-Bachelier. 2 vol. in-8. Pl.

---

(1) POIRÉ (Pierre-Marie-Paul-Alexandre) né à Amiens le 1 Décembre 1832.

** — Zur Farbenlehre. Von GOETHE.
    Voyez : GOETHE's Werke. — Polygraphie. N. 150-151.
** — Meteorologie. Von GOETHE.
    Voyez : GOETHE's Werke. — Polygraphie. N. 150-151.

3896. — Recherches sur les météores et sur les lois qui les régissent, par M. COULVIER-GRAVIER.
    Paris. 1859. Mallet-Bachelier. 1 vol. in-8.
3897. — Atlas météorologique de l'Observatoire impérial. Année 1866. Rédigé sur les documents recueillis et discutés par les Commissions départementales, les Écoles normales, les Observateurs cantonaux, etc., publié sous les auspices du Ministre de l'Instruction publique et avec le concours de l'Association scientifique de France.
    Paris. 1867. Chauvin. 1 vol. in-fol.
3898. — Direction générale des forêts. Météorologie forestière (et agricole comparée). Année 1868. (Par M. MATHIEU). Extrait des Annales forestières.
    S. n. n. l. 1869. in-8. Carte.
3899. — Météorologie du département de l'Oise, par M. ROTTÉE.
    Beauvais. 1860. A. Desjardins. 1 vol. in-8.
3900. — Notices sur les aurores boréales du 15 Avril et 13 Mai 1869; et sur le bolide observé à Bruxelles le 31 Mai de la même année. — Sur les météores observés à Moncalieri, lettre de M. F. DENZA. — Orages observés en Belgique, en 1868 et 1869. Communications de M. Ad. QUETELET.
    Bruxelles. 1869. Hayez. in-8.
3901. — Note sur l'aurore boréale du 6 Octobre et les orages de 1869, par M. Ad. QUETELET.
    Bruxelles. 1869. Hayez. in-8.
3902. — Sur les orages observés en Belgique pendant l'année 1868 et le premier trimestre de 1869 : communications recueillies par M. Ad. QUETELET.
    Bruxelles. 1869. Hayez. in-8.

3903. — Œuvres complètes d'*Augustin* FRESNEL, publiées par MM. *Henri* DE SENARMONT, *Emile* VERDET et *Léonor* FRESNEL.
Paris 1866-70. Imprimerie impériale. 3 vol. in-4.

3904. — Œuvres de E. Verdet, publiées par les soins de ses élèves.
Paris. 1868-72. V. Masson & fils. 8 en 9 vol. in-8.

Cet ouvrage se divise ainsi qu'il suit :
1. Notes et mémoires. Précédés d'une notice par M. A, DE LA RIVE.
II. III. Cours de physique professé à l'Ecole polytechnique. Publié par M. *E*. FERNET.
IV. en 2 v. Conférences de physique faites à l'Ecole normale. Publiées par M. *D*. GERNEZ.
V. VI. Leçons d'optique physique. Publiées par M. *A*. LEVISTAL.
VII. VIII. Théorie mécanique de la chaleur. Publiée par MM. PRUDHON et VIOLLE. Table par M. LEVISTAL.

III. — CHIMIE.

** — Histoire de la chimie. Par *Ferd*. HOEFER.
Paris. 1866-69. Didot fr. 2 vol. in-8.

Voyez : Histoire littéraire. N. 370.

3905. — Dictionnaire de chimie pure et appliquée comprenant: la chimie organique et inorganique, la chimie appliquée à l'industrie, à l'agriculture et aux arts, la chimie analytique, la chimie physique et la minéralogie. Par *Ad*. WURTZ.
Paris. 1870. Hachette. en publ. vol. in-8.

3906. — Dictionnaire de chimie industrielle. Par MM. BARRESWIL et *Aimé* GIRARD.
Paris. 1861-64. Dezobry & Tandou. 4 vol. in-8.

3907. — Traité de chimie technique appliquée aux arts et à l'industrie, à la pharmacie et à l'agriculture. Par M. *G*. BARRUEL.
Paris. 1856-1863. Fir. Didot fr. 7 vol. in-8.

3908. — Leçons de chimie élémentaire appliquée aux arts industriels. Par M. *J*. GIRARDIN. 4ᵉ édit.
Paris. 1860-61. V. Masson. 2 vol. in-8.

3909. — Cours élémentaire de chimie. Par *H*. DEBRAY (1).
Paris. 1863. Dunod. 1 vol. in-8.

(1) DEBRAY *(Jules-Henri)* né à Amiens le 27 Juillet 1827.

3910. — Traité de chimie générale, analytique, industrielle et agricole. Par J. PELOUZE et E. FREMY. 3° édit.
Paris. 1865-66. V. Masson. 6 vol. in-8.

3911. — Leçons élémentaires de chimie moderne. Par M. Ad. WURTZ.
Paris. 1867-1868. V. Masson. 1 vol. in-18.

3912. — Leçons de chimie appliquée à l'industrie. Par Paul POIRÉ.
Paris. 1868. Delagrave. 1 vol. in-18.

3913. — Eléments de chimie appliquée à l'agriculture, à l'économie domestique et à l'industrie... Par F. MASURE. — (Enseignement classique agricole).
Paris. 1869. Blériot. 1 vol. in-18.

3914. — Traité de chimie technologique et industrielle, par Fr. KNAPP, traduit sur la 3° édition allemande, revu et augmenté, avec le concours de l'auteur, sous la direction de E. MÉRIJOT et A. DEBIZE.
Paris. 1872-73. Dunod. 2 vol. in-8. En public.

3915. — Traité élémentaire de chimie médicale comprenant quelques notions de toxicologie et les principales applications de la chimie à la physiologie, à la pathologie, à la pharmacie et à l'hygiène. Par Ad. WURTZ. 2° édit.
Paris. 1868. V. Masson. 2 vol. in-8.

3916. — Manuel de chimie médicale et pharmaceutique. Par Alfred RICHE.
Paris. 1870. F. Didot fr. 1 vol. in-18.

3917. — Manuel du Cours de chimie organique appliquée aux arts industriels et agricoles ; professé au Conservatoire des arts et métiers par M. PAYEN ; rédigé et annoté par M. Jules ROSSIGNOL et M. J. Jules GARNIER.
Paris. 1842. N. Béchet. 1 vol. in-8. Tome I.

3918. - Chimie organique fondée sur la synthèse, par Marcellin BERTHELOT.
Paris. 1860. Mallet-Bachelier. 2 vol. in-8.

3919. — Thèses présentées à la Faculté des sciences de Nancy, pour obtenir le grade de Docteur ès-sciences physi-

ques, par *J. Constantin* Decharme. — Thèse de chimie. — De l'Opium indigène extrait du Pavot-Œillette, de l'identité de sa morphine avec celle de l'opium exotique et de quelques sels nouveaux de morphine.—Thèse de physique.— Sur de nouveaux Baromètres à maxima et à minima, précédés d'une revue critique des formes barométriques. Soutenues le 5 Août 1861.
Amiens. 1861. Jeunet. 1 vol. in-4.

3920. — Thèses présentées à la Faculté des sciences de Lille, pour obtenir le grade de Docteur ès-sciences ; par M. J. Kolb.—Thèse de chimie, Étude sur la fabrication de l'acide sulfurique considérée au point de vue théorique et technologique; Thèse de physique, Étude sur les changements de volumes qui accompagnent les combinaisons d'acide sulfurique et d'eau, soutenues publiquement le 30 Juin 1865.
Lille. 1865. Danel. 1 vol. in-4.

3921. — Note sur l'absorption de l'acide carbonique par quelques oxydes ; par M. J. Kolb.
Paris. 1867. Gauthier-Villars. in-4.

3922. — Etude sur les densités de l'acide azotique ; par M. J. Kolb. Extrait des Annales de chimie et de physique. 4e série. Tome x.
Paris. 1867. Gauthier-Villars. in-8.

3923. — Métamorphose de l'acide mucique sous l'influence des ferments, par *Armand* Rigaud.
Amiens. 1860. A. Caron. in-8.

3924. — Dosage par voie humide des quantités de brai et de goudron contenues dans les agglomérés de menus de houille. Par M. Guérard-Deslauriers.
Caen. 1867. Le Blanc-Hardel. in-8.

IV. — Mécanique.

** — Exposé de la situation de la mécanique appliquée. Par MM. Combes, Philipps et Collignon.

Voyez : Histoire littéraire. N. 369.

— 115 —

3925. — Société industrielle d'Amiens. — Conférences de mécanique. — Année 1866-1867. — Résumé sommaire des leçons.
Amiens. 1867. Jeunet. in-8.

3926. — Traité de mécanique ; par *S. D.* Poisson. 2ᵉ édit.
Paris. 1833. Bachelier. 2 vol. in-8. Pl.

3927. — Cours de mécanique, par M. Duhamel. 3ᵉ édit.
Paris. 1862-63. Mallet-Bachelier. 2 vol. in-8.

3928. — Leçons de mécanique élémentaire entièrement conformes aux nouveaux programmes de l'enseignement des lycées. Par MM. *H.* Harant et *P.* Laffitte.
Paris. 1858. Dalmont. 1 vol. in-8. Fig.

3929. — Cours de mécanique appliquée, par M. Mahistre.
Paris. 1858. Mallet-Bachelier. 1 vol. in-8.

3930. — Traité de cinématique ou théorie des mécanismes. Par *Ch.* Laboulaye.
Paris. 1861. Lacroix. 1 vol. in-8.

3931. — Cours de mécanique appliquée aux constructions. — Première partie. Résistance des matériaux. — Deuxième partie. Hydraulique. Par M. *E.* Collignon.
Paris. 1869. Dunod. 2 vol. in-8.

3932. — Mécanique pratique. — Etudes sur la ventilation. Par *Arthur* Morin.
Paris. 1863. Hachette. 2 vol. in-8. Pl.

3933. — Des machines et appareils destinés à l'élévation des eaux. Par *Arthur* Morin.
Paris. 1863. Hachette. 1 vol. in-8. Pl.

3934. — Hydraulique appliquée. Chemin de fer glissant, nouveau système de locomotion à propulsion hydraulique, par *L. D.* Girard.
Paris 1864. Gauthier-Villars. 1 v. in-4 & atlas in-f.

3935. — Traité élémentaire des appareils à vapeur de navigation... Par *A.* Ledieu.
Paris. 1862-66. Dunod. 3 vol. in-8 & atlas. in-4.

3936. — *A.* Ledieu. La rotative américaine Behrens et la question de stabilité des machines.
Paris. 1869. Dunod. 1 vol. in-4.

V. — ASTRONOMIE.

* — Rapport sur les progrès de l'astronomie, par M. DELAUNAY.
Voyez : Histoire littéraire. N. 369.

3937. — Abrégé d'astronomie, ou leçons élémentaires d'astronomie théorique et pratique ; par M. DELAMBRE.
Paris. 1813. V° Courcier. 1 vol. in-8. Pl.

3938. — Astronomie des écoles et des gens du monde, par G. GRAULHIÉ.
Paris 1837. Evrard. 1 vol. in-16. Fig.

3939. — Astronomie populaire, par *Fr.* ARAGO.—Publiée d'après son ordre, sous la direction de M. *J.A.* BARRAL. OEuvre posthume.
Paris. 1854-57. Gide. 4 vol. in-8.

3940. — Cours de cosmographie ou éléments d'astronomie comprenant les matières du programme officiel pour l'enseignement des lycées. Par *Charles* BRIOT.
Paris. 1867. Dunod. 1 vol. in-8. Fig.

3941. — Trente problêmes d'astronomie, choisis parmi les plus propres à nous faire connaître l'utilité de cette science. Par M. PEYROT.
Paris. 1833. L'auteur. 1 vol. in-12. Pl.

3942. — Traité d'astronomie sphérique et d'astronomie pratique, par M. *F.* BRÜNNOW. Edition française publiée par *E.* LUCAS et *C.* ANDRÉ, avec une préface de M. *C.* WOLF.— Astronomie sphérique.
Paris. 1869. Gauthier-Villars. 1 vol. in-8.

3943. — Theoria motus corporum coelestium in sectionibus conicis solem ambientium, auctore *Carolo Frederico* GAUSS.
Hamburgi. 1809. Perthes & Besser. 1 vol. in-4.

3944. — Théorie analytique du système du monde, par *G.* DE PONTÉCOULANT. 2° édit.—Supplément au liv. VII.
Paris. 1834-1860. Mallet-Bachelier. 4 vol. in-8.

3945. — Astronomie. Système néocartésien ou mécanique céleste expliquée par les effets de la rotation. (Par *Joseph* LAVEZZARI. N. I. II. III. IV. (Inachevé).
Amiens. 1861. Lemer. 1 vol. in-8.

3946. — Le soleil. Par *Amédée* Guillemin.
Paris. 1869. Hachette. 1 vol. in-18. Fig.

3947. — La lune. Par *Amédée* Guillemin. 2ᵉ édit.
Paris. 1868. Hachette. 1 vol. in-18. Fig.

3948. — Tables astronomiques publiées par le Bureau des longitudes de France.— Première partie.— Tables du soleil, par M. Delambre. — Tables de la lune, par M. Bürg.
Paris. 1806. Courcier. 1 vol. in-4.

3949. — Rapport à S.A. Mohammed Saïd, vice-roi d'Egypte, sur l'éclipse totale de soleil observée à Dongolah (Nubie), le 18 Juillet 1860, par Mahmoud-Bey.
Paris. 1861. Mallet-Bachelier. 1 vol. in-4. Pl.

3950. — Tables de Jupiter et de Saturne. Par M. De Lambre.
Paris. 1789. Moutard. 1 vol. in-4

3951. — Tables pour calculer les éclipses des quatre satellistes de Jupiter. Par M. De Lambre.
S. n. n. l. n. d. 1 vol. in-4.
Ces tables font partie de la 3ᵉ édition de l'Astronomie de Lalande. pages 236 à 368. Paris. 1792.

3952. — Tables écliptiques des satellites de Jupiter, d'après la Théorie de M. le Marquis de Laplace, et la totalité des Observations faites depuis 1662 jusqu'à l'an 1802. Par M. Delambre
Paris. 1817. Vᵉ Courcier. 1 vol. in-4.

3953. — Sur les étoiles filantes du mois d'Août 1869 observées à Bruxelles, note par M. *Ad.* Quetelet.
Bruxelles. 1869. Hayez. in-8.

3954. — L'usage du globe terrestre. (Sans titre).
S. n. n. l. n. d. 1 vol. in-4. Gravures par Boudan.

— Annuaire du Bureau des longitudes. Voyez : N. 1987.

3955. — Annales de l'Observatoire impérial de Paris, publiées par *U. J.* Le Verrier. — Mémoires.
Paris. 1855-1863. Mallet-Bachelier & 1864-68. Gauthier-Villars. 9 vol. in-4.

3956. — Annales de l'Observatoire impérial de Paris, publiées par *U. J.* Le Verrier. — Observations.
Paris. 1858-1863. Mallet-Bachelier & 1864-71 Gauthier-Villars. 23 vol. in-4.

VI. — Sciences physico-mathématiques.

** — Discours sur diverses questions de mathématiques et de physiques, par le P. André.
  Voyez : Œuvres du P. André, IV. — Polygraphie. N. 194.

3957. — Bibliothèque de l'Ecole des hautes études, publiée sous les auspices du Ministère de l'Instruction publique. — Bulletin des sciences mathématiques et astronomiques, rédigé par M. G. Darboux, avec la collaboration de MM. Hoüel et Lœvy, sous la direction de la Commission des hautes études.
Paris. 1870. Gauthier-Villars. 3 liv. in-8.

** — Journal de l'Ecole polytechnique.   Voyez : N. 2050.
** — Journal de mathématiques... Publié par J. Liouville.   N. 2051.

VII. — Histoire naturelle.

3958. — Des avantages et des jouissances que l'on trouve dans l'étude de l'histoire naturelle, discours prononcé à l'Institution littéraire et scientifique de Croydon par *J. W.* Flower, traduit par *S.* Ferguson.
Amiens. 1861. E. Yvert. in-8.

3959. — Elémens d'histoire naturelle. Par *A.L.* Millin. 2ᵉ éd.
Paris. 1797. Levrault. 1 vol. in-8.

3960. — Naturstudien. Skizzen aus der Pflanzen und Thierwelt von D. *Hermann* Masius. Mit 13 illustrationen.
Leipzig. 1857. Brandstetter. 1 vol. in-8. Fig.

** — Nouvelles suites à Buffon, formant, avec les œuvres de cet auteur, un cours complet d'histoire naturelle.   Voyez : N. 2096.

I. — *Géologie et minéralogie.*

** — *L.* Apuleius. De mundo sive cosmographia.
  Vide : *L.* Apulei opera. — Polygraphie. N. 101.

3961. — Introduction à l'Histoire universelle, contenant les sentimens des Philosophes anciens et modernes de toutes les Nations de l'Univers sur l'origine et la création du Monde ; traduite de l'anglois d'une Société de gens de lettres.
La Haye. 1731. La Compagnie. 1 vol. in-12.

3962. — Explication phisico-théologique du Déluge et de ses effets. Par M. l'Abbé Le Brun.
Paris. 1786. Extrait du Journal ecclésiast. 1 v. in-12.

3963. — La terre avant le déluge. Par *Louis* Figuier. Ouvrage contenant 26 vues idéales de paysages de l'ancien monde dessinées par Riou, 310 autres figures et 7 cartes géologiques coloriées. 2ᵉ édit.
Paris. 1863. Hachette. 1 vol. in-8.

3964. — La terre et les mers, ou description physique du globe, par *Louis* Figuier. Ouvrage contenant 170 vignettes dessinées par *Karl* Girardet, Lebreton, etc., et 20 cartes physiques.
Paris. 1864. Hachette. 1 vol. in-8.

3965. — Les phénomènes de la mer. Par *Elie* Margollé.
Paris. 1861. Dubuisson. 1 vol. in-16.

** — Mineralogie und geologie. Von Goethe.
Voyez : Goethe's Werke — Polygraphie. N. 150-151.

3966. — Esquisse géologique du département de la Somme Par *Ch. Jʰ.* Buteux.
Abbeville. 1864. Briez. 1 vol. in-8.

3967. — Supplément à l'esquisse géologique du département de la Somme, ou additions et corrections. 1862. (Par *Ch. J.* Buteux.)
Paris. 1862. Martinet. in-8. Carte.

3968. — Essai de topographie géognostique du département de l'Oise, par *L.* Graves.
Beauvais. 1847. A. Desjardins. 1 vol. in-8.

3969. — Essai sur la topographie géognostique du département du Calvados, publié en 1829 par M. de Caumont. 2ᵉ édit.
Caen. 1867. Domin. 1 vol. in-8. Carte.

3970. — Coup d'œil sur la constitution tellurique de l'arrondissement de Falaise. Par M. de Caumont.
Caen. 1864. Hardel. in-8.

3971. — Animaux fossiles et géologie de l'Attique, d'après les recherches faites en 1855-56 et en 1860, sous les auspices de l'Académie des sciences, par *Albert* Gaudry.
Paris. 1862-1867. Savy. 2 vol. gr. in-4. Pl.

3972. — Géologie de l'île de Chypre, par M. *Albert* GAUDRY. (Société géol. 2ᵉ série. Tome VII. Mém. n° 3).
Paris. 1862. Savy. 1 vol. in-4. Pl.

3973. — First annual report of the Geological Survey of Indiana, made during the year 1869, by *E. T.* COX, state geologist, assisted by prof. *Franck H.*BRADLEY, Dr. *Rufus* HAYMOND, and Dr. *G. M.* LEVETTE.
Indianapolis. 1869. Conner. 1 vol. in-8 & atlas.

3974. — Topographie souterraine du bassin houiller de Valenciennes. Par M. *Emile* DORMOY.
Paris. 1867. Impr. imp. 1 vol. in-4 & atlas in-folio.

3975. — Chambre de commerce de Dieppe. — Note sur la recherche de la houille dans le pays de Bray. (Normandie). Par *Edmond* FUCHS.
Paris. 1872. Delevoye. in-4.

3976. — Voyage d'exploration dans les bassins du Hodna et du Sahara. Par M. VILLE.
Paris. 1868. Imprimerie impériale. 1 vol. in-4. Pl.

3977. — Manuel de minéralogie. Par *A.* DES CLOIZEAUX. T.I.
Paris. 1862. Dunod. 1 vol. in-8 & Atlas.

3978. — Géologie appliquée. — Traité du gisement et de la recherche des minéraux utiles, par M. *Amédée* BURAT. 5ᵉ édit.
Paris. 1870. Garnier fr. 2 vol. in-8. Fig.

" — Rapport sur les progrès de la géologie expérimentale, par A. DAUBRÉE.
" — Rapport sur les progrès de la stratigraphie, par M. *L.E.* DE BEAUMONT.
" — Rapport sur les progrès de la minéralogie, par M. DELAFOSSE.
       Voyez : Histoire littéraire. N. 369.

II. — *Botanique.*

* — Rapport sur les progrès de la botanique physiologique, par M. DUCHARTRE.
" — Rapport sur les progrès de la botanique phytographique, par M. A. BRONGNIART.   Voyez : Histoire littéraire. N. 369.
" — Zur Pflanzenlehre, Von GOETHE.
    Voyez : GOETHE's Werke. — Polygraphie. N. 150-151
" — Recherches sur les principes de la végétation. Par *Ch.* DUMONT.
    Voyez : Polygraphie. N. 236.

3979. — Eléments de botanique ; par *F. V.* MÉRAT. 6ᵉ édit.
Paris. 1829. Crochard. 1 vol. in-12.

3980. — Eléments de botanique comprenant l'anatomie, l'organographie, la physiologie des plantes, les familles naturelles et la géographie botanique. Par P. Duchartre.
Paris 1866. Baillière & fils. 1 vol. in-8. Fig.

3981. — Botanique cryptogamique ou histoire des familles naturelles des plantes inférieures. Par J. Payer.
Paris. 1850. V. Masson. 1 vol. in-8.

3982. — Histoire des plantes, par Louis Figuier. Ouvrage illustré de 415 figures dessinées d'après nature par Faguet, gravées par Laplante.
Paris. 1865. Hachette. 1 vol. in-8.

3983. — Flore de France, ou description des plantes qui croissent naturellement en France et en Corse, par M. Grenier et M. Godron.
Paris. 1847-1856. J. B. Baillière. 3 vol. in-8.

3984 — Catalogue raisonné des plantes vasculaires du département de la Somme. Par MM. Eloy de Vicq(1) et Blondin de Brutelette (2).
Abbeville. 1865. Briez. 1 vol. in-8.

3985. — Supplément au catalogue raisonné des plantes vasculaires du département de la Somme. Par MM. Eloy de Vicq et Blondin de Brutelette.
Abbeville.1870. Briez, Paillart & Retaux. 1 v. in-8.

3986. — Supplément.... N° édit.
Abbeville.1873.. Briez, Paillart & Retaux. 1 v. in-8.

3987. — Catalogue des plantes observées dans l'étendue du département de l'Oise. (Par L. Graves).
Beauvais. 1857. Desjardins. 1 vol. in-8.

3988. — Flore de l'arrondissement d'Hazebrouck. (Département du Nord.) Travail disposé selon le système de Linné, avec la concordance des familles naturelles de Jussieu. par Vandamme (Henri).
Hazebrouck. 1850. Guermonprez. 1 vol. in-8.

3989. — Cryptogames vasculaires (Fougères, Lycopodiacées,

---

(1) Eloy de Vicq (Léon Bonaventure) né à Abbeville le 24 Octobre 1810.
(2) Blondin de Brutelette (Henri Léopold) né à Abbeville le 10 Juin 1806.

Hydropteridées, Equisetacées) du Brésil, par A. L. A. Fée. Avec le concours éclairé de M. le Dr F. M. Glazioux. — Matériaux pour une flore générale de ce pays.
Strasbourg. 1869. Vᵉ Berger-Levrault. 1 vol. in-4.

3990. — Sur la Cuscute (*Cuscuta europæa, Lin.*), plante parasite qui attaque le lin, le trèfle et la luzerne, etc., Mémoire auquel la Société nationale et centrale d'agriculture a décerné la médaille d'argent (1850); traduit de l'italien, de A. Benvenuti, avec des notes et des additions, par M. le Dr J. Ch. Herpin.
Paris. 1850. Bouchard-Huzard. in-8

3991. — Etude sur les cuscutes observées dans les environs d'Abbeville, par M. Eloy de Vicq.
Abbeville. 1873. Briez, Paillart & Retaux. in-8

3992. — Porlieria hygrometrica, Ruiz et Pavon. Deuxième mémoire sur les plantes dites sommeillantes, par M. A. Fée.
Paris. 1858. Martinet. in-8.

3993. — Monographie et histoire naturelle du genre groseillier, contenant la description, l'histoire, la culture et les usages de toutes les groseilles connues, avec 24 planches coloriées. Par C. A. Thory.
Paris. 1829. Dufart. 1 vol. in-8 (Les planches manquent.)

3994. — Revue du groupe des verbenacées par M. H. Bocquillon. Recherches des types. — Organogénie. — Organographie. — Affinités. — Classification. — Description des genres. Avec 20 planches.
Paris. 1861-63. Germer-Baillière. 1 vol. in-8. Fig.

3995. — Les plantes à feuillage coloré. Histoire, description, culture, emploi des espèces les plus remarquables pour la décoration des parcs, jardins, serres, appartements. Précédé d'une introduction par *Charles* Naudin. Publié sous la direction de J. Rothschild.
Paris. 1866. J. Rothschild. 1 vol. in 8. Fig. Tome I.

3996. — Histoire naturelle des Equisetum de France. Par J. Duval-Jouve.
Paris. 1864. J. B. Baillière. 1 vol. in-4. Pl.

3997. — Les Fougères. Choix des espèces les plus remarquables pour la décoration des serres, parcs, jardins et salons, précédé de leur histoire botanique et horticole. Par MM. Aug. Rivière, E. André, E. Roze. Ouvrage orné de 75 planches en chromo-lithographie et de 112 gravures sur bois dessinées par MM. Riocreux, Faguet, Poteau et Yan' Dargent. Publié sous la direction de J. Rothschild. — Suivi de l'histoire botanique et horticole de Selaginelles, par E. Roze. Orné de 80 planches en chromo-typographie et de 127 gravures sur bois.
Paris. 1867-68. J. Rothschild. 2 vol. in-8.

3998. — Mémoires sur la famille des Fougères, par A. L. A Fée. Troisième mémoire : histoire des Vittariées et des Pleurogrammées. — Quatrième mémoire : histoire des Antrophyées.
Paris. 1851-1852. J. B. Baillière. 1 vol. in-fol. Pl.

3999. — Genera Filicum. Exposition des genres de la famille des Polypodiacées (classe des Fougères.) Par A. L. A. Fée. Cinquième mémoire sur la famille des Fougères.
Strasbourg. 1850-52. Vᵉ Berger-Levrault. 1 v. in-4.

4000. — Iconographie des espèces nouvelles décrites ou énumérées dans le *Genera Filicum* et révision des publications antérieures relatives à la famille des Fougères. Par A. L. A. Fée. Dixième mémoire.
Strasbourg. 1865. Vᵉ Berger-Levrault 1 vol. in-4.

4001. — Histoire des Fougères et des Lycopodiacées des Antilles, par A. L. A. Fée. Onzième et dernier mémoire sur la famille des Fougères.
Strasbourg. 1869. Vᵉ Berger-Levrault. 1 vol. in-4.

4002. — Mémoires lichénographiques. Par M. Fée. Avec six planches. (Ouvrage tiré à part des Mémoires de l'Académie Impériale des Curieux de la Nature Vol. xviii. Suppl.)
S. n. n. l. 1 vol. in-4.

4003. — Essai sur les cryptogames des écorces exotiques

officinales. Deuxième partie.— Supplément et révision. Par *A. L. A.* Fée.
Strasbourg. 1837. G. Levrault. 1 vol. in-4. Pl.

III. — *Zoologie.*

4004. — Histoire des animaux d'Aristote, avec la traduction françoise, par M. Camus.
Paris. 1783. V⁰ Desaint. 2 vol. in-4.

4005. — Histoire naturelle générale des règnes organiques, principalement étudié chez l'homme et les animaux, par M. *Isidore* Geoffroy Saint-Hilaire.
Paris. 1854-1862. V. Masson. 3 vol. in-8.

* * — Osteologie. Von Goethe.
Voyez : Goethe's Werke. — Polygraphie. N. 150-151.

4006. — Ostéographie ou description iconographique comparée du squelette et du système dentaire des mammifères récents et fossiles, pour servir de base à la zoologie et à la géologie, par *H. M.* Duchotay de Blainville. Ouvrage accompagné de 323 planches lithographiées sous sa direction par M. *J. C.* Werner, précédé d'une étude sur la vie et les travaux de M. de Blainville, par M. *P.* Nicard.
Paris. 1839-64. Baillière & fils. 4 vol. in-4 & atlas.

4007. — Leçons sur la physiologie et l'anatomie comparée de l'homme et des animaux, faites à la Faculté des sciences de Paris, par *H. Milne* Edwards.
Paris. 1857-1870. V. Masson. 9 vol. in-8.

4008. — Leçons sur l'homme, sa place dans la création et dans l'histoire de la terre, par *Carl* Vogt. Traduction française de *J.J.* Moulinié, revue par l'auteur.
Paris. 1866. Reinwald. 1 vol. in-8.

4009. — Origine de l'homme. Par *A.* Fée.
Strasbourg. 1869. V⁰ Berger-Levrault. in-8.

4010. — Les mammifères, par *Louis* Figuier. Ouvrage illustré de 276 vignettes dessinées pour la plupart d'après l'animal vivant, par Bocourt, Lalaisse, Mesnel, de Penne, de Neuville et Bayard.
Paris. 1869. Hachette. 1 vol. in-8.

4011. — Les animaux vertébrés de l'arrondissement d'Abbeville, par F. Marcotte (1).
Abbeville. 1860. P. Briez. 1 vol. in-8.
4012. — Les poissons, les reptiles et les oiseaux, par *Louis* Figuier. Ouvrage illustré de 400 figures insérées dans le texte et de 24 grandes compositions, par A. Mesnel, A. de Neuville et E. Riou.
Paris. 1868. Hachette. 1 vol. in-8.
4013. — Ornithologie européenne, ou catalogue analytique et raisonné des oiseaux observés en Europe, par C. D. Degland.
Paris. 1849. Danel. 2 vol. in-8.
4014. — Observations sur les Axolotls, par M. *Aug.* Duméril.
— Expériences faites à la Ménagerie des Reptiles du Muséum d'histoire naturelle, sur les Batraciens urodèles à branchies extérieures, du Mexique, dits Axolotls, et démontrant que la vie aquatique se continue sans trouble apparent après l'ablation des houppes branchiales ; par M. *Aug.* Duméril.
Paris. 1867. Gauthier-Villars. in-4.
— Observations sur la reproduction dans la Ménagerie des Reptiles du Muséum d'histoire naturelle des Axolotls, batraciens urodèles à branchies extérieures, du Mexique, sur leurs développements et sur leurs métamorphoses, par M. *Auguste* Duméril.
Paris. 1867. Claye. in-4. Pl.
— Création d'une race blanche d'Axolotls à la Ménagerie des Reptiles du Muséum d'histoire naturelle, et remarques sur la transformation de ces Batraciens ; par M. *Aug.* Duméril.
Paris. 1870. Gauthier-Villars. in-4.
4015. — Description de quelques sauriens nouveaux originaires de l'Amérique méridionale, par M. Bocourt (2).
Paris. 1870. V. Masson. in-4.

---

(1) Marcotte *(Nicolas Vulfran François Félix)* né à Abbeville le 30 Mai 1810.
2) Bocourt *(Jules Florestan)* né à Heilly (Somme) le 16 Août 1830.

4016. — Description de quelques Gerrhonotes nouveaux provenant du Mexique et de l'Amérique centrale. Par M. F. Bocourt.
Paris. 1870. V. Masson. in-4

4017. — Histoire naturelle des poissons, par M. le Baron Cuvier, et par M. Valenciennes.
Paris. 1828-49. Levrault. 22 vol. Pl.

** — Ichthyologie analytique... Par M. Duméril.
Voyez : Mém. de l'Acad. des sc. Tome XXVII.

4018. — Les poissons des eaux douces de la France. Anatomie. Physiologie. Description des espèces. Mœurs. Instincts. Industrie. Commerce. Ressources alimentaires. Pisciculture. Législation concernant la pêche. Par *Emile* Blanchard.
Paris. 1866. Baillière & fils. 1 vol. in-8. Fig.

4019. — Le Lépidosiren et le Protoptère appartiennent à la classe des poissons où ils sont les types de la sous-classe des Dipnès. (Par M. *Aug.* Duméril.) (Ext. des Annales de la Soc. Linn. de Maine-et-Loire. XII.
Angers. 1870. Lachèse. in-8.

4020. — De la vessie natatoire des Ganoïdes et des Dipnès. Par M. *Aug.* Duméril.)   (Ibid.)
Angers. 1870. Lachèse. in-8.

4021. — Les Lophobranches. Par M. *Aug.* Duméril.(Ext. des Mém. de la Soc. imp. des sciences naturelles de Cherbourg. T. XV.)
Cherbourg. 1870. Badelfontaine & Syffert. in-8.

4022. — Recherches sur le système latéral du nerf pneumo gastrique des poissons, par M. *Félix* Fée.
Strasbourg. 1869. Silbermann. 1 vol. in-4. 4 Pl.

4023. — Histoire naturelle des animaux sans vertèbres . . . précédée d'une introduction offrant la détermination des caractères essentiels de l'animal, sa distinction du végétal et des autres corps naturels; enfin, l'exposition des principes fondamentaux de la zoologie. Par *J. B. P. A.* de Lamarck. 2ᵉ éd. rev. e augm. de notes présentant les faits nouveaux don

la science s'est enrichie jusqu'à ce jour ; par MM. G. P. Deshayes et H. Milne Edwards.
Paris. 1835-45. Baillière. 11 vol. in-8.

4024. — Entomologie analytique. — Histoire générale, classification naturelle et méthodique des insectes à l'aide de tableaux synoptiques. Par A.M.C. Duméril.
Paris. 1860. F. Didot fr. 2 vol. in-4. Fig.

4025. — Les insectes, par Louis Figuier. Ouvrage illustré de 605 figures dessinées d'après nature par Mésnel, E. Blanchard et Delahaye et de douze grandes compositions par E. Bayard.
Paris. 1867. Hachette. 1 vol. in-8. Fig.

4026. — Mémoires pour servir à l'histoire des insectes. Par M. de Réaumur.
Paris. 1734-1742. Imprimerie royale. 6 vol. in-4. Pl.

4027. — Métamorphoses, mœurs et instincts des insectes. (Insectes, Myriapodes, Arachnides, Crustacés). Par Emile Blanchard.
Paris. 1868. Germer-Baillière. 1 vol. gr. in-8. Pl.

4028. — Histoire naturelle des lepidoptères ou papillons de France. Par M. J. B. Godart ; ouvrage basé sur la méthode de Latreille ; avec les figures de chaque espèce, dessinées et coloriées d'après nature par MM. C. Vauthier, P. Duménil et Delarue ; continuée par M. P.A.J. Duponchel.— (Avec les suppléments).
Paris. 1821-46. Crevot & Méquignon. 15 en 17 v. in-8.

4029. — Catalogue méthodique des lepidoptères d'Europe distribués en familles, tribus et genres, avec l'exposé des caractères sur lesquels ces divisions sont fondées, et l'indication des lieux et des époques où l'on trouve chaque espèce, pour servir de complément et de rectification à l'Histoire naturelle des lepidoptères de France, devenue celle des lepidoptères d'Europe par les supplémens qu'on y a ajoutés. Par M. P. A. J. Duponchel.
Paris. 1844. Méquignon-Marvis. 1 vol. in-8.

4030. — Iconographie et histoire naturelle des chenilles, pour servir de complément à l'Histoire naturelle des lepidoptères ou papillons de France de MM. Godart et Duponchel; par MM. Duponchel et Guénée.
Paris. 1849. Germer-Baillière. 2 vol. in-8. Pl.

4031. — Catalogue raisonné des hyménoptères du département de la Somme. Par le D' Dours. — Première partie. Mellifères.
Amiens. 1861. E. Yvert. 1 vol. in-8.

4032. — La vie et les mœurs des animaux, par *Louis* Figuier. Zoophytes et Mollusques. Volume illustré de 385 figures dessinées d'après les plus beaux échantillons du Muséum d'histoire naturelle et des principales collections de Paris.
Paris. 1866. Hachette. 1 vol. in-8. Fig.

4033. — Report on the Invertebrata of Massachusetts, published agreeably to an order of the Legislature. Second edition, comprising the Mollusca. By *Augustus* A. Gould. Edited by *W. G.* Binney.
Boston. 1870. Wright and Potter. 1 vol. in-8. Pl.

4034. — Notice sur les coquilles perlières qui se trouvent dans le département de la Haute-Loire et dans le départ. de la Lozère, par M. de Payan-Dumoulin.
Le Puy. 1862. Marchessou. in-8.

** — Histoire naturelle des Coralliaires ou polypes proprement dits par M. H. Milne Edwards.—Introduction historique par MM. *Milne* Edwards et J. Haime.
Paris. 1857-60. Roret. 3 vol. in-8. Pl.
Voyez : N. 2096.

4035. — Histoire naturelle du corail. Organisation. Reproduction. Pêche en Algérie. Industrie et commerce. Par le docteur *H.* Lacaze-Duthiers.
Paris. 1864. J. B. Baillière. 1 vol. in-8. Pl.

** — Histoire naturelle des zoophytes échinodermes comprenant la description des Crinoïdes, des Ophiurides, des Astérides, des Échinides et des Holothurides; par M. *F.* Dujardin et par M. *H.* Hupé.
Paris. 1862. Roret. 1 vol. in-8. Pl.
Voyez : N 2096.

** — Histoire naturelle des Annelés marins et d'eau douce. — Annélides et Géphyriens. Par M. A. DE QUATREFAGES.
Paris. 1865. Roret. 3 vol. in-8. Pl.
Voyez : N. 2096.

d. d. — Paléontologie.

4036. — Paléontologie stratigraphique de l'infra-lias du département de la Côte-d'Or, suivie d'un Aperçu paléontologique sur les mêmes assises dans le Rhône, l'Ardèche et l'Isère, par M. *Jules* MARTIN. (Soc. géol. 2e série. T. VII. Mém. n° 1).
Paris. 1860. Savy. 1 vol. in-4. Pl.

4037. — Monographie des Clypéastres fossiles, par M. HARDOUIN MICHELIN. (Ibid. T. VII. Mém. n° 2.)
Paris. 1861. Savy. 1 vol. in-4. Pl.

4038. — Etudes micrographiques. — Les Diatomées fossiles, par J. GIRARD.
Paris. 1867. Martinet. in-8. 2 pl.

4039. — De l'homme antédiluvien et de ses œuvres, par M. BOUCHER DE PERTHES.
Paris. 1860. Jung-Treuttel.(Abbeville.Briez).1 v.in-8.

4040. — L'homme fossile. Par M. *Léopold* GIRAUD.
Paris. 1860. Jung-Treuttel. (Abbeville. Briez). in-8.

4041. — De la mâchoire humaine de Moulin-Quignon. — Nouvelles découvertes en 1863 et 1864, par M. BOUCHER DE PERTHES.
Paris.1864.Jung-Treuttel.(Abbeville. Briez).1 v.in-8.

4042. — Du terrain quaternaire et de l'ancienneté de l'homme dans le nord de la France, d'après les leçons professées au Muséum par M. d'ARCHIAC, recueillies et publiées par *Eugène* TRUTAT.
Paris. 1863. Savy. 1 vol. in-8.

4043. - Institut impérial de France.—Académie des sciences. — Extrait des Comptes-rendus des séances, tome LVI. 1863.

[1] — Note sur la mâchoire humaine découverte par M. Boucher de Perthes dans le diluvium d'Abbeville ; par M. DE QUATREFAGES. -- Mâchoire humaine dé-

couverte à Abbeville dans un terrain non remanié; note par M. Boucher de Perthes. (20 Avril 1863).
² — Deuxième note sur la mâchoire d'Abbeville, par M. de Quatrefages. (27 Avril 1863.)
³ — Troisième note sur la mâchoire d'Abbeville, par M. de Quatrefages. (4 Mai 1863.)
⁴ — Observations sur la mâchoire de Moulin-Quignon; par M. de Quatrefages. (18 Mai 1863).
⁵ — Note sur les Résultats fournis par une enquête relative à l'authenticité de la découverte d'une Mâchoire humaine et de Haches en silex, dans le terrain diluvien de Moulin-Quignon; par M. Milne Edwards. (18 Mai 1863).
⁶ — Observations à propos du Mémoire de M. Pruner-Bey et de la Note de M. Elie de Beaumont; par M. de Quatrefages. (25 Mai 1863.)
Paris. 1863. Mallet-Bachelier. in-4. Pl.

f. f. — *Mélanges d'histoire naturelle.*

4044. — Ontologie naturelle ou étude philosophique des êtres. Par *P.* Flourens.
Paris. 1861. Garnier fr. 1 vol. in-18.

4045. — Etudes philosophiques sur l'instinct et l'intelligence des animaux. Par *A. L. A.* Fée.
Strasbourg. 1853. Vᵉ Berger-Levrault. 1 vol. in-18.

4046. — De la vie et de l'intelligence. Par *P.* Flourens. 2ᵉ éd.
Paris. 1858. Garnier fr. 1 vol. in-18.

4047. — De l'instinct et de l'intelligence des animaux. Par *P.* Flourens. 4ᵉ édit.
Paris. 1861. Garnier fr. 1 vol. in-18.

4048. — Mœurs, instinct et singularités de la vie des animaux mammifères, par *R. P.* Lesson.
Paris. 1842. Paulin. 1 v. in-18.

4049. — De l'origine des espèces par sélection naturelle ou des lois de transformation des êtres organisés, par *Ch.* Darwin. Traduit en français, avec l'autorisation de l'auteur, par *Clémence* Royer. Avec une préface et

des notes du traducteur. Deuxième édition augmentée d'après des notes de l'auteur.
Paris. 1866. V. Masson. 1 vol. in-8.

** — Observations d'histoire naturelle par Montesquieu.
Voyez : Œuvres de Montesquieu. Polygraphie. N. 198.

4050. — Des aquariums. — Construction. — Peuplement. — Entretien. Par A. Lefebvre (1).
Amiens. 1872. Lenoel-Herouart. 1 vol. in-8. Pl.

4051. — Nouvelles archives du Muséum d'histoire naturelle de Paris publiées par MM. les Professeurs-Administrateurs de cet établissement.
Paris. 1865-1873. Morgand. 9 vol. in-4. Pl.

4052. — Mémoires de la Société linnéenne du Nord de la France.
Amiens. 1866-70. Lemer & Lenoel. 2 vol. in-8. Pl.

4053. — Société linnéenne du Nord de la France. Bulletin mensuel.
Amiens. 1872-73. Lenoel-Herouart. 1 vol. in-8.

4054. — Smithsonian miscellaneous collections. Vol. VIII.
Washington. 1869. Collins. 1 vol. in-8. Fig.
I. Monographs of the Diptera of North America. By R. Osten Sacken.
II. Catalogue of the Orthoptera of North America described previous to 1867. By Samuel H. Scudder.
III. Land and fresh water Shells of North America. Part. I. Pulmonata geophila. By W. G Binney and T. Bland.
IV. Arrangement of families of Birds (Adopted provisionnally by the Smithsonian Institution.
V. Circulars.

. — Revue zoologique, par la Société cuvierienne ; association universelle pour l'avancement de la zoologie, de l'anatomie comparée et de la paléontologie ; Journal mensuel. Publié sous la direction de M. F. E. Guérin-Méneville.
Paris. 1838-48. 11 vol. in-8. Pl.   Voyez : N. 2375.

4055. — Revue et magasin de zoologie pure et appliquée ; recueil mensuel par M. F. E. Guérin-Méneville.
Paris. 1849-73. 24 vol. in-8. Pl.
C'est la 2e série de la publication précédente. Les 3 premiers volumes ont paru avec la collaboration de M. Ad Focillon.

4056. — Annales des sciences naturelles. V® série. Zoologie

---

(1) Lefebvre (Alfred-Alphonse) né à Amiens le 3 Juin 1836.

et paléontologie comprenant l'anatomie, la physiologie, la classification et l'histoire naturelle des animaux, publiées sous la direction de M. Milne Edwards. (Tomes IX à XVIII).
Paris. 1868-73. V. Masson. 10 vol. in-8. Pl.

4057. — Annales des sciences naturelles. V^e série. Botanique comprenant l'anatomie, la physiologie et la classification des végétaux vivants et fossiles, publiée sous la direction de MM. Ad. Brongniart et J. Decaisne. (Tomes IX à XVIII).
Paris. 1868-73. G. Masson. 10 vol. in-8. Pl.

IX. — Appendice.

Mélanges et recueils relatifs aux sciences mathématiques, physiques et naturelles.

4058. — Lettres à Sophie sur la physique, la chimie et l'histoire naturelle. Par *L. Aimé* Martin. 12e édit.
Paris. 1843. Charpentier. 1 vol. in-18.

4059. — La clef de la science ou les phénomènes de tous les jours expliqués par le Dr *E. C.* Brewer. 2e édit.
Paris. 1855. J. Renouard. 1 vol. in-18.

4060. — Memorabilium *Gaudentii* Merulæ *Novariensis* ultra primam editionem et recognitum et quatuor libris auctum opus, cum emendatione et scholiis *Pomponii* Castalii *Olivetani*.
Lugduni. 1556. Mat. Bonhomme. 1 vol. in-8.

4061. — Conversations académiques, tirées de l'Académie de M. l'Abbé Bourdelot, par le Sieur Le Gallois.
Paris. 1674. Louis Bilaine. 2 en 1 vol. in-12.

** — Chimie, médecine, botanique. Par Madame d'Arconville.
Voyez : Mélanges de littérature, de morale et de physique.
Polygraphie, N 226.

4062. — Œuvres complètes de *Bernard* Palissy, édition conforme aux textes originaux imprimés du vivant de l'auteur ; avec des notes et une notice historique par *Paul-Antoine* Cap.
Paris. 1844. Dubochet. 1 vol. in-18.

** — Zur Naturwissenschaft. Von Goethe.
Voyez : Goethe's Werke. — Polygraphie. N. 150 et 151.

4063. — OEuvres scientifiques de Goethe analysées et appréciées par *Ernest* Faivre.
Paris. 1862. Hachette. 1 vol. in-8. Fig.

4064. — OEuvres de Lavoisier publiées par les soins de Son Excellence le Ministre de l'Instruction publique et des Cultes, (sous la direction de M. Dumas).
Paris. 1864-68. Imprimerie imp. 4 vol. in-4. Port.

4065. — Chimie, céramique, géologie, métallurgie, par J. J. Ebelmen; revu et corrigé par M. Salvétat. Suivi d'une Notice sur la vie et les travaux de l'auteur, par M. *E.* Chevreul.
Paris. 1861. Mallet-Bachelier. 3 vol. in-8.

4066. — Bibliothèque universelle et Revue Suisse. Archives des sciences physiques et naturelles. Nouvelle période. Tome xxxi à xlviii.
Genève. 1868-73. 18 vol. in-8. Pl.

4067. — Revue des sciences physiques et de leurs applications en 1863. Par *C.* Decharme.
Amiens. 1864. Jeunet. 1 vol. in-8.

X. — Sciences occultes.

** — La magie et l'astrologie dans l'antiquité et au moyen-âge. Par *L. F. Alfred* Maury.
Paris. 1860. Didier. 1 vol. in-8.
Voyez : Histoire littéraire. N. 375.

** — Histoire du merveilleux dans les temps modernes, par *Louis* Figuier.
Paris. 1860-61. Hachette. 4 vol. in-18.
Voyez : Histoire littéraire. N. 376.

** — *L.* Apuleius de Deo Socratis.
Voyez : *L.* Apuleii opera. Polygr. N. 101, 277, 278.

** — Les prodiges de Julius Obsequens. Traduction de M. *Victor* Verger.
Voyez : Polygraphie. N. 278. — Bell. Lett. N. 2915.

** — Arati phænomena et prognostica.
Voyez : Sciences et Arts. N. 1840-1842. — Polyg. N. 276.

** — Iamblichi de mysteriis liber.
Voyez : Sciences et Arts. N. 81, 82. — Polyg. N. 276.

** — Proclus de anima atque dæmone. — De magia.
Voyez : Sciences et Arts. N. 81.

** — *J.* Gerson. De distinctione verarum visionum. — Ejusdem astrologia theologizata. Voyez : J. Gersonii opera. — Théol N. 2643.

** — Traicté des anges et des démons du R. P. Maldonat. Mis en françois par Mᵉ *Fr.* de la Borie. Théol. N. 2825.
Rouen. 1616. Besongne. 1 vol. in-12.

4068. — Analogie de l'abrégé du monde et de ses révolutions. Par *E. D. B.* sieur DE LA TOUR.
Paris. s. d. Bourriquant. 1 vol. in-8.

4069. — Mysticæ numerorum significationis liber in duas divisus partes, R. P. *Petro* BONGO auctore : opus maximarum rerum, et plurimarum doctrina, suavitate, copia et varietate refertum.
Bergomi. 1585. C. Ventura 1 vol. in-fol.

4070. — Manuel de la Loterie nationale de France, ou livre des songes, contenant une Instruction pour les Actionnaires et Receveurs... avec des Calculs progressifs sur toutes les chances,... le Tableau des tirages depuis l'établissement des Loteries militaire et nationale de France jusqu'à leur suppression,... Plus une liste générale des rêves, avec les noms des choses rêvées et leurs numéros correspondans pour les tirages de la Loterie ; traduite de l'italien de *Fortunato* INDOVINO. Avec figures. N° éd.
Paris. An VI. 1 vol. in-12.

4071. — Lettre d'un catholique sur le spiritisme. Par le Docteur GRAND.
Paris. 1860. Ledoyen. 1 vol. in-18.

4072. — La danse des tables, phénomènes physiologiques démontrés par le D' *Félix* ROUBAUD. 2° éd.
Paris. 1853. Librairie nouvelle. 1 vol. in-18. Pl.

4073. — Les prédictions des signes et prodiges qu'on a veu ceste presente année 1618. Ensemble de la Comète cheveluë qui se voit depuis quinze jours sur ce florissant Royaume de France. Descrites par le M. Provençal.
Paris. 1618. N. Rousset. in-8.

4074. — Les prédictions remarquables de l'Astrologue françois. Adressées aux Monarques et Potentats de la Chrestienté. (En vers).
Paris. 1625. in-8.

4075. — Escamotage. Physique-amusante.
Paris. s. d. Wittersheim. in-8.

QUATRIEME CLASSE.

ARTS ET MÉTIERS.

Dictionnaires. — *Généralités.*

** — Complément du Dictionnaire des arts et manufactures. Par M. *Ch* LABOULAYE.
Paris. 1861. E. Lacroix. 1 vol. in-8 Pl.

** — Complément de la troisième édition du Dictionnaire des arts et manufactures. Par M. *Ch.* LABOULAYE.
Paris. 1868. E. Lacroix. 1 vol. in-8. Pl.

Voyez: N. 2552.

I. — AGRICULTURE.

a. — Dictionnaires.

4076. — Encyclopédie pratique de l'agriculteur publiée par *Firmin* DIDOT frères, fils et Cie sous la direction de MM. *L.* MOLL et *Eug.* GAYOT.
Paris. 1859-1871. F. Didot fr. 13 vol. in-8. Pl.

c. — Traités généraux.

4077. — Précis d'un cours d'agriculture générale, ou institutions agricoles appropriées à toutes les intelligences; par M. DESVAUX.
Paris. 1832. Bibl. popul. 1 vol. in-16.

4078. — Manuel d'agriculture, ou traité élémentaire de l'art du cultivateur, spécialement destiné aux écoles villageoises et aux cultivateurs du Nord-Est de la France, par M. *L.* MOLL. 3e édit.
Nancy. 1841. Grimblot. 1 vol. in-12. Pl.

4079. — Questionnaire du cultivateur ou notions générales d'agriculture par demandes et par réponses. . . Par DRABOJ. (JOBARD).
Paris. 1867. Delagrave. 1 vol. in-18.

4080. — Notions d'agriculture théorique et pratique... Par F. Masure.
Paris. 1869. Blériot. 1 vol. in-18.
4081. — Agronomie pratique à l'usage des écoles primaires par B. Véret.
Amiens. 1870. Lambert-Caron. 1 vol. in-12.
4082. — Almanach de l'agriculture pour 1870, publié par J. A. Barral, avec le concours des principaux collaborateurs et fondateurs du Journal de l'agriculture.
Paris. 1870. V. Masson. 1 vol. in-16. Fig.

d. — Traités particuliers. — Cultures spéciales.

4083. — Cours de chimie agricole professé en 1869 par M. G. Lechartier à la Faculté des sciences de Rennes.
Rennes. 1860. Oberthur & fils. 1 vol. in-18.
4084. — Lettres adressées par M. Roussel, Membre du Comice d'Amiens, à M. le Président de la Société Industrielle, à l'occasion de deux lectures de M. DuRoselle, concernant les engrais chimiques et les engrais existant dans les grands centres de population.
Amiens. 1868. Yvert. in-8.
4085. — Simples notions sur l'achat et l'emploi des engrais commerciaux. — Exposé élémentaire des faits qu'il importe aux cultivateurs de ne pas ignorer. — Utilité des laboratoires de chimie agricole. Par *Adolphe* Bobierre.
Paris. 1870. V. Masson. 1 vol. in-18. Pl.
4086. — Du drainage à triple drain triangulaire applicable dans toutes les régions. Par M. *Amédée* Rapin.
Paris. 1869. Gauguet. 1 vol. in-18.
4087. — Méthode pour recueillir les grains dans les années pluvieuses, et les empêcher de germer. Dialogue entre un voyageur et trois fermiers ou laboureurs. Par M. Ducarne de Blangy.
Paris. 1771. Gueffier. 1 vol. in-8. Pl.
4088. — Avis sur les récoltes des grains, publié par le

Bureau consultatif d'agriculture du Ministère de l'intérieur, et rédigé par le C^{en} Cels.

Paris. An VII. Impr. de la République. in-8.

4089. — Recherches expérimentales sur le développement du blé et sur la répartition dans ses différentes parties, des éléments qui le constituent à diverses époques de sa végétation. Par *J. Isidore* Pierre. Avec 68 pl.

Paris. 1866. Delagrave. 1 vol. in-4.

4090. — Mémoire sur la dégénérescence des prairies artificielles et les moyens d'y obvier; par M. *Isid.*Pierre.

Orléans. 1861. Pagnerre. 1 vol. in-8.

4091. — De la création des prairies irriguées, principes économiques et techniques suivis d'un appendice sur le drainage et l'irrigation par le drainage d'après Petersen, par *W. F.* Dünkelberg. Traduit de l'allemand par *Achille* Cochard.

Paris. 1869. V. Masson. 1 vol. in-8. Fig.

4092. — Le lin et sa culture, par *Benjamin* Véret. Mémoire couronné par la Société industrielle d'Amiens.

Paris. 1866. Ve Bouchard-Huzard. 1 vol. in-8.

g. — Sylviculture et arboriculture.

4093. — Projet de société pour la plantation de 20,000 hectares de bois en pins de Riga et mélèzes ; par M. Mallet, de Chilly.

Orléans. 1828. Danicourt-Huet. in-8.

— Quelques idées sur l'estimation des bois, par M. Mallet de Chilly.

Orléans. 1834. Danicourt-Huet. in-8.

4094 — Ministère des finances.—Administration des forêts. Reboisement des montagnes. (Loi du 28 Juillet 1860).— Compte-rendu des travaux de 1862.

Paris. 1863. Imprimerie impériale. in-4. Pl.

4095. — L'art de planter.—Plantations en général.— Plantations en butte. — Traité pratique sur l'art d'élever en pépinière et de planter à demeure les arbres forestiers, fruitiers et d'agrément, précédé d'une introduction spéciale pour la France, par le Baron

H. E. DE MANTEUFFEL, traduit sur la 3ᵉ édition allemande par *S. P.* STUMPER, revu par *C.* GOUËT.
Paris. 1868. Rothschild. 1 vol. in-16.

h. — Viticulture.

4096. — Extrait de la notice historique concernant le vignoble de la Rolière, autrement dit Clos de la Rolière, situé sur les côtes du Rhône, territoire de la commune de Livron (Drôme), par *A. P. Alfred* BLANC-MONTBRUN.
Vienne. 1860. J. Timon. in-8.

4097. — Notes présentées à la Commission impériale de Billancourt par M. DE LA LOYÈRE. Culture de la vigne sur son domaine de Savigny près Beaune (Côte-d'Or).
Beaune. 1867. Batault-Morot. in-8.

i. — Zootechnie.

4098. — Nouvelle bibliothèque agricole par *F.* ROBIOU DE LA TRÉHONNAIS.— L'étable. Traité pratique de zootechnie agricole.
Paris. 1869. A. Sagnier. 1 vol. in-18. Fig.

4099. — La poule de Houdan. Extraits des journaux de Dreux et de Chartres des 10 et 13 Mars, des 17 et 20 Novembre 1864. (Par DELAFOSSE). 2ᵉ éd.
Dreux. 1869. Lemenestrel. in-18.

4100. — Petit traité de sériculture. Education des vers à soie, culture du mûrier, etc., d'après Dandolo, Mathieu Bonnafous, Camille Beauvais, Louis Leclerc, et nos meilleurs sériculteurs, par *H.* HAMET.(1)
Paris. 1856. Goin. 1 vol. in-18. Fig.

4101. — Mouches à miel. Le moyen d'en tirer grand profit.
Paris. 1680. Vᵉ D. Langlois. 1 vol. in-4. Fig.

4102. — Cours pratique d'apiculture (culture des abeilles) professé au jardin du Luxembourg par *H.* HAMET.
Paris. 1859. V. Masson. (Evreux. Hérissey). 1 v. in-18.

---

(1) HAMET (*Louis-Henri*) né à Fay, canton de Chaulnes, le 15 Juillet 1815,

4103. — Petit traité d'apiculture ou art de soigner les abeilles (mouches à miel), contenant des notions succinctes de leur histoire naturelle ; le gouvernement des essaims ; l'emploi des ruches les plus avantageuses ; la manière de façonner le miel, la cire et l'hydromel. Par *H.* HAMET.
   Paris. 1856. Goin. 1 vol. in-18. Fig.
4104. — Calendrier apicole, almanach des cultivateurs d'abeilles, contenant ce qu'il y a dans une ruchée d'abeilles ; les meilleures ruches ; travaux apicoles de l'année ; façonnement des produits des abeilles, etc. Par *H.* HAMET. Avec la collaboration de M. l'Abbé *S. A.* COLLIN.
   Paris. 1861. Goin. 1 vol. in-18. Fig.
4105. — De l'anesthésie ou asphyxie momentanée des abeilles, ses inventeurs et ses prôneurs, moyens de la pratiquer, et ses grands inconvénients ; mode plus simple, plus facile et plus rationnel qui doit lui être préféré pour s'emparer des populations et récolter les ruches vulgaires. Par *H.* HAMET.
   Paris. 1855. Goin. 1 vol. in-18. Fig.
4106. — L'apiculteur, journal des cultivateurs d'abeilles, marchands de miel et de cire, publié sous la direction de M. *H.* HAMET. Tomes I à V.
   Paris. 1856-1861. Goin. 5 vol. in-8. Pl.

k. — Horticulture.

4107. — Histoire des jardins et du jardinage.
   Sans titre. 1 vol. in-12.
4108. — Manuel pratique d'horticulture. Par un Curé de campagne.
   Beaulieu-Corrèze. 1869. Lalé. 1 vol. in-18.
4109. — Almanach Gressent pour 1869, essentiellement horticole, contenant les nouveautés de l'année et les expériences faites en arboriculture et potager moderne, aux jardins-écoles de Sannois. Par GRESSENT.
   Paris. 1869. Goin. 1 vol. in-18.

4110. — Almanach du jardinier-fleuriste pour 1857, suivi de notes sur le jardin potager.
Paris. 1857. Goin. 1 vol. in-12.

4111. — Le bon jardinier. Almanach horticole pour l'année 1870. Par Vilmorin, L. Vilmorin, Decaisne, Naudin, Neumann et Pepin.
Paris. 1870. Maison rustique. 1 vol. in-18.

4112. — Instructions pour les semis de fleurs de pleine terre, avec l'indication de leur couleur, époque de floraison, culture, etc., suivie de classements divers selon leur emploi, et d'une Notice sur la formation et l'entretien des gazons, par Vilmorin-Andrieux et C°.
Paris. 1861. Librairie agricole. 1 vol. in-8.

4113. — Petite bibliothèque du jardinier amateur, par Moléri.— III.— Multiplication des plantes.
Paris. 18 . Collignon. 1 vol. in-12.

4114. — Conseils sur la culture des fleurs de pleine-terre et de fenêtres, offerts aux habitants de la campagne du département de la Marne et pouvant convenir aux départements du Nord, de l'Est, du Nord-Ouest et du centre de la France. Par le Comte *Léonce* de Lambertye.
Paris. 1869. Goin. 1 vol. in-18.

4115. — La taille du rosier, sa culture, ses belles variétés. Par *Eugène* Forney.
Paris. 1864. Arnheiter. 1 vol. in-18.

4116. — Culture des asperges en plein-air, par Lhéraut-Salboeuf et fils. 2° édit.
Paris. 1867. Goin. 1 vol. in-18.

4117. — De la culture des truffes, ou manière d'obtenir, par des plants artificiels, des truffes noires et blanches, dans les bois, les bosquets et les jardins ; par *Alexandre* de Bornholz ; traduit de l'allemand par *Michel* O'Egger.
Paris. 1826. Eberhart. 1 vol. in-8.

4118. — Le jardin fruitier du Muséum ou iconographie de toutes les espèces et variétés d'arbres fruitiers cultivés dans cet établissement, avec leur description,

leur histoire, leur synonymie, etc., par J. Decaisne.
Paris. 1857-1872. F. Didot fr. 6 vol. in-4. Pl.
4119. — Des jardins d'agrément. Par M. Buteux.
Abbeville. 1871. Briez, Paillart & Retaux. in-8.

l. — *Mélanges d'agriculture et d'économie rurale.*

4120. — Du rôle des femmes dans l'agriculture. Esquisse d'un Institut rural féminin. Par P. E. C.
Paris. 1869. Magasin pittoresque. 1 vol. in-18.

4121. — OEuvres agronomiques et forestières de Varenne de Fenille. Etudes précédées d'une Notice biographique par *Philibert* Le Duc.
Paris. 1869. Rothschild. 1 vol. in-8.

4122. — Excursions agricoles faites en 1866 en Lorraine, Berry, Limousin, Périgord, Dordogne, Bourbonnais, Touraine et dans les environs de Paris. Suivi d'un mémoire pour la prime d'honneur dans le Var et dans l'Aisne, de notes extraites de divers ouvrages du docteur Guyot et des journaux agricoles anglais. Par le Comte *Conrad* de Gourcy.
Paris. 1868. E. Lacroix. 1 vol. in-8.

4123. — Excursions agricoles faites en France en 1867. Suivi de notes agricoles diverses, de lettres et rapports. Par le Comte *Conrad* de Gourcy.
Paris. 1869. E. Lacroix. 1 vol. in-8.

4124. — Mélanges d'agriculture, par M. *Ch.* Gomart.
1 vol. in-8 contenant :

1 — Vœu du Comice de Saint-Quentin, sur la législation des céréales. — Observations à l'appui de ce vœu, par M. *F.* Georges.— Déposition faite devant le Conseil d'État, le 11 Mars 1859, par M. Georges et M. *Ch.* Gomart, tous deux délégués par M. le Préfet de l'Aisne.
Saint-Quentin. 1859. Moureau. in-8.

2 — De la culture du China-Grass (Urtica utilis). Par M. *Ch.* Gomart.
Saint-Quentin. 1868. Moureau. in-8.

3 — De l'influence de la culture de la betterave sur la production du blé. Par *Ch.* Gomart.
Laon. 1868. Fleury. in-8.

4 — De l'alimentation économique du bétail par la betterave fermentée,

---

(1) Gomart *(Charles-Marie-Gabriel)* né à Ham, le 1 Juillet 1805.

suivant les procédés de M. Leduc, cultivateur à Beaurevoir, près le Catelet (Aisne), par *Ch.* Gomart.
Saint-Quentin. 1860. Moureau. in-8.

5 — Les labours profonds. Rapport présenté au Congrès central des sociétés savantes, réuni à Paris, le 19 Mars 1863, par M. Ch. Gomart.
Caen. 1863. Hardel. in-8.

6 — Une excursion à Romorantin, par *Ch.* Gomart.
Saint-Quentin. 1863. Moureau. in-8.

4125. — Etude sur les végétaux et sur leur naturalisation, par M. le Comte de Gomer. (1).
Amiens. 1869. Yvert. in-8,

4126. — Institut des provinces de France. — Congrès des délégués des Sociétés savantes. (Session de 1866). — Enquête agricole.— Rapport et documents. (Par M. le Marquis d'Andelarre.)
Paris. 1866. Paul Dupont. 1 vol. in-4.

4127. — Comice agricole d'Amiens. Rapport de la Commission d'enquête sur la souffrance actuelle de l'agriculture. (M. *Ch.* Salmon, rapporteur).
Amiens. 1866. E. Yvert. in-8.

4128. — Statistique de la France publiée par S. Exc. M. le Ministre de l'Agriculture, du Commerce et des Travaux publics. — Agriculture. — Résultats généraux de l'enquête décennale de 1862.(Par *A.*Legoyt).
Strasbourg.1868.V*e* **Berger-Levrault.1 v. in-8. Carte.**

** — Voyez aussi : Statistique de la France. Histoire. N. 2213.

4129. — Ministère de l'Agriculture, du Commerce et des Travaux publics.— Enquête agricole.
Paris. 1868-1873. Impr. imp. & nat. 38 vol. in-4.

4130. — Rapport fait au nom de la Commission nommée pour la prime d'honneur de bonne culture. (Lu à la séance de distribution des prix du concours (du Comice agricole d'Amiens.) Par *Ch.* Salmon.
Amiens. 1863. E. Yvert. in-8.

4131. — Notice sur l'exploitation du domaine de Fontenay. Par le Comte de Pontgibaud.
Paris. 18 . (Montereau. Zanote). in-8.

---

(1) Gomer (*Louis-Auguste-Gabriel-Maxime* Comte de), né à Quevauvillers, le 7 Octobre 1808.

4132. — Note sur la comptabilité agricole de M. Pépin-Lehalleur pour l'exploitation de son domaine de Coutançon, près Nangis (Seine-et-Marne), par *Eugène* ROYON. (1).
Paris. 1866. E. Lacroix. in-8. Carte.

4133. — Notice sur le domaine d'Havrincourt, par M. le Marquis D'HAVRINCOURT.
Paris. 1868. Maison rustique. 1 vol. in-8. Pl.

4134. — Société industrielle d'Amiens.—Rapport du Comité de physique et de chimie (Section d'agriculture) sur la visite à la ferme de M. E. Vion, par *H.* DU-ROSELLE.
Amiens. 1869. Jeunet. in-8.

4135. — Société d'agriculture de la Gironde. — Rapports au nom de la Commission de grande culture sur le domaine de Château-Barrault, commune de Cursan (Gironde); au nom de la Commission des cultures spéciales sur la houblonnière de M. Bastian, Allées de Boutaut, près de Bordeaux, par M. *Gustave* FOURNET.
Bordeaux. 1871. E. Crugy. in-8.

4136. — Ministère de l'Agriculture, du Commerce et des Travaux publics. — Concours général de la Villette de 1868. — Distribution des récompenses. — Discours prononcé par S. Ex. M. DE FORCADE LA ROQUETTE.
Paris. 1868. Panckoucke. in-8.

4137. — Ministère de l'Agriculture, du Commerce et des Travaux publics. — Concours général de la Villette de 1869. — Distribution des récompenses. — Discours prononcé par S. Exc. M. GRESSIER (2).
Paris. 1869. Wittersheim. in-8.

4138. — Séance publique annuelle de la Société impériale et centrale d'agriculture de France, tenue le 14 Février 1869, présidence de S. Exc. le Ministre de l'Agriculture, du Commerce et des Travaux publics.

---

(1) ROYON (*Pierre-Eugène*) né à Amiens, le 3 Décembre 1814.
(2) GRESSIER *(Édmond-Valère)* né à Corbie, le 21 Décembre 1813.

Discours du Président.—Compte-rendu des travaux de la Société, par M. Payen.—Rapports sur les prix décernés (par MM. Heuzé, Dailly, Marquis de Dampierre, Robinet, Bouchardat, Duchartre, Becquet, Gayot, Huzard, de Kergorlay, Gareau, Chevreul, Passy, de Lavergne et Drouyn de Lhuys).
Paris. 1869. Vᵉ Bouchard-Huzard. 1 vol. in-8.

4139. — Concours régional de Montpellier du 2 au 10 Mai 1868, par *Jacques* Valserres. (Extrait du Messager du Midi).
Montpellier. 1868. Gras. 1 vol. in-8.

4140. — Ministère de l'Agriculture, du Commerce et des Travaux publics. — Concours généraux d'animaux gras, de volailles vivantes et mortes, de grains, graines et plantes fourragères, de fromages et beurres, et exposition d'instruments et machines agricoles, à Paris, au Palais de l'Industrie.—Février 1870.— Arrêté.
Paris. 1869. Imprimerie impériale. in-8.

II. — Chasse.

III. — Pêche.

IV. — Economie domestique. — Arts alimentaires.

4141. — Dictionnaire universel de la vie pratique à la ville et à la campagne, contenant les notions d'une utilité générale et d'une application journalière et tous les renseignements usuels en matière : 1° de religion et d'éducation ; 2° de législation et d'administration ; 3° de finances ; 4° d'industrie et de commerce ; 5° d'économie domestique ; 6° d'économie rurale ; 7° d'exercices de corps et jeux de Société ; rédigé, avec la collaboration d'auteurs spéciaux, par G. Beleze.
Paris. 1859. Hachette. 1 vol. in-8.

4142.— Manuel des propriétaires de toutes les classes, ou traité des fléaux et des cas fortuits, des moyens de se préserver de ceux qui ne sont pas inévitables, et

de rendre insensibles les effets de tous ces accidens ; ... par *P. B.* Barrau.
Paris. 1816. Hacquart. 1 vol. in-8.

4143. — L'immense trésor des sciences et des arts ou les secrets de l'industrie dévoilés, contenant 672 Recettes et Procédés inédits. Par *J. P.* Chevalier. Suivi du Bon conseiller à la maison. 9ᵉ édit.
Saintes. 1858. Fontanier. 1 vol. in-8.

4144. — Mémoire sur la conservation des blés dans les silos souterrains ; inconvénients et difficultés que présente ce mode de conservation en France ; moyens d'y remédier ; par M. le Dʳ *J. Ch.* Herpin.
Paris. 1856. Vᵉ Bouchard-Huzard. in-8.

4145. — Recherches économiques sur le son ou l'écorce du froment et des autres graines céréales ; par *J. Ch.* Herpin.
Paris. 1833. L. Colas. 1 vol. in-12.

4146. — Décortication, conservation des grains, moyen d'augmenter de 10 p. 100 le rendement en farine des blés, seigles, orges, méteils, etc., d'après le système Poissant. Par *C.* Decharme.
Amiens. 1861. Jeunet. in-8.

** — Sur les moyens de remédier, pour la panification, aux inconvénients du blé germé. Par *Ch.* Dumont.
Voyez : Polygraphie. N. 236.

4147. — Archives de l'industrie au XIXᵉ siècle. 2ᵉ livraison. — Les corps gras alimentaires. — Le lait, le beurre, les fromages, la production et l'industrie chez toutes les nations, par M. *A.* Robinson.
Paris. 1870. E. Lacroix. 1 vol. in-8. Pl.

4148. — Guide pratique pour soigner et conserver les vins. Par *Ernest* Gros.
Amiens. 1870. Jeunet. in-8.

4149. — Nouveau système breveté d'embarillage, de transport et d'emmagasinage pour le pétrole et autres huiles volatilles. Par *Max* Gossi.
Anvers. 1867. De la Montagne. in-8. Pl.

V. — Art des constructions.

4150. — Ecole centrale d'architecture. — Régime et programme de l'enseignement. — Programme des conditions relatives à l'admission. — Notice.
Paris. 1864-65. Morel. 3 broch. in-8.

4151. — Précis des leçons d'architecture données à l'École polytechnique, par *J. N. L.* Durand.
Paris. 1809. Firmin Didot. 2 vol. in-4. Pl.

4152. — Traité d'architecture. Première partie : Art de bâtir. Etudes sur les matériaux de construction et les éléments des édifices. — Deuxième partie : Composition des édifices. Etudes sur l'esthétique, l'histoire et les conditions actuelles des édifices. Par *Léonce* Reynaud. 2ᵉ édit.
Paris. 1860-63. Dunod. 2 vol. in-4 & 2 atlas in-fol.

4153. — Entretiens sur l'architecture par M. Viollet-le-Duc.
Paris. 1863-72. Morel. 2 vol. in-8. Atlas in-4.

4154. — Programme d'une église paroissiale pour la ville de Paris et des grandes villes de France, comprenant les améliorations réclamées par les usages et les mœurs du xixᵉ siècle, par *A. L.* Lusson.
Paris. 1858-59. Bourdier. in-8.

4155. — Observations sur l'Architecture ogivale et l'application de l'Architecture grecque aux églises. Par *C. J.* Buteux. (1).
Paris. 1862. Dumoulin. Lith. Goyer. 1 vol. in-8.

4156. — Nouvelles constructions ogivales. — Eglise de Coisy (Somme). Par *A.* Goze. (2).
Amiens. 1857. Caron & Lambert. in-8.

4157. — Traité de la réparation des églises, principes d'archéologie pratique par *Raymond* Bordeaux. 2ᵉ édit.
Evreux. 1862. Hérissey. 1 vol. in-8. Fig.

---

(1) Buteux (*Charles-Joseph*) né à Abbeville le 21 Janvier 1794.
(2) Goze (*Antoine-Michel*) né à Amiens le 29 Mai 1805.

4158. — Les chemins de fer, par *Amédée* Guillemin. Ouvrage illustré de 120 vignettes. 2ᵉ édit.
Paris. 1867. Hachette 1 vol. in-18.

4159. — Traité théorique et pratique de la construction des ponts métalliques, par MM. *L.* Molinos et *C.* Pronnier.
Paris. 1857. Morel. 1 vol. in-4 & atlas gr. in-fol.

4160. — Chambre syndicale des Entrepreneurs de bâtiments d'Amiens — Série de prix. — 1872.
Amiens. 1872. Alf. Caron fils. 1 vol. in-4.

VI. — Art militaire.

4161. — Dictionnaire de l'armée de terre, ou recherches historiques sur l'art et les usages militaires des anciens et des modernes, par le Général Bardin. Ouvrage terminé sous la direction du Général Oudinot de Reggio.
Paris. 1868. Perrotin & Dumaine. 8 vol. in-8.
** — De re militari Romanorum.
Voyez : *Thesaurus antiquitatum rom.* — *Histoire.*
** — L'art de la guerre, poème en VI chants, par Frédéric II.
Voyez : Belles-Lettres. N. 1775-1776,
et Œuvres de Frédéric II. Polygraphie. N, 216-217.

4162. — Cours d'art et d'histoire militaires, par *J.* Vial.
Paris. 1861. Dumaine. 2 vol. in-8.

4163. — Essai général de tactique par Guibert. Nouvelle édition, publiée par sa veuve, sur les manuscrits et d'après les corrections de l'auteur.
Paris. 1803. Magimel. 2 vol. in-8. Port.

4164. — Traités de grandes opérations militaires, ou histoire critique des guerres de Frédéric le Grand comparées au système moderne, avec un recueil des principes les plus importants de l'art de la guerre ; par le Général Baron de Jomini. 4ᵉ édit.
Paris. 1851. Dumaine. 3 v. in-8 & atlas in-fol.

4165. — Précis de l'art de la guerre, ou nouveau tableau analytique des principales combinaisons de la stratégie, de la grande tactique et de la politique militaire; par le Baron DE JOMINI. Nouvelle édition, augmentée d'un Appendice.
Paris. 1855. Tanera. 2 vol. in-8.

4166. — Opérations militaires autour de Metz en 1870. — Description des plans des batailles de Borny, Rezonville, Gravelotte, St-Privat, et du blocus de Metz. par HÉDIN.
Metz. 1872. Lang fr. 1 vol. in-8. avec 2 plans.

** — Recrutement. — Tirage au sort et révision. Par DE BOYER DE SAINTE-SUZANNE.
Paris. 1860. P. Dupont. 1 vol. in-8.
Voyez : Jurisprudence. N. 916.

4167. — Interprétation en résultats chiffrés des dispositions principales du projet de loi sur une nouvelle organisation de l'armée et sur la création d'une garde nationale mobile. — Contre-projet conçu d'après l'autorité des hommes les plus compétents dans la question. — Novembre 1867.
Paris. 1867. Dumaine. 1 vol. in-8.

4168. — Nos écoles spéciales militaires.(Signé *C. J. A. M^e* DE NEUFORGE. Pièce sans titre, datée de Metz, le 15 Mars 1871).
S. n. n. l. n. d. in-8.

4169. — De la désertion. Par M. D.***
Hambourg. 1766. 1 vol. in-8.

4170. — Ordonnance du Roy, portant Règlement sur le Service de l'Infanterie en campagne. Du 17 Fév. 1753.
Strasbourg. 1753. Le Roux. 1 vol. in-12.

4171. — Règlement provisoire, pour le service de l'Infanterie en campagne.
Caen. 1778. Le Roy. 1 vol. in-12.

4172. — Origines de l'artillerie française. Planches autographiées d'après les monuments du XIVe et du XVe

siècle, avec introduction, table et texte descriptif. Par *Lorédan* LARCHEY. — (Introduction et texte).
Paris. 1863. Dentu. in-4.

4173. — Artillerie garde-côtes locomobile. Par *Edouard* GAND. (1).
Amiens. 1860. Jeunet. in-8.

4174. — Observations sur quelques points intéressants d'artillerie, ou lettre au Général *** sur les Expériences relatives au transport d'une corde par une bombe ou un boulet, qui ont eu lieu à Vincennes le 22 Ventôse dernier. (Par DUCARNE-BLANGY).
Paris. An VI. Blanchon. in-8.

4175. — A la Nation française, aux Consuls de la République, à toutes les Nations maritimes du Globe, et à toutes les Sociétés savantes de l'Europe ; ou moyens propres à sauver les équipages d'une partie des Vaisseaux qui viennent échouer et périr à la côte, par les naufrages, ainsi que la meilleure partie des marchandises ; et à plusieurs autres circonstances essentielles, tant sur mer que sur terre, ou sur les rivières. Par DUCARNE-BLANGY.
Paris. An IX (1801). Migneret. in-8. Pl.

4176. — Histoire militaire des éléphants, depuis les temps les plus reculés jusqu'à l'introduction des armes à feu ; avec des observations critiques sur quelques-uns des plus célèbres faits d'armes de l'antiquité. Par le Chev. *P.* ARMANDI.
Paris. 1843. Amyot. 1 vol. in-8. Pl.

VII. — MARINE.

** - Le langage des marins, par G. DE LA LANDELLE.
Voyez : Belles-Lettres.

4177. — Traité élémentaire de navigation, à l'usage des officiers de la marine militaire et de la marine du commerce. Par *V.* CAILLET. 2ᵉ édit. rev. et corr.
Paris. 1857. Robiquet. 1 vol in-8. Pl.

---

(1) GAND (*Antoine-Joseph-Edouard*) né à Amiens le 19 Décembre 1815.

** — Mémoire sur l'arrimage des vaisseaux, Par J, A. EULER.
** — . . . . Par M. GROIGNARD,
Voyez : Recueil des Pièces qui ont remporté les prix de l'Académie royale des Sciences. Tomes VII et IX.
Histoire littéraire. N. 528.

4178. — Album des pavillons, guidons, flammes de toutes les puissances maritimes, avec texte. Par M. A. LE GRAS.
Paris. 1858. Chromolith. A. Bry. 1 vol. in-4.

VIII. — JEUX DIVERS.

4179. — Traité complet de la roulette, de ses rapports avec le Trente-quarante, et de l'assimilation de ces jeux avec les Échecs et les Dames, suivi de 15,000 coups de banque. Par G. GRÉGOIRE.
Paris. 1861. Passard. 1 vol. in-8.

** — Manuel de la loterie nationale de France... Voyez : N. 4070.

4180. — Jeux divers.
1 vol. in-fol. contenant :
1 — Le jeu de la géographie.
Paris. 17 . Le Gras. 1 feuille.
2 — Nouvelle méthode de géographie ou voyage du monde... par jeu.
Paris. 17 . Crépy. 1 feuille.
3 — Tableau chronologique de l'histoire universelle en forme de jeu.
Paris. 17 . Crépy. 1 feuille.
4 — Jeu de l'histoire romaine.-Empereurs d'Orient.-Empereurs d'Occident.
Paris. 17 . Le Gras. 1 feuille.
5 — Nouvelle méthode de géographie ou voyage curieux par les villes les plus considérables du Royaume de France mis en jeu.
Paris. 1716. Crépy. 1 feuille.
6 — Jeu historique des Rois de France.
Paris. 17 . Le Gras. 1 feuille.
7 — Nouveau jeu historique et chronologique des Rois de France.
Paris. 17 . M° Le Clair. 1 feuille.
8 — Histoire chronologique des Rois de France, depuis le Roy Pharamond jusqu'au Roy Louis XV. Dressé en forme de jeu.
Paris. 17 . Crépy. 1 feuille.
9 — Jeu du blason.
Paris. 17 . Le Gras. 1 feuille.
10 — Le jeu des fortifications. Par le R. P. A,..
Paris. 17 . J. B. de Poilly. 1 feuille,
11 — Jeu de la fable.
Paris, 17 . Le Gras,

IX. — Arts physico-chimiques.

4181. — Rapport sur la fumée et sur les moyens de la prévenir dans les foyers des chaudières fixes. Par M. de Commines de Marsilly. (Extrait du Bulletin de la Société industrielle d'Amiens, du 1 Mai 1865).
Amiens. 1865. Jeunet. in-8.
** — Etudes sur la ventilation. Par A. Morin.   Voyoz : N. 3932.

4182. — Société anonyme des appareils aérophotogènes pour la production du gaz à l'air et l'éclairage. (Explication de l'appareil).
Paris. 1868. Renou & Maulde. in-8. Pl.

4183. — Société industrielle d'Amiens.—Les cristallisations de M. Kuhlmann au point de vue industriel et principalement au point de vue de la composition des dessins pour étoffes. Par *Edouard* Gand. (Lecture faite à l'Assemblée générale du 23 Février 1868).
Amiens. 1868. Jeunet. in-8.
** — Recherches physico-chimiques sur la teinture. Par M. Chevreul.
Voyez : Mém. de l'Acad. des Sc. XV, XIX.
Histoire littéraire. N. 527.

4184. — Traité des matières colorantes comprenant leurs applications à la teinture et à l'impression, et des notices sur les fibres textiles, les épaississants et les mordants, publié sous les auspices de la Société industrielle de Mulhouse et avec le concours de son Comité de chimie, par M. P. Schützenberger.
Paris. 1867. Victor Masson. 2 vol. in-8. Fig.

4185. — Mémoire sur les altérations frauduleuses de la garance et de ses dérivés, contenant un procédé usuel propre à les reconnaître. Par M. *D.* Fabre.
Avignon. 1860. Chaillot. 1 vol. in-8.

4186. — Des huiles minérales. Analyse du mémoire de M. T. Allen, publié dans le *Smithsonian report*, sous le titre : *Explosibility of coal oils*, par M. *A.* Ferrus.
Saint-Quentin. 1864. Moureau. in-8.

4187. — L'huile de pétrole. De ses propriétés et de ses appli-

cations. Lecture faite à la Société industrielle d'Amiens dans sa séance du 26 Mars 1865, par M. CHIVOT-NAUDÉ (1).
Amiens. 1865. Jeunet. Pièce in-8.

** — Œuvres de *Bernard* PALISSY. Voyez : N. 4062.
** — Mémoire sur les moyens les plus propres à porter la perfection et l'économie dans les verreries de France. Par BOSC D'ANTIC.
Voyez : Rec. des Prix de l'Académie des sc. VII.
Hist. litt. N. 528.

4188. — Le verrier du XIXe siècle, ou enseignement théorique et pratique de l'art de la vitrification tel qu'il est pratiqué de nos jours, comprenant la fabrication du verre à vitres, des cristaux, des bouteilles, de la gobeleterie, des glaces, du verre pour optique, de la verroterie, du strass, des verres de couleur et filigranés, traitant de la peinture sur verre, des émaux, du soufflage à la lampe d'émailleur, etc. Par *Piere* FLAMM.
Paris. 1863. E. Lacroix. 1 vol. in-8. Fig.

4189. — L'Email des peintres. Par *Claudius* POPELIN.
Paris. 1866. A. Lévy. 1 vol. in-8. Fig.

4190. — An historical and descriptive account of the various processes of the Daguerréotype and the Diorama, by DAGUERRE.
London. 1839. Mc Lean. 1 vol. in-8. Pl.

4191. — Le passé, le présent et l'avenir de la photographie, manuel pratique de photographie, par M. ALOPHE.
Paris. 1861. Dentu. 1 vol. in-8.

4192. — La photographie appliquée aux études géographiques. Par *Jules* GIRARD.
Paris. 1871. Savy. 1 vol. in-18. Fig.

** — Les métaux dans l'antiquité. Par *J. P.* ROSSIGNOL.
Paris. 1863. Durand. 1 vol. in-8.
Voyez : Archéologie.

4193. — De la métallurgie du platine et des métaux qui

---

(1) CHIVOT (*Charles-Antoine*) né à Abbeville, le 4 Août 1827

l'accompagnent, par MM. *H.* Sainte-Claire Deville et *H.* Debray.
Paris, 1861. Mallet-Bachelier. in-8. Pl.

X. — Arts mécaniques.

4194. — Les grandes usines, études industrielles en France et à l'étranger, par Turgan.
Paris. 1860-70. Bourdillat & Comp. 9 vol. in-4. Pl.
Les deux premiers volumes ont paru sous le titre de :
Les grandes usines de France, tableau de l'industrie française au XIXe siècle.

4195. — La France industrielle, ou description des industries françaises, par *Paul* Poiré. Ouvrage contenant 432 gravures dessinées par *Bonnafoux* et *Jahandier* et gravées par *Laplante*.
Paris. 1873. Hachette & Comp. 1 vol. in-8.

4196. — Programme des Prix proposés par le Ministre de l'Intérieur, pour le perfectionnement des Machines à ouvrir, peigner, carder et filer la laine.
Paris. An 9. Imp. des Sourds-Muets. 1 vol. in-4. Fig.

4197. — Des arts textiles. Ancienneté et immutabilité des principes fondamentaux qui leur servent de bases. Transformations et progrès dont leurs moyens ont été l'objet, et Exposé de la méthode d'enseignement. Par M. *Michel* Alcan.
Paris. 18 . Bourdier et Comp. in-8.

4198. — Fabrication des étoffes. — Traité du travail des laines. — Notions historiques. — Progrès techniques. — Développement commercial. — Classification. — Caractères. — Propriétés. — Filature. — Apprêts des fils. — Tissage. — Dégraissage. — Feutrage et foulage. — Apprêts des lainages. — Installation d'une usine. — Prix de revient. — Comparaison entre les moyens de l'ancien et du nouveau régime industriel. Par M. Alcan.
Paris. 1866. Noblet & Baudry. 2 vol. in 8 & atl. in-4.

4199. — Note sur un ouvrage intitulé : *Traité du travail des laines* de M. Michel Alcan. Par M. DEMEULE.
Elbeuf. 1867 Levasseur. in-8.

4200. — Guide des filateurs de laine dédié à la Chambre de de Commerce d'Amiens.—Description des machines employées en Angleterre pour la filature des laines, comprenant le triage, le peignage, le cardage, l'étirage, la filature et la teinture. Avec gravure. Traduit de l'anglais par *S.* FERGUSON fils.
Amiens: 1859. Yvert. 1 vol. in-8. Pl.

4201. — Traité pratique sur la filature du lin et du chanvre, par *C.* ANCELLIN. 3ᵉ édit.
Paris. 1859. Mallet-Bachelier. 1 vol. in-8.

4202. — Fabrication des étoffes.—Traité complet de la filature du coton. — Origines. — Production. — Caractères. — Propriétés.— Classifications.—Transformations. — Développement commercial. — Succédanés. — Progrès techniques.— Filature. — Apprêts des fils. — Détermination des assortiments. — Installation et organisation des filatures. Par M. ALCAN.
Paris. 1865. Noblet & Baudry. 1 vol. in-8 & atl. in-4.

4203. — Dictionnaire général des tissus anciens et modernes, ouvrage où sont indiquées et classées toutes les espèces de tissus connues jusqu'à ce jour soit en France, soit à l'étranger, notamment dans l'Inde, la Chine, etc., avec l'explication abrégée des moyens de fabrication et l'entente des matières, nature et apprêt, applicables à chaque tissu en particulier. Par M. BEZON. 2ᵉ édit.
Lyon. 1859-63. Lépagnez. 8 vol. in-8. L'atlas manq.

4204. — Cours de tissage fait à la Société industrielle d'Amiens, par M. *Edouard* GAND.
Amiens. 1863-68. Jeunet. 1 vol. in-8 contenant :
** — Art de décomposer les tissus.—Attrait et utilité de ce genre d'analyse. — Etude des soieries de Lyon. — Albums d'étoffes pour le Cours de tissage et le Musée industriel. 1863.
** — Notes sur le tissage dédiées aux élèves du cours de fabrication. 1864.

** — Cours de tissage en 75 leçons.— Trois années d'études. — Première année, 15 leçons. Deuxième année, 10 leçons — 1864-1865, 28 leçons. — 1865-1866. Première année, 25 leçons. Deuxième année, 25 leçons. Troisième année, 25 leçons. — 1868. 18ᵉ leçon. Première année. Construction des satins réguliers pairs et impairs.—(Armure tissu.—Armure dessin, — Mosaïques. — Broderie).

** — Rapport sur le métier à passementerie, donné par M. Defrend à la Société industrielle d'Amiens. 1866.

** — Compte-rendu des tomes I et II des Archives industrielles de M. Edouard Gand, lu à l'Assemblée générale de la Société industrielle d'Amiens, le 7 Octobre 1866, par M. *Alphonse* Fiquet.[1]

4205. — Technologie du velours de coton fabriqué à Amiens soit à bras, soit mécaniquement, et coupé sur table (de 1765 à 1865). Par *Edouard* Gand.
Amiens. 1864. Jeunet. 1 vol. in-8.

4206. — Histoire du tulle et des dentelles mécaniques en Angleterre et en France, par *S.* Ferguson fils.
Paris. 1862. E. Lacroix. 1 vol. in-18. Fig.

4207. — Ecole théorique et pratique de la fabrication des étoffes. — Statuts.
Paris. 1866. Hennuyer. in-8.

XI. — Mélanges.

a. — *Recueils et descriptions de machines.*

4208. — Le Technologiste, ou archives des progrès de l'industrie française et étrangère,... rédigé par une Société de savants, de praticiens, d'industriels, et publié sous la direction de M. *F.* Malepeyre, (avec la collaboration de M. *Ch.* Vasserot et, à partir de 1870, de MM. *P.* Macabies et *E.* Noblet).
Paris. 1839-1873. Roret. 33 vol. in-8. Pl.
Notre colllection commence au tome IX seulement.
Il y a 2 tables, l'une des tomes 1 à XX, l'autre des tomes XXI à XXX.

4209. — Annales du Conservatoire impérial des arts et métiers, publiées par les Professeurs. M. *Ch.* Laboulaye directeur de la publication.
Paris. 1860-65. Lacroix. 5 vol. in8-. Pl.

---

[1] Fiquet [*Alphonse-Frédéric*] né à Amiens le 8 Avril 1841.

4210. — Bulletin de la Société industrielle d'Amiens.
Amiens. 1862-1873. T. Jeunet. 11 vol. in-8. Pl.

b. — Expositions des produits de l'industrie.

4211. — Album de l'Exposition universelle dédié à S. A. I. le Prince Napoléon, par M. le Baron *L.* Brisse. Publié avec le concours de MM. Dumas, Arlès-Dufour, Le Play, *F.* de Mercey, *Michel* Chevalier, etc., etc.
Paris. 1856-59. Bureaux de l'Abeille imp. 3 v. in-4.

4212. — Exposition universelle de 1867 à Paris. Catalogue général publié par la Commission impériale.
Paris. 1867. Dentu. 2 vol. in-12.

4213. — Exposition universelle de 1867 à Paris. Catalogue général publié par la Commission impériale. — Histoire du travail et Monuments historiques.
Paris. 1867. Dentu. 1 en 2 vol. in-12.

4214. — Exposition universelle de 1867 à Paris. — Rapports du Jury international publiés sous la direction de M. *Michel* Chevalier.
Paris. 1868. Paul Dupont. 13 vol. in-8.

4215. — L'Exposition universelle de 1867 illustrée. Publication internationale autorisée par la Commission impériale. Rédacteur en chef : M. *Fr.* Ducuing.
Paris. 1867. Lahure. 2 vol. in-fol.

4216. — Les curiosités de l'Exposition universelle de 1867, suivi d'un Indicateur pratique des moyens de transport, des prix d'entrée, etc. avec six plans. Par M. *Hipp.* Gautier, avec la collaboration de MM. *Adrien* Desprez, *Simon* Bouillon, *Gustave* Lejeal et de plusieurs membres du Jury international.
Paris. 1867. Delagrave. 1 vol. in-18.

4217. — L'orfévrerie religieuse à l'Exposition de 1867. Par l'abbé *J.* Corblet.
Arras. 1867. Rousseau-Leroy. in-8.

4218. — L'Egypte à l'Exposition universelle de 1867. Par M. Charles EDMOND
Paris. 1867. Dentu. 1 vol. gr. in-8. Port. Pl.

4219. — Société industrielle d'Amiens. — Questionnaire relatif à l'Exposition de Paris.
Amiens. 1867. Lenoel-Herouart. in-8.

4220. — Exposition nationale des produits de l'industrie agricole et manufacturière. 1849. Catalogue officiel.
Paris. 1849. P. Dupont. 1 vol. in-12.

4221. — L'industrie de luxe à Paris. — Extrait de la Revue de l'Exposition générale de Bordeaux publiée par le Moniteur universel.
Paris. 1860. Didier & Comp. 1 vol. in-18.

4222. — Ville de Beauvais. — Exposition de 1869. — Industrie. — Horticulture. — Agriculture. — Apiculture. — Beaux-Arts. — Catalogue général publié par la Commission.
Beauvais. 1869. Tremblay. 1 vol. in-12.

IIe SECTION.

BEAUX-ARTS.

I. - ARTS INTELLECTUELS.

4223. — Exposé général de la méthode mnémonique polonaise perfectionnée à Paris ; suivi d'une application spéciale à l'histoire, d'après le programme et les ouvrages prescrits par le Conseil royal de l'Université de France... Par J. BEM.
Paris. 1839. Rue de Condé. 1 vol. in-8 & atl. in-4.

4224. — Méthode Jacotot. La sténographie mise à la portée de tout le monde. (Par D. GRANDPIERRE). 3e éd.
Paris. 1832. A. Delalain. in-8.

4225. — Ecriture accélérée n'exigeant qu'une lettre alphabétique ordinaire par syllabe, et permettant de faire en une heure le travail graphique qu'on fait habituellement en trois, par Brouaye.
Amiens. 1863. Yvert. 1 vol. in-8. Tableaux.
4226. — Méthode de sténographie publiée par Paoli.
Amiens. 1867. Lemer. Pièce in-8.
4227. — Sténographie classique. Cours élémentaire, méthodique et progressif de sténographie par *Eugène* Drouet, d'après le système de M. Auguste Grosselin. 8e éd.— Nouveaux exercices gradués.
Paris. 1870. Paul Dupont. 1 vol. in-8.
4228. — Traité d'obscurigraphie, ou art de déchiffrer ou traduire avec la plus grande facilité, et sans en avoir aucune connaissance, toutes les écritures en caractères allemands, anglais, arabes, arméniens, gothiques, grecs, hébraïques, maçonniques, etc. Par M. *Ch.-Fr.* Vesin. 2e édit.
Paris. 1838. Madame Goullet. 1 vol. in-8.
4229. — Fables choisies de Florian. Tome second.
Paris. 1864. Imprimerie de l'Institution impériale des jeunes Aveugles. Procédé L. Braille. 1 v. in-8.
** — Prières du matin et du soir. . . imprimées à l'usage des jeunes aveugles. (En relief.)
Paris. 1825. Imprimerie des Aveugles. 1 vol. in-4.
Voyez : Théologie. N. 7850.

II. — Arts plastiques.

a. — *Dictionnaires*.

4230. — Dictionnaire de l'Académie des Beaux-Arts.
Paris. 1858-7 . F. Didot fr. in-8. En publication.

b. — *Histoire de l'art*.

4231. — Histoire de l'art grec avant Périclès. Par M. Beulé.
Paris. 1868. Didier. 1 vol. in-8.
4232. — Histoire de l'art judaïque tirée des textes sacrés et profanes. Par F. de Saulcy.
Paris. 1858. Didier. 1 vol. in-8.

— 159 —

4233. — Histoire des arts du dessin depuis l'époque romaine jusqu'à la fin du XVI siècle. Par M. RIGOLLOT. (1).
Paris. 1863. Dumoulin. Amiens-Jeunet. 2 v.in-8. Atl.

4234. — De l'art chrétien. Par A. F. RIO. N° édit.
Paris. 1861-67. Hachette. 4 vol. in-8.

4235. — Notes pour l'histoire de l'art chrétien dans le Nord de la France depuis la conversion de Clovis (496) jusqu'à la fin du XII° siècle. Par M. TAILLIAR.
Paris. 1858. Pringuet. 1 vol. in-8.

4236. — Tableau historique des beaux-arts depuis la Renaissance jusqu'à la fin du dix-huitième siècle. Par MM. *Louis* et *Réné* MÉNARD.
Paris. 1866. Didier. 1 vol. in-8.

4237. — Les Artistes du Nord de la France et du Midi de la Belgique, aux XIV°, XV° et XVI° siècles, par *Alex.* DE LA FONS, Baron de MELICOCQ.
Béthune. 1848. V° de Savary. 1 vol. in-8.

c. — *Généralités.* — *Esthétique.*

4238. — Grammaire des arts du dessin. — Architecture. — Sculpture. — Peinture. — Jardins. — Gravure en pierres fines. — Gravure en médailles. — Gravure en taille-douce. — Eau forte. — Manière noire. — Aquatinte. — Gravure en bois. — Camaïeu — Gravure en couleurs. — Lithographie. Par M. *Charles* BLANC.
Paris. 1867. V° Renouard. 1 vol. gr. in-8.

4239. — Analyse de la beauté, destinée à fixer les idées vagues qu'on a du goût ; traduit de l'anglais de *Guillaume* HOGARTH ; précédée de la vie de ce peintre, et suivie d'une notice chronologique, historique et critique de tous ses ouvrages de peinture et de gravure (par *H.* JANSEN).
Paris. 1805. Levrault et Comp. 2 vol. in-8. Pl.

4240. — Recueil de lettres sur la peinture, la sculpture et l'architecture, écrites par les plus grands maîtres et

[1] RIGOLLOT [*Marcel-Jérome*] né à Doullens le 30 Septembre 1786, mort à Amiens le 29 Décembre 1854.

les plus illustres amateurs qui aient paru dans ces trois arts depuis le XVe siècle jusqu'au XVIIIe; publiées à Rome par BOTTARI en 1754 ; traduites et augmentées de beaucoup de lettres qui ne se trouvent pas dans son Recueil; et enrichies de notes historiques et critiques. Par *L. J.* JAY.
Paris. 1817. Galerie de Tableaux. 1 vol. in-8.

4241. — De l'art et du beau. Par *F.* LAMENNAIS. Tiré du 3e volume de l'*Esquisse d'une Philosophie.*
Paris. 1865. Garnier Fr. 1 vol. in-18.

4242. — Causeries sur l'art. Par M. BEULÉ.
Paris. 1867. Didier. 1 vol. in-8.

4243. — Salon de 1831. — Ebauches critiques, par A. JAL.
Paris. 1831. Dénain. 1 vol. in-8.

4244. — Les beaux-arts en Europe. — 1855. — Par *Théophile* GAUTIER. 2e série.
Paris. 1856. Michel Lévy fr. 1 vol. in-18.

4245. — Etudes sur les arts. Par *Gustave* PLANCHE.
Paris. 1856. Michel Lévy fr. 1 vol. in-18.

4246. — L'art moderne. Par *Théophile* GAUTIER.
Paris. 1856. Michel Lévy fr. 1 vol. in-18.

4247. — La peinture contemporaine en France. Par M. *Anatole* DE LA FORGE.
Paris. 1856. Amyot. 1 vol. in-8.

4248. — Nos artistes au salon de 1857. Par *Edmond* ABOUT.
Paris. 1858. Hachette. 1 vol. in-18.

4249. — L'art et les artistes en France. Par *Laurent* PICHAT.
Paris. 1859. Dubuisson. 1 vol. in-16.

4250. — L'art et les artistes modernes en France et en Angleterre. Par *Ernest* CHESNEAU.
Paris. 1864. Didier. 1 vol. in-12.

§ I. — ART DU DESSIN.

4251. — Réorganisation de l'Ecole impériale des Beaux-Arts. — Documents officiels extraits du Moniteur universel.
Paris. 1864. A. Morel. 1 vol. in-8.

4252. — Réponse à M. Vitet à propos de l'enseignement des arts du dessin. Par Viollet-le-Duc.
Paris. 1864. A. Morel. 1 vol. in-8.

4253. — Education de la mémoire pittoresque. Application aux arts du dessin. Par M. *Horace* Lecoq de Boisbaudran. 2e édit.
Paris. 1862. Bance. 1 vol. in-8.

§ II. - Peinture.

a. — Histoire.

4254. — Dictionnaire historique des peintres de toutes les écoles, depuis l'origine de la peinture jusqu'à nos jours.... Par *Adolphe* Siret. 2e édit.
Bruxelles. 1866. A. Lacroix. 1 vol. in-8.

4255. — Histoire des Peintres de toutes les écoles depuis la renaissance jusqu'à nos jours. Par M. *Ch.* Blanc.
Paris. 1854-1873. Ve J. Renouard. 9 vol. in-4. Pl.
Ce recueil comprend les parties suivantes achevées :
1 — Ecole anglaise. Par M. W. Burger [*Théophile* Thoré]. 1 vol.
2 — Ecole flamande. Par MM *Charles* Blanc, *Paul* Mantz, *Alfred* Michiels, *Théophile* Silvestre et *Alphonse* Wauters. 1 vol.
3 — Ecole française. Par M. *Charles* Blanc. 3 vol.
4 — Ecole hollandaise. Par M. *Charles* Blanc. 2 vol.
5 — Ecole ombrienne et romaine. Par M. *Charles* Blanc. 1 vol.
6 — Ecole vénitienne. Par M. *Charles* Blanc. 1 vol.

4256. — Histoire de la peinture flamande depuis ses débuts jusqu'en 1864. Par *Alfred* Michiels. 2e édit.
Paris. 1865-69. Lacroix & Comp. 8 vol. in-8.

4257. — L'art italien. Par *Alfred* Dumesnil.
Paris. 1854. Giraud. 1 vol. in-18.

4258. — Appendice à l'ouvrage intitulé : Histoire de la vie et des ouvrages de Raphael, par M. Quatremère de Quincy, le célèbre antiquaire, accompagné de renseignements sur divers artistes. Par le Baron Boucher-Desnoyers.
Paris. 1852. F. Didot fr. 1 vol. in-4. Pl.

4259. — Raphael d'Urbin et son père Giovanni Santi. Par *J. D.* Passavant. Edition française refaite, corrigée et considérablement augmentée par l'auteur sur la

traduction de M. *Jules* LUNTESCHUTZ, revue et annotée par M. *Paul* LACROIX.
Paris. 1860. Vᵉ Jules Renouard. 2 vol. in-8. Port.

** — Pour les biographiques d'artistes, voyez : Histoire.

4260. — Guide théorique et pratique de l'amateur de tableaux, études sur les imitateurs et les copistes des maîtres de toutes les écoles dont les œuvres forment la base ordinaire des galeries. Par *Théodore* LEJEUNE.
Paris. 1864-65. Vᵉ J. Renouard. 3 vol. in-8.

b. — *Traités généraux.*

4261. — Précis d'un traité de peinture, contenant les principes du dessin, du modelé et du coloris, et leur application à l'imitation des objets et à la composition ; précédé d'une Introduction historique, et suivi d'une Biographie des plus célèbres peintres, d'une Bibliographie et d'un Vocabulaire analytique des termes techniques ; par M. DELÉCLUZE.
Paris. 1828. Encyclopédie portative. 1 vol. in-16.

4262. — Traité complet de la peinture. Par M. PAILLOT DE MONTABERT.
Paris. 1829-51. Delion. 9 vol. in-8 et atlas in-4.

4263. — De la restauration des tableaux. Par *A.* TERRAL(1).
Paris. 1860. L'auteur. Amiens. Vᵉ Herment. in-8.

§ III. — GRAVURE.

4264. — Catalogue raisonné de l'œuvre gravé de Jean Daullé d'Abbeville, précédé d'une notice sur sa vie et ses ouvrages. Par *Em.* DELIGNIÈRES. (2).
Abbeville. 1872. Briez, Paillart & Retaux, 1 v. in-8.

§ IV. — RECUEILS D'ESTAMPES.

a. — *Décoration.*

4265. — Flore ornementale. Par *V.* RUPRICH-ROBERT.
Paris. 1850-7 . Dunod. 1. vol. in-4. Pl. En public.

---

[1] TERRAL [*Pierre-Louis-Abel-Alexandre*] né à Amiens le 5 Avril 1811.
[2] DELIGNIÈRES [*Émile-Désiré*] né à Abbeville le 1 Juillet 1836.

b. — Portraits.

4266. — Iconographie romaine. Par le Chevalier. E. Q. Visconti et le Chevalier A. Mongez.
Paris. 1817-29. Didot aîné. 4 v. in-4 et atlas in-f.

4267. — François Ier chez Mme de Boisy. — Notice d'un recueil de crayons ou portraits aux crayons de couleur enrichi par le Roi François Ier de vers et de devises inédites, appartenant à la Bibliothèque Méjanes d'Aix. Par M. Rouard. Avec XII portraits choisis, lithographiés en fac-simile.
Paris. 1863. Aubry. 1 vol. in-4. Pl.

4268. — Recueil de portraits.
Portefeuille grand in-folio contenant :

1 — Gutenberg. Ecole flamande. *Alphonse* Descaves del. et lith.
Paris. 18 . Choisnet.

2 — Michel Cervantes. Peint par Valasquez, gravé par Pascal.
Paris. 1851.

3 — Baudelocque, médecin de l'Hôpital des enfants. *L.* Canou del. et lith.
Paris. 18 . Lemercier.

4 — M. Daveluy-Bellencourt, Officier de la Légion-d'honneur, ancien Maire de la Ville d'Amiens, ancien Député de la Somme, né en 1756 [le 10 Septembre], mort à Amiens en 1840 [le 21 Mai]. Fusillier [1] del. et lith à Amiens en 1840.
Paris. 1840. Lemercier.

5 — Porion. La Garde nationale d'Amiens à M. Porion, Maire et Représentant du peuple. 1848. (Peint par *Ch.* Porion[2],)gravé par Masson.
Paris. 1849. Chardon.

6 — Fusillier (Directeur de l'Ecole communale de dessin d'Amiens). Peint par J.J. Lefebvre, lith. par *F.* Dufourmantelle.[3].
Paris. 18 . Bertauts.

7 — Dufour (Marie-Médard-Stanislas), 1 Adjoint et Administrateur des Hospices d'Amiens, né à Ercheu [Somme], le 6 Mars 1779, [mort à Amiens le 25 Mars 1862]. Par *Ch.* Borely.
Paris. 1863. Lith. Lemercier. in-fol.

8 — Guénin. Par *E.* Sèlle. Gravure à l'eau forte, avant la lettre, tirage en rouge sur papier de Chine.

---

[1] Fusillier [*Marie-Joseph-François*] né à Amiens le 26 Mars 1793, y mourut le 8 Octobre 1855.

[2] Porion [*Louis-Etienne-Charles*] né à Amiens le 1 Mai 1814.

[3] Dufourmantelle [*Gabriel-Félix-Appel*] né à Amiens le 8 Juillet 1823, est mort à Paris, le 5 Septembre 1859.

c. — *Livres à images.*

4269. — L'alfabeto della morte di **Hans** Holbein, attorniato di fregii incisi in legno, ed accompagnato di sentenze latine e di quartine del XVI° secolo, scelte da **Anatole** de Montaiglon.
Parigi. 1856. Edwin Tross. 1 vol. in-8.

f. — *Œuvres de divers maîtres.*

4270. — Le Moucheron de Virgile, compositions autographiées par *S. L. G.* Norblin, d'après la traduction en vers français de M. le Marquis de Valori.
Paris. 1860. L'auteur. 1 vol. in-fol.

4271. — L'œuvre complet de Rembrandt décrit et commenté par M. *Charles* Blanc. Catalogue raisonné de toutes les eaux-fortes du maître et de ses peintures, orné de bois gravés et de quarante eaux-fortes tirées à part et rapportées dans le texte.
Paris. 1859. Gide. 2 vol. in-8. Pl.

4272. — Œuvres de M. Chifflart, grand prix de Rome.
Paris. 1859. Cadart. 1 vol. in-fol. 1 série. 20 pl.

4273. — Œuvres de *Victor* Orsel.
Paris. 1865. 1 vol. in-fol. En publication.

4274. — Nos vainqueurs !!!—1870-71.—Par Gédéon (*Gédéon* Baril).(1).
Amiens. 1872. Lith. Jeunet. 13 pl. in-4. col.

4275. — Les collections célèbres d'œuvres d'art dessinées et gravées d'après les originaux par *Edouard* Lievre. Textes historiques et descriptifs par MM. F. de Saulcy.—Adrien de Longpérier.—A. W. Franks.— Cte Melchior de Vogué. — A. Sauzay.— Riocreux. — Cte Clément de Ris. — Ed. de Beaumont. — Paul Mantz.— A. Jacquemart.—Ern. Chesneau.- E. du Sommerard. — O. Penguilly-l'Haridon.— Henry Cole.— Barbet de Jouy.—Bon J. de Witte.— Ad. de Beaumont.— Amb. F. Didot.— Alf. Darcel. — Ed. Fournier. — A. Tainturier. — Ph. Burty.
Paris. 1866-1869. Goupil. 2 vol. in-fol.

[1] Baril. [*Gédéon-Amédé*] né à Amiens le 17 Juillet 1832.

4276. — Le salon. — Collection de gravures d'après MM. Muller, Troyon, R. Fleury, Delacroix, Couture, Hédouin, Diaz, R. Bonheur, Bonvin etc., par MM. Hédouin, Chaplin, Leguay, Geoffroy, Carey, Masson, Jules Laurens, etc.
Paris. 18 . Sartorius. 1 vol. in-fol. Incomplet.
** — L'Artiste, journal de la littérature et des Beaux-Arts.
Voyez : Polygraphie. N. 346.

§ V. — *Sculpture.*

4277. — De la sculpture antique et moderne. Par MM. *Louis* et *Réné* Ménard.
Paris. 1867. Didier. 1 vol. in-8.
4278. — Description des marbres antiques du Musée Campana à Rome. Par M. *Henry* d'Escamps. — Statuaire grecque et romaine.
Paris. 1862. Remquet. 1 vol. in-fol.
** — Dissertation sur les portraits de François I et de Henri VIII, existant à l'hôtel de Bourgtheroulde, par M. de la Querière.
Rouen. 1828. Baudry. in-8.
Voyez : Histoire. N. 4996.

4279. — Nicolas Blasset, Architecte amiénois, Sculpteur du Roy. — 1600-1659. — Cinquante dessins autographiés par *Louis* Duthoit. (1) Publiés par les soins et aux frais de MM. *A.* Bazot et *A.* Janvier.
Amiens. 1873. T. Jeunet. 1 vol. in-8.
** — L'œuvre de Blasset ou plutot Blassel, célèbre sculpteur amiénois (1600 à 1659). Par *A.* Dubois.
Amiens. 1862. Caron-Lambert. 1 vol. in-8. Pl.
Voyez : Histoire.
** — Michel Bourdin, statuaire orléanais. Par *F.* Dupuis.
Orléans. 1863. Jacob. in-8.
Voyez : Histoire.

4280. — L'œuvre de Fogelberg publié par *Casimir* Leconte et dédié à Sa Majesté Oscar 1er, Roi de Suède et de Norwège.
Paris. 1856. Hauser. 1 vol. in-fol. Pl.

---

[1] Duthoit [*Louis-Jean-Baptiste-Joseph*] né à Amiens le 15 Avril 1807.

§ VIII. — *Ceramique.*

4281. — Histoire des poteries, faïences et porcelaines, par M. J. MARRYAT. Ouvrage traduit de l'anglais sur la deuxième édition et accompagné de notes et additions par MM. le Comte D'ARMAILLÉ et SALVETAT, avec un préface de M. RIOCREUX.
Paris. 1866. V° Jules Renouard. 2 vol. in-8. fig.

4282. — Collection de figurines en argile, œuvres premières de l'art gaulois, avec les noms des céramistes qui les ont exécutées, recueillies, dessinées et décrites par *Edmond* TUDOT.
Paris. 1860. Rollin. 1 vol. in-4. Pl.

4283. — De la poterie gauloise. — Etude sur la collection Charvet par *Henri* DU CLEUZIOU.
Paris. 1872. J. Baudry. 1 vol. in-8. Pl.

4284. — Notes descriptives sur quelques vases du Musée de Beauvais. (Par M. MATHON.)
Beauvais. 1861. A. Desjardins. in-8. Pl.

4285. — La faïence, les faïenciers et les émailleurs de Nevers, par *L.* DU BROC DE SEGANGE. (Publication de la Société Nivernaise).
Nevers. 1863. Fay. 1 vol. in-4. Pl.

4286. — Histoire des faïences de Rouen, pour servir de guide aux recherches des collectionneurs. Ouvrage avec texte, orné de 60 planches mises en couleur à la main, par RIS-PAQUOT. (2).
Amiens. 1870. Lenoel et Boileau. 1 vol. in-4.

4287. — Notice sur les faïences anciennes de Sinceny, lue le 2 Juin 1863, en séance du Comité archéologique de Noyon, par le D' *Auguste* WARMONT.
Noyon. 1863. Andrieux. in-8.

4288. — Les Pseudo-critiques de la Gazette des Beaux-Arts. Réponse à un système d'attaques combinées contre la seconde édition du Guide de l'Amateur des faïences et porcelaines de M. *Aug.* DEMMIN.
Paris. 1864. Bourdier. in-8.

---

[2] RIS [*Hippolite-Oscar-Edmond*] né à Amiens le 30 Septembre 1835.

§ X. — *Peinture en émail.*

4289. — Emaux et montres de la collection Bouvier. Par A. ROGER.
Amiens. 1866. Jeunet. 1 vol. in-8.

** — Trésor de l'Abbaye de Saint-Maurice d'Agaune décrit et dessiné par *Edouard* AUBERT.
Paris. 1870. V⁰ Morel. 2 vol. in-4. Pl.
Voyez : Histoire.

III. — ARCHITECTURE.

** — Traité d'architecture. Par *Léonce* REYNAUD. Voyez : N. 4152.
** — Entretiens sur l'architecture. Par M. VIOLLET-LE-DUC.
Voyez : N. 4153.
** — Philosophie de l'architecture en Grèce. Par *Emile* BOUTMY.
Paris. 1870. Germer-Baillière. 1 vol. in-18.
Voyez : N 3588.

IV. — ARCHÉOGRAPHIE.

4290. — Ninive et l'Assyrie. Par *Victor* PLACE. Avec des essais de restauration par *Félix* THOMAS.
Paris. 1865. Imprimerie imp. in-fol. En publication.

4291. — Jérusalem. Etude et reproduction photographique des monuments de la ville Sainte, depuis l'époque judaïque jusqu'à nos jours. Par *Auguste* SALZMANN.
Paris. 1856. Gide & Baudry. 1 vol. in-fol.

** — Etude sur les monuments de l'architecture militaire des Croisés en Syrie et dans l'île de Chypre, par *G.* REY.
Paris. 1871. Imprimerie nationale. 1 vol. in-4. Fig.
Voyez : Histoire. N. 3252.

4292. — De l'architecture militaire des Croisés en Syrie. Compte-rendu de l'Essai sur la domination française en Syrie durant le moyen-âge de M. E. G. Rey. Par *Arthur* DEMARSY. (1)
Arras. 1866. Rousseau-Leroy. in-8.

4293. — Monuments modernes de la Perse mesurés, dessinés et décrits par *Pascal* COSTE.
Paris. 1867. Morel. 1 vol. in-fol.

** — Parallèle des édifices anciens et modernes du continent africain dessinés et relevés de 1847 à 1854. Atlas et notices par *Pierre* TRÉMAUX.
Paris. 1854-60. Hachette. 1 vol. in-fol.
Voyez : Histoire. N. 405.

---

[1] DEMARSY [*Alexandre-Charles-Arthur*] né à Doullens le 4 Septembre 1843.

4294. — Dendérah. Description générale du grand temple de cette ville par *Auguste* Mariette-Bey.
Paris. 1870-71. Franck. 3 vol. in-fol.

4295. — Les arts arabes. Architecture, menuiserie, bronzes, plafonds, revêtements, pavements, vitraux, etc. Avec un texte descriptif et explicatif et le trait général de l'art arabe. Par *Jules* Bourgoin.
Paris. 1868. Morel. in-fol. En publication.

4296. — Monuments anciens du Mexique. Palenqué et autres ruines de l'ancienne civilisation du Mexique. Collection de Vues, Bas-Reliefs, Morceaux d'Architecture, Coupes, Vases, Terres cuites, Cartes et Plans dessinés d'après nature et rélevés par M. de Waldeck. Texte rédigé par M. Brasseur de Bourbourg.
Paris. 1866. A. Bertrand. 1 vol. in-fol.

4297. — Lettre à M. de Caumont sur l'arc triomphal d'Orange. Par M. *F.* de Saulcy.
Caen. 1867. Le Blanc-Hardel. in-8.

4298. — Notice historique sur le Palais des Tuileries, et description des plafonds, voussures, lambris, etc., qui décorent les salles occupées par l'exposition.
Paris. 1849. Vinchon. in-8.

4299. — Architecture romane du midi de la France, dessinée, mesurée et décrite par *Henry* Revoil.
Paris. 1864. Morel. in-fol. En publication.

4300. — Les plus excellents bastiments de France par *Jacques* Androuet du Cerceau, avec des notes et sous la direction de M. *H.* Destailleur, gravés en fac-simile par M. *Faure* Dujarric. Nouvelle édition augmentée de planches inédites de Du Cerceau, telles que la grande salle du Palais de Justice de Paris, le Pont S.-Michel, la Bastille, la Fontaine des Innocents, le Chien de Montargis, etc,, etc.
Paris. 1866. A. Lévy. 2 vol. in-fol. En publication.

4301. — Monographie du château d'Anet, construit par Philibert De l'Orme en MDXLVIII, dessinée, gravée

et accompagnée d'un texte historique et descriptif par *Rodolphe* PFNOR.
Paris. 1868. L'Auteur. 1 vol. in-fol. Pl.

4302. — Chateau de Marly-le-Roi, construit en 1676, détruit en 1798, dessiné et gravé d'après les documents puisés à la Bibliothèque impériale et aux Archives, avec texte par *Aug. Alex.* GUILLAUMOT.
Paris. 1865. Morel. 1 vol. in-fol. Pl.

4303. — Histoire archéologique, descriptive et graphique de la Sainte-Chapelle du Palais. Par MM. DECLOUX et DOURY.
Paris. 1865. Morel. 1 vol. in-fol. Pl.

4304. — Sainte-Marie d'Auch. Atlas monographique de cette cathédrale. Par M. l'Abbé F. CANÉTO.
Paris. 1857. V. Didron. 1 vol. in-fol. Pl.

4305. — Architecture, décoration et ameublement de l'époque Louis XVI, dessinés et gravés, d'après des motifs choisis dans les palais impériaux, le mobilier de la couronne, les monuments publics et les habitations privées, avec texte descriptif. Par M. *Rodolphe* PFNOR.
Paris. 1865. A. Morel. 1 vol. in-fol. Pl.

V. — GALERIES ET MUSÉES.

b. — Notices de collections publiques.

4306. — Les musées d'Italie, guide et mémento de l'artiste et du voyageur, précédé d'une dissertation sur les origines traditionnelles de la peinture moderne. Par *Louis* VIARDOT.
Paris. 1842. Paulin. 1 vol. in-18.

4307. — Les musées d'Espagne, d'Angleterre et de Belgique, guide et mémento de l'artiste et du voyageur, faisant suite aux Musées d'Italie. Par *Louis* VIARDOT.
Paris. 1843. Paulin. 1 vol. in-8.

4308. — Les musées d'Allemagne et de Russie, guide et mémento de l'artiste et du voyageur, faisant suite aux Musées d'Italie, d'Espagne, d'Angleterre et de Belgique. Par *Louis* Viardot.

Paris. 1844. Paulin. 1 vol. in-18.

4309. — Les musées de France. — Paris. — Guide et mémento de l'artiste et du voyageur, faisant suite aux Musées d'Italie, d'Espagne, d'Allemagne, d'Angleterre, de Belgique, de Hollande et de Russie. Par *Louis* Viardot.

Paris. 1855. Maison. 1 vol. in-18.

4310. — Les musées de province. Par M. le Cte L. Clément de Ris.

Paris. 1859-1861. Ve J. Renouard. 2 vol. in-8.

4311. — Musée impérial du Louvre. — Collection Sauvageot, dessinée et gravée à l'eau forte par *Edouard* Lièvre, accompagnée d'un texte historique et descriptif par *A.* Sauzay.

Paris. 1863-65. Noblet et Baudry. 2 vol. in-fol.

4312. — Musée des Thermes et de l'Hôtel de Cluny. Notice.

Paris. 1844. Hôtel de Cluny. 1 vol. in-12.

4313. — Guide de l'étranger au Musée Napoléon d'Amiens, par *J.* Corblet. (1).

Amiens. 1866. Lemer. 1 vol. in-12.

4314. — Catalogue des ouvrages de peinture et sculpture exposés dans le Musée communal d'Amiens.

Amiens. 1873. E. Glorieux. 1 vol. in-8.

4315. — Dons faits au Muséum-Calvet, pendant les années 1854 à 1860.

Avignon. 1864. Séguin aîné. 1 vol. in-8.

4316. — Catalogue des livres, tableaux, aquarelles, dessins, bustes, médailles et autres objets d'art, donnés par M. Achille Jubinal, ou par son entremise, à la ville de Bagnères-de-Bigorre, pour former une Bibliothèque et un Musée.

Bagnères-de-Bigorre. 1853. Dossun. 1 vol. in-8.

4317. — Etude sur les tableaux de la Cathédrale de Beauvais, par M. l'Abbé Barraud.

Beauvais. 1864. Pinaud. 1 vol. in-8.

---

[1] Corblet [*Achille-Louis-Jules*] né à Roye le 16 Juin 1819.

4318. — Ville de Compiègne.—Catalogue du Musée Vivenel.
Compiègne. 1870. F. Valliez. 1 vol. in-8. Pl.
4319. — Notice des tableaux exposés au Musée de Nancy.
Nancy. 1854. Hinzelin. 1 vol. in-12.
4320. — Das Grossherzogliche Museum zu Darmstadt. — Die Gemaldegallerie. Von *Carl* Seeger.
Darmstadt. 1843. Kern. 1 vol. in-12.
4321. — Verzeichniss der offentlich ausgestellten Kunst-Gegenstande des Stadel'schen Kunst-Instituts, neu bearbeitet von *J. D.* Passavant.
Francfort a M. 1844. Koenitzer. 1 vol. in-8.
4322. — Description de la Glyptothèque de Sa Majesté Louis I, Roi de Bavière.—Détails d'architecture par *Léon* de Klenze.—Indication des sculptures et peintures par *Louis* Schorn.
Munich. s. d. Cotta. 1 vol. in-12.
4323. — Verzeichniss der Gegenstande der plastischen und der Gemalde-Sammlung im K. Museum der bildenden Künste zu Stuttgart.
Stuttgart. 1854. Guttenberg. 1 vol. in-12.

c. — Notices de collections particulières.

4324. — Souvenir du Musée de M. Boucher de Perthes, d'Abbeville. Par *H.* Dusevel. (1).
Amiens. 1872. Lenoel-Herouart. in-8.
4325. — Cabinet artistique et archéologique de MM. Delignières de Bommy et de Saint-Amand.
Abbeville. 1872. Briez, Paillart & Retaux. 1 v. in-8.

d. — Livrets d'expositions.

4326. — Listes des tableaux et des ouvrages de sculpture exposez dans la grande Gallerie du Louvre, par Messieurs les Peintres et Sculpteurs de l'Académie Royale, en la présente année 1704.
Paris. 1704. J. B. Coignard. in-8.

---

[1] Dusevel [*Hyacinthe*] né à Doullens le 12 Septembre 1796.

4327. — Tableaux peints par M. Court, exposés au profit de la Caisse de secours de l'Association des artistes peintres, sculpteurs, architectes et dessinateurs.
Paris. 1859. Claye. 1 vol. in-8. Pl.

4328. — Société des Antiquaires de Picardie. — Exposition provinciale. — Notice des tableaux et objets d'art, d'antiquité et de curiosité exposés dans les Salles de l'Hôtel-de-Ville d'Amiens, du 20 Mai au 7 Juin 1860. (Avec le supplément).
Amiens. 1860. V° Herment. 1 vol. in-8.

4329. — Même ouvrage. — Exemplaire sur grand papier.

4330. — Musée Napoléon à Amiens. — Exposition rétrospective sous le patronage de M. le Surintendant des Beaux-Arts. — Catalogue de peintures anciennes empruntées à des galeries particulières.
Amiens. 1866. Lemer. 1 vol. in-8.

4331. — Concours régional de 1869. — Catalogue de l'Exposition rétrospective organisée par la ville de Beauvais.
Arras. 1869. Rousseau-Leroy. 1 vol. in-8.

4332. — Marseille. — Union des arts. — Création d'un centre intellectuel. — Exposition permanente de peinture, sculpture, objets d'art et de science, (Programme par *Léon* VIDAL).
Marseille. 1862. Arnaud & Comp. 1 vol. in-8.

4333. — Société d'agriculture, sciences et arts de l'arrondissement de Valenciennes.— Exposition artistique départementale.— Septembre 1872.— Catalogue des objets d'art et de curiosité exposés dans les salles de l'Académie.
Valenciennes. 1872. L. Henry. 1 vol. in-8.

4334. — Science and Art department of the Committee of Council on Education. — Catalogue of the special exhibition of works of art of the mediæval, renaissance, and more recent periods, on loan at the South Kensington Museum, June 1862. — Edited by *J. C.* ROBINSON. F. S. A.
London. 1862. Eyre and Spottiswoode. 1 vol. in-8.

VI. — Musique.

a. — Dictionnaire. — Histoire.

4335. — Histoire générale de la musique depuis les temps les plus anciens jusqu'à nos jours. Par *F. J.* Fétis.
Paris. 1869-72. F. Didot fr. 3 vol. in-8.

4336. — Etudes sur la musique grecque, le plain-chant et la tonalité moderne. Par *Alix* Tiron.
Paris. 1866. Imprimerie impériale. 1 vol. in-8.

** — Scriptorum de musica medii ævi novam seriem à Gerbertinà alteram collegit, nuncque primum edidit E. de Coussemaker.
Paris. 1864-69. Durand. 3 vol. in-4.
Voyez : Bibliographie. N. 775.

** — Biographie universelle des musiciens et bibliographie générale de la musique. Par *F. J.* Fétis.
Paris. 1860. F. Didot fr. 3 vol. in-8.
Voyez : Histoire.

** — Philosophie de la musique. Par *C.* Beauquier.
Paris. 1866. Germer-Baillière. 1 vol. in-18.
Voyez : N. 3588.

4337. — Histoire du Conservatoire impérial de musique et de déclamation, suivie de documents recueillis et mis en ordre par M. Lassabathie.
Paris. 1868. M. Lévy fr. 1 vol. in-8.

4338. — Musiciens contemporains. Par *Henri* Blaze de Bury.
Paris. 1856. Michel Lévy fr. 1 vol. in-18.

4339. — A Monsieur Ingres. — Haydn, Mozart, Beethoven. — Etude sur le quatuor, par *Eug.* Sauzay.
Paris. 1861. Dentu. 1 vol. in-18.

** — La musique en Allemagne. — Mendelssohn. Par *Camille* Selden.
Paris. 1867. Germer-Baillière. 1 vol. in-18.
Voyez : N. 3588.

4340. — Voyage musical en Allemagne et en Italie. — Etudes sur Beethoven, Gluck et Weber. — Mélanges et nouvelles. Par *Hector* Berlioz.
Paris. 1844. J. Labitte. 2 vol. in-8. Port.

4341. — La musique au théâtre. Par *A. L.* Malliot.
Paris. 1863. Amyot. 1 vol. in-18.

4342. — Critique et littérature musicales. Par *P.* Scudo.
Paris. 1852. Lecou. 1 vol. in-18.

4343. — L'art ancien et l'art moderne. Nouveaux mélanges

de critique et de littérature musicales. Par P. SCUDO.
Paris. 1854. Garnier fr. 1 vol. in-18.

4344. — Revue musicale publiée par M. Fétis. 2ᵉ série.
Paris. 1830. Mesnier. 3 vol. in-8.

Tomes 1, 2, 3, ce dernier incomplet.

4345. — L'année musicale. Par P. SCUDO. (1ʳᵉ, 2ᵉ, 3ᵉ).
Paris. 1860-61-62. Hachette. 3 vol. in-18.

4346. — Essai sur les Orphéons. (Par BOUDIN).
Boulogne-(sur-Mer). 1861. C. Le Roy. in-8.

b. — Traités généraux.

4347. — Principes de composition des écoles d'Italie adoptés par le Gouvernement français pour servir à l'instruction des Élèves des Maîtrises de Cathédrales. Ouvrage classique, formé de la réunion des modèles les plus parfaits en tout genre, enrichi d'un texte méthodique rédigé selon l'enseignement des Ecoles les plus célèbres et des Ecrivains didactiques les plus estimés. Par *Alexandre* CHORON (et FIOCCHI).
Paris. 1804. Le Duc & Comp. 3 vol. in-fol.

4348 — Archives du chant recueillies et publiées par *François* DELSARTE. Hymnes, Proses et Antiennes de l'Eglise, Chants du moyen-âge, Musique de cour, Chansons à danser, Chefs-d'œuvre lyriques des XVIᵉ, XVIIᵉ et XVIIIᵉ siècles. Commentaire didactique ramenant toutes ces pièces à l'unité d'un cours d'études vocales.
Paris. 18 . Delsarte. in-fol. liv. I à XVIII.

4349. — Méthode de violon par MM. BAILLOT, RODE et CREUTZER, rédigée par BAILLOT.
Paris. s. d. 1 vol. in-fol.

e. — Musique d'église.

4350. — Messe à trois voix, avec accompagnement d'Orgue, par J.-B. BOULOGNE, Organiste de la Cathédrale d'Amiens.
Paris. 1860. Benoit. 1 vol. in-4.

4351. — Deuxième messe solennelle à trois voix, avec solos et chœurs et accompagnement d'Orchestre ou d'Orgue Par J.-B. Boulogne.
Paris. 1861. Benoit. 1 vol. in-4.

4352. — *Veni creator* à trois voix, solos et chœurs, avec accompagnement d'Orgue. Par J. B. Boulogne.
Paris. 1861. Benoit 1 vol. in-4.

4353. — Messe solennelle dédiée à la Société des Orphéonistes d'Amiens. Par M. l'Abbé Boucher. (1).
Amiens. 1861. Autographie Lemer. 1 vol. in-8.

g. — *Musique de théâtre.* — *Opéras.*

4354. — Achille et Polyxène, tragédie mise en musique, le premier acte par feu M. de Lully, le prologue et les quatre autres actes, par M. Collasse. (Paroles de J. G. de Campistron).
Amsterdam. A. Pointel. 1 vol. in-4.

4355. — Adolphe et Clara ou les deux Prisonniers, comédie en un acte et en prose, paroles de B. J. Marsollier. Représentée pour la première fois à Paris, sur le Théâtre de l'Opéra-Comique, le 22 Pluviose An 7. Musique de N. Dalayrac.
Paris. Pleyel. 1 vol. in-fol.

4356. — Æglé, ballet en un acte. Par (P. Bridart de) Lagarde (Paroles de P. Laujon.)
Paris. Sans titre. in-fol.

4357. — Alexis ou l'Erreur d'un bon père, comédie en un acte et en prose, paroles de B. Marsolier. Réprésentée sur le Théâtre Faydeau, le 5 Pluviose An 6. Mise en musique par N. Dalayrac.
Paris. L'auteur. 1 vol. in-fol.

4358. — Partition de l'Amant jaloux, comédie en trois actes représentée devant leurs Majestés à Versailles le 20 Novembre 1778 et à Paris le 23 Décembre de la même année. Par M. Grétry. (Paroles de T. d'Hele).
Paris. Houbaut. 1 vol. in-fol.

---

[1] Boucher [*Jean-Baptiste-Désiré-Jules*] né à Amiens le 4 Juin 1819.

4359. — L'Amant statue, comédie en un acte et en prose. Mise en musique par M. Dal. (Dalayrac). (Paroles de Fouquet-Deshayes, dit Desfontaines.)
Paris. Le Duc. 1 vol. in-fol.

4360. — L'Amour filial, opéra en un acte, paroles de Demoustier, musique de P. Gaveaux. Représenté pour la première fois sur le Théâtre de la rue Feydeau, le 7 Mars 1792.
Paris. Imbault. 1 vol. in-fol.

4361. — Ariodant, opéra en 5 actes, paroles d'Hoffman, musique de Méhul.
Paris. Imbault. 1 vol. in-fol.

4362. — L'Aveugle de Palmyre, comédie-pastorale en deux actes en vers, mise en musique par M. Rodolphe. Représentée sur le théâtre des Comédiens italiens (en 1767). Les paroles sont de M. Desfontaines.
Paris. De la Chevardière. 1 vol. in-fol.

4363. — Avis aux femmes ou le Mari colère, comédie en un acte et en prose, paroles de R. E. Guilbert-Pixérécourt, représentée pour la première fois à Paris, sur le Théâtre de l'Opéra-Comique, le 27 Octobre 1804. Musique de P. Gaveaux.
Paris. Gaveaux fr. 1 vol. in-fol.

4364. — Azemia ou les Sauvages, comédie en trois actes, représentée le 3 Mai 1787 par les Comédiens italiens, mise en musique par M. Dal. (Dalayrac). (Paroles de Poisson de Lachabeaussière).
Paris. L'auteur. 1 vol. in-fol.

4365. — Le Barbier de Séville, opéra-comique en quatre actes, mis en musique sur la traduction italienne par le célèbre S^{gr} Paisiello, et remis en français d'après la pièce de M. de Beaumarchais et parodié sous la musique (par Et. N. Framery et Moline).
Paris. Le Duc. 1 vol. in-fol.

4366. — La boucle de cheveux, opéra en un acte, paroles d'Hoffmann, musique de Dalayrac. Représenté sur le Théâtre de l'Opéra-Comique le 30 Octobre 1802.
Paris. Mlles Erard. 1 vol. in-fol.

4367. — Le Bucheron ou les trois souhaits, comédie en un acte, mêlée d'ariettes, représentée à Versailles devant leurs Majestés, le Mardi 15 Mars 1763 par les Comédiens italiens. La musique par *A. D.* Philidor. Les paroles de MM. G. (Guichard) et C. (Castel).
Paris. De la Chevardière. 1 vol. in fol.

4368. — Un Caprice de femme, opéra en un acte, paroles de M. Lesguillon, musique de M. Paer. (1834).
Paris. Pacini. 1 vol. in-fol.

4369. — La Clochette, comédie en un acte en vers, par M. Anseaume. Mise en musique par M. Duny. Représentée pour la première fois par les Comédiens italiens, le Jeudi 24 Juillet 1766.
Paris. L'auteur. 1 vol. in-fol.

4370. — La Colonie, opéra-comique en deux actes imité de l'italien et parodié sur la musique del S^{gr} Sacchini. Représenté pour la première fois par les Comédiens italiens le 16 Aoust 1775. (Par *N. E.* Framery).
Paris. D'Enouville. 1 vol. in-fol.

4371. — Démophon, opéra lyrique en trois actes, représenté pour la première fois par l'Académie Royale de Musique, le Mardi 15 Septembre 1789. Paroles de M. Dériaux. Musique de Vogel.
Paris. Sieber. 1 vol. in-fol.

4372. — Les Deux Avares, opéra boufon en deux actes, représenté devant sa Majesté à Fontainebleau, le 27 Octobre 1770, et à la Comédie italienne, le 6 Décembre suivant. Par M. Grétri. (Paroles de *Ch. G.* Fenouillot de Falbaire).
Paris. Basset. 1 vol. in-fol.

4373. — Didon, tragédie lyrique en trois actes, représentée à Fontainebleau devant Leurs Majestés le 16 Octobre 1783 et, pour la première fois, sur le Théâtre de l'Académie Royale de Musique le Lundi 1 Décembre de la même année. Mise en musique par M. Piccini. (Paroles de *J. F.* Marmontel).
Paris. Basset. 1 vol. in-fol.

4374. — L'Échelle de soie, opéra-comique en un acte et en vers libres, paroles de M. Planard, musique de P. Gaveaux. Représenté pour la première fois sur le Théâtre de l'Opéra-Comique le 22 Août 1808.
Paris. Gaveaux fr. 1 vol. in-fol.

4375. — L'Enfant prodigue, opéra en trois actes et en vers, paroles de MM.(Riboutté et Souriguières de Saint-Marc), musique par P. Gaveaux. Représenté pour la première fois à Paris sur le Théâtre de l'Opéra-Comique le 23 Novembre 1811.
Paris. Gaveaux. 1 vol. in-fol.

4376. — L'Epreuve villageoise, opéra-bouffon en deux actes en vers, par M. (P. J. D. Choudard dit) Desforges, représenté pour la première fois par les Comédiens italiens le Jeudi 24 Juin 1784. Mis en musique par M. Grétry.
Paris. Houbaut. 1 vol. in-fol.

4377. — Ernelinde, Princesse de Norwège, tragédie lyrique en trois actes, par (A. A. H.) Poinsinet, musique de Philidor. Représentée le 24 Février 1767. (Le titre manque).
Paris. 1 vol. in-fol.

4378. — Evelina, opéra en trois actes, paroles de M. Guillard, musique de Sacchini et son dernier ouvrage. Représenté pour la première fois sur le Théâtre de l'Académie Royale de Musique le Mardi 29 Avril 1788.
Paris. Imbault. 1 vol. in-fol.

4379. — La Famille indigente, opéra en un acte, paroles de B. Planterre. Représenté pour la première fois, sur le Théâtre Faydeau, le 4 Mars 1793. Musique de Gaveaux.
Paris. Gaveaux fr. 1 vol. in-fol.

4380. — Partition de la Famille Suisse, opéra en un acte, paroles de St-Just Daucourt (Godard d'Aucour), musique de Boieldieu. (1796).
Paris. An V. Gaveaux fr. 1 vol. in-fol.

4381. — La Fausse Magie, comédie en un acte, représentée pour la première fois sur le Théâtre de la Comédie

italienne, le Mercredi 1 Février 1775. Par M. GRÉTRY. (Paroles de MARMONTEL).
Paris. Houbaut. 1 vol. in-fol.

4382. — La Fée Urgèle ou ce qui plait aux dames, comédie en quatre actes en vers, les paroles sont de M. (*Ch. S.* FAVART). Mise en musique par M. DUNY. Représentée devant leurs Majestés par les Comédiens italiens, à Fontainebleau, le 26 Octobre 1765 et à Paris le 4 Décembre.
Paris. L'auteur. 1 vol. in-fol.

4383. — Partition d'une Folie, opéra en deux actes, paroles de BOUILLY, musique de MÉHUL. (1802).
Paris. Pleyel. 1 vol. in-fol.

4384. — Gulistan ou le Hulla de Samarcande, opéra en trois actes de MM. (ETIENNE et LA CHABEAUSSIÈRE), mis en musique par M. DALAYRAC. Réprésenté sur le Théâtre de l'Opéra-Comique le 30 Septembre 1805.
Paris. Mlles Erard. 1 vol. in-fol.

4385. — Gulnare ou l'Esclave persanne, comédie en un acte et en prose, paroles de *B.* MARSOLIER, musique par *N.* DALAYRAC. Représentée sur le Théâtre de l'Opéra-Comique le 9 Janvier 1798.
Paris. Imbault. 1 vol. in-fol.

4386. — L'Impresario in angustie ou le Directeur dans l'embarras, opéra-bouffon en deux actes, représenté sur le Théâtre de Monsieur (en 1786). Musique del S^{gr} CIMAROSA. Paroles françaises par M. D. (*Paul Ulric* DUBUISSON).
Paris. Sieber. 1 vol. in-4.

4387. — Iphigénie en Aulide, tragédie opéra en trois actes, par M. le Chevalier GLUCK. Représentée pour la première fois par l'Académie Royale de Musique le Mardi 19 Avril 1774. (Paroles de DU ROLLET).
Paris. Rue Fromenteau. 1 vol. in-fol.

4388. — Joseph, opéra en trois actes, paroles de M. *Alexandre* DUVAL, musique de MÉHUL. 1807.
Paris. Magasin de musique. 1 vol. in-fol.

— 180 —

4389. — La Journée aux aventures, opéra-comique en trois actes et en prose, paroles de MM. Capelle et Mézières, musique de M. Méhul. Représenté pour la première fois sur le Théâtre de l'Opéra-Comique le 16 Novembre 1816.
Paris. Petit. 1 vol. in-fol.

4390. — Julie, comédie en trois actes, par M. (Boutet de) Monvel, représentée pour la première fois par les Comédiens italiens ordinaires du Roi le Lundy 22 Sept. 1772. Mis en musique par M. D. Z. (Dezaides).
Paris. Houbaut. 1 vol. in-fol.

4391. — Le Locataire, opéra-comique en un acte, paroles de Sewrin, musique de P. Gaveaux. Représenté pour la première fois sur le Théâtre de l'Opéra-Comique, le 7 Thermidor an 8. (1800).
Paris. Gaveaux fr. 1 vol. in-fol.

4392. — Lodoïska, comédie héroïque en trois actes, par le C^{en} Fillette-Loraux, représentée pour la première fois sur le Théâtre de la rue Feydeau, le 18 Juillet 1791, mise en musique par le C^{en} Cherubini.
Paris. Nadermann. 1 vol. in-fol.

4393. — Maison à vendre, comédie en un acte et en prose, paroles du Cit. *Alex.* Duval. Représentée pour la première fois, sur le Théâtre de l'Opéra-Comique le 1 Br. An 9. Mise en musique par M. Dalayrac.
Paris. Pleyel. 1 vol. in-fol.

4394. — La Maison isolée ou le Vieillard des Voges, comédie en deux actes et en prose, paroles de M. Marsollier. Représentée sur le Théâtre italien le 11 Mai 1797. Mise en musique par *N.* Dalayrac.
Paris. L'auteur. 1 vol. in-fol.

4395. — Le Maréchal ferrant, opéra-comique en deux actes, représenté sur le Théâtre de l'Opéra-Comique et de la Comédie italienne, le 22 Août 1761, mis en musique par *A. D.* (*Fr. André* Danican, dit) Philidor. Les paroles sont de M. Quetant.
Paris. De la Chevaudière. 1 vol. in-fol.

A la suite :

. — On ne s'avise jamais de tout, opéra-bouffon en un acte (de J. M. SEDAINE), mis en musique par M. P. A. MONSIGNY, représenté à Versailles, devant leurs Majestés, le Mercredy 2 Décembre 1761.
Paris. Hue. 1 vol. in-fol.

. — La Servante maîtresse, comédie en deux actes mêlée d'ariettes, parodiées de la *Serva Padrona*, intermède italien. Représentée pour la première fois par les Comédiens italiens ordinaires du Roi, le Mercredi 14 Aoust 1754, et à la Cour devant Leurs Majestés, le 4 Décembre de la même année. (Arrangé par BAURANS sur la musique de PERGOLÈZE).
Paris. Ve Delormel. in-fol.

4396. — Mélidore et Phrosine, drame lyrique en trois actes, paroles du cit. ARNAULT. Représenté pour la 1re fois sur le Théâtre lyrique de la rue Favart, le 17 Germinal an 2, mis en musique par le cit. MÉHUL.
Paris. Cousineau. 1 vol. in-fol.

4397. — Menzikoff et Fœdor ou le Fou de Bérézoff, opéra en trois actes, paroles de M. LAMARTELIÈRE, musique de *Stanislas* CHAMPEIN. Représenté par les Comédiens ordinaires de l'Empereur, le 30 Janvier 1808.
Paris. Chérubini. 1 vol. in-fol.

4398. — Les Moissonneurs, comédie en trois actes, les paroles de M. FAVARD, la musique de M. DUNY. Représentée à la Comédie italienne le 27 Janvier 1768.
Paris. L'auteur. 1 vol. in-fol.

4399. — Ninette à la cour, parodie de Bertholde à la ville, comédie en deux actes, mêlée d'ariettes, par M. FAVART. Représentée sur le Théâtre de la Comédie italienne (le 12 Février 1755).
Paris. De la Chevardière. 1 vol. in-fol.

4400. — Le Nozze di Figaro, dramma giocoso (dal sig. *Lorenzo* DA PONTE) in quattro atti, messo in musica dal signor *W. A.* MOZART.
Paris. Frey. 1 vol. in-fol.

4401. — Orphée et Euridice, tragédie opéra en trois actes,

par M. le Ch^r Gluck. Les parolles sont de M. Moline. Représentée pour la première fois par l'Académie Royale de Musique, le Mardy 2 Aoust 1774.
Paris. Des Lauriers. 1 vol. in-fol.

4402. — La Pazza per amore ou la Folle par amour, musique del signor Paesiello.
Paris. Pleyel. 1 vol. in-fol.

4403. — Le Peintre amoureux de son modèle, opéra-comique de M. Anseaume, mis en musique par M. Duny. Représenté pour la première fois sur le Théâtre du fauxbourg S. Laurent le 26 Juillet 1757.
Paris. L'auteur. 1 vol. in-fol.

4404. — Pierre le Grand, comédie en prose et en trois actes, paroles de M. Bouilly. Représentée pour la première fois par les Comédiens italiens, le Mercredi 13 Janvier 1790. Mise en musique par M. Grétry.
Paris. Grétry. 1 vol. in-fol.

4405. — Les Prétendus, comédie lirique représentée pour la première fois par l'Académie Royale de Musique, le Mardi 2 Juin 1789. Mise en musique par M. Le Moyne. (Paroles de Rochon de Chabannes).
Paris. L'auteur. 1 vol. in-fol.

4406. — Un quart-d'heure de silence, opéra-comique en un acte, paroles de M. P. Guillet, musique de P. Gaveaux. Représenté pour la première fois sur le Théâtre de l'Opéra-Comique le 20 Prairial an 12.
Paris. Gaveaux fr. 1 vol. in-fol.

4407. — Raoul, sire de Créquy, comédie en trois actes en prose, par M. (J. M. Boutet de) Monvel. Représenté pour la première fois par les Comédiens italiens le 31 Octobre 1789. Mis en musique par M. Dalayrac.
Paris. Louis. 1 vol. in-fol.

4408. — Renaud, tragédie lyrique en trois actes, représentée pour la première fois par l'Académie Royale de Musique, le Mardi 25 Février 1783. Mis en musique par M. Sacchini. (Paroles de J. J. Leboeuf).
Paris. Le Duc. 1 vol. in-fol.

— 183 —

4409. — Sancho Pauça gouverneur dans l'Isle de Barataria, opéra-bouffon, mis en musique par M. A. D. Philidor, les paroles de M.(A.H.) Poinsinet le jeune.
Paris. De la Chevardière. 1 vol. in-fol.

4410. — Sargines ou l'Elève de l'Amour, comédie en quatre actes et en prose, par M. Monvel. Représentée pour la première fois par les Comédiens italiens, le 14 Mai 1788. Mise en musique par M. Dal (Dalayrac).
Paris. Louis 1 vol. in-fol.

4411. — Le Seigneur bienfaisant, composé des actes du Pressoir ou des Fêtes de l'Automne, de l'Incendie et du Bal, représenté pour la première fois par l'Académie Royale de Musique, le 14 Décembre 1780. Par M. Floquet. (Paroles de Rochon de Chabannes).
Paris. L'auteur. 1 vol. in-fol.

4412. — La Soirée orageuse, comédie en un acte et en prose par M. Radet. Représentée pour la première fois par les Comédiens italiens ordinaires du Roi, le 29 Mai 1790. Mise en musique par M. Dalayrac.
Paris. Pleyel. 1 vol. in-fol.

4413. — Sophie et Moncars ou l'Intrigue portugaise, opéra en trois actes, représenté sur le Théâtre Faydeau, le 30 Septembre 1797. Paroles de J. H. Guy, mises en musique par P. Gaveaux.
Paris. Gaveaux fr. 1 vol. in-fol.

4414. — Stratonice, opéra en un acte, par Méhul. (Paroles de F. B. Hoffman).
Paris. Chérubini 1 vol. in-fol.

4415. — Le Tableau parlant, comédie parade en un acte et en vers (de M. Anseaume). Mis en musique par M. Grétry. Représenté pour la première fois le 20 Septembre 1789, par les Comédiens italiens du Roy.
Paris. 1 vol. in-fol.

4416. — Thémistocle, tragédie lyrique en trois actes, paroles de M. Morel. Représentée pour la première fois devant Leurs Majestés, à Fontainebleau, le 13 Oct. 1785, et à Paris sur le Théâtre de l'Académie Royale

de Musique le Mardi 23 Mai 1786. Mise en musique par *A. D.* Philidor.
Paris. L'auteur. 1 vol. in-fol.

4417. — Le Traité nul, opéra en un acte, paroles de M. Marsollier, musique par *P.* Gaveaux. Représenté pour la première fois sur le Théâtre Faydeau, le 23 Juin 1797.
Paris. Gaveaux fr. 1 vol. in-fol.

4418. — Les trois fermiers, comédie en deux actes en prose, (par Boutet de Monvel), représentée pour la première fois par les Comédiens italiens, le 16 Mai 1777. Mise en musique par M. D. Z. (Dezaides).
Paris. Des Lauriers. 1 vol. in-fol.

4419. — Le trompeur trompé, opéra-comique en un acte et en prose, paroles de *F.* Bernard-Valville. Par *P.* Gaveaux. Représenté pour la première fois au Théâtre Faydeau, le 2 Août 1800.
Paris. Gaveaux fr. 1 vol. in-fol.

4420. — Une heure de mariage, comédie en un acte et en prose, paroles de M. *C. G.* Etienne. Représentée sur le Théâtre de l'Opéra-Comique le 20 Mars 1804. Musique de *N.* Dalayrac.
Paris. Pleyel. 1 vol. in-fol.

4421. — L'union de l'Amour et des Arts, ballet héroique en trois actes, savoir : Bathile et Chloé, Théodore, et la Cour d'Amour, représenté pour la première fois par l'Académie Royale de Musique, le Mardi 7 Septembre 1773. Par M. (*Et. Jos.*) Floquet. (Paroles de *P. R.* Lemonnier).
Paris. L'auteur. 1 vol. in-fol.

4422. — Uthal, opéra en un acte, imité d'Ossian, paroles de M. (Bins de) St-Victor, musique de Méhul. 1806.
Paris. Magasin de musique. 1 vol. in-fol.

4423. — Les Visitandines, comédie en deux actes et en prose, par M. Picard, représentée pour la première fois par les Comédiens du Théâtre de la rue Feydeau,

le Samedi 7 Juillet 1792. Mises en musique par M. F. Devienne.
Paris. Cousineau. 1 vol. in-fol.

h. — *Concertos, symphonies, etc.*

4424. — KatarinaeAug.Piae.Felici.Ottomannicae.Tauricae. Musagetae.Q.Horatii Flacci carmen seculare lyricis concentibus restitutum *A. D.* Philidor. DDD.
Paris. 1788. Lawalle l'Ecuyer. 1 vol. in-fol.

4425. — Concours musical d'Amiens en 1864.
1 vol. in-8 contenant :

1. — Programme et règlement du Concours.
2. — Liste des Sociétés d'Orphéons qui doivent y prendre part. 1 Juin 1864.

Morceaux exécutés :

3. — Les Bergers, pastorale. Laurent de Rillé. 4e collection. N. 8.
Paris. 1864. L. Parent. in-8.

4. — Imposé au concours d'Amiens. — Juillet 1864. — Départ et retour. Nouveau chœur de concours, paroles de *A.* Vialon, musique de *Georges* Kastner.
Paris. 1864. A. Vialon. in-8.

5. — Aux Enfants de la France ! — Chœur de concours, paroles et musique de Vialon.
Paris. 1864. Vialon. in-8.

6. — Imposé au concours d'Amiens.—Juillet 1864.—Les Premiers Chrétiens, nouveau chœur de concours pour quatre voix d'hommes, sans accomp., paroles de *A.* de Montvaillant, musique de *A.* Saintis.
Paris. 1864. A. Vialon. in-8.

7. — Morceau imposé au concours orphéonique d'Amiens. — Juillet 1864. — Les Muletiers d'Espagne, paroles d'*Ad.* Tourette, musique de *J.A.* Laurent.
Paris. 1864. Vialon. in-8.

8. — Distribution des médailles.

4426. — Cantate exécutée par la Société des Orphéonistes à l'occasion de la remise de la médaille offerte à Mme J: Cornuau par les habitants de la ville d'Amiens, à la suite de l'Epidémie cholérique de 1866. Paroles de M. *Michel* Vion. Musique de M. *Th.* Nachtsheim. **Amiens. 1866. Autog. Lemer. in-8.**

4427. — Respectueusement dédiées à S. A. R. Madame la Duchesse d'Aumale par son très-humble serviteur *Marcel* Leroy.(1) 6 grandes études de concert. Op. 9. **S. n. n. l. n. d. in-4.**

4428. — A ma Betty. Fleurs méthodiques de ma jeunesse. Recueil de vingt-quatre morceaux de chant pour toutes les voix, avec accompagnement de piano, musique du Chevalier *Gustave* Dorieux. Op. 1 à 24. **Paris. s. d. Benoit. in-4.**

4429. — 1re et 2e hymnes à la paix. Chœurs à 4 voix d'hommes sans accompagnement, suivis d'un Impromptu et d'une Marche funèbre pour le piano, musique du Ch.r *Gustave* Dorieux. Op. 27, 28, 29, 30. **Paris. Benoit. in-8.**

4430. — Œuvres musicales de M. **J.** Deneux. (2) 1 vol in-fol. tome II, contenant :

1 — Le Petit Ménestrel. 30 petits morceaux faciles sur des motifs des plus célèbres Compositeurs, arrangés pour flûte seule par J. Deneux.

2 — Le Mélodiste. 12 petites fantaisies très-faciles, sur des mélodies populaires, arrangées pour flûte seule par J. Deneux. **Paris. Hainz. in-8.**

3 — Beethoven. Op. 13, 22, 26, 27, 57 et 81. Six sonates transcrites pour piano et flûte par J Deneux. D'après Ch. Poisot et J. Mercier. **Paris. Benoit. in-fol.**

4 — Variations sur un thème original par S. Lévy, arrangées pour flûte, avec accompagnement de piano, par J. Deneux. Op. 17.

5 — Souvenir de Mme Malibran. Fantaisie brillante par J.-B. Tourneur, arrangée pour flûte avec accomp. de piano, par J. Deneux. Op 37. **Paris. Lévy. in-fol.**

6 — A son ami M. Aug. Janvier. Fantaisie brillante pour flûte, avec accompagnement de piano ou d'orchestre, sur la romance *Ma Céline*, d'après l'œuvre 3 d'Haumann, par J. Deneux. Œuv. 34. **Paris. Pacini. in-fol.**

7 — 6e air varié de Ch. de Bériot, arrangé pour flûte, avec accompagnement de piano, par J. Deneux. Op. 39.

8 — Romances sans paroles de H. Vieuxtemps, arrangées pour flûte, avec accompagnement de piano, par J. Deneux. Op. 41.

---

(1) Leroy (*Eléonor-Firmin-Marcel*) né à Amiens le 19 Novembre 1831.

(2) Deneux (*Jules*) né à Amiens le 8 Avril 1818.

— 187 —

9 — Fantaisie de concert de *Muette de Portici*, opéra de D. F. E. Auber, pour flûte, avec accompagnement de piano, par J. Deneux. Op. 44.

10 — Grande fantaisie pour piano et flûte sur des motifs de l'opéra *Obéron* de Weber, d'après Ed. Wolff et Vieuxtemps, par J. Deneux. Op. 46.
Paris. Brandus. in-fol.

11 — A Madame de Morgan de Belloy, née de Gomer. Souvenir de Rubini. Fantaisie pour flûte et piano par J. Deneux. Op 50.
Paris. Benoit. in-fol.

12 — A son ami F. Servais. Souvenirs de Spa. Fantaisie par Servais, arrangée pour la flûte, avec accomp. de piano, par J. Deneux. Op. 52.
Paris. Schott. in-fol.

13 — A son ami H. Léonard. Souvenir de Bade. Fantaisie par H. Léonard transcrite pour flûte, avec accompagnement de piano ou d'orchestre, par J. Deneux. Op. 64.
Paris. Richault. in-fol.

14 — A Madame de Genlis, née de Gribeauval. Cinq transcriptions pour flûte et piano, d'après Ad. Hermann. — 1. *L'Invitation à la valse*, de Weber. Par J. Deneux.
Paris. Heintz. in-fol.

15 — A Madame Sarah de Guerle, née Galoppe d'Onquaire. Fantaisie de concert pour flûte, avec accompagnement de piano, sur Faust, opéra de Ch Gounod, par J. Deneux et D. Alard.
Paris. Choudens. in-fol.

4431. — Don Giovanni, dramma giocoso (da *Laurenzo* da Ponte) posto in musica e ridotto per il piano forte, da W. A. Mozart.
Paris. 1838. Marquerie. 1 vol. in-8.

4432. — Musique pour Violon.

1 vol in-fol. contenant :

1 — Trois sonates pour le Violon, avec accompagnement de Basse, composées par R. Kreutzer. Lettre B.

2 — 40 études pour le Violon, par R. Kreutzer. N° éd.
Paris. Frey. in-fol.

3 — Etude pour le Violon, formant 36 caprices, composée par Fiorillo.
Paris. Beauvais. in-fol.

4 — Troisième concerto à Violon principal, premier et second Violon, Alto et Basse, deux Hautbois, deux Cors. Composé par M. Viotti (Violon principal.
Paris. Sieber. in-fol.

5 — Deux airs variés pour le Violon avec accompagnement d'un second Violon, Alto et Violoncelle, ou Forte-Piano, par P. Rode.
Paris. Frey. in-fol.

6 — Grande fantaisie pour Piano et Violon, sur *Guido et Ginevra*, par N Louis. Op. 63.
Paris. Schlesinger. in-fol.

7 — Larghetto du quintette en *la* de Mozart, transcrit pour Piano et Violon ou Violoncelle. Par A. BERTHEMET. (Violon). Op. 20.
Paris. Mackar & Gresse. in-fol.

8 — La Romanesca. Violino principale.

9 — Morceaux d'étude. Sans titre.

10 — Morceaux divers manuscrits.

4433. — **Musique pour Violon et Piano.**
1 vol. in-fol. contenant :

1 — Souvenirs de Bellini. Fantaisie brillante pour le Violon, avec accompa- d'Orchestre, de Quatuor ou Piano. Par J. ARTOT.
Paris. Meissonnier. in-fol.

2 — Septième air varié pour le Violon avec accompagnement d'Orchestre ou Piano. Par C. DE BÉRIOT.
Paris. Schott. in-fol.

3 — Transcriptions pour le Violon, avec accompagnement de Piano, par *Ernest* SAENGER.
Paris. Ledentu. in-fol.

4 — Fantaisie brillante sur la romance *Ma Céline* de G. Lambert, avec variations pour le Violon, composées par *Th.* HAUMAN.
Paris. Pacini. in-fol.

5 — Grandes variations pour le Violon, avec accompagnement de Piano, composées par J. MAYSEDER. Op. 40.
Paris. Joly. in-fol.

6 — Le Romantique, air varié pour le Violon, avec accompagnement de Quatuor ou Piano, composé par J. GHYS.
Paris. A. Petit. in-fol.

7 — Souvenir de Grétry, fantaisie pastorale pour le Violon, avec accompagnement d'Orchestre ou de Piano. Par H. LÉONARD. Op. 9.
Paris. Richault. in-fol.

8 — Course hongroise. Csikòs-galop, pour Piano, par *Charles* VOSS.
Leipzig. Peters. in-fol.

9 — Nouveautés du jour. Der Tyroler und sein Kind. Transcrit et varié pour Piano, par *Charles* VOSS.

10 — Volkslieder für Pianoforte bearbeitet von *H.* CRAMER. N. 2 et 6.
Offenbach S. M. André. in-fol.

4434. — **Morceaux pour chant, avec accompag. de piano.**
1 vol. in-fol. contenant :

1 — *Ciel pietoso.* Prière dans l'opéra *la Straniera.* Musique de V. BELLINI.

2 — Air *del Matrimonio secreto* chanté par il Signor Lazerini. Musica del Signor CIMAROSA. Les paroles françaises par MOLINE.

3 — *Jo son la rea.* Prière dans l'opéra *la Vestale.* Musique de G. PACINI.

4 — *Ecco ridente il cielo.* Air dans l'opéra *Il Barbiere di Siviglia.* Musique de G. ROSSINI.

5 — *Largo ad factotum.* Air dans l'opéra *Il Barbiere di Siviglia.*

6 — *Ah! si per voi gia sento.* Air dans l'opéra *Otello.*

7 — *Non arrestar il colpo.* Duo dans l'opéra *Otello.*

8 - *Assisa a pie d'un salice.* Romance dans l'opéra *Otello.*
9 — *Deh! tu reggi in tal momento.* Prière dans l'opéra *la Gazza ladra.*
10 — *Torni alfin ridente.* Air dans l'opéra *Tancredi*
11 — *Pensa che sei mia figlia.* Air dans l'opéra *Tancredi.*
12 — *Ah! che scordar non so.* Air dans l'opéra *Tancredi.*
13 — *Le Comte Ory.* Prière réduite à deux voix. (*Noble châtelaine*).
14 — *Eccomi a voi miei prodi.* Air dans l'opéra *la Donna del lago.*
15 — *Les Huguenots.* Musique de MEYERBEER. *Tu l'as dit.*
La Lyre française. N. 58. in-8.
16 — *Les Filles de marbre.* Paroles de MM. *T.* BARRIÈRE et *L.*THIBOUST. Musique de *E.* MONTAUBRY.— *Les Pièces d'or.* Ronde.
17 — *Délaissée.* Paroles de M. *Achille* ROUSSEL. Musique d'*André* SIMIOT.
18 — *Le fil de la Vierge.* Romance de M. MAURICE St-AGUET, musique par *P.* SCUDO.
19 · *Ay Chiquita!* ou les Amonestaciones, cancion americana con acompañamiento de Piano, compuesta por el Maestro IRADIER.
20 — *La Grande Duchesse.* Paroles de MM. H MEILHAC et L. HALÉVY. Musique de M. OFFENBACH. Déclaration. (*Dites-lui.*)
21 — *Les Porcherons.* Musique, de *Albert* GRISAR. Paroles de M. SAUVAGE. Romance de la lettre.
22 — *Lara,* opéra-comique en trois actes, paroles de MM. CORMON et M. CARRÉ. Musique de A. MAILLART. *A l'ombre des verts platanes.*

k. — *Plain-chant.*

4435. — Méthode populaire de plain-chant romain et petit traité de psalmodie, publiés par *E.* REPOS. 2ᵉ éd.
Paris. 1858. E. Repos. 1 vol.in-18.
4436. — A. B. C du plain-chant à l'usage des petits-enfants, publié par *E.* REPOS.
Paris. 1858. E. Repos. 1 vol. in-18.

SCIENCES ET ARTS

TABLE

A

About, Edm., 3751-4248.
Alart, D., 4430.
Alaux, J. E., 3588.
Alcan, Michel, 4197-4198-4202.
Allen, T., 4186.
Almeida, J. Ch. d', 3888.
Alophe, 4191.
Amador, Risueno d', 3874.
Amé, 3762.
Amice, J. F., 3608.
Ancellin, C., 3795-4201.
Andelarre, le marquis d', 4126.
André, C., 3942.
André, E. 3997.
Androuet du Cerceau, 4300.
Anseaume, 4369-4403-4415.
Apompée de Tragopone, 3596.
Arago, Fr., 3939.
Aragon, J. Couly d', 3677.
Archiac, D. Vicomte d', 4042.
Aristote, 3614-3644-3886-4004.
Arlès-Dufour, 4211.
Armaillé, le Comte d', 4281.
Armandi, P., 4176.
Arnault, A. V., 4396.
Artot, J., 4433.
Auber, Ed., 3588.
Aucour, Godard d', 4380.

B

Babin, A., 3586.
Baecker, L. de, 3736.
Baillot, P. M. F., 4349.
Barante, P. Baron de, 3677-3678.
Barbet de Jouy, 4275.
Barchou de Penhoen, 3561.
Bardin, le gén., 4161.
Baril, Gédéon, 4274.
Barni, Jules, 3552-3553-3554-3557-3641-3707.
Baroche, P. J., 3730.
Barot, Odysse, 3588.

Barral, J. A., 3939-4082.
Barrau, P. B., 4142.
Barraud, l'abbé, 4317.
Barrère, B., 38C2.
Barreswill, Ch. L., 3906.
Barrière, T., 4434.
Barruel, G., 3907.
Bastiat, Fr., 3749.
Barthélemy-Saint-Hilaire , J.,
3614-3644-3753-3886.
Bartholmès, Ch., 3590.
Baurans, 4395.
Bautain, L., 3650.
Bayard, E., 4010-4025.
Bazot, A., 4279.
Beaudeux, N., 3865.
Beaumont, Ad. de, 4275.
Beaumont, Ed. de, 4275.
Beauquier, C., 3588.
Beaussire, Em., 3588.
Becquet, 4139.
Bélèze, G., 4141.
Bellanger, l'Abbé, 3634.
Bellini, V., 4434.
Bem, J., 4223.
Bénard, Ch., 3627.
Benvenuti, A., 3990.
Bériot, C. de, 4433.
Berlioz, H., 4340.
Bernard-Valville, F., 4419.
Berthelot, M., 3918.
Berthemet, A., 4432.
Bersot, Ern. 3570-3588.
Bertin, Em., 3741.
Beulé, Ern., 4231-4242.
Beyerlinck, L., 3657.
Bezon, 4203.
Billaud-Varenne, J. N., 3599.
Billault, A. A. M., 3730.

Binney, W. G., 4033-4054.
Bins de Saint-Victor, 4422.
Biran, Maine de, 3575.
Blainville, H. M. Ducrotay de, 4006.
Blanc, Charles, 4238-4255-4271.
Blanc, Louis, 3790.
Blanchard, Em., 4018-4025-4027.
Blanc-Montbrun, A. P. A., 4096.
Bland, T., 4054.
Blanqui, L. A., 3753.
Blasset, N., 4279.
Blaze de Bury, H., 4338.
Block, M., 3758.
Blondin de Brutelette, 3984-3985-3986.
Bobierre, Ad., 4085.
Bocourt, F., 4010-4015-4016.
Bocquillon, H., 3994.
Boieldieu, F. Ad., 4380.
Boisbaudran, H. Lecoq de, 4253.
Bonafons, A. de, 3573.
Bongus, P., 4069.
Bonheur, Rosa, 4276.
Bonnain, P. G., 3694.
Bonnefoy, M. B., 3720.
Bonvin, Fr., 4276.
Bordas-Dumoulin, 3581.
Bordeaux, R , 4157.
Borely, Ch., 4268.
Bornholz, Al. de, 4117.
Bost, Th., 3588.
Bottari, J. G., 4240.
Bouchardat, A , 4138.
Boucher, J. B. D. J., 4353.
Boucher de Perthes, 3625-3661-3667-4039-4041-4043-4324.
Boucher-Desnoyers, le B^{on}, 4258.
Boudan, 3954.

Boudin, 4346.
Bouillet, N., 3543.
Bouillier, Fr., 3540-3559-3563-3588.
Bouillon, Sim., 4216.
Bouilly, J. N., 4383-4404.
Boulogne, J. B., 4350-4351-4352.
Bourdon, L. P. M., 3860.
Bourgeois, J., 4295.
Boutan, A., 3888.
Boutet de Monvel, 4390-4407-4410-4418.
Bouthors, Al., 3718.
Boutmy, Em., 3588.
Bouvet, Fr., 3603.
Boyer de Sainte-Suzanne, de, 3817.
Bradley, F. H., 3973.
Bradshaw, 3826.
Braille, L., 4229.
Brasseur de Bourbourg, 4296.

Brewer, E. C., 4059.
Bridard de Lagarde, 4356.
Brifaut, Ch., 3677.
Briot, Ch., 3940.
Brisse, le Baron L., 4211.
Brongniart, Ad., 4057.
Brouaye, 4225.
Brünnow, F., 3942.
Brunswick, Christine de, 3635.
Brutelette, Blondin de, 3984-3985-3986.
Buchling, J. D., 3655.
Buchner, L., 3588.
Bulos, A., 3829.
Burat, Am., 3978.
Bürg, J. T., 3948.
Burger, W., 4255.
Burty, Ph., 4275.
Buteux, C. J., 3966-3967-4155.
Buzonnière, Nouël de, 3675.

C

Cacheleu, J. de, 3695.
Caillet, V., 4177.
Campistron, J. G. de, 4354.
Camus, A. G., 4004.
Canéto, F., 4304.
Canou, L., 4268.
Cap, P. A., 4062.
Capelle, P., 4389.
Carey, 4276.
Carré, Michel, 4434.
Castalius, P., 4060.
Castel, R. R., 4367.
Cauchy, A. L., 3868-3869-3870-3871.
Caumont, A. de, 3969-3970.

Cazelles, E., 3569-3588.
Cels, J. M., 4088.
Cessac, L. de, 3677.
Chabannes, Rochon de, 4405-4411.
Chaho, J. A., 3602.
Challemel-Lacour, P., 3527-3588.
Chamfort, S. R. N., 3660.
Champein, S., 4397.
Chaplin, 4276.
Cherubini, S., 4392.
Chesneau, Ern., 4250-4275.
Chevalier, J. P., 3622-3623-2721-4143.
Chevalier, Michel, 4211-4214.
Chevreul, E., 4065-4138.

13

Chifflart, 4272.
Chivot-Naudé, 4187.
Choron, Al., 4347.
Choudart dit Desforges, 4376.
Chrétin, P., 3884.
Cicéron, M. T., 3656.
Cimarosa, 4386-4434.
Clémenceau, G., 3588.
Clément de Ris, 4275-4310.
Cochard, Ach., 4091.
Coignet, C., 3588.
Cole, H., 4275.
Collasse, P., 4354.
Collignon, E., 3931.
Commines de Marsilly, 3841-4181.
Considérant, V., 3718.
Coquelin, Ch., 3739.
Coquerel, Ath., 3588.
Corblet, J., 4217-4313.
Cordemoy, Géraud de, 3626.

Cormenin, L. M. de, 3697-3747.
Cormon, 4434.
Cornet-d'Hunval, 3770.
Coste, Pascal, 4293.
Couly-d'Aragon, J., 3677.
Coulvier-Gravier, 3896.
Courbet-Poulard, 3733.
Court, 4327.
Courtois, E., 3813.
Courtonne, E., 3706.
Cousin, V., 3529-3530-3575-3578-3579-3580-3629-3683-3733.
Couture, 4276.
Cox, C. T., 3973.
Cramer, H., 4433.
Crampon, A., 3850-3859.
Creutzer, 4349.
Crillon, L. de, 3598.
Cristal, M., 3688.
Cuvier, G., 3677-4017.

D

Daguerre, L. J. M., 4190,
Daguin, P. A., 3887,
Dailly, 4138.
Dalayrac, N., 4355-4357-4359-4364-4366-4384-4385-4393-4394-4407-4410-4412-4420.
Damiron, Ph., 3628.
Dampierre, le Marquis de, 4128.
Danican, F. A. dit Philidor, 4367-4377-4395-4409-4416-4424.
Darboux, G., 3957.
Darcel, Alf., 4275.
Dargent, Yan, 3997.
Daru, le Comte N., 3677.
Darwin, Ch., 4049.
Debize, A., 3914.
Debray, H., 3909-4193.

Decaisne, J., 4057-4111-4118.
Decharme, C., 3919-4067-4146.
Décloux, 4303.
Degland, C. D., 4013.
Delacroix, E., 4276.
Delafosse, 4099.
Delahaye, 4025.
Delambre, J. B. Jos., 3937-3948-3950-3951-3952.
Delarue, 4028.
Delécluze, 4261.
Delessert, B., 3664.
Delignières, Em., 4264.
Delisle de Sales, 3574.
Delondre, Aug., 3588.
Delor, H., 3681.
Delsarte, Fr., 4348.

— 195 —

Demarsy, A., 4292.
Demeule, 4199.
Demmin, A., 4288.
Demogeot, J., 3684.
Demoustier, Ch. A., 4360.
Deneufchatel, 3669.
Deneux, Jules, 4430.
Denis, Ferd., 3665.
Denis, J., 2638.
Denza, F., 3900.
Deplanque, L., 3830.
Derham, G., 3633-3634.
Dériaux et Desriaux, 4371.
Descartes, R., 3610.
Descaves, Alp., 4268.
Des Cloiseaux, A., 3977.
Desfontaines, Fouques-Deshayes dit, 4359-4362.
Desforges, Choudart, 4376.
Deshayes, G. P., 4023.
Desprez, Ad., 4216.
Destailleur, H., 4300.
Desvaux, 4077.
Devienne, F., 4423.
Dezaides et Dezèdes, N., 4390-4418.
Diaz, 4276.
Didiez, N. J., 3857.
Didot, Amb. F., 4275.
Didot frères, 4076.
Donoso-Cortez, 3732.
Dorieux, G., 4428-4429.
Dormoy, Em., 3974.
Dours, A., 4031.
Doury, 4303.
Draboj, 4079.
Drouet, Eug., 4227.
Drouyn de Lhuys, 4138.

Du Broc de Segange, 4285.
Dubuisson, P. V., 4386.
Ducarne de Blangy, 4087-4174-4175.
Du Cerceau, J. Androuet, 4400.
Duchartre, P., 3680-4138.
Du Cleuziou, H., 4283.
Ducrotay de Blainville, H. M., -4006.
Ducuing, Fr., 4215.
Dufourmantelle, F., 4268.
Du Guet, J. J., 3710.
Duhamel, J. M C., 3927.
Dujarric, F., 4300.
Dumas, J. B., 4064-4211.
Duménil, P., 4028.
Duméril, A. M. C., 4024.
Duméril, Aug., 4014-4019-4020-4021.
Dumesnil, Alf., 4257.
Du Mesnil-Marigny, 3837.
Dünkelberg, W. F., 4091.
Duny, E. R., 4369-4382-4398-4403.
Dupin, A. M. J. J., 3677.
Dupin, Ch., 3753-3755.
Duponchel, P. A. J., 4028-4029-4030.
Dupuy, N., 3672.
Durand, J. N. L., 4151.
Durietz, A., 3687.
Durieu-Lacroix, 3881.
Du Rollet, M. F. L., 4387.
DuRozelle, H., 3774-4134.
Dusevel, H., 4324.
Du Sommerard, E., 4275.
Duthoit, L., 4279.
Duval, Alex., 4388-4393.
Duval-Jouve, 3996.

E

Ebelmen, 4065.
Edmond, Ch., 4218.
Edwards, H. Milne, 4007-4023-4043-4056.
Eloy de Wicq, 3984-3985-3986-3991.
Epictète, 3655.

Erdmann, Ed., 3550.
Escamps, H. d', 4278.
Esquiros, A., 3663.
Esquirou de Parieu, 3761.
Etienne dit Jouy, V. J., 3677-4384-4420.
Euler, Léon, 3866.

F

Fabre, D., 4185.
Faguet, 3997.
Faivre, Ern., 3588-4063.
Falbaire, Fenouillot de, 4372.
Famechon, Ch., 3823.
Favart, C. S., 4382-4398-4399.
Fée, A. L. A., 3989-3992-3998-3999-4000-4001-4002-4003-4009-4045.
Fée, Félix, 4022.
Fenille, Varenne de, 4121.
Fenouillot de Falbaire, 4372.
Ferguson, S., 3831-3958-4200-4206.
Fernet, E., 3904.
Ferraz, 3536.
Ferri, L., 3542.
Ferrus, A., 4186.
Fétis, F. J., 4335-4344.
Fichte, J. G., 3560-3561-3562-3563.
Fichte, E. H., 3563.
Figuier, L., 3963-3964-3982-4010-4012-4025-4032.
Fillette-Loraux, 4392.
Fiocchi, V., 4347.
Fiorillo, F., 4432.
Fiquet, Alp., 4204.

Flamm, P., 4188.
Flammarion, C., 3637.
Fleury, R., 4276.
Floquet, Et. J., 4411-4421.
Florian, J. P. de, 4229.
Flourens, M. J. P., 3677-4044-4046-4047.
Flower, J. W., 3958.
Focillon, Ad., 3854-4055.
Fogelberg, 4280.
Fontanès, Em., 3588.
Fontenay, l'Abbé A. de, 3573.
Fontenay, R. de, 3749.
Fonvielle, W. de, 4588.
Forcade la Roquette, de, 4136.
Fornet, Eug., 4115.
Foulon, Aug., 3763.
Fouques-Deshayes, dit Desfontaines, 4359-4362.
Fournet, G., 4135.
Fournier, Ed., 4275.
Framery, Et. N., 4365-4370.
Franck, Ad., 3588-3717.
Francklin, B., 3743-3744-3745-3746.
Franks, A. W., 4275.
François Premier, 4267.
François, Laur., 3593.

— 197 —

Frayssinous, D., 3677.
Fremy, E., 3910.
Freret, Nic., 3594.
Fresnel, Aug., 3903.

Fresnel, Léonor, 3903.
Fuchs, Ed., 3975.
Fuix, J., 3804-3805-3875.
Fusillier, M. J. F., 4268.

G

Gand, Ed., 4173-4183-4204-4205.
Gareau, 4138.
Garnier, Ad., 3588-3621.
Garnier, J. Jules, 3917.
Garnier, Jos., 3752-3758-3861.
Garrigues, A., 3607.
Gasparin, Agenor de, 3654.
Gauchat, Gab., 3597-3618.
Gaudry, Alb., 3971-3972.
Gauss, C. Fr., 3943.
Gautier, Hipp., 4216.
Gautier, Th., 4244-4246.
Gaveaux, P., 4360-4363-4374-4375-4379-4391-4406-4413-4417-4419.
Gavet, Daniel, 3662.
Gayot, Eug., 4076-4138.
Gédéon (Baril), 4274.
Genlis, Mad. de, 3686.
Geoffroy, 4276.
Geoffroy Saint-Hilaire, Is., 4005.
Georges, F., 4124.
Géraud de Cordemoy, 3626.
Gernez, D., 3904.
Gérimont, Ed., 3663.
Ghys, J., 4433.
Girard, Aimé, 3906.
Girard, J., 3589.
Girard, Jules, 4038-4192.
Girard, L. D., 3934.
Girardet, K., 3964.
Girardin, Em. de, 3803.

Girardin, M. J., 3908.
Girardin, Saint-Marc, 3677.
Giraud, Léop., 4040.
Giry, O. J. de Vaux de, 3571.
Glaize, P., 3741.
Glazioux, F. M., 3989.
Gluck, Chr., 4387-4401.
Godart, J. B., 4028.
Godart d'Aucour, 4380.
Godron, D. A., 3983.
Goethe, W., 4063.
Gomart, Ch., 4124.
Gomer, le Comte Max. de, 4125.
Gossi, Max., 4149.
Gouet, C., 4095.
Gould, A. A., 4033.
Gourcy, le Comte de, 4122-4123.
Goze, A., 4156.
Grand, le Dr., 4071.
Grandpierre, D., 4224.
Grange, le Dr., 3786.
Gratry, A., 3611-3620-3631-3643.
Graulhié, G., 3938.
Graves, L., 3968-3987.
Grégoire, G., 4179.
Grenier, 3983.
Gressent, 4109.
Gressier, Edm., 4139.
Grétry, A. E. M., 4358-4372-4376-4381-4404-4415.
Grimaud de Caux, G., 3705.
Grimblot, P., 3560-3566.

Grisar, Alb., 4434.
Gros, Ern., 3781-4148.
Guenée, A., 4030.
Guerard-Deslauriers, 3924.
Guérin-Méneville, F. E., 4055.
Guermonprez, Ch., 3824.
Guerry, A. M., 3815.
Guibert, J. A. H., 4163.
Guichard, J. Fr., 4367.

Guilbert de Pixerécourt, R. E., 4363.
Guillard, N. F., 4378.
Guillaumin, V. G., 3739-3758.
Guillaumot, A., 4302.
Guillemin, Am., 3946-3947-4158.
Guillet, P., 4406.
Guy, J. H., 4413.

H

Haillecourt, A., 3876.
Halévy, L., 4434.
Hamet, H., 4100-4102-4103-4104-4105-4106.
Hamilton, W., 3568.
Harant, H., 3928.
Hardouin-Michelin, 4037.
Hauman, Th., 4433.
Havrincourt, le Marquis d', 4133.
Haymond, R., 3973.
Hédin, 4166.
Hédouin, Edm., 4276.
Hegel, W. F., 3564-3565-3627.
Hele, Th. d', 4358.
Herbert Spencer, 3569-3588.
Herpin, J. Ch., 3808-3814-3821-3843-3990-4144-4145.

Hetzel, P. J., 3660.
Heuzé, L. G., 4138.
Hirn, G. A., 3894.
Hoffmann, F. B., 4361-4366-4414.
Hogarth, G., 4239.
Holbach, le Baron d', 3645-3692.
Holbein, Hans, 4269.
Horace, Q., 4424.
Houël, 3957.
Hubert, Mademoiselle, 3592.
Huet, Fr., 3581-3584.
Hugo, Victor, 3722.
Hume, David, 3827.
Husson, Armand, 3809.
Husson, C., 3567.
Huzard, J. B., 4138.

I

Indovino, F., 4070.
Iradier, 4434.

Isoard, J. B. Cl., 3574.

J

Jacquemart, A., 4275.
Jal, A., 4243.
Jamin, J., 3889.

Janet, P., 3588-3653.
Jansen, H., 4239.
Janvier, A., 4279.

Jay, L. L., 4240.
Jean de Salisbury, 3545.
Joannes Saresberiensis, 3545.
Jobard, J. B. A. M., 4079.
Jomini, le Baron de, 4164-4165.
Jouffroy, Th., 3576-3628.

Jourdain, Ch., 3537.
Jourdeuil, 3587-3703-3704-3737-3738.
Jouy, V. J. Etienne dit, 3677-4384-4420.
Juglar, Cl., 3828.

K

Kant, Emm., 3551-3552-3553-3554-3555-3556-3557-3558-3559.
Kastner, G., 4425.
Kelly, 3829.

Kergorlay, F. H. de, 4138.
Klenze, L. de, 4322.
Knapp, Fr., 3914.
Kolb, J., 3920-3921-3922.
Kreutzer, R., 4432.

L

Labey, J. B., 3866.
Laboulaye, Ch., 3930-4209.
Laboulaye, Ed., 3743-3744-3745.
La Bruyère, J. de 3659.
La Caille, N. L. de, 3879.
Lacaze-Duthiers, 4035.
La Chabeaussière, Poisson de, 4364-4384.
Lacroix, P., 4259.
Ladevi-Roche, 3533.
Laffltte, P., 3928.
La Fons, Baron de Mélicocq, Al. de, 4237.
La Forge, Anat. de, 4247.
Lagarde, Bridard de, 4356.
Lagrange, J. L., 3855.
Lalaisse, 4010.
La Loyère, de, 4097.
La Maillardière, Ch. Fr. de, 3740.
Lamarck, J. B. P. A. de, 4023.
Lamartelière, J. H. J., 4397.
Lamartine, A. de, 3701.
Lamennais, F., 3600-3601-4241.

Lambertye, L. de, 4144.
Langrand-Dumonceau, 3778.
La Place, P. S. de, 3677.
Laplante, 3982.
Larchey, Lorédan, 4172.
La Rive, A. de, 3904.
La Salle, J. B. de, 3668.
Lassabathie, 4337.
La Tour, de, 4068.
La Tréhonnais, Robiou de, 4098.
Laugel, A., 3588.
Laujon, P., 4356.
Laurens, Jules, 4276.
Laurent, J. A., 4425.
Laurent de Rillé, 4425.
Laveley, Em. de, 3588.
Lavergne, L. de, 4138.
Lavezzari, J., 3945.
Lavoisier, A. L., 4064.
Laya, J. L., 3677.
Leblais, Alp., 3588.
Lebœuf, J.J., 4408.
Lebreton, 3964.

Lebrun, P. A., 3677.
Lebrun, l'Abbé, 3962.
Le Camus, E., 3786.
Lechartier, G., 4083.
Lecomte, A., 3609.
Leconte, Cas., 4280.
Lecoq de Boisbaudran, H., 4253.
Ledieu, Alf., 3765-3935-3936.
Le Duc, Ph., 4121.
Lefebvre, Alph., 4050.
Lefebvre, J. J., 4268.
Lefèvre, Ad., 3768-3769.
Le Gallois, 4061.
Leger-Wattebled, A., 3646.
Legouvé, Ern., 3673-3674-3680.
Legoyt, A., 4128.
Le Gras, A., 4178.
Leguay, 4276.
Leibnitz, G. G., 3550-3610.
Lejeal, G., 4216.
Lejeune, Th., 4260.
Lelut, L. F., 3624-3754.
Lemercier, 3677.
Lemoine, Alb., 3588.
Lemonnier, P. R., 4421.
Lemoyne, 4405.
Léonard, H., 4433.
Leplay, 4211.
Lerminier, E., 3577.
Le Roux de Lincy, 3665.

Leroy, Marcel, 4427.
Leroyer, G. A., 3882.
Lesguillon, P. J., 4368.
Lesson, R. P., 4048.
Letourneau, Ch., 3588.
Levallois, J., 3588.
Level, J., 3885.
Levêque, Ch., 3588-3630.
Levêque de Burigny, 3594.
Le Verrier, U. J., 3955-3956.
Levette, G. M., 3973.
Levistal, A., 3904.
L'Haridon, Pinguilly, 4275.
Lherault-Salbœuf, 4116.
Lièvre, Ed., 4275-4311.
Liouville, Jos., 3877.
Littré, E., 3588.
Livet, Ch., 3689.
Lock, Fréd., 3677.
Loevy, 3957.
Longpérier, Ad. de, 4275.
Lorquet, A., 3610.
Lortet, P., 3559.
Louis, N., 4432.
Lucas, Ed., 3863-3872-3942.
Lufneu, J., 3633.
Lulli, J. B., 4354.
Lunteschutz, J., 4259.
Lusson, A. L., 4154.
Lyden, M. de, 3813.

M

Mably, Bonnot de, 3693.
Macabies, P., 4208.
Machart, A., 3642.
Mahistré, 3929.
Mahmoud-Bey, 3949.
Maillard, A., 4434.
Maimonide, M., 3544.

Maine de Biran, 3575.
Malepeyre, F., 4208.
Mallet de Chilly, 3750-4093.
Malliot, L., 4341.
Manby, Ch., 3883.
Mancel, Jos. 3767-3838-3839-3840.
Mandy, 3585.

— 201 —

Manier, J., 3685-3878.
Manteuffel, H. E. de, 4095.
Mantz, P., 4255-4275.
Marcotte, F., 4011.
Margollé, E., 3965.
Margry, P., 3699.
Mariano, R., 3588.
Marie, J. F., 3879.
Mariette, A., 4294.
Marmontel, J. F., 4373-4381.
Marryat, J., 4281.
Mars, Marcel, 3613.
Marsilly, de Commines de, 3841-4181.
Marsollier, B. J., 4355-4357-4385-4394-4417.
Martha, C., 3640.
Martin, Jules, 4036.
Martin, L. Aimé, 4058.
Martin, P. J., 3663.
Martin, Th. H., 3606.
Masius, H., 3960.
Masson, 4268-4276.
Masure, F., 3913-4080.
Mathieu, Mgr., 3730
Mathieu, 3898.
Mathon, 4284.
Mathon de la Cour, 3746.
Maultrot, G. N., 3713.
Maurice Saint-Aguet, L. Ch., 4434.
Mayseder, J., 4433.
Méhul, Et. H., 4361-4383-4388-4389-4396-4414-4422.
Meilhac, H., 4434.
Melicocq, Al. de la Fons, Baron de, 4237.
Melun, le Vicomte de, 3786.
Ménard, Louis, 3639-4236-4277.
Ménard, René, 4236-4277.
Mendelssohn, M., 3619.

Mérat, F. V., 3979.
Mercey, F. de, 4211.
Mériclet, A. G. de, 3780.
Mérijot, E., 3914.
Merula, J., 4060.
Mesnel, 4010-4012-4025.
Meyerbeer, G., 4434.
Mezières, 4389.
Michiels, Alf. 4255-4256.
Mignet, 3753.
Millin, A. L. 3959.
Milne Edwards, H., 4007-4023-4043-4056.
Milsand, J., 3588.
Moïse Ben-Maimoun, 3344.
Molé, M. L. Comte, 3677.
Moleri, 4113.
Moleschott, J., 3588.
Moline, P. L., 4365-4401-4434.
Molinos, L., 4159.
Moll, L., 4076-4078.
Mollet, V., 3820.
Monge, G., 3877.
Mongez, A., 4266.
Monsigny, P. A., 4395.
Montabert, Paillot de, 4262.
Montaiglon, Anat. de, 4269.
Montaigne, M. de, 3658.
Montaubry, E., 4434.
Montucci, H., 3684.
Montvaillant, A. de, 4425.
Monvel, Boutet de, 4390-4407-4410-4418.
Moreau de Jonnès, Al., 3757.
Morel, A., 3663.
Morel, Et., 4416.
Morelly, 3691.
Morin, Arthur, 3932-3933.
Morus, Thomas, 3716.
Moulinié, J. J. 4008.

— 202 —

Moullart, A., 3712-3742-3764-3789-3794.
Mozart, W.A., 4400-4431.
Muller, 4376.
Munk, S., 3544.
Mylius, le Général, 3721.

N

Nachtsheim, Th., 4426.
Naigeon, J. A., 3594.
Naudin, Ch., 3995-4114.
Neovillæus, J., 3615.
Neuforge, C. J. A. M. de, 4168.
Neumann, 4111.
Neuville, de, 4010-4012.
Newton, 3865.
Nicard, P. 4006.

Nicolas, 3562.
Nieuwentyt, B., 3632.
Noailles, P. Duc de, 3677-3680.
Noblet, E., 4208.
Nodiez, Ch., 3677.
Noguez, P., 3632.
Norblin, S. L. G., 4270.
Nourrisson, 3535.
Novarinus, Aloysius, 3547.

O

Odysse-Barot, 3588.
O'Egger, M., 4117.
Offenbach, J., 4434.
Olivet, l'Abbé d', 3656.

Orsel, Victor, 4273.
Osten-Sacken, R., 4054.
Oudinot de Reggio, 4161.
Owen, Robert, 3719.

P

Pacini, G., 4434.
Paer, 4368.
Pagnerre, 3700.
Paillot de Montabert, 4262.
Paillottet, 3749.
Paisiello, 4365-4402.
Palissy, Bernard, 4062.
Paoli, 4226.
Parieu, Esquirou de, 3761.
Parseval-Grandmaison, 3677.
Passavant, J. D., 4259-4321.
Passy, Fréd., 3741.
Passy, Hypp., 3753-4138.
Payan-Dumoulin, J. de, 4034.
Payen, Ans., 3917-4138.

Payer, J., 3981.
Peisse, L., 3568-3612.
Pelletan, Eug., 3725.
Pelletier, Eug., 3756.
Pellico, Silvio, 3652.
Pelouze, J., 3910.
Penguilly l'Haridon, O., 4275.
Penhoen, Barchou de, 3561.
Penne, H. de, 4010.
Pépin, 4111.
Pergolèze, 4395.
Peyrot, 3941.
Pfnor, R., 4301-4305.
Philidor, A. D., 4367-4377-4395-4409-4416-4424.

Pibrac, G. de, 3669.
Picard, L. B., 3677-4423
Piccini, 4373.
Pichat, Laur., 4249.
Pierre, J. Isid., 4089-4090.
Place, Victor, 4290.
Planard, F. A. Et., 4374.
Planche, G., 4245.
Planterre, B., 4379.
Platon, 3613.
Plotin, 3543.
Poinsinet, A. A. H., 4377-4409.
Poiré, Paul, 3890-3912-4195.
Poisson, S. D., 3873-3891-3892-3893-3926.

Poisson de la Chabeaussière, 4364-4384.
Ponte, Lor. da, 4400-4431.
Pontécoulant, G. de, 3944.
Pontgibaud, le Comte de, 4131.
Popelin, Claudius, 4189.
Porion, Ch., 4268.
Porphyre, 3543.
Poteau, 3997.
Poulain, A., 3771.
Prévost-Paradol, 3588-3715-3724.
Privat-Deschanel, 3854.
Pronnier, C., 4159.
Proudhon, P. G., 3773.
Prudhon, 3904.

Q

Quatrefages, J. L. A. de, 4043.
Quétant, J. A., 4395.
Quetelet, A., 3811-3900-3901-3902-3953.
Quinet, Edgar, 3558-3702-3731.

R

Radet, J. B., 4412.
Rainneville, Jos. de, 3726-3727-3728-3729.
Rapin, Am., 4086.
Réaumur, R. A. de, 4026.
Reggio, Oudinot de, 4161.
Rembrandt, 4271.
Rémusat, Ch. de, 3538-3588-3679.
Renouvier, Ch., 3531-3532-3582.
Repos, E., 4435-4436.
Réthoré, F., 3588.
Reville, Alb., 3588.
Revoil, H., 4299.
Reybaud, Louis, 3798-3799-3800.
Reynaud, Léonce, 4452.
Ribouté, 4375.

Richard, Ch. L., 3572.
Riche, Alf, 3916.
Richeome, L., 3616.
Riencourt, le Comte H. de, 3766
Rigaud, Arm., 3923.
Rigollot, J. M., 4233.
Rio, A. F., 4234.
Riocreux, J., 3997-4275-4281.
Riou, E., 3933-4012.
Ris-Paquot, 4286.
Risueno d'Amador, 3874.
Ritter, H., 3526-3527-3528.
Rivière, Aug., 3997.
Robert, 3863.
Robinet, 4138.
Robinson, A., 4147.

Robiou de la Tréhonnais, F.,4098.
Rochon de Chabannes, 4405-4411.
Rode, P., 4349-4432.
Rodolphe, J. Jos., 4362.
Roger, A., 3775-3788-3830-3848-
3849-3850-3851-4289.
Rossignol, J., 3917.
Rossini, G., 4434.
Rothschild, J., 3995-3997.
Rottée, 3899.
Rouard, E., 4267.
Roubaud, F., 4072.
Roucy, Ed. de, 3834.
Rouher, Eug., 3730.
Rousseau, J. J., 3579-3714.
Roussel, Ach., 4434.
Roussel, 4084.
Rousselot, X., 3546.
Royer, Clémence, 4049.
Royon, Eug., 4132.
Roze, 3864.
Roze, E., 3997.
Ruprich-Robert, V., 4265.

S

Sacchini, A.M.G.,4370-4378-4408.
Saenger, Ern., 4433.
Saigey, Em., 3588.
Saint-Grain, de, 3549.
Saint-Just Daucourt, 4380.
Saint-Marc Girardin, 3677.
Saint-Marc Souriguières, de, 4375.
Saint-Victor, Bins de, 4422.
Sainte-Aulaire, L. de, 3677.
Sainte-Claire Deville, H., 4193.
Sainte-Suzanne, de Boyer de,3817.
Saintis, A., 4425.
Saisset, E., 3539-3548-3588-3591-3604.
Salmon, Ch., 4127-4130
Salmon, C. A., 3651.
Salvandy, N. de, 3677.
Salvetat, 4065-4281.
Salzmann, A., 4291.
Saulcy, F. de, 4232-4275-4297.
Sauvage, 4434.
Sauzay, A.,4275-4311.
Sauzay, Eug., 4339.
Schelling, F. W. de, 3566-3567.
Schoebel, 3588.
Schorn, L., 4322.
Schutzenberger, P., 4184.
Scriba, E., 3677.
Scudder, S. H., 4054.
Scudo, P., 4342-4343-4345-4434.
Séeger, C., 4320.
Sedaine, J. M., 4395.
Segange, du Broc de, 4285.
Ségur, Ph. P. Comte de, 3677.
Selden, Cam., 3588.
Sélis, N. J. 3676.
Selle, E., 4268.
Senarmont, H. de, 3903.
Septenville, Ed. de, 3735.
Seret, J. A., 3855-3867,
Sewrin, Ch. A., 4391.
Seze, R. de, 3677.
Silvestre, Th., 4255.
Simiot, A., 4434.
Simon, Jules, 3534-3647-3648-3649-3711-3796-3797.
Siret, Ad., 4254.
Spineux, 3844.
Spinosa, B., 3548-3549.
Souriguières de Saint-Marc, 4375

Stahl, P. J., 3660.
Stephen, James, 3816.
Straus-Durckheim, H., 3536.

Stuart-Mill, J., 3588-3612.
Stumper, S. P., 4095.
Sturm, C. C., 3635.

T

Tailhé, J., 3713.
Tailliar, Eug., 4295.
Taine, H., 3588.
Tainturier, A., 4275.
Terral, Abel, 4263.
Teyssèdre, A., 3856.
Thiboust, L., 4434.
Thiers, A., 3730-3833.
Thoré, Th., 4255.
Thornton, T. W., 3719.
Thory, C. A., 3993.
Timon, 3747.
Tiron, Alix, 4336.
Tissandier, J. B., 3588.

Tissot, P. Fr., 3677.
Tissot, C.J., 3526-3551-3555-3556.
Tocqueville, A. C. H. de, 3677.
Tourdonnet, le Comte A. de, 3806-3807.
Tourette, Ad., 4425.
Tremblay, N. E., 3785.
Troplong, R. Th., 3753.
Troyon, C., 4276.
Trullard, J., 3528-3558.
Trutat, Eug., 4042.
Tudot, Edm., 4282.
Turgan, Jul., 4194.

V

Vacherot, E., 3583-3588-3605.
Valdegamas, le Marquis de, 3732.
Valenciennes, Ach., 4017.
Valette, J. B. Ph., 3759.
Valori, le Marquis de, 4270.
Valserres, J., 4139.
Vandamme, H., 3988.
Vanini, U.P., 3546.
Varenne de Fenille, 4121.
Vasserot, Ch., 4208.
Vauthier, C., 4028.
Vaux de Giry, O. J. de, 3571.
Véra, A., 3564-3565-3588.
Verdet, Em., 3903-3904.
Véret, B., 3748-4081-4092.
Vésin, Ch. F., 4228.
Vial, J., 4162.

Vialon, A., 4425.
Viardot, L., 4306-4307-4308-4309.
Vidal, Léon, 4332.
Viennet, J. P. G., 3677.
Vignon, E. J. M., 3819.
Ville, 3976.
Villemain, A. Fr., 3677.
Villermé, L. R., 3753.
Vilmorin, P. P. A., 4111.
Vilmorin-Andrieux, 4112.
Violle, 3904.
Viollet-le-Duc, E. E., 4153-4252.
Vion, Michel, 4426.
Viotti, J. B., 4432.
Virgile, 4270.
Visconti, E. Q., 4266.
Vitet, L., 3677.

Vogel, J. Ch., 4871.
Vogt, Carle, 4008.
Vogué, le Comte Melchior de, 4275.

Voltaire, 3570.
Voss, Ch., 4433.

W

Waldeck, de, 4296.
Wantzel, F., 3861.
Warmont, A., 4287.
Wauters, Alph., 4255.
Weinhold, K., 3666.
Werner, J. C., 4006.

Wey, Fr., 3698.
Wicq. Eloy de, 3984-3985-3986.
Willm, J., 3541.
Witte, le Baron J. de, 4275.
Wolf, C., 3942.
Wurtz, Ad., 3905-3911-3915.

Y

Yates, James, 3883.

MEDECINE.

SCIENCES MÉDICALES EN GÉNÉRAL.

I. — HISTOIRE DE LA MÉDECINE.

3751. — Histoire de la médecine et des doctrines médicales. Par *E.* Bouchut.
Paris. 1873. Germer-Baillière. 2 vol. in-8.

3752. — Lettre sur le siècle de Paracelse, par M. Joyand.
A la suite :
. — Précis du siècle de Paracelse. Par M. Joyand. — Prospectus.
Paris. 1786. Imprimerie de Monsieur. in-8.

** — Rapport sur les progrès de la médecine en France, par MM. Béclard et. Axenfeld. Voyez : Hist. litt. N. 369.

3753. — Esquisse de l'histoire de la Thérapeutique et de la Matière médicale au dix-neuvième siècle. Discours prononcé le 4 Novembre 1853 à la séance de rentrée de l'Ecole préparatoire de médecine et de pharmacie d'Amiens. Par le Professeur Rigollot. (1).
Amiens. 1853. Caron & Lambert. in-8.

---

(1) Rigollot (*Marcel-Jérome*) né à Doullens le 30 Septembre 1786, mort à Amiens le 29 Décembre 1854.

3754. — Quelques mots sur les récents progrès de la médecine et de la chirurgie. Par M. le Dr FOLLET. (1).
Amiens. 1854. Duval & Herment. in-8.

3755. — Ministère de l'Agriculture, du Commerce et des Travaux publics. — Médailles décernées à l'occasion de l'épidémie cholérique de 1866.
Paris. 1867. Panckoucke. 1 vol. in-4.

3756. — Etude sur la Société de médecine d'Amiens. Commentaire historique, biographique et critique des cinquante premières années de son existence, comme institution publique et comme compagnie savante dans ses rapports avec les doctrines médicales du temps, par le Dr COURTILLIER. (2).
Amiens. 1864. Alfred Caron fils. 1 vol. in-8.

3757. — Medical register of the district of Columbia, 1867. Embracing Notices of the Medical, Benevolent and Public Institutions of Washington. By *J. M.* TONER.
Washington. 1867. Blanchard & Mohun. 1 v. in-18.

3758. — Entretiens familiers de deux garçons apotiquaires, sur la médecine généralement prise.
S. n. l. n. d. in-12.

3759. — Recueil pour servir à l'histoire de la médecine.
1 vol. in-4 contenant :

1 — Requeste présentée à la Reyne. Par *Théophraste* RENAUDOT, en faveur des pauvres malades de ce Royaume. 1641.

2 — Factum du procès, d'entre Théophraste Renaudot et les Médecins de l'Eschole de Paris Par BIDÉ.

3 — Response de *Théophraste* RENAUDOT au libelle fait contre les Consultations charitables pour les pauvres malades.
Paris. 1641. Bureau d'adresse.

4 — Remarques sur l'Avertissement à Me Théophraste Renaudot, portées à son autheur par MASCHURAT, Compagnon imprimeur.
Paris. 1641.

5 — Response à l'examen de la Requeste présentée à la Reine par Me Théop. Renaudot, portée à son autheur par MACHURAT.
Paris. 1644.

---

(1) FOLLET *(Adalphe-Amédée)* né à Wailly le 8 Juillet 1815, mort à Amiens le 18 Février 1863.

(2) COURTILLIER [*Auguste-Maurice*] né à Amiens le 23 Septembre 1805.

6 — Arrest de la Cour de Parlement pour les Doyen et Docteurs régens de la Faculté de Médecine de Paris, contre Théophraste Renaudot, Gazettier, soy-disant Médecin du Roy et de l'Université de Montpellier, . . Prononcé en l'audience de la grand'Chambre, le 1 Mars 1644. Avec les Plaidoyers de M. Talon.
Paris. 1644. Morlot. in-4.

7 — Statuts pour la Jurande et Maistrise des Apothicaires, Espiciers, Ciriers, Droguistes et Confiseurs, pour les villes, bourgs et lieux du Royaume où il n'y a point d'Université, de Médecine. Maistrise et Jurande, establie par Statuts et Concessions de Sa Majesté. 30 Septembre 1661.

8 — Extrait des registres du Conseil d'Etat. (Arrest pour le sieur Vallot contre Coronel et Meurel). 21 Mars 1670.

9 — Déclaration du Roy pour faire continuer les Exercices au Jardin royal des plantes. 20 Janvier 1673.
Paris. 1673. Muguet.

10 — Arrest du Conseil d'Estat privé du Roy, du 17 Décembre 1698, qui casse et annulle l'Arrest du Parlement de Bordeaux du 19 Juillet 1698, et qui deffend aux Religieux d'exercer la médecine et la pharmacie

11 — Edit du Roy portant règlement pour l'étude et l'exercice de la Médecine. — Mars 1707.
Paris. 1707. Muguet.

12 — Déclaration du Roy en faveur de ceux qui étudient en Médecine en la ville de Paris, pour leur réception dans les autres Universitez du Royaume. 27 Aoust 1711.
Paris. 1711. Muguet.

13 — Déclaration du Roy qui enjoint aux Médecins d'avertir les malades de se confesser. 8 Mars 1712.
Paris. 1712. Muguet.

14 — Extrait des Registres du Conseil d'Estat du Roy du 9 Février 1715. (Maitres chirurgiens de Bordeaux).

15 — Sentence rendue par M. le Lieutenant-général de police, qui déclare valable la saisie faite à la requête des Maîtres et Gardes Apoticaires à Paris, sur les R.P. Jésuites... de trois boëtes de thériaque, etc. Du 2 Septembre 1760.
Paris. 1760. Prault.

16 — Déclaration du Roy concernant les études et exercices des élèves en Chirurgie. — 12 Avril 1772.
Paris. 1772. Simon.

17 — Projet d'établissement de Chirurgiens-inspecteurs des nourissons de Paris. — Août 1775.

18 — Lettres-patentes du Roi portant établissement d'une Société royale de Médecine, données à Versailles au mois d'Août 1778.
Paris. 1778. Simon.

19 — Arrêt du Conseil d'Etat du Roi, concernant les remèdes pour la distribution desquels on demanderoit des lettres-patentes, brevets ou permissions. Du 5 Mai 1781.
Paris. 1783. Imprimerie royale.

20 — Arrêt du Conseil d'État du Roi, concernant l'examen et la distribution des Eaux minérales et médecinales du royaume. Du 5 Mai 1781.
Paris. 1781. Imprimerie royale.

21 — Apologie pour la deffence de Sené, contre ses calomniateurs. Avec un règlement des Apotiquaires et Barbiers, lequel seroit nécessaire que la Faculté de Paris fist garder aux villes de la campagne, pour le bien public. Par M. *Roch* Janvier.
Paris. 1629. Petrinal. in-8.

22 — *Antonii* Meniotii epistola apologetica de variis sectis amplectendis; ejusdemque epistolæ. adversus Hadriani Scauri ineptias, defensio.
Parisiis. 1666. R. Soubret.

23 — Saluberrimæ Medicorum Parisiens. Facultati monitum salutare. 1652.

24 — Réplique à la Response de M. Fr. Blondel... à la Defence de ladite Faculté, faite par Me *Jacques* Thevart. . . touchant le prétendu décret de 1566. Facultatis de Antimonio censura.

25 — l'our les Doyen et Docteurs régents de la Faculté de Médecine de Paris, contre M. Fr. Blondel, Docteur régent de ladite Faculté. 1666.

26 — Lettre escrite à M. l'Abbé Bourdelot par C.G. (Gadroys) pour servir de réponse au sieur Lamy, et confirmer en mesme temps la transfusion du sang par de nouvelles expériences.
Paris. 1667. Cusson.

27 — Copie d'une lettre escrite à M. de Montmor, par J. Denis, touchant une nouvelle manière de guarir plusieurs maladies par la transfusion du sang, confirmée par deux expériences faites sur des hommes.
Paris. 1667. J. Cusson.

28 — Réflexions de *Louis* de Basril sur les disputes qui se font à l'occasion de la transfusion.

29 — Decretum saluberrimæ Facultatis Medicinæ Paris. [de Antimonio]. 1666.

30 — Arrest rendu en faveur du vin émétique composé d'antimoine, 1668.

31 — Pro oranda apud forum Magni Concilii causa saluberrimæ Facultatis Medicæ Parisiensis et M. Nicolai Mathieu... Adversus Canonici Juris Facultatem et M. J. Robert... à M. *Nic.* Lienard. 1681.

32 — Decreta Facult. Med. Paris. lata adversus thesim ei oblatam à Ph. Douté contra antimonium. 1682.

33 — Oratio habita pro offerendis ad obtinendam medendi licentiam illustris, Academiæ Paris. Cancellario. . . a M. *Nic* Lienard. 1682.

34 — Observations curieuses sur une espèce d'hydropisie particulière. A Reims le 6 Juin 1697.

35 — Le grand Elixir ou la composition de la Médecine universelle selon les règles et les principes de la chimie.
Bruxelles. 1729. Friko.

36 — Les vertus d'une eau de mélisse composée, souveraine contre l'apoplexie et contre les vapeurs, etc.

37 — Examen de l'eau fondante anti-vénérienne de M. Guilbert de Préval. Par M. l'Abbé Tessier.
Paris. 17 . Prault.

38 — Récit de ce qui s'est passé à la Faculté de Médecine de Paris, au sujet

de la section de la symphise des os du pubis, pratiquée sur la femme Souchot. [Lat. fr,] — Mémoire de M. SIGAULT.
Paris. 1777. Quillau.

39 — Second mémoire pour M. BRION contre les Chirurgiens de Lyon.
Lyon. 1790. A. de la Roche.

40 — Réflexions pour le Sieur LAVALLEY; en réponse à l'acte d'accusation publié contre lui, et ayant pour titre : Mémoire justificatif du Sieur Pierre Guérin. — Empoisonnement.)

41 — Observations supplémentaires au mémoire justificatif du Sieur L. LAVALLEY, et à la Consultation médico-légale de MM. Chaussier et Baudeloque.
Caen. 1808. Poisson.

42 — Prospectus d'un Cours gratuit et public de Médecine opératoire ou des Maladies chirurgicales, et de leurs moyens curatifs, par *L.-Ch.DENEUX*.

43 — Consultation. — Déclaration de naissance. — Médecins — Secret.
Paris. 1843. Béthune & Plon.

44 — Règlement de la Société de Médecine, Chirurgie et Pharmacie, établie à Bruxelles, sous la devise : *Ægrotantibus*.
Bruxelles. 1795. Flon.

45 — Séance publique de la Faculté de médecine de Paris, le 2 Novembre 1835. (Discours de M. BROUSSAIS).

46 — Institut orthopédique de la Muette, dirigé par M. le Dr *Jules* GUÉRIN.— Institut royal de France.—Académie royale des sciences.—Séance publique du 21 Août 1837. — Concours pour le grand prix de Chirurgie relatif aux difformités du système osseux. —Extrait du Rapport [qui accorde le prix à M. Jules Guérin].
Paris. 1837. Everat.

47 — Exposé des travaux entrepris par le Dr DELEAU jeune, pour le traitement des maladies de l'oreille, à l'occasion de quelques sourds-muets qui lui ont été confiés par l'Académie des sciences. 15 Fév 1831.
Paris. 1831. Audra. 1 f. in-plano.

48 — Exposé des titres de M H. LARREY.
Paris. 1843. Rignoux.

49 — Académie royale de Médecine. Séance publique annuelle du 14 Décembre 1847. Eloge de E. Pariset, par M. Fr. DUBOIS [d'Amiens]. [1]
Paris. 1847. J. B. Baillière.

50 — Académie nationale de Médecine. — Eloge de *F. J V.* BROUSSAIS, lu dans la séance publique annuelle du 5 Décembre 1848. Par *Fréd.* DUBOIS (d'Amiens).
Paris. 1849. J. B. Baillière.

51 — Exposé analytique des principaux travaux d'anatomie, de physiologie, d'hygiène, de chirurgie, de médecine pratique et de littérature philosophique de *P. A.* PIORRY, à l'appui de sa candidature à l'Académie des sciences. (Section de Médecine et de Chirurgie).
Paris. 1856. J. B. Baillière.

---

(1) DUBOIS (*Frédéric-Eléonore*) né à Amiens le 30 Septembre 1797, y mourut le 10 Janvier 1873.

c. — *Biographies médicales.*

Voyez : Histoire. VI° Div. Biographie.

d. — *Bibliographie médicale.*

** — Bibliothèque impériale. — Département des imprimés. — Catalogue des sciences médicales.
Paris. 1857-73. F. Didot fr. in-4. En publication.

Voyez : Bibliographie. N. 879.

2. — INTRODUCTION A L'ÉTUDE DE LA MÉDECINE.

a. — *De la médecine et du médecin.*

3760. — Evangelium medici : seu medicina mystica ; de suspensis naturæ legibus, sive de miraculis, reliquisque ἐν τοῖς βιβλίοις memoratis, quæ medicæ indagini subjici possunt. Ubi perpensis prius corporis natura, sano et morboso corporis humani statu, nec non motus legibus, rerum status super naturam, præcipuè qui corpus humanum et animam spectant, juxta medicinæ principia explicantur. A *Bernardo* CONNOR. 4ª ed.
Jenæ. 1724. Christophorus. 1 vol. in-8.
A la suite :
.. — Physica medica perspicuè cuivi facultati addictis explicans corporum naturalium principia, affectiones, species et phænomena, qualia ex posteriorum numero sunt meteora, temperamenta, sympathia, antipathia et magia naturalis, autore *Tobia* TAUT.
Lipsiæ. 1723. Lanckisch. 1 vol. in-8.

3761. — Bibliothèque en abrégé de la vraye médecine conduite par la lumière, dans laquelle on trouve autant de perfections qu'il y a d'imperfections dans ces Bibliothèques confuses et si contraires, et où on trouve les abus de l'École de médecine à découvert. (Par DESMAILLET).—Sans titre.
Amsterdam. 1745. A. Traceh. 1 vol. in-12.

3762. — De antiqua medico-philosophia orbi novo adaptanda. Oratio habita in Capitolio Gulielmopolitano in

Comitiis Universitatis Virginiæ, die xii Junii MDCCLXXXII... à *J. Fr.* Coste.
Lugduni-Batavorum. 1783. 1 vol. in-8.

3763. — Essai medico-philosophique, par *J. J.* Turinaz du Chatellard, D. M. P.
Doullens. 1829. Quinquenpoix. in-8.

3764. — Pourquoi je fais de l'homéopathie. Par *A.* Dours.
Amiens. 1854. Lenoel-Herouart. in-8.

3765. — La médecine dévoilée ou examen critique de la science médicale et démonstration de la nécessité de recourir aux enseignements de la nature qui ont servi de base aux sages doctrines d'Hippocrate, par *J. P.* Chevalier.
Saintes. 1855. Fontanier. 1 vol. in-8. Port.

3766. — Appréciation philosophique et littéraire de la Médecine dévoilée de J. P. Chevalier, Pharmacien-chimiste à Amiens. Par *Gustave* Dorieux.
Paris. 1855. Ledoyen. (Amiens. Lenoel-Herouart. in-8.
A la suite :
.. — Même ouvrage. 2e, 3e, 4e, 5e éd. (1855). 6e éd. (1856). Nouv. édit 1857.

3767. — La médecine au XIXe siècle. Considérations générales sur ses erreurs physiologiques et sur les conséquences funestes de la vaccine. Par *J.P.* Chevalier.
Paris. 1865. Dentu. (Amiens. Lemer). in-12.

3768. — Introduction à l'étude de la médecine expérimentale, par M. *Claude* Bernard.
Paris. 1865. J. B. Baillière. 1 vol. in-8.

3769. — 6 Novembre 1854.—Rentrée de l'École de Médecine d'Amiens. — Discours prononcé par M. le Dr Tavernier. (1). (De la puissance et de la certitude de la médecine).
Amiens. 1864. Alf. Caron. in-8.

3770. — Influence du médecin sur le physique par le moral. Mémoire par M. le Dr Follet.
Amiens. 1856. Alf. Caron. in-8.

---

(1) Tavernier (*Jean-Baptiste-Flavien*) né à Jumel le 18 Février 1797, mort à Amiens le 9 Septembre 1871.

3771. — Compensations dans la vie du médecin. — Discours prononcé à la rentrée de l'École de Médecine d'Amiens, le 9 Novembre 1857, par M. le Dr Follet.
Amiens. 1857. Alf. Caron. in-8.

3772. — Ecole de Médecine et de Pharmacie d'Amiens. — Séance solennelle de rentrée du 10 Novembre 1862. — Discours prononcé par le Dr *J.* James. (La vie du médecin).
Amiens. 1863. Jeunet. in-8.

3773. — Ecole de médecine d'Amiens. — Discours de rentrée. (Année 1873-1874). Par le Professeur Alexandre. (1). (Du charlatanisme chez les médecins).
Amiens. 1873. T. Jeunet. in-8.

* * — Mémoire sur le calcul des probabilités appliqué à la médecine, par Risueno-d'Amador
Paris. 1837. J. B. Baillière. 1 vol. in-8.

Voyez : Sciences et Arts. N. 3874.

3. — DICTIONNAIRES ET BIBLIOTHÈQUES DE MÉDECINE.

3774. — Dictionnaire médicinal contenant la méthode la plus recevable pour connoître et guérir les maladies critiques et chroniques par des remèdes simples et proportionnez à la connoissance de tout le monde, et les remèdes particuliers qu'on distribue dans l'Europe comme des secrets. — On y a joint les maladies des chevaux rangées par ordre alphabétique avec les remèdes propres à les guérir, tirez d'un cahier d'un des plus grands Ecuyers, qui ait vécu jusqu'à nous. Par J. G. (*Jean* Guyot).
Bruxelles. 1723. G. Cawe. 2 vol. in-12.

3775. — Dictionnaire portatif de santé. Par M. et M. de B. (Par *Ch. Aug.* Vandermonde). 6e édit.
Paris. 1777. Barbou. 2 vol. in-12.

3776. — Dictionnaire de médecine, de chirurgie, de pharmacie, des sciences accessoires et de l'art vétérinaire de *P. H.* Nysten. Onzième édition revue et

---

(1) Alexandre (*Dominique-François-Amand*) né à Amiens le 4 Août 1797.

corrigée par *E.* Littré et *Ch.* Robin. Ouvrage augmenté de la synonymie latine, grecque, allemande, anglaise, italienne et espagnole et suivi d'un glossaire de ces diverses langues.
Paris. 1858. J. B. Baillière. 1 vol. in-8. Fig.

3777. — Dictionnaire de médecine usuelle à l'usage des gens du monde, des chefs de famille et de grands établissements, des administrateurs, des magistrats et des officiers de police judiciaire, enfin pouvant servir de direction à tous ceux qui se dévouent au soulagement des malades, avec une Introduction servant d'exposé pour le plan de l'ouvrage, et de guide pour son usage. Par une Société de Membres de l'Institut et de l'Académie de Médecine, de Professeurs, de Médecins, d'Avocats, d'Administrateurs et de Chirurgiens des hôpitaux... Le docteur Beaude chargé de la direction.—Avec supplément.
Paris. 1849. Didier. 2 vol. in-4.

3778. — Dictionnaire encyclopédique des sciences médicales. Directeur: *A.* Dechambre.
Paris. 1869. V. Masson & Asselin. v. in-8. En publ.

3779. — Bibliothèque du médecin-praticien ou résumé général de tous les ouvrages de clinique médicale et chirurgicale, de toutes les monographies, de tous les mémoires de médecine et de chirurgie pratiques, anciens et modernes, publiés en France et à l'étranger, par une Société de Médecins, sous la direction du Docteur Fabre.
Paris. 1843-1851. J.-B. Baillière. 15 vol. in-8. Pl.

4. — TRAITÉS GÉNÉRAUX.

3780. — Artis medicæ principes, Hippocrates, Aretæus, Alexander, Aurelianus, Celsus, Rhazis. Recensuit præfatus est *Albertus* de Haller.
Lausannæ. 1769-1774. Grasset, Pott et Socii. 11 en 10 v. in-8.

3781. — Τοῦ μεγάλου ΙΠΠΟΚΡΑΤΟΥΣ πάντων τῶν ἰατρῶν κορυφαίου τὰ εὑρισκόμενα. Magni Hippocratis... opera omnia quæ extant : in viii sectiones ex Erotiani monte distributa. Nunc denuo latina interpretatione et annotationibus illustrata, *Anutio* Foesio authore.
Genevæ. 1657-1662. S. Chouet. 2 vol. in-fol. Port.

3782. — Magni Hippocratis *Coi* opera omnia, latine tantum edita secundum editionem lugduno-batavam anni MDCLXV. Industria et diligentia *Joan.-Antonidæ* Van der Linden accommodata.
Neapoli. 1757. J. Raymundus. 2 vol. in-4. Port.

3783. — ΙΠΠΟΚΡΑΤΟΥΣ ἀφορισμοί.—Hippocratis aphorismi, Hippocratis et Celsi locis parallelis illustrati, studio et curà *Janssonii* ab Almeloveen. Quibus accessit *Ludov.* Verhoofd index locuplessissimus. Loca parallela ex Boerhavii commentariis, notulas addidit, editionem curavit *Anna Car.* Lorry.
Parisiis. 1784. Th. Barrois. 1 vol. in-16.

3784. — Galeni operum tomi quatuor. Adjecti sunt libri spurii Galeno adscripti.
Lugduni. 1550. Frellonius. 4 vol. in-fol.

** — Préceptes médicaux de Serenus Sammonicus. — Macer Floridus. Des vertus des plantes.—Marcellus. De la médecine. Poëmes traduits pour la première fois en français par M. *Louis* Baudet.
Paris. 1845. Panckoucke. 1 vol. in-8.

Voyez : *Bibl. lat. fr.*

3785. — *Alexandri* Benedicti de re medica opus insigne et apprimè medicinæ candidatis omnibus utile.
Basileæ. 1549. Henricus Petri. 1 vol. in-fol.

3786. — Praxis universæ artis medicæ, generalium æque, ac particularium humani corporis prætèr naturam affectuum dignotionem, juditium, et curam omnium uberrimè complectens, summo labore et studio concinnata, et unum recenter in volumen conjecta. Authore *Andræa* Cæsalpino.
Tarvisii. 1606. R. Meietti. 1 vol. in-8.

** — *Hieronymi* Cardani medicinalium libri IV.
Vide : Hier. Cardani opera. — Polygr. N. 124.

3787. — *Jo.* Fernelii *Ambiani* universa Medicina, tribus et vigenti libris absoluta. Ab ipso quidem Authore ante obitum diligenter recognita, et quatuor libris nunquam antè editis, ad praxim tamen perquam necessariis aucta.—Nunc autem studio et diligentia *Guil.* Plantii postremùm elimata...

Lutetiæ Parisiorum. 1567. A. Wechelus. 1 v. in-fol

3788. — *Johannis* Fernelii, *Ambiani*, universa medicina, cum notis, observationibus et remediis secretis *Johannis* et *Othonis* Heurnii aliorumque præstantissimorum medicorum.

Trajecti ad Rhenum. 1656. Typis Gisb.à Zyll & Th. ab Ackersdijck. 2 en 1 v. in-4.

3789. — *Jo.* Fernelii *Ambiani*, de abditis rerum causis libri duo, postremo ab ipso authore recogniti...

A la suite :

. — *Joannis* Fernelii *Ambiani*, therapeutices universalis, seu medendi rationis, libri septem.

Francofurti. 1574. A. Wechelus. in-8.

3790. — Controversiarum medicarum et philosophicarum, *Francisci* Vallesii *Covarruviani* editio tertia, ab auctore denuo recognita et aucta. Accessit libellus de locis manifestè pugnantibus apud Galenum, eodem Vallesio auctore.

Lugduni. 1591. Hæredes G. Rovillii. 1 vol. in-8.

3791. — Observationum et curationum medicinalium sive medicinæ theoricæ et practicæ, libri xxviii. In quibus eorundem caussæ, signa, prognosis et curationes graphice depinguntur, auctore *Petro* Foresto.

Francofurti. 1602. Off. Paltheniana. 1 vol. in-fol.

3792. — Dn. *Lud.* Mercati opera omnia in quatuor tomos divisa. Sedulo ac accurate relecta, emaculata, brevibus epitomis, ac indice locupleto donata à *Zacharia* Palthenio. Cum Præfatione ac Encomio *Joannis Hartmanni* Beyeri.

Francofurti. 1608. E Collegio Paltheniano. 3 v.in-f.

3793. — Zacuti operum tomi duo. Editio postrema.

Lugduni.1649. Huguetan fil. & Ravaud.2v.in-f.Port.

3794. — *Lazari* Riverii opera medica universa. Quibus ac-

cedunt Observationes variæ ab aliis communicatæ; itemque Observationes infrequentium morborum.
Lugduni. 1672. A. Cellier. 1 vol. in-fol. Port.

3795. — *Thomæ* WILLIS opera omnia.
Genevæ. 1680. Sam. de Tournes. 2 v. in-4. Port.Fig.

3796. — *Danielis* SENNERTI operum tomi quinque. Editio novissima.
Lugduni. 1666. Huguetan & Ravaud. 5 en 2 v. in-f.

3797. — *Francisii* DELEBOE, SYLVII opera medica.
Amstelodami. 1679. D.Elzevirius. 1 v. in-4. Port.

3798. — *Friderici* HOFFMANNI opera omnia physico-medica denuo revisa, correcta et aucta, in sex tomos distributa. Cum Vita auctoris.
Genevæ. 1740. Fr. de Tournes. 6 en 3 v. in-f. Port.

3799. — *Friderici* HOFFMANNI operum omnium physico-medicorum supplementum primum et secundum.
Genevæ. 1753-1754. Fr. de Tournes. 3 vol. in-fol.

3800. — La médecine raisonnée de M. *Fr.* HOFFMANN, traduite par M. *Jacques-Jean* BRUHIER.
Paris. 1739-1743. Briasson. 9 vol. in-12. Port.

3801. — *Georgii* BAGLIVI opera omnia medico-practica, et anatomica. Editio inter quamplurimas emendatissima. In qua præter Dissertationes et alios Tractatus præcedentibus editionibus adjunctos, quæ sunt ejusdem Baglivi Canones de medicina solidorum; Dissertatio de progressione Romani terræmotus; de systemate et usu motus solidorum in corpore animato; de vegetatione lapidum, et analogismo circulationis maris ad circulationem sanguinis; nec non opuscula quatuor *J. D.* SANTORINI. I. De structura et motu fibræ. II. De nutritione animali. III. De hæmorrhoidibus. IV. De catameniis, etc...
Venetiis. 1761. G. Girardi. 1 vol. in-4.

3802. — *Bernardini* RAMAZZINI opera omnia, medica et physiologica. Accessit Vita autoris a *Barth.* RAMAZZINO scripta. Cum figuris et indicibus necessariis.
Genevæ. 1717. Cramer et Parachon. 1 v. in-4. Port.

3803. — Consultationes medicæ : sive sylloge epistolarum cum responsis *Hermanni* BOERHAAVE in Britannia primum editæ, nunc aliquot exemplis auctiores. Accesserunt ejusdem : De calculo libellus et Introductio ad Praxin clinicam.
Gottingæ. 1744. Vandenhoeck. 1 vol. in-12.

3804. — BASSIANI CARMINATI Hygiene, Terapeutice, et Materia medica.
Papiæ.1791.Typis Monasterii S.Salvatoris. 4 v. in-8.

3805. — Medical cases, selected from the Records of the public Dispensary at Edinburg ; with remarks and observations ; being the substance of Case-lectures, delivered during the years 1776-1777. By *Andrew* DUNKAN.
Edinburgh. 1778. Elliot. 1 vol. in-8. Port.

3806. — *Michael-Franciscus* BUNIVA a Pinarolio ut in amplissimum Medicorum Collegium cooptaretur, publicè disputabat in regio Taurinensi Lyceo anno 1788.
Augustæ-Taurinorum. 1788. M. Briolus. 1 v. in-8.

3807. — Essays on various subjects of medical science. By *David* HOSACK.
New-York. 1824. J. Seymour. 2 vol. in-8.

3808. — Consultations et observations médicinales de M. *Antoine* DEIDIER.
Paris. 1754. Hérissant. 3 vol. in-12.

3809. — Raccolta di memorie per *Gabriele* MINERVINI.
1 vol. in-8 contenant :
1 — Memorie fisiologiche riguardanti la mestruazione per *Gabriele* MINERVINI.
Napoli. 1854. F. Tramater.
2 — Monografia della clorosi per *Gabriele* MINERVINI.
Napoli. 1853. Cataneo
3 — Dell' epilessia per *Gabriele* MINERVINI.
Napoli. 1847. Tramater.

3810. — Recueil de mémoires sur la pharmacologie, la pathologie et la thérapeutique médicales. Par le Dr *J.* DELIOUX DE SAVIGNAC. — (Recueil factice).
Paris. 1850-1857. 1 vol. in-8.

d. — Journaux et recueils périodiques.

3811. — Le médecin de la maison. Journal d'hygiène, de médecine et de pharmacie usuelles. Tome 1er.
Paris. 15 Juillet 1850. 30 Juin 1851. 1 vol. in-4.

e. — Collections et Publications académiques.

3812. — Société médicale d'Amiens.— Bulletin des travaux. Années 1861 à 1872.
Amiens. 1862-73. Alfred Caron. 5 vol. in-8.

3813. — Bulletin de la Société de médecine de Besançon. N. 5. Année 1853. — N. 7. Année 1857.
Besançon. 1854-1858. Jacquin. in-8.

3814. — Notice des travaux de la Société de médecine de Bordeaux (pour l'année 1837); par M. BURGUET.
Bordeaux. 1837. H. Gazay. in-8.

. — . . .pour l'année 1854. Par M. BURGUET.
Bordeaux. 1854. Gounouilhou. in-8.

. — . . . pour l'année 1858. Par M. le Dr *E*. DÉGRANGES.
Bordeaux. 1859. Me Crugy. in-8.

. — . . . pour l'année 1859. Par M. le Dr *E*. DÉGRANGES.
Bordeaux. 1860. Me Crugy. in-8.

3815. — Société impériale de médecine de Marseille. Bulletin des travaux. — Année 1858. N. 3. — Année 1859. N. 3. — Année 1860. N. 2.
Marseille. 1858-1860. Balatier & Demonchy. in-8.

3816. — Compte-rendu des travaux de la Société de médecine de Nancy, pendant l'année 1858-1859, lu à la Société de médecine de Nancy, par son Secrétaire, le Dr *Th*. AUZOUY.
Nancy. 1860. Grimblot. 1 vol. in-8.

3817. — Société médicale du septième arrondissement (de Paris).—Compte-rendu des travaux de la Société pendant l'année 1851 ; par M. le Dr *L*. VASSEUR.
Paris. 1852. Thunot. in-8.

3818. — Bulletin de la Société de médecine de Poitiers, 3e série. N. 27.
Poitiers. 1858. H. Oudin. in-8.

3819. — Annales de la Société de médecine de Saint-Etienne et de la Loire ou comptes-rendus de ses travaux.... Tome 1. 2ᵉ partie. Année 1858.
Saint-Etienne. 1859. J. Pichon. 1 vol. in-8.

3820. — Recueil des travaux de la Société médicale du département d'Indre-et-Loire. 2ᵉ série. 1ᵉʳ et 2ᵉ trimestres de 1854.
Tours. 1854. Ladevèze. in-8.

3821. — Medical observations and inquiries. By a Society of Physicians in London. 3ᵈ ed.
London. 1768-1784. Johnston & Cadell. 6 vol. in-8.

3822. — Annales Instituti medico-clinici Wirceburgensis redegit et observationibus illustravit *I.N.* Thomann.
Wirceburgi. 1799-1801. Kol. 2 vol. in-8. Fig.

3823. — Anniversary oration delivered before the medical Society of the district of Columbia, September 26, 1866, by *J. M.* Toner.
Washington. 1868. Cunningham & Mc Intosh. in-8.

3824. — Collection des thèses soutenues à la Faculté de médecine de Paris.—1859 Nᵒˢ 1 à 240. 1860. N. 1 à 46.
Il manque n. 63, 69, 141, 195, 227, 228, 229, 230, 235 et 13.

g. — *Recueils factices.*

3825. — Mémoires, dissertations et notices.
5 vol. in-8.
Tome I contenant :

1 — Apprécier la valeur rétrospective des sources du pronostic médical, déterminer les circonstances qui le rendent difficile ou incertain. [Thèse soutenue à la Faculté de médecine de Montpellier. Concours pour la chaire de clinique interne]. Par M. le Docteur Fuster.
Montpellier. 1848. Martel.

2 — De la réfrigération graduelle dans le traitement des maladies aigues, par le Docteur Van Honsebrouck
Gand. 1851. Gyselynck.

3 — Réflexions sur les fièvres, par J. *B G.* Barbier. [1]
Paris. 1821. Méquignon-Marvis.

4 — Des diathèses. Thèse pour un concours à la chaire de pathologie médicale. Par *A.* Grisolle.
Paris. 1851. V Masson.

---

[1] Barbier [*Jean-Baptiste-Grégoire*] né à Poix le 9 Mai 1776, mort à Amiens le 22 Novembre 1855.

5 — Établir, d'après les faits cliniques et nécroscopiques jusqu'ici connus, la théorie la plus rationelle de la cirrhose. Thèse (pour l'agrégation, section de Médecine), par A. GUBLER.
Paris. 1853. Thunot.

6 — Essai sur la vie et la mort, les maladies, leurs causes et leur traitement, déduits d'une moyenne thermométrique normale de l'organisme. Par le Docteur WANNER.
Paris. 1851. Labé.

7 — Histoire des méningites cérébro-spinales qui ont régné épidémiquement dans différentes garnisons en France, depuis 1837 jusqu'en 1842; d'après les documents recueillis par le Conseil de santé des armées; par le Docteur *Casimir* BROUSSAIS.
Paris. 1843. Moquet.

8 — Histoire de la méningite cérébro-spinale observée au Val-de-Grace en 1848 et 1849; par *Michel* LÉVY.
Paris. 1849. Thunot.

9 — Etudes sur le lactate de zinc dans l'épilepsie. Par le Docter HERPIN (de Genève).
Paris. 1855. Hennuyer.

10 — Mémoire sur l'épidémie dysentérique qui a régné à Versailles dans les mois d'Août, Septemb. et Octob. 1842. Par MM. MASSELOT et FOLLET.
Paris. 1843. Rignoux.

11 — Essai sur l'emploi des injections iodées dans le traitement de la dyssenterie chronique. Par le Docteur J. DELIOUX.
Paris. 1853. Baillière.

12 — Un mot sur la colique végétale (colique sèche, colique nerveuse, névralgie du grand sympathique), par le Docteur DUTROULAU,
Paris. 1855. Rignoux.

13 — Mémoire sur les crises et les jours critiques et sur la nécessité de tenir compte de leur influence sur la marche et la terminaison des maladies. Par M. BRICHETEAU.
Paris. 1849. P. Dupont.

14 — Etudes pratiques sur la pharyngite folliculeuse ou granulée. Par *P.* BOULAND.
Paris. 1849. P. Dupont.

15 — Lettre à M. Louis sur le traitement de la diphthérite ou angine couenneuse par le cautère-Mayor. (Par le Docteur DANVIN.
Paris. 1855. Malteste.

16 — Lettres à M. le Professeur Rostan sur le mot hypocondrie. Par le D. DUMONT (de Monteux).
Paris. 1852. J. B. Baillière.

17 — Un dernier mot sur les divers psoriasis, la lèpre vulgaire, et sur leur traitement. Par M. EMERY.
Paris. 1849. Hennuyer.

18 — De la forme grave de l'ictère essentiel. Par *Charles* OZANAM.
Paris. 1849. Rignoux.

19 — Mémoire sur la carnification. Par M. C. Baron.
Paris. 1851. Thunot.
20 — Mémoire sur la surdité nerveuse. Par le Docteur E. Triquet.
Bruxelles. 1855. Tircher.
21 — Sulle febbri sintomatiche Memoria di *Ranieri* Bellini di Pisa.
Pisa. 1850. Nistri.
22 — Delle emorragie dei capillari. Memoria di *Ranieri* Bellini di Pisa.
Firenze. 1851. Cecchi.

Tome II contenant :

1 — De l'étranglement dans les hernies abdominales et des affections qui peuvent le simuler. Thèse de concours pour l'agrégation en chirurgie. Par le Docteur *Paul* Broca.
Paris. 1853. V. Masson.
2 — De l'opération de l'hydrocèle par l'injection alcoolique à très-faible dose, abandonnée dans la tunique vaginale, Par M. *Adolphe* Richard.
Paris. 1854. Martinet.
3 — Coup-d'œil sur la chirurgie anglaise. Des hernies crurales. Par M. le Docteur A. Deville.
Paris. 1853. Plon.
4 — Statistique des hernies à l'Hôtel impérial des Invalides, en 1852 ; par M. F. Hutin.
Paris. 1853. J. B. Baillière.
5 — Faculté de médecine de Paris. — Concours pour l'agrégation en chirurgie. — Année 1853. — Des diverses espèces de cataractes et de leurs indications thérapeutiques spéciales. — Thèse par *Ad.* Richard.
Paris. 1853. G. Baillière.
6 — Faculté de médecine de Paris. — Concours pour l'agrégation. — De l'hématocèle du scrotum. Thèse par M. A. Jamain.
Paris. 1853. G. Baillière.
7 — Faculté de médecine de Paris. — Concours pour l'agrégation [section de chirurgie). 1853. Des tumeurs de l'orbite. Thèse par M. Demarquay.
Paris. 1853. Crapelet.
8 — Compte-rendu de la clinique chirurgicale de Montpellier, pendant les mois de Mars, Avril, Mai, Juin 1850, et du 8 Août au 9 Septembre 1851. Par A. Courty.
Montpellier. 1851. Savy.

Tome III contenant :

1 — Recherches sur les maladies des enfants nouveau-nés. [Etat physiologique du pouls, Muguet, Entérite, Ictère), par V. Seux.
Paris. 1855. J. B. Baillière.
2 — Observation d'éclampsie essentielle, chez un enfant nouveau-né ; (Spasme de la glotte. — Asthme thymique. — Asthme de Kopp.). Par le Docteur A. J. Gaussail.
Toulouse. 1850. Jougla.
3 — Recherches cliniques sur l'éclampsie des enfants. Par le D. C. Ozanam.
Paris. 1850. Rignoux.

4 — De la rupture pulmonaire chez les enfants, et de l'emphysème général qui lui succède; par le Docteur *Ch.* Ozanam.
Paris. 1854 Rignoux.

5 — Mémoire sur un enfant à deux têtes né à Bagnères-de-Luchon, le 16 Septembre 1855, par le Docteur *H.* Laforgue.
Toulouse. 1856. Bonnal & Gibrac.

6 — Du rôle de la menstruation dans la pathologique et la thérapeutique par A. Raciborski.
Paris. 1856. J. B. Baillière.

7 — De la discussion qui vient d'avoir lieu à l'Académie de médecine sur les tumeurs du sein, par *S.* Tanchou.
Paris. 1844. G. Baillière.

8 — Discussions académiques. — Maladies de l'utérus, par M. Velpeau.
Paris. 1854. J. B. Baillière.

9 — Nouvelle note sur les déviations utérines, à propos du rapport de M. Depaul à l'Académie impériale de médecine. Par M. Valleix.
Paris. 1854. Malteste.

10 — Documents cliniques sur les déviations de la matrice et sur leur traitement par le redresseur intra-utérin ; par M. Gaussail.
Toulouse. 1854. Feilles.

11 — Essai sur la statistique des hernies, déplacements et maladies de la matrice. . . Par *P. L.* Verdier.
Paris. 1839. Bechet.

12 — Nouveau procédé pour opérer les polypes de matrice. Par le Docteur Gensoul.
Lyon. 1851. Rodanet.

13 — Relazione di un caso di isteria con catalessia del Sacerdote e Professore D. *Giovanni* Nistico.
Napoli. 1852. Tipog. dell'Ariosto.

Tome IV contenant :

1 — L'art de se préserver et de se guérir radicalement de la syphilis, des dartres et de toutes les maladies contagieuses qui ont pour cause un sang acre vicié ; par J.-*P.* Troncin.
Paris. 1837. Dondey-Dupré.

2 — Première lettre sur la syphilis, ou examen critique des doctrines de M. [Philippe] Ricord. Par M. Devergie aîné.
Paris. 1840. G. Baillière.

3 — Recherches historiques et médicales sur l'origine, la nature et le traitement de la syphilis par M. Devergie aîné. Suivi du Rapport à l'Académie de médecine, par M. Cullerier.
Paris. 1834. J. B. Baillière.

4 — N'y a-t-il de transmission possible de la syphilis que par les accidents primitifs ? Question de conférence traitée devant la Société de médecine de Bordeaux par le Docteur J. Venot.
Bordeaux. 1852. Gounouilhou.

5 — La syphilisation devant l'Académie de médecine, discours prononcés à cette occasion dans les séances des 3 et 19 Août 1852, par *Ph.*Ricord.
Paris. 1852. Malteste.

6 — Recherches anatomiques et médicales sur la teigne faveuse. Par *A.* Baudelocque.
Paris: 1831.

7 — Notions générales sur les maladies de la peau, par M. A. Duvergie.
Paris. 1844. Schneider & Langrand.

8 — Tableau historique, chronologique et médical des maladies endémiques, épidémiques et contagieuses, qui ont régné à Metz et dans le Pays-Messin, depuis les temps les plus reculés jusqu'à nos jours, par le Docteur *Félix* Maréchal.
Metz 1850. Verronnais.

9 — Des épidémies qui ont régné dans l'arrondissement de Rouen de 1814 à 1850, par le Docteur Vingtrinier.
Rouen. 1850. Péron.

10 - Histoire chronologique des épidémies du Nord de l'Afrique depuis les temps les plus reculés jusqu'à nos jours, par M. le D. Guyon. 1 partie.
Alger. 1848. Imp. du gouvernement.

11 — Quelques mots sur certaines maladies du cheval, du chien, du chat et des poules ; une maladie qui simule la rage ; analogie de ces maladies avec celles de l'homme. Par le Docteur Liégey.
Roulers. 185 . Stock-Werbrouck.

12 — Recherches nouvelles sur la nature et le traitement du cancer de l'estomac, par *René* Prus.
Paris. 1828. J. B. Baillière.

13 — Traitement du cancer et des affections scrophuleuses par l'acide nitrique solidifié, suivi de réflexions sur les avantages de l'emploi de l'alun dans le pansement des plaies, par A. Rivallié.
Paris. 1850. G. Baillière. Pl.

Tome V contenant :

1 — Défense des droits du Docteur Charles T. Jackson à la découverte de l'éthérisation.... par *Jos. L.* Lord et *Henry C.* Lord.
Paris. 1848. Vrayet de Surcy.

2 — De la douleur, des moyens qu'on peut lui opposer, et spécialement des moyens dits anesthésiques ; quels sont les avantages et les dangers qui peuvent résulter de leur emploi ; comment pourrait-on prévenir ces dangers ; par M. le Docteur Gimelle.
Batignolles. 1849. Hennuyer.

3 — Recherches cliniques sur le chloroforme, par M. Chassaignac.
Paris. 1853. J. B. Baillière.

4 — Mémoires sur les hémorrhagies des cavités muqueuses, nouveau mode d'application de la glace dans le traitement de ces hémorrhagies ; par le Docteur *E.* Chassaignac.
Paris. 1851. Rignoux.

5 — Observation d'un bec-de-lièvre double très-compliqué, opéré avec

succès par un nouveau mode opératoire, suivi de quelques réflexions sur l'opportunité de faire cette opération, par M. BONNAFONT.
Paris. 1854. Noblet.

6 — Mémoire sur une variété de tumeur sanguine ou grenouillette sanguine, par M. le Docteur DOLBEAU.
Paris. 1857. Delahaye.

7 — De l'extension du frein de la langue connu sous la dénomination de filet, et du procédé le plus convenable pour faire disparaître ce vice de naissance ; par M. H. RIPAULT.
Dijon. 1853. Loireau-Feuchot.

8 — Mémoire sur les polypes de l'oreille et sur une nouvelle méthode opératoire pour obtenir leur guérison, par M BONNAFONT.
Paris. 1851. V. de Surcy.

9 — De la lithotritie considérée au point de vue de son application, par P. S. SÉGALAS. 2ᵉ édit.
Paris. 1856. J. B. Baillière.

10 — Académie royale de médecine. — Discussion sur la taille et la lithotritie. Extrait des séances du 28 Septembre, 5 et 30 Octobre, et 20 Novembre 1847. Précédée d'une lettre de M. le Docteur CIVIALE à M. Crampton (de Dublin).
Paris. 1847.

11 — Lettre à M. le Docteur Civiale sur la maladie calculeuse et sur la lithotritie ou l'art de broyer la pierre. Par M le Docteur *H*. LEDAIN.
Parthenay. 1844. L'auteur.

12 — Deuxième lettre sur la dissolution des calculs urinaires et leur traitement chimique. (Par LEROY-D'ETIOLLES].
Paris. Bethune & Plon.

13 — Sur le cathétérisme, en réponse à une lettre dite chirurgicale, de M Vidal (de Cassis); par *Mathias* MAYOR.
Paris. 1836. Cherbuliez.

14 — Histoire de trois lithotrities et de trois tailles bilatérales exceptionnelles; par J. J. CAZENAVE.
Paris. 1856. J. B. Baillière.

12 — Observations exceptionnelles de taille et de lithotritie, suivies d'un fait d'excision d'une exubérance du col utérin, pratiquée avec succès sur une jeune fille vierge; par J. J. CAZENAVE.
Paris. 1850. J. B. Baillière.

i. — Traités abrégés et Compendia.

3826. — *Petri* JENS *tirocinium medicum, sive brevis idea eorum, quæ spectant corporis humani Physiologiam et Pathologiam, ad veterum et recentiorum sententiam concinnata. Pars prima.*
Hagæ-Comitis. 1697. M. Uytwerf. 1 vol. in-12.

A la suite :

.— Traite des eaux minérales de Baignoles, contenant une explication métodique sur toutes leurs vertus, leur situation, et la route pour y arriver de toutes parts. Par M. . . . . (Hélie de Cerny?)
Alençon. 1840. Malassis. in-12.

.— Lettre sur les nouveaux bains médicinaux. Par M. C. . . . (Caillot).
Paris. 1752. V° Quillau. in-12.

3827. — Principia medicinæ. Auctore *Francisco* Home. 4ª ed.
Amstelodami. 1775. Fr. De Tournes. 1 vol. in-8.

3828. — Elements of the theory and practice of Physic and Surgery. By *John* Aitken.
London. 1782. 2 vol. in-8. Port.

3829. — First lines of the practice of Physic. By *William* Cullen. Fourth edition.
Edinburgh. 1784. Elliot and Cadell. 4 vol. in-8.

3830. — Médecine domestique, ou traité complet des moyens de se conserver en santé, et de guérir les maladies, par le régime et les remèdes simples : ouvrage mis à la portée de tout le monde, par *G.* Buchan. Traduit de l'anglois par *J. D.* Duplanil. 4° édit.
Paris. 1789. Froullé. 5 vol. in-8. Port.

3831. — Manuel médico-chirurgical ou élémens de Médecine et de Chirurgie pratique. Par *S. P.* Authenac.
Orléans. 1812. Huet-Perdoux. 2 en 1 vol. in-8.

3832. — Le médecin de la montagne ou le guide des praticiens de campagne, et des personnes charitables qui s'employent à secourir les malades : nouvelle Médecine et Chirurgie des pauvres. Traduit du suédois, de Roséen, par M. C. . . Précédé d'une Introduction par P. V.
Lyon. 1803. Périsse. 1 vol. in-12. Port.

3833. — La médecine curative, ou la purgation dirigée contre la cause des maladies, reconnue et analysée dans cet ouvrage. Par Leroy. 5° édit.
Paris. 1817. Boutonet. 1 vol. in-12.

3834. — La médecine sans médecin, ou manuel de santé,

ouvrage destiné à soulager les infirmités, à prévenir les maladies aigues, à guérir les maladies chroniques, sans le secours d'une main étrangère. Par AUDIN-ROUVIÈRE. 3ᵉ édit.
Paris. 1825. L'auteur. 1 vol. in-8. Port.

3835. — Nouvelle médecine sans médecin. Par M. LENDRAIN.
Paris. 1836. Didier. 1 vol. in-12.

3836. — Médecine des familles ou méthode hygiénique et curative par les cigarettes de camphre, les camphatières hygiéniques, l'eau sédative, etc., par F. V. RASPAIL. 6ᵉ édit.
Paris. 1844. Collas. 1 vol. in-16.

3837. — Manuel annuaire de la santé pour 1858, ou médecine et pharmacie domestiques... Par F. V. RASPAIL. 13ᵉ année, ou 12ᵉ édit.
Paris. 1858. Rue du Temple 14. 1 vol. in-16. Port.

3838. — Médecine populaire ou premiers soins à donner aux malades et aux blessés en l'absence du médecin, par le Docteur *Léopold* TURCK. 2ᵉ édit.
Paris. 1857. Dubuisson. 1 vol. in-16.

SCIENCES ANATOMIQUES & PHYSIOLOGIQUES.

1. *Anatomie.*

3839. — *Thomæ* BARTHOLINI Casp. F. Anatomia, ex *Caspari* BARTHOLINI parentis Institutionibus, omniumque recentiorum et propriis observationibus tertium ad sanguinis circulationem reformata. Cum iconibus novis accuratissimis.
Lugd. Bat. & Rot. 1669 Off. Hackiana. 1 vol. in-8.

3840. — Abrégé de l'anatomie du corps humain et principalement des parties internes de la génération, pièce utile et nécessaire au publicq.
S. n. n. l. n. d. 1 feuille in-plano.

3841. — Essais anatomiques contenant l'histoire exacte de toutes les parties qui composent le corps de l'homme ; avec la manière de les découvrir et les

démontrer, ornés de figures; par M. Lieutaud. N° éd.
Paris. 1766 D'Houry. 1 vol. in-8.

** — Anatomie et physique animale. Par M. Pinel.
Voyez : Abrégé des Transactions de la Société royale de Londres.
Histoire littéraire. N. 588.

3842. — Leçons élémentaires d'anatomie et de physiologie, ou description succincte des phénomènes physiques de la vie dans l'homme et les différentes classes d'animaux, à l'aide de l'Anatomie clastique ; par L. Auzoux.
Paris. 1839. Baillière. 1 vol. in-8.

3843. — Eléments d'anatomie générale, description de tous les tissus ou systèmes organiques qui composent le corps humain, par *P. A.* Béclard (d'Angers), 3ᵉ éd. rev. et augm. de nombreuses additions, avec figures intercalées dans le texte, par M. *Jules* Béclard ; accompagnée d'une Notice sur la vie et les ouvrages de *P. A.* Béclard, par M. *C. P.* Ollivier (d'Angers), et ornée d'un portrait, d'après le buste de David.
Paris. 1852. Labé. 1 vol. in-8. Port.

3844. — Traité d'anatomie descriptive avec figures intercalées dans le texte. Par *Ph. C.* Sappey. 2ᵉ édit.
Paris. 1867-72. A. Delahaye. 3 vol. in-8.

3845. — Traité d'anatomie descriptive par *J.* Cruveilhier, 5ᵉ édit. revue et corrigée ; avec la collaboration de MM. les Docteurs *Marc* Sée et Cruveilhier fils.
Paris. 1865-1871. Asselin. 3 vol. in-8. Fig.

3846. — Traité d'anatomie topographique, ou anatomie des régions du corps humain, considérée spécialement dans ses rapports avec la chirurgie, et la médecine opératoire. Par *Ph.-Fréd.* Blandin.
Paris. 1826. Auger. 1 vol. in-8 & atlas in-fol.

3847. — Traité d'anatomie topographique comprenant les principales applications à la pathologie et à la médecine opératoire. Par *V.* Paulet et *J.* Sarazin.
Paris. 1869. V. Masson. 1 vol. in-8 & 2 atlas in-8.

3848. — Recherches sur la structure des organes de l'homme

et des animaux les plus connus, par *C. F.* Boucher. Avec 104 figures. (1)
Paris. 1848. Germer-Baillière. 1 vol. in-8. Pl.

3849. — Concours pour la place de chef des travaux anatomiques.—Quelques considérations sur la squelettopée.—Des injections, et leurs divers procédés. Thèses... Par *J. A.* Bogros.
Paris. 1819. Chanson. in-4.

3850. — Histoire des embaumements et de la préparation des pièces d'anatomie normale, d'anatomie pathologique et d'histoire naturelle ; suivie de procédés nouveaux ; par *J. N.* Gannal. 2e édit.
Paris. 1841. Terzuelo. 1 vol. in-8.
A la suite :

. — Notice sur les embauments. Procédés de M. Gannal.
Paris. 1839. Terzuelo. in-8.

. — Lettre adressée à Messieurs les membres du Conseil de salubrité, au sujet de la translation des cendres de l'Empereur Napoléon et de l'exhumation des Victimes de Juillet ; par M. Gannal.
Paris. 1840. Terzuelo. in-8.

2. — *Physiologie.*

** — Rapport sur les progrès et la marche de la physiologie générale en France, par M. *Claude* Bernard.
Voyez : Histoire littéraire. N. 369.

3851. — Physiologie d'Hippocrate, extraite de ses œuvres, commençant par la traduction libre de son *Traité des airs, des eaux et des lieux*, sur la version de Foëse, accompagnée de notes théori-pratiques, et précédée d'un Précis introductif à la doctrine de ce médecin, et à une nouvelle philosophie médicale de l'homme vivant. Par Delavaud.
Paris. 1802. Bossange. 1 vol. in-8.

3852. — *Joannis* Riolani Prælectiones in libros physiologicos, et de abditis rerum caussis.
Parisiis. 1602. Off Plantiniana. 1 vol. in-8.

---

(1) Boucher (*Charles-François*) né à Amiens le le 24 Octobre 1798 y mourut le 14 Août 1859.

** — Physique de l'homme.
Paris. 1787. Hôtel & rue Serpente. 2 vol. in-16.
** — De la femme considérée au physique et au moral. Par M. Roussel.
Paris. 1789. Hôtel & rue Serpette. 2 vol. in-16.
> Voyez : Bibl. univ. des Dames. Polyg. N. 62.

3853. — Essai sur la physiologie humaine, par MM. G. Grimaud et V. C. Durocher.
Paris. 1825. Raymond. 1 vol. in-12.

3854. — Cours de physiologie, fait à la Faculté de médecine de Paris, par P. Bérard.
Paris. 1848-51. Labé. 3 vol. in-8.

3855. — Manuel de physiologie, par J. Mueller. Traduit de l'allemand sur la dernière édition, avec des additions, par A. J. L. Jourdan. Deuxième édition revue et annotée par E. Littré.
Paris. 1851. J.-B. Baillière. 2 vol. in-8. Pl.

3856. — Traité élémentaire de physiologie humaine comprenant les principales notions de la physiologie comparée. Par J. Béclard. 4ᵉ édit.
Paris. 1862. Asselin. 1 vol. in-8.

3857. — Essai sur les principaux points de la physiologie. Par C. F. Boucher.
Paris. 1856. Germer Baillère. 1 vol. in-8.

3858. — Principes de physiologie comparée ou histoire des phénomènes de la vie dans tous les êtres qui en sont doués, depuis les plantes jusqu'aux animaux les plus complexes ; par Isid. Bourdon.
Paris. 1830. Gabon. 1 vol. in-8.

3859. — Traité de physiologie par F. A. Longet. 2ᵉ édit.
Paris. 1861. V. Masson. 2 vol. in-8. pl.

** — Leçons sur la physiologie et l'anatomie comparée de l'homme et des animaux... Par H. Milne Edwards.
Paris. 1857. 70. Masson. 9 vol. in-8.
> Voyez : Sciences et arts. N. 4007.

3. — *Anatomie et physiologie spéciales.*

3860. — Table synoptique des propriétés caractéristiques et des principaux phénomènes de la force vitale. 2ᵉ édit.
Paris. An. IX. Th. Barrois. 1 f. in plano.

3861. — Discours de rentrée de l'Ecole de médecine d'Amiens, prononcé par le Docteur Josse, (1). — 1856. — Du fluide vital.
Amiens. 1856. Caron & Lambert. in-8.
3862. — Physique médicale. — De la chaleur produite par les êtres vivants. Par J. Gavarret.
Paris. 1855. V. Masson. 1 vol. in-18. Fig.
3863. — Physique biologique. — Les phénomènes physiques de la vie. Par J. Gavarret.
Paris. 1869. V. Masson. 1 vol. in-18.
** — Explication mécanique et physique des fonctions de l'âme sensitive... Discours sur la génération du laict. — Dissertation contre la nouvelle opinion qui prétend que tous les animaux sont engendrés d'un œuf... Par *G.* Lamy.
Paris. 1678. Roulland. 1 vol. in-12.
'Voyez : Sciences et arts. N. 363.
3864. — Recherches sur le système nerveux cérébro-spinal, sa structure, ses fonctions et ses maladies, par J. Luys. Atlas de 40 planches dessinées d'après nature par J. Luys et lithographiées par Leveillé.
Paris. 1865. J.-B. Baillière. 1 vol. in-8.
3865. — Ipotesi immaginata per completare l'ordinamento funzionale de'nervi bianchi nelle organazioni animali superiori, letta il 1° Dicembre 1872 nella Regia Accademia dei Lincei da *Socrate* Cadet.
Roma. 1873. Tipografia delle Belle Arti. in-4.
3866. — Histoire de la découverte de la circulation du sang. Par P. Flourens. 2ᵉ édit.
Paris. 1857. Garnier fr. 1 vol. in-18.
3867. — De l'analyse du sang dans la manie. Par le Docteur Michéa.
Paris. 1852. Moquet. in-8.
3868. — Essai sur la circulation des parties supérieures du fœtus et sur les conséquences de ses anomalies, par le Dʳ *Emile* Le Roy (d'Amiens). (2)
Paris. 1873. A. Delahaye. in-8. Pl.

---

(1) Josse (*Just-François de Paule*) né à Amiens le 6 Février 1806.
(2) Le Roy [*Eugènee-Victor-Emile*] né à Amiens le 1 Juillet 1839.

3869. — Discours anatomique sur la structure des viscères, sçavoir du foye, du cerveau, des reins, de la ratte, du polype du cœur, et des poulmons. Par *Marcel* MALPIGHI. Mis en françois par M**. (SAUVALLE).
Paris. 1683. L. d'Houry. 1 vol. in-12.

3870. — La nouvelle découverte, et les admirables effets des fermens dans le corps humain, expliquez par des expériences et des raisonnemens très-solides. Par le Sieur *Jean* PASCAL.
Paris. 1681. Couterot. 1 vol. in-12. Port.

3871. — Examen microscopique de l'urine normale, par *A. L. A.* FÉE.
Strasbourg. 18 . Vᵉ Berger-Levrault. in-4. Pl.

3872. — *Johannes* DE GORTER de perspiratione insensibili. Editio altera, multis in locis aucta et emendata, atque Commentariis in omnes Aphorismos staticos Sanctorii adornata.
Lugduni-Batav. 1736. J. Vender Aa. 1 v. in-4. Pl.

3873. — De l'expérimentation en physiologie et de l'absorption cutanée. Par *L. Ch.* ROCHE.
Paris. 1866. Malteste. in-8.

3874. — De puella quæ sine cibo et potu vitam transigit, brevis narratio, teste et authore *Gerardo* BUCOLDIANO.
Parisiis. 1542. R. Stephanus. in-8.

3875. — Sur l'odorat et les odeurs. Par M. FÉE.
Bruxelles. 1865. Hayez. in-8.

3876. — Publication du tome XIXᵉ des Annales de l'Observatoire royal de Bruxelles et du tome IIᵉ de la nouvelle édition de la Physique sociale. — Communication de M. le Docteur Hannover, de Copenhague, sur le phénomène de la menstruation. Notes par M. *Ad.* QUETELET.
Bruxelles. 1869. Hayez. in-8.

3877. — De la longévité humaine et de la quantité de vie sur le globe. Par *P.* FLOURENS.
Paris, 1860. Garnier fr. 1 vol. in-18.

3878. — Avantages d'une constitution faible, apperçu médical; par Fouquier de Maissemy.
Paris. 1802. Gillé fils. 1 vol. in-8.

3879. — Mélanges d'anatomie et de physiologie.
1 vol. in-8 contenant :

1 — Traité anatomique, physiologique et pathologique du système pileux et en particulier des cheveux et de la barbe; par M. P. P. Boucheron.
Paris. 1837. Belin.

2 — Le système veineux [anatomie et physiologie]. Thèse [pour l'agrégation à la Faculté de médecine de Paris] soutenue le 3 Août 1853, par le Docteur A. A. Verneuil.
Paris. 1853. Germer Baillière.

3 — Des tissus contractiles et de la contractilité. [Thèse de concours pour l'agrégation à la Faculté de médecine de Paris], par le Docteur Fano.
Paris. 1853. Masson.

4 — Mémoire sur la véritable nature des nerfs pneumo-gastriques et les usages de leurs anastomoses, par F. A. Longet,
Paris. 1849. Rignoux.

5 — De la cryptorchidie chez l'homme et les principaux animaux domestiques, par MM. *Armand* Goubaux et *E*. Follin.
Paris. 1856. Thunot.

6 — Recherches sur les ovo-vivipares et sur l'œuf réel et cellulaire, par *Michel-Hyacinthe* Deschamps
Paris. 1854. Masson.

7 — Observations et recherches sur l'oblitération de la veine-porte et sur les rapports de cette lésion avec le volume du foie et la sécrétion de la bile; par E. Gintrac.
Bordeaux. 1856. Gounouilhou.

8 — Schiarimenti sulla struttura e sulla funzione della milza del Prof. A Tigri.
Firenze. 1853. Cecchi.

9 — Della funzione della milza, argomenti anatomico-fisiologici del Dott. *Atto* Tigri di Pistoja,
Bologna. 1848. Tipogr. Camerale.

10 — Compte-rendu des travaux de la Société anatomique pour l'année 1852. Par M. P. Denucé.
Paris. 1853. Moquet.

11 — Compte-rendu des travaux de la Société anatomique de Paris pour l'année 1854, par le Docteur Bauchet.
Paris. 1855. G. Baillière.

4. — *Physiologie philosophique.*

3880. — Les passions dans leurs rapports avec la santé et les maladies.—L'amour. Par le Dr *L. X.* Bourgeois.
Paris. 1860. J.-B. Baillière. 1 vol. in-18.

3881. -- Exposition de la doctrine physionomique du Docteur Gall, ou nouvelle théorie du cerveau, considéré comme le siége des facultés intellectuelles et morales. (Par le Général NORMAND).
Paris. An XII. Henrichs. 1 vol. in-8.

3882. — La physiognomonie et la phrénologie, ou connaissance de l'homme d'après les traits du visage et les reliefs du crane ; examen critique des systèmes d'Aristote, de Porta, de La Chambre, de Camper, de Lavater, de Gall et de Spurzheim ; par M. *Isidore* BOURDON.
Paris. 1842. Ch. Gosselin. 1 vol. in-18. Fig.

** — La danse des tables, phénomènes physiologiques démontrés par le Docteur *Felix* ROUBAUD. 2e édit.
Paris. 1853. Librairie nouvelle. 1 vol. in-18. Pl.
Voyez : Sciences et Arts. N. 4072.

HYGIÈNE.

** — Rapport sur les progrès de l'hygiène, par A. BOUCHARDAT.
** — Rapport sur les progrès de l'hygiène militaire, par M. *Michel* LÉVY.
** — Rapport sur les progrès de l'hygiène navale, par A. LEROY DE MÉRICOURT.
Voyez : Hist. litt. N. 369.

3883. — Dictionnaire d'hygiène publique et de salubrité ou répertoire de toutes les questions relatives à la santé publique, considérées dans leurs rapports avec les subsistances, les épidémies, les professions, les établissements et institutions d'hygiène et de salubrité ; complété par le texte des lois, décrets, arrêtés, ordonnances et instructions qui s'y rattachent ; par *Ambroise* TARDIEU. 2e édit.
Paris. 1862. J.-B. Baillière. 4 vol. in-8.

3884. — *Marsilius* FICINUS *Florentinus* de triplici vita.
1489. 1 vol. in-8.

3885. — An essay on regimen. Together with five discourses, medical, moral, and philosophical : serving to illustrate the principles and theory of philosophical medicine, and point out some of its moral consequences. By *George* CHEYNE. 3^d edit.
London. 1753. Browne. 1 vol. in-8.

3886. — Le conservateur de la santé, ou avis sur les dangers qu'il importe à chacun d'éviter, pour se conserver en bonne santé et prolonger sa vie. On y a joint des objets de règlemens de police relatifs à la santé. Par M. Le Bègue de Presle.
Paris. 1763. P. Fr. Didot. 1 vol. in-12.

3887. — L'ami de la santé, pour tous les sexes et tous les âges.... Par *Philibert* Perier. 2ᵉ édit.
Paris. 1808. Delalain. 1 vol. in-8.

3888. — Principes d'hygiène, extraits du Code de santé et de longue vie, de Sir *John* Sinclair, par *Louis* Odier.
Genève. 1810. Paschoud. 1 vol. in-8.

3889. — Traité d'hygiène appliquée à la thérapeutique. Par *J. B. G.* Barbier.
Paris. 1811. L'Huillier. 1 vol. in-8.
Tome II, avec notes et additions manuscrites de l'auteur.

3890. — Cours élémentaire d'hygiène. Par *L.* Rostan. 2ᵉ éd.
Paris. 1828. Béchet. 2 en 1 vol. in-8.

3891. — Hygiène abrégée, ou préceptes généraux pour conserver la santé et prolonger la vie. (Extrait de la Médecine sans Médecin. Par Audin-Rouvière).
Paris. 1827. Ponthieu. 1 vol. in-8.

3892. — La science de la vie ou comment il faut vivre et pourquoi il faut vivre, suivie d'observations pratiques sur la santé, la diète et la longévité, et d'un extrait des Théories populaires de Liebig sur la vie, la santé et les maladies, etc. Par le Docteur *Samuel* La'mert. Traduit de l'anglais sur la 2ᵉ édit. par M. J. M. D. M.
Paris. 1849. Ledoyen. 1 vol. in-12. Port.

3893. — Joseph et Pauline ou lettres sur l'hygiène et l'économie domestique. Par le Docteur Ebrard.
Saint-Quentin. 1853. Doloy & Teauzein. 1 v. in-8.

3894. — Eléments d'hygiène générale. Par le Docteur *Louis* Cruveilhier.
Paris. 1859. Dubuisson. 1 vol. in-16.

b. — Traités particuliers d'hygiène.

3895. — Dissertation sur la nature des eaux de la Seine, avec quelques observations relatives aux propriétés publiques et économiques de l'eau en général. Par M. Parmentier. (1).
Paris. 1787. Buisson. 1 vol. in-8.

3896. — Hygiène publique. — Empoisonnement des eaux potables par le plomb. Par *A.* Reinvillier.
Paris. 1870. Dentu. 1 vol. in-8.

3897. — Les eaux, les égoûts et les fosses d'aisances dans leurs rapports avec les épidémies. Par H^{te} Du Roselle. (2).
Amiens. 1867. Jeunet. in-8.

3898. — Le Marais du Chêne et son influence sur les communes environnantes. Par M. l'Abbé Chamousset.
Chambéry. 1867. Puthod. 1 vol. in-8.

3899. — Projet d'une amélioration dans l'hygiène publique à obtenir par le développement populaire des bains sous la forme de l'ablution. (Par *Aug.* Viguier).
Paris. 1852. Crapelet. in-8. Pl.

3900. — *Josephi-Jacobi* Plenck Bromatologia seu doctrina de esculentis et potulentis.
Viennæ. 1784. R. Græffer. 1 vol. in-8. Port.

3901. — De l'usage alimentaire de la viande de cheval au point de vue des intérêts agricoles. Par M. Decroix.
Clichy. 1865. Loignon. in-8.

3902. — Le sort des animaux en campagne. Par M. *E.* Decroix.
Paris. 1866. Soye. in-8.

3903. — *A.* Cerfberr *de Medelsheim*. Le cacao et le chocolat considérés aux points de vue hygiénique, agricole et commercial. 3ᵉ édit.
Paris. 1867. Oberthur & fils. in-12.

3904. — Des fumeurs d'opium et des fumeurs de tabac. Par M. le Docteur Alexandre.
Amiens. 1866. E. Yvert. in-8.

---

[1] Parmentier (*Antoine-Augustin*) né à Montdidier le 12 Août 1737, mort à Paris le 17 Décembre 1813.

(2) Du Roselle (*Hyppolite-Narcisse*) né à Amiens le 1 Avril 1801.

3905. — Association française contre l'abus du tabac. — Statuts et règlement.
Paris. 1868. De Soye. in-12.

3906. — Considérations médicales sur les corsets dont les femmes font usage. Par *Prosper* GASSAUD.
Paris. 1821. L'auteur. in-8.

3907. — *Hieronymi* MERCURIALIS de arte gymnastica libri sex. 2ᵃ edit.
Venetiis. 1573. Apud Juntas. 1 vol. in-4.
** — Manuel d'éducation physique, gymnastique et morale. Par le Colonel AMOROS.
Paris. 1834. Roret. 2 vol. in-18 & atlas.
Voyez : Sciences et Arts. N. 2998.

3908. — Traité sur l'embonpoint ou obésité, moyens de le prévenir et de le combattre; par *Léon* DE LA PANOUSE.
Paris. 1837. Dentu. 1 vol. in-8.

3909. — Essai sur la santé des filles nubiles. Par *P.* VIRARD.
Londres. Paris. 1776. Monory. 1 vol. in-8.

3910. — Le code des jeunes-mères, traité théorique et pratique pour l'éducation des nouveau-nés, destiné aux personnes qui désirent élever elles-mêmes leurs enfants. Par le Dʳ *A.* CARON.
Paris. 1859. Germer Baillière. 1 vol. in-8.

3911. — De la première alimentation du nouveau-né, par le Docteur BELLEVUE.
Havre. 1859. Lepelletier. in-8.

3912. — Hygiène de la première enfance, comprenant la naissance, l'allaitement, le sevrage et les soins corporels, le changement de nourrice, les maladies et la mortalité du nouveau-né. Par *E.* BOUCHUT. 5ᵉ éd.
Paris. 1866. J.-B. Baillière. 1 vol. in-18. Fig.

3913. — Guide pratique de l'alimentation hygiénique et physiologique au sein ou au biberon, par le Docteur *A* CARON.
Paris. 1867. Germer Baillière. in-12.

3914. — Lettre à M. Cochin, Membre de l'Institut, sur l'hygiène professionnelle de la manufacture de Saint-Gobain, par le Docteur *A.* WARMONT.
Chauny (Aisne). 1871. Wisbecq. in-4.

3915. — Ministère de l'intérieur. — Instruction sur le typhus, fièvre des champs, fièvre des hôpitaux, fièvre des prisons.
Paris. 1814. Imprimerie impériale. in-4.

PATHOLOGIE.

1. — *Traités généraux.*

3916. — Riverius reformatus, renovatus et auctus, sive praxis medica methodo Riverianæ non absimili juxta recentiorum, tum Medicorum, tum Philosophorum principia à *Francisco* Calmette conscripta, et publicè olim prælecta. Edit. noviss.
Genevæ. 1718. Fratres de Tournes. 2 vol. in-8.

3917. — Médecine pratique de Sydenham, avec des notes; ouvrage traduit en français, sur la dernière édition anglaise, par feu M. *A. F.* Jault. Cette édition est augmentée d'une Notice sur la vie et les écrits de Sydenham, par M. Prunelle.
Montpellier. 1816. Vᵉ Picot. 2 vol. in-8.

3918. — Elémens de pathologie générale, par *A. F.* Chomel.
Paris. 1817. Crochard. 1 vol. in-8.

2. — *Nosographie.*

3919. — Synopsis nosologiæ methodicæ. In usum studiosorum. Editio altera. In quarta parte emendata; et adjectis morborum speciebus aucta. A *Gul.* Cullen.
Edinburgi. 1772. Kincaid. 1 vol. in-8.

3920. — Précis de nosologie et de thérapeutique. Par *J. B. G.* Barbier.
Paris. 1827. Méquignon-Marvis. 2 vol. in-8.
Avec notes et additions manuscrites de l'auteur pour une nouvelle édition.

4. — *Étiologie ou causes des maladies.*

3921. — Observations générales sur les maladies des climats chauds, leurs causes, leur traitement, et les moyens de les prévenir; par M. Dazille.
Paris. 1785. Didot. 1 vol. in-8.

A la suite :

. — Mémoire sur les acides natifs du Verjus, de l'Orange et du Citron. Par M. DUBUISSON.
Paris. 1783. Lambert et Baudouin. in-8.

3922. — Traité sur-le climat de l'Italie considéré sous ses raports phisiques, météorologiques et médicinaux. Par le D^r T***. (*Pierre* THOUVENEL).
Vérone. 1797-1798. Giuliari. 4 vol. in-8.

3923. — Topographie médicale du canton d'Ay (Marne). Deuxième partie. Par *J. L.* PLONQUET.
Paris. 1856. Publicité médicale. 1 vol. in-8.

3924. - Société médicale d'Amiens. — Topographie médicale du département de la Somme. — Abbeville (par M. *A.* HECQUET) (1), Gamaches (par M. *A.* MALAPERT), Montdidier (par M. *E.* MANGOT). (2).
Amiens. 1857. Lenoel-Herouart. 1 vol. in-8.
Ces trois mémoires, couronnés par la Société médicale d'Amiens, sont précédés d'un rapport de M. Z. ANDRIEU. (3).

3925. — Topographie physique et médicale de la ville d'Abbeville, par M. le Docteur *A.* HECQUET.
Amiens. 1857. Lenoel-Herouart. 1 vol. in-8. Pl.

3926. — Recherches sur les eaux de l'arrondissement d'Abbeville, précédées de quelques considérations sur les maladies observées dans ce pays, par *A.* HECQUET.
Amiens. 1869. Alf. Caron fils. 1 vol. in-8. Pl.

3927. — Topographie médicale et statistique de la ville de Roye, par *Emile* COËT.
Arras. 1861. Rousseau-Leroy. 1 vol. in-8.

3928. — Hydrologie du canton de Roye, par *Emile* COËT.
Arras. 1861. Rousseau-Leroy. 1 vol. in-8.

3929. — Notes médicales du voyage d'exploration du Mékong et de Cochinchine, par le Docteur *C.* THOREL. (4).
Paris. 1870. Lefrançois. 1 vol. in-8.

---

(1) HECQUET. (*Louis-Anatole-Marie-Nicolas*) né à Abbeville, le 28 Décembre 1817.
(2) MANGOT. [*Ernest*] né à Montdidier, le 8 Juin 1824.
(3) ANDRIEU. [*Jean-Baptiste-Auguste-Zéphirin*] né à Oresmeaux, le 4 Décembre 1806, y mourut le 13 Mars 1860.
[4] THOREL. (*Clovis*) né à Vers-Hébécourt, le 28 Avril 1833.

5. — *Séméiotique ou signes des maladies.*

3930. — Traité pratique d'auscultation, suivi d'un Précis de percussion par M. Barth et M. Henri Roger. 7ᵉ éd.
Paris. 1870. P. Asselin. 1 vol. in-18.
** — Voyez N. 3825. I.

PATHOLOGIE & THÉRAPEUTIQUE.

1. — Traités généraux.

3931. — Conspectus therapiæ generalis, cum notis in materiam medicam, tabulis XX, methodo Stahliana conscriptus à D. *Joanne* Junckero.
Halæ Magdeburg. 1725. Imp. Orphanotrophei. 1v. in-4.

3932. — Curationes morborum ex scriptis *Jacobi* Lazerme excerptæ.
Monspelii. 1750. Rigaud. 2 vol. in-12.
** — Médecine et chirurgie. Par M. Pinel,
Voyez : Abrégé des Transactions de la Société royale de Londres.
Histoire littéraire. N. 588.

3933. — Praxeos medicae universae praecepta. Auctore *Josepho* Frank.
Lipsiæ. 1811-1818. Kuehn. 3 vol. in-8.

3934. — Cours de pathologie et de thérapeutique générales, professé à la Faculté de médecine de Paris par *F. J. V.* Broussais, sténographié par *M.* Tasset, rédigé par *P. M.* Gaubert, et revu par l'auteur.
Paris. 1831-1835. J.-B. Baillière. 5 vol. in-8.

3935. — Traité élémentaire et pratique de pathologie interne, par *A.* Grisolle.
Paris. 1844. Fortin, Masson & Comp. 2 vol. in-8.

3936. — Traité élémentaire de pathologie interne, par M. *Ed.* Monneret.
Paris. 1864-66. Asselin. 3 vol. in-8.

3937. — Traité de pathologie interne, par *S.* Jaccoud. 2ᵉ éd.
Paris. 1872. A. Delahaye. 2 vol. in-8. Fig.

II. — Clinique et observations.

3938. — Idea medici : cum tractatu de symptomatibus crudelissimis, quæ scarificationi et cucurbitularum

16

usui Brunæ incolis in Marchionatu Moraviæ supervenerunt : et de febre epidemia anni ab Incarnatione Servatoris nostri 1580. Autore *Joanne* Sporischio ab Ottenbachaw.

Francofurti. 1582. Wechelus. 1 vol. in-12.

A la suite :

. — *Jacobi* de Sandris de naturali et præternaturali sanguinis statu specimina medica ; cum tractatu de ventriculo et emeticis. Accessit præfatio *Joh.-Henrici* Juncken.

Francofurti ad Mœnum. 1712. P. Andreas. in-12.

. — Tractatus de epicrasi, duæ partes. Prima demonstrat επίκρασιν, juxta Galeni mentem, omnem phlebotomiam, atque catharsim excludere. Secunda vero, nova adversarii in medicinam dogmata examinat. Authore *Laurentio* Fealdo.

S. n. n. l. 1644. in-12.

3939. — *Felicis* Plateri observationum in hominis affectibus plerisque, corpori et animo, functionum læsione, dolore, aliáve molestiá et vitio infensis, libri tres. —Secundá nunc vice typis mendati,... operá et studio *Fel.* Plateri, nepotis.

Basileæ. 1641. Konig. 1 vol. in-8.

3940. — *Antonii* Storck, nec non *Henr.-Jos.* Collin anni medici, atque observationes circa morbos acutos ac chronicos, adjiciunturque eorum curationes, et quædam anatomicæ cadaverum sectiones. Edit. noviss. Præfatus est *B.* Aubert.

Amstelodami. 1779. Fr. De Tournes. 3 vol. in-12.

3941. — Consultations choisies de plusieurs Médecins célèbres de l'Université de Montpellier.

Paris. 1747. 4 vol. in-12. (Sans titre).

3942. — Leçons de clinique médicale de *R. J.* Graves, précédées d'une introduction de M. le Professeur Trousseau. Ouvrage traduit et annoté par le Docteur Jaccoud. 2ᵉ édit.

Paris. 1863. A. Delahaye. 2 vol. in-8.

3943. — Clinique médicale de l'Hôtel-Dieu de Paris. Par *A.* Trousseau. 3e édit.
Paris. 1868. J.-B. Baillière & fils. 3 v. in-8. Port.

3944. — Cenni storico-statistici intorno all' Ospedale della Pia Opera di S. Luigi Gonzaga pel Cavaliere Commendatore Dottor *Benedetto* Trompeo.
Torino. 1866. Bottero Luigi. in-8.

III. — Traités particuliers.

I. — Maladies générales.

b. — *Maladies épidémiques.*

3945. — Prælectiones Pisanæ *Hieronymi* Mercuralis in Epidemicas Hippocratis historias.... Nec non Tractatus 1° De hominis generatione. 2° De balneis Pisanis. 3° De vino et aqua.
Venetiis. 1597. Juntæ. 1 vol. in-fol.

3946. — Observationes de aere et morbis epidimicis, ab anno MDCCXXVIII ad finem anni MDCCXLVIII, Plymuthi factæ. His accedit opusculum de morbo colico Damnoniensi. Auctore *Joanne* Huxham. 2ª edit.
Londini. 1752. J. Hinton. 2 en 1 vol. in-8.

3947. — Première section faisant la suite de la seconde partie de la Collection d'Observations sur les maladies et constitutions épidémiques, comprenant les observations météorologiques, faites à Rouen, depuis 1777 jusques en 1789. (Par Le Pecq de la Cloture).
2 vol. in-4. incomplets.

— Voyez aussi : N. 3825. IV.

c. — *Des Fièvres.*

3948. — Observations sur les fièvres et les fébrifuges, par M. Spon. 2e édit.
Lyon. 1684. Th. Amaulry. 1 vol. in-12.

3949. — Tractatus de febribus *Antonii* Fizes. 3ª edit.
Hagæ Comitum. 1753. P. de Hondt. 1 vol. in-12.

3950. — A treatise on the influence of the moon in fevers. By *Francis* Balfour.
Edinburgh. 1785. Elliot. 1 vol. in-8.

A la suite :

. — A treatise on struma or scrofula, commonly called the King's evil; in which the impropriety of considering it as an hereditary disease is pointed out; more rational causes are assigned; and a successful method of treatment is recommended. By *Thomas* WHITE.
London. 1784. Murray. in-8.

. — Practical observations on the treatment of consumptions. By *Samuel* FOART SIMMONS.
London. 1780. Murray. in-8.

. — An inquiry into the origin of the gout. Wherein its various symptoms and appearances are traced to their cause; and a safe and certain mode of remedying it proposed. By *John* SCOT.
London. 1780. Becket. in-8.

3951. — Rudimenta pyretologiæ methodicæ. Auctore *C. G.* SELLE. Ed. noviss.
Amstelodami. 1787. Piestre & Delamollière. 1 v. in-8.

3952. — Essai sur les fièvres intermittentes et continues de la Basse-Seine, suivi de mélanges de médecine et de chirurgie par le Docteur *Eugène* LÉGAL. 2ᵉ édit.
Havre. 1871. Roquencourt. 1 vol. in-8.

3953. — Mémoire sur une épidémie de fièvres typhoïdes observées à Moulins-la-Marche pendant les années 1855 et 1856, par le Docteur RAGAINE.
Paris. 1858. Germer Baillière. 1 vol. in-8.

3954. — Traité de la peste, ou en répondant aux questions d'un Médecin de province sur les moïens de s'en préserver ou d'en guérir, on fait voir le danger des barraques et des infirmeries forcées. Avec un problème sur la peste. Par un Médecin de la Faculté de Paris. (M. *Philippe* HECQUET) (1),
Paris. 1722. G. Cavelier. 1 vol. in-12.

3955. — Traité pratique de la fièvre jaune observée à la Nouvelle-Orléans, par *Pierre-Frédéric* THOMAS.
Paris. 1848. J. B. Baillière. 1 vol. in-8.

---

(1) HECQUET [*Philippe*] né à Abbeville le 11 Février 1661, mourut à Paris le 11 Avril 1737.

, A la suite :

. — Mémoire sur les causes de la fièvre jaune. Le concours simultané de trois causes est nécessaire au développement de la fièvre jaune, ou résultat d'observations faites dans les ports de mer des États-Unis de l'Amérique du Nord, par ANDRÉ-MICHAUX.
Paris. 1852. Baillière. in-8.

. — Conseil général de santé. — Rapport sur la quarantaine. Présenté aux deux Chambres du Parlement, par ordre de Sa Majesté,
Londres. 1849. Clowes & fils. in-8.

. — Second rapport sur la quarantaine. Fièvre jaune.
Londres. 1853. Eyre. in-8.

II. — Maladies locales.

a. — *Maladies des voies respiratoires.*

** — Voyez N. 3825. I.

3956. — Théorie nouvelle de la phthisie pulmonaire. Par M. LANTHOIS.
Paris. 1818. A. Egron. 1 vol. in-8.

3957. — Curabilité de la phthisie des scrofules appuyée sur des preuves authentiques. Par A. M. BUREAUD-RIOFREY.
Paris. 1847. Germer Baillière. 1 vol. in-8.

3958. — Traité des maladies scrofuleuses. Par le Docteur K. BREDOVA.
Saint-Pétersbourg. 1842. 1 vol. in-8.
En langue russe.

3959. — Le moyen d'empêcher que d'ici à quatre ou cinq ans il n'y eut plus aucun scrophuleux ni aucun poitrinaire, et de guérir toujours ces malades, ou au moins d'enrayer constamment la marche de leur mal, par *Léon* DUBERNARD.
Paris. 1848. L'auteur. 1 vol. in-8.

b. — *Maladies des voies circulatoires.*

** — Voyez N. 3809. et 3825. I. N.

3960. — Faculté de médecine de Montpellier. — Concours pour l'agrégation. (Section de Médecine). — De la

pathogénie de l'inflammation, et de son application à la thérapeutique de cette maladie. Thèse soutenue le 24 Mai 1849 par le D' *Charles* ANGLADA.
Montpellier. 1849. Martel. 1 vol. in-8.
A la suite :
. — Etudes physiologiques sur la théorie de l'inflammation, par *J. L.* BRACHET.
Lyon. 1851. Dumoulin & Ronet. in-8.
. — De la chaleur animale comme principe de l'inflammation, et de l'emploi des enduits imperméables comme application du dogme. Par le D' *Robert* LATOUR.
Paris. 1853. Labé. in-8.

3961. — Relation de l'ouverture du corps d'une femme trouvé presque sans cœur ; précédée de l'histoire de la maladie qui a causé la destruction de ce viscère. Par le Sieur SOUMAIN.
Paris. 1728. N. Pepie. in-8.

3962. — De morbo scorbuto liber cum observationibus quibusdam, brevique et succincta cujusque curationis indicatione. Authore *Severino* EUGALENO.
Hagæ-Comitis. 1658. Vlacq. 1 vol in-12.
A la suite :
. — De scorbuto tractatus duo, authore *Balthazaro* BRUNERO.
Hagæ-Comitis. 1658. Vlacq. in-12.

3963. — An essay on the scurvy : shewing effectual and practicable means for its prevention at sea. With some observations on fevers, and proposals for the more effectual preservation of the health of seamen. By *Fred.* THOMSON.
London. 1790. Robinson. 1 vol. in-8.

e. — *Maladies des voies digestives.*

3964. — De aphthis. — Specimen inaugurale medicum... publicè defendendum edit *J.-Mich.* BRODHAG.
Argentorati. 1787. Heitz. 1 vol. in-8.
** — Voyez N. 3825, V.

3965. — Révélations sur les progrès de l'art dentaire. Par Jacowski. 5ᵉ édit.
Paris. 1859. Dubuisson. Pièce in-8.

3966. — Observations on chronic weakness. By *Thomas* Withers.
York. 1777. Ward. 1 vol. in-8. Pl.

3967. — *Jo. G.* Roedereri et *Car. G.* Wagleri tractatus de morbo mucoso. Denuo recusus, annexaque præfatione de Trichuridibus novo vermium genere editus ab *Henrico-Augusto* Wrisberg. Cum tabulis æneis.
Goettingæ. 1783. Bossiegel. 1 vol. in-8.

3968. — Des glaires, de leurs causes, de leurs effets, et des moyens propres à combattre cette humeur. Par *J.-L.* Doussin-Dubreuil. 5ᵉ édit.
Paris. 1801. Fuchs. 1 vol. in-8.

3969. — Manuel complet, préservatif et curatif du choléra-morbus; rédigé par plusieurs médecins, d'après la doctrine adoptée par l'Académie de médecine de Paris.
Paris. 1831. Crochard. 1 vol. in-18.
** — Voyez N. 3825. I,

3970. — Report of the General Board of health on the epidemic cholera of 1848 et 1849. Presented to both Houses of Parliament by Command of Her Majesty. (By Ashley, *Edwin* Chadwick, *T.* Southwood Smith).
. — Appendix A. . . Report by Dʳ Sutherland.
. — Appendix B. . . Report by Mʳ Grainger.
London. 1850. Clowes. 1 vol. in-8. Cartes.

3971. — Médecine comparée. Parallèle entre le choléra-morbus et le typhus contagieux des bêtes à cornes.
Par M. Decroix.
Paris. 1866. Pillet. in-8.

3972. — Notice sur l'épidémie actuelle. (Par Corriez).
Amiens. 1866. Lambert-Caron. in-8.

3973. — Le choléra. Sa guérison par ses antidotes naturels. Moyen de le prévenir et de se guérir soi-même, précédé d'un aperçu sur la manière dont l'électricité organique concourt au maintien, à l'entretien de la vie et de la santé, suivi de quelques considérations sur la vraie cause et la cause probable des fièvres intermittentes. Par CORRIEZ.

Amiens. 1867. Yvert. 1 vol. in-12.

3974. — Le choléra dans son rapport avec l'hygiène, par SERVAAS DE JONG.

Amiens. 1867. Jeunet. in-8.

3975. — Nouvelles études sur le choléra asiatique. Le sulfure noir de mercure proposé pour préserver l'Italie de ce terrible fléau, par le Docteur *Socrate* CADET. Traduction du Comte *Charles* DES DORIDES.

Rome. 1873. Imprimerie de l'Italie. in-8.

3976. — Recherches sur les invaginations morbides de l'intestin grêle, et sur les caractères qui les distinguent de celles du gros intestin ; par le Dr *Jules* BUCQUOY.

Clermont (Oise). 1857. Huet. in-8.

3977. — Traité des hernies ou descentes ; divisé en deux parties. (Par *G.* ARNAUD DE RONSIL).

Paris. 1749. Le Mercier. 2 vol. in-12

3978. — Notice sur les hernies, et sur une nouvelle manière de les guérir radicalement; par BEAUMONT, de Lyon.

Paris. 1827. Crévot. 1 vol. in-8.

3979. — Guérison radicale des hernies, ou traité des hernies ou descentes, contenant la recette d'un nouveau remède infaillible pour guérir radicalement les hernies, rendant les bandages et les pessaires inutiles. Par *Pierre* SIMON.

Aux Herbiers (Vendée). 1837. P. Simon. 1 vol. in-8.

3980. — Guérison radicale des hernies réductibles ou traitement curatif des hernies ou descentes. Méthode de feu Pierre Simon, par M. COUTAND-SIMON.

Paris. 1865. Gaittet. in-8.

** — Voyez N. 3825. 11.

3981. — Mémoire sur une variété d'étranglement interne reconnaissant pour cause les hernies internes ou intra-abdominales, par le Dr *A.* FAUCON.

Paris. 1873. Asselin. in-8.

g. — Maladies des voies génito-urinaires.

3982. — Traité des pierres qui s'engendrent dans les terres et dans les animaux, où l'on parle exactement des causes qui les forment dans les hommes. La méthode de les prévenir et les abus pour s'en garantir et pour les chasser même hors du corps. Par feu M. *Nicolas* Venette.
Amsterdam. 1701. J. & G. Jassons. 1 vol. in-12. Port.

3983. — Recherches physiologiques et médicales sur les causes, les symptômes et le traitement de la gravelle. Par *F.* Magendie.
Paris. 1818. Méquignon-Marvis. 1 vol. in-8.

3984. — Traité de l'affection calculeuse, ou recherches sur la formation, les caractères physiques et chimiques, les causes, les signes et les effets pathologiques de la pierre et de la gravelle, suivies d'un Essai de statistique sur cette maladie, par le Docteur Civiale.
Paris. 1838. Crochard. 1 vol. in-8. Pl.

** — Voyez N. 3825. V.

3985. — Observations sur les rétrécissements de l'urètre par cause traumatique, et sur leur traitement, par *J.* Franc.
Paris. 1840. Crochard. 1 vol. in-12.

3986. — Recueil pour servir d'éclaircissement détaillé sur la maladie de la fille d'un tireur de pierres du village de S. Geomes, près Langres, laquelle depuis plusieurs années, jettoit des pierres, tantôt par la bouche, tantôt par la voie des urines, et à qui on en a tiré de la vessie à douze reprises différentes. Par M. Morand.
Paris. 1754. Delaguette. 1 vol. in-12.

3987. — Traité théorique et pratique sur les altérations organiques simples et cancéreuses de la matrice, Par *F.* Duparcque. 2ᵉ édit.
Paris. 1839. Germer Baillière. 1 vol. in-8.

3988. — Maladies de la matrice par *F.* Duparcque. Histoire

complète des ruptures et des déchirures de l'utérus, du vagin et du périnée.
Paris. 1839. Germer Baillière. 1 vol. in-8.

3989. — Traité pratique des maladies de l'utérus et de ses annexes considérées principalement au point de vue du diagnostic et du traitement, contenant un appendice sur les maladies du vagin et de la vulve. Par A. COURTY.
Paris. 1866. Asselin. 1 vol. in-8. Fig.

3990. — Faculté de médecine de Strasbourg. — Concours pour l'agrégation de chirurgie et d'accouchement. Des tumeurs de la vulve. Thèse par G. Ad. AUBENAS.
Strasbourg. 1860. Silbermann. in-4.

3991. — Opération courte, facile et sans danger, pour guérir sûrement l'hydrocèle. Comparaison de cette découverte avec le traitement de cette maladie par les injections. . . . Par le Citoyen A. B. IMBERT-DELONNES.
Avignon. 1802. J. J. Niel. 1 vol. in-8.

** — Voyez N, 3825. II.

h. — Maladies du système nerveux.

3992. — Mémoire sur le ramollissement blanc aigu essentiel du cerveau chez les enfants; par le Dr DUPARCQUE.
Paris. 1852. Rignoux. in-8

** — Voyez N, 3825. I.

3993. — Etudes pratiques sur les maladies nerveuses et mentales, accompagnées de tableaux statistiques, suivies du rapport à M. le Sénateur Préfet de la Seine sur les aliénés traités dans les asiles de Bicêtre et de la Salpêtrière, et de considérations générales sur l'ensemble du service des aliénés du département de la Seine. Par le Dr H. GIRARD DE CAILLEUX.
Paris. 1863. J.-B. Baillière. 1 vol. in-8.

3994. — Du traitement de la lypémanie ou folie mélancolique. Par le Dr MICHÉA.
Paris. 1760. P. Didot. in-8.

3995. — Recherches expérimentales sur l'emploi comparé des principaux agents de la médication stupéfiante dans le traitement de l'aliénation mentale, par le Dr Michéa. 2° édit.
Paris. 1857. Labé. in-8.
3996. — Faculté de médecine de Strasbourg.—Concours pour l'agrégation de médecine. — Des paralysies. Thèse par *Ch. Aug.* Spielmann.
Strasbourg. 1850. Silbermann. in-4.
3997. — La rage au point de vue physiologique. Par le Colonel *E.* Belleville.
Toulouse. 1873. Meissonnier. in-8.

i. — *Maladies de l'appareil locomoteur.*

** — An inquiry into origim of the gout. N. 3950.

k. — *Maladies des organes des sens.*

3998. — Note complémentaire sur le traité de la vision d'Hippocrate. Par *J.* Sichel.
Paris. 1861. J. B. Baillière. in 8.
3999. — Physiologie et pathologie fonctionnelle de la vision binoculaire, suivies d'un aperçu sur l'appropriation de tous les instruments d'optique à la vision avec les deux yeux, l'ophthalmoscopie et la stéréoscopie. Par F. Giraud-Teulon.
Paris. 1862. J.-B. Baillière. 1 vol. in-8. Fig.
4000. — Moyens infaillibles de conserver sa vue en bon état jusqu'à une extrême vieillesse, et de la rétablir et la fortifier lorsqu'elle s'est affaiblie ; avec la manière do s'aider soi-même, dans des cas accidentels qui n'exigent pas la présence des gens de l'art, et celle de traiter les yeux pendant et après la petite vérole ; traduit de l'allemand, de M. *G. J.* Beer (par Thiercelin). 5e édit.
Paris. 1812. Paquet. 1 vol. in-8. Pl.
4001. — Manuel de myopes et des presbytes, contenant des recherches historiques sur l'origine des lunettes

ou besicles, les moyens de conserver et d'améliorer la vue, et un chapitre spécialement consacré aux lorgnettes de spectacle, par *Charles* CHEVALIER.
Paris. 1841. Baillière. 1 vol. in-8. Pl.

4002. — A dissertation on the theory and cure of the cataract: in which the practice of extraction is supported; and that operation, in its present improved state, is particularly described : by *Jonathan* WATHEN.
London. 1785. Cadell. 1 vol. in-8.

4003. — Mélanges ophthalmologiques. Par J. SICHEL. (Nouvelles recherches pratiques sur l'amblyopie et l'amaurose causées par l'abus du tabac à fumer, avec des remarques sur l'amblyopie et l'amaurose des buveurs).
Bruxelles. 1865. Thiry. in-8.

4004. — Guide pratique pour bien exécuter, bien réussir et mener à bonne fin l'opération de la cataracte par extraction supérieure, par *J.* LEPORT.
Paris. 1860. Germer Baillère. 1 vol. in-12. Pl.

4005 — Remarks on the ophthalmy, psorophthalmy, and purulent eye. . . With methods of cure, considerably different from those commonly used; and cases annexed, in proof of their utility; also, the case, of a *Gutta-Serena* cured by electricity. By *James* WARE. 2d edit.
London. 1787. Ch. Dilly. 1 vol. in-8.

4006. — Du mode opératoire qui convient le mieux aux cataractes capsulaires centrales et capsulo lenticulaires centrales, et incidemment de l'extraction de la cataracte lenticulaire simple avec sa capsule. Par M. le Dr SICHEL.
Batignolles. 1866. Hennuyer. in-8.
** — Voyez N. 3825. II.

4007. — Du croup des paupières ou diphthérie de la conjonctive, par le Dr *Al.* MAGNE.
Paris. 1858. Malteste. in-8.

l. — Maladies de la peau.

4008. — Notions générales sur les maladies de la peau. Par M. A. Devergie.
Paris. 1844. Schneider & Langrand. in-8.

4009. — Leçons sur les maladies de la peau, professées à l'Hopital Saint Louis par le Dr Hardy, rédigées et publiées (pour la première partie : Dartres, Scrofulides, Syphilides,) par le Dr *Léon* Moysant; et (pour la deuxième partie : Macules et difformités de la peau, Maladies cutanées accidentelles, Maladies parasitaires), par le Dr *Almire* Garnier. Revues et approuvées par le Professeur.
Paris. 1850-63. A. Delahaye. 2 vol. en 1 vol. in-8.

4010. — Notice critique sur les maladies de la peau, suivie d'un nouveau mode d'envisager et de guérir certaines maladies des femmes. Par le Dr Bonnière. 6e éd.
Paris. 1865. L'auteur. 1 vol. in-18.

4011. — Concours pour l'agrégation en médecine. — Des éruptions cutanées dans les fièvres. — Thèse par *Henry* Roger.
Paris. 1847. Bautruche. in-4.

4012. - Concours pour l'agrégation en médecine. — De la valeur des éruptions cutanées dans les pyrexies ; de leurs indications thérapeutiques. — Thèse par M. Legrand.
Paris. 1847. Bourgogne & Martinet. in-4.

4013. — Recherches historiques sur l'ancienneté de la vaccine, et sur son application à l'espèce humaine, comme moyen préservatif de la petite vérole ordinaire, avec la méthode de l'inoculer, suivie de faits, d'observations et d'un plan général d'inoculation ; par *Antoine-Louis* Blanche.
Rouen. An X. Imprimerie des Arts. 1 vol. in-8.

4014. — Recherches historiques sur la petite vérole et sur la vaccine, par *H.* Herbet (1) et *J.* Lenoel (2).
Amiens. 1863. Lenoel-Herouart. 1 vol. in-8.

---

[1] Herbet [*Ernest-Henri*] né à Amiens le 14 Septembre 1827.
[2] Lenoel [*Jules-Jean-Baptiste*] né à Amiens le 2 Janvier 1826.

4015. — La vaccine soumise aux simples lumières de la raison. Ouvrage destiné aux pères et mères de famille des villes et des campagnes, par *C.C.H.* Marc. 2ᵉ éd.
Paris. 1836. J.-B. Baillière. 1 vol. in-12.

4016. — Manuel du vaccinateur des villes et des campagnes, par Adde-Margras, de Nancy.
Paris 1855. Labé. 1 vol. in-12.

4017. — Société médicale d'Amiens, formant le Comité central de vaccine du département de la Somme. Séances publiques et Travaux de 1853 à 1860.
Amiens. 1853-62. Duval & Herment, Caron. 1 v. in-8.

4018. — Considérations en faveur de la vaccination de bras à bras. Par M. le Dʳ Duparcque.
Paris. 1866. A Fontaine. in-8.

4019. — De la vaccine et de ses pernicieux effets sur l'espèce humaine. Par *J. P.* Chevalier.
Paris. 1865. Dentu. in-8.

4020. — Mémoire sur la rougeole épidémique qui a régné à Abbeville (Somme) pendant l'année 1855, par M le Dʳ Hecquet.
Paris. 1857. J. B. Baillière. in-4.

4021. — A treatise of the venereal disease ; being chiefly designed as a translation and abridgment of the practical part of Dʳ Astruc's work. 2 ed. To which are added the improvements with regard to the use of the Sasaparilla, Mezereon, and Sublimate; as also an account of Mr Plenk's method of cure. By *Samuel* Chapman.
London. 1770. W. Owen. 1 vol. in-8.

4022. — De la nature et des causes de la gonorrhée-bénigne et des fleurs-blanches. Par *J. L.* Doussin-Dubreuil.
Paris. 1804. Fuchs. 1 vol. in-8.
** — Voyez N. 3825. IV

m. — Transformations organiques et produits morbides accidentels.

4023. — A treatise on cancers; with an account of a new and successful method of operating, particularly in

cancers of the breast or testis, by which the sufferings of the patient are considerably diminished, the cure greatly accelerated, and deformity prevented ; by *Henry* FEARON. 3 edit.
London 1790. Johnson. 1 vol. in-8.

4024. — Observations on cancer, connected with histories of the disease. By *Everard* HOME.
London. 1805. W. Bulmer. 1 vol. in-8.

4025. — Réfutation de la doctrine d'inévitabilité et d'incurabilité du cancer, par M. *F.* DUPARCQUE.
Paris. 1837. Lenormand. in-8.

4026. — Nouvelles observations de calculs salivaires, suivies d'un essai nosographique sur cette espèce de concrétions. Par M. DUPARCQUE. (Imprimées par décision de la Société de médecine de Paris).
Paris. s. n. n. l. n. d. in-8.

4027. — Observations sur le diagnostic et le traitement des concrétions biliaires, par le Dr DUPARCQUE.
Paris. 1844. Hauquelin & Bautruche. in-8.

III. — Maladies spéciales.

a. — *Maladies des enfants.*

4028. — Traité clinique et pratique des maladies des enfants. Par MM. *E.* BARTHEZ et *F.* RILLIET. 2e éd. 2e tirage.
Paris. 1861. Germer Baillière. 3 vol. in-8.

4029. — Recherches cliniques sur les maladies de l'enfance. Par le Dr *Henry* ROGER. Tome I.
Paris. 1872. Asselin. 1 vol. in-8.

c. — *Maladies des soldats et des Marins.*

4030. — Traité de médecine clinique sur les principales maladies des armées qui ont régné dans les Hopitaux de Montpellier pendant les dernières guerres, dans les années 2e, 3e, 4e et 5e de l'Ère républicaine, ou 1793-94-95-96 (vieux style). Précédé de quelques Réflexions relatives à l'influence des constitutions des saisons sur les maladies en général. Par *P. J.* Roucher.

Montpellier. Paris. An VI. Villier. 2 en 1 v. in-8.

CHIRURGIE.

1. — *Histoire.*

** — Rapport sur les progrès de la chirurgie, par MM. Denonvillers, Nélaton, Velpeau, *Félix* Guyon, *Léon* Labbé.

Voyez : Histoire littéraire. N. 369.

2. — *Dictionnaires.*

4031. — Dictionnaire françois latin, des termes de Médecine et de Chirurgie, avec leur définition, leur division, et leur étymologie, par M. *Elie* Col de Villars. (Suite du Cours de Chirurgie).
Paris. 1760. Le Mercier & Hérissant. 1 vol. in-12.

4032. — Dictionnaire portatif de Chirurgie, ou tome III° du Dictionnaire de santé, contenant toutes les connoissances tant théoriques que pratiques de la Chirurgie, le détail et les usages des meilleurs instrumens, etc. Par M. Sue le Jeune.
Paris. 1771. Vincent 1 vol. in-12.

4033. — Dictionnaire portatif de Chirurgie, ou tome III° du Dictionnaire de santé... Par M. Sue 3° édit.
Rouen. 1788. P. Du Mesnil. 1 vol. in-8.

3. — *Œuvres de Chirurgiens et traités généraux.*

4034. — D. *Laurentii* Heisteri institutiones chirurgicæ.
Amstelædami. 1750. Janssonio-Waesbergii. 2 v. in-4.

4035. — Aphorismes de chirurgie d'*Herman* Boerhaave, commentés par M. Van-Swieten, traduits de latin en françois (par Louis et de Villers).
Paris. 1753. V° Cavelier & fils. 4 vol. in-12.

4036. — A system of surgery by *Benjamin* Bell. Illustrated with copperplates. 3ᵈ edit.
Edinburgh. 1787-1788. Ch. Elliot. 6 vol. in-8.

4037. — Principles of surgery, for the use of chirurgical students. Part the first. By *John* Pearson.
London. 1788. Johnson. 1 vol. in-8.

4038. — *Henrici* CALLISEN systema chirurgiæ hodiernæ in usum publicum et privatum adornatum. Ed. nov.
Hafniæ. 1798. Proft & Storch. 2 vol. in-8.

4039. — Elementi di chirurgia di *Aug.-Gottlieb* RICHTER. Recati sulla seconda edizione dall' idioma tedesco nell' italiano, ed arricchiti di varie annotazioni da *Tommaso* VOLPI.
Pavia. 1794-1801. P. Galeazzi. 4 vol. in-8. Pl.

4. — *Pathologie et nosographie chirurgicales.*

4040. — Traité élémentaire de pathologie externe, par *E.* FOLLIN et *S.* DUPLAY. Avec figures dans le texte.
Paris. 1871-73. G. Masson. 4 vol. in-8.

4041. — Leçons cliniques sur les maladies chirurgicales des enfants, professées par M. J. GIRALDÈS, recueillies et publiées par MM. BOURNEVILLE et *E.* BOURGEOIS, revues par le Professeur.
Paris. 1869. A. Delahaye. 1 vol. in-8. Fig.

6. — *Médecine opératoire.*

4042. — Manuel de petite chirurgie par M. *A.* JAMAIN. 5ᵉ éd. avec 438 figures intercalées dans le texte, par M. *Félix* TERRIER.
Paris. 1873. Germer Baillière. 1 vol. in-12.

4043. — *Cæsaris* MAGATI de rara medicatione vulnerum, seu de vulneribus rarò tractandis libri duo.
Venetiis. 1616. Amb. & B. Dei. 1 vol. in-fol.

4044. — Méthode de traiter les plaies d'arme-à-feu. Par M. J. RANBY.
Paris. 1745. Durand. 1 vol. in-12.

4045. — Traité des fractures et des luxations, par *J. F.* MALGAIGNE.
Paris. 1855. Baillière. 2 vol. in-8 & atlas-in-fol.

4046. — Mémoire sur l'inégalité professionnelle de longueur des membres supérieurs, considérée comme cause d'erreurs diagnostiques, pronostiques et thérapeu-

tiques de leurs fractures et luxations. Par M. le Dr Duparcque. (1).
Paris. 1863. V. Masson. in-8.

4047. — Notice sur le traitement des difformités de la taille au moyen de la ceinture à inclinaison, sans lits à extension ni béquilles, contenant un aperçu de quelques-uns des nouveaux résultats obtenus dans l'Institut orthopédique spécial du Dr Tavernier.
Paris. 1842. Germer Baillière. in-8. Fig.

4048. — Du bégaiement et du strabisme, nouvelles recherches, par le D[r] Ch. Phillips (de Liége).
Paris. 1841. Béthune & Plon. 1 vol. in-8.

4049. — Du strabisme, par le D[r] Ch. Phillips (de Liége).
Paris. 1841. Béthune & Plon. 1 vol. in-8.

4050. — Traité du strabisme et du bégaiement, suivi de quelques considérations nouvelles sur la guérison de la myopie, de l'amaurose par rétraction musculaire, et du mouvement convulsif des yeux par la division des muscles de l'œil, par J. E. Dufresse-Chassaigne.
Paris. 1841. Bourgogne & Martinet. 1 vol. in-8.

4051. — Traité du bégaiement et des moyens de le guérir, par A. Becquerel. Ouvrage contenant l'exposé de la méthode découverte par M. Jourdant pour guérir le vice de la parole.
Paris. 1843. Fortin, Masson & Comp. 1 vol. in-8.

4052. — De l'ablation curative des loupes, lipomes et tumeurs analogues, sans opération sanglante. Par M. A. Legrand.
Paris. 1856. J. B. Baillière. 1 vol. in-8. Fig.

4053. — Phénomène extraordinaire du règne animal ou sarcocèle d'une grosseur énorme guéri par une opération hardie faite à l'Hôpital militaire de Véronne, le 16 Fructidor an 10. Par le cit. Lavérine.
Como. An 10. Ostinelli. 1 vol. in-8.

** — Voyez N. 3825. III. V.

---

[1] Duparcque [Frédéric] né à Amiens le 30 Décembre 1788.

OBSTÉTRIQUE.

a. — Histoire.

4054. — Lettre de M.** (Piet), Étudiant en Chirurgie à Paris, à M.***, Maître en Chirurgie et Accoucheur à R.***, en P.***; sur un nouvel ouvrage intitulé : *La pratique des accouchemens.*
Amsterdam. Paris. 1776. Clousier. 1 vol. in-8.
A la suite.
. — Maître *Alphonse* Leroy, Professeur en médecine, à son critique.
Paris. 1776. Leclerc. in-8.

b. — Traités généraux et manuels.

4055. — *Richardi* Manningham artis obstetricariæ compendium tam theoriam quam praxin spectans..., denuo editum..., auctum, tabulisque æneis ornatum, autore D. *Phil. Adolpho* Boehmero.
Halæ Magd. 1746. Luderwald. 1 vol. in-4.

4056. — *Joannis-Georgii* Roedereri elementa artis obstetriciæ in usum auditorum denuo edidit, necnon præfatione et annotationibus instruxit *Henricus Augustus* Wrisberg.
Goettingæ. 1766. A. Vandenhoeck. 1 vol. in-8.

c. — Mélanges.

4057. — An in partu, propter augustiam pelvis impossibili, symphysis ossium pubis secanda? Theses anatomico-chirurgicæ; quas tueri conabitur *Joan.-Lud.* Baudelocque. (1).
Parisiis. 1776. M. Lambert. in-4.

4058. — Recherches et considérations sur l'opération césarienne. Par le Dr Bourgeois, de Tourcoing.
Anvers. 1859. Buschmann. in-8.

4059. - Opération césarienne, par M. le Dr Andrieu.
Gand. 1859. Hebbelynck. in-8.

---

[1] Baudelocque [*Jean-Louis*] né à Heilly le 30 Novembre 1745, mourut à Paris le 2 Mai 1810.

4060. — Clinique chirurgicale. Mémoires de chirurgie et d'obstétrique par le professeur F. Rizzoli. Traduit de l'italien par le Dr R. Andreini. 2ᵉ éd. française. Avec 103 figures dans le texte.
Paris. 1872. A. Delahaye. 1 vol. in-8.

4061. — Mélanges d'obstétrique.
1 vol. in-8 contenant :

1 — Faculté de médecine de Montpellier. — Concours pour la chaire d'accouchements, maladies des femmes et des enfants. — Thèse soutenue publiquement le 28 juillet 1848 sur la question suivante : Examiner, au point de vue critique, l'état actuel de la science et de la pratique obstétricales. Par A. T. Chrestien.
Montpellier. 1848. Ricard.

2 — Ecole préparatoire de médecine et de pharmacie de Lille. — Cours d'accouchements, maladies des femmes et des enfants. Leçon d'ouverture par le prof. C. Binaut.
Lille. 1855. Reboux.

3 — De l'éthérisation dans les accouchements, par le Dr. Villeneuve.
Marseille. 1857. Bellande.

4 — Anesthésie obstétricale, De l'emploi du chloroforme dans l'accouchement naturel simple, par P. C. X. Houzelot.
Meaux. 1854. Carro.

5 — De la conversion. De la présentation de la face en présentation du sommet, par Chailly (Honoré).
Paris. 18 . Lacour.

6 — Mémoire sur l'accouchement provoqué prématurément, par M. le Dr. Villeneuve.
Marseille. 1847. Bellande.

7 — Faculté de médecine de Paris. — Concours pour l'agrégation. — Des lésions traumatiques que le fœtus peut éprouver pendant l'accouchement. Thèse... par Ch. Pajot.
Paris. 1853 G. Ballière.

8 — Faculté de médecine de Paris. — Concours pour l'agrégation. Des tumeurs sanguines de la vulve et du vagin pendant la grossesse et l'accouchement, Thèse.-. par H. Blot.
Paris. 1853. Lahure.

9 — Des grossesses extra-utérines, par M. Alexis Moreau.
Paris. 1853. G. Ballière.

10 — Discorso sopra un nuovo ed utile stromento ostetrico letto nell' adunanza del 7 novembre 1850 all. 1. R. Instituto dal prof. Felice de Billi.
Milano. 1851. Fig.

11 — De la fièvre puerpérale épidémique, par le Dr. Charles Dubreuilh.
Bordeaux. 1848. Faye.

12 — Traité sur les maladies puerpérales, suivi de recherches sur l'auscultation des femmes enceintes ; par Théodore Helm.
Paris. 1840. Fortin, Masson & Cie.

SCIENCES THÉRAPEUTIQUES & PHARMACOLOGIQUES

I. — MOYENS THÉRAPEUTIQUES.

4062. — Concours pour l'agrégation en médecine. — Thèse sur la question suivante : De l'influence de l'humorisme dans la pratique médicale ; par *C.* Baron.
Paris. 1844. Cosson. 1 vol. in-4.

4063. — Le médecin tant-pis tant-mieux, sur une question académique, relative à la préférence de la saignée locale, soit par les sangsues, soit par les ventouses scarifiées, à la saignée générale, dans les maladies aigues et chroniques ; suivi d'un Traité sur la fréquence des apoplexies et des paralysies, avec les moyens de les guérir et de s'en préserver. Par *Jean Baptiste* Picquet.
Lons-le-Saulnier. 1827. Gauthier. 1 vol. in-12.

4064. — Plus de sangsues ! Par Audin-Rouvière. 2ᵉ édit.
Paris. 1827. L'Auteur. 1 vol. in-8.

4065. — Notice sur l'emploi des ventouses en Allemagne et dans les départements français limitrophes de ce pays ;... par *Sigismond* Rohmer.
Paris. s. d. Mie. in-8.

II. — MATIÈRE MÉDIAALE.

b. — Dictionnaires.

4066. — Dictionnaire botanique et pharmaceutique, contenant les principales propriétés des minéraux, des végétaux et des animaux d'usage; par (Dom *Nicolas* Alexandre, Bénédictin).
Paris. 1777. Vᵉ Didot. 1 vol. in-12.

4067. — L'officine ou répertoire général de pharmacie pratique contenant : 1° le dispensaire pharmaceutique ; 2° la pharmacie légale ; 3° l'appendice pharmaceutique ; 4ᵉ le tarif général de pharmacie et des branches accessoires, précédé du tarif des manipulations; par Dorvault. 8ᵉ édit.
Paris. 1872. Asselin. 1 vol. in-8.

c. — Traités généraux.

4068. — *Hermanni* Boerhaave tractatus de viribus medicamentorum. Edit. noviss. Alterá vice dedit, accuratiùs adhuc recensuit, novisque annotationibus et additamentis locupletiorem fecit *Ben.* Boudon.
Parisiis. 1740. G. Cavelier. 1 vol. in-12.
A la suite :

. — *Davidis* Abercromby nova medicinæ tum speculativæ, tum practicæ clavis ; sive ars explorandi medicas plantarum ac corporum quorumcumque facultates ex solo sapore. Ed. nov.
Parisiis. 1740. G. Cavelier in-12.

4069. — *Henr.-Joh.-Nepom.* Crantz materiæ medicæ et chirurgicæ juxta systema naturæ digestæ. 2ª ed.
Viennæ. 1765. J. P. Kraus. 3 en 1 vol. in-8.

4070. — *Caroli* a Linné materia medica. Editio quarta auctior curante *Jo. Chr. Dan.* Schrebero.
Lipsiæ & Erlangæ. 1782. W. Waltherus 1 v. in-8.
A la suite :

. — Mantissa editioni quartæ materiæ medicæ B. Equ. à Linné adjecta à D. *Jo.-Chr.-Dan.* Schrebero.
Erlangæ. 1782. Waltherus. in-8.

** — Matière médicale et pharmacie. Par MM. Wilmet et Bosquillon.
Voyez : Abrégé des Transactions de la Société royale de Londres.
Histoire littéraire. N. 588,

4071. — *Jac. Reinboldi* Spielmann institutiones materiæ medicæ prælectionibus academicis accommodatæ. Editio nova revisa.
Argentorati. 1784. G. Treuttel. 1 vol. in-8. Port.

4072. — C. W. Hufeland conspectus materiæ medicæ secundum ordines naturales, in usum auditorum. Editio altera aucta.
Berolini. 1820. Dummler. 1 vol. in-8.

4073. — Traité élémentaire de matière médicale. Par *J.B.G.* Barbier.
Paris. 1819. Méquignon-Marvis. 3 vol. in-8.
Avec des notes et des observations manuscrites pour servir à une nouvelle édition.

4074. — Même ouvrage. 2ᵉ édit.
Paris. 1824. Méquignon-Marvis. 3 vol. in-8.
Avec des notes et des observations manuscrites pour servir à une troisième édition.

4075. — Même ouvrage. 3ᵉ édit.
Paris. 1830. Méquignon-Marvis. 3 vol. in-8.
Très-grand nombre de notes et d'observations manuscrites de l'auteur pour une quatrième édition.
Les titres manquent, ainsi que les trois avertissements qui se trouvaient en tête du premier volume.

4076. — Lezioni di materia medica del Dottor *Ottaviano* Targioni Tozzetti.
Firenze. 1821. G. Piatti. 1 vol. in-8.

d. — Traités de pharmacie.

4077. — Pharmaciæ elementa chemiæ recentioris fundamentis innixa ; auctore *Francisco* Carbonell.
Barcinone & Parisiis. 1800. Méquignon. 1 v. in-8.

4078. — *Hieronymi-Davidis* Gaubii libellus de methodo concinnandi formulas medicamentorum. Editio altera.
Lugduni-Batav. 1752. C. Wishoff. 1 vol. in-8.

4079. — Elémens de pharmacie théorique et pratique. Par M. Baumé. Nᵉ édit.
Paris. 1770. Samson. 1 vol. in-8. Pl.

e. — Pharmacopées et formulaires.

4080. — Pharmacopœia Collegii regalis Medicorum Londinensis. MDCCCIX.
Londini. 1809. Woodfall. 1 vol. in-16.

4081. — Pharmacopœia Collegii regalis Medicorum Londinensis.— Pharmacopée du Collége royal des Médecins de Londres. (Latin-français).
Paris. 1837. J.-B. Baillière. 1 vol. in-16.

4082. — Code pharmaceutique à l'usage des hospices civils, des secours à domicile, et des prisons, publié par ordre du Ministre de l'Intérieur. Par *A. A.* Parmentier. Nᵉ édit.
Paris. 1803. Méquignon. 1 vol. in-8.

f. — *Mélanges.*

4083. — L'année pharmaceutique ou recueil des remèdes nouveaux et revue des travaux les plus importants en Pharmacie, Chimie, Thérapeutique, Histoire naturelle médicale qui ont paru en 1860-61-62-63-64. Par *L.* PARISEL.
Paris. 1861-65. V. Masson. 4 vol. in-8 & 1 v. in-18

4084. — Annuaire pharmaceutique fondé par O. Reveil et L. Parisel, ou exposé analytique des travaux de Pharmacie, Physique, Histoire naturelle médicale, Thérapeutique, Hygiène, Toxicologie, Pharmacie et Chimie légales, Eaux minérales, intérets professionnels, suivi du Compte-rendu des Congrès pharmaceutiques de Brunswick et de Rennes, par L. PARISEL. 4e année — 1866 — formant la 6e *Année pharmaceutique.*
Paris. 1866. J.-B. Baillière. 1 vol. in-18.

4085. — Varia.
1 vol. in-4 contenant :

1 — De Purgandis enixis, et recto bezacharticorum usu tractatus *Joannis* CONTARENI.
Venetiis. 1614. J. B Bertonus.

2 — Dissertatio inauguralis chemico-medica de soda et inde obtinendo peculiari sale... Subjicit *P H Jacobus* IMLIN.
Argentorati. 1760. Heitzius.

3 — Specimen de acetificatione.. Submittit *Joh.* LEPECHIN.
Argentorati. 1766. Heitzius.

4 — Dissertatio inauguralis de corpore animali chemista... quam subjicit *Josephus* DOERNER.
Argentorati. 1767. Heitzius.

5 — Analecta circa destillationem acidi salis ejusque naphtam... proponit *Martinus* MARS.
Argentorati. 1772. Heitzius.

6 — Syntheses pharmaceuticæ utriusque pharmaciæ, è codice medicamentario depromptæ, nonnullæ secundum recentiora peritorum autorum experimenta descriptæ,.. [exponendæ à *Nic Hon.* FACQUEZ. (1).
Parisiis. Auno. Langlois.

---

[1] FACQUEZ [*Henri-Honore-Nicolas*] né à Amiens le 5 Septembre 1795, y mourut le 8 Septembre 1833.

7 — Syntheses pharmaceuticæ et chymicæ,... expomendæ à Joseph Pelletier.
Parisiis. 1810. Couturier.

8 — Syntheses pharmaceuticæ et chymicæ .. exponendæ à *Maximo-Raoul* Duval. (1),
Parisiis. 1826. Cabuchet.

9 — Thèse pour réception de pharmacien, présentée et soutenue par J. P. Chevalier.
Amiens. 1832. Caron-Vitet.

10 — Discours prononcé à la Société des Pharmaciens, le 5 Mars 1833, par J. P. Chevalier. (Des iodures).
Amiens, 1833. Caron-Vitet. in-8.

11 — Essai de propositions et d'observations pharmaceutiques. Thèse présentée par *Louis* Mialhe.
Paris. 1836. Fain.

12 — Synthèses de pharmacie et de chimie présentées et soutenues, par *L H. Ad.* Andrieu. (3).
Paris. 1843. Poussielgue.

13 — De l'amidon en général et des fécules médicinales en particulier. Thèse soutenue à l'Ecole de Pharmacie par C. F. Mayet.
Paris. 1845. Fain & Thunot.

14 — Synthèse de pharmacie et de chimie présentée et soutenue par M *Emile* Amstrong.
Amiens. 1848. Alf. Caron.

g. — Agents impondérables.

4086. — Mémoire sur l'électricité médicale ; et histoire du traitement de vingt malades traités et la plupart guéris par l'électricité, par M. Masars de Cazeles.
Paris. s. d. (1780). Méquignon. 1 vol. in-12.
A la suite :

. — Second mémoire sur l'électricité médicale, et histoire du traitement de quarante-deux malades entièrement guéris, ou notablement soulagés par ce remède. Par M. Masars de Cazeles.
Paris. 1782. Méquignon. 1 vol. in-12.

4087. — Mémoire sur la découverte du magnétisme animal; par M. Mesmer.
Genève. Paris. 1779. Didot. 1 vol. in-12.

---

(2) Duval (*Maurice-Raoul*) né à Beuvraignes le. . . .
(3) Andrieu (*Louts-Henri-Adolphe*) né à Oresmeaux le 17 Octobre 1802.

4088. — Lettre de M. le C**. de C**. P**. (le Comte DE CHASTENET-PUYSÉGUR) à M. le P**. E**. de S**. (sur le Mesmérisme).
1783. in-12.

4089. — Du magnétisme animal, considéré dans ses rapports avec diverses branches de la physique générale. Par *A. M. J.* CHASTENET DE PUYSÉGUR.
Paris. 1807. Desenne. 1 vol. in-8.

4090. — L'ami de la nature, ou manière de traiter les maladies, par le prétendu magnétisme animal. Par M. SOUSSELIER DE LA TOUR.
Dijon. 1784. Capel. 1 vol. in-8.

4091. — Lettres philosophiques et morales sur le magnétisme animal, contenant l'exposé critique des expériences les plus récentes, et une nouvelle théorie sur ses causes, ses phénomènes et ses applications à la médecine; par *J. Amédée* DUPAU.
Paris. 1826. Gabon. 1 vol. in-8.

4092. — Le magnétisme à Caen. Lettres à un ami. (Par M. *Antoine*. CHARMA).
Caen. 1845. Hardel. in-8.

4093. — Pièces sur le magnétisme animal.
1 vol. in-8 contenant :

1 — Examen de l'ouvrage qui a pour titre : *Le mystère des magnétiseurs et des somnambules, dévoilé aux âmes droites et vertueuses par un homme du monde*. Par Mr SUREMAIN DE MISSERY.
Paris. 1816. Dentu.

2 — Analyse raisonnée des Rapports des Commissaires chargés par le Roi de l'examen du magnétisme animal. Par *J. B.* BONNEFOY.
Lyon. Paris. 1784. Prault.

3 — Observation très importante sur les effets du magnétisme animal. Par M. DE BOURZEIS.
Paris. 1783. Gueffier.

4 — Lettre de M. A.** à M. B.** Sur le livre intitulé : *Recherches et doutes sur le Magnétisme animal de M. Thouret*.
Bruxelles. 1784.

5 — Autres rêveries sur le magnétisme animal, à un Académicien de province.
Bruxelles. 1784.

6 — Lettre sur la mort de M. Court de Gébelin. 1784.

7 — Lettres de M. MESMER, à M. Vicq-d'Azyr, et à Messieurs les Auteurs du Journal de Paris.
Bruxelles. 1784.

8 — Observations sur le Rapport des Commissaires chargés par le Roi de l'examen du magnétisme animal. par M. G. C.
Vienne. Autriche. 1784.

9 — Considérations sur le magnétisme animal, ou sur la théorie du monde et des êtres organisés, d'après les principes de M. Mesmer. Par M. BERGASSE. Avec des pensées sur le mouvement, par M. le Marquis de CHASTELLUX.
La Haye. 1784.

10 — Discours sur le magnétisme animal, prononcé le 13 Février 1835. à l'Athenée central. Par DUPOTET DE SENNEVOY.
Paris 1835. M⁰ De Lacombe.

11 — Elémens du magnétisme animal, ou exposition succincte des procédés, des phénomènes, et de l'emploi du magnétisme. Par M. DE LAUSANNE.
Paris. 1818. Dentu.

12 — Nouvelles cures opérées par le magnétisme animal.
Paris. 1784.

13 — Détail des cures opérées à Buzancy, près Soissons, par le magnétisme animal.
Soissons. 1784.

4094. — Pièces sur le magnétisme animal.
1 vol. in-4 contenant :

1 — Lettre à M. Mesmer, et autres pièces concernant la maladie de la Demoiselle Berlancourt de Beauvais.
Beauvais. 1781. Desjardins.

2 — Lettre de l'Auteur du Monde primitif [COURT DE GÉBELIN] à Messieurs ses souscripteurs.
Paris. 1783. Valleyre.

3 — Rapports des Commissaires de la Société royale de médecine, nommés par le Roy, pour faire l'examen du Magnétisme animal. 16 Aout 1784.
S. n. n. l. n. d.

4 — Letttre de M. MESMER à M. le comte de *** [CHASTENET DE PUYSÉGUR].
Paris. 1784.

h. — Médicaments tirés du règne minéral.

4095. — Apparatus medicaminum tam simplicium quam præparatorum et compositorum in praxeos adjumentum consideratus. Pars II. Regnum minerale complectens. Vol. I-II. Auctore *Jo. Frid.* GMELIN. Gottingæ. 1795-1796. Dieterich. 2 en 1 vol. in-8.

4096. — Traité sur un nouveau sel neutre, purgatif, fondant et calmant. Par M. Descroisilles.
Amiens 1759. Ch. Dreue. 1 vol. in-8.

4097. — Mémoire sur les propriétés anti-névralgiques du sous-carbonate de fer. Par M. Duparcque.
Paris. 1826. Nouv. Bibl. médicale. in-8.

4098. — Archives de physiologie, de thérapeutique et d'hygiène sous la direction de M. Bouchardat. N. 2. Mémoire sur l'action physiologique et thérapeutique des ferrugineux. Par T. A. Quevenne.
Paris. 1854. Germer Baillière. 1 vol. in-8.

i. — *De l'eau et des eaux minérales et thermales.*

4099. — Dictionnaire général des eaux minérales et d'hydrologie médicale, comprenant la géographie et les stations thermales, la pathologie thérapeutique, la chimie analytique, l'histoire naturelle, l'aménagement des sources, l'administration thermale, etc. Par MM. Durand-Fardel, E. Le Bret et J. Lefort. Avec la collaboration de M. *Jules* François, pour les applications de la science de l'ingénieur à l'hydrologie médicale.
Paris. 1860. J. B. Baillière. 1 vol. in-8.

4100. — Sur la nomenclature et la classification des eaux minérales, par le Dr *J. Ch.* Herpin (dé Metz).
Paris. 1858. Germer Baillière. in-8.

4101. — Dissertationum de acidulis sectiones duæ : in quarum priore agitur de acidulis in genere : in posteriore verò de Alsatiæ acidulis in specie. Ita adornatæ, ut etiam aliarum thermarum usui, sive bibantur, sive foris applicentur plurimùm inservire queant. Authore *Melchiore* Sebizio.
Argentorati. 1627. Glaserus. 1 vol. in-8.

4102. — La vraye anatomie des eaux minérales. Par H. de Rochas. — Sans titre.

4103. — Deux mots sur l'hydrothérapie. (Par le D' GUETTET).
Bruxelles. 1864. Manceaux. in-8.
4104. — Hydrothérapie. (Par J. J. BOURRU)..
Dijon. 1861. Lamarche. in-8.
4105. — Des bains de mer. Notions physiologiques et hygiéniques à l'usage des baigneurs. Par *F. J.* CAZIN.
Boulogne-sur-Mer. 1858. Aigre. in-12.
4106. — Considérations générales sur l'utilité des bains de mer dans le traitement des difformités du tronc et des membres; par *Ch. L.* MOURGUÉ.
Paris. 1828. Roret. 1 vol. in-8.
4107. — Mélanges d'hydrothérapie.
1 vol. in-8 contenant :
1 — De l'hydrothérapie méthodique Par *D* CHARPENTIER.
Paris. 1855. Bonaventure & Ducessois.
2 — Recherches et observations sur les effets et l'opportunité des divers modificateurs dits hydrothérapiques, par le Docteur *L.* FLEURY.
Paris. 1848. Rignoux.
3 — Des douches froides et de la sudation appliquées au traitement des névralgies et des rhumatismes musculaires, par le Docteur *L.* FLEURY.
Paris. 1850. Thunot.
4 — Essai sur l'emploi médical de l'air comprimé. Par le Dr. *C. G.* PRAVAZ.
Paris. 1850. Savy.
5 — De l'air comprimé comme agent thérapeutique. Par le Dr *Joannis* MILLIET.
Lyon. 1854. L. Perrin.
4108. — Notice sur les sources thermales de Bourbonne-les-Bains. Par M. DROUOT.
Paris. 1863. Dunod. 1 vol. in-8.
4109. — Traité historique, chimique et médical des Eaux-Bonnes, précédé d'un aperçu général sur les eaux sulfureuses des Pyrénées. Par *Paul* TONDUT.
Montpellier. 1851. Martel. 1 vol. in-8.
4110. - Etude médicale et historique des eaux minérales sulfureuses d'Enghien-les-Bains. Par le D' SALES-GIRONS.
Paris 1851. Labé. 1 vol. in-18. Pl.
4111. — Mémoire sur les eaux minérales de la Herse, situées près de Bellême (Orne). Par M. *L. R.* CHARAULT.
Paris. 1853. Dautreville. in-8.

** — *Rœmundi* Massaci Pugeæ: seu de lymphis Pugeacis libri duo.
Voyez : Belles-Lettres. N. 1338.

4112. — Spa, Belgique. — Les sources ferrugineuses les plus anciennes, les plus riches du monde.
Vichy. 1872. Wallon. in-8.

4113. — Emploi médical des eaux minérales de Vals (Ardèche). Par M. le Dr Tourrette.
Valence. 1872. Céas. in-8.

4114. — Eaux minérales de Vals (Ardèche). Par M. le Dr Clermont (de Lyon).
Paris. s. d. Rouge fr. in-8.

4115. — Notice sur les eaux minérales naturelles de Vichy et sur les maladies principales pour lesquelles ces eaux sont prescrites.
Paris. 1853. V. Masson. in-12.

4116. — Manuel du malade à Vichy. Par M. *Am*. Dubois. (1)
Paris. 1860. Germer Baillière. 1 vol. in-18.

4117. — Précis analytique des principales eaux minérales d'Allemagne.
Paris. 1861. V. Masson. in-8.

4118. — Les eaux de Niederbronn. Description physique et médicale de cet établissement de bains par le D[r] *J*. Kuhn. 3e édit.
Paris. 1860. V. Masson. 1 vol. in-12. Pl.

j. — *Médicaments tirés du règne animal.*

4119. — Essai thérapeutique des corps gras phosphorés extraits de la moelle allongée des mammifères herbivores ; par M. *V*. Baud.
Paris. 1858. Mallet-Bachelier. 1 vol. in-4.

k. — *Médicaments tirés du règne végétal.*

4120. — *B. Jo. Andreae* Murray apparatus medicaminum tam simplicium quam præparatorum et compositorum in praxeos adjumentum consideratus. Editio altera auctior curante *Lud. Christ.* Althof.
Goettingæ. 1784-94. J. Ch. Dieterich. 6 en 5 v. in-8.

---

[1] Dubois [*Amable-Luglien*] né à Amiens le 18 Septembre 1796.

4121. — Fragmenta de viribus medicamentorum positivis sive in sano corpore humano observatis à *Samuele* Hahnemann.
Lipsiæ. 1805. Barthius. 2 en 1 vol. in-8.

4122. — Traité pratique et raisonné des plantes médicinales indigènes. Par *F. J.* Cazin. 2ᵉ édit.
Paris. 1858. Labé. 1 vol. in-8 & atlas.

4123. — Monographie medico-pratique et bibliographique de la Belladone. Par *F. J.* Cazin.
Paris. 1856. Labé. 1 vol. in-8. Pl.

4124. — *Antonii* Storck libellus, quo demonstratur; cicutam non solum usu interno tutissimè exhiberi, sed et esse simul remedium valde utile in multis morbis, qui hucusque curatu impossibiles dicebantur.
Vindobonæ. 1760. Trattner. 1 vol. in-8. Fig.

4125. — Essai sur la digitale pourprée, par *James* Sanders. Traduit de l'anglais par *A. F. G.* Murat.
Paris. 1812. Ancelle. 1 vol. in-8.

4126. — Essai sur les propriétés médicinales de la digitale pourprée, par *F. T.* Bidault de Villiers. 3ᵉ édit.
Paris. 1812. Méquignon-Marvis. 1 vol. in-8.

4127. — Archives de physiologie, de thérapeutique et d'hygiène sous la direction de M. Bouchardat. N. 1. Mémoire sur la digitaline et la digitale, par *E.* Homolle et *T. A.* Quevenne.
Paris. 1854. Germer Baillière. 1 vol. in-8.

4128. — Considérations pratiques sur le seigle ergoté; par M. Duparcque. (Imprimé par décision de la Société médicale de Paris.)
Paris. 1858. Béthune & Plon. in-8.

4129. — Guérisons expérimentées des vers, même du solitaire, par le *Spigelia*, surnommé *Anthelmia*, l'Œillet d'Inde, le *Semen contra*.... Par J. P. Buc'hoz.
Paris. 1805. Dame Buc'hoz. 1 vol. in-8.

4130. — Mémoire sur l'opium indigène, par *C.* Decharme.
Amiens. 1855. Duval & Herment, in-8.

e. — *Secrets de médecine et remèdes spécifiques.*

4131. — Abrégé de l'ordre admirable des connoissances et des beaux secrets de Saint-Raymond Lulle, Martyr. Par l'Abbé D'Aubry.
Paris. 1659. 1 vol. in-4. Sans titre.

4132. — Nouveau recueil des plus beaux secrets de médecine, pour la guérison de toutes sortes de maladies. Augmenté d'un nouveau Recueil de recettes et d'expériences où l'on voit ce que l'Art, la Nature, la Physique et la Médecine renferment de plus curieux. Par M. L'Emery. Nouv. édit.
Paris. 1727. Ribou. 4 vol. in-12.

4133. — Médecine primitive, ou recueil de remèdes choisis et éprouvés par des expériences constantes, à l'usage des gens de la campagne, des riches et des pauvres ; traduit de l'anglais de Wesley. (Par *J. M.* Bruyset).
Lyon. 1772. Bruyset. 1 vol. in-12.

MÉDECINE LÉGALE.

4134. — Manuel d'autopsie cadavérique médico-légale, traduit de l'allemand du docteur Rose, sur la dernière édition ; augmenté de notes, et de deux Mémoires sur la docimasie pulmonaire, et sur les moyens de constater la mort par submersion, par C.C.H. Marc.
Paris. 1808. Crochard. 1 vol. in-12.

4135. — Consultation médico-légale sur un cas de blessure par arme à feu ; par le Dr Ollivier (d'Angers).
Paris. 1839. J.-B. Baillière. in-8.

4136. — Recherches médico-légales sur le sang, par *Louis* Mandl.
Paris. 1842. Rignoux. in-4.

4137. — Observations sur quelques cas d'empoisonnement par l'arsenic, par M. Bor.
Amiens. 1855. Duval & Herment. in-8.

POLICE MÉDICALE.

4138. — Traité élémentaire d'hygiène publique et de médecine légale. Par M. *Léon* SIMON.
Paris. 1842. Mairet & Fournier. 1 vol. in-16.

4139. — Opuscules divers de M. LAPOSTOLLE, extraits du Journal de la Somme, 1821-1822.
1 vol. in-8 contenant :

1 — De la nécessité de bannir de nos cuisines le cuivre pour y substituer le zinc étamé. Septembre 1821.
2 — Batterie de cuisine en zinc, réponse à quelques objections qui ont été faites. Décembre 1821.
3 — Batterie de cuisine en zinc. — Réponse à un Rapport du Comité consultatif des Arts et Manufactures à Son Exc. le Ministre de l'Intérieur. Juin 1822.
4 — Utilité publique. — Avis aux mères, pour leur conservation et celle de leurs enfants. — Procédé pour priver les vêtements de fil et coton de leur inflammabilité Décembre 1821.
5 — Des moyens à opposer à la contagion de la peste et de la fièvre jaune. Décembre 1821.
6 — Des champignons, du moyen de guérir les personnes qui en sont empoisonnées, et de la culture de l'espèce qui doit exclusivement être servie sur nos tables. Décembre 1822.

4140. — Etudes prophylactiques. Par *Rudolph* TURECKI.
Paris. 1868. L'auteur. 1 vol. in-4.

** — Dictionnaire des altérations et falsifications des substances alimentaires, médicamenteuses et commerciales, avec l'indication des moyens de les reconnaître. Par M. A. CHEVALLIER.
Paris. 1854-55. Béchet. 2 vol. in-8
Voyez : Sciences et Arts. N. 2832.

** — Des substances alimentaires et des moyens de les améliorer, de les conserver et d'en reconnaître les altérations. Par A. PAYEN.
Paris. 1853. Hachette. 1 vol. in-18.
Voyez : Sciences et arts. N. 2831.

4141. — De par les Prévôt des Marchands, et Echevins de la Ville de Paris. Avis concernant les personnes noyées qui paroissent mortes, et qui, ne l'étant pas, peuvent recevoir des secours pour être rappelées à la vie.
Amiens. 1772. V° Godard. in-8.

4142. — Précis des moyens de secourir les personnes empoisonnées par les poisons corrosifs. Extrait de l'ouvrage des *Contre-poisons de l'Arsenic, du Sublimé*

corrosif, du Vert-de-gris et du Plomb, etc., de M. Navier. Par M. Navier fils.
Paris. 1788. Imprimerie royale. 1 vol. in-12.

4143. — Découverte contre les incendies; les dangers des eaux; de l'air méphytique ou contagieux : et de plusieurs autres maux qui affligent l'humanité : avec un Supplément contre les dangers des voyages et des chûtes. (Par Le Roux).
Paris. 1788. Demonville. 1 vol. in-12. Pl.

4144. — Instruction sur les traitemens des asphixiés par le méphitisme; des noyés; des personnes qui ont été mordues par des animaux enragées; des enfans qui paraissent morts en naissant; des personnes qui ont été empoisonnées; de celles qui ont été réduites à l'état d'asphyxie par le froid. Par *Antoine* Portal.
Paris. An IV. Régent & Bernard. 1 vol. in-12.

4145. — Instructions sur les moyens à employer pour rappeler à la vie les personnes asphyxiées par les vapeurs meurtrières du charbon en combustion; suivies d'un Mémoire sur la préparation du gaz oxigène et sa conservation. Par *A. P.* Favre.
Bruxelles. 1806. A Leduc. 1 vol. in-12. Pl.

4146. — Secours à donner aux personnes empoisonnées ou asphyxiées; suivis des moyens propres à reconnaître les poisons et les vins frelatés, et à distinguer la mort réelle de la mort apparente; par M. *P.* Orfila.
Paris. 1812. Crochard. 1 vol. in-12.

4147. — Instruction sur les premiers soins à donner aux personnes asphyxiées par le gaz acide carbonique ou par la vapeur du charbon et de la braise allumée; par celles de la bière et du vin en fermentation; par le Dr *J. Ch.* Herpin. 2° éd.
Paris. 1864. J. B. Baillière. in-12.

4148. — Mémoire sur l'empoisonnement par les allumettes chimiques au phosphore blanc; nécessité d'en interdire l'usage et de les remplacer par les allumettes

chimiques au phosphore rouge ou amorphe. Par le Dr A. HECQUET.
Abbeville. 1861. P. Briez. in-8.

4149. — Rapports généraux sur la salubrité publique, rédigés par les Conseils et les Administrations établis en France et dans les autres parties de l'Europe. — 2e partie officielle. — Rapports généraux sur les travaux du Conseil de salubrité de la ville de Paris et du département de la Seine, exécutés depuis l'année 1802 jusqu'à l'année 1827 inclusivement (25 ans); publiés sous les auspices de M. le Préfet de police, et dédiés à ce magistrat; par V. DE MOLÉON. Tome I.
Paris. 1828. Bachelier. 1 vol. in-8.

4150. — Rapport sur les Travaux du Conseil central de salubrité et des Conseils d'arrondissement du département du Nord pendant l'année 1865, présenté à M. le Préfet du Nord par M. PILAT. N° XXIV.
Lille. 1866. L. Danel. 1 vol. in-8.

4151. — Travaux des Conseil d'hygiène publique et de salubrité du département de la Somme. (1856-1872).
Amiens.1857-59. V^eHerment.1860-73.Caron.15 v.in-8.

ADMINISTRATION MÉDICALE.

** — Etude sur les hopitaux considérés sous le rapport de leur construction de la distribution de leurs bâtiments, de l'ameublement, de l'hygiène et du service des salles des malades. Par M. *Armand* HUSSON.
Voyez: Sciences et arts. N. 3809.
Paris. 1862. P. Dupont. 1 vol. in-4. Pl.

** — Etudes sur la réforme et les systèmes pénitentiares considérés au point de vue moral, social et médical. Par le Docteur J, Ch. HERPIN.
Voyez: Sciences et arts. N. 3814.
Paris. 1868. Guillaumin. 1 vol. in-12.

4152. — Projet de création d'un hôpital sur l'eau. Par le Dr *Félix* ROCHARD.
Paris. 1872. Renou & Maulde. 1 vol. in-8. Pl.

** — Etude des appareils de chauffage et de ventilation établis à l'Hôpital Necker, par C. GRASSI. Voyez: Sciences et Arts. N. 3020.
Paris. 1859. J. B. Baillière. in-8.

MÉDECINE VÉTÉRINAIRE.

** —. Rapport sur les progrès de la médecine vétérinaire depuis vingt-cinq ans. Par J. H. MAGNE. Voyez: Histoire littéraire. N. 369.

4153. — Le nouveau Parfait Maréchal ou la connaissance générale et universelle du cheval, divisé en sept traités. Avec un Dictionnaire des termes de cavalerie. Par M. *Fr. A.* DE GARSAULT, 4ᵉ édit.
Paris. 1771. Bailly. 1 vol. in-4. Pl.

4154. — Cours d'hippiatrique, ou traité complet de la médecine des chevaux, orné de soixante-cinq planches gravées avec soin. Par M. LAFOSSE.
Paris. 1772. Edme. 1 vol. in-fol. Port.

4055. — Matériaux pour servir à l'étude anatomique de l'ophthalmie périodique et de la cataracte du cheval. Par le Dʳ SICHEL.
Bruxelles. 1861. Vᵉ Van Baggenhoudt. in-8.

4156. — Traité pratique des maladies de l'espèce bovine. Par J. CRUZEL.
Paris. 1869. Asselin. 1 vol. in-8.

4157. — Pathologie canine, ou traité des maladies des chiens Par M. DELABÈRE-BLAINE. Traduit de l'anglais sur la dernière édition et annoté par V. DELAGUETTE.
Paris. 1828. Raynal. 1 vol. in-8. Pl.

** — Quelques mots sur certaines maladies du cheval, du chien, du chat et des poules; une maladie qui simule la rage; analogie de ces maladies avec celles de l'homme. Par le Docteur LIÉGEY.
Roulers. 18 . Stock Werbrouck. in-8.

Voyez N. 3825. IV.

MEDECINE

TABLE

A

Abercromby, Dav., 4068.
Adde-Margras, 4016.
Aitken, J., 3828.
Alexander Trallensis, 3780.
Alexandre, D.F.A., 3773-3904.
Alexandre, Nic., 4066.
Almeloveen, Janssonius ab, 3783.
Althof, L. C., 4120.
Amstrong, E., 4085.
André-Michaux, 3955.
Andreini, R., 4060.
Andrieu, L.-H.-Ad., 4085.
Andrieu, Z., 4059.
Anglada, Ch., 3960.
Arétée, 3780.
Arnaud de Ronsil, G., 3977.
Ashley, 3970.
Astruc, J., 4021.
Aubenas, G.-Ad., 3990.
Aubert, B., 3940.
Aubry, J. d', 4131.
Audin-Rouvière, 3834-3891-4064.
Aurelianus, 3780.
Authenac, S. P., 3831.
Auzoux, L., 3842.
Auzouy, Th., 3816.

B

Baglivi, G., 3801.
Balfour, Fr., 3950.
Barbier, J. B. G., 3825-3889-3920-4073-4074-4075.
Baron, C., 3825-4061.
Barth, J.-B.-P., 3930.
Barthez, E., 4028.
Bartholinus, Casp., 3839.

— 278 —

Bartholinus, Th., 3839.
Basril, L. de, 3759.
Bassianus-Carminatus, 3804.
Bauchet, 3870.
Baud, V., 4119.
Baudelocque, Aug., 3825.
Baudelocque, J.-L., 4057.
Baumé, A., 4079.
Beaude, 3777.
Beaumont, A., 3978.
Béclard, J., 3843-3856.
Béclard, P.-A., 3843.
Becquerel, A., 4051.
Beer, G.-J., 4000.
Bell, Benj., 4036.
Belleville, E., 3997.
Bellevue, 3911.
Bellini, R., 3825.
Benedictus, Al., 3785.
Bérard, P., 3854.
Bergasse, Nic., 4073.
Bernard, Claude, 3768.
Beyerus, H., 3792.
Bidault de Villiers, 4126.
Bidé, 3759.
Billi, F. de, 4061.
Binaut, C., 4061.
Blanche, A.-L., 4013.
Blandin, Ph.-Fr., 3846.
Blot, H., 4061.
Boehmer, Th.-A., 4055.

Boerhaave, H., 3783-3803-4035-4068.
Bogros, J.-A., 3849.
Bonnafont, 3825.
Bonnefoy, J.-B., 4093.
Bonnière, 4010.
Bor, P.-A., 4137.
Bouchardat, 4098-4127.
Boucher, C.-F., 3848-3857.
Boucheron, P.-P., 3879.
Bouchut, E., 3751-3912.
Boudon, Ben., 4068.
Bouland, P., 3825.
Bourdon, Isid., 3858-3882.
Bourgeois, E., 4041.
Bourgeois, L.-X., 3880.
Bourgeois (de Turcoing), 4058.
Bourneville, 4041.
Bourru, J.-J., 4104.
Bourzeis, de, 4093.
Brachet, J.-L., 3960.
Bredova, K., 3958.
Bricheteau, Is., 3825.
Brion, 3759.
Broca, Paul, 3825.
Brodhag, J.-M., 3964.
Broussais, E.-G.-V., 3759 3825-3934.
Bruhier, J.-J., 3800.
Bruner, Balth., 3962.

C

Cadet, Socrate, 3865-3975.
Cailleux, Girard de, 3993.
Caillot, 3826.

Callisen, H., 4038.
Calmette, Fr., 3916.
Carbonell, Fr., 4077.

— 279 —

Carminatus, Bassianus, 3804.
Caron, A., 3910-3913.
Cazèlès, Masars de, 4086.
Cazenave, J.-J., 3825.
Cazin, F.-J., 4105-4122-4123.
Celse, A-C., 3780-3783.
Cerfbœr, A., 3903.
Cerny, Hélie de, 3826.
Césalpin, A., 3786.
Chadwick, Edw., 3970.
Chamousset, 3878.
Chapman, S., 4021.
Charault, L.-R., 4111.
Charma, A., 4092.
Charpentier, D., 4107.
Chassaignac, E., 3825.
Chastellux, le Marquis F.-J. de, 4093.
Chastenet de Puységur, 4088-4089-4094.
Chevalier, Ch., 4001.
Chevalier, J.-P., 3765-3767-4019-4085.

Cheyne, G., 3885.
Chomel, A.-F., 3918.
Chrestien, A.-T., 4061.
Civiale, J., 3825-3984.
Clermont, 4114.
Coët, Emile, 3927-3928.
Col de Villars, Elie, 4031.
Collin, H.-Jos., 3940.
Connor, B., 3760.
Contareni, J., 4085.
Corriez, P.-A., 3972-3973.
Coste, J.-Fr., 3762.
Court de Gibelin, 4094.
Courtillier, A., 3756.
Courty, A., 3825-3989.
Coutand-Simon, 3980.
Crantz, H.-J.-N., 4069.
Cruveilhier, J., 3845.
Cruveilhier, L., 3845-3894.
Cruzel, J., 4156.
Cullen, W., 3829-3919.
Cullerier, M.-J., 3825.

D

Danvin, B., 3825.
Dazille, J.-B., 3921.
De Basril, L., 3759.
Dechambre, A., 3778.
Decharme, C., 4130.
Decroix, E., 3901-3902-3971.
Degranges, E., 3814.
Deidier, Ant., 3808.
Dencux, L.-Ch. 3759.
Denis, J., 3759.
Denucé, P., 3879.

Delabère-Blaine, 4157.
Delaguette, V., 4157.
Delavaud, 3851.
Deleau, 3759.
Deleboo, Fr., 3797.
Delioux de Savignac, J., 3810-3825.
Demarquay, 3825.
Deschamps, M. H., 3879.
Descroisilles, 4096.
Des Dorides, Ch., 3975.

Desmaillet, 3761.
Devergie, A., 3825-4008.
Deville, A., 3825.
De Villers, 4035.
Doerner, Jos., 4085.
Dolbeau, 3825.
Dorieux, G., 3766.
Dorvault, 4067.
Dours, A., 3764.
Doussin-Dubreuil, J.L., 3968-4022.
Drouot, 4108.
Dubernard, L., 3959.
Dubois (d'Amiens), Fr., 3759.
Dubois, Amable, 4116.
Dubreuilh, Ch., 4061.
Dubuisson, 3921.

Du Chatellard, Turinaz, 3763.
Dufresse-Chassaigne, J.-E., 4050.
Dumont (de Monteux), 3825.
Dunkan, And., 3805.
Duparcque, Fr., 3987-3988-3992-4018-4025-4026-4027-4046-4097-4128.
Dupau, Am., 4091.
Duplanil, J.-D., 3830.
Duplay, S., 4040.
Dupotet de Sennevoy, 4093.
Durand-Fardel, 4099.
Durocher, V.-C., 3853.
DuRoselle, H., 3897.
Dutrouleau, 3825.
Duval, M. R., 4085.

E

Ebrard, 3893.
Emery, 3825.

Eugalenus, Sev., 3962.

F

Fabre, 3779.
Facquez, N.-H., 4085.
Fano, 3879.
Faucon, A., 3981.
Favre, A.-P., 4145.
Fealdus, L., 3938.
Fearon, H., 4023.
Fée, A.-L.-A., 3871-3875.
Fernel, J., 3787-3788-3789.
Ficin, M., 3884.
Fizes, Ant., 3949.
Fleury, L., 4107.

Flourens, P., 3866-3877.
Foart Simmons, S., 3950.
Foëse, 3781-3851.
Follet, A.-A., 3754-3770-3771-3825.
Follin, E., 3879-4040.
Forest, P., 3791.
Fouquier de Maissemy, 3878.
Franc, J., 3985.
François, Jules, 4099.
Frank. Jos., 3933.
Fuster, 3825.

G

Gadroys, C., 3759.
Galien, 3784.
Gannal, J.-N., 3850.
Garnier, Almire, 4009.
Garsault, F.-A, 4153.
Gassaud, P., 3906.
Gaubert, P.-M., 3934.
Gaubius, H.-D., 4078.
Gaussail, A.-J., 3825.
Gavarret, J., 3862-3863.
Gebelin, Court de, 4094.
Gensoul, Jos., 3825.
Gimelle, P.-L., 3825.
Gintrac, E., 3879.
Giraldès, J., 4041.

Girard de Cailleux, H., 3993.
Giraud-Teulon, F., 3999.
Gmelin, J.-F., 4095.
Gorter, J. de, 3872.
Goubaux, A., 3879.
Grainger, 3970.
Graves, R.-J., 3941.
Grimaud, G., 3853.
Grisolle, A., 3825-3935.
Gubler, A., 3825.
Guérin, Jules, 3759.
Guettet, 4103.
Guyon, 3825.
Guyot, J. 3774.

H

Hahnemann, S, 4121.
Haller, A. de, 3780.
Hardy, 4009.
Hecquet, An., 3924-3925-3926-4020-4148.
Hecquet, Ph., 3954.
Heister, L, 4034.
Hélie de Cerny, 3826.
Helm, Th., 4061.
Herbet, H., 4014.
Herpin, J.-Ch., 4100-4147.
Herpin (de Genève), 3825.
Heurnius, J., 3788.

Heurnius, O., 3788.
Hippocrate, 3780-3781-3782-3783-3851-3945.
Hoffmann, F., 3798-3799-3800.
Home, Ev., 4024.
Home, Fr., 3827.
Homolle, E., 4127.
Hosack, D., 3807.
Houzelot, P.-C.-X., 4061.
Hufeland, C.-W., 4072.
Hutin, F., 3825.
Huxham, J., 3946.

I

Imbert-Delonnes, 3991.
Imlin, Ph.-J., 4085.

J

Jaccoud, S., 3937-3942.
Jacowski, 3965.
Jamain, A., 3825-4042.
James, J., 3772.
Janssonius ab Almeloveen, Ab., 3783.
Janvier, Roch, 3759.
Jault, A.-F., 3917.

Jens, P., 3826.
Jong, Servaas de, 3974.
Josse, J.-Fr., 3861.
Jourdan, A.-J.-L., 3855.
Joyand, 3752.
Juncken, J.-H., 3938.
Juncker, J., 3931.

K

Kuhn, J., 4118.

L

Laforgue, L., 3825.
Lafosse, Ph.-E., 4154.
La'mert, S., 3892.
Lanthois, 3956.
La Panouse, L. de, 3908.
Lapostolle, 4139.
Larrey, H., 3759.
Latour, Rob., 3960.
La Tour, Sousselier de, 4090.
Lausanne, A. de, 4093.
Lavalley, L., 3759.
Laverine, 4053.
Lazerme, Jac., 3932.
Le Bègue de Presle, 3886.
Le Bret, E., 4099.
Ledain, A., 3825.
Le Fort, J., 4099.
Légal, Eug., 3952.
Legrand, A., 4012-4052.
L'Eméry, Nic., 4132.
Lendrain, 3835.
Lenoel, J., 4014.

Lepechin, J., 4085.
Le Pecq de la Cloture, 3947.
Leport, J., 4004.
Le Roux, 4143.
Le Roy, Em., 3868.
Le Roy, Alph., 4054.
Leroy, L., 3833.
Leroy-d'Etiolles, 3825.
Leveillé, 3864.
Lévy, Michel, 3825.
Liégey, 3825.
Liénard, Nic, 3759.
Lieutaud, Jos., 3840.
Linné, Car. à, 4070.
Littré, E., 3776-3855.
Longet, F -A., 3859-3879.
Lord, J.-L., 3825.
Lord, H.-C., 3825.
Lorry, A.-C., 3783.
Louis, Ant., 4035.
Luys, J., 3864.

M

Machurat, 3759.
Magati, C., 4043.
Magendie, F., 3983.
Magne, Al., 4007.
Mahs, Mart., 4085.
Malapert, H., 3924.
Malgaigne, J.-F., 4045.
Malpighi, M., 3869.
Mandl, L., 4136.
Maugot, E., 3924.
Manningham, R., 4055.
Marc, C.-C.-H., 4015-4134.
Maréchal, F., 3825.
Masars de Cazèles, 4086.
Maschurat, 3759.
Masselot, 3825.
Mayet, C.-F., 4085.
Mayor, Mat., 3825.

Meniot, Ant., 3759.
Mercatus, L., 3792.
Mercuralis, H., 3907-3945.
Mesmer, F.-A., 4087-4093-4095.
Mialhe, L., 4085.
Michéa, 3866-3994-3995.
Milliet, J., 4107.
Minervini, G., 3809.
Moléon, V. de, 4149.
Monneret, Ed., 3939.
Morand, S., 3986.
Moreau, Al., 4061.
Mourgué, Ch.-L., 4106.
Moysant, L., 4009.
Mueller, J., 3855.
Murat, A.-F.-G., 4125.
Murray, B.-J.-A., 4120.

N

Navier, P.-T., 4142.
Navier fils, 4142.
Nistico, Giov., 3825.

Normand, 3881.
Nysten, P.-H., 3776.

O

Odier, L., 3888.
Ollivier, C.-P., 3843.
Ollivier (d'Angers), 4135.

Orfila, P., 4146.
Ozanam, Ch., 3825.

P

Pajot, Ch., 4061.
Palthenius, Zach., 3792.
Parisel, L., 4063-4084

Parmentier, A.-A., 3895-4082.
Pascal, J., 3870.
Plonquet, J.-L., 3923.

Paulet, V., 3847.
Pearson, J., 4037.
Pelletier, Jos., 4085.
Perier, Ph., 3887.
Phillipps, Ch., 4048-4049.
Picquet, J.-B., 4061.
Piet, 4054.
Pilat, 4150.
Piorry, P.-A., 3759.

Plantius, G., 3787.
Plater, Fel., 3939.
Plenck, J.-J., 3900-4021.
Portal, Ant., 4144.
Pravaz, C.-G., 4107.
Prunelle, 3917.
Prus, R., 3825.
Puységur, Chastenet de, 4088-4089-4094.

Q

Quetelet, A., 3876.

Quevenne, T.-A., 4098-4127.

R

Raciborski, A., 3825.
Ragaine, 3953.
Ramazzini, Barth., 3802.
Ramazzini, Bern., 3802.
Ranby, J., 4044.
Raspail, F.-V., 3836-3837.
Reinvillier, A, 3896.
Renaudot Th., 3759.
Rhazès, 3780.
Richard, Ad., 3825.
Richter, A.-G., 4039.
Ricord, Ph., 2825.
Rigollot, M.-J., 3753.
Rilliet, F., 4028.
Riolan, J., 3652.

Ripault, H., 3825.
Rivallié, A., 3825.
Rivière, Laz., 3794.
Rizzoli, F., 4060.
Robin, Ch., 3776.
Rochard, F., 4152.
Rochas, H. de, 4102.
Roche, L.-Ch., 3873.
Roederer, J.-G., 3967-4056.
Roger, H., 3930-4011-4029.
Rohmer, Sig., 4065.
Roséen, N., 4832.
Rostan, L., 3890.
Roucher, J.-P., 4030.

S

Sales-Girons, 4110.
Sanders, J., 4125.
Sandris, J. de, 3938.
Santorinus, J. D., 3801.
Sappey, Ph.-C., 3844.
Sarazin, J., 3847.

Sauvalle, 3869.
Savignac, J. Delioux de, 3810.
Schreber, J.-Ch.-D., 4070.
Scot, John, 3950.
Sebizius, Melchior, 4101.
Sée, Marc, 3845.

Segalas, P. S., 3825.
Selle, C.-G., 3951.
Sennert, Dan., 3796.
Sennevoy, Dupotet de, 4093.
Servaas de Jong, 3974.
Seux, V., 3825.
Sichel, J., 3998-4003-4006-4155.
Sigault, J.-R., 3759.
Simon, Léon, 4138.
Simon, P., 3979.
Simmons, S. Foart, 3950.
Sinclair, J., 3888.
Soumain, 3961

Sousselier de la Tour, 4090.
Southwood-Smith, T., 3970.
Spielmann, Ch.-A., 3996.
Spielmann, J.-R., 4071.
Spon, Jacq., 3948.
Sporischius, J., 3938.
Storck, Ant., 3940-4124.
Sue, Pierre, 4032-4033.
Suremain de Missery, 4093.
Sutherland, 3970.
Sydenham, Th., 3917.
Sylvius, Fr., 3797.

T

Tanchou, S., 3825.
Tardieu, A., 3883.
Targioni Tozzetti, O., 4076.
Tasset, 3934.
Taut, Tobias, 3760.
Tavernier, C.-M., 4047.
Tavernier, J.-B.-F., 3769.
Terrier, Fél., 4042.
Tessier, l'abbé H.-Al., 3759.
Thevart, J., 3759.
Thiercelin, 4000.
Thomann, I.-N., 3822.
Thomas, P.-Fr., 3955.
Thomson, Fréd., 3963.

Thorel, C., 3929.
Thouvenel, P., 3922.
Tigri, A., 3879.
Tondut, P., 4109.
Toner, J.-M., 3757-3823.
Tourrette, 4113.
Triquet, E., 3825.
Trompeo, B., 3944.
Troncin, J.-P., 3825.
Trousseau, A., 3942-3943.
Turck, L., 3838.
Turecki, R., 4140.
Turinaz, Du Chatellard, 3763.

V

Valleix, 3825.
Vallesius, Fr., 3790.
Van der Linden, J.-A., 3782.
Vandermonde, Ch.-A., 3775.
Van-Housebrouck, 3825.

Van Swieten, G., 4035.
Vasseur, L., 3817.
Velpeau, A.-A.-L.-M., 2825.
Venette, Nic., 3982.
Venot, J., 3825.

Verdier, P.-L., 3825.
Verhoofd, L., 3783.
Verneuil, A.-A., 3879.
Viguier, A., 3899.
Villeneuve, 4061.

Villiers, Bidault dé, 4126.
Vingtrinier, A.-B., 3825.
Virard, P., 3909.
Volpi, T., 4039.

W

Wagler, C.-G., 3967.
Wanner, 3825.
Wathen, J., 4002.
Ware, J., 4005.
Warmont, A., 3914.

Wesley, 4133.
White, Th., 3950.
Willis, Th., 3795.
Withers, Th., 3966.
Wrisberg, H.-A., 3967-4056.

Z

Zacutus, Ab. 3793.

BELLES-LETTRES.

PREMIÈRE CLASSE.

LINGUISTIQUE.

1. — *Origine et formation des langues.*

3337. — De l'origine du langage, par *Ernest* RENAN. 3ᵉ édit.
Paris. 1859. Michel Lévy fr. 1 vol. in-8.

3338. — La science du langage, cours professé à l'Institution royale de la Grande-Bretagne, par M. *Max* MÜLLER. Ouvrage qui a obtenu de l'Académie des Inscriptions et Belles-Lettres le prix Volney en 1862. Traduit de l'anglais, sur la quatrième édition, avec l'autorisation de l'auteur, par M. *Georges* HARRIS et M. *Georges* PERROT.
Paris. 1864. Durand. 1 vol. in-8.

3339. — Même ouvrage. 2ᵉ édit.
Paris. 1867. Durand. 1 vol. in-8.

3340. — Nouvelles leçons sur la science du langage, cours professé à l'Institution royale de la Grande-Bretagne

en l'année 1863, par M. *Max* MÜLLER. Traduit de l'anglais, avec l'autorisation de l'auteur, par M. *Georges* HARRIS et M. *Georges* PERROT.
Paris. 1867-1868. Durand & Pedone. 2 vol. in-8.

3341. — La langue primitive basée sur l'idéographie lunaire, principe des idiomes anciens et modernes, contenant un vocabulaire rédigé en caractères français, le tout suivi de Notes diverses contenant les objections de plusieurs Linguistes éminents. Par *A.* DE VERTUS.
Chateau-Thierry. 1868. Renaud. 1 vol. in-8.

3342. — Pasigraphie et Pasilalie. — Méthode élémentaire contenant : 1° Les douze Règles de la Pasigraphie, c'est-à-dire, de l'art d'écrire dans la seule langue qu'on sait, de manière à être lu et compris dans toute autre langue qu'on ignore, pourvu que le lecteur sache uniquement son propre idiome en cette Ecriture; 2° Les trois Règles de la Pasilalie ou d'une *Langue universelle* ayant pour base la Pasigraphie; 3° les Tableaux nécessaires et une Planche gravée... Rédigé par l'inventeur J.*** D.*** M.*** (*Joseph* DE MARMIEUX).
Paris. 1799. Bureau de la Pasigraphie. 1 vol. in-4.

3343. — Pasigraphie mittels arabischer Zahlzeichen. Ein Versuch von *Moses* PAIC.
Semlin. 1859. Soppron. 1 vol. in-8.

3344. — La phonographie internationale ou sténographie populaire universelle fixant la prononciation de chaque idiome et permettant de lire, d'écrire et de parler facilement toutes les langues. (Par *E.* PARIS).[1]
Amiens. 1869. Lenoel-Hérouart. in-8.

3345. — Sistem fonetig universel, grammataire international embrassant en 54 lettres ou signes graphiques disposés physiologiquement et par groupes similaires, sous les formes généralement adoptées, tous

---

[1] PARIS [*Henri-Edouard*], né à Amiens le 4 Décembre 1814.

les sons et articulations des principales langues de l'Europe, par M. *Michel* VION.
Amiens. 1872. Jeunet. Autog. 1 f. in-plano.

A la suite :

— Méthode de prononciation par lettres ordinaires, syllabiques et coloriées, applicable aux Dictionnaires et autres Ouvrages français ou étrangers, par BROUAYE.
Amiens. 1859. V° Herment. 4 p. in-4.

3. — *Comparaison des langues.*

3346. — Asia polyglotta von *Julius* KLAPROTH.
Paris. 1823. Schubart. 1 vol. in-4 & atlas in-fol.

3347. — Histoire générale et système comparé des langues sémitiques, par *Ernest* RENAN. — Première partie. —Histoire générale des langues sémitiques.
Paris. 1855. Imprimerie impériale. 1 vol. in-8.

3348. — Grammaire comparée des langues indo-européennes, comprenant le sanscrit, le zend, l'arménien, le grec, le latin, le lithuanien, l'ancien slave, le gothique et l'allemand, par M. *François* BOPP, traduits sur la deuxième édition, et précédée d'une introduction, par M. *Michel* BRÉAL.
Paris. 1866-1872. Imprimerie impériale. 4 vol. in-8.

3349. — Les tables Engubines. — Etude sur les origines du peuple et de la langue d'une province de l'Italie, par *Louis* DE BAECKER.
Paris. 1867. Durand. 1 vol. in-8.

3350. — Analogie de la langue des Goths et des Franks avec le sanscrit. Par *Louis* DE BAECKER.
Gand. 1858. Hebbelynck. 1 vol. in-8.

3351. — Esquisse sur l'histoire, les mœurs et la langue des Cigains, connus en France sous le nom de Bohémiens, suivi d'un recueil de sept cents mots cigains. Par *Michel* DE KOGALNITCHAN.
Berlin. 1837. Behr. 1 vol. in-8.

3352. — Vergleichende Grammatik der griechischen und lateinischen Sprache, von *Leo* Meyer.
Berlin. 1861-1865. Weidmann. 2 vol. in-8.

3353. — La langue latine étudiée dans l'unité indo-européenne.— Histoire.— Grammaire.— Lexique. Par *Amédée* de Caix de Saint-Aymour.
Paris. 1868. Hachette. 1 vol. in-8.

3354. — Abrégé d'un cours complet de Lexicographie, à l'usage des Élèves de la cinquième Classe de l'Ecole polymathique ; par *P. R. F.* Butet (de la Sarthe).
Paris. 1801. Crapelet. 1 vol in-8.

3355. — Abrégé d'un cours complet de Lexicologie, à l'usage des Élèves de la quatrième Classe de l'Ecole polymathique ; par *P. R. F.* Butet (de la Sarthe).
Paris. 1801. Crapelet. 1 vol. in-8.

SECTION I.

Langues orientales.

** — *Benedicti* Spinosæ compendium grammatices linguæ hebrææ.
Voyez : *B.* Spinosæ opera posthuma.
Polygraphie. N. 140.

** — Syriacæ linguæ prima elementa.
Antuerpiæ. 1572. Plantinus in-4.
Voyez : Théologie. N. 1365.

** — Glossaire de la langue malaye. Par le P. L. Thomassin.
Voyez : Méthode d'étudier et d'enseigner la grammaire et les langues. . . Belles-Lettres. N. 44.

3356. — Observations sur le traité des écritures cunéiformes de M. le Comte de Gobineau, par *Louis* de Baecker.
Beauvais. 1866. Moisand. in-8.

3357. — Dictionnaire arabe-français contenant toutes les racines de la langue arabe, leurs dérivés, tant dans l'idiome vulgaire que dans l'idiome littéral, ainsi que les dialectes d'Alger et du Maroc, par *A.* de Biberstein-Kazimirski.
Paris. 1860. Maisonneuve. 2 vol. in-8.

SECTION III.

Langues d'Amérique.

3358. — Gramatica de la lengua quiche. — Grammaire de la langue quichée espagnole-française, mise en parallèle avec ses deux dialectes, Cakchiquel et Tzutuhil, tirée des manuscrits des meilleurs auteurs guatémaliens. Ouvrage accompagné de notes philologiques, avec un vocabulaire comprenant les sources principales du Quiché comparées aux langues germaniques, et suivi d'un essai sur la poésie, la musique, la danse et l'art dramatique chez les Mexicains et les Guatémaltèques avant la conquête; servant d'introduction au Rabinal-Achi, drame indigène avec sa musique originale, texte quiché et traduction française en regard. Recueilli par l'Abbé BRASSEUR DE BOURBOURG.
Paris. 1862. Durand. 1 vol. in-8.

** — Manuscrit Troano. Etudes sur le système graphique et la langue des Mayas, par M. BRASSEUR DU BOURBOURG.
Paris. 1869-70. Imprimerie impérlale. 2 vol. in-4.
Voyez : Mission scientifique au Mexique et dans l'Amérique centrale.

3359. — Manuscrit pictographique américain, précédé d'une notice sur l'idéographie des Peaux rouges. Par l'Abbé *Emm.* DOMENECH.
Paris. 1860. Gide. 1 vol. in-8.

SECTION IV.

Langues Européennes.

3360. — Vocabulaire encyclopédique de poche, français, — italien, — anglais..., par *F. D. A.* FALLETTI.
Paris. 1822. Th. Barrois. 1 vol. in-8.

1. — *Langue grecque.*

3361. — Le jardin des racines grecques. Nᵉ édit.
Paris. 1719. Esclassan & Thiboust. 1 vol. in-12.

3362. — Dictionnaire grec-français composé sur un nouveau plan, où sont réunis et coordonnés les travaux de Henri Estienne, de Schneider, de Passow et des meilleurs lexicographes et grammairiens anciens et modernes, augmenté de l'explication d'un grand nombre de formes difficiles, et suivi de plusieurs tables nécessaires pour l'intelligence des auteurs. Par C. ALEXANDRE (1). 11ᵉ édit.
Paris. 1848. L. Hachette & Comp. 1 en 2 v. in-8.

3363. — Dictionnaire français-grec, composé sur le plan des meilleurs dictionnaires français-latins, enrichi d'un vocabulaire de noms propres et d'une table très-complète de tous les verbes irréguliers ou difficiles; par MM. PLANCHE, ALEXANDRE, DEFAUCONPRET.
Paris. 1824. Libr. class. élém. 1 vol. in-8.

3364. — Index græcitatis Isocraticæ... Accedit index nominum propriorum. Uterque confectus opera T. MITCHELL.
Oxonii. 1828. Typ. Clarendoniana. 1 vol. in-8.

3365. — Lexicon Xenophonteum. Auctore *Fr.-G.* STURZIO.
Lipsiæ. 1801. Amb. Barth. 4 vol. in-8.

2. — *Langue latine.*

** — *Ch.* DAUMIUS de linguæ latinæ radicibus.
Voyez : Syntagma variarum dissertationum. Polyg. N. 279.

** — S. *Aur.* AUGUSTINI de grammatica liber.
Voyez : S. *Aur.* AUGUSTINI Opera I. — Théologie. N. 2250.

** — P. RAMI grammatica.
Voyez : P. RAMI Scholæ in liberales artes. Polyg. N. 42.

3366. — Grammaire de la langue latine ramenée aux principes les plus simples. Par M. *Lucien* LECLAIR. 5ᵉ éd.
Paris. 1864. Belin. 1 vol. in-12.

3367. — Cours de latinité. Par M. VANIÈRE. 4ᵉ édit.
Paris. An VII. Belin. 3 vol. in-8.

3368. — *Eryci* PUTEANI facula distinctionum : ad omnem lectionem, et scriptionem necessaria. Ejusdem de eisdem syntagma, tanquam epitome. 3ᵃ edit.
Lovanii. 1610. G. Rivius. 1 vol. in-12.

---

(1) ALEXANDRE (*Charles*) né à Amiens le 19 Février 1797, mourut à Paris le 1 Juin 1870.

3369. — Les délices de la langue latine, tirées de Cicéron et des Auteurs les plus purs. N° édit.
Paris. 1769. Aumont. 1 vol. in-16.

3370. — Cours de langue latine, où près de 5000 exemples, pris dans les Auteurs latins classiques, Tite-Live, César, Salluste, Cicéron, Plaute, Virgile, Horace, etc., servent à fonder les règles de la lexigraphie;.. de la syntaxe ;.. et de l'art étymologique. Par P. A. LEMARE. 4° édit.
Paris. 1831. L'auteur. 1 vol. in-8.

** — Glossaire de la langue latine réduite à la langue hébraïque. Par le P. L. THOMASSIN. Voyez : Belles-Lettres. N. 44.

3371. — Grand dictionnaire de la langue latine sur un nouveau plan, par le D' *Guil.* FREUND, traduit en français, revu sur les textes, et considérablement augmenté d'après les travaux lexicographiques et épigraphiques les plus récents, français et étrangers, par N. THEIL.
Paris. 1858-1865. Didot fr. 3 vol. in-4.

3372. — Synonymes latins et leurs différentes significations, avec des exemples tirés des meilleurs Auteurs ; à l'imitation des Synonymes français de M. l'Abbé Girard ; par M. GARDIN-DUMESNIL. 2° édit.
Paris. 1788. Nyon. 1 vol. in-8.

** — B. BRISSONII de verborum quæ ad jus pertinent significatione.
Voyez : Jurisprudence. N. 70.

** — *Nicolaï* DE CLEMANGIIS glossarium latino-barbarum.
Voyez : Théologie. N. 2645.

3. — *Langue italienne.*

3373. — Le maître italien, ou la grammaire françoise et italienne de VENERONI. N° édit.. Le tout revu sur les éditions publiées par M. MINAZIO et M. *Ch.* PLACARDI et corrigé par M. RASTELLI.
Paris. An IV. Smits. 1 vol. in-8.

3374. — Grammaire italienne, ou application de la science de l'analyse à l'italien ; suivie d'une nouvelle méthode d'analyse logique et d'analyse grammaticale applicable à toute langue vivante ou morte, et d'un

nouveau traité de la poésie italienne. Par *G.* BIAGIOLI. 6ᵉ édit.
Paris. 1827. L'auteur. 1 vol. in-8.

3375. — Traité de la prononciation de la langue italienne : suivi d'un recueil des meilleurs morceaux des plus célèbres auteurs italiens, pour l'exercice de la prononciation.... Par *Antonio* SCOPPA. 2ᵉ édit.
Versailles. 1803. Blaizot. 1 vol. in-8.

3376. — Dialoghi italiani e francesi all'uso delle due nazioni. — Dialogues italiens et françois à l'usage des deux nations. 2ᵉ édit. rev. corr. et augm. par CACCINI.
Paris. 1808. Konig. 1 vol. in-12.

3377. — Petit trésor de la langue française et de la langue italienne, ou des différentes figures, appelées Tropes, de la langue française et de la langue italienne, les unes correspondantes aux autres. Par *J.Ph.* BARBERI.
Paris. 1821. Aillaud. 1 vol. in-8.

3378. — Nouveau dictionnaire de poche, françois-italien, et italien-françois, abrégé de celui d'Alberti... Par *Joseph* MARTINELLI. 2ᵉ édit.
Paris. 1801. Bossange. 2 en 1 vol. in-18.

3379. — Nouveau dictionnaire portatif françois-italien et italien-françois, rédigé d'après les Dictionnaires d'Alberti, de Bottarelli, de Baretti, et des autres Auteurs les plus estimés ; précédé d'un Abrégé de Grammaire italienne....
Avignon. 1803. Vᵉ Seguin. 2 vol. in-12.

4. — *Langue espagnole.*

3380. — Nouvelle méthode contenant en abrégé tous les principes de la langue espagnole, avec des dialogues familiers. (Par *B. A.* BERTERA).
Paris. 1764. Nyon. 1 vol. in-12.

3381. — Nouvelle méthode pour apprendre la langue espagnole en très-peu de temps, par *F. M.* NORIÉGA ; revue par *F.* RAYMOND.
Paris. 1835. Baudry. 1 vol. in-12.

3382. — Traduction de l'espagnol, par Sotos Ochando.
Paris. 1834. 1 vol. in-12.

5. — *Langue française.*

3383. — De l'universalité de la langue française ; discours qui a remporté le prix à l'Académie de Berlin en 1784. (Par Rivarol). 2ᵉ édit.
Berlin. Paris. 1785. Prault. 1 vol. in-8.

** — Observations sur la langue et sur la poésie françaises, par M. de Belloy.
Voyez : Œuvres complètes de M. de Belloy. VI. Belles-Lettres. N. 2134.

3384. — Origine et formation de la langue française, par *A.* de Chevallet.
Paris. 1853-57. Impr. imp. 3 vol. in-8.

3385. — Même ouvrage. 2ᵉ édit.
Paris. 1858. Dumoulin. 3 vol. in-8.

3386. — Histoire de la langue française. — Etudes sur les origines, l'étymologie, la grammaire, les dialectes, la versification, et les lettres au moyen-âge, par *E.* Littré. Nᵉ éd.
Paris. 1863. Didier. 2 vol. in-8.

** — Histoire de la formation de la langue française. Par J. J. Ampère.
Paris. 1868. Didier. 1 vol. in-8.
Voyez : Histoire littéraire. N. 411.

3387. — Grammaire comparée des langues de la France. Flamand, Allemand, Celto-breton, Basque, Provençal, Espagnol, Italien, Français, comparés au sanscrit. Par *Louis* de Baecker.
Paris. 1860. Blériot. 1 vol. in-8.

** — Ethnologie gauloise. — Glossaire gaulois avec deux tableaux de la langue gauloise, par Roget Baron de Belloguet.
Paris. 1872. Maisonneuve. 1 vol. in-8.
Voyez : Ethnologie gauloise. — Histoire.

** — La découverte de l'origine et de l'étymologie de tous les mots composant la langue française. Par *L. N. H. L.* (Letellier).
Saint-Quentin. 1846. Moureau. 1 vol. in-8
Voyez : Histoire.

3388. — Altfranzosische Grammatik (Formenlehre). Mit vielen Conjecturen und Berichtigungen. Von *Conrad* von Orelli.
Zurich. 1848. Orell. 1 vol. in-8.

3389. — Grammatick der Romanischen Sprachen von *Friedrich* Diez.
Bonn. 1856-58. Weber. 2 vol. in-8.

3390. — Etymologisches Worterbuch der romanischen Sprachen von *Friedrich* Diez.
Bonn. 1853. Marcus. 1 vol. in-8.

3391. — Glossaire roman des chroniques rimées de Godefroid de Bouillon, du Chevalier au cygne et de Gilles de Chin. (Publications de la Commission royale d'histoire de Belgique). Par M. *Emile* Gachet.
Bruxelles. 1859. Hayez. 1 vol. in-4.

** — Glossaire des mots hors d'usage, et l'étymologie d'un grand nombre d'entr'eux... par Barbazan.
Voyez : Fabliaux et contes. Belles-Lettres. N. 1595.

** — Formes des différentes parties du discours dans *les quatre livres des Rois*. Par M. Le Roux de Lincy.
Voyez : Les quatre livres des Rois traduits en français du XIIe siècle, publiés par M Le Roux de Lincy.
Coll. de doc. inéd. Histoire. N. 2352.

3392. — Grammaire de la langue d'oïl ou grammaire des dialectes français aux xiie et xiiie siècles, suivie d'un Glossaire contenant tous les mots de l'ancienne langue qui se trouvent dans l'ouvrage, par *G. F.* Burguy.
Berlin. 1853-1856. Schneider. 3 vol. in-8.

** — Li livres de jostice et de plet, publié pour la première fois d'après le Manuscrit unique de la Bibliothèque nationale par Rapetti. Avec un Glossaire des mots hors d'usage par P. Chabaille.
Paris. 1850. F. Didot fr. 1 vol. in-4.
Voyez : Coll. de docum. inéd. Histoire. N. 2352.

3393. — La grammaire française et les grammairiens du xvie siècle, par *Ch.-L.* Livet.
Paris. 1859. Didier. 1 vol. in-8.

3394. — Langue française. Le langage des désinences. Par Tell.
Paris. 1866. Dentu. in-8.

3395. — Récréations philologiques ou recueil de notes pour servir à l'histoire des mots de la langue française, par *F.* Génin. (1)
Paris. 1856. Chamerot. 2 vol. in-8.

---

(1) Génin [*François*] né à Amiens le 16 Février 1803, mourut à Paris le 20 Mai 1856.

** — L'éclaircissement de la langue française par Jean PALSGRAVE, suivi de la grammaire de *Giles* DU GUEZ, publiés pour la première fois en France par *F.* GÉNIN.
Paris. 1852. Impr. nat. 1 vol. in-4.

Voyez : Coll. de docum. inéd. Histoire. N. 2352.

3396. — Principes généraux et particuliers de la langue françoise, suivis d'un Abrégé de versification. Par M. DE WAILLY. (1). 12ᵉ édit. rév. et augm. par M. (*Et.-Aug.*) DE WAILLY.
Paris. 1808. Vᵉ Barbou. 1 vol. in-12.

3397. — Cours général de langue française en 30 leçons, par M. PONS.
Paris. 1830. Werdet. 1 vol. in-8.

3398. — Grammaire mnémonique, ou cours d'orthographe de principes,... par *Albert* DE MONTRY. 6ᵉ édit.
Paris. 1836. Houdaille. 1 vol. in-8.

3399. — Science de la langue française. Par M. J. REMY.
Paris. 1839. Belin-Mandar. 1 vol. in-12.

3400. — La grammaire française ramenée à des principes rigoureux ; théorie nouvelle, par M. *E.* DORION.
Amiens. 1855. Lenoel-Hérouart. 1 vol. in-12.

3401. — Cours élémentaire de langue française. Par M. *Robert* DE LABORDE.
Lille. 1857. Lefebvre-Ducrocq. 1 feuil. in-plano.

3402. — Grammatica ragionata della lingua francese, scritta da *G.* BIAGIOLI.
Parigi. 1814. P. Didot il magg. 1 vol. in-8.

3403. — A grammar of the french language : or, a new method of learning to speak and write french...
By l'Abbé GRANDMOTTET. 2ᵈ edit.
London. 1811. Juigné. 1 vol. in-8.

3404. — A guide of the french language, especially devised for persons who wish to study the elements of that language, without the assistance of a teacher, by *J. J. P.* LE BRETHON. 2ᵈ edit.
Liverpool. 1813. 1 vol. in-8.

3405. — An easy, natural and rational mode of teaching

---

(2) DEWAILLY [*Noel-François*] né à Amiens le 31 Juillet 1734, mourut à Paris le 7 Avril 1801.

and acquiring the french language, on a plan entirely new, in which the anomalies and irregularities of verbs are clearly demonstrated and reduced to rule: the whole deduced from the Philosophy of the langague and an Analysis of the human mind. By *William-Henry* Pybus.
London. 1816. Baldwin, Cradock and Joy.1 v. in-8.

3406. — Traité des participes. Par *E. A.* Lequien. 3ᵉ éd.
Paris. 1807. Didot. 1 vol. in-12.

3407. — Véritable clef des participes. Par l'Abbé Mallet-Dufresne. Plus de règles de participes, si ce n'est l'accord de l'adjectif avec son sujet (1).
Paris. 1858. Hachette. in-12.

3408. — Abrégé et supplément du traité des participes par l'Abbé Mallet-Dufresne.
Paris. 1852. Hachette. in-12.

3409. — Réfutation complète de la grammaire de MM. Noël et Chapsal, appuyée sur plus de 3,000 exemples tirés de nos grands écrivains, ou grammaire des Ecoles primaires supérieures. . . . par MM. *Ch.* Martin, Bescherelle ainé, *Edouard* Braconnier et plusieurs membres de la Société grammaticale de Paris.
Paris. 1838. Braconnier. 1 vol. in-12.

3410. — Les principales difficultés de la grammaire française mises à la portée de tout le monde. Par M. Collin.
Paris. 1837. Hachette. 1 vol. in-12.

3411. — Le langage vicieux corrigé, ou liste alphabétique des fautes les plus ordinaires dans la prononciation, l'écriture et la construction des phrases. Par *B.* Jullien.
Paris. 1853. Hachette. 1 vol. in-12.

3412 — Revue grammaticale par *J.-B.* Prodhomme et une Société de Grammairiens. (1ʳᵉ et 2ᵉ année).
Paris. 1866-68. Bouquerel 2 vol. in-12.

---

(3) Mallet-Dufresne (*Charles-Nicolas-Gustave*) né à Bussy-les-Daours le 3 Novembre 1799.

3413. — Trésor des origines et dictionnaire grammatical raisonné de la langue française, par *Charles* Pougens. — Spécimen.
: Paris. 1819. Imp. roy. 1 vol. in-4.
3414. — Dictionnaire de l'Académie françoise, revu, corrigé et augmenté par l'Académie elle-même. 5ᵉ édit.
: Paris. 1814. Bossange & Masson. 2 vol. in-4.
3415. — Dictionnaire de la langue française. Par *E.* Littré.
: Paris. 1863-73. Hachette. 4 vol. in-4.
3416. — Manuel lexique, ou dictionnaire portatif des mots françois dont la signification n'est pas familière à tout le monde. (Par l'Abbé *A.-Fr.* Prévost). Nᵉ éd.
: Paris. 1755. Didot. 2 vol. in-12.
3417. — Lexique comparé de la langue de Corneille et de la langue du XVIIᵉ siècle en général. Par M. *Frédéric* Godefroy.
: Paris. 1862. Didier. 2 vol. in-8.
3418. — Lexique comparé de la langue de Molière et des écrivains du XVIIᵉ siècle, suivi d'une lettre à M. A. F. Didot, sur quelques points de philologie française, par *F.* Génin.
: Paris. 1846. F. Didot fr. 1 vol. in-8.
3419. — Nouveau dictionnaire proverbial, satirique et burlesque, plus complet que ceux qui ont paru jusqu'à ce jour, à l'usage de tout le monde ; par *A.* Caillot.
: Paris. 1826. Dauvin. 1 vol. in-12.
3420. — Nouveau vocabulaire des homonymes français. . . Par *Alexandre* Belle fils.
: Paris. 1830. Landois & Bigot. in-8.

3421. — Glossaire du centre de la France. Par M. le Comte Jaubert.
: Paris. 1856. Chaix. 2 vol. in-8.
3422. — Recherches sur l'histoire du langage et des patois de Champagne. P. Tarbé.
: Reims. 1851. Régnier. 2 vol. in-8.

3423. — Dictionnaire gascon-français, dialecte du département du Gers. Par Cenac-Moncaut.— Suivi d'un Abrégé de Grammaire gasconne.
Paris. 1863. Didron. 1 vol. in-8.

3424. — Essai sur l'origine et la formation du patois picard, avec l'indication sommaire des lois de la transformation des mots et leur application à la recherche de quelques étymologies picardes, par J. B. Jouancoux. (1).
Amiens. 1873. Alf. Caron fils. 1 vol. in-12.

** — Le Saint-Evangile selon St-Matthieu traduit en picard amiénois d'après la version française de Le Maistre de Saoy, précédé d'une notice sur la manière d'écrire le picard, et suivi de quelques observations sur certains sons radicaux de cet idiome, par Édouard Paris.
Londres. 1863. 1 vol. in-16.

Voyez : Théologie. N. 822.

3425. — Glossaire du Poitou, de la Saintonge et de l'Aunis. (Précédé d'une introduction sur l'origine, le caractère, les limites, la grammaire et la bibliographie du patois poitevin et saintongeais). Par L. Favre.
Niort. 1868. Robin & L. Fabre. 1 v. in-8.

3426. — Dictionnaire wallon-français, dans lequel on trouve la correction de nos idiotismes vicieux, et de nos wallonismes, par la traduction, en français, des phrases wallonnes ; par L. Remacle. 2e édit.
Liége & Leipsig. s. d. Gnusé. 2 vol. in-8.

3427. — Le langage des marins, recherches historiques et critiques sur le vocabulaire maritime. Expressions figurées en usage parmi les marins. Recueil des locutions techniques et pittoresques suivies d'un index méthodique. Par G. de la Landelle.
Paris. 1859. E. Dentu. 1 vol. in-8.

3428. — Le jargon ou langage de l'argot réformé, à l'usage des merciers, porte-balles et autres ; tiré et recueilli des deux fameux Argotiers de ce temps ; par M. B. H. B. S. Archi-suppot de l'Argot. N° édit.
Troyes. s. d. Baudot. in-12.

---

(1) Jouancoux, (Remy-Jean-Baptiste) né à Cachy le 1 Octobre 1818.

6. — *Langue allemande.*

3429. — Tableau étymologique de la langue allemande comprenant ses analogies sanscrites et leurs origines sémitiques. Par *H.* Parrat.
Mulhouse. 1859. Risler. Pièce in-4.

3430. — Grammaire allemande à l'usage des François et de ceux qui possèdent la langue françoise, ou méthode pratique pour apprendre facilement et à fond la langue allemande. Par *Charles-Benjamin* Schade.
Leipsic. 1827. Henrichs. 1 vol. in-12.

3431. — Nouvelle méthode pratique et facile pour apprendre la langue allemande. Par *F.* Ahn. 1er cours. 4e éd.
Leipzig. 1851. Brockhaus. 1 vol. in-12.

3432. — Haudbuch zur Uebung im Lesen deutscher Handschriften, ou exercices pour habituer à la lecture des manuscrits allemands. Par M. Adler-Mesnard.
Paris. 1847. Hachette. 1 vol. in-8.

3433. — Dialogues français et allemands, pour faciliter aux commençans, par une instruction pratique, la conversation dans les deux langues. 14e édit.
Strasbourg. 1829. Levrault. 1 vol. in-12.

3434. — Premier livre de Télémaque en allemand, avec la version française littérale interlinéaire, ou epitome pour apprendre en peu de temps et sans maître la langue allemande suivant la méthode Jacotot, précédé d'une notice historique sur la langue allemande, et d'un traité de la prononciation, par *P. A.* Guilbaud.
Paris. 1830. Froment. 1 vol. in-12.

3435. — Leitfaden zu einem wissenschaftlichen Unterrichte in der deutschen Grammatik für die obersten Gymnasialklassen von *Fr. W.* Reimnitz.
Guben und Gottbus. 1838. Fechner. 1 vol. in-8.

3436. — Ausführliche deutsche Grammatik als Kommentar der Schulgrammatik. Von Dr *Karl-Ferd.* Becker.
Frankfurt am M. 1842-43. Rettembeil. 2 vol. in-8.

3437. — Deutsche Grammatik von *Jacob* Grimm. 1 Theil.
Gottingen. 1840. Dieterich. 1 vol. in-8.

3438. — Geschichte der deutschen Sprache. Von *Jacob* Grimm. 2ᵃ ed.
Leipzig. 1853. Hirzel. 2 vol. in-8.

3439. — Nouveau dictionnaire complet à l'usage des Allemands et des Français. Par MM. l'Abbé Mozin, *J.-Th.* Biber, et plusieurs autres collaborateurs.
Stuttgart & Tubingue. 1823-28. Cotta. 4 vol. in-4.

3440. — Deutsches Worterbuch von *Jacob* Grimm und *Wilhelm* Grimm. Fortgesetzt von Dr. *Moriz* Heyne. Dr. *Rudolf* Hildebrand und Dr. *Karl* Weigand.
Leipzig. 1852-7... Hirzel. 00 v. in-4. En publication.

3441. — Mittelhochdeutsche Grammatik von *K. A.* Hahn.
Francfurt. 1842-46. Bronner. 1 vol. in-8.

3442. — Althochdeutscher Sprachschatz oder Worterbuch der althochdeutschen Sprache,... etymologisch und grammatisch bearbeitet von Dr *E. G.* Graff.
Berlin. 1834-1842. Nicolai. 6 vol. in-4.

3443. — Wollstandiger alphabetischer Index zu dem althochdeutsche Sprachschatze von E. G. Graff. Ausgearbeitet von *H. F.* Massmann.
Berlin. 1846. Nicolai. 1 vol. in-4.

3444. — Mittelhochdeutsche Handworterbuch. Von *Ad.* Ziemann.
Quedlinburg und Leipzig. 1837. Basse. 1 vol. in-8.

3445. — Glossar zum altdeuschen Lesebuch. Von *Wilhelm* Wackernagel.
Basel. 1840. Schweighauser. 1 vol. in-8.

3446. — Kleineres altdeutsches Lesebuch nebst Worterbuch von *Wilhelm* Wackernagel.
Basel. 1861. Schweighauser. 1 vol. in-8.

. — Glossaire de la langue saxone. Par le P. *L.* Thomassin.
Voyez : Belles-Le-tres. N. 44.

7. — *Langue flamande.*

3447. — Beginselen der vlaemsche spraekkunst.; door *P. J.* Renier.
Kortryk. 1843. Beyaert-Feys. 1 vol. in-12.

3448. — Le double vocabulaire, en flamand et en français, ou introducteur aux connaissances les plus nécessaires, par un ancien Instituteur. 3ᵉ édit.
Bruxelles. 1839. Rampelbergh. 1 vol. in-8.

8. — *Langue anglaise.*

3449. - Grammatical institutes : or an easy introduction to Dr. Lowth's english grammar. By *John* Ash. With an Appendix... A new edition.
London. 1793. Symonds. 1 vol. in-12.

3450. — Abridgment of Murray's english grammar. By Lindley Murray. 69h edit.
London. 1823. Harvey and Darton. 1 vol. in-16.

3451. — Grammaire pratique de la langue anglaise... Par *P.* Sadler.
Paris. 1832. Truchy. 1 vol. in-12.

3452. — Nouvelle grammaire anglaise ou étude simplifiée de l'anglais, par *A.* Verrier. (1).
Spa. 1865. Wollesse. 1 vol. in-12.

3453. — Guide de la conversation française et anglaise, à à l'usage des voyageurs et des étudiants ; par *L.* Smith. Nouv. édit.
Paris. 1833. Bobée & Hingray. 1 vol. in-16.

3454. — Nouvelles conversations françaises et anglaises, contenant des phrases élémentaires et de nouveaux dialogues faciles en français et en anglais, sur les sujets les plus en usage. Par *W.A.* Bellenger. 2ᵉ éd.
Paris. 1836. Baudry. 1 vol. in-12.

3455. — L'interprète anglais-français pour un voyage à Londres, ou conversations dans les deux langues sur les objets les plus indispensables et sur les points les plus curieux du voyage. Par *C.* Fleming.
Paris. 1853. Hachette. 1 vol. in-12.

3456. — The short french dictionary, in two parts. The I. English and French, II. French and English ;

---

[1] Verrier (*Alfred-Ferdinand*), né à Amiens le 10 Septembre 1835.

according to the present use, and modern orthography. By *Guy* Miege. 5ʰ edit.
Hague. 1701. H. von Bulderen. 1 vol. in-8.

3457. — Nouveau dictionnaire de poche français-anglais et anglais-français... Par *Th*. Nugent. Nouvelle édition entièrement refondue et corrigée par J. Ouiseau.
Paris. 1828. Baudry. 2 en 1 vol. in-16.

3458. — Dictionnaire général anglais-français. Par *A*. Spiers.
Paris. 1846. Baudry. 1 vol. in-8.

3459. — A critical pronouncing dictionary, and expositor of the english language... To which are prefixed principles of english pronunciation... By *John* Walker.
London. 1814. Wilson. 1 vol. in-8.

3460. — English exercices for school-boys to translate into latin, comprising all the rules of grammar, and other necessary observations; ascending gradually from the meanest to higher capacities. By *J*. Garretson. 34 edit.
London. 1777. Rivington. 1 vol. in-12.

3461. — Etudes sur la traduction de l'anglais, ou Lessons on the french translation, par Mᵉ G*** M*** de Rochmondet.
Paris. 1830. Galignani. 1 vol. in-8.

9. — *Langue danoise.*

** — Glossaire de la langue runique. Par le P. *L* Thomassin.
Voyez : Belles-Lettres. N. 44.

3462. — Inscriptions runiques du Sleswig méridional interprétées par *C. C.* Rafn et publiées par la Société royale des Antiquaires du Nord.
Copenhague. 1861. Thiele. 1 vol. in-8.

3463. — Danische Sprachlehre für Deutsche nebst einen prosaisch-poetischen Lesebuch, und einem hierzu gehorigen volstandigen Worterbuch, von *Nicolai-Bendix* Lange.
Kiel. 1787. Profts. 1 vol. in-12.

3464. — Lexicon islandico-latino-danicum Brornonis-Hal-

DORSONII. Ex manuscriptis Legati Arna-Magnæani cura R.K. RASKII editum. Præfatus est P.E. MULLER.
Hauniæ. 1814. Schuboth. 2 vol. in-4.

3465. — Ars memoriæ latino danico germanica comprehendens usitatissima, primitiva et derivativa, una cum appendice grammaticæ germanicæ et danicæ.
Hauniæ. s. d. Melchior-Lieben. 1 vol. in-8.

10. — *Langue russe.*

3466. — Grammaire raisonnée de la langue russe, précédée d'une introduction sur l'histoire de cet idiome, de son alphabet et de sa grammaire, par *Nic.* GRETSCH. Ouvrage traduit du russe, et arrangé pour la langue française, avec l'accent tonique sur tous les mots cités, par *Ch. Ph.* REIFF.
Saint-Pétersbourg. 1828. N. Gretsch. 2 vol. in-8.

DEUXIÈME CLASSE.

RHÉTORIQUE.

1. — RHÉTEURS.

3467. — *Marci-Fabii* QUINTILIANI institutionum oratoriarum libri duodecim, ad usum scholarum accommodati, et brevibus notis illustrati à *Carolo* ROLLIN.
Parisiis. 1737-1774. Frat. Estienne. 2 vol. in-12.

** — S. *Aurelii* AUGUSTINI Rhetorice.
Voyez: S. AUGUSTINI opera. 1. Théologie. N. 2250.

2. — ORATEURS.

Orateurs grecs.

** — Oratores Attici, LYCURGUS, ÆSCHINES, HYPERIDES, DINARCHUS. GORGIÆ, LESBONACTIS, HERODIS, ALCIDAMANTIS, declamationes. Fragmenta oratorum atticorum GORGIÆ *Leontini*, ANTIPHONTIS, LYSIÆ, ISOCRATIS, ISÆI, LYCURGI, HYPERIDIS, DINARCHI, DEMADIS, aliorumque sexaginta, græcè, cum translatione reficta à *Carolo* MULLER. Accedunt Scholia in orationes Isocratis, Æschinis, Demosthenis et index nominum et rerum absolutissimus quem collegit J. HUNZIKER. Tomus II.
Parisiis. 1858. Amb. F. Didot. 1 vol. in-8.
Vide : Script. græc. Bibl

3468. — ΙΣΟΚΡΑΤΟΥΣ λογοί καί επιστολαί. Isocratis orationes et epistolæ. Cum latina interpretatione *Hier.* Wolfii, ab ipso postremùm recognita. 2ª ed.
Genevæ. 1604. P. Stephanus. 1 vol. in-8.

3469. — OEuvres complètes d'Isocrate. Traduction nouvelle, avec texte en regard, par le Duc de Clermont-Tonnerre (*Aimé-Marie-Gaspard*).
Paris. 1862-64 F. Didot fr. 3 vol. in-8.

Orateurs latins anciens.

3470. — Oratorum Romanorum fragmenta ab Appio inde Caeco et M. Porcio Catone usque ad Q. Aurelium Symmachum. Collegit atque illustravit Henricus Meyerus. Editio auctior et emendatior.
Turici. 1842. Orellius, Fuesslinus & Soc. 1 v. in-8.

Orateurs latins modernes.

3471. — *Jacobi* Cujacii I.C. oratio in funere Nob. Præst. Viri Gasparis Chastrei Nancaei regiorum Stipatorum Præfecti, habita in æde sacra Nancaei in Biturigib. Cubis xv Kal. Febr. mdlxxvii.(In latinum ex gallico vertit *Nicolaus* Rigaltius).
(Parisiis). 1610. R. Stephanus. in-fol.

Orateurs français.

3472. — Discours divers.
1 vol. in-8 contenant :
1 — Discours prononcé le 8 Août 1825, jour de la distribution des prix du Collége d'Evreux; par M. Laporte. [Du devoir].
Evreux. 1825. Ancelle.
2 — Discours sur l'émulation, prononcé à la distribution des prix du Collége de Péronne, le 13 Août 1827. (Par M. Barré).
Péronne. 1827. Deprez.
3 — Académie de Paris.—Concours général de 1828. Classes de philosophie. [*Qu'avons-nous appris en philosophie ?*] Dissertation française. Premier prix, Par N. A M. Alfaro.
Dissertatio latina : *Sibi benefacit qui aliis benefacit.* Cui præmium honoris decretum est. Autore *N. A. M.* Alfaro.
Paris. 1828. Duverger.
4 — Discours prononcé par Madame *Louise* Dauriat, à la séance d'ouverture du Gymnase civil et orthopédique, le 6 Juillet 1834.
Paris. 1834. Malteste.

5 — Discours prononcé le 28 Août 1836, à la séance publique de l'Académie d'Amiens, par M. DAVELUY, (1) Directeur. [Origine de la parole].
Amiens. 1836. R. Machart.

6 — Discours prononcé à la Faculté des Lettres (Cours d'histoire de la Philosophie moderne). Par *Ph.* DAMIRON.
Paris. 1843. Hachette.

7 — La république. Discours au Collége de France, par *E.* QUINET.
Paris. 1848. Comon & Comp.

8 — Discours prononcé par M. RIQUIER à la distribution des prix du Lycée de Saint-Omer, le 12 Août 1850.
Saint-Omer. 1850. Lemaire.

9 — Napoléon Bonaparte jugé par les poètes étrangers. Discours prononcé par M. BREUIL, [2] Directeur de l'Académie d'Amiens, dans la séance publique du 9 Novembre 1851.
Amiens. 1851. Duval & Herment.

10 — Discours de réception de M. BÉCOT (à l'Académie d'Amiens).
Amiens. 1859. V° Herment.

11 — Séance de rentrée des Facultés de théologie, de droit et des lettres d'Aix, de la Faculté des sciences et de l'Ecole préparatoire de médecine et de pharmacie de Marseille,
Aix. 1860. Pardigon.

12 — Faculté des lettres. — Cours de poésie française. 12 Décembre 1861. M. *Ch* CABOCHE. [3].
Paris. 1862. Bourdier & Comp.

13 — Discours prononcé par M le Président LALLIER, le 25 Août 1865, en offrant à S. G. Monseigneur l'Archevèque de Sens, au nom des prêtres et des fidèles de son diocèse, le buste de Sa Sainteté Pie IX.
Sens. 1865. Duchemin.

14 — Académie de Clermont. Rentrée solennelle des Facultés des sciences et des lettres et de l'Ecole préparatoire de médecine et de pharmacie, le 20 Novembre 1867, sous la présidence de M. Allou, Recteur.
Clermont-Ferrand. 1867. Mont-Louis.

15 — De la lecture, par M. *Auguste* DECAIEU. [4].
Amiens. 1867. Jeunet.

16 — Faculté des lettres de Dijon. — Cours de littérature française. Leçon d'ouverture faite le 28 Novembre 1870 par M. TIVIER.
Dijon. 1871. Marchand.

17 — Oraison funèbre de Mgr René-Nicolas Sergent, Evêque de Quimper et de Léon, prononcée dans l'Eglise cathédrale de Quimper, le 30 Août 1871, par M. l'Abbé *J. E.* DARRAS.
Quimper. 1871. A. de Kerangal.

---

(1) DAVELUY (*Marie-Pierre-Isidore--Nicolas*) né à Amiens le 2 Février 1787, y mourut le 29 Mars 1870.

(2) BREUIL (*Guillain-Joseph-Auguste*) né à Amiens, le 2 Mars 1811, y mourut le 6 Août 1865.

(3) CABOCHE (*Pierre-Charles*) né à Péronne le 9 Novembre 1810.

(4) DECAIEU (*Louis-Auguste*) né à Amiens le 19 Janvier 1831.

18 — Académie d'Amiens. Discours de réception de M. *Auguste* DECAIEU. (Séance du 11 Août 1871).
Amiens. 1872. Yvert.

3473. — L'Apollon François ou le paralelle des vertus héroïques de Louis le Grand XIV. de ce nom, avec les propriétés et les qualités du soleil. Par M. *Brice* BAUDERON.
Macon. 1681. Bonard & Piget. 1 vol. in-12.

3474. — Discours de M. le Chancelier D'AGUESSEAU.
Rheims. 1809. Le Batard. 1 vol. in-12.

3475. — Eloges lus dans les séances publiques de l'Académie royale de chirurgie de 1750 à 1792, par *A.* LOUIS, recueillis et publiés pour la première fois, au nom de l'Académie impériale de médecine, et d'après les manuscrits originaux, avec une introduction, des notes et des éclaircissements, par *E.-Fr.* DUBOIS. (1).
Paris. 1859. J.-B. Baillière & fils. 1 vol. in-8.

** — Eloges, par CONDORCET.
Voyez : Œuvres de CONDORCET· II, III. Polyg. N. 24.

3476. — Discours du général FOY (2), précédés d'une Notice biographique par M. *P. F.* TISSOT ; d'un Eloge par M. ETIENNE, et d'un Essai sur l'éloquence politique en France, par M. JAY. Avec portrait et fac-simile.
Paris. 1826. Moutardier. 2 vol. in-8.

3477. — Eloges lus dans les séances publiques de l'Académie de médecine (1845-1863).—Tableau du mouvement de la science et des progrès de l'art. — Examen et appréciation des doctrines. — Etudes de mœurs. — Portraits. Par *E.-Fréd.* DUBOIS (d'Amiens).
Paris. 1864. Didier & Baillière. 2 vol. in-8.

3478. — Panégyrique funèbre de Messire Pompone de Bellièvre, Premier Président du Parlement. Prononcé

---

(1) DUBOIS (*Frédéric-Eléonore*) né à Amiens le 30 Septembre 1797, y mourut le 10 Janvier 1873.

(2) FOY (*Maximilien-Sébastien*) né à Ham le 3 Février 1775, mourut à Paris le 28 Novembre 1825.

à l'Hostel-Dieu de Paris le 17 Avril 1657... Par un Chanoine rég. de la Cong. de Fr. *(Fr.* LALEMANT).
Paris. 1657. S. & G. Cramoisy. in-fol.

3479. — Oraisons funèbres.

1 vol. in 8 contenant :

1 — Consolations funèbres, sur la mort de très-hault et très-puissant Seigneur Messire Albert de Gondy, duc de Rais, Pair et Maréchal de France. Par G B. N. [*Guillaume-Bernard* NERVÈZE].
Paris. 1602. E. Colin.

2 — Oraison funèbre sur le tréspas de M. de Villeroy, faite et récitée à à Lyon, le second jour de la présente année 1618. Par le Père *Pierre* COTON.
Paris. 1618. Seb. Huré.

3 — Oraison funèbre sur la vie et trespas de tres-haute, tres-excellente, et très-vertueuse Princesse Madame Charlotte-Catherine de la Trimoüille, vefve de très-excellent Prince feu Monseigneur le Prince de Condé. [Par HEBERT]. Prononcée en la grand'Eglise de Bourges.
Paris. 1629. Mathurin du Puis.

4 — Oraison funèbre de Madame Tiquet, morte le 19 Juin 1699,

5 — Oraison funèbre de tres-haute, tres-excellente et tres-religieuse Princesse Louise Hollandine, Palatine de Bavière, Princesse électorale, Abbesse de Maubuisson, prononcée le 22 Août 1709, par M. *Jacques* MABOUL, nommé à l'Évêché d'Alet.

6 — Oraison funèbre d'Henry-Jules de Bourbon, Prince de Condé, premier Prince de sang, prononcé dans l'Eglise de Paris, le 29 d'Aoust 1709, par le R. P. GAILLARD.

7 — Oraison funèbre de... Louis XIV. Roy de France et de Navarre, prononcée en l'Eglise Cathédrale d'Evreux, le 7 Novembre 1715. Par M. l'Abbé AUNILLON.

8 — Eloge funèbre de Louis le Grand, Protecteur de l'Académie françoise; avec une Ode sur sa mort, prononcez dans l'Académie, le Jeudy XIX Décembre MDCCXV. Par M. HOUDAR DE LA MOTTE.

9 — Ludovici Magni Fr. et Nav. Regis laudatio funebris, dicta in regio ejusdem Ludovici Magni Collegio, à *Carolo* PORÉE.
Rothomagi. 1715. Vaultier.

10 — Oraison funèbre de... Louis XIV, prononcée dans l'Eglise de Beauvais, le 13 Novembre 1715... Par M. l'Abbé LE PREVOST.

11 — Panégirique à Son Altesse Monseigneur Frère unique du Roy. Par *Paul* DESCOMEL, Advocat en Parlement.
Paris 1627. Guillaume Guerin.

12 — Harangue faite au Roy, à Marly, le 12 Juillet 1711, par Monseigneur l'Archevêque d'Alby,(*Henri* DE NESMOND) pour la clôture de l'Assemblée générale extraordinaire du Clergé de France.

13 — Gratulatio ob redditam valetudinem clarissimo viro D. Domino Talaeo Advocato catholico. (Autore J. BOURGUIGNON, Bellovaco).

14 — Ludovici Servini elogium.
Parisiis. 1626. Joan. Bessin.

15 — Discours prononcé devant Sa Majesté par M. VITTEMENT, Recteur de l'Université de Paris.

3480. — **Recueil d'oraisons funèbres de Louis XV.**
1 vol. in-12 contenant :

1 — Mandement de Mgr l'Evêque d'Alais (*Jean-Louis* DE BUISSON DE BEAUTEVILLE), qui ordonne dans son diocèse des prières pour repos de l'âme du feu Roi. 17 Mai 1774.

2 — Oraison funèbre de très-haut, très-puissant et très-excellent Prince Louis XV, Roi de France et de Navarre, prononcée dans l'Eglise de MM. les Chanoines Comtes de S. Pierre de Macon, le 7 Juillet 1774. Par M. l'Abbé MESNARD.

3 — Oraison. . . prononcée dans l'église de l'Abbaye royale de S. Denis, le 27 Juillet 1774.. Par Messire *Jean-Baptiste-Charles-Marie* DE BEAUVAIS, Evêque de Senez.

3 — Oraison, . . prononcée dans la Chapelle du Louvre, le 30 Juillet 1774, en présence de Messieurs de l'Académie françoise. Par M. l'Abbé DE BOISMONT.

5 — Oraison. . . prononcée dans l'Eglise de Notre-Dame de Paris, le 7 Septembre 1774, par Messire *César-Guillaume* DE LA LUZERNE, Evêque Duc de Langres.

6 — Oraison. . . prononcée dans la Chapelle de l'Ecole-royale-militaire, le 27 Septembre 1774, par Messire *Mathias* PONCET DE LA RIVIÈRE, ancien Evêque de Troyes.

3481. - Eloge de Colbert. (Par l'Abbé REMI).
Genève. Paris. 1773. Valade. 1 vol. in-8.

3482. — Eloge de Madame de Sévigné. Ouvrage qui a obtenu l'accessit d'éloquence à l'Académie française dans la séance du 11 Juin 1840. Par *Ch.* CABOCHE.
Paris. 1840. Sapia. 1 vol. in-8.

3483. — Institut impérial de France. — Etude sur Saint-Evremond, discours qui a obtenu le prix d'éloquence décerné par l'Académie française dans sa séance publique annuelle du 20 Décembre 1866, par M. *D.-L.* GILBERT.
Paris. 1866. F. Didot fr. in-8.

3484. — Académie française. — Eloge de Turgot. Discours qui a obtenu la première mention dans la séance du 10 Septembre 1846. Par *A.* BOUCHOT.
Paris. 1846. Joubert. 1 vol. in-8.

3485. — Eloge de M. d'Alembert, lu dans l'assemblée publi-

que de l'Académie des sciences, le 21 Avril 1784,
(Par M. DE CONDORCET).
Paris. 1784. Moutard. 1 vol. in-8.

TROISIÈME CLASSE.

POÉSIE.

Poésie grecque.

3486. — HOMERI Ilias græcè et latinè. Annotationes in usum Serenissimi Principis Gulielmi-Augusti, Ducis de Cumberland, etc. regio jussu scripsit atque edidit *Samuel* CLARKE. S. T. S. (Edidit atque imperfecta supplevit *Samuel* CLARKE filius, S. N. S.) 2ª ed.
Londini. 1754. J. & P. Knapton. 2 en 1 v. in-4.

3487. — HOMERI Odyssea græcè et latinè, item Batrachomyomachia, Hymni, et Epigrammata, Homero vulgò ascripta. Edidit, annotationesque, ex Notis nonnullis manuscriptis a *Samuele* CLARKE, S. T. P. defuncto relictis partim collectas, adjecit *Samuel* CLARKE, S. R. S.
Londini. 1740. J. & P. Knapton. 2 en 1 vol. in-4.

3488. — L'Iliade, traduction nouvelle en vers français, précédée d'un Essai sur l'Épopée homérique, par *A.* BIGNAN.
Paris. 1830. Belin-Mandar. 2 vol. in-8.

3489. — PINDARI carmina (et fragmenta.) — Cum lectionis varietate et adnotationibus iterum curavit *Chr.-Gottl.* HEYNE. — *Godofredi* HERMANNI commentatio de metris Pindari. — Indices à *Raph.* FIORILLO.
Gottingæ. 1798-99. Dieterich. 3 vol. in-8.

3490. — Traduction complète de PINDARE, par *C.* POYARD.
Paris. 1853. Imprimerie impériale. 1 vol. in-8.

3491. — ANACRÉON. Sa vie et ses œuvres. Par le Marquis *Eugène* DE LONLAY.
Paris. 1868. Librairie des Bibliophiles. 1 v. in-16.

** — NONNOS. Les Dionysiaques ou Bacchus, poëme en XLVIII chants, grec et français, précédé d'une introduction, suivi de notes littéraires,

géographiques et mythologiques, d'un tableau raisonné des corrections et de tables et index complets, rétabli, traduit et commenté par le Comte DE MARCELLUS.
Paris. 1856. F. Didot fr. 1 vol. in-8.
Vide : *Script. græc. Bibl.*

3492. — Χρησμοί σιβυλλιακοί. Oracula sibyllina, textu ad codices manuscriptos recognito, Maianis supplementis aucto; cum Castalionis versione metrica innumeris pæne locis emendata, et, ubi opus fuit, suppleta; commentario perpetuo, excursibus et indicibus; curante C. ALEXANDRE.
Parisiis. 1841-1856. F. Didot fr. 2 vol. in-8.

3493. — Χρησμοί σιβυλλιακοί. Oracula sibyllina, editio altera ex priore ampliore contracta, integra tamen et passim aucta, multisque locis retractata, curante C. ALEXANDRE.
Parisiis. 1869. Didot fr. 1 vol. in-8.

** — ΑΠΟΛΙΝΑΡΙΟΥ μεταφρασίς τοῦ ψαλτηρος, διά στίχων ἡρωικῶν. APOLINARII interpretatio psalmorum, versibus heroicis.
Parisiis. 1580. J. Benenatus. 1 vol. in-8.
Voyez : Théologie. 502.

** — Psalmi (DAVIDIS) aliquot in versus græcos nuper à diversis translati.
Voyez : Théologie. N. 511.

** — *Dionysii* PETAVII paraphrasis Psalmorum omnium Davidis, nec non Canticorum, quæ sparsim in Bibliis occurrunt, græcis versibus edita, cum latina interpretatione.
Parisiis. 1637. Cramoisy. 1 vol. in-12.
Voyez : Théologie. N. 511.

Poésie latine.

3494. — Gradus ou Parnassum ou nouveau dictionnaire poétique latin-français, enrichi d'exemples et de citations tirés des meilleurs poëtes latins anciens et modernes ; par *Fr.* NOËL. 3ᵉ édit.
Paris. 1818. Le Normant. 1 vol. in-8.

Poètes latins anciens.

3495. — LUCRÈCE, traduction nouvelle, avec des notes ; par M. LAGRANGE.
Paris. An VII. Potey. 2 vol. in-12.

3496. — Les Amours de CATULLE et de TIBULLE. Par M. DE LA CHAPELLE. Avec quelques autres pièces du même Auteur. Nouvelle édition augmentée d'un Éloge historique de M. de la Chapelle.
La Haye. 1742. Néaulme. 4 en 2 vol. in-16.

3497. — Poésies de CATULLE, traduites en vers français par *Eugène* YVERT.
Amiens. 1873. H. Yvert. 1 vol. in-8.

** — Les églogues de VIRGILE traduites en vers français par le Marquis DE LA ROCHEFOUCAULD-LIANCOURT. Texte en regard.
Paris. 1862. Morris.
Voyez : Œuvres. — Polyg. N. 245.

3498. — Les bucoliques de VIRGILE. — Essai de traduction en vers, par St-A. BERVILLE.
Amiens. 1862. Lenoel-Herouart. 1 vol. in-8.

3499. — Odes d'HORACE. Traduction en vers français avec le texte en regard. Par *Clovis* MICHAUX.
Fontainebleau. 1842. F. Lhuillier. 1 vol. in-18.

3500. — Odes d'HORACE, traduction variorum en vers, ouvrage d'un genre nouveau, dans lequel on a cherché à réunir, à coordonner et à fondre tout ce qu'offrent de meilleur les nombreuses traductions en vers d'Horace publiées depuis le siècle dernier jusqu'à nos jours, avec le texte latin, des arguments et des notes, par *Melchior* POTIER.
Paris. 1867. Potier. 1 vol. in-18.

3501. — Les Odes d'HORACE. Traduction nouvelle, en vers français, par *Eugène* YVERT. 2ᵉ édit.
Amiens. 1870. E. Yvert. 1 vol. in-8.

3502. - Satires, Epitres et Art poétique d'HORACE. Traduction nouvelle en vers français par *Eugène* YVERT.
Amiens. 1872. H. Yvert. 1 vol. in-8.

** — Satires de PERSE et de SULPICIA. Traduction en vers français par le Marquis de LA ROCHEFOUCAULD-LIANCOURT. Texte en regard.
Paris. 1862. Morris.
Voyez : Œuvres. — Polyg. N. 245.

3503. — Habentur in hoc volumine JUVENALIS hec. *Domitii* CALDERINI *Veronensis* commentarium. *Georgii* VALLE *Placentini* commentarium in quo ex *Probo* BIRTHIO antiquissimo grammatico multa comperies. Addita sunt etiam nonnulla alia, et multe additiones in suis locis apposite in commentariis *Domitii* CALDERINI. Defensionem *Domitii* CALDERINI adversus Brotheum. Epigramma *Bonifacii* BUGELLANI de vita Juvenalis. Item epistola de satyra et modo punctandi orationes.

Lugduni. 1495. J. de Vingle. 1 vol. in-4.

3504. — *Dionysii* CATONIS disticha de moribus ad filium ; in gallicos versus translata ; quibus accedit, ad explanandas quæstiones de auctore et ejus doctrinâ morali dissertatio ; operâ *Juliani* TRAVERS.

Falesiæ. 1837. Brée. 1 vol. in-8.

3505. — Les Cynégétiques de NÉMÉSIEN. Traduction en vers par *Ernest* PRAROND (1).

Abbeville. 1849. Jeunet. in-8.

Poètes latins modernes.

3506. — Recuel de Poésies latines et françaises.

1 vol. in-fol. contenant :

1 — Ludovico XIV Regi Christ. post Belgas et Hispanos recèns debellatos, morborum victori soteria canebat ad lyram *Leonardus* FRIZON.
Parisiis. 1658.

2 — Ludovico XIV Maximo semper et ubique victori poemation. Cecinit *B.* EDOUARD.

3 — Ad Dominum unicum Regis fratrem epigramma. Offerebat *Joannes* MELICQUE.

4 — Inscription [latine] pour la statue équestre du Roy, que M le duc de Richelieu a fait dresser à Ruel. — Autre inscription. — Traduction par M. LE CLERC.

5 — Ludovico Magno gratulatoria pro induciis laudatio. Ab uno è Societate Jesu. Lat. fr.
Atrebati. 1684. Hudsebaut.

6 — Joanni III. Dei gratiâ Regi Poloniæ... munera oblata ineunte anno MDCLXXXVII. *Jos.-de* JOUVANCY.
Parisiis. 1687. G. Martinus. Fig.

7 — Ill. nob. Henrico de Mesmes Abbati, cum cursus philosophici regimen iniret in Collegio Marchiano. Ode gratulabunda. *Lud.* VITRY.
Parisiis. 1687. Le Cointe.

8 — Au Roy, sur les victoires de Monseigneur. *Alexandre* DE PREPETIT DE GRAMMONT.
Parisiis. 1868. Le Cointe.

9 — Perpiniani capti elogium. L'Abbé S. I.

---

(1) PRAROND (*Philippe-Constant-Ernest*) né à Abbeville le 4 Mai 1821.

— 315 —

10 — Christinæ Suecorum, Gottorum et Vandalorum Ser. Reginæ carmen. *P.* De Marcassus.
Parisiis. 1652. Sassier.

11 — Epitaphium sive elogium funebre ill. Dom. Marchionis de Montplaisir. Ab uno è Societate Jesu.
Atrebati. 1684. J. Lohen.

12 — *Jani Claudi* Viani triumphus Melitensis. — 1665.

13 — Ill. Antistiti D. Jacobo Rospigliòsio *Guill.* De Blitterswyck.

14 — In Ser. Principem Ducem Albretum Abbatem Bullioneum endecasyllabon. Offerebat *Lud.* De S. Germain de Beaupré.

15 — Ill. Eclesiæ Principi Harduino de Perefixe de Beaumont... Archiepiscopo Parisiensium designato. Ode. Offerebat *G.* Albertus.

16 — In obitum ill. Pomponii Bellevrei epigrammata.
Parisiis. 1657. Off. Cramosiana.

17 — Sordidisimus ac foedissimus Cathedrarum Regii Musæi mercatus, nuptiis filiæ M. Joannis Tarin, denuo apertus.

18 — Elizabetha Deagentia sui Phoebi radiis occultata. Abbas Condæus.

19 — Ad. ill. Nicolaum Foucquet, in Francisci maximi natu filii nondum quadrimi obitum. *Fr.* Vavassor. — *Gab.* Cossartius. — *Had.* Jordanus. — *R.* Rapin. — *P.* de Vallongnes. — *P.* Labbé.

20 — Devise. — Un éclair dans une nue. — Dum orior morior — Sonnet. — Par *P.* Le Moyne.

21 — Invitatio ad ill. Comitis Avauxii piæ memoriæ funus. *C.* Ogerius.
Parisiis. 1651. S. et G. Cramoisy.

22 — Claudii Memmii Avauxii elogium et funus scripit *Fr.* Vavassor.
Parisiis. 1651. S. et G. Cramoisy.

23 — Templum famæ, S. R. Principi Em. M. Julio Mazarino carmen heroicum. *Alph.* De Mancini.
Parisiis. 1657. Typographia regia. Port.

24 — Em. Cardinalis, Michaelis Mazarini, Romam Parisiis è Catalonià redeuntis, elogium.

25 — Ad. regiam sientiarum Academiam, cum sub ejus auspiciis mathematicæ theses primùm propagnarentur in Collegio Mazarinæo. Die 21 Julii 1689. J. L. C.

26 — Ad. ill. Nic. de Lamoignon de Basville... carmen heroïcum. Recitabat *Fr.* Le Maire. 1666.

27 — Em. Antonio Cardinali Barberino prosphoneticum de pace. *Petrus* De Langlet.

28 — Ser. Reipublicæ Venetæ armorum trophæum, pro debellato Turca, ob restitutam Societatem 'Jesu, ponit et consecrat *R.* Rapinus.
Parisiis. 1657. Typ. reg.

29 — Fortissimo Heroi Cardinali Duci Richelio, *Ph.* Codurcus.

30 — Regi Regum in actionem gratiarum pro sanitate Regis Regnique salute. Sainct Germain Le Febvre.

31 — Bullæ metamorphosis.
Parisiis. 1663. S. Cramoisy et S. Mabre Cramoisy.

32 — Felici æternæque memoriæ D. *Joannis* Ramburii.

33 — Sparte [J. A. Thuani]. Ad. Henricum Turrium Bullionii Ducem.
Lutetiæ. 1612. R. Stephanus.

34 — Clarissimo viro Domino D. Jacobo Fusciano Cauvel, meritissimo in curia Parlamenti Advocato, in regia sede Balliatus Mondiderini regio Procuratori designato, Majori ejusdem urbis recens nominato, ingredienti Collegium ut lustraret. (Auctor L. DE BAILLY).
Parisiis. 1857. F. Didot. in-4.

35 — In honorem Caroli Francisci Lhomond cui statua in oppido Calnis ære conlato posita est anno Domini MDCCCLX IIII Kal. Jun. *D.* LAURENT.
Paris. 1860. Remquet.

36 — Tragoedia Amurathes. Dabitur in Theatro Collegii Claromontani Societatis Jesu. 1627.

37 — Comoedia Astutus senex dabitur à Rhetoribus Collegii Augensis Soc. Jesu, die 29 Jan. 1675.

38 — Temple d'Astrée. Poème par *Louis* LE LABOUREUR.
Paris. 1658. Chrestien.

39 — Hinno festivo alla Serenissima Christina. Regina di Suezia, per l'arrivo di Sua Maesta in Corte di Francia. Cavaliere AMALTEO.

40 — l'Hercule françois : ou l'explication de la thèse dédiée au Roy, par M. le Marquis de Seignelay. (Par FLÉCHIER, sur les vers latins du P. DE LA BRETONNIÈRE.)
Paris. 1688. S. Mabre-Cramoisy.

41 — Sainte Menehout.
42 — Rocroy.
43 — Pour le Roy, sur la défaite de l'hérésie. — Rondeau. — Madrigal.
44 — A la Ser. Reyne Christine, sur son abdication et sur sa conversion. Sonnet. Par LE CLERC.
45 — Pour son entrée dans Paris. Sonnet. Par LE CLERC.
46 — Sur le mariage de M. de la Villette et de Mademoiselle Cauvel de Bonviller, ode (par *Cl.* CAPPERONNIER.) [1]
Paris. 1857. Didot.

47 — Invocation aux neuf chœurs des anges. 1844.
48 — La mort et la resurrection du Sauveur du monde. 1846.
49 — Invocation au Sauveur du monde 1849. Avec carré magique.
50 — Etrennes aux vrais croyants 1863. Avec carré mathématique.
51 — Hommage à la Vierge Marie 1874. Avec carré mathématique.
Ces cinq Pièces sont de L. LENAIN
52 — Au Sultan Abdul-Médjid. Par Me *Fanny* DENOIS DES VERGNES. 1854.
53 — Méthode pour bien prêcher.
Tu dois être savant surtout dans la science...
54 — Vers à la mode. — *Je le crois bien. — Je n'en crois rien.*
55 — Patience. — *Tel qu'un homme pensif j'errais à l'aventure.*
56 — A Mgr le Duc de Brézè. — Stances par DEFFONTAINE.
57 — Procès verbal du Clergé de France ès années 1655-1656 et 1657.
Illutres Députez du grand Clergé de France...
Ces quatre dernières Pièces sont manuscrites.

---

(1) CAPPERONNIER (*Claude*) né à Montdidier le 1 Juin 1671, mourut à Paris le 24 Juillet 1744.

3507. — Poésies latines et françaises.
1 vol. in-4. contenant.

1 — In obitu Christianis. Francorum Reginæ Annæ Austriacæ planctus —Galliæ. Item : Hispaniæ ad Galliam responsio. D. *H.* VAILLANT.O.S.B. D. O. M. Vitæ ac mortis Domino in funere Christ. Francorum Reginæ Annæ Austriacæ Ludovici Adeodati augustæ matris epicedium. — Galliæ ad Hispaniam lugubre nuntium. — F. 1. MABILLON.
Parisiis. s. d. Billaine.

2 — Aug. et invict. Principi Ludovico XIV... carmen panegyricum nec non christianæ politices exemplar. F. L. B.
Parisiis. 1666. Bertier.

3 .. Ill. Abbati Camillo Le Tellier de Louvois in tabulam ab eo regi dedicatam, cum theses philosophicas in Collegio Mazarinæo tueretur. Anno MDCXCII. Autore *C.* ROLLIN.

4 — A M. l'Abbé de Louvois, sur la thèse qu'il dédie au Roy. Imitation des vers latins de M. Rollin, par BOSQUILLON.

5 — Ode in laudem S. Gregorii Magni. G. C. A. 1739.

6 — Psalme de la puissance, sapience et bonté de Dieu. Par *Pierre* DU VAL.
Paris. 1559. M. De Vascosan.

7 — Ode sur la paix.
Paris. 1660. A. Courbé.

8 — Amico-criticæ monitionis litura Franco-galli chlamo ducta. (*Prose*).
Parisiis. 1645.

9 — Regis encomium ex peroratione de authoritate sacri textus hebraici. *I.* BANNERET. 16 Apr. 1668.

10 — Poésies de... Fragment d'un volume sans commencement ni fin.

3508 — **Imperatorum ac Cæsarum Romanorum, a C. Julio Cæsare, usque ad Maximilianum II Austriacum, breves et illustres descriptiones,** *Nicolao* REUSNERO **et** *Georgio* SABINO **auctt. Præterea** AUSONII, MICYLLI, URSINI **in eosdem Cæsares brevia, et rotunda carmina.**
Lipsiæ. 1572. Typis Voegelianis. 1 vol. in-8.

3509. — **Lemmata novo-antiqua pancarpia, ex natura, historia, moribus, in gratiam studiosæ juventutis tetrastichis illigata.**
Ipris Flandrorum. 1614. Fr. Bellettus. 1 vol. in-8.

3510. — **Libellus de quattuor virtutibz et omnibz officiis ad bene beateqz vivendum. (Auctore** *Dominico* MANCINI*).*
Parisiis. 1492. G. Mittelhus. 1 vol. in-4.

A la suite :

. — *Dominici* MANCINI de passione domini nostri Jesu Christi liber. — Ejusdem oratio ad Virginem.

. — Dyalogus linguæ et ventris.

3511. — Novem F. *Baptiste* Mantuani opera præter cætera moralia : familiari quidem *Jodoci* Badii Ascensii explanatione elucidata omnia, quondam vero etiam argutissima *Sebast.* Murrhonis et *Sebast.* Brantii elucidatione decorata : Musarum plane inventa.
Parisiis. 1507. Ascensius. 1 vol. in-4.

3512. — *Valerandi* Varanii de gestis Joanne Virginis France egregie bellatricis libri quattuor.
Parisii. 1516 J. de Porta. 1 vol. in-4.

3513. - Civitas veri, sive morum, *Bartholomei* Delbene, Aristotelis de moribus doctrinam, carmine et picturis complexa, et illustrata commentariis *Theodori* Marcilii.
Parisiis. 1609. Amb. & H. Drouard. 1 v. in-fol. Fig.

3514. — Le ver à soie, poëme en deux chants, de *Marc-Jérôme* Vida, traduit en vers français, avec le texte latin en regard, par *Matthieu* Bonafous. 2ᵉ éd.
Paris. 1844. Vᵉ Bouchard-Huzard. 1 vol. in-8.

3515. — Poésies complètes du Chancelier *Michel* de L'Hospital. Première traduction, annotée, suivie d'une table analytique et précédée d'un Nouvel essai sur l'esprit de l'Hospital. Par *Louis* Bandy de Nalèche.
Paris. 1857. Hachette. 1 vol. in-18.

** — *Stephani* Pasquier epigrammata et icones.
Voyez : Œuvres d'*Est.* Pasquier. Polyg. N. 164.

3516. — *Jacobi* Sannazarii opera omnia.
Lugduni. 1592. A. Gryphius. 1 vol. in-16.

3517. — *D. Emmanuelis* Thesauri inscriptiones, (elogia et carmina) quotquot reperiri potuerunt. Opera et diligentia *Emanuelis Philiberti* Panealbi, Cum ejusdem notis, et illustrationibus.
Venetiis. 1679. J. Prodocimi. 1 vol. in-8.

** — Eximii prophetarum antistitis regia Davidis oracula, per *Francisum* Bonadum, ad psalmorum seriem centum quinquaginta numeris poëticis exarata.
Parisiis. 1531. Wechelus. 1 vol. in-8.
Voyez : Théologie. N. 503.

** — Psalterium Davidis carmine redditum per Eobanum *Hessum*,cum annotationibus *Viti* Theodori, quæ. commentarii vice esse possunt. — Cui accessit Ecclesiastes Salomonis eodem genere carminis redditus.
Parisiis. 1547. Ruellius. 1 vol. in-16.
Voyez : Théologie. N. 504.

** — Psalmi Davidici septuaginta quinque, in lyricos versus, servata ecclesiasticæ versionis veritate et Hebræorum varietate, redacti. Authore *Joanne* Ganeio.
Lutetiæ Paris. 1547. Nicolas Dives 1 vol. in-8.
Voyez : Théologie. N. 505.

** — Psalmi Davidis ex hebraïca veritate latinis versibus expressi a *Jo. Matthæo* Toscano; quibus præfixa sunt argumenta singulis distichis comprehensa, opera *Joan.* Aurati. — Ejusdem Toscani hymni et poemata.
Parisiis. 1576. F. Morellus. 1 vol. in-8.
Voyez : Théologie. N. 506.

** — Psalmorum Davidis paraphrasis poetica, nunc primum edita, authore *Georgio* Buchanano. — Ejusdem Davidis Psalmi aliquot à *Th.* B. V.
Paris. s. d. H. & R. Stephanus. 1 vol. in-8.
Voyez : Théologie. N. 507.

** — Psalmorum Davidis paraphrasis poëtica *Georg.* Buchanani : argumentis ac melodiis explicata atque illustrata opera ac studio *Nathanis* Chytræi.
Herbonæ. 1613. Corvinus. 1 vol. in-16.
Voyez : Théologie. N. 508.

** — Nova et accurata editio Psalmorum Davidis, una cum paraphrasi Buchanani.
Paris. 1729. De Hansy. 2 vol. in-12.
Voyez : Théologie. N. 509.

** — Paraphrasis poetica in psalmos Davidis, et cantica Breviarii Romani, ex sacris litteris deprompta. Adjectis ad textum scholiis, quibus omnia fermè obscura illustrantur. A R. P. *Ludovico* Magnetio.
Lutetiæ. 1634. Vitray. 1 vol. in-4.
Voyez : Théologie. N. 510.

** — *Laurentii* Lebrrun Ecclesiastes Salomonis paraphrasi poëtica explicatus. Editio ultima.
Parisiis. 1653. Seb. Cramoisy. 1 vol. in-12.
Voyez : Théologie. N. 649.

** — *Joannis* Tollenarii Speculum vanitatis, sive Ecclesiastes soluta ligataque oratione dilucidatus.
Antuerpiæ. 1635. Moretus. 1 vol. in-4.
Voyez : Théologie. N. 647.

** — *Joannis* Maury Speculum patientiæ, sive motrica paraphrasis in librum Job, eique intextus Commentarius cum moralis, tum literalis, ex mente sanctorum Patrum.
Tolosæ. 1678. J. Pekius. 1 vol. in-8.
Voyez : Théologie. N. 446.

** — *Joannis* MAURY Theatrum universæ vanitatis, seu excursus morales in Ecclesiasten Salomonis.

Parisiis. 1646. Ant. Vitré. 1 vol. in-8.

Voyez : Théologie. N. 648.

** — *Francisco* MONCÆII *Atrebatii* Sacra bucolica sive Cantici Canticorum Salomonis, et Psalmi XLIV *Eructavit*, etc., poëtica paraphrasis.

Parisiis. 1587. Sittard. 1 vol. in-4.

Voyez : Théologie. N. 659.

** — Christiados, sive de Passione Domini libri 17. Authore Dno *Roberto* CLARKE.

Brugis. 1670. Kerchovius. 1 vol. in-8.

Voyez : Théologie. N. 1125.

** — De vita Jesu Christi variæ poeseos libri duodecim. Quibus universum penè Evangelium historicè delineatum inspicitur. Auctore M *Roberto* MONNIERIO.

Rothomagi. 1628. Du Petitval. 1 vol. in-8.

Voyez : Théologie. N. 1124.

3518. — De institutione principis libri tres. Auctore P. *Livino* DE MEYER.

Bruxellis. 1716. Eug. Hen. Fricx. 1 vol. in-4.

3519. — *Jacobi* VANIERII Prædium rusticum ; nova editio... Accedit vita Auctoris...

Parisiis. 1817. A. Delalain. 1 vol. in-12.

3520. — Le mariage des plantes, traduit de l'ouvrage du D. PETIT-RADEL, intitulé *De moribus Panchariltis et Zeroæ, Poema eroticon, Idalio stylo exaratum*, avec le texte à côté.

Paris. An 8. Fuchs. 1 vol. in-12.

3521. — Diabolus à Gaspare delusus. Præconium historico-poeticum Gasparis del Bufalo, Sacerdotis romani, qui Congregationem Missionariorum à pretiosissimo sanguine dictam instituit, in quatuor cantus divisum, auctore *D. F. D.* (DESNOYERS), ex eadem Congregatione, etc.

Colmaria. s. d. Hoffmann. 1 vol. in-8.

3522. — Hortus epitaphiorum selectorum. Ou jardin d'épitaphes choisis. Où se voyent les fleurs de plusieurs vers funèbres, tant anciens que nouveaux, tirez des plus fleurissantes villes de l'Europe. (PAR DU PELLETIER). Le tout divisé en deux parties.

Paris. 1648. G. Meturas. 1 vol. in-12.

[La 1e partie contient les épitaphes latines, la 2e les épitaphes françaises].

Poésie italienne.

3523. — Traité de la poésie italienne, rapportée à la poésie française,... Par l'italien *Antonio* Scoppa.
Paris. 1803. V° Devaux. 1 vol. in-8.

3524. — Poesie italiane tratte da' megliori autori, ed accresciute d'un Trattato della Poesia italiana, e d'alcune brevi note ad uso degli Stranieri, da *A.* Vergani.
Parigi. 1802. L'Autore. 1 vol. in-12.

3525. — Parnaso italiano. Poeti contemporanei maggiori e minori; preceduti da un Discorso preliminare intorno a Giuseppe Parini e il suo secolo, scritta da *Cesare* Cantu, e seguiti da un Saggio di rime di Poetesse italiane antiche e moderne scelte da *A.* Ronna.
Parigi. 1843. Baudry. 1 vol. in-8. Port

3526. — La divina commedia di Dante Alighieri. Edizione formata sopra quella di Comino del 1727.
Venezia. 1811. Vitarelli. 1 vol. in-16. Port.

3527. — La divina commedia, di Dante Alighieri, nuova edizione accuratamente riveduta e corretta.
Parigi. 1830. Costes. 3 en 1 vol. in-16.

3528. — La divina commedia, di Dante Alighieri, col comento del P. *Pompeo* Venturi, con postille d'altri, e la vita dell'Autore, scritta da *L.* Aretino. Edizione arricchita d'indici de' nomi appartenenti a storia ed a geografia contenuti nel divino poema. Per opera di *A.* Ronna.
Parigi. 1841. Truchy. 1 vol. in-12.

3529. — La divine comédie de Dante Alighieri. Traduction nouvelle par M. Mesnard. Notes par M. *Léonce* Mesnard.
Paris. 1854-57. Amyot. 3 vol. in-8.

3530. — Dante-Lamennais. La divine comédie traduite et précédée d'une introduction sur la vie, la doctrine et les œuvres de Dante. Œuvres posthumes de *F.*

LAMENNAIS, publiées, selon le vœu de l'auteur, par E. D. FORGUES.
Paris. 1862. Didier. 2 vol. in-8.

** — Le Purgatoire de DANTE. Traduction et commentaire avec texte en regard, par A. F. OZANAM.

Voyez : Œuvres de A. F. OZANAM. IX: Polyg. N. 241:

3531. — Rimes de DANTE. — Sonnets, canzones et ballades. Traduction de *F*. FERTIAULT, précédée d'une Étude littéraire et suivie de Notes et Commentaires par le même. 2ᵉ édit.
Paris. 1854. Lecou. 1 vol. in-18

3532. — Rime di Mess. *Francesco* PETRARCA.
Venezia. 1751. Remondini. 1 vol. in-8.

3533. — Rime di *Francesco* PETRARCA con brevi annotazioni.
Firenze. 1827. Borghi e Comp. 2 en 1 vol. in-16.

3534. — Le génie de Pétrarque, ou imitation en vers françois de ses plus belles poésies, précédée de la Vie de cet homme célèbre, dont les actions et les écrits font une des plus singulières époques de l'histoire et de la littérature modernes. (Par l'Abbé ROMAN).
Parme. Paris. 1778. Lacombe. 1 vol. in-8.

3535. — Orlando furioso di *Ludovico* ARIOSTO.
Parigi. 1777. Delalain. 4 vol. in-12. Port.

3536. - Orlando furioso di *Ludovico* ARIOSTO. Con argomenti, dichiarazioni ad ogni canto, ed indice de' nomi proprj e delle materie principali. Nᵃ ed.
Avignone. 1816. F. Seguin. 8 en 4 vol. in-16.

3537. — La Gerusalemme e l'Aminta di *Torquato* TASSO, con note di diversi.
Parigi. 1836. Baudry. 2 vol. in-8. Port.

3538. — La Gerusalemme liberata di *Torquato* TASSO.
Parigi. 1819. Didot. 2 vol. in-12.

3539. — La Gerusalemme liberata di *Torquato* TASSO.
Firenze. Parigi. 1837. Baudry. 2 vol. in-16. Port.

3540. — Jérusalem délivrée, poème du TASSE, traduit en françois, par le Prince LE BRUN.
Paris. 1836. Lefèvre. 1 vol. in-8. Port.

3541. — Cours de langue italienne, à l'aide duquel on peut apprendre cette langue chez soi, sans maître, et en

deux ou trois mois de lecture. Par M. LUNEAU DE BOISJERMAIN.— (La Jérusalem délivrée avec traduction interlinéaire).
Paris. 1783-1784. 3 vol. in-8.

3542. — Opere poetiche del M. illustre Sig. Cavalier *Battista* GUARINI. Nelle quali si contengono il Pastor Fido et le Rime. Et in questa nuova impressione aggiuntoni varie Poesie in morte dell Autore.
Venetia. 1621. Misserini. 1 vol. in-32.

3543. — Il malmantile racquistato di *Lorenzo* LIPPI.
Parigi. 1768. M. Prault. 1 vol. in-12. Port.

3544. — Voceri, chants populaires de la Corse, précédés d'une excursion faite dans cette ile en 1845, par A.-L.-A. FÉE.
Paris. 1850. V. Lecou. 1 vol. in-8.

Poésie espagnole.

3545. — Poëme du Cid, texte espagnol accompagné d'une traduction française, de notes, d'un vocabulaire et d'une introduction. Par DAMAS HINARD.
Paris. 1858. Imprimerie impériale. 1 vol. in-4.

3546. — Obras completas de D. *Francisco* MARTINEZ DE LA ROSA.—Tomo primero.—Poesias; Poética espanola; apéndices sobre la Poesia didactica, la Tragedia y la Comedia.
Paris. 1845. Baudry. 1 vol. in-8. Port.

3547. — Obras de D. *José* ZORRILLA, con su biografia por *Ildefonso* DE OVEJAS. — Tomo primero. — Obras poéticas. — Tomo segundo. Obras dramaticas.
Paris. 1847. Baudry. 2 vol. in-8. Port.

Poésie portugaise.

3548. — Les Lusiades de *L.* DE CAMOENS. Traduction nouvelle par MM. *Ortaire* FOURNIER et DESAULES, revue, annotée et suivie de la traduction d'un choix de poésies diverses, avec une notice biographique et critique sur Camoens, par *Ferdinand* DENIS.
Paris. 1841. Gosselin. 1 vol. in-18.

Poésie française.

3549. — Recueil de poésies françaises des XVᵉ et XVIᵉ siècles, morales, facétieuses, historiques, réunies et annotées par M. *Anatole* DE MONTAIGLON.
Paris. 1855-1861. P. Jannet. 6 vol. in-18.

3550. — Collection de poètes de Champagne antérieurs au XVIᵉ siècle, publiée par M. *Prosper* TARBÉ,
Reims, 1847-62. Régnier&Brissart-Binet. 22 v. in-8.

1 — Les œuvres de *Guillaume* COQUILLART, 2 vol.
2 — Le roman du Chevalier de la Charette, par CHRÉTIEN DE TROYES et GODEFROY DE LAIGNY.
3 — Le Roman d'AUBERY LE BOURGOING.
4 — Les œuvres de *Guillaume* de MACHAULT.
5 — Œuvres inédites d'*Eustache* DESCHAMPS. 2 vol.
6 — Les œuvres de *Philippe* de VITRY.
7 — Poètes de Champagne antérieurs au siècle de François I.— Proverbes champenois avant le XVIᵉ siècle. — Le Roman du Kenard contrefait par LE CLERC, de Troyes.— Fragments.
8 — Les chansonniers de Champagne aux XIIᵉ et XIIIᵉ siècles.
9 — Le roman de Girard de Viane, par BERTRAND, de Bar-sur-Aube.
10 — Chansons de THIBAUT IV, Comte de Champagne et de Brie, Roi de Navarre.
11 — Le tournoiement de l'Antéchrist, par HUON de Mery (sur Seine).
12 — Poésies d'AGNÈS de Navarre-Champagne, Dame de Foix.
13 — Le roman de Foulque de Candie, par *Herbert* LEDUC, de Dammartin.
14 — Le roman des Quatre fils Aymon, Prince des Ardennes.
15 — Les œuvres de BLONDEL de Néele.
16 — Romancero de Champagne. 5 vol.

3551. — Almanach des Muses. 1765-1766-1767-1768-1769-1770 et 1774 à 1785.
Paris. 1765-1785. Delalain. 8 vol. in-18.

3552. — Recueil des poésies françaises.
1 vol. in-8 contenant :

1 — Le Miroir du Pécheur, composé par les RR. PP. Capucins ; le tout représenté par figures.
Troyes. 1754. Vᵉ Garnier.
2 — Brevet de calotte pour le sieur P***, médecin.
3 — Les systèmes, avec des notes instructives. — Les Cabales. — La Begueule, — Jean qui pleure et Jean qui rit. — (Par VOLTAIRE.)
4 — Tribut de l'amitié ou épître à feu M l'Abbé de La Serre, suivie d'une lettre sur sa mort... (Par *L. P.* BÉRENGER.)
Lyon. 1782.
5 — Poésies diverses. (Par CRIGNON.)
6 — Pie VI et Louis XVIII; conférence théologique et politique, trouvée

dans les papiers du Cardinal Doria; traduite de l'italien, par *M. J.* CHENIER.

Paris. An VI. Laran.

7 — Mon siècle, ou les trois satires, suivi de notes historiques, critiques et littéraires. Par *Louis* DAMIN.

Paris. 1801. Hamelin.

8 — Le chemin de la Revanche, par *Ch.* BEAURIN.

Paris. 1873. Dentu (Compiégne. Edler.)

9 — Epitre à Messieurs les fumeurs. (Par BERVILLE.) [1]

Paris. 18.. Malteste.

10 — Inauguration de la statue Gresset. (21 Juillet 1851.) A M. Breuil, Directeur de l'Académie d'Amiens, qui me demandait de lire à cette séance quelque chose de court et de gai, par M. S^t. A. BERVILLE.

Amiens. 1851. Duval & Herment.

11 — Racine et Boileau. — Dialogue sur le bonheur domestique, couronné par l'Académie d'Amiens, dans sa séance publique du 25 Août 1826, par *Alexandre* BOUTHORS. (2)

Amiens. 1826. Caron Duquesne.

12 — Humble requête à l'Académie d'Amiens. (Par *A.* BOUTHORS.]
13 — Amiens à la dérive et la rue Centrale, boutade poétique, par M. *A.* BOUTHORS.

Amiens. 1860. Alfred Caron.

14 — Epitre à M. Ponsard, au sujet de sa tragédie d'Ulysse, par *Isidore* BONNICHON (*Henri* CALLAND) (3).

Paris. 1852. Ledoyen.

15 — La Comète de 1858, par *Henri* CALLAND, couronnée par l'Académie de Bordeaux, le 19 Janvier 1859.

Paris. 1859. Ledoyen.

16 — Le tombeau des Apôtres. Poésie. (Par *L. P. M.* DELEFORTRIE

Saint-Germain. 1870. Toinon.

17 — Poésies par Madame *Fanny* DÉNOIX DES VERGNES. — La Vie, 1837. — Au général Cavaignac. 1848. — A MM. de l'Assemblée législative sur la taxe des chiens. — A l'armée française. 1850. — Ode lue à l'inauguration de la statue de Jeanne-Hachette. 1851 — Sebastopol. 1855. — Les inondations.— Le retour. 1856.— A S. E. M. le Comte de Cavour. 1857. — Emancipation des serfs. A S. M. l'Empereur de toutes les Russies. — Italie. 1859. — A M. de Cavour. 1861. Ma politique. — A S. M. l'Empereur de Mexique. 1867. — Inauguration de la statue du général de Blanmont.

18 — Ode en l'honneur de la paix rétablie entre la France, l'Angleterre, la Turquie, le Piémont et la Russie, Par *J. G.* DIEU.

---

(1) BERVILLE (*Albin)* né à Amiens, le 22 Octobre 1788, mourut à Fontenay-aux-Roses, [Seine], le 25 Septembre 1868.

(2) BOUTHORS (*Jean-Baptiste-Louis-Alexandre*) , né au Valvion, dépendance de Beauquesne, le 27 Juin 1797, mourut à Amiens, le 9 Juin 1866.

(3) CALLAND (*Emmanuel-Henri*), né à Amiens, le 7 Avril 1812.

19 — Ode dédiée à la ville de Bayeux à l'occasion de la restauration du chœur de sa belle cathédrale et de la prise de possession du dit chœur par Mgr l'Évêque de Bayeux le jour de l'Assomption 1859... Par J. G. Dieu.

Saint-Lô. 1859. Delamare.

20 — Invocation au sauveur de l'humanité. Par G. Dorieux.

Amiens. Duval & Herment.

21 — A Madame Lagrange, première chanteuse au Théâtre d'Amiens — Au public. Par G. Dorieux.

Amiens. 1855. E. Yvert.

22 — A M. Louis Vernes, Ministre de Saint-Evangile, par G. Dorieux.

Amiens. 1854. E. Yvert.

23 — A M. A. de Lamartine. — Visite au chateau de Saint-Point. — Récit par *Gustave* Dorieux.

Paris. 1856. Ledoyen.

24 — Chapelle sépulcrale de la maison de Mailly (branche ainée). Par l'Abbé J. Gosselin (I)

Amiens. 1857. Caron-Lambert.

25 — Conte historique. A mon Père. Par P. Grévin.

Amiens. s. d. Caron Vitet.

26 — Poésies par *Emile* Hamard.

Chartres. s. d. Garnier.

27 — Poésies, par Hémart (2) — Le Jugement de Dieu. — L'officier et le prêtre. — La cinquantaine ou le renouvellement du mariage de M. et Me Daveluy. — Le Dimanche. — La fin de Princes, Princesse, Reine, et Monarques de la France moderne. — Oraison funèbre de feu M. M. P. J. N. Daveluy. — Une nuit orageuse sur la mer. — Un duel. — Les Marionnettes d'Amiens. — Crime, amour, pardon et mariage au ciel. — Mgr Boudinet, Evêque d'Amiens. — La nuit des morts.

28 — Sur la mort de Mgr le Duc de Berry. A.J**

29 — A sa Majesté l'Empereur Napoléon III. Toulouse, par *Achille* Jubinal.

Paris. 1853. Amyot.

30 — Essais poétiques. Par *Anthime* Lejeune. (3)

Amiens. 1866. A. Caron.

31 — Les Français en 1867, hymne patriotique; dédiée à la jeunesse d'Amiens, à l'occasion du Congrés scientifique et du Concours agricole régional, par A. L. (A. Leroy) [4]

31 — La Fête-Dieu en prison. Par A. Leroy.

Amiens. s. d. Jeunet.

32 — 15 Août. La grande armée aux Vieux de la Vieille, poésie dite par Mauclerc au Théâtre de Compiégne.

Amiens. E. Yvert.

---

(1) Gosselin [*Jules-Louis-Henri*] né à Mailly, canton d'Acheux, le 17 Déc. 1835.

(2) Hémart (*Victor*), né à Amiens le 4 Décembre 1798.

(3) Lejeune. (*Anthime-Clovis*) né à Arvillers le 20 Décembre 1811.

[4] Leroy (*Jean-Baptiste-Auguste*) né à Bresles le 21 Juillet 1816.

33 — Pour qui ? Pourquoi ? Souvenirs rappelés dans une suite de concerts et de représentations pour les victimes de la guerre et pour l'Œuvre de la délivrance, par MAUCLERC.
Lille. Lagache.

34 — I. Plaidoyer pour l'erreur. — II. Plaidoyer pour la Providence. — Voyage aux antipodes.— Histoire d'un bonhomme. Par *Clovis* MICHAUX.
Paris. 1847-49-53. Malteste.

35 — Epitre à M. Auguste Barbier sur la satire qu'il a intitulée : la Statuomanie, par MONTALANT-BOUGLEUX.
Versailles. 1852. Montalant-Bougleux.

36 — Comment le diable batit une cathédrale et du peu de reconnaissance qu'on lui en eut. Légende par *Léon* PAULET. (1)
Mons. 1849. Lelouchier.

37 — La Photographie, poëme didactique, par M. A. REGNAULT.
Boulogne-sur-Mer. 1863. Aigre.

38 — Translation à Amiens des reliques de Sainte Theudosie, le 12 Octobre 1853. Dithyrambe. [Par *Félix* REMBAULT. [2]
Amiens. 1853. A. Caron.

39 — La Bergère. — L'Abricotier. — Par *Léopold* SOREL. [3]
Amiens. 1873. Yvert.

40 — Le Cholera et l'Ange de la consolation, poème, par *Raoul* V..
[VASSEUR.] [4] 20 Juillet 1866.

41 — Essais poétiques, 2e cahier. Retour à l'espérance. Poéme par *Raoul* VASSEUR.
Amiens. 1866-1867. Lith. Vᵉ Alfred Caron.

42 — Epidémie cholérique d'Amiens. Juin, Juillet, Août 1866.—Hommage de la médaille commémorative offerte à Mme Cornuau.— Le triomphe de la charité. Par *Raoul* VASSEUR.
Amiens. 1866. Alfred Caron. 1 f. in-plano.

43 — Poème historique en l'honneur de LL. MM. Impériales. Par VERNHES.

44 — Guerre de Crimée. — Siége de Sébastopol. Poême national, par VERNHES ainé.
Paris. 1856-57. L'auteur.

45 — Napoléon ou l'abus du Progrès, poème élégiaque en quatre chants. Par VÉRANI. [1]
Montdidier. 1844. Radenez.

46 — Amiens. Concours musical du 3 Juillet 1864. Par *E.* YVERT.
Amiens. 1864. E. Yvert.

---

[1] PAULET. (*Marie François-Léon*, né à Ham, le 22 Décembre 1817.

[2] REMBAULT. (*Félix*], né à Amiens, le 1 Février 1796, y mourut le 6 Nov. 1871.

[3] SOREL (*Louis-Hyacinthe-Léopold*] né à Amiens le 19 septembre 1807.

[4] VASSEUR (*Louis-Raoul*), né à Amiens, le 1 Mai 1841.

[5] VÉRANI DE VARENNE (*Pierre-Jean*) né à Montdidier le 17 Septembre 1769, y mourut le 15 Décembre 1844.

3553. — Les satiriques des dix-huitième et dix-neuvième siècles. Première série. M. J. Chenier.— J. Despaze.— Gilbert.— Rivarol.— Satires diverses.
Paris. 1840. Masgana. 1 vol. in-18.

3554. — La poésie à Napoléon III. Votes des poètes français recueillis et publiés par J. Lesguillon. Avec les portraits de l'Empereur et de la reine Hortense.
Paris. 1853. l'Editeur. 1 vol. in-8. Port.

3555. — La chanson de Roland, poëme de Théroulde, texte critique accompagné d'une traduction, d'une introduction et de notes, par F. Génin.
Paris. 1850. Imp. nat. 1 vol. in-8.

3556. — Le roman de la Rose, par *Guillaume* de Lorris et *Jean* de Meung, dit Clopinel. Edition faite sur celle de Langlet-Dufresnoy, corrigée avec soin, et enrichie de la Dissertation sur les Auteurs de l'ouvrage, de l'Analyse, des Variantes et du Glossaire publiés en 1737 par J. B. Lantin de Damérey.
Paris. An VII. Fournier & P. Didot. 5 v. in-8. Fig.

3557. — Messire Gauvain ou la vengeance de Raguidel, poëme de la Table ronde, par le Trouvère Raoul, publié et précédé d'une introduction par C. Hippeau.
Paris. 1862. Aubry. 1. vol. in-18.

3558. — Le bel inconnu ou Giglain fils de Messire Gauvain et de la fée aux Blanches Mains; poëme de la Table ronde, par Renauld de Beaujeu, poète du xiiie siècle, publié, d'après le manuscrit unique de Londres, avec une introduction et un glossaire, par C. Hippeau.
Paris. 1860. A. Aubry. 1 vol. in-18.

3559. — Amadas et Ydoine, poëme d'aventures publié pour la première fois et précédé d'une introduction, par C. Hippeau.
Paris. 1863. Aubry. 1 vol. in-18.

3560. — Vie du pape Grégoire le grand, légende française publiée pour la première fois par *Victor* Luzarche.
Tours. 1857. J. Bouserez. 1 vol. in-18.

3561. — Mellusine, poème relatif à cette fée poitevine composé dans le quatorzième siècle par Couldrette, publié pour la première fois, d'après les manuscrits de la Bibliothèque impériale, par *Francisque* Michel.
Niort. 1854. Robin & L. Favre. 1 vol. in-8.

3562. — Li romans de Bauduin de Sebourc IIIe Roy de Jhérusalem ; poëme du xive siècle, publié pour la première fois, d'après les manuscrits de la Bibliothèque royale. (Par M. *Louis* Boca).
Valenciennes. 1841. Henry. 2 vol. in-8.

3563. — Le combat de trente Bretons contre trente Anglois, publié d'après le manuscrit de la Bibliothèque du Roi ; par *G. A.* Crapelet. 2e édit.
Paris. 1835. Crapelet. 1 vol. in-8. Pl.

3564. — Poésies de *Marguerite-Eléonore* Clotilde de Vallon et Chalys, depuis Madame de Surville, poëte français du XVe siècle. Nouvelle édition publiée par *Ch.* Vanderbourg ; ornée de gravures dans le genre gothique, d'après les dessins de Colin.
Paris. 1824. Nepveu. 1 vol. in-8.

3565. — Poésies inédites de *Marguerite-Eléonore* Clotilde de Vallon *et* Chalys, depuis Madame de Surville, Poëte français du 15e siècle, publiées par M^{rs}. de Roujoux et *Ch.* Nodier ; ornées de gravures...
Paris. 1827. Nepveu. 1 vol. in-8.
Ces 2 recueils sont un pastiche du XVIe siècle.

** — Les Pseaumes de David, mis en rime françoise, par *Clément* Marot et *Théodore* de Beze. [Avec la musique].
Charenton. 1641. Des Hayes. 1 vol. in-12.
Voyez : Théologie. N. 515.

** — Les Pseaumes de David, mis en rime françoise, par C. M. et T. D. B. [*Clément* Marot et *Théodore* de Beze].
Charenton. 1667. Cellier. 1 vol. in-12.
Voyez : Théologie. N. 516.

3566. — Livret de folastries, à Janot Parisien. Plus quelques Épigrames grecs : et des Dithyrambes chantés au Bouc de E. Jodelle. (Par *Ambroise* La Porte).
Paris. 1553. Ve Maurice de la Porte. in-12.

3567. — Les douze vertus de noblesse. Extrait du registre secret du Sire (*François*) de Boffles, Seigneur de

Souchez (Artois), au XVIe siècle, par le Cte *Achmet* D'HÉRICOURT. (1)
Paris. 1863. Dumoulin. in-8.

3568. — La grande danse Macabre des hommes et des femmes, historiée et renouvelée de vieux gaulois, en langage le plus poli de notre temps.
Troyes. s. d. J. A. Garnier. 1 vol. in-4. Fig.

** — Œuvres poétiques d'*Estienne* PASQUIER.
Voyez : Œuvres d'*Estienne* PASQUIER. Polyg. N. 164.

3569. — Recueil de toutes les pièces faites par THÉOPHILE, depuis sa prise jusques à présent. Mises par ordre.
Paris. 1625. 1 vol. in-8.

** — Les CL Pseaumes de DAVID et les X Cantiques insérés en l'office de l'Eglise. Traduits en vers françois par M. *Michel* DE MARILLAC.
Paris. 1625. Martin. 1 vol. in-8.
Voyez : Théologie. N. 514.

** — Les CL Pseaumes de DAVID, mis en vers françois, et rapportez verset pour verset.... Par le Sieur *Jean* METEZEAU.
Paris. 1611. Rob. Fouet. 1 vol. in-12.

** — Les mêmes.
Paris. 1618. Loyson. 1 vol. in-8°.
Voyez : Théologie. N. 512 et 513.

3570. — Entretiens solitaires, ou prières et méditations pieuses. En vers françois. Par M. DE BREBEUF.
Rouen. Paris. 1660. A. de Sommaville. 1 vol in-12.

3571. — Même ouvrage. N^e édit.
Paris. 1671. 1 vol. in-12.

3572. — Picardie historique et littéraire. Blasons et anagrammes picards. Par *F.* POUY.
Amiens. 1866. Lemer. 1 vol. in-16.

** — Catéchisme en vers dédié à Mgr le Dauphin. Par M. d'HEAUVILLE. (*Louis* LE BOURGEOIS), Abbé de Chantemele.
Saumur. 1669. 1 vol. in-16.
Voyez : Théologie. N° 3791.

** — Paraphrase sur les Lamentations du prophète Jérémie. Par *Ph* VINCENT. (En vers).
La Rochelle. 1646. Chuppin. 1 vol. in-8.
Voyez : Théologie. N. 734.

** — Les Lamentations du prophète Jérémie, paraphrasées en vers françois. Par M. S. D. T.
Paris. 1650. Rocolet. 1 vol. in-8.
Voyez : Théologie. N. 735.

---

(1) HÉRICOURT *(Marie-Achmet* Comte DE SERVINS D'], né à Hébécourt le 19 Août 1819, mourut à Souchez [Pas-de-Calais] le 21 Janvier 1871.

** — L'histoire de la Passion de nostre Sauveur Jesus-Christ, mise en vers françois. Par le R. P. *François* Berthod.
Paris. 1655. Loyson. 1 vol. in-12.
Voyez : Théologie. N. 1127.

** — Emanuel ou paraphrase évangélique comprenant l'histoire et la doctrine des quatre Evangiles de Jésus-Christ nostre Seigneur. Poëme chrétien divisé en XV livres. Par *Philippes* Le Noir. 4ᵉ édit.
Charenton. 1664. Vendosme. 1 vol. in-8.
A la suite :
Poëme sur les merveilles de Jésus-Christ. Par noble *Charles* de Bouques, Seigneur de Pons.
Charenton. 1662. L. Vendosme. in-8.
Voyez : Théologie. N. 1127.

* — Paraphrase sur le livre de Job, en vers françois, par *Dom Gatien* de Morillon.
Paris. 1668. Billaine. 1 vol. in-8.
Voyez : Théologie. N. 447.

** — La Passion de Jesus-Christ. en vers françois, avec des réflexions chrétiennes sur le même sujet. Par un Religieux de la Cong. de S. Maur. (*Louis* Seroux).
Paris. 1687. Langronne. 1 vol. in-12.
Voyez : Théologie. N. 1128.

** — Explications en vers du Cantique des Cantiques de Salomon, à l'honneur de la très sainte Vierge Marie, l'épouse de ce sacré cantique. (Par J. Thomas).
Paris. 1717. Maizières. 1 vol. in-12.
Voyez : Théologie. N. 688.

3573. — Poësies de Monsieur le Marquis de la Farre. Nouvelle édition considérablement augmentée.
Amsterdam. 1755. Bernard. 1 vol. in-16.

3574. — Essai du nouveau conte de ma mère l'Oye ; ou les enluminures du jeu de la Constitution. (Par l'Abbé *Louis* Debonnaire).
S. n. n. l. n. d. 1 vol. in-8.

3575. — Apologie des bestes, où l'on prouve leur connoissance et leur raisonnement par différentes histoires, et principalement celles du Castor ; d'une chienne qui jouoit au piquet ; d'un chien qui connoissoit les caractères d'imprimerie ; et autres aussi curieuses qu'intéressantes. (Par M. Morfouage de Beaumont).
Paris. 1739. Prault. 1 vol. in-8.

3576. — La religion, poëme, par M. Racine. 8ᵉ édit.
Paris. 1785. Delalain. 1 vol. in-16.

3577. — Poésies libres et joyeuses d'*Alexis* Piron. N° édit.
Londres. s. d. 1 vol. in-16. Port.

3578. — Œuvres de M. Gresset. (1) N° édit.
Londres. 1755-1758. Kermaleck. 2 vol. in-12.

3579. — Poésies inédites de Gresset, précédées de recherches sur ses manuscrits par *Victor* de Beauvillé.
Paris. 1863. Claye. 1 vol. in-8.

3580. — La Henriade, poëme par Voltaire, avec les notes corrigées à l'usage des écoles et des pensions; suivi de l'Essai sur la poésie épique. 3ᵉ édit.(Avec le titre gravé de l'édition de 1813.)
Paris. 1818. Le Prieur. 1 vol. in-12.

3581. — Lettres philosophiques.
Bristol. 1756. Chez les Frères Rimeurs. in-12.

3582. — Autant en emporte le vent, ou recueil de pièces un peu... un peu... on le verra bien. Première partie.
Gaillardopolis. 1787. 1 vol. in-16.

** — Les Pseaumes de David, mis en vers françois, revus et approuvés par les Pasteurs et Professeurs de l'Eglise et de l'Académie de Genève.
Genève. 1790. Faber. 1 vol. in-12.
Voyez : Théologie. N. 517.

3583. — Poésies de *André* Chénier. Edition critique. Etude sur la vie et les œuvres d'André Chénier, variantes, notes et commentaires, lexique et index, par *L.* Becq de Fouquières.
Paris. 1862. Charpentier. 1 vol. in-8. Port.

** — Le Psautier français, par M. de la Harpe.
Voyez : Œuvres de la Harpe.—Polyg. N. 224. et Théol. N 494.

3584. — Œuvres choisies de Luce de Lancival.
Paris. 1826. Lemoine. 2 en 1 vol. in-32.

3585. — Œuvres choisies d'*Antoine-Pierre-Augustin* de Piis.
Paris. 1810. Brasseur aîné. 4 vol. in-8. Port.

** — Poésies par M. le Baron de Stassart.
Voyez : Œuvres complètes du Baron de Stassart. Polyg. N. 243.

3586. — Napoléon, ses exploits et sa mort, poème élégia-héroïque en douze chants, par *F. E.* Belly.
Paris. 1830. Ladvocat. 1 vol. in-8.

---

(1) Gresset (*Jean-Baptiste-Louis*) né à Amiens le 29 Août 1709, y mourut le 16 Juin 1777.

3587. — DE WEYER DE STREEL. La Cinéide ou la vache reconquise. Poème national héroï-comique en vingt-quatre chants.(Par l'Abbé Ch. DU VIVIER DE STREEL).
Bruxelles. 1854. Goemaere. 1 vol. in-18.

** — Prophéties d'Isaïe, traduction complète, en vers, faite sur le texte hébreux, par A. SAVARY.
La Rochelle. 1859. Siret, 1 vol. in-8.
Voyez : Théologie. N. 723.

** — Œuvres du prophète JÉRÉMIE, traduites de l'hébreu en vers et en prose, par A. SAVARY.
Paris. 1855. Vedrenne. 1 vol. in-8.
Voyez : Théologie. N. 736.

3588. — Mes souvenirs. (Par M. *Romain* LEROY). (1).
Amiens. 1852. Yvert. 1 vol. in-8.

3589. - Premières poésies de *Alfred* DE MUSSET. 1829-1835.
Paris. 1865. Charpentier. 1 vol. in-18.

3590. — Poésies nouvelles de *Alfred* DE MUSSET. 1836-1852.
Paris. 1865. Charpentier. 1 vol. in-18.

3591. — Œuvres posthumes. — Loisirs poétiques de *Henry* MAROTTE. (2)
Amiens. 1859. T. Jeunet. 1 vol. in-18.

3592. — Poésies de *Hippolyte* GUÉRIN DE LITTEAU. Mélodies.
Paris. 1856. A. Fontaine. 1 vol. in-18.

3593. — Poésies posthumes de *Hippolyte* GUÉRIN DE LITTEAU. Légendes précédées d'une notice biographique par *Gustave* DESNOIRESTERRES.
Paris. 1863. Librairie centrale. 1 vol. in-18. Port.

3594. - Méditations poétiques, par *Alp.* DE LAMARTINE. Nᵉ éd.
Bruxelles. 1835. Wahlen. 1 vol. in-16.

3595. — Harmonies poétiques et religieuses, par *Alph.* DE LAMARTINE. Nᵉ édit.
Bruxelles. 1835. Wahlen. 1 vol. in-16.

3596. — Jocelyn. An episode. Journal found at the house of a village curé. Translated from the french of *Alphonse* DE LAMARTINE by Mᵉ F. H. JOBERT.
Paris. 1837. Baudry. 1 vol. in-8.

---

(1) LEROY (*Romain-André-François*) né à Amiens le 5 Décembre 1793, y mourut le 21 Décembre 1857.

(2) MAROTTE (*Henry-Gabriel-Antoine*) né à Amiens le 28 Mai 1788, y mourut le 12 Avril 1859.

3597. — Melænis, conte romain par *Louis* Bouilhet.
Paris. 1857. Michel-Lévy fr. 1 vol. in-18.

** — *St-A.* Berville. Poésies et œuvres légères.
Paris. 1868. Maillet. 1 vol. in-8.
Voyez : *St-A.* Berville. Œuvres diverses. Polyg. N. 246.

3598. — Mélodies amiénoises ; par *St-A.* Berville.
Paris. 1853. S. Raçon & Comp. 1 vol. in-8.

3599. — Echos d'une voix solitaire. Souvenir de *Pierre* Martin, Recteur honoraire, à ses amis.
Paris. 1865. Divry & Comp. 1 vol. in-12. Port.

3600. — L'art théatral par M. Samson. Orné de portraits photographiés par Franck d'après les originaux.
Paris. 1863-1865. Dentu. 2 vol. in-8. Port.

** — Poésies diverses par le Marquis de la Rochefoucault-Liancourt.
Voyez : Œuvres choisies. Polygr. N. 245.

3601. — Poésies de *Théophile* Gautier.
Paris. 1830. Mary. 1 vol. in-12.

3602. — Némésis, satire hebdomadaire. Par Barthélemy.
Paris. 1839. Masgana. 2 vol. in-16.

3603. — Guerre aux fléaux, par le Trouvère du xixe siècle, *Jacques* Bornet.
Bordeaux. 1869. Lavertujon. in-12.

3604. — Mes derniers rêves. (Par M. *Eugène* Yvert).
Amiens. s. d. Yvert. 1 vol. in-8.

3605. — Poésies diverses, (Épitres, Satires, Dialogues, Comédies, Parodies, etc.) Par *Eugène* Vvert.
Amiens. 1847-1854. E. Yvert. 2 vol. in-8.

3606. — Fantaisies poétiques. Par *Eugène* Yyert.
Paris. 1857. Ledoyen. (Amiens. E. Yvert). 1 v. in-8.

3607. — Mélanges poétiques. Par *Eugène* Yvert. 1860.
Amiens. 1860. E. Yvert. 1 vol. in-8.

On trouve en tête : Le discours de réception de M. Yvert à l'Académie d'Amiens et la réponse de M. J. Garnier, Directeur. (26 Février 1852). — Ces deux discours, extraits des Mémoires de l'Académie et imprimés chez Duval et Herment, ont une pagination spéciale.

3608. — P. Saintive. Dans mes moments perdus. Poésies.
Paris. 1860. J. Tardieu. 1 vol. in-16.

3609. — Cœur et patrie, par Mme *Fanny* Dénoix des Vergnes.
Paris. 1855. Ledoyen. 1 vol. in-18.

3610. — Les nombres d'or, par *L.* Behmontet. 4e édit.
Paris. 1845. Amyot. 1 vol. in-12.

3611. — Œuvres complètes de *Victor* Hugo. Poésie.
Paris. 1857-1869. Houssiaux. 6 vol. in-8. Port.
Tome 1. Odes et Ballades.
— II. Odes et Ballades. — Les Orientales.
— III. Les feuilles d'automne.— Les chants du crépuscule.
— IV. Les voix intérieures. — Les rayons et les ombres.
— V. VI. Contemplations.

3612. — Les feuilles d'automne, suivies de plusieurs pièces nouvelles. Par *Victor* Hugo.
Bruxelles. 1836. Wahlen. 1 vol. in-16.

3613. — Les orientales, par *Victor* Hugo.
Bruxelles. 1836. Wahlen. 1 vol. in-16.

3614. — *Victor* Hugo. Les voix intérieures. — Les rayons et les ombres.
Paris. 1859. Hachette. 1 vol. in-18.

3615. — *Victor* Hugo. Les chansons des rues et des bois.
Paris. 1856. A. Lacroix & Comp. 1 vol. in-8.

3616. — *Victor* Hugo. L'année terrible.
Paris. 1872. Michel Lévy fr. 1 vol. in-8.

3617. — Salomon de Caus, ou la découverte de la vapeur, par *Julien* Travers.
Caen. 1847. Hardel. in-8.

3618. — Iambes et poèmes, par *Auguste* Barbier.
Paris. 1841. Masgana. 1 vol. in-18.

3619. — Satires par *Auguste* Barbier.
Paris. 1865. Dentu. 1 vol. in-18.

3620. — Varia. Poésies par *Jules* Canonge. Nouvelle édition choisie, augmentée et complètement remaniée, contenant : *Seria* : Rêver. — Chanter. — Penser.— Croire.— *Miscua* : Aimer et Sourire.
Paris. 1857. Paulin. 1 vol. in-32.

3621. — Varia. — Sourire. — Aimer. — Songer. — Souvenances. Par *Jules* Canonge. Quatrième édition choisie et rectifiée par l'Auteur.
Nimes. 1869. Soustelle. 1 vol. in-8.

3622. — A la cathédrale d'Amiens. (Par *H.* Calland).
Amiens. 1861. Lemer. in-8.

3623. — Echos dans la vallée, poésies par *Adolphe* Bordes.
Paris. 1865. Amyot. 1 vol. in-8.

3624. — Echantillons, par M. *Alexandre* HARVANT.
Amiens. 1870. Jeunet. in-8.

3625. — Les deux propriétaires, par *Auguste* GALIMARD.
Paris. 1859. Dentu. in-8.

3626. — Poésies sacrées, par *Jules-Gabriel* DIEU.
Saint-Lo. 1854. Elie fils. 1 vol. in-8.

3627. — Poëmes et poésies, par LECONTE DE LISLE.
Paris. 1855. Dentu. 1 vol. in-18.

3628. — *Gustave* LE VAVASSEUR. Croquis à la plume.
Amiens. 1866. Lenoel-Herouart. in-8.

3629. — Les impressions et pensées d'Albert, par *Ernest* PRAROND.
Paris. 1854. M Lévy. (Abbeville. Jeunet.) 1 v. in-18.

3630. — Paroles sans musique, par *Ernest* PRAROND.
Paris. 1855. Michel Lévy fr. 1 vol. in-18.

3631. — Voyage en Amérique, notes envoyées à G. Le Vavasseur, par *E.* PRAROND.
Amiens. 1864. Lenoel-Herouart. in-8.

3632. — Nouveau recueil de pensées morales et de faits instructifs, par *L. H. D.* BEUVE.
Grasse. 1860. Imbert. in-8.

3633. — Au printemps de la vie, par *Louis* RATISBONNE.
Paris. 1857. Michel Lévy fr. 1 vol. in-16.

3634. — *J.* COLLE. Aux deux sœurs de charité de France. Visite faite à Amiens par Leurs Majestés Impériales. (1867).
Paris. 1868. Pillet. in-8.

3635. — *Alfred* DE VALOIS.—Papier perdu.—Contes intertropicaux.— Martha. — Jeddah. — Songeries. — Esquisses marines.— Poésies diverses.— Fables.— Chansons. — Scanderberg.
Paris. 1863. Hetzel. 1 vol. in-18.

3636. — Le poème du travail, souvenirs d'un instituteur, par *F.* VASSEUR.
Paris. 1873. Alcan-Lévy. 1 vol. in-18.

3637. — L'Entomologie en cent distiques, dédiée aux jeunes garçons, par Mme *S. Emma* MAHUL, avec une préface,

également en vers, contenant la biographie comme naturaliste du général Comte Dejean, son père.
Florence. 1870. Héritiers Botta. 1 vol. in-4.

3638. — *Maria* CELLINI.— Tout une vie. — Aube. — Matin. — Midi.— La vie humaine.— Chants patriotiques. — Les Mausolées.
Paris. 1872. Collignon. 1 vol. in-18.

3639. — Un cuirassier de Gravelotte.— Poésies posthumes. (Par GARNIER, pseudonyme de *Henri* MESNARD).
Amiens. 1872. Alf. Caron. 1 vol. in-18.

3640. — Altfranzœsische Volkslieder. Gesammelt mit sprach- und sach-erklarenden Anmerkungen versehn, und herausgegeben von Dr. *O. L. B.* WOLFF. Nebst einem Anhange, auszüge aus einer seltenen altfranzosischen Handschrift enthaltend.
Leipzig. 1831. Fleischer. 1 vol. in-18.
** — Les chansonniers de Champagne aux XII° et XIII° siècles.
** — Romancero de Champagne.
Voyez N. 3550
** — Chansons par A. P. A. DE PIIS.   Voyez : Œuvres. N. 3585.
3641. — Chansons par M. J. P. DE BÉRANGER.
Paris. 1821. Marchands de nouveautés. 2 en 1 v. in-16.
3642. — Chansons nouvelles par M. *P. J* DE BÉRANGER.
Paris. 1825. Plassan. 1 vol. in-18.
3643. — Code épicurien pour l'année 1829. Choix de chansons anciennes, modernes et inédites ; publié par *J.* ROUSSEAU.
Paris. 1829. Roret. 1 vol. in-18.

3644. — Satyre d'un Curé picard, sur les vérités du temps, par le Révérend Père. . . . Jésuite.
Avignon. 1754. C. Lenclume. 1 vol. in-12.

Poésie anglaise.

3645. — Etude de la poésie anglaise (Study of english poetry), ou choix des plus beaux morceaux des plus grands poètes de la Grande-Bretagne, par ordre chronolo-

22

gique, depuis le treizième siècle jusqu'à nos jours; précédé d'un Traité de Prosodie ; par A. SPIERS.
Paris. 1836. Baudry. 1 vol. in-12.

3646. — Popular Rhymes, fireside stories, and amusements, of Scotland. Collected by the Author of « Traditions of Edinburgh. »
Edinburgh. 1842. W. and R. Chambers. 1 v. in-8.

3647. — The poetical works of *John* MILTON; with explanatory Notes, and a Life of the Author, by the rev. *H.* STEBBING. To which is prefixed, Dr. CHANNING's Essay on the poetical genius of Milton.
London. 1846. Bohn. 1 vol. in-16.

3648. — Paradise lost ; a poem in twelve books; by *J.* MILTON. With the life of the Author (by *E.* FENTON).
Paris. 1804. Louis. 1 vol. in-12.

3649. — Cours de langue angloise, à l'aide duquel on peut apprendre cette langue chez soi, sans maître, et en deux ou trois mois de lecture. Par M. LUNEAU DE BOISJERMAIN. (Paradis perdu de MILTON, avec traduction interlinéaire.)
Paris. 1784. L'auteur. 2 vol. in-8.

3650. — MILTON. Le Paradis perdu. Traduction de CHATEAUBRIAND. Précédé de réflexions sur la vie et les écrits de Milton, par LAMARTINE, et enrichi de 25 magnifiques estampes originales gravées sur acier.
Paris. 1855. Furne 1 vol. in-fol.

3651. — The poetical works of *Robert* BURNS; with a Memoir of the Author's life ; and a Glossary.
London. 1845. Pratt. 1 vol. in-16.

3652. — The works of Lord BYRON, including his suppressed poems. Complete in one volume.
Paris. 1827. Galignani. 1 vol. in-8. Port.

3653. — The complete works of Lord BYRON, reprinted from the last London edition, containing besides the Notes and Illustrations by MOORE, WALTER-SCOTT, CAMPBELL,... considerable additions and original

notes, with a most complete Index; to which is prefixed a Life, by *Hènry* LYTTON BULWER.
Paris. 1841. Galignani. 1 vol. in-8. Port.

3654. — OEuvres complètes de lord BYRON, traduites sur la dernière édition de Londres, par M. *Benjamin* LAROCHE, avec les notes et commentaires de Sir Walter-Scott, Thomas Moore, Francis Jeffrey, le professeur Wilson, Sir Egerton Bridges, l'Evêque Héber, J. G. Lockart, Ugo Foscolo, George Ellis, Thomas Campbell, etc. Nᵉ édit. ornée d'un Facsimile, et précédée d'une Notice sur la vie de Lord Byron, par M. *E*. SOUVESTRE.
Paris. 1838. Charpentier. 1 vol. in-8. Port.

3655. — Childe Harold's pilgrimage. — The Giaour. — The Siege of Corinth. — Parisina.— The Island.— The Prisoner of Chillon. — Beppo. — Mazeppa. — The Prophecy of Dante. — Lament of Tasso. — Waltz. —Hebrew melodies. By Lord BYRON.
Paris. 1832. Baudry. 1 vol. in-8. Incomplet.

3656. — Don Juan in sexteen cantos by Lord BYRON.
Nuremberg. 18 . Heideloff and Campe. 1 v. in-18.

3657. — Don Juan. (By Lord BYRON).
Paris. 1832. Goujon. 3 vol. in-18.

3658. — Lara, a tale, by Lord BYRON.
Paris and Lyons. 1835. Cormon & Blanc. 1 v. in-18.

3659. — Mazeppa, poème de Lord BYRON, traduit par J. ADOLPHE.
Paris. 1830. Mᵉ Lardière. 1 vol. in-12.

3660. - The beauties of BYRON, consisting of selections from the popular works of this most admired writer. By *Alfred* HOWARD. A new edition.
London. 1833. Tegg. 1 vol. in-16.

3661. — The poetical works of Sir WALTER-SCOTT.
Paris. 1838. Baudry. 2 en 1 vol. in-8. Port.

3662. — The Lady of the lake. A poem in six cantos. By Sir WALTER-SCOTT.
Paris. 1838. Baudry. 1 vol. in-12.

3663. — Songs of the affections, and other poems. By *Felicia Dorothea* HEMANS.
London. 1847. Allman. 1 vol. in-18.

3664. — Joan of Arc, Ballads, Lyrics, and minor Poems. By *Robert* SOUTHEY. With illustrations by *John* GILBERT.
London. 1857. Routledge. 1 vol. in-12.

3665. — Lyrical Ballads, with pastoral and other poems. In two volumes. By *W.* WORDSWORTH. 4 ed.
London. 1805. Longman. 2 vol. in-12.

3666. — Les plaisirs de la mémoire, poème de *Samuel* ROGERS, traduit de l'anglais en vers français, avec le texte en regard et des notes ; suivi de la Charte (de *Helena Maria* WILLIAMS) et d'un Conte (Tam o'Shanter, le Paysan buveur de *R.* BURNS) traduits également de l'anglais, par M. *Albert* MONTEMONT.
Paris. 1825. Peytieux. 1 vol. in-12.

3667. — The poetical works of *Letitia Elizabeth* LANDON, in four volumes. A new edit.
London. 1839. Longman. 4 vol. in-8. Port.

3668. — Poems ; by T. WESTWOOD.
London. 1840. Hugues. 1 vol. in-8.

3669. — The reign of Lockrin ; a poem. — Remarks upon modern poetry. — Second edition, with additions. — The History of Lockrin ; and an outline of the history of Britain during the primeval period. By *Alfred-John* DUNKIN.
London. s. d. John R. Smith. in-12. Port.

3670. — The poetical works of *Henry Wadsworth* LONGFELLOW. With illustrations by *John* GILBERT.
London. 1855. Routledge. 1 vol. in-12.

3671. — The song of Hiawatha. By *Henry Wadsworth* LONGFELLOW.
London. 1856. Routledge. 1 vol. in-12.

Poésie allemande.

3672. — Die Volkslieder der Deutschen. Eine vollstandige Sammlung der vorzüglichen deutschen Volkslieder von der Mitte des fünfzehnten bis in die erste Halfte

des neunzehnten Jahrhunderts. Herausgegeben und mit den nothigen Bemerkungen und Hinweisungen versehen, wo die verschiedenen Lieder aufgefunden werden konnen, durch *Friedrich-Karl-*Freiherrin von ERLACH.
Mannheim. 1834-36. Hoff. 5 vol. in-8.

3673. — Deutscher Volksglaube in Sang un Sage, herausgegeben von *N.* HOCKER.
Gottingen, 1853. Dieterich. 1 vol. in-8.

3674. — Geistes-Blüthen von SCHILLER, GOTHE, HERDER, TIEDGE, KLOPSTOCK, *A.* W. SCHLEGEL... und anderen vorzüglichen Dichtern. Lese aus ihren Schriften.
Koln. 1816. Rommer. 5 vol. in-16. Port.

3675. — Taschenbuch für ernste und heitere Poesie. Eine auswahl deutscher Gedichte von *Adolph* GLASZBRENNER.
Berlin. 1837. Plahn. 3 en 1 vol. in-16.

3676. — Das Lied der Nibelungen. Metrisch übersetzt von D. *Johann Gustav* BUSCHING.
Altenburg und Leipzig. 1815. Brockhaus. 1 v. in-8.

3677. — Der Nibelunge Not mit der Klage in der altesten Gestalt, mit den Abweichungen der gemeinen Lesart, herausgegeben von *Karl* LACHMANN.
Berlin. 1826. Reimer. 1 vol. in-4.

3678. — Der Nibelunge Lied nach dem Abdruck der altesten und reichsten Handschrift des Freiherrn *Joseph* von LASSBERG. Herausgegeben und mit einem Worterbuch begleitet von *O. F. H.* SCHONHUTH.
Tubingen. 1834. Osiander. 1 vol. in-12.

3679. — Das Nibelungenlied. Aus de altdeutschen Original übersetzt von *Joseph* von HINSBERG. 5 edit.
Munchen. 18 . Lindauer. 1 vol. in-8. fig.

3680. — Les Nibelungen. Traduction nouvelle par *Emile* DE LAVELEYE. 2º édit.
Paris. 1866. Lacroix & Comp. 1 vol. in-12.

3681. — Kudrun, Uebersetzung und Urtext mit erklarenden Abhandlungen herausgegeben von *Wilhelm* von PLOENNIES. Mit einer systematischen Darstellung

der mittelhochdeutschen epischen Verskunst von *Max* RIEGER.
Leipzig. 1853. Brockhaus. 1 vol. in-8.

3682. — Die Klage sammt Sigenot und Eggenliet, nach dem Abdruck der altesten Handschriften des Freiherrn *Joseph* von LASSBERG. Mit Einleitung und Worterbuch herausgegeben von *O.F.H.*SCHONHUTH.
Tubingen. 1839. Osiander. 1 vol. in-12.

3683. — Gedichte *Walthers* von der VOGELWEIDE übersetzt von *Karl* SIMROCK. 3 edit.
Leipzig. 1862. Hirzel. 1 vol. in-16.

3684. — Gedichte von *Ludewig Heinrich Christoph* HOLTY. Besorgt durch seine Freunde *Friederich-Leopold* Grafen zu STOLBERG und *Johann-Heinrich* Voss.
Hamburg. 1783. Bohn. 1 vol. in-12. Port.

3685. — Sammtliche Gedichte von *Christian-Friedrich-Daniel* SCHUBART.
Franckfurt am M. 1825. Hermann. 2 vol. in-12.

3686. — Gedichte von *Gottfried August* BURGER. Nebst Nachrichten von des Verfassers Lebensumstanden. (Von *L. Ch.* ALTHOF).
Stuttgart. 1822. Macklot. 2 vol. in-12.

3687. — Gedichte von *Franz* SCHUTT.
Carlsruhe. 1819. 1 vol. in-12.

3688. — *Johann Gottfrieds* von HERDER Gedichte. Herausgegeben durch *Johann Georg* MÜLLER.
Stuttgart und Tubingen. 1817. Cotta. 2 vol. in-8.

3689. — Der Cid. Nach Spanischen Romanzen besungen durch *Johann Gottfried* von HERDER. N° edit.
Stuttgart und Tubingen. 1820. Cotta. 1 vol. in-12.

3690. — SCHILLER's Gedichte in allen Beziehungen erlautert und auf ihre Quellen zurückgeführt, nebst einer vollstandigen Nachlese und Variantensammlung zu denselben. . . Von *Heinrich* BIEHOFF.
Stuttgart. 1839-40. Balz. 5 en 2 vol. in-12.

** — *Friedrich* von SCHILLER's Gedichte.
Voyez . SCHILLER's Werke. Polygraphie. N. 147-148.

** — Poésies de SCHILLER. Traduction nouvelle par Ad. RÉGNIER.
Paris. 1859. Hachette. 1 vol. in-8.
Voyez : Œuvres de SCHILLER. Polyg. N. 149.

3691. — Oberon. Ein romantisches Heldengedicht in zwolf Gesangen von *C. M.* Wieland.
Leipzig. 1820-21. Goschen. 2 vol. in-12.

3692. — *Theodor* Korner's Gedichte. Mit der Biographie des Verfassers und einem Anhange prosaischer Aussatze.
Stuttgart. 1830. Macklot. 1 vol. in-12.

3693. — Die bezauberte Rose. Romantisches Gedicht in drei Gesangen von *Ernst* Schulze. 4 edit.
Reutlingen. 1825. Macken. 1 vol. in-16.

3694. — *Friedrich* Kind's Gedichte.
Leipzig. 1825. Goschen. 1 vol. in-12. Port.

** — Goethe's Gedichte.
Voyez : Goethe's Werke. Polyg. N. 150 et 152.

** — Poésies diverses. — Pensées. — Divan oriental. — Divan occidental avec le commentaire. — Poèmes de Goethe. Traduction nouvelle par *Jacques* Porchat.
Paris. 1860. Hachette. 2 vol. in-8.
Voyez : Œuvres de Goethe. Polygr. N. 152.

3695. — Goethe's Gedichte.
Wien. 18 . Bauer. 3 vol. in-16.

3696. — Choix de poésies de Goethe. Édition particulièrement destinée à l'enseignement de la langue allemande dans les classes supérieures des Colléges, accompagnée d'une notice biographique, de l'indication des sources de comparaisons, de notes littéraires et explicatives et de renvois à la Grammaire de MM. Lebas et Régnier.
Paris. 1855. Hingray. 1 vol. in-12. Port.

3697. — Goethe. Le Renard (Reineke Fuchs). Traduit par *Edouard* Grenier. Illustré par Kaulbach.
Paris. 1866. Hetzel. 1 vol. in-8.

3698. — Gedichte von *J. G.* von Salis.
Stuttgart. 1821. Macklot. 1 vol. in-12.

3699. — Polonia. Gedicht von *G. U.* Freiherrn v. Maltitz.
Paris. 1831. Heideloff. 1 vol. in-8.

3700. — Gedichte von *Adelbert* von Chamisso.
Leipzig. 1831. Weidmann. 1 vol. in-12.

3701. — Frauenspiegel. Von *C. A.* Tiedge.
Reutlingen. s. d. Macken. 1 vol. in-12.

3702. — Bilder des Orients von *Heinrich* STIEGLITZ.
Leipzig. 1831. Enobloch. 4 vol. in-12.
3703. — Buch der Lieder von *H.* HEINE.
Hamburg. 1827. Hoffmann und Campe. 1 vol. in-12.
3704. — Gedichte von *Ludwig* UHLAND.
Stuttgart und Tubingen. 1829. Cotta. 1 vol. in-12
3705. — Gedichte von *J. Ch.* Freiherrn VON ZEDLITZ.
Stuttgard und Tubingen. 1832. Cotta. 1 vol. in-12.
3706. — Oestliche Rosen von *Friedrich* RUCKERT.
Leipzig. 1822. Brockhaus. 1 vol. in-12.
3707. — Erbauliches und Beschauliches aus dem Morgenland. Von *Friedrich* RUCKERT.
Berlin. 1837. Bethge. 1 vol. in-12.
3708. — Die Weisheit des Brahmauen, ein Lehrgedicht in Bruchstucken. Von *Friedrich* RUCKERT.
Leipzig. 1836-39. Meidmann. 6 vol. in-12.
3709. — Gesammelte Gedichte von *Friedrich* RUCKERT.
Erlangen. 1836-38. Heyder. 6 vol. in-8.
3710. — Rostem und Suhrab. Eine Heldengeschichte in zwolf Büchern von *Friedrich* RUCKERT.
Stuttgart. 1844. Liesching. 1 vol. in-12.
3711. — Nal und Damajanti. Eine indische Geschichte, von *Friedrich* RUCKERT. 3 ed.
Frankfurt am Main. 1845. Sauerlander. 1 v. in-12.
3712. — Scherz und Ernst in frohen und bangen Stunden. Poetische Versuche, von *Hans-Jakob* LEUTHI.
Zurich. 1829. Gessner. 1 vol. in-12.
3713. — Lyrische Dichtungen von *H.-J.* LEUTHI.
Zurich. 1831. Gessner. 1 vol. in-12.
3714. — Gedichte von *Ferdinand* FREILIGRATH. 3 ed.
Stuttgart und Tubingen. 1840. Cotta. 1 vol. in-12.
3715. — Amarauth. Von *Oscar* V. REDWITZ. 2 ed.
Mainz. 1850. Kirchheim und Schott. 1 vol. in-16.

Poésie scandinave.

3716. — Altnordisches Lesebuch.—Aus der skandinavischen Poesie und Prosa bis zum XIV Jahrhundert zusammengestellt und mit übersichtlicher Grammatik und

einem Glossar versehen von *Franz Ed. Christ.* Dietrich.
Leipzig. 1843. Brockhaus. 1 vol. in-8.

3717. — Edda Sæmundar hins Froda einem Anhang zum Theil bisher ungedruckter Gedichte herausgegeben von *Theodor* Mobius.
Leipzig. 1860. Heinrich. 1 vol. in-8.

3718. — Den aeldre Edda. En samling af de nosdiske Folks aeldste sagn og sange, ved Sæmund Sigfusson kaldet hin Frode. Oversat og forklaret ved *Finn* Magnusen.
Kjobenhavn. 1821-23. Schultz. 4 vol. in-12.

3719. — Eddalaeren og dens Oprindelse eller Nojagtig Fremstilling af de gamle Nordboers Digtninger og Meninger om Verdens, Gubernes, Aandernes og Menneskenes Tilblivelse, Natur og Skjæbne i udforlig Sammenligning, saavel med Naturens store Bog, som med Grækers, Persers, Inders og flere gamle Folks mythiske Systemer og Troesmeninger med indblandede historische Undersogelser over den gamle Verdens mærkværdigste Nationers Herkomst og ældste Forbindelser, etc., ved *Finn* Magnusen.
Kjobenhavn. 1824-26. Schutz. 4 vol. in-12.

3720. — Die Edda. — Nebst einer Einleitung uber nordische Poesie und Mythologie und einem Anhang uber die historische Literatur der Islander. Von *Friedrich* Ruhs.
Berlin. 1812. 1 vol. in-8.

3721. — Snorra-Edda asamt skaldu og parmed Fylgjandi Ritgjordum. Eptir gomlum skinnbokum utgefin af *R. Kr.* Rask.
Stockholmi. 1818. Elmensku. 1 vol. in-8.
A la suite :
— Snorre-Sturlesons Edda. Samt Skalda. Ofversattning fran skandinaviska Forn-spraket.
Stockholm. 1819. Chanberg. in-8.

3722. — Die Edda die altere und jungere nebst den mythischen Erzahlungen der Skalda, ubersetzt und mit Erlauterungen begleitet von *Karl* Simrock.
Stuttgart und Tubingen. 1851. Cotta. 1 vol. in-8.

Poésie chaldéenne.

3723. — Hymne au soleil. (Traduction en chaldéen et en latin d'un hymne tracé en caractères hiéroglyphiques sur une stèle égyptienne du musée de Berlin. Par *H.* Parrat).
Mulhouse. 1859. Risler. Pièce in-fol.

Poésie sanscrite.

3724. — Le Maha-Bharata, poëme épique de Krishna-Dwaipayana, plus communément appelé Veda-Vyasa, c'est-à-dire le Compilateur et l'Ordonnateur des Vedas, traduit complètement pour la première fois du sanscrit en français par *Hippolyte* Fauche.
Paris. 1863-70. Durand. 10 vol. in-8.

3725. — Une tétrade ou drame, hymne, roman et poème (La Mritchhakitika, drame par Çoudraka. — Le Mahimna : stava, hymne. — Le Daça-koumâratcharitra, roman par Dandi. — Le Cicoupala-badha, poème par Magha), traduits pour la première fois du sanscrit en français par *Hippolyte* Fauche.
Paris. 1861-63. Durand. 3 vol. in-8.

3726. — Nala, eine indische Dichtung von Wiasa. Aus dem Sanskrit ein Versmaasse der Urschrift übersetzt, und mit Anmerkungen begleitet von *Joh.-Gottf-Lud.* Rosegarten.
Iena. 1820. Frommann. 1 vol. in-8.

Poésie arabe.

3727. — Die Verwandlungen des Abu Seid von Serug, oder die Makamen des Hariri, in freier Nachbildung von *Friedrich* Ruckert.
Stuttgard und Tubingen. 1837. Cotta 2 vol. in-8.

3728. — Amrilkais, der Dichter und Konig. Sein Leben dargestellt in seinen Liedern. Aus den Arabischen übertragen von *Friedrich* Ruckert.
Stuttgard und Tubingen. 1843. Cotta. 1 vol. in-8.

QUATRIÈME CLASSE.

ART DRAMATIQUE.

Art dramatique et histoire du théâtre.

3729. — Origines latines du théâtre moderne publiées et annotées par M. *Edélestand* Du Méril.
Paris. 1849. Franck. 1 vol. in-8.

3730. — Histoire de la littérature dramatique en France depuis ses origines jusqu'au Cid, par *H.* Tivier.
Paris. 1873. E. Thorin. 1 vol. in-8.

3731. — L'art dramatique chrétien dans le nord de la France. Par *L.* de Baecker.
Amiens. 1859. Caron & Lambert. in-8.

Théâtre indien.

** — La Mritchhakatika de Çoudraka. (Le petit chariot d'argile). Drame en dix actes. Traduit du sanscrit par H. Fauche.
Voyez : N. 3718.

Théâtre grec.

3732. — ΑΡΙΣΤΟΦΑΝΗΣ. Aristophanis comœdiæ. — Accedunt perditarum fabularum fragmenta ex recensione G. Dindorfii (et Scholia græca.).
Oxonii. 1835-38. Typog. acad. 4 en 7 vol. in-8.

3733. — Scènes d'Aristophane, traduites en vers français par *Eugène* Fallex.
Paris. 1859. A. Durand. 1 vol. in-18.

3734. — Aristophane. Les oiseaux. Traduction nouvelle par *H.* Dauphin.
Amiens. 1863. E. Yvert. 1 vol. in-8.

3735. — La Grèce tragique. Chefs-d'œuvre d'Eschyle, de Sophocle et d'Euripide traduits en vers, accompagnés de notices, de remarques et de rapprochements littéraires, par *Léon* HALÉVY.

Paris. 1859-61. Hachette. 3 vol. in-8.

3736. — ÆSCHYLI tragœdiæ quæ supersunt ac deperditarum fragmenta. Recensuit et commentario illustravit *Chr.-God.* SCHUTZ. Edit. nov.

Halae. 1809-1821. J. Gebauer. 5 vol. in-8.

3737. — SOPHOCLIS tragœdiæ septem ac deperditarum fragmenta. Emendavit, varietatem lectionis, scholia notasque tum aliorum tum suas adjecit *Carolus-Gott-Aug.* ERFURDT. Accedit Lexicon Sophocleum.

Lipsiæ. 1802-25. G. Fleischer. 7 vol. in-8.

3738. — A propos de Ristori, E. Legouvé, EURIPIDE, traduction nouvelle de la Médée grecque, par *H.* DAUPHIN.

Amiens. 1858. Vᵉ Herment. 1 vol. in-8.

** — Poetarum comicorum fragmenta post Augustum Meineke recognovit et latine transtulit *Fred.-Henr.* BOTHE. Accessit index nominum et rerum quem construxit I. HUNZICKER.

Parisiis. 1855. F. Didot fr. in-8.

Voyez : *Script. græc. bibl.*

Théâtre latin ancien.

Néant.

Théâtre latin moderne.

** — Amurathes. Tragœdia. Voyez : N. 3506.
** — Astutus senex. Comœdia. Voyez : N. 3506.

Théâtre français.

3739. — Les spectacles de Paris, ou calendrier historique et chronologique des théâtres ; avec des anecdotes et un catalogue de toutes les pièces restées au Théâtre dans les différens spectacles ; le nom de tous les Auteurs vivans qui ont travaillé dans le genre dramatique, et la liste de leurs ouvrages. 19ᵉ partie. Pour l'année 1770.

Paris. 1770. Vᵉ Duchesne. 1 vol. in-24.

3740. — Ancien Théâtre-François ou collection des ouvrages dramatiques les plus remarquables depuis les mys-

tères jusqu'à Corneille, publié avec des notes et éclaircissements par M. VIOLLET-LE-DUC.
Paris. 1854-1857. P. Jannet. 10 vol. in-18.

3741. — Recueil de pièces.
  1 vol. in-8 contenant :
  1 — Les deux pères ou la leçon de botanique, comédie en deux actes, en vaudevilles, par M. *Emmanuel* DUPATY.
  Paris. 1806. Masson.
  2 — Cadet Buteux aux Danaïdes, pot-pourri de M. DÉSAUGIERS. 2ᵉ édit.
  Paris. 1818. Rosa.
  3 — Le Congrès des Ministres ou la Revue de la Garde nationale. Scènes historiques par MÉRY et BARTHÉLEMY.
  Paris. 1827. Amb. Dupont.
  4 — Lucius Junius Brutus, tragédie en cinq actes, par *G. S.* ANDRIEUX.
  Paris. 1830. Madame de Bréville.
  5 — Clotilde, drame en cinq actes et en prose, par MM. *Frédéric* SOULIÉ et *Adolphe* BOSSANGE.
  Paris. 1832. Barba.
  6 — Faust et Marguerite, poème lyrique imité de Goëthe, par M. *Victor* DOINET, musique de Henri Cohen.
  Paris. 1846. Courlet.
  7 — Venez! comédie en un acte et en vers, imitée de l'allemand, par MM. E. YVERT et *** (A. BREUIL.)
  Amiens. 1841. E. Yvert.
  8 — Faut-il enlever la paille? comédie en un acte et en vers, par *Eugène* YVERT.
  Amiens. 1860. E. Yvert.
  9 — L'Egoïste, comédie en deux actes et en vers, par *Eugène* YVERT.
  Amiens. 1864. E. Yvert.

3742. — Pièces de théâtre.
  1 vol. in-18 contenant :
  1 — Répertoire du Théâtre de Madame. Une visite à Bedlam, par MM. SCRIBE et DELÊSTRE-POIRSON.
  Paris. 1828. Baudouin.
  2 — Ruy-Blas, drame en cinq actes, par *Victor* HUGO.
  Leipzig. 1838. Brockhaus et Avenarius.
  3 — La popularité, comédie en cinq actes, en vers, par *Casimir* DELAVIGNE.
  Leipzig. 1839. Brockhaus & Avenarius.
  4 — Macbeth (de SHAKESPEARE), en cinq actes, en vers, par M. *Emile* DESCHAMPS.
  Paris. 1848. Michel Lévy fr.
  5 — Hamlet, Prince de Danemack [SHAKSPEARE's Hamlet Prince of Danemack], drame en cinq actes et huit parties, en vers, par MM. *Alexandre* DUMAS et *Paul* MEURICE.
  Paris. 1848. Michel Lévy fr.

3743. — Pièces de théâtre.
> 1 vol. in-18 contenant :
>> 1 — Le cœur d'une jeune fille, comédie en un acte et en prose, par *Charles* DE ST-JULIEN.
>> **Amiens. 1849. Duval & Herment.**
>> 2 — Hélène Peyron, drame en cinq actes, en vers, par *Louis* BOUILHET.
>> **Paris. 1858. Taride.**
>> 3 — La toilette de ma femme, comédie-vaudeville en un acte, par M. *Alfred* POURCHEL.
>> **Paris. 1860. Librairie théâtrale.**
>> 4 — Un mauvais jour qui finit bien. proverbe par Madame L. de G.
>> **Amiens. 1865. E. Yvert.**
>> 5 — La flûte enchantée, opéra fantastique en quatre actes en sept tableaux, par MM. NUITTER et BEAUMONT. Musique de MOZART.
>> **Paris. 1865. Michel Lévy fr.**
>> 6 — Roméo et Juliette, opéra en cinq actes, par *Jules* BARBIER et *Michel* CARRÉ. Musique de *Charles* GOUNOD. 2ᵉ édit.
>> **Paris. 1867. Michel Lévy fr.**
>> 7 — La cravate blanche, comédie en un acte, en vers, par *Edmond* GONDINET. 2ᵉ édit.
>> **Paris. 1867. Michel Lévy fr.**
>> 8 — Théâtre de l'avenir. Helvidie ou l'âme de la Suisse, drame en un acte, par le Trouvère du XIXᵉ siècle, *Jacques* BORNET.
>> **Lausanne. 1872. Howard-Delisle.**

3744. — Pièces de théâtre.
> 1 vol. in-8 contenant :
>> 1 — La ciguë, comédie en deux actes et en vers, par *Emile* AUGIER. 2 éd.
>> **Paris. 1844. Furne.**
>> 2 — L'invitation à la valse, comédie en un acte et en prose, par A. DUMAS.
>> **Paris. 1837. Beck.**
>> 3 — Un caprice, comédie en un acte et en prose. par *Alfred* DE MUSSET.
>> **Paris. 1847. Charpentier.**
>> 4 — Les Pattes de mouche, comédie en trois actes et en prose, par *Victorien* SARDOU.
>> **Paris. 1860. Michel Lévy fr.**
>> 5 — Le bougeoir, comédie en un acte, par M. *Clément* CARAGUEL.
>> **Paris. 1852. Giraud & Dagneau.**
>> 6 — Madame de Montarcy, drame en cinq actes, en vers, par *Louis* BOUILHET. 2 édit.
>> **Paris. 1856. Michel Lévy fr.**

3745. — Maistre Pierre Patelin, (par *Antoine* DE LA SALE), texte revu sur les manuscrits et les plus anciennes éditions, avec une introduction et des notes, par *F.* GÉNIN.
> **Paris. 1854. Chamerot. 1 vol. in-8.**

3746. — Œuvres de MOLIÈRE. N° édit.
Paris. 1768. V° David. 8 vol. in-16. Port.

3747. — Sainte-Catherine, tragédie. Par M. D'AUBIGNAC.
Troyes. 1718. J. Oudot. 1 vol. in-12. Port.

3848. — Théâtre de *Pierre* et de *Thomas* CORNEILLE, avec notes et commentaires.
Paris. 1852. Didot fr. 2 vol. in-18.

3749. — Athalie, tragédie. Tirée de l'Ecriture Sainte. (Par J. RACINE.)
Paris. 1691. D. Thierry. 1 vol. in-4.

3750. — Œuvres de REGNARD. N° édit.
Paris. 1778. Les libraires associés. 4 vol. in-16.

** — Théâtre de M DE LA CHAPELLE. Voyez : N. 3496.

3751. — Les Moines, comédie en musique, composée par les RR. PP. Jésuites, et représentée en leur maison de récréation de Mont-Louis, devant feu le R.P.D.L.C. (*de la Chaise*) par les Jeunes de leur Société. 27 Août 1709. (Par M. l'Abbé *Pierre* DE VILLERS).

3752. — La femme docteur, ou la théologie tombée en quenouille. (Par le P. *H.* BOUGEANT).
Liège. 1731. V° Procureur. 1 vol. in-12.

3753. — Œuvres dramatiques de NÉRICAULT-DESTOUCHES.
Paris. 1774. Les libraires associés. 10 vol. in-16.

** — Théâtre de FLORIAN.
Voyez : Œuvres de FLORIAN. Bell.-lett. N. 3096.

3754. — M. Dorguemont, drame en cinq actes et en prose. par P. P. C. M. C. (MAROTTE).
Paris. 1815. Chaigneau. 1 vol. in-4.

** — Moyse, tragédie par le Vicomte DE CHATEAUBRIAND.
Voyez : Œuvres de CHATEAUBRIAND. Polyg. N. 240.

** — Boileau et Boursault, comédie en un acte par le Général Comte Ph· DE SÉGUR. Voyez : Mélanges par le Comte de SÉGUR.

3755. - Œuvres complètes de *Victor* HUGO. - Drame.
Paris. 1864. Houssiaux. 4 vol. in-8.

3756. — Etudes sur Shakespeare par *Ernest* PRAROND.— Les Français en Angleterre (King John).—Les Joyeuses bourgeoises (Merry Wives).
Paris. 1853. M. Lévy. (Abbeville. Jeunet). 1 v. in-18.

** — Scanderberg. Drame par *Alfred* DE VALOIS. Voyez : N. 3635.

3757. — Saynètes et comédies par *Eugène* VERCONSIN.
Paris. 1869. Hachette. 1 vol. in-18.

3758. — Sainte Tryphine et le roi Arthur, mystère breton en deux journées et huit actes, traduit, publié et précédé d'une introduction par *F. M.* Luzel. Texte revu et corrigé d'après d'anciens manuscrits par M. l'Abbé Henry.
Quimperlé. 1863. Clairet. 1 vol. in-8.

Théâtre italien.

3759. — Aminta, favola boschereccia di *Torquato* Tasso.
Avignone. 1812. Vᵉ Seguin. 1 vol. in-16.
3760. — Tesoretto della lingua toscana, ossia la Trinuzia, commedia del Firenzuola ; opera corredata di note grammaticali, analitiche, e litterarie ; e d'una scelta de' piu vaghi modi del parlar toscano ; da G. Biagioli.
Parigi. 1816. Fayolle. 1 vol. in-8.
3761. — Scelta di alcune commedie di Goldoni, per uso de' dilettanti della lingua italiana. 12ᵃ edit. riveduta e corretta dal Professore Piranesi.
Parigi. 1835. Fayolle. 1 vol. in-12.
3762. — L'Osteria della posta. Commedia in un atto di *Carlo* Goldoni. (L'Auberge de la poste. Traduite de l'italien par *L.* Sforzosi).
Paris. 1834. Truchi. 1 vol. in-12.
3763. — Tragedie scelte di *Vittorio* Alfieri.
Parigi. 1841. Thiériot. 1 vol. in-16.
3764. — Oreste, tragedia di *Vittorio* Alfieri.
 . — Merope, tragedia di *Vittorio* Alfieri. Con Osservazioni dell'*Ab.* Cesarotti, e Note dell'Autore.
 . — Saul, tragedia di *Vittorio* Alfieri.
Avignone. 1818. F. Seguin. 1 vol. in-12.
3765. — Œuvres posthumes de M. *Philippe* Duplessis, imprimées en exécution de son testament.
Paris. 1853. F. Didot fr. 5 vol. in-8.
Ces œuvres comprennent la traduction en vers, avec le texte en regard, de l'Aristodème de *Vincent* Monti, de Philippe, Antigone, Sophonisbe, Timoléon, Polynice, Myrrha, Virginie, Saul, Octavie et Mérope d'Alfieri, et des poésies diverses.

— 353 —

3766. — Commedie scelte del Conte *Gio*. GIRAUD.
Parigi. 1829. Baudry. 1 vol. in-12.

3767. — Recueil d'opéras italiens.
1 vol. in-8 contenant :
1 — La Cenerentola ossia la Bonta' in trionfo, dramma giocoso in due atti. Musica del signor ROSSINI. — Cendrillon ou le triomphe de la bonté.
Paris. 1841. Lange Lévy.
2 — Crispino e la Comare, libretto fantastico-giocoso in tre atti di *Francesco-Maria* PIAVE.—Musica dei fratelli *Luigi* e *Federico* RICCI.—Crispin et la Commère.
Paris. 1865. Michel Lévy.
3 — La Donna del lago, dramma per musica in due atti.—La Dame du lac.
Paris. 1827. Roullet.
4 — Don Giovanni, dramma giocoso in due atti. Musica di W. A. MOZART. — Don Juan.
Paris. 1856. Michel Lévy.
5 — Il Giuramento, melodramma in quattro atti. Musica di *Saverio* MERCADANTE. — Le Serment, drame lyrique en quatre actes, paroles de *Gaetano* ROSSI.
Paris. 1859.
6 — Lucia di Lammermoor, opera in tre atti. Poesia di S. CAMMARANO. Musica di *G.* DONIZETTI. — Lucie de Lammermoor.
Paris. 1867.
7 — Il Matrimonio secreto, dramma giocoso, in due atti.—Le Mariage secret.
Paris. 1801. Huet & Charon.
8 — La Molinara, dramma giocoso in due atti. — La meunière.
Paris. 1820. Hocquet.
9 — Le Nozze di Figaro, opera buffa in quattro atti. Le Mariage de Figaro
Paris. 1819. Hocquet.
10 — Otello, ossia il Moro di Venezia, dramma lirico in tre atti. Musica del signor ROSSINI. — Othello ou le More de Venise.
Paris. 1844. Lange Lévy.
11 — Pirro, dramma per musica, in due atti. — Pyrrhus.
Paris. 1811.
12 — Rigoletto, opera in tre atti. Parole de J. M. PIAVE. Musica di *G.* VERDI. — Rigoletto.
Paris. 1864.
13 — La Sonnambula, dramma in due atti. Musica di *V.* BELLINI. Poesia del sig. *Felice* ROMANI. — La Somnambule, opéra en deux actes.
Paris. 18 . Michel-Lévy.
14 — La Straniera, melodramma. Musica del maestro *Vincenzo* BELLINI.
Parigi. 1832. Pihan de la Forest.

Théâtre espagnol.

** — Obras dramaticas de D. *Jose* ZORRILLA.   Voyez : N. 3547.

Théâtre anglais.

3768. — CUMBERLAND's British Theatre. Printed from the acting copy, with remarks, biographical and critical, by D. G. To which are added a description of the costume...
London. Cumberland. 1 vol. in-18 contenant :
1 — Othello : a tragedy, in five acts, by W*illiam* SHAKSPEARE.
2 — The merchant of Venice : a Play, in five acts, by W*illiam* SHAKSPEARE.
3 — Macbeth : a tragedy, in five acts, by W*illiam* SHAKSPEARE.
4 — Timon of Athens : a tragedy, in five acts, by W*illiam* SHAKSPEARE.
5 — Coriolanus : a tragedy, in five acts, by W*illiam* SHAKSPEARE.
6 — Cato : a tragedy, in five acts, by J*oseph* ADDISON.
7 — Love, Law and Physic : a farce, in two acts, by J*ames* KENNEY.
8 — Douglas : a tragedy, en five acts, by J*ohn* HOME.
9 — Modern antiques ; or, the merry mourners : a farce, in two acts, by J*ohn* O'KEEFFE.
10 — Venice preserved : a tragedy, in five acts, by T*homas* OTWAY.
11 — Comfortable lodgings : or, Paris in 1750 : a farce, in two acts, by R*ichard-Brinsley* PEAKE.
12 — The duel ; or, my two Nephews : a farce, in two acts, by R.-B. PEAKE.
13 — The Rivals : a comedy, in five acts, by R*ichard Brinsley* SHERIDAN

3769. — Théâtre anglais.
1 — Hamlet, a tragedy, in five acts, by W. SHAKESPEARE.
Paris. 1827. M⁴ Vergne.
2 — Venise sauvée, tragédie en cinq actes, de T*h*. OTWAY. Angl.-franç.
Paris. 1818. M° Vergne.
3 — Virginius, tragédie en cinq actes, de J. S. KNOWLES. Angl.-franç.
Paris. 1827-28. Vergne. 1 vol. in-16.

3770. — Théâtre anglais.
1 vol. in-18.
1 — The day after the wedding : or, a wife's first lesson, an interlude, in one act, by *Marie-Thérèse* KEMBLE.
2 — A bold stroke for a wife : a comedy, in five acts, by Mrs. CENTLIVRE.
London. 18 . Cumberland.
4 — Paul Pry, comédie en trois actes. Angl.-franç.
5 — The sleeping-draught, a farce in two acts, by S. PENLEY. Angl.-franç.
6 — Le Bossu, drame en cinq actes, par *James-Sheridan* KNOWLES. Ang.-fr.
Paris. 18 . Lance.

3771. — Théâtre anglais.
1 vol. in-18.
1 — Jane Shore, tragédie en cinq actes, de N. ROWE. Angl.-franç.
Paris. 1829. Vergne. in-16.
2 — Romeo and Juliet, a tragedy in five acts, by W. SHAKSPEARE. With explanatory french notes, etc., by A. BROWN.
Paris. 1837. Truchy.

3 — Othello, a tragedy in five acts, by W. SHAKSPEARE. With explanatory french notes, etc., by A. BROWN.
Paris. 1839. Truchy.

3772. — Théâtre anglais.
1 vol. in-18.
1 — King Lear, a tragedy, in five acts, by W. SHAKESPEARE.
Paris. 1828. M⁰ Vergne.
2 — Richard III, a tragedy, in five acts, by W. SHAKESPEARE.
Paris. 1830. Mansut
3 — Roméo et Juliette.   N. 3771.
4 — Brutus, a tragedy, in five acts. by *Howard* PAYNE.
Paris. 1828. M⁰ Vergne.

3773. — Three new plays.
1 vol. in-18.
1 — The Lady of Lyons, or Love and Pride, a play in five acts, (by *R. L.* BULWER).
2 — The wife : a tale of Mantua, a play in five acts. (By J. S. KNOWLES)
3 — The Daughter, a play in five acts, by J. S. KNOWLES.
Paris. 1838. Truchy. 1 vol. in-16.

3774. — The dramatic works of *W.* SHAKSPEARE, from the text of Johnson, Steevens, and Reed. With a biographical memoir, summary remarks on each play, copious glossary, and variorum notes.
Paris. 1842. Baudry. 1 vol. in-8. Port.

3775. — Chefs-d'œuvre de SHAKSPEARE (Jules-César, la Tempête, Richard III, Roméo et Juliette, le Marchand de Venise, Othello, Hamlet et Macbeth), la traduction française en regard, par M. JAY, Mme *Louise* COLLET, MENNÉCHET, *Ph.* CHASLES, *Ph.* LE BAS, NISARD, *E.* FOUINET, O'SULLIVAN) avec des notes critiques et historiques accompagnées de traductions et imitations en prose et en vers, de trente drames du tragique anglais. par la plupart des collaborateurs et *D.* O'SULLIVAN ; précédées d'un nouvel essai sur Shakspeare, par M. VILLEMAIN.
Paris. 1837-39. Melin-Medar. 3 vol. in-8.

3776. — Hamlet, a tragedy in five acts, by *William* SHAKSPEARE. (Avec traduction française.)
Le faux-titre porte : Robertson's English Theatre.
Paris. s. d. Lance. 1 vol. in-12.

3777. — Jules-César de SHAKSPEARE. Nouvelle édition ac-

compagnée de notes philologiques et d'aperçus critiques par MM. *Casimir* Delavigne, Dupaty, Guizot, Jay, de Jouy, Lemercier, Villemain, etc., donnant l'explication des expressions vieillies et des passages obscurs de cette tragédie, et précédée d'une Notice sur les pièces historiques de Shakspeare, par M. O'Sullivan.
Paris. 1841. Hachette. 1 vol. in-18

3778. — Amleto, tragedia di Shakspeare, recata in italiano da *Ignazio* Valletta.
Parigi. 1839. Girard 1 vol. in-8.

3779. — High life below stairs : a farce in two acts. By the Rev. *James* Townley. Le salon dans la cuisine. (Avec traduction française).
Robertson's English Theatre.
Paris. 18 . Lance. 1 vol. in-12.

3780. — Essai. Sardanapale, tragédie de Lord Biron, mise en vers français. Suivi de poésies diverses par *Marcel* Mars.
Chateauroux. 1871. V⁵ Migné. 1 vol. in-18.

Théâtre allemand.

3781. — Das alteste Drama in Deutschland; oder : die Comodien der Nonne Hrotsvitha von Gandersheim, übersetzt und erlautert von *J.* Bendixen.
Altona. 1850-53. Hammerich u. Lesser. 1 vol. in-8.

3782. — Original Beitrage zur deutschen Schaubuhne.
Dresden und Leipzig. 1836-44. Arnold. 7 vol. in-8.

3783. — Taschenbuch dramatischer originalien. Herausgegeben von Dr. Franck.
Leipzig. 1837-41. Brockhaus. 5 vol. in-8. Port.

** — *Friedrich* von Schiller's Theater.
Voyez : Schiller's werke. Polygr. N. 147-148.

** — Théâtre de Schiller. Traduction nouvelle par *Ad.* Régnier.
Paris 1859. Hachette. 3 vol. in-8.
Voyez : Œuvres de Schiller. Polygr. N. 149.

3784. — Marie-Stuart, tragédie en cinq actes de F. Schiller, traduite en vers italiens par *André* Maffei. 2ᵉ édit.
Paris. 1855. Michel Lévy fr.. in-8.

3785. — Julius von Tarent. Ein Trauerspiel in fünf acten, von LEISEWITZ.
Gotha & Neu-York. 1828. 1 vol. in-16.
A la suite:
. — HOLTY's Gedichte.
Gotha und Neu-York. 1827. in-16. Port.

3786. — Dramatische Gemalde. Vom Verfasser der Novelle Carlo.
Züllichau. 1802. Darnmann. 1 vol. in-12.

3787. — Der vierundzwanzigste Februar. Eine tragodie in einem akt, von *Friedrich-Ludwig-Zacharias* WERNER.
London. 1831. Klattovsky. 1 vol. in-8.

3788. — MULLNER's dramatische Werke.
Braunschweig. 1828. Bieweg. 7 en 4 vol. in-18.

** — GOETHE's Theater.
Voyez : GOETHE's Werke. Polygr. N. 150 et 151
** — Théâtre de GOETHE. Traduction nouvelle par *Jacques* PORCHAT.
Paris. 1860. Hachette. 3 vol. in-8.
Voyez : Œuvres de GOETHE. Polygr. N. 45.

3789. — Torquato Tasso. Ein Schauspiel. (Von GOETHE).
S. n. n. l. n. d. 1 vol. in-8.

3790. — Faust. Eine tragodie von GOETHE.
Stuttgard und Tubingen. 1825. Cotta. 1 vol. in-16.

3791. — Don Juan und Faust. Eine tragodie von GRABBE.
Franckfurt am Main. 1829. Hermann. 1 vol. in-8.

3792. — Saul und David ein drama der heiligen Geschichte von *Friedrich* RUCKERT.
Erlangen. 1843 Heyder. 1 vol. in-12.

3793. — Van Dyck's Landleben. Von *Friedrich* KIND. Zuerst aufgeführt auf dem Koniglichen Theater zu Dresden am 11 November 1816.
Leipzig. 1817. Goschen. 1 vol. in-8. Port.

3794. — Der Freischütz Volks-Oper in drei Aufzügen. Ausgabe letzter Hand mit August Apels Schattenrisse, siebenunddreissig Original-Briefen und einem Facsimile von *Carl Maria* VON WEBER, einer biographischen Novelle, Gedichten und andern Beilagen. Von *Friedrich* KIND.
Leipzig. 1843. Goschen. 1 vol. in-8. Port.

3795. — Dramatische Einfalle von *A.* v. Maltitz.
Munchen. 1838-43. Franz. 2 vol. in-12.
3796. — Die Schwestern von Amiens. Trauerspiel in fünf Aufzügen von *Joseph* Freiherrn von Auffenberg.
Karlsruhe. 1827. Braun. 1 vol. in-12.
3797. — Theater von *Carl* von Holtei.
Breslau. 1845. Schulz. 1 vol. in-8.
** — Die Konigin Christine und ihr Hof. Trauerspiel in fünf Abtheilungen. Nach van der Velde. Von L. Von Zedlitz.
Voyez : Mélanges littéraires.
3798. — Gesammelte dramatische Werke von *Roderich.* Benedix.
Leipzig. 1846-60. Weber. 12 vol. in-12.
3799. — Lustspiele von *Gustav* zu Putlitz.
Berlin. 1853. Schlesinger. 3 en 1 vol. in-8.
3800. — Schauspiele von *Franz* v. Elsholtz.
Leipzig. 1835. Brockhaus. 2 vol. in-8.
3801. — Griseldis. Dramatisches Gedicht in fünf Akten von *Friedrich* Halm. 4 ed.
Wien. 1845. Gerold. 1 vol. in-8.
3802. — Der Fechter von Ravenna. Trauerspiel in fünf Akten von *Friedrich* Halm.
Wien 1857. Gerold. 1 vol. in-12.

Théâtre flamand.

3803. — Lodewyk van Male, of Misbruik van Grootheid en Magt, Treur-en Tooneelspel in vyf bedryven, elke Bedryf in twee Tafereelen, door *Amatus* Liebaert.
Ostende. 1841. Vermeirsch. 1 vol. in-12.

Fables et apologues.

3804. — Fables de La Fontaine, avec une gravure pour chaque fable. Nᵉ éd. dans laquelle on aperçoit d'un coup-d'œil la moralité de la fable, et enrichie des notes de Coste.
Paris. 1844. Le Bailly. 1 vol. in-12.
** — Fables choisies de Florian. Tome second.
Paris. 1864. Imprimerie de l'Institution imp. des jeunes aveugles. Procédé L. Braille. 1 vol. in-8.

** — Fables et contes en vers par le Baron de STASSART.
Voyez : Œuvres complètes du Baron de STASSART. Poly. N. 247

3805. — Fables nouvelles en vers. Par Mme A. JOLIVEAU. 3e éd.
Paris. 1814. Janet & Cotelle. 1 vol. in-16.

3806. — Fables et poésies diverses, par M. HAVRANSART.
Doullens. 1840. Ve Quingnart f. Gorrilliot. 1 v. in-16.

3807. — Fables nouvelles. (Par M. *Hippolyte* HENRIOT). (1).
Amiens. 1863. E. Yvert. 1 vol. in-8.

3808. — Fables et œuvres diverses. Par *Hippolyte* HENRIOT.
Amiens. 1867. E. Yvert. 1 vol. in-8.

3809. — Fables par Mme *Esther* SEZZI.
Paris. 1856. Benard. 1 vol. in-8.

3810. — Fables populaires par *Auguste-Alexandre* SIMON.
Amiens. 1869. Alfred Caron fils. 1 v. in-8.

3811. — Fables. By the late M. *John* GAY. In two parts.
London. 1763. Bell. 1 vol. in-12.

CINQUIÈME CLASSE.

ROMANS, CONTES & NOUVELLES.

Du roman. — Histoire et critique.

** — Histoire du roman et de ses rapports avec l'histoire dans l'antiquité grecque et latine. par A. CHASSANG.
Paris. 1862. Didier. 1 vol. in-8.
Voyez : Histoire littéraire. N. 386.

Romans grecs anciens.

** — Ερωτικῶν λογῶν συγγραφεῖς. — Erotici scriptores. — PARTHENIUS. ACHILLES TATIUS, LONGUS, XENOPHON Ephesius, HELIODORUS, CHARITON Aphrodisiensis, ANTONIUS DIOGENES, IAMBLICHUS, ex nova recensione G. Adr, HIRSCHIG. — EUMATHIUS ex recensione *Ph.* LE BAS. — APOLLONII Tyrii historia ex cod. Paris. edita à *J.* LAPAUME. — NICETAS EUGENIANUS ex nova recensione BOISSONADII. Græcè et latinè, cum indice historico.
Parisiis. 1856. F. Didot fr. 1 vol. in-8.
Voyez : *Script. græc. Bibl.*

---

[1] HENRIOT *(Hippolyte)* né à Amiens le 13 Mars 1803.

3812. — Collection des romans grecs traduits en françois, avec des notes par MM. COURIER, LARCHER et autres hellénistes ; précédée d'un Essai sur les romans grecs par M. VILLEMAIN.
Paris. 1822-28. Merlin. 15 vol. in-16. Fig.

<blockquote>Cette collection, à laquelle manquent les tomes VI, VII et XV, contient les ouvrages suivants :

1 — Aventures d'amour de PARTHENIUS, et choix des narrations de CONON; traduction nouvelle avec des notes. — Evénements tragiques causés par l'amour, traduits de PLUTARQUE par RICARD. — Précédés d'un Essai sur les romans grecs par M. VILLEMAIN.— 1 vol.

2-5 — Amours de Théagènes et Chariclée par HÉLIODORE, traduction de *Jacques* AMYOT, avec des notes par M. *P. L.* COURIER. — 4 vol.

8 — Les pastorales de LONGUS, traduction complète, par M. *P. L.* COURIER.

9-10 — Amours de Chéreas et Callirrhoé, traduits du grec, avec des remarques, par *P. H.* LARCHER. — 2 vol.

11 — Habrocome et Anthia, histoire éphésienne, par XENOPHON d'Ephèse, traduction nouvelle, avec des notes. (Par *T.-Ch.* HURET).— 1 vol.

12 — La Luciade ou l'ane de LUCIUS *de Patras*, traduite par *P. L.* COURIER; histoire véritable de LUCIEN, traduite par *Etienne* BÉQUET; extraits des romans d'ANTOINE DIOGÈNE et de IAMBLIQUE. — 1 vol.

13 — Amours de Rhodante et Dosicles, par *Théodore* PRODROME, traduction nouvelle, suivie de l'Eubéenne, par DION CHRYSOSTOME, publiée par M. *A.* TROGNON. — 1 vol.

14 — Aventures de Hysminé et Hysminas, par EUMATHE MACREMBOLITE ; traduites du grec, avec des remarques, par *Ph.* LEBAS.
</blockquote>

3813. — Di SENOFONTE *Efesio* degli amori di Abrocome e d'Anzia, libri cinque ; tradotti dal greco da ANTON-MARIA SALVINI.
Parigi. 1781. Pissot. 1 vol. in-8.

<blockquote>A la suite :</blockquote>

— Gli amori pastorali di Dafni e Cloe, libri quattro ; descritti da LONGO Greco ; ora per la prima volta volgarizzati da *Gasparo* GOZZI.
Parigi. 1781. N. Pissot & T. Barrois. 1 vol. in-8.

Romans grecs-modernes.

3814. — L'exilé de 1831, roman historique par *Alexandre* SOUTSOS, traduit du grec moderne par *J.* LENNEL.(1)
Paris. 1840. Pougin. 1 vol. in-8.

---

(1) LENNEL (*Antoine-Jules*) né à Abbeville le 4 Août 1810, y mourut le 17 Mai 1869.

Romans italiens.

3815. — Il Decameron di Messer *Giovanni* Boccacci Cittadino Fiorentino. Si come lo diedero alle stampe gli SS[ri] Giunti l'Anno 1527.
In Amsterdamo. 1665. 1 vol. in-8.

3816. — Il Decamerone di Messer *Giovanni* Boccaccio.
S. n. n. l. 1768. 5 vol. in-8.

3817. — *Jean* Boccace. — Le Décameron ou les dix journées galantes traduit de l'italien par Sabatier de Castres. N° édit. revue et précédée d'une notice critique par *P.* Christian.
Paris. 1846. V. Lecou. 1 vol. in-18.

3818. — Il Principe Ruremondo del Cavaliere Fra' *Carlo de' Conti* della Lengueglia.
Roma. 1640. Filippo de' Rossi. 1 vol. in-12.

3819. — Novelle morali di *Francesco* Soave, e novelle scelte di Autori Italiani antichi e moderni (*G.* Boccaccio, *F.* Sacchetti, *N.* Machiavelli, *P.* Fortini, *S.* Erizzo, *L.* Magalotti, *G.* Gozzi.) Nuova edizione, corretta da *P. L.* Costantini.
Parigi. 1812. Fayolle. 2 en 1 vol. in-12.

3820. — Venti novelle italiane. (Di *L.* Alamanni 1, di *Ant.-Fr.* Doni 2, di *Seb.* Erizzo 10, di *Salv.* Salvucci 1, di *M.* Bandello 4, di *Asc.* de' Mori da Ceno 3.)
Milano. 1824. Bettoni. 1 vol. in-16.

3821. — Marco Visconti, storia del trecento, cavata dalle cronache di quel secolo, e raccontata da *Tommaso* Grossi.
Parigi. 1835. Baudry. 2 en 1 vol. in-12.

3822. — Ettore Fieramosca o la Disfida di Barletta, racconto di *Massimo* d'Azeglio. 7ª ed.
Parigi. 1835. Baudry. 1 vol. in-12.

3823. — Margherita Pusterla, racconto di *Cesare* Cantu. Aggiuntovi: la Madonna d'Imbevera, racconto; Isotta, novella; Inni sacri.
Firenze. 1845. Le Monnier. 1 vol. in-12.

Romans espagnols.

3824. — Le comte de Lucanor, apologues et fabliaux du xive siècle, traduits pour la première fois de l'espagnol et précédés d'une Notice sur la vie et les œuvres de Don *Juan* Manuel, ainsi que d'une Dissertation sur l'introduction de l'Apologue d'Orient en Occident, par M. *Adolphe* de Puibusque.
Paris. 1854. Amyot. 1 vol. in-8.

3825. — Le Damoiseau de Don Henri-le-Dolent (el Doncel de Don Enrique-el-Doliente), traduit de l'espagnol de Larra dit Figaro, par *Marcel* Mars, avec un préambule et des notes du traducteur.
Chateauroux. 1865. Nuret. 1 vol. in-12.

3826. — Le pauvre petit causeur, revue satirique de mœurs, traduit de l'espagnol de Larra dit Figaro, par *Marcel* Mars.
Chateauroux. 1870. Ve Migné. 1 vol. in-18.

Romans anglais.

3527. — Fairy legends and traditions of the South of Ireland. 2 edit.
London. 1838. Murray. 1 vol. in-12.

3828. — Travels into several remote nations of the world. By *Lemuel* Gulliver. (*Jonathan* Swift.)
London. 1790. Wenman. 3 en 1 vol. in-16. Fig.

3829. — Œuvres choisies de Goldsmith et de Sterne. Le Vicaire de Wakefield (de Goldsmith) traduit par *Charles* Nodier. — Voyage sentimental, suivi des lettres d'Yorick et d'Eliza (de *L.* Sterne). Traduction nouvelle. (Par M. Defauconpret).
Paris. 1841. Ch. Gosselin. 1 vol. in-18.

3830. — Voyage sentimental en France, par Sterne, suivi des lettres d'Yorick à Eliza, d'Eliza à Yorick. N^e éd. d'après les meilleures traductions. (Par M. Frénais).
Paris. 1822. Ledentu. 2 vol. in-16. Fig.

3831. — Histoire et aventures de Sir Williams Pickle, ouvra-

ge traduit de l'anglois (de *Tobie* Smolett, par *F. V. Toussaint*).
Amsterdam. 1787. 4 vol. in-12.

3832. — The Vicar of Wakefield, a tale, supposed to be written by himself. (By *Oliver* Goldsmith).
Paris. 1820. F. Didot. 1 vol. in-18.
** — Histoire d'Amyntor et de Thérèse.
** — Agnès de Castro. Par Madame Behn.
** — Histoire de Polydore et d'Émilie.
** — Le Bijoutier. Par R. Dodsley.
Traduit de l'anglais par Madame G.-Ch. d'Arconville.
Voyez : Polygr. N. 226.

3833. — The history of Rasselas, Prince of Abyssinia. A tale by *Samuel* Johnson.
Paris. 1831. Baudry. 1 vol. in-16.

3834. — A simple Story. By *Mrs* Inchbalb. A new edition.
Paris. 1808. Barrois. 2 en 1 vol. in-12. Fig.

3835. — L'italien, ou le confessionnal des pénitens noirs. Par *Anne* Radcliffe. Traduit par Morellet.
Paris. 1791. Maradan. 3 vol. in-12. Fig.

3836. — Quentin Durward. By the author of « Waverley. » (Walter-Scott).
Paris. 1832. Lequien. 4 vol. in-12.

3837. — Ivanhoe, a romance. With the Author's last notes and additions. (By Walter-Scott.)
Paris. 1831. Baudry. 1 vol. in-8.

3838. — Saint-Léon, histoire du seizième siècle, par *William* Godwin. Traduit de l'anglais.
Paris. 1800. Michel. 3 vol. in-12. Fig.

3839. — Alicia de Lacy, roman historique, par Mistress Wrest ; traduit de l'anglais par M° *Elisabeth* de Bon.
Paris. 1820. Lecointe & Durey. 5 vol. in-12.

3840. — Tremaine, ou les raffinemens d'un homme blasé, traduit de l'anglais par le traducteur de Dunallan. (M¹¹ᵉ Saladin.)
Paris. 1830. Barbezat. 4 vol. in-12.

3841. — The sketch book of *Geoffrey* Crayon (Washington Irving.) With the portrait of the Author.
Leipzig. 1843. Tauchnitz. 1 vol. in-12.

3842. — The Alhambra; or the new sketch book. By Washington-Irving.
Paris. 1834. Cormon & Blanc. 2 en 1 vol. in-16.

3843. — Gilbert Gurney. By *Theodore* Hook.
Paris. 1836. Baudry. 1 vol. in-8.

3844. — Essays of Elia, to which are added letters, and Rosamund, a tale. By *Charles* Lamb.
Paris. 1839. Baudry. 1 vol. in-8.

3845. — The last of the fairies. By *G. P. R.* James.
Paris. 1848. Galignani. 1 vol. in-12.

3846. — Pelham; or, the adventures of a gentleman. (By *E. L.* Bulwer).
Paris. 1832. Baudry. 1 vol. in-8.

3847. — Sketches, by Boz. (*Charles* Dickens).
Paris. 1839. Baudry. 1 vol. in-8.

3848. — The posthumous papers of the Pickwick Club, containing a faithful record of the perambulations, perils, travels, adventures and sporting transactions of the corresponding members. By Boz (*Ch.* Dickens.)
Leipzig. 1842. Tauchnitz. 2 vol. in-8 Port.

3849. — A Christmas carol in prose, being a ghost story of Christmas by *Charles* Dickens.
Paris. 1844. Baudry. 1 vol. in-16.

Romans allemands.

3850. — Alfred Konig der Angel-Sachsen, von *Albrecht* von Haller. 2 ed.
Francfurt und Leipzig. 1774. 1 vol. in-12.

3851. — Das horoscop, von *C. F.* Van der Velde. 3 ed.
Dresden. 1826. Arnold. 1 vol. in-12.

3852. — Jean Paul' (Richter) sammtliche Werke.
Berlin. 1840-42. Reiner. 33 en 00 vol. in-12. Port.

3853. — *Ludwig* Achim's von Arnim sammtliche Werke. Herausgegeben von *Wilhelm* Grimm.
Berlin. 1839-57. Beit. 20 vol. in-8.

3854. — Isabella von Ægypten, Kaiser Karl der Fünften erste Jugendliebe. Eine Erzahlung. Melück Maria

Blainville, die Hausprophetin aus Arabien. Eine anekdote. Die drei liebreichen Schwestern und der glückliche Farber. Ein Sittengemalde. Angelika, die Genueserin, und Cosmus, der Seilspringer. Eine novelle. Von *Ludwig* ACHIM VON ARNIM.
Berlin. 1812. 1 vol. in-12.

** — Romans de GOETHE. — I. Les souffrances du jeune Werthe — II. Les affinités électives. — III. Les années d'apprentissage de Wilhem Meister. — IV. Les années de voyage de Wilhelm Meister.
Voyez : Œuvres de GOETHE. Polyg. N. 150, 151 et 152.

3855. — Undine. Eine Erzahlung von *Friedrich* Baron DE LA MOTTE-FOUQUÉ.
Berlin. 1841. Dümmler. 1 vol. in-8.

3856. — Volkssagen Erzahlungen und Dichtungen von L. Freiherrn VON ZEDLITZ.
Leipzig. 1827. Heinrich. 2 vol. in-12.

3857. — Gesammelte Werke von *Charles* SEALSFIELD.
Stuttgart. 1845-47. Metzler. 15 vol. in-12.

3858. — Novellen von *Elise* VON HOHENHAUSEN.
Braunschweig. 1829. Comtoix. 1 vol. in-12.

3859. — Das Soldatenleben im Frieden. Von *F. W.* HACKLANDER. 3 ed.
Stuttgard. 1846. Krabbe. 1 vol. in-8.

A la suite :

— Humoristische Erzahlungen von *F. W.* HACKLANDER.
Stuttgart. 1847. Krabbe. 1 vol. in-8.

3860. — Schwarzwalder Dorfgeschichten von *Berthold* AUERBACH.
Stuttgard und Augsburg. 1855. Cotta. 4 vol. in-8.

3861. — *Berthold* AUERBACH's deutscher Volks-Kalender auf das Jahr 1859. Mit Bildern nach Originalzeichnungen von *Wilhelm* VON KAULBACH, *Ludwig* RICHTER und *Arthur* VON RAMBERG.
Stuttgart und Augsburg. 1859. Cotta. 1 vol. in-8.

3862. — Vielliebchen. Historisch-romantisches Taschenbuch für 1830 von *A.* VON TROMLITZ.
Leipzig. 1830. 1 vol. in-16.

3863. — Urania. Taschenbuch auf das Jahr 1833.
Leipzig. 1833. Brockhaus. 1 vol. in-16. Port.

3864. — Les nuits de Berlin, imitées de l'allemand de SCHNEIDER, suivies d'un Tableau de l'état général du Protestantisme en Europe et dans les missions protestantes, par l'Éditeur des Souvenirs de Mme la Marquise de Créquy. (M. DE COURCHAMPS).
Paris. 1840. Verdet. 2 vol. in-8.

Romans français.

3865. — OEuvres complètes de Mesdames de LA FAYETTE, de TENCIN et de FONTAINES, avec des notices historiques et littéraires, par M. AUGER. N^e éd.
Paris. 1820. Ve Lepetit. 4 vol. in-8. Fig

3866. — Les Cent-et-une nouvelles des Cent-et-un, ornées de cent-et-une vignettes dessinées et gravées par cent-et-un artistes. (Tomes I, II.)
Paris. 1837. Ladvocat. 2 vol. in-8.

3867 — Bibliothèque picarde. — Recueil de chroniques, romans, légendes, poésies, nouvelles, biographies, chansons, faits divers, etc., etc., ayant rapport à la Picardie. (Tout ce qui a paru.)
. — La dame d'Heilly. 1537. Par *Théophile* BULAN. (1)
. — Gautier Tirel, Comte de Poix. Par *Florimond* MATIFAS. (2).
. — Robert de Luzarches. Par *Eugène* CASSAGNAUX.
. — Jeanne d'Arc au Crotoy. Par *Florentin* LEFILS.
Amiens. 1854. Alf. Caron. 1 vol. in-8.

3868. — Conquêtes du grand Charlemagne, roi de France. Avec les faits héroïques des douze Pairs de France et du grand Fierabras, etc.
Troyes. s. d. Garnier. 1 vol. in-8.

3869 — Histoire de Huon de Bordeaux, Pair de France, Duc de Guienne, contenant les faits et actions héroïques, mise en deux livres aussi beaux et diver-

---

[1] BULAN *(Isidore-Théophile)* né à Amiens le 1 Décembre 1818.
[2] MATIFAS *(Florimond-Pierre)* né à Amiens le 13 Novembre 1816, y mourut le ? Août 1847.

tissants que jamais on ait lu. Revue et corrigé de nouveau.
Troyes. s. d. V⁏ Garnier. 1 vol. in-4.

3870. — Histoire de Jean de Paris, roi de France.
Troyes. s. d. Baudot. 1 vol. in-8.

3871. — Histoire de Richard sans Peur, Duc de Normandie, fils de Robert le Diable.
Lille. s. d. P. Dumortier. 1 vol. in-8.

3872. — Histoire de Valentin et Orson, très-hardis, très-nobles et très-vaillans chevaliers, fils de l'empereur de Grèce, et neveux du très-vaillant et très-chrétien Pépin, roi de France.
Lille. s. d. Fourray. 1 vol. in-8.

3873. — Histoire des aventures heureuses et malheureuses de Fortunatus, avec sa bourse et son chapeau, enseignant comme un jeune homme se doit gouverner.
Lille. s. d. Pillot. 1 vol. in-8.

3874. — Histoire de Pierre de Provence et de la belle Maguelonne.
Lille. s. d. P. Dumortier. 1 vol. in-8.

3875. — La lampe merveilleuse, ou histoire d'Aladdin.
Troyes. s. d. Garnier. 1 vol. in-8.

3876. — La Princesse Lionnette, et le Prince Coquerico. Conte tiré du Livre des fées.
Troyes. s. d. Garnier. 1 vol. in-8.

3877. — Histoires admirables et memorables de nostre tems. Recueillies de plusieurs Autheurs, Memoires, et Avis de divers endroits. (Par *Simon* GOULART). Nouvellement revenes et repurgées en ceste édition.
Douai. 1604. B. Bellere. 1 vol. in-12.

3878. — Les histoires tragiques de nostre temps, où sont contenues les morts funestes et lamentables de plusieurs personnes, arrivées par leurs ambitions, amours desréglées, sortiléges, vols, rapines, et par autres accidens divers et memorables. Composées par *François* DE ROSSET. 2ᵉ édit.
Paris. 1616. Fr. Huby. 2 vol. in-8.

3879. — Le roman des lettres.
Paris. 1667. J. B. Loyson. 1 vol. in-8.

3880. — Les jeux de l'inconnu. (par DE VAUX, Adrien DE MONLUC, Comte DE CRAMAIL). Augmenté de plusieurs pièces en ceste dernière édition.
Rouen. 1645. Calloué. 1 vol. in-8.

3881. — Diverses histoires morales et divertissantes du Sieur Emanuel D'ARANDA.
Leyde. 1671. J. Pauwels. 1 vol. in-12.

3882. — L'usage du beau monde, ou l'agréable société. (Par DE VALCROISSANT).
Paris. 1662. Guil. de Luyne. 1 vol. in-12.

3883. — Casimir, Roy de Pologne. (Par ROUSSEAU DE LA VALETTE.)
Paris. 1679. J. Ribou. 2 vol. in-12.

3884. — Choix de petits romans de différens genres ; par M. L. M. D. P. (le Marquis DE PAULMY). Tome II.
Londres; Paris. 1789. Gattey. 2 vol. in-16.
Ce volume contient : Les Amours d'Aspasie de Milet et les Exilés de la Cour d'Auguste. Par Madame DE VILLEDIEU.

3885. — Gli avvenimenti di Telemaco figliuolo d'Ulisse. Tradotti dal Manuscritto originale dell'Autore. Per B. D. MORETTI.
Leiden. 1719. Th. Haak. 2 vol. in-8.

3886. — Le avventure di Telemaco figliuolo d'Ulisse tradotte dal linguaggio francese nell' italiano, primieramente date alla luce in Venezia, poscia accresciute, accentuate, e da molti errori purgate da *Martino* DESCHNERO, adesso con ogni diligenza siccome migliorate, cosi principalmente per tutto al dialetto Fiorentino aggiustate da *Christ.-Enrico* MEPPEN.
Vittemberga. 1741. Ahlfeldt. 1 vol. in-8.

3887. — Le avventure di Telemaco, figliuolo d'Ulisse. Composte dal fu M.re *Francesco* DI SALIGNAC DELLA MOTTE FENELON... Nuova edizione, corretta dall'Avvocato *Sincero* RASTELLI, ed accresciuta d'annotazioni geografiche et mitologiche.
Marsiglia. 1803. Mossy. 2 vol. in-12.

** — Les amours de Tibulle et de Catulle, par M. DE LA CHAPELLE.
Voyez N. 3496.

3888. — Histoire de Gil Blas de Santillane. Par LESAGE.
Paris. 1828. Froment. 5 vol. in-16.Fig.

3889. — Historia de Gil Blas de Santillana, publicada en frances por *A. R.* LE SAGE, traducida al castellano por el Padre ISLA, corregida, rectificada y anotada por don *Evaristo* PENA Y MARIN.
Paris. 1835. Baudry. 1 vol. in-8.

3890. — La force de l'éducation. (Par *P. Ch.* AUNILLON).
Londres. 1750. 2 en 1 vol. in-12.

3891. — Mémoires pour servir à l'histoire des mœurs du XVIIIe siècle. (Par DUCLOS).
S. n. n. l. 1752. 2 vol. in-12.

3892. — Les botaniques, ou les parties de plaisir des Étudians en Médecine, de l'Université de Pau, dans la recherche des plantes. Ouvrage utile à toutes sortes de personnes. Par M. ***, Licencié en Médecine.
La Haye. 1763. Erialed. 1 vol. in-12.

3893. — Valmore, anecdote françoise. Par M. LOAISEL DE TREOGATE.
Paris. 1776. Moutard. 1 vol. in-8. Pl.

3894. — La nouvelle Héloïse, ou lettres de deux amans, habitans d'une petite ville au pied des Alpes ; recueillies et publiées par *J. J.* ROUSSEAU.
Genève. 1780. 4 vol. in-8.

3895. — Les contemporaines ou avantures des plus jolies femmes de l'âge présent ; recueillies par N. E. R** D* L* B**. (RESTIF DE LA BRETONNE), et publiées par *Timothée* JOLY, de Lyon, dépositaire de ses manuscrits. 2e édit.
Leipsick.Paris.1781-85.Ve Duchêne. 42 en 21 v.in-12
Manquent les tomes 3, 33, 34, 39, 40 et 42.
On trouve joint au 2e vol. le 3e (les Epouses). et au 41e, le 4e (les Mères) d'un autre ouvrage du même auteur :
Les Françaises, ou XXXIV exemples choisis dans les mœurs actuelles propres à diriger les Filles, les Femmes, les Epouses et les Mères.
Neufchâtel. 1786. 4 vol. in-12.

3896. — Le dernier homme, ouvrage posthume ; par M. DE

Grainville, homme de lettres. Seconde édition, publiée par *Charles* Nodier.
Paris. 1811. Ferra & Déterville. 2 en 1 vol. in-12.

3897. — Paolo e Virginia di *Bernardin* de Saint-Pierre. (Traduzione nuova da *A.* Loschi).
Parigi. 1829. Baudry. 1 vol. in-16.

3898. — Pablo y Virginia, por *Bernardin* de Saint-Pierre; traducido al castellano por D. *J. M.* Aléa.
Paris. 1825. Baudry. 1 vol. in-12.

3899. — Paul und Virginie, von *Bernardin* de Saint-Pierre, neu übersetzt aus dem Franzosischen von *J.M.* Reichenecker.
Reutlingen. 1827. 1 vol. in-12.

** — Contes et nouvelles par le Chév. de Boufflers.
Voyez : Œuvres. T. III. N. 4010.

3900. — Œuvres complètes de Pigault-Lebrun.
Paris. 1822-24. F. Didot. 20 vol. in-8.

3901. — Le muséum littéraire. — La fleur des pois. Par M. de Balzac.
Bruxelles. 1836. 1 vol. in-16.

3902. — Le lis dans la vallée. Par M. de Balzac.
Bruxelles. 1836. Meline. 2 v. in-16.

3903. — Le Siége d'Amiens, épisode du règne de Henri IV et de la fin du xvie siècle. (Par M. *Aug.* Machart).(1)
Amiens. 1872. Alf. Caron. 1 vol. in-fol.

3904. — Mme *Emile* de Girardin (*Delphine* Gay). Nouvelles. Le lorgnon. — La canne de M. de Balzac. — Il ne faut pas jouer avec la douleur.
Paris. 1856. Librairie nouvelle. 1 vol. in-18.

3905. — Contes par *Alfred* de Musset.
Paris. 1854. Charpentier. 1 vol. in-18.

3906. — Nouvelles de *Alfred* de Musset.
Paris. 1846. Charpentier. 1 vol. in-18.
Voyez aussi : N. 4015.

---

[1] Machart (*Edme-Firmin-Auguste*) né à Amiens le 27 Septembre 1776, y mourut le 6 Août 1853.

3907. — Tiel le rodeur. Romans et tableaux de genre, par
M. Frédéric MERCEY.
Paris. 1834. E. Renduel. 2 vol. in-8.
3908. — Guerre ou siége de Vatan (1611). Par Marcel MARS.
Chateauroux. 1871. V° Migné. 1 vol. in-18.
3909. — Trois nouvelles politiques, par Mme Mélanie DE
BOILEAU.
Paris. 1824. Lenormant. 1 vol. in-8.
3910. — Henri Farel, roman alsacien, par Louis LAVATER.
Paris. 1834. A. Guyot. 2 vol. in-8.
3911. — Jakaré-Ouassou, ou les Tupinambas, chronique
brésilienne, par D. GAVET et P. BOUCHER.
Paris. 1830. T. de Hay. 1 vol. in-8.
3912. — La vallée de Tenflot, chronique du seizième siècle,
par Amédée JOURDAIN. (1) 2e édit.
Abbeville. 1869. Briez. in-8.
3913. — Chronique du treizième siècle (1214). Enguérand
de Bichecourt, par Amédée JOURDAIN.
Abbeville. 1870. Briez, C. Paillart & Retaux. in-12.
3914. — OEuvres complètes de M. Henri CALLAND. — Zita la
bohémienne.
Paris. 1854. Ledoyen. gr. in-8.
3915. — La Perle d'Orient, légende orientale (1802). Par
Henri CALLAND.
Paris. 1855. Ledoyen. 1 vol. in-18.
3916. — La vengeance du Khalife, légende orientale (925).
par Henri CALLAND.
Paris. 1855. Ledoyen. 1 vol. in-18.
3917. — Les ailes d'Icare, par Charles DE BERNARD. N° édit.
Paris. 1856. Michel Lévy fr. 1 vol. in-18.
3918. — La maison de Penarvan, par Jules SANDEAU.
Paris. 1858. Michel Lévy fr. 1 vol. in-18.
3919. — The disguised nobleman; (The Marquis d'Hauterive), or, the romance of a poor young man. By
Octave FEUILLET.
London. 1860. Ward and Lock. 1 vol. in-12.
3920. — Monsieur de Camors, par Octave FEUILLET. 4e édit.
Paris. 1867. Michel Lévy fr. 1 vol. in-18.

---

(1) JOURDAIN (Amédée) né à Hangest-sur-Somme le 25 Mai 1809.

3921. — A quoi tient l'amour. Fantaisies parisiennes. Par *Albéric* Second.
Paris. 1856. Michel Lévy fr. 1 vol. in-18.

3922. — *Alexandre* Dumas fils. Le docteur Servans.
Paris. 1856. Librairie nouvelle. 1 vol in-18.

3923. — Mme *Marie* de Grandfort. Comment on s'aime lorsqu'on ne s'aime plus.
Paris. 1858. Librairie nouvelle. 1 vol. in-18.

3924. — Un noyé. Par Gourdon de Genouilhac.
Paris. 1861. Sartorius. 1 vol. in-16. Port.

3925. — *Gustave* Droz. Monsieur, Madame et Bébé. 13ᵉ éd.
Paris. 1867. Hetzel. 1 vol. in-18.

3926. — *Gustave* Droz. Le cahier bleu de Mlle Cibot. 4ᵉ édit.
Paris. 1868. Hetzel. 1 vol. in-18.

Voyages imaginaires et merveilleux.

3927. — Voyages imaginaires, songes, visions et romans cabalistiques. (Recueillis par *Ch. G. Th.* Garnier).
Amsterdam. Paris 1787-1789. 36 vol. in-8.

3928. — Voyages extraordinaires.—Les enfants du capitaine Grant.—Voyage autour du monde, par *Jules* Verne. Illustrés de 172 vignettes par Riou, gravées par Pannemaker.
Paris. 1872. Hetzel. 1 vol. in-8.

3929. — *Jules* Verne. — Voyages et aventures du capitaine Hatteras. — Les Anglais au pôle nord.- Le désert de glace. 150 vignettes par Riou.
Paris. 1872. Hetzel. 1 vol. in-8.

3930. — *Jules* Verne. — Cinq semaines en ballon, voyage de découvertes en Afrique par trois anglais. Illustrations par MM. Riou et de Montaut.
Paris. 1872. Hetzel. 1 vol. in-8.

3931. — Vingt-quatre minutes en ballon. Par *Jules* Verne.
Amiens. 1873. Jeunet. in-16.

3932. — *Jules* Verne.—Voyage au centre de la terre. Vignettes par Riou.
Paris. 1872. Hetzel. 1 vol. in-8.

3933. — *Jules* Verne. — Vingt mille lieues sous les mers. Illustré de 111 dessins par de Neuville, gravés par Hildibrand.
Paris. 1872. Hetzel. 1 vol. in-8.

3934. — Le tour du monde en quatre-vingts jours, par *Jules Verne*. Dessins par MM. de Neuville et L. Benett.
Paris. 1873. Hetzel. 1 vol. in-8.

Contes et légendes historiques et mythologiques.

3935. — Volksmahrchen der Deutschen, von *J. A.* Musaus. Mit einem Vorwort von *Friedrich* Jacobs.
Paris. 1837. Locquin. 1 vol. in-8.

3936. — Kinder und Hausmarchen. Gesammelt durch die Brüder Grimm.
Gottingen. 1837-56. Dieterich. 3 vol. in-12.

3937. — Deutsche Marchen und Sagen Gesammelt und mit Anmerkungen begleitet herausgegeben von *Johannes-Wilhelm* Wolf.
Leipzig. 1845. Brockhaus. 1 vol. in-8.

3938. — *H. C.* Andersen's sammtliche Marchen. Mit 125 Illustrationen nach Originalzeichnungen von *B.* Pedersen. In Holz geschnitten von *Ed.* Kretzschmar. 2 Auflage.
Leipzig. 1850. Teubner. 1 vol. in-8.

3939. — Deutsche Hausmarchen. Herausgegeben von *J. W.* Wolf.
Gottingen. 1858. Dieterich. 1 vol. in-12.

3940. — Die Sagen des Elsasses, zum ersten Male getreu nach der Volksüberlieferung, den Chroniken und andern gedruckten und handschriftlichen Quellen, gesammelt und erläutert von *August* Stober.
St-Gallen. 1852. Scheitlin und Zollikofer. 1 v. in-8.

3941. — Volksmahrchen aus Franken, erzahlt von W*illibald* Veldegg.
Nürnberg. 1827. Campe. 1 vol. in-8.

3942. — Frische Elfenmarchen. Uebersetzt von den Brüdern Grimm.
Leipzig. 1826. Fleischer. 1 vol. in-12.

3943. — Sagen, Marchen und Lieder der Herzogthümer Schleswig, Holstein und Lauenburg. Herausgegeben von *Karl* Müllenhoff.
Kiel. 1845. Schwer. 1 vol. in-8.

3944. — Hessische Sagen. Herausgegeben von *J. W.* Wolf. Gottingen. 1853. Dieterich. 1 vol. in-8.

3945. — Markische Sagen und Marchen nebst einem Anhange von Gebrauchen und Aberglauben gesammelt und herausgegeben von *Adalbert* Kuhn.
Berlin. 1843. Reimer. 1 vol. in-8.

3946. — Niederlandische Sagen. Gesammelt und mit Anmerkungen begleitet herausgegeben von *Johann Wilhelm* Wolf.
Leipzig. 1843. Brockhaus. 1 vol. in-8.

3947. — Mythen und Brauche des Volkes in Oesterreich. Als Beitrag zur deutschen Mythologie, Volksdichtung und Sittenkunde. Von *Theodor* Vernaleken.
Wien. 1859. Braumüller. 1 vol. in-8.

3948. — Naturmythen. Neue Schweizersagen gesammelt und erlautert von *Ernst-Ludwig* Rochholz.
Leipzig. 1862. Teubner. 1 vol. in-8.

3949. — Thüringer Sagenbuch Von *Ludwig* Bechstein.
Wien und Leipzig. 1858. Hartleben. 2 en 1 v. in-12.

3950. — Mythen und Sagen Tirols. Gesammelt und herausgegeben von *Johann-Nepomuk* Ritter von Alpenburg. Mit einem einleitenden Vorwort von *Ludwig* Bechstein.
Zurich. 1857. Meyer und Zeller. 1 vol. in-8.

3951. — Sagen, Marchen und Gebraüche aus Tirol. Gesammelt und herausgegeben von *Ig.-Vincenz* Zingerle.
Innsbruck. 1859. Wagner. 1 vol. in-8.

3952. — Sagen, Gebraüche und Marchen aus Westfalen und einigen andern, besonders den angrenzenden Gegenden Norddeutschlands. Gesammelt und herausgegeben von *Adalbert* Kuhn.
Leipzig. 1859. Brockhaus. 2 vol. in-8.

3953. — Norddeutsche Sagen, Marchen und Gebraüche aus Meklenburg, Pommern, der Mark, Sachsen, Thü-

ringen, Braunschweig, Hannover, Oldenburg und Westfalen. Aus dem Munde des Volkes gesammelt und herausgegeben von A. Kuhn und W. Schwartz.
Leipzig. 1848. Brockhaus. 1 vol. in-8.

5954. — Russische Volksmarchen in den Urschriften gesammelt und ins Deutsche übersetzt von Anton Dietrich. Mit einem Vorwort von Jacob Grimm.
Leipzig. 1831. Weidmann. 1 vol. in-12.

3955. — Fornsogur Vatnsdælasaga, Hallfredarsaga, Flòamannasaga, herausgegeben von Gudbrandr Vigfusson und Theodor Mobius.
Leipzig. 1860. Heinrich. 1 vol. in-8.

3956. — Danmarks Folkesagn. Samlede af J. M. Thiele.
Risbenhavn. 1843. Reitzels. 2 vol. in-8.

3957. — Sagas du Nord, par Louis de Baecker.
Hazebrouck. 1857. Guermonprez. 1 vol. in-8.

3958. — Les Veillées allemandes, chroniques, contes, traditions et croyances populaires, par Grimm; nouvelle traduction précédée d'une introduction par l'Héritier (de l'Ain).
Paris. 1838. Mᵉ Huzard. 2 vol. in-8. fig.

SIXIÈME CLASSE.

PIÈCES PLAISANTES et BURLESQUES.

** — Imperatoris Juliani Misopogon.
Voyez : Œuvres de l'Empereur Julien. Polyg. N. 79, 80, 81.

** — L. Annæi Senecæ Claudii Cæsaris Apocolokyntosis.
Voyez : Œuvres de L.-A. Sénèque.— Sc. et arts. N. 86 et suiv.
** — Traduction de l'Apocolokintosis de Sénèque. Par J. J. Rousseau.
Voyez : Œuvres de J. J. Rousseau. Polyg. N. 207.

3959. — Utopia Didaci-Bemardini, seu Jacobi-Bidermani sales musici, quibus ludicra mixtim et seria litteratè ac festivè denarrantur.
Dilingæ. 1640. C. Sutor. 1 vol. in-12.

3960. — Il Rinaldi overo dialogo del paragone, tra il Vergoes
e la Siate. Composto nuovamente dall' Accademico
Bramoso dell' Accademia de' Solleciti di Trevigi.
Venetia. 1589. Somasco. 1 vol. in-8.

3961. — Juristische Abhandlung über die Flohe von *Johann
Wolfgang* von Goethe. (Latin et allemand).
Altona. 1864. 1 vol. in-8. Fig.

3962. — Opuscule ou petit traité sceptique, sur cette com-
mune façon de parler. *N'avoir pas le Sens-commun.*
(Par *François* de la Mothe le Vayer).
Paris. 1646. A. de Sommaville. 1 vol. in-16.

3963. — L'éloge de rien, dédié à personne, avec une post-
face. (Par *L.* Coquelet). (1)
Paris. 1730. A. de Heuqueville. in-8.

3964. — Monsieur Guillaume, ou le disputeur. (Par *Théophile*
Imarigeon l'Abbé Duvernet).
S. n. n. l. 1781. 1 vol. in-8.

3965. — L'année anecdotique. Petits mémoires du temps.
Par *Félix* Mornand.
Paris. 1860. Dentu. 1 vol. in-18.

3966. — L'ancien Figaro. Etudes satiriques, bigarrures,
coups de lancette, nouvelles à la main, extraits du
Figaro de la Restauration, avec une préface et un
commentaire, par *Emile* Gaboriau. 2e édit.
Paris. 1861. Dentu. 1 vol. in-18.

3967. — Les lions de province, par *Noël* Picard (*Léon* Grenier). (2)
Paris. 1861. Marpon. (Amiens. Lemer). 1 vol. in-16.

3968. — Le testament de Néro, tel qu'il a été dicté le 19
Janvier 1867 à son très-humble et dévoué sujet
Georges Sauton.
Paris. 1868. Poitrine. 1 vol. in-8.

---

(1) Coquelet (*Louis*) né à Péronne en 1676, mourut à Paris le 26 Mars 1754.
(2) Grenier *(Léon-Adrien-Eugène)* né à Amiens le 10 Novembre 1839.

3969. — Le Code civil commenté par CHAM (Amédée DE NOÉ), ouvrage destiné aux personnes qui désirent avoir des démêlés avec la justice. 3e et dernière partie.
Paris. s. d. Martinet. in-4. Fig.

3970. — Albéric SECOND. La comédie parisienne, paraissant tous les dimanches. Nos 1, 2, 3, 4.
Paris. 1856. Havard. 1 vol. in-12.

3971. — Le Diable à quatre. Par H. DE VILLEMESSANT, Alph. DUCHESNE, Ed. LOCKROY, MÉPHISTOPHÉLÈS et A. RANC.
Paris. 1868-69. Dumont. N. 1 à 50. (Incomplet).

3972. — La cloche, par FERRAGUS (Louis ULBACH). N. 1 et 4.
Paris. 1868. A. Le Chevalier. in-12.

3973. — Le lampion. Par Nicolas FLAMMÈCHE. N° spécimen.
Paris. 1868. Rue Christine, 9. in-8.

3974. — La chandelle. Journal des misérables. Par un chiffonnier grincheux. Numéro spécimen.
Paris. 1868. Vallée.

3975. - L'éteignoir, par HARDI DE RAGEFORT. N. 1.
Paris. 1868. Turfin et Juvet. in-8.

3976. — Le reverbère de 2 sous avec un gro tas de 60 dessin. par 1 habit tant de la campagne, mis en ordre par A. HUMBERT.
Paris. 1868. Armand. in-8. Fig.

3977. — La lanterne de Diogène, par BLAGUEFORT DE RENANCOURT (Alfred VERRIER). N. 3 et 4.
Bruxelles. 1868. Oversacq & Laurent. in-12.

3978. — Errotika biblion. (Par H.-Gab. DE MIRABEAU). 3e éd.
Paris. 1811. 1 vol. in-16. Port.

3979. — Almanach du Tintamarre pour 1855, publié par Mathieu LANCEBLAQUE, (MM. COMMERSON, E. VACHETTE, E. FURPILLE, J. TOURNACHON, SALVADOR, DALÈS, H. BRIOLLET, etc.), illustré par NADAR.
Paris. 1855. Martinon. 1 vol. in-16.

3980. — Des jeux d'esprit par Arnal, Bardoux, Brindeau, Léo, Levassor, L. Lurine, Méry, Nadar, Pouchard, Ravel, Rossini, Véron, Vernet, Viennet et Marc CONSTANTIN.
Paris. 1857. Desloges. 1 vol. in-16.

3981. — Encyclopédiana. Recueil d'anecdotes anciennes, modernes et contemporaines... N° édit.
Paris. 1856. Laisné. 1 vol. in-8.

3982. — Moliériana ou recueil d'aventures, anecdotes, bons mots et traits plaisans de Pocquelin de Molière. Par C... d'Aval (Cousin *d'Avallon*).
Paris. 1801. 1 vol. in-16. Port.

3983. — Pensées d'un emballeur pour faire suite aux Maximes de Larochefoucauld. Par Commerson.
Paris. s. d. Martinon. 1 vol. in-18.

SEPTIÈME CLASSE.

DIALOGUES & ENTRETIENS.

3984. — Histoire de la conversation par *Émile* Deschanel.
Paris. 1859. Michel Lévy fr. 1 vol. in-16.

3985. — Les entretiens de Monsieur de Voiture, et de Monsieur Costar.
Paris. 1654. Courbé. 1 vol. in-4.

HUITIÈME CLASSE.

ÉPISTOLAIRES.

Art épistolaire.

3986. — Dictionnaire pratique et critique de l'art épistolaire français, avec des préceptes et des conseils sur chaque genre, plus de mille modèles choisis dans les monuments et les documents de la langue française et des remarques sur chaque lettre. Par *Ch.* Dezobry.
Paris. 1866. Delagrave. 1 vol. in-8.

3987. — Nouveau manuel épistolaire.... Par M. l'Abbé Cas.
Paris. 1828. Rusand. 1 vol. in-12.

3988. — Le secrétaire universel, manuel complet du style épistolaire... Par M. V. N. Duménil.
Paris. 1837. Urtubie. 1 vol. in-12.

3989. — Le secrétaire général... Par Prudhomme. 40ᵉ éd.
Paris. 1838. Delarue. 1 vol. in-16.

3990. — L'art de la correspondance. Nouveau manuel complet, théorique et pratique du style épistolaire et des divers genres de correspondance ; suivi de modèles de lettres familières pour tous les usages de la correspondance ; par Bescherelle Jeune.
Paris. 1858. Dentu. 2 vol. in-8.

Lettres en latins.

** — *Fr.* Poggii epistolæ. Voyez : *F.* Poggii opera. N. 108.
** — *Angeli* Politiani epistolarum libri XII.
Voyez : *Angeli* Politiani opera. Polyg. N. 109.
** — *G. G.* Leibnitii epistolæ. Voyez : Leibnitii opera. Poly. N. 144. 145.
** — *Thomæ* Mori epistolæ.
Voyez : *Thomæ* Mori lucubrationes. Polyg. N. 116.
** — *F.* Petrarchæ epistolæ. Voyez : *F.* Petrarchæ opera. Polyg. N. 102.

Lettres en italiens.

3991. — Lettere del Cardinal Bentivoglio con note grammaticali e filologiche di G. Biagioli.
Parigi. 1807. Didot. 1 vol. in-12.

3992. — Lettere del Cardinal Bentivoglio con note grammaticali e analitiche di G. Biagioli. ed. 4ª.
Livorno. 1831. Masi. 1 vol. in-12. Port.

3993. — Ultime lettere di *Jacopo* Ortis (*Ugo* Foscolo) tratte dagli autografi.
Milano. Parigi. 1824. Barrois. 1 vol. in-12. Port

Lettres en anglais.

3994. — Letters of lady *Mary* Wortley Montague, written during her travels in Europe, Asia, and Africa ; to which are added Poems by the same author.
Paris. 1817. P. Didot. 1 vol. in-16.

Lettres en allemand.

3995. — Goethe und Werther, Briefe Goethe's meistens aus

seiner Jugendzeit, mit erlauterndeu Documenten. Herausgegeben von A. KESTNER. 2 Auflage.
Stuttgart und Augsburg. 1855. Cotta. 1 v. in-8. Port.

3996. — SCHILLER und LOTTE. 1788-1789.
Stuttgart u Augsbourg. 1856. Cotta. 1 v. in-8. Port.

3997. — *Charlotte* VON SCHILLER und ihre Freunde.
Stuttgart. 1860-65. Cotta. 3 vol. in-8. Port.

Lettres en français.

3998. — Les plus belles lettres françoises sur toutes sortes de sujets, tirées des meilleurs Auteurs, avec des Notes. Par P. RICHELET. 3ᵉ édit.
Paris. 1705. M. Brunet. 2 vol. in-12. Port.

3999. — Lettres choisies de Mᵐᵉ DE SÉVIGNÉ à sa fille et à ses amis, précédées de l'Éloge de Mᵐᵉ de Sévigné, par Mᵉ *A.* TASTU, couronné par l'Académie française, et de l'Extrait du Rapport de M. VILLEMAIN. 3ᵉ édit.
Paris. 1844. Didier. 1 vol. in-18.

— Lettres de LEIBNITZ. Voyez : Œuvres de LEIBNITZ. Poly. N

4000. — Lettres inédites de VOLTAIRE recueillies par M. de Cayrol et annotées par M. *Alph.* FRANÇOIS. Précédées d'une préface de M. SAINT-MARC GIRARDIN.
Paris. 1856. Didier. 2 vol. in-8.

4001. — Correspondance inédite de BUFFON à laquelle ont été réunies les lettres publiées jusqu'à ce jour, recueillie et annotée par M. *Henri* NADAULT DE BUFFON.
Paris. 1860. Hachette. 2 vol. in-8.

4002. — Quarante-cinq lettres de Béranger et détails sur sa vie publiés par Mᵐᵉ *Louise* COLLET.
Paris. 1857. Librairie nouvelle. 1 vol. in-18.

4003. — Correspondance du R. P. LACORDAIRE et de Mᵐᵉ SWETCHINE, publiée par le Cᵗᵉ DE FALLOUX. 4ᵉ éd.
Paris. 1865. Didier. 1 vol. in-18.

4004. — *Maurice* DE GUÉRIN. Journal, lettres et poèmes publiés avec l'assentiment de sa famille par G. S. TRÉBUTIEN, et précédés d'une étude biographique et littéraire, par M. SAINTE-BEUVE. Nᵉ édit.
Paris. 1864. Didier & Cie 1 vol. in-8. Port.

4005. — *Eugénie* de Guérin. Journal et lettres publiés avec l'assentiment de sa famille par G. S. Trébutien.
Paris. 1863. Didier & Cie 1 vol. in-8.

4006. — Récit d'une sœur, souvenirs de famille recueillis par Mme *Augustus* Craven, née La Ferronnays. 5e éd.
Paris. 1867. Didier. 2 vol. in-8. Port.

NEUVIÈME CLASSE.

MÉLANGES LITTÉRAIRES.

Œuvres diverses en français.

4007. — Contes de *Guillaume* Vadé. (Voltaire). Édition augmentée par l'Auteur d'un Supplément au Discours aux Welches.
Genève. 1765. 1 vol. in-8.

4008. — Les lunes du Cousin Jacques (*J. A.* Beffroy de Reigny).
Paris. 1786. Lesclapart. 5 vol. in-12. Incomplet.

4009. — Courrier des planètes ou correspondance du Cousin Jacques (*J.-A.* Beffroy de Reigny) avec le Firmament. Folie périodique, dédiée à la lune.
Paris. 1788. Belin. 2 vol. in-12. Incomplet.

4010. — Œuvres du Chevalier (*Stan.*) de Boufflers. 2e éd.
Paris. 1817. Briand. 4 vol. in-16. Fig.

4011. — Œuvres diverses du Vicomte *J. A.* de Ségur, contenant ses Morceaux de littérature, ses Poésies fugitives, la Correspondance secrète entre Ninon de Lenclos, le Marquis de Villarceaux, et Mme de Maintenon. Précédées d'une notice sur la vie de l'auteur (par *Fr. J. M.* Fayolle).
Paris. 1819. Dalibon. 1 vol. in-8.

4012. — Opuscules de A. D. (*Achille* Delamorlière). (1)
Amiens. 1855. Alf. Caron. 1 vol. in-12.

---

[1] Delamorlière (*Pierre-Achille*) né à Amiens le 25 Mai 1773. y mourut le 29 Août 1857.

4013. — Mélanges littéraires, par *L. T.* Semet. 2ᵉ édit.
Lille. 1846. Bracke. 1 vol. in-12.

4014. — Esprit de Mᵐᵉ de Girardin (*Delphine* Gay) avec préface, par M. de Lamartine.
Paris. s. d. Dentu. 1 vol. in-18.

4015. — Œuvres complètes de *Alfred* de Musset. Edition ornée de 28 gravures d'après les dessins de M. *Bida*, d'un portrait gravé par M. *Flameng* d'après l'original de M. *Landelle*, et accompagnée d'une notice sur Alfred de Musset, par son frère (*Paul* de Musset).
Paris. 1866. Charpentier. 10 vol. in-8.

4016. — Œuvres complètes de *H.* Rigault, précédées d'une notice biographique et littéraire, par M. Saint-Marc Girardin.
Paris. 1859. Hachette. 4 vol. in-8.

4017. — Mélanges par le Général Comte (*Ph.-Paul*) de Ségur.
Paris. 1873. F. Didot fr. 1 vol. in-8.

4018. — L'ouvrier parisien. Son histoire. — Projet de majorat. Trait de mœurs au XIXᵉ siècle. Comédie en un acte. — Le pasteur de Zamora, autre trait de mœurs. Historiette en vers. — La vengeance de Terpsichore. Divertissement en un acte et en vers. — Notice bibliographique contenant des extraits d'œuvres imprimées ou manuscrites sur divers sujets. Par M. *A. A.* Sorel.
Paris. 1864. L'auteur. 1 vol. in-8.

4019. — Feuilletons. (Par *Fr.* Dupuis).
Orléans. 1840. A. Jacob. 1 vol. in-12.

4020. — Essais de traduction par *H.* Dauphin (1). La Batrachomyomachie... Homère. — Les moutons de Panurge... Rabelais. — Lysistrata... Aristophane.
Amiens. 1861. E. Yvert. in-8.

4021. — *Daniel* Gavet. Mes pages intimes.
Paris. 1873. Ghio. 1 vol. in-8.

4022. — Etude littéraire par M. Saudbreuil, premier Prési-

---

[1] Dauphin [*Jean-Henry*] né à Rivery le 19 Février 1799.

dent de la Cour d'appel d'Amiens, sur *mes Pages intimes*, par M. Daniel GAYET.
Amiens. 1873. Em. Glorieux. in-8.

4023. — Confusion politique. — Dangers, causes, remèdes, par M. le Docteur DELASIAUVE.
Paris. 1873. Ghio. in-8.

4024. — Les Français de la décadence, par *Henri* ROCHEFORT.
Paris. 1867. Librairie centrale. 1 vol. in-18.

4025. — Les odeurs de Paris, par *Louis* VEUILLOT.
Paris. 1867. Palmé. 1 vol in-18.

Œuvres diverses en allemand.

4026. — NOVALIS' Schriften. Herausgegeben von *Ludwig* TIECK und *Fr.* SCHLEGEL. 4ᵉ Ausgabe.
Stuttgart. 1826. Macklot. 1 vol. in-12.

4027. — *Heinrich* VON KLEIST's ausgewählte Schriften. Herausgegeben von *Ludwig* TIECK.
Berlin. 1846. Reimer. 4 en 2 vol. in-8.

4028. — Tonkünstlers Leben, eine Arabeske von *Carl-Maria* VON WEBER.
Dresden und Leipzig. 1827. Arnold. 3 en 2 v. in-12.

Extraits et mélanges.

4029. — Morceaux choisis de TACITE, traduits en françois avec le latin à côté. Par M. D'ALEMBERT.
Paris. 1784. Moutard. 2 vol. in-12.

4030. — Le printemps, par Mlle ***. — La Primavera, tradotta dal francese in italiano da *Gregorio* GRANATA. — Spring a poem, by Miss de *** litterally translated from the french, by J. M.
Paris. 1802. A. Bertrand. 1 vol. in-8.

4031. — Anecdotes historiques et littéraires racontées par L'ÉTOILE, BRANTÔME, TALLEMANT DES RÉAUX, SAINT-SIMON, BACHAUMONT, GRIMM, etc.
Paris. 1853. Hachette. 1 vol. in-18.

4032. — Varia.
1 vol. in-4 contenant :
1 — Nobilissimo juveni Forsio Navarrææ legionis tribuno vulneribus Atrebatensi obsidione acceptis sublato justa.
Parisiis. 1611.

2 — De morbo Sereniss. Ducis Guisii epistola.
3 — *Petri* Seguini Agathodæmon.
   Paris. 1670. S. Mabre-Cramoisy.
4 — Response à l'advis sur l'églogue intitulée *Christine*. Par M. Le Bret.
   Paris. 1655. Ch. de Sercy.
5 — L'Assemblée des Sçavans, et les Présens des Muses. Pour les Nopces de Charles Emanuel II, Duc de Savoye, avec Marie-Jean-Baptiste de Savoye, Princesse de Nemours.
   Lyon. 1665. G. Barbier.
6 — Dissertation de l'imitation des Autheurs, à un Homme de Lettres.
7 — Lettre de M. l'Abbé Cotin à M. Moncrif.
8 — Harangue de M. Boindin à sa rentrée au café Procope, le 12 Janv. 1744.
9 — Essai critique sur l'état présent de la République des Lettres, par M. [J.-G.] Le Franc de Pompignan. 1744.
10 — Dissertation sur la question de savoir si les Inscriptions doivent être rédigées en latin ou en françois ? Par M. le Président Rolland. 2 éd.
   Paris. 1784. Simon & Nyon.
11 — Mélanges littéraires et artistiques, par *Charles* Lucas. 3 série.
   Paris. 1868. in-8.
12 — A M. le Ministre de l'Instruction publique et à MM. les Membres composant le Conseil royal. Question à résoudre. Doit-on écrire et parler en latin dans les concours ouverts devant les Facultés de droit? Par P. Bravard-Veyrières.
   Paris. 1837. Chassaignon.
13 — Rapport sur les travaux de la Classe d'histoire et de littérature ancienne, fait par M. Ginguené, le Jeudi 5 Juillet 1810.
   Paris. 1810. Baudouin.

4033. — **Recueil.**
   1 vol. in-8 contenant :
1 — Lettre de la Duchesse de la Vallière à Louis XIV, précédée d'un Abrégé de sa vie. Par M. Blin de Sainmore.
   Londres. Paris. 1773. Le Jay.
2 — Lettre de Don Carlos à Elisabeth de France, précédée d'un Abrégé de leur histoire, et suivie d'un passage de l'*Aminte* du Tasse, traduit en vers, et du Poëme de *la Nuit*, imité de Gessner. (Par *H.* Panckoucke).
   Paris. 1769. Le Jay.
3 — Chinki, histoire cochinchinoise, qui peut servir à d'autres pays. (Par l'Abbé *Gab.-Fr.* Coyer).
   Londres. 1768.

4034. — **Mélanges.**
   1 vol. in-8 contenant :
1 — Epitre du diable, à Monsieur de Voltaire, avec des notes historiques. Aux délices près Genève. (Par *Cl.-M.* Giraud).
   Aux Enfers. 1760. Imprimerie de Béelzébuth.
2 — Epitre de M. de Voltaire à Madame Denis. — Rescrit de l'Empereur de la Chine. — Lettre à M. l'Evêque d'Annecy.

3 — Epitre de M. DE VOLTAIRE à Mademoiselle Clairon.
4 — La petite nièce d'Eschyle, histoire athénienne traduite d'un manuscrit grec intitulé : Ἐκ τῆς τῶν ἐπιστημόνων ἀνεκδότης ἱστορίας ἐγλογαί. Fragmens de l'Histoire Anecdote des Gens de Lettres. [Par le Ch. DE NEUVILLE-MONTADOR]. — 1761.
5 — Le Philosophe champêtre. Ode traduite de l'italien, avec des réflexions sur la Poésie et sur quelques Poëtes.
Villefranche. 1762. Vedeilhié.
6 — Mémoire de *Donat* CALLAS pour son père, sa mère et son frère. [Par VOLTAIRE].

4035 — Proverbes et expressions proverbiales des meilleurs auteurs latins, avec une traduction et les proverbes français correspondans, en regard du texte. Par M *Francis* LEVASSEUR. — (Proverbes et sentences proverbiales italiennes et espagnoles).
Paris. 1811. L'Huillier. 1 vol. in-12.

DIXIÈME CLASSE.

PHILOLOGIE & CRITIQUE.

Traités généraux.

— Viridarium sacræ et profanæ eruditionis à R. P. *Francisco* DE MENDOÇA constructum et à P. *Francisco* MACHADO denuo excultum.
Lugduni 1649. Anisson. in-fol.
Voyez : Théologie. N. 416.

4036. — Cours familier de littérature. Un entretien par mois. Par M. A. DE LAMARTINE.
Paris. 1855-56. L'auteur. 2 vol. in-8. Incomplet.

4037. — *J.-F.* BOISSONADE. Critique littéraire sous le premier empire, publiée par *F.* COLINCAMP, précédée d'une notice historique sur M. Boissonade par M. NAUDET.
Paris. 1863. Didier & Comp. 2 vol. in-8. Port.

Etudes sur les auteurs orientaux.

4038. — Die Alexandersage bei den Orientalen. Nach den besten Quellen dargestellt von D^r *Fr.* SPIEGEL.
Leipzig. 1851. Engelmann. 1 vol. in-8.

Études sur les auteurs grecs.

— Examen critique des plus célèbres écrivains de la Grèce, par Denys d'Halicarnasse, traduit en françois par E. Gros.
Paris. 1826-27. Brunot-Labbe. 3 vol. in-8.
Voyez : Histoire littéraire. N. 390.

4039. — Ménandre. Étude historique et littéraire sur la comédie et la société grecques, par *Guil.* Guizot.
Paris. 1855. Didier. 1 vol. in-8. Port.

4040. — Essais sur le génie de Pindare et sur la poésie lyrique dans ses rapports avec l'élévation morale et religieuse des peuples, par M. Villemain.
Paris. 1859. Didot fr. 1 vol. in-8.

4041. — Théocrite, aperçu biographique et littéraire, par M. H. Dauphin.
Amiens. 1857. E. Herment. in-8.

4042. — Cours de littérature dramatique, par A. W. Schlegel. Traduit de l'allemand (par M⁰ Necker, *Alb.-Adr.* de Saussure).
Paris. 1814. Paschoud. 1 vol. in-8. Tome I.

4043. — Etudes sur les tragiques grecs par M. Patin. — Euripide. — Eschyle. — Sophocle. 2ᵉ édit.
Paris. 1858. Hachette. 4 vol. in-18.

Etudes sur les auteurs latins.

4044. — De arte declamandi et de romanis declamatoribus qui primo post J. C. sæculo floruerunt, disserebat H. Tivier.
Paris. 1868. Thorin. 1 vol. in-8.

4045. — Cicéron et ses amis. Étude sur la société romaine du temps de César. Par *Gaston* Boissier.
Paris. 1865. Hachette. 1 vol. in-8.

4046. — Etude sur la poésie latine, par M. Patin.
Paris. 1869. Hachette. 2 vol. in-18.

** — Les poètes franciscains en Italie au treizième siècle, avec un choix des Petites fleurs de Saint-François traduites de l'italien, suivis de recherches nouvelles sur les sources poétiques de la Divine Comédie. Par A. F. Ozanam.
Paris. 1855. Lecoffre. 1 vol. in-8.
Voyez : Œuvres complètes de A. F. Ozanam. Polyg. N. 241.

Etudes sur les auteurs italiens.

4047. — Dante. — Michel-Ange. — Machiavel. Par *Charles* Calemard de Lafayette.
Paris. 1852. E. Didier. 1 vol. in-18.
** — Dante et la philosophie catholique au treizième siècle. Par A. F Ozanam. 3ᵉ édit.
Paris. 1865. Lecoffre. 1 vol. in-8.
Voyez : Œuvres complètes de A. F. Ozanam. Polyg. N. 241.

4048. — Dante et Goethe. — Dialogues par *Daniel* Stern. (Mᵉ *Marie* de Flavigny (Comtesse d'Agoult).
Paris. 1866. Didier. 1 vol. in-8.

4049. — Vie de Dante. Analyse de la divine comédie. Par *Henri* Dauphin.
Paris. 1869. Durand. (Amiens. Jeunet). 1 vol. in-8.

4050. — Pétrarque. Etude d'après de nouveaux documents. Par *A.* Mézières. 2ᵉ édit.
Paris. 1868. Didier. 1 vol in-18.

Etudes sur les auteurs espagnols.

4051. — Apuntes para una bibliotheca de escritores espanoles contemporaneos en prosa y verso, por don *Eugenio* de Ochoa.
Paris. 1840. Baudry. 2 vol. in-8. Port.

Etudes sur les auteurs allemands.

4052. — Notices politiques et littéraires sur l'Allemagne par M. Saint-Marc Girardin.
Paris. 1835. Prévost-Crocius. 1 vol. in-8.
** — Die deutsche Nationalliteratur seit dem Anfange des achtzehnten Jahrhunderts, besonders seit Lessing, bis auf die Gegenwart, historish und asthetisch kritisch dargestellt von Dr. *Joseph* Hillebrand.
Hamburgh und Gotha. 1850-51. Perthes. 3 v. in-8.
Voyez : Histoire littéraire. N. 444.

4053. — Beitrage zur Literatur und Sage des Mittelalters. I. Die Mirabilia Romæ, nach einer Handschrift des Vatican. — II. Zur Sage vom Zauberer Virgilius. — III. Zur Naturgeschichte des Mittelalters. Von Dr. *Joh.-Georg.-Theod.* Grasse.
Dresden. 1850. Kuntze. 1 vol. in-4.

4054. — *Karl* Lachmann über die ursprüngliche Gestalt des Gedichts von der Nibelungen Roth.
Berlin. 1816. Dümmler. 1 vol. in-8.

4055. — Einleitung in das Nibelungen-Lied, zum Schul und Selbstgebrauch bearbeitet, von D. F. J. Mone.
Heidelberg. 1818. Oswald. 1 vol. in-8.

4056. — Die Nibelungen: ihre Bedeutung für die Gegenwart und für immer. Von *Friedr.-Heinr.* von der Hagen.
Breslau. 1819. Max. 1 vol. in-12.

4057. — Anmerkungen zu der Nibelungen Noth durch *Friedr. Heinr.* von der Hagen.
Franckfurt am M. 1824. Varrentrapp. 1 vol. in-8.

4058. — Versuch einer mythologischen Erklärung der Nibelungensage von Dr. *Wilhelm* Müller.
Berlin. 1841. Reimer. 1 vol. in-8.

4059. — Der Ursprung des Nibelungen-Liedes oder der Sage von den Volsungen und von Sigurd dem Fafnis-Todter. Nebst einer Nachricht von den gotischen Verschanzungen, südlich der Ostsee, als Erläuterung des Gothenzuges. Eine historische Andeutung insbesondere für die Besitzer der Pracht-Ausgaben des Nibelungen-Liedes. Aufgesetzt von A. Crüger.
Lausberg. 1841. Klein. in-4.

4060. — Über Karlmeinet. Ein Beitrag zur Karlssage von *Karl* Bartsch.
Nürnberg. 1861. Bauer & Raspe. 1 vol. in-8.

4061. — Etudes sur l'Allemagne. — De l'esprit français et de l'esprit allemand. Par *Ch.* Dollfus.
Paris. 1864. A. Lacroix. 1 vol. in-18.

4062. — Cours de littérature allemande fait à la Sorbonne. Par A. Bossert. — (I. La littérature allemande au moyen-âge et les origines de l'épopée germanique. — II. Gœthe, ses précurseurs et ses contemporains. Klopstock, Lessing, Herder, Wieland, Lavater, la jeunesse de Gœthe. Avec un discours sur les caractères de la littérature classique en Allemagne. —

— 389 —

III. Goethe et Schiller. Avec un discours sur l'esprit théologique et l'esprit littéraire en Allemagne).
Paris. 1871-73. Hachette. 3 vol. in-8.

4063. — A. Mézières. — W. Goethe. Les œuvres expliquées par la vie. 1749-1795.
Paris. 1872. Didier. 1 vol. in-8.

4064. — Friedrich Ruckert als Lyriker. Von J.-E. Braun.
Siegen und Wiesbaden. 1844. Friedrich. 1 vol. in-8.

4065. — Poètes contemporains en Allemagne. Par N. Martin. Nouvelle série.
Paris. 1860. Poulet Malassis. 1 vol. in-18.

Etudes sur les auteurs scandinaves.

** — Littérature scandinave, par M. Xavier Marmier.
Paris. s. d. Bertrand. 1 vol. in-8.
Voyez : Voyage de la Commission scientifique du Nord

Etudes sur les auteurs français.

4066. — Etude littéraire sur la Chanson de Roland, par H. Dauphin. (Extrait de la *Picardie*).
Amiens. 1856. Lenoel-Herouart. in-8.

4067. — Etude sur le Mystère du siège d'Orléans et sur Jacques Millet, auteur présumé de ce mystère, par H. Tivier.
Paris. 1868. Thorin. 1 vol. in-8.

4068. — Etude sur Estienne de la Boétie. Traité de la servitude volontaire ou contr'un. Par *Albert* Deberly. (1)
Amiens. 1864. Jeunet. in-8

4069. — Les poètes historiens. Ronsard et d'Aubigné sous Henri III. Par *Ernest* Prarond.
Paris. 1873. Thorin. in-8.

4070. — Etudes sur Molière, ou observations sur la vie, les mœurs, les ouvrages de cet auteur, et sur la manière de jouer ses pièces, pour faire suite aux dernières éditions des Œuvres de Molière. Par Cailhava.
Paris. 1802. Debray. 1 vol. in-8.

4071. — Molière musicien. Notes sur les œuvres de cet illustre maître, et sur les drames de Corneille,

---

(1) Deberly [*Léon-Albert*] né à Amiens le 31 Mai 1844.

Racine, Quinault, Regnard, Montluc, Mailly, Haute-Roche, Saint-Evremond, du Fresny, Palaprat, Dancourt, Lesage, Destouches, J. J. Rousseau, Beaumarchais, etc., où se mêlent des considérations sur l'harmonie de la langue française, par CASTIL-BLAZE.
Paris. 1852. Castil-Blaze. 2 vol. in-8.

4072. — La Fontaine et Buffon, par DAMAS-HINARD.
Paris. 1861. Perrotin. 1 vol. in-18.

4073. — Bossuet orateur.— Etudes critiques sur les sermons de la jeunesse de Bossuet. (1643-1662). Par E. GANDAR.
Paris. 1867. Didier. 1 vol. in-8.

4074. — Les orateurs sacrés à la cour de Louis XIV, par l'Abbé A. HUREL.
Paris. 1872. Didier. 2 vol. in-8.

4075. — Tableau philosophique de l'esprit de M. de Voltaire. Pour servir de suite à ses ouvrages, et de mémoires à l'histoire de sa vie. (Par l'Abbé SABATIER *de Castres*).
Genève. 1772. Crammer. 1 vol. in-12.

4076. — Etrennes à M. Clément, par un Ami de M. de Voltaire; ou dénonciation de l'Ombre de Boileau, à l'Auteur des Observations, avec une courte Digression sur quelques Écrits en vers contre M. de Voltaire.
Genève. 1773. 1 vol. in-8.

4077. — Examen des ouvrages de M. de Voltaire, considéré comme Poëte, comme Prosateur, comme Philosophe. Par M. LINGUET.
Bruxelles. 1788. Lemaire. 1 vol. in-8.

4078. — Lettres sur les écrits et le caractère de J. J. Rousseau; par Mme la Baronne DE STAEL. Nᵉ édit.
Paris. 1820. Treuttel & Würtz. 1 vol. in-12.

4079. — Examen du Bélisaire de M. Marmontel. (Par l'Abbé F. M. COGER.) Nᵉ édit.
Paris. 1767. C. de Hansy. 1 vol. in-12.

— 391 —

4080. — Commentaires et études littéraires. Par *Napoléon* Landais. Tome I. Prose.
　　　　Angers. 1840. Cosnier & Lachèse. 1 vol. in-8.

4081. — Choix d'études sur la littérature contemporaine. Par M. Villemain.
　　　　Paris. 1857. Didier & Comp. 1 vol. in-8.

4082. — Portraits contemporains. Par C.-A. Sainte-Beuve.
　　　　Paris. 1846. Didier. 3 vol. in-18.

4083. — Portraits de femmes. Par C.-A. Sainte-Beuve. N° éd.
　　　　Paris. 1852. Didier. 1 vol. in-18.

4084. — Portraits littéraires. Par C.-A. Sainte-Beuve. N° éd.
　　　　Paris. 1852. Didier. 2 vol. in-18.

4085. — Derniers portraits littéraires. Par C.-A. Sainte-Beuve.
　　　　Paris. 1852. Didier. 1 vol. in-18.

4086. - Causeries du lundi. Par C.-A. Sainte-Beuve.
　　　　Paris. 1857-62. Garnier fr. 15 vol. in-18.

4087. — Nouveaux lundis. Par C.-A. Sainte-Beuve.
　　　　Paris. 1864-72. Michel Lévy fr. 13 vol. in-18.

4088. — *Arsène* Houssaye. Galerie du xviii° siècle. 6° édit. 1, 2, 3, 4 et 5° série.
　　　　Paris. 1868. Hachette. 5 vol. in-18.

4089. — Galerie de portraits du xviii° siècle. Par *Arsène* Houssaye. 4° édit. 2° série.
　　　　Paris. 1848. Charpentier. 1 vol. in-18.

4090. — De quelques écrivains nouveaux, par *Ernest* Prarond.— (G. Le Vavasseur.— Ph. de Chennevières. —Th. de Banville.— O. Feuillet.—Ch. Monselet.— L. Moland. — Champfleury. — H. Murger, etc.)
　　　　Paris. 1852. M. Lévy. (Abbeville. Jeunet). 1 v. in-18.

4091. — Critique. — M. d'Héricault.— M. Le Vavasseur.— M. Moland. (Par *E.* Prarond).
　　　　Amiens. 1869. Lenoel-Herouart. in-8.

4092. — La critique et les critiques en France au xix° siècle Discours suivi de Paris nouveau, poëme, par *Jacques* Demogeot.
　　　　Paris. 1857. Hachette. 1 vol. in-18.

4093. — Derniers souvenirs et portraits par *F.* HALÉVY, précédés d'une notice par *P.-A.* FIORENTINO.
Paris. 1863. Michel Lévy fr. 1 vol. in-18.

4094. — Etudes critiques sur la littérature contemporaine. Par *Edmond* SCHERER.
Paris. 1863. Michel Lévy fr. 1 vol. in-18.

4095. — L'année littéraire et dramatique. Par *G.* VAPEREAU.
Paris. 1859-60. Hachette. 2 vol. in-18.

4096. — Essais de critique et d'histoire. Par *H.* TAINE.
Paris. 1858. Hachette. 1 vol. in-18.

4097. — Lettres satiriques et critiques. Par *Hippolyte* BABOU.
Paris. 1860. Poulet-Malassis & de Broise. 1 v. in-18.

4098. — Suite de l'Eloge de la Folie d'Erasme, ou Lettres sur l'Ecole romantique, par un Bénédictin (Baron SIRTEMA DE GROVESTINS), faisant suite aux Gloires du Romantisme.
Paris. 1860-65. Dentu. 5 séries in-18. Incomplet.

4099. — Une leçon de littérature moderne. Dialogue satyrique, par A*médée* JOURDAIN.
Paris. 1847. Lecoffre. (Dieppe. Delevoye). in-8.

4100. — Essai sur la lecture. (Par BOLLIOUD-MERMET).
Amsterdam & Lyon. 1765. P. Duplain. 1 vol. in-8.

4101. — Petites ignorances de la conversation. Par *Charles* ROZAN. 3ᵉ édit.
Paris. 1860. Hachette. 1 vol. in-18.

BELLES-LETTRES

TABLE

A

Abu Seid, 3727.
Achim von Arnim, L., 3853-3854.
Addisson, Jos., 3768.
Adler-Mesnard, 3432.
Adolphe, J., 3659.
Agnès de Champagne, 3550.
Agoult, Mad. d', 4048.
Aguesseau, H. F. d', 3474.
Ahn, F., 3431.
Alamanni, L., 3820.
Albert, G., 3506.
Alea, J, M., 3898.
Alembert, L. d', 4029.
Alexandre, C., 3362-3363-3492-3493.
Alfaro, N. A. M., 3472.
Alfiéri, V., 3763-3764-3765.
Althof, L. Ch., 3686.
Amaltco, 3506.
Amrilkais, 3727.
Amyot, J., 3812.

Anacréon, 3491.
Andersen, H. C., 3938.
Andrieux, G. S., 3741.
Antoine Diogène, 3812.
Aranda, Em. d', 3881.
Aretino, L., 3528.
Ariosto, L., 3535-3536.
Aristophane, 3732-3733-3734-4020.
Arnim, L. Achim von, 3853-3854.
Ascensius, Jod. Badius, 3511.
Ash, John, 3449.
Aubery le Bourgoing, 3550.
Aubigné, Fr. d', 3747.
Auerbach, B., 3860-3861.
Auffenberg, Jos. von, 3796.
Auger, L. S., 3865.
Augier, Emile, 3744.
Aunillon, P, Ch., 3479-3890.
Ausone, 3508.
Azeglio, B. M. d', 3822.

— 394 —

B

Babou, Hipp., 4097.
Bachaumont, Fr. de, 4031.
Badius Ascensius, J., 3511.
Baecker, L. de, 3349-3350-3356-3387-3731-3957.
Bailly, L. de, 3506.
Balzac, H. de, 3901-3902.
Bandello, M., 3820.
Bandy de Nalèche, L., 3515.
Banneret, J., 3507.
Barberi, J. Ph., 3377.
Barbier, Auguste, 3618-3619.
Barbier, Jules, 3743.
Barré, 3472.
Barthélemy, A. M., 3602-3741.
Bartsch, K., 4060.
Bauderon, Brice, 3473.
Beaujeu, Renauld, de, 3558.
Beaumont, Morfouage de, 3575.
Beaumont, 3743.
Beaupré, L. de St-Germain, 3506.
Beauteville, J. L. de Buisson de, 3480.
Beauvais, J. B. Ch. M. de, 3480.
Beauvillé, V. Cauvel de, 3579.
Becker, K. F., 3436.
Bechstein, L., 3949-3950.
Becot, 3472.
Beffroy de Régny, J. A., 4008-4009.
Belle, Alex., 3420.
Bellenger, W. A., 3454.
Belly, F. E., 3586.
Belmontet, L., 3610.
Bemardinus, Did., 3959.
Bendixen, J., 3781.
Benedix, Rod., 3798.
Benett, L., 3934.
Bentivoglio, G., 3991-3992.
Béquet, Et., 3812.
Béranger, J. P., 3641-3642-4002.
Bérenger, L. P., 3552.
Bernard, Ch. de, 3917.
Bertera, B. A., 3380.
Berthius, Probus, 3503.
Bertrand de Bar-sur-Seine, 3550.
Berville, Saint-Albin, 3498-3552-3598.
Beschérelle, ainé, 3409.
Bescherelle, jeune, 3990.
Beuve, L. H. D., 3632.
Biagioli, G., 3374-3402-3760-3991-3992.
Biber, J. Th., 3439.
Biberstein Kazimirski, A. de, 3357.
Bidermanus, Jac., 3959.
Biehoff, H., 3690.
Bignan, A., 3488.
Biornon, Haldorsonius, 3464.
Blaguefort de Renancourt, 3977.
Blaze, F. H. Jos., 4071.

Blin de Sainmore, A. M. H., 4033.
Blitterswyck, G. de, 3506.
Blondel de Nesle, 3550.
Boca, L., 3562.
Boccaccio, G., 3815-3816-3817-3819.
Boffles, F. de, 3567.
Boileau, Mélanie de, 3909.
Boindin, Nic. 4032.
Boisjermain, P. J. F. Luneau, de, 3541-3649.
Boismont, l'Abbé N. de, 3480.
Boissier, Gaston, 4045.
Boissonade, J. F., 4037.
Bollioud-Mermet, 4100.
Bon, Elizabeth de, 3839.
Bonafous, M., 3514.
Bonnaire, L. de, 3574.
Bopp, Fr., 3348.
Bordes, Ad., 3623.
Bornet, Jacques, 3603-3743.
Bossange, Ad., 3741.
Bossert, A., 4062.
Bosquillon, 3507.
Boucher, P. 3911.
Bouchot, A., 3484.
Boufflers, Stan. de, 4010.
Bougeant, H., 3752.
Bouilhet, L., 3597-3743-3744.
Bourguignon, J., 3479.

Bouthors, Al., 3552.
Boz, Ch., 3847-3848.
Braconnier, Ed., 3409.
Brantius, Seb., 3511.
Brantôme, 4031.
Brasseur de Bourbourg, l'Abbé 3358.
Braun, J. E., 4064.
Bravard-Veyrières, P., 4032.
Bréal, Michel, 3348.
Brebeuf, G. de, 3570-3571.
Breuil, Aug., 3472-3741.
Briollet, H., 3979.
Brouaye, 3345.
Brown, A., 3771-3772.
Buffon, 4001.
Bugellano, B., 3503.
Buisson de Beauteville, J. L. de, 3480.
Bulan, Th., 3867.
Bulwer, E. G., 3773-3846.
Bulwer, H. L., 3653.
Burger, G. A., 3686.
Burguy, G. F., 3392.
Burns, Rob., 3651-3666.
Busching, J. G., 3676.
Butel, P. R. F., 3354-3355.
Byron, 3652-3653-3654-3655-3656-3657 3658-3659-3660-3780.

C

Caboche, Ch., 3472-3482.
Caccini, 3376.
Cailhava, J. Fr., 4070.

Caillot, A., 3419.
Caix de St-Aymour, Am. de, 3353.

— 396 —

Calderini, Dom., 3503.
Calemard de la Fayette, Ch., 4047.
Calland, H., 3552-3622-3914-3915-3916.
Cammarano, S., 3767.
Camoens, L. de, 3548.
Campbell, G., 3653-3654.
Canonge, Jules, 3620-3621.
Cantu, Cés., 3525-3823.
Capperonnier, Cl., 3506.
Caraguel, Cl., 3744.
Carré, Michel, 3743.
Cas, l'Abbé, 3987.
Cassagnaux, Eug., 3867.
Castil-Blaze, F. H. J., 4071.
Cato, Dionysius., 3504.
Catulle, 3496-3497.
Cauvel de Beauvillé, V., 3579.
Cellini, Maria, 3638.
Cenac-Moncaut, 3423.
Centlivre, Mrs., 3770.
Cesarotti, 3764.
Cham, 3969.
Chamisso, Ad. von. 3700.
Channing, W., 3647.
Chasles, Ph., 3775.
Chateaubriand, F. R. de, 3650.
Chénier, André, 3583.
Chénier, M. Jos., 3552-3553.
Chevallet, A. de, 3384-3385.
Chrétien de Troyes, 3550.
Christian, P., 3817.
Clarke, Sam., 3486-3487.
Clermont-Tonnerre, A. M.

G. Duc de, 3469.
Clopinel, 3556.
Clotilde de Surville, 3564-3565.
Codurcus, Ph., 3506.
Coger, F. M., 4079.
Colin, 3564-3565.
Colincamp, F., 4037.
Colle, J., 3634.
Collet, M° Louise. 3775-4002.
Collin, 3410.
Commerson, J. J., 3979-3983.
Condorcet, M. de, 3485.
Conon, 3812.
Constantin, Marc, 3980.
Coquelet, L., 3963.
Coquillart, G., 3550.
Corneille, Pierre, 3748.
Corneille, Thomas, 3748.
Cossart, Gab., 3506.
Constantini, P. L., 3819.
Costar, P., 3985.
Coste, Pierre, 3804.
Cotin, l'Abbé Ch., 4032.
Coton, P., 3479.
Coudraka, 3725.
Couldrette, 3561.
Courchamps, C. de, 3864.
Courier, P. L., 3812.
Cousin d'Avallon, 3982.
Cousin Jacques, 4008-4009.
Coyer, Gab. Fr., 4033.
Cramail Ad, de, 3880.
Crapelet, G. A., 3563.
Craven, Mad. Aug., 4006.
Crayon, Geoffrey, 3841.

— 397 —

Crignon, 3552.
Cruger. A , 4059.

Cujas, J., 3471.

D

Daguesseau, H. Fr., 3474.
Dalembert, J. L., 4029.
Dalés, 3979.
Damas Hinard, Alb., 3545-4072.
Damercy, J. B. Lautin de, 3556.
Damin, L., 3552.
Damiron, Ph., 3472.
Dandi, 3725.
Dante, 3526-3527-3528-3529-3530-3531.
Darras, J. E. 3472.
Dauphin, H., 3734-3738-4020-4041-4049-4066.
Dauriat, Louise, 3472.
Daveluy, M. P. I. N. 3472.
De Baecker L., 3349-3350-3356-3387-3731-3957.
Deberly, Alb., 4068.
De Bon, Elisabeth, 3839.
Debounaire, L., 3574.
Decaieu, Aug,, 3472.
De Caix de St-Aymour, Am., 3353.
Defauconpret, A. J. B., 3363-3829.
Deffontaine, 3506.
Dei Mori da Céno, Asc., 3820.
Dejean, Emma, 3637.
Delamorlière, Ach., 4012.
Delasiauve, 4023.

Delavigne, Casimir, 3742-3777.
Delbene, Barth., 3513.
Deleforterie, L. P. M., 3552.
Delestre-Poirsou, C. G., 3742.
Demogeot, J., 4092.
Denis, F., 3548.
Dénoix des Vergnès, Madame Fanny, 3506-3552-3609.
Désaugiers, M. A. M., 3741.
Desaulès, 3548.
Deschamps, Em., 3742.
Deschamps, Eust., 3550.
Deschanel, Em., 3984.
Deschnero, M., 3886.
Descomel, Paul, 3479.
Desnoiresterres, G., 3593.
Desnoyers, F., 3521.
Despaze, J., 3553.
Destouches, Ph. Néricault, 3753.
De Vertus, A., 3341.
Dewailly, N. F., 3396.
Dewailly, Et. A., 3396.
Deszobry, Ch., 3986.
Dickens, Ch., 3847-3848-3849.
Dietrich, Ant., 3954.
Dietrich, F. E. Ch., 3746.
Dieu, J. G., 3552-3626.
Diez, Fr., 3389-3390.
Dindorf, G., 3732.
Dion Chrysostome, 3812.

— 398 —

Doinet, V., 3741.
Dollfus, Ch., 4061.
Domenech, Em., 3359.
Doni, A. F., 3820.
Dorieux, G., 3552.
Dorion, E., 3400.
Droz, G., 3925-3926.
Dubois, E. Fr., 3475-3477.
Duchesne, Alph., 3971.
Duclos, Ch., 3891.
Dumas, Alex., 3732-3744.
Dumas, Alex. fils, 3922.

Dumenil, V. N., 3988.
Dumeril, Ed., 3729.
Dunkin, A. J., 3669.
Dupaty, Em., 3741-3777.
Du Pelletier, 3522.
Duplessis, Ph., 3765.
Dupuis, Fr., 4019.
Du Puy, Henry, 3368.
Du Val, P., 3507.
Duvernet, l'Abbé, 3964.
Du Vivier de Streel, Ch, 3587.

E

Edouard, B., 3506.
Egerton Bridges, 3654.
Ellis, G., 3654.
Elsholtz, Fr. von, 3800.
Erfurdt, G. A., 3737.
Erizzo, S., 3819-3820.

Erlach, F. K. von, 3672.
Eschyle, 3735-3736.
Etienne, V. J. dit Jouy, 3476-3777.
Eumathe Macrembolyte, 3812.
Euripide, 3735-3738.

F

Falletti, F. D. H., 3360.
Fallex, E., 3733.
Falloux, A. F. P., 4003.
Fauche, Hipp., 3724-3725.
Favre, L., 3425.
Fayolle, J. M., 4011.
Fée, A. L. A., 3544.
Fénélon, 3885-3886-3887.
Fenton, E., 3646.
Ferragus, 3972.
Fertiault, F., 3531.
Feuillet, Oct., 3919-3920.
Figaro, Larra, 3825-3826.
Fiorentino, P. A., 4093.
Fiorillo, Raph., 3489.

Firenzuola, 3760.
Flamméche, Nic., 3973.
Flavigny, Marie de, 4048.
Fléchier, 3506.
Fleming, C., 3455.
Fontaines, M° de, 3865.
Forgues, E. D., 3530.
Fortini, P., 3819.
Foscolo, Ugo, 3654-3993.
Fouinet, E., 3775.
Fournier, Ortaire, 3548.
Foy, M. Séb., 3477.
Franck, 3600.
Franck, Dr. 3783.
François, Alph., 4000.

— 399 —

Freiligratz, F., 3714.   Frizon, L , 3506.
Frenais, J. P., 3830.   Furpille, E., 3979.
Freund, G., 3871.

G

Gaboriau, Em., 3966.   Godwin, W., 3838.
Gachet, Em., 3391.   Goethe, J. W., 3674-3695-
Gaillard, R. P., 3479.   3696-3697-3789-3790-3961-
Galimard, Aug., 3625.   3995.
Gandar, E., 4073.   Goldoni, C., 3761-3762.
Gardin-Dumesnil, J. B., 3372.   Goldsmith, Ol., 3829-3832.
Garnier, Ch. G. Th., 3927.   Gondinet, Ed., 3743.
Garnier, (H. Mesnard), 3639.   Gosselin, J., 3552.
Garretson, J., 3460.   Goulard, Sim., 3877.
Gauthier, Th., 3601.   Gourdon de Genouilhac, 3924.
Gavet, Daniel, 3911-4021.   Gozzi, G., 3813-3819.
Gay, Delphine, 3904-4014.   Grabbe, Chr., 3791.
Gay, John, 3811.   Graff, E. G., 3442.
Génin, Fr., 3395-3418-3555-   Grainville, J. B. F., de, 3896.
  3745.   Grammont, A. de Prépétit de,
Genouilhac, Gourdon de, 3924.   3506.
Geoffrey Crayon, 3841.   Granata, Greg., 4030.
Gessner, 4033.   Grandfort, Marie de, 3923.
Ginguené, P. L., 4032.   Grandmottet, J. D., 3403.
Girardin, Mad. Em. de, 3904-   Grasse, J. G. F., 4053.
  4014.   Grenier, Ed., 3697.
Girardin, Saint-Marc, 4000-   Grenier, Léon, 3967.
  4052.   Gresset, J. B., 3578-3579.
Giraud, Cl. M., 4034.   Gretsch, Nic., 3466.
Giraud, Gio., 3766.   Grévin, P., 3552.
Gilbert, D. L., 3483.   Grimm, F. M. de, 4031.
Gilbert, John, 3664-3670.   Grimm, J., 3437-3433-3440-
Gilbert, N. J. L., 3553.   3936-3942-3954-3958.
Glaszbrenner, A., 3675.   Grimm, W., 3440-3858-3936-
Godefroy, Fr., 3417.   3942-3958.
Godefroy de Laigny, 3550.   Grossi, Tomaso, 3821.

Grovestins, Syrtema de, 4098.
Guarini, B., 3542.
Guérin de Littau, H., 3592-3593.
Guérin, Eugénie de, 4005.
Guérin, Maurice de, 4004.
Guilbaud, P. A., 3434.
Guillaume de Lorris, 3556.
Guizot, F. P. G., 3777.
Guzot, G., 4039.
Gulliver, Lemuel, 3828.

H

Hacklander, F. W., 3859.
Hahn, K. A., 3441.
Halevy, Fr., 4093.
Halevy, Léon, 3735.
Haller, Alb. von, 3850.
Halm, Fr., 3801-3802.
Hamard, Em., 3552.
Hardi de Ragefort, 3975.
Harris, G., 3338-3339-3340.
Harvant, Al., 3624.
Havransart, 3806.
Heber, 3654.
Hebert, 3479.
Heine, H., 3703.
Héliodore, 3812.
Hemans, F. D., 3663.
Hémart, V., 3552.
Henriot, H., 3807-3808.
Henry, l'Abbé, 3758.
Herder, J. G. von, 3674-3688-3689.
Héricourt, Achmet d'., 3567.
Hermann, God., 3489.
Heyne, Ch. G., 3489.
Heyne, Moriz, 3440.
Hildebrand, R., 3440.
Hildibrand, 3933.
Hinsberg, Jos. von, 3679.
Hippeau, C., 3557-3558-3559.
Hocker, N., 3673.
Hohenhausen, Elise von, 3858.
Holtei, Carl von, 3797.
Hotty, L. H. Ch., 3684-3785.
Home, J., 3768.
Homère, 3486-3487-3488-4020.
Hook, Th., 3843.
Horace, 3499-3500-3501-3502.
Hospital, Michel de l', 3515.
Houdar de la Motte, 3479.
Houssaye, Arsène, 4088-4089.
Howard, Alf., 3660.
Hrotsvitha, 3781.
Hugo, Victor, 3611-3612-3613-3614-3615-3616-3742-3755.
Humbert, A., 3976.
Huon de Méry-sur-Seine, 3550.
Hurel, A., 4074.
Huret, T. Ch., 3812.

Iamblique, 3812.
Imarigeon, Th., 3964.
Inchbald, Mrs., 3834.

Isla, 3889.
Isocrates, 3468-3469.

J

Jacobs, Fr., 3935.
James, G. P. R., 3845.
Jaubert le Cte H. Fr., 3421.
Jay, Ant., 3476-3775-3777.
Jean de Mung, 3556.
Jean Paul (Richter), 3852.
Jeffrey, F., 3654.
Jobert, Mad. F. H., 3596.
Johnson, Sam., 3833.
Joliveau, Mad. A., 3805.

Jordan, Had., 3506.
Jouancoux, J. B., 3424.
Jourdain, Améd., 3912-3913-4099.
Jouvancy, Jos. de, 3506.
Jouy, V. J. Etienne, dit, 3777.
Jubinal, Ach., 3552.
Jullien, B., 3411.
Juvenal, 3503.

K

Kaulbach, W. von, 3797-3861.
Kemble, M. Th., 3770.
Kenney, J., 3768.
Kestner, A., 3995.
Kind, Fr., 3694-3793-3794.
Klaproth, J., 3346.
Kleist, H. von, 4027.
Klopstock, F. G., 3674.

Knowles, J. S., 3769-3770-3773.
Kogalnitchan, M. de, 3954.
Korner, Th., 3692.
Kretzschmar, Ed., 3938.
Krishna Dwaipayana, 3724.
Kuhn, Ad., 3945-3952-3953.

L

Labbé, P., 3506.
Laborde, Rob. de, 3401.
La Bretonnière, P. de, 3506
La Chapelle, J. de, 3496.
Lachmann, K., 3677-4054.
Lacordaire, J. B. H., 4003.
La Farre, Ch. A. Marquis de, 3573.

La Fayette, Mad. de, 3865.
La Ferronnays, Pauline de, 4006.
La Fontaine, J. de, 3804.
Lagrange, N., 3495.
La Landelle, G. de, 3427.
Lalemant, Fr., 3478.
Lallier, le Prés., 3472.

26

La Luzerne, G. G. de, 3480. Le Brethon, J. J. P., 3404.
Lamartine, A. de, 3594-3595- Le Brun, Ch. Fr., 3540.
3596-3650-4014-4036. Leclair, Lucien, 3366.
Lamb, Ch., 3844. Le Clerc, Michel, 3506.
Lamennais, Fr. de, 3530. Le Conte de Lisle, Ch. M.,
Lamorlière, Ach. de, 4012. 3627.
La Mothe le Vayer, F. de, Leduc, Herbert, 3550.
3962. Lefebvre, St-Germain, 3506.
La Motte Fouqué, F. de, 3855. Lefils, Fl., 3867.
La Motte, Houdar de, 3479. Le Franc de Pompignan, J.
Lanceblague, Mathieu, 3979. G., 4032.
Lancival, Luce de, 3584. Leisewitz, 3785.
Landais, Nap., 4080. Lejeune, Anthime, 3552.
Landon, L. El., 3667. Lelaboureur, L., 3506.
Lange, N. B., 3463. Lemaire, Fr., 3506.
Langlet, P. de, 3506. Lemare, P. H., 3370.
Lantin de Dameray, J., 3566. Lemercier, N. L., 3777.
Laporte, 3472. Le Moyne. P., 3506.
La Porte, Amb., 3566. Le Nain, L. R., 3506.
Larcher. P. H., 3812. Lenguegliä, C. della, 3818.
La Rivière, M. Poncet de, Lennel, J., 3814.
3480. Le Prévost, l'Abbé, 3479.
Laroche, Benj. 3654. Lequien, E. A., 3406.
La Rosa, Martinez de, 3546. Leroy, A., 3552.
Larra dit Figaro, 3825-3826. Leroy, Romain, 3588.
La Sale, Ant. de, 3745. Lesage, R., 3888-3889.
Lassberg, J. von, 3678-3682. Lesguillon, J., 3554.
Laurent, D., 3506. L'Etoile, P. de, 4031.
La Valette, Rousseau de, 3883. Leuthi, H. J., 3712-3713.
La Varane, Valeran de, 3512. Le Vasseur, Fr., 4035.
Lavater, L., 3910. Le Vavasseur, G., 3628.
Laveley, Em. de, 3680. L'Héritier de l'Ain, 3958.
Le Bas, Ph., 3775-3812. Lhospital, M. de, 3515.
Le Bon, Elisabeth, 3829. Liébaert, A., 3803.
Le Bourgoing, Aubery, 3550. Lindley Murray, 3450.
Le Bret, 4032. Linguet, S. N. H., 4077.

— 403 —

Lippi, Lor., 3543.
Litteau, H. Guérin de, 3592-3593.
Littré, E., 3386-3415.
Livet, Ch., 3393.
Loaisel de Tréogate, 3893.
Lockart, J. G., 3654.
Lockroy, Ed., 3971.
Longfellow, H. W., 3670-3671.
Longus, 3812-3813.
Lonlay, Eug. de, 3494.
Lorris, G. de, 3556.

Loschi, A., 3897.
Louis, A., 3475.
Lucas, Ch., 4032.
Luce de Lancival, 3584.
Lucien, 3812.
Lucius de Patras, 3812.
Lucrèce, 3495.
Luneau de Boisjermain, P. J. F., 3541-3649.
Luzarche, Victor, 3560.
Luzel, F. M., 3758.

M

Mabillon, J., 3507.
Maboul, J., 3479.
Machart, Aug., 3903.
Machault, G. de, 3550.
Machiavelli, N., 3819.
Maffei, And., 3784.
Magalotti, L., 3819.
Magha, 3725.
Magnusen, F., 3718-3719.
Mahul, Emma, 3637.
Mallet-Dufresne, 3407-3408.
Maltitz, A. von, 3795.
Maltitz, G. V. von, 3699.
Mancini, Alph. de, 3506.
Mancini, Dom., 3510.
Mantuanus, J. B., 3511.
Manuel, J., 3824.
Marcassus, P. de, 3506.
Marcilius, Th., 3513.
Marmieux, J. de, 3342.
Marotte, H., 3591.

Marotte, P. P. C., 3754.
Mars, Marcel, 3780-3825-3826-3908.
Martin, Ch., 3409.
Martin, N., 4065.
Martin, P., 3599.
Martinelli, Jos., 3378.
Martinez de le Rosa, 3546.
Massmann, H. F., 3443.
Matifas, Fl., 3867.
Mauclerc, 3552.
Mélicque, J., 3506.
Mennechet, Ed., 3775.
Méphistophélès, 3971.
Meppen, Ch. E., 3886.
Mercey, Fréd., 3907.
Méry, Jos., 3741.
Mesnard, H., 3639.
Mesnard, A., 3529.
Mesnard, Léonce, 3529.
Mesnard, l'Abbé, 3480.

Meurice, P., 3742.
Meyer, H., 3470.
Meyer, Leo., 3352.
Meyer, Livinus de, 3518.
Mezières, A., 4050-4063.
Michaux, Clovis, 3499-3552.
Michel, Francisque, 3561.
Micyllus, 3508.
Miege, Guy, 3456.
Milton, J., 3647-3648-3649-3650.
Minazio, 3373.
Mirabeau, H. Gab. de, 3978.
Mitchell, T., 3364.
Mobius, Th., 3717-3955.
Molière, 3746.
Mone, F. J., 4055.
Monluc, Adr. de, 3880.
Montadro, le Ch. de Neuville, 4034.
Montague, Mary W., 3994.
Montaiglon, Anat. de, 3549.
Montalant-Bougleux, 3552.
Montaut, M. de, 3930.
Montemont, Albert, 3666.
Monti, V., 3765.
Montry, Alb. de, 3398.
Moore, Edw., 3653-3654.
Morellet, And., 3835.
Moretti, B. D., 3885.
Morfouage de Beaumont, 3575.
Mori, Asc. dei, 3820.
Mornand, F., 3965.
Mozin, l'Abbé, 3439.
Mullenhoff, K., 3943.
Muller, J. G., 3688.
Muller, P. E., 3464.
Muller, Max, 3338-3339-3340.
Muller, W., 4058.
Mullner, Ad., 3788.
Murray, Lindley, 3450.
Murrhon, Séb., 3511.
Musaus, J. A., 3935.
Musset, Alfred de, 3589-3590-3744-3905-3906-4015.
Musset, Paul de, 4015.

N

Nadar, F., 3979.
Nadault de Buffon, H., 4001.
Nalèche, L. Bandy de, 3515.
Naudet, Jos., 4037.
Necker, Mad. de, 4042.
Nemesien, 3505.
Néricault Destouches, 3753.
Nervèze, G. B., 3479.
Nesmond, H. de, 3479.
Neuville Montador, le Chev.
de, 4034.
Neuville ... de, 3933-3934.
Nisard, Dés., 3775.
Nodier, Ch., 3565-3829-3896.
Noë, Amédée de, 3969.
Noël, Fr., 3494.
Noriéga, F. M., 3381.
Novalis, Fr., 4026.
Nugent, Th., 3457.
Nuitter, Et., 3743.

O

Ochoa, Eug. de, 4051.
Oger, C., 3506.
O'Keeffe, J., 3768.
Orelli, Conrad von, 3388.
Ortis, Jacopo, 3993.

O'Sullivan, D., 3775-3777.
Otway, Th., 3768-3769.
Ouiseau, J., 3457.
Ovejas, Ildef. de, 3547.

P

Païc, Moses, 3343.
Panckoucke, H., 4033.
Panealbus, Em. Ph., 3517.
Pannemaker, 3928.
Paris, Ed., 3344.
Parrat, H., 3429-3723.
Parthenius, 3812.
Patin H. J. G., 4043-4046.
Paulet, Léon, 3552.
Paulmy, le Marquis de, 3884.
Payne, H., 3772.
Peake, R. B., 3768.
Pedersen, B., 3938.
Pena y Marin, Ev., 3889.
Penley, S., 3770.
Perrot, G., 3338-3339-3340.
Petit-Radel, Ph., 3520.
Petrarque, 3532-3533-3534.
Piave, F. M., 3767.
Picard, Noël, 3967.
Pigault-Lebrun, 3900.
Püs, A. P. A. de, 3585.
Pindare, 3489-3490.
Piranesi, P., 3761.
Piron, Alexis, 3577.
Placardi, Ch., 3373.

Planche, Jos., 3363.
Ploennis, W. von, 3681.
Plutarque, 3812.
Pompignan, J. G. Le Franc de, 4032.
Poncet de la Rivière, M., 3480.
Pons, Pierre, 3397.
Porée, Ch., 3479.
Potier, Melchior, 3500.
Poujens, Ch., 3413.
Pourchel, Alfred, 3743.
Pouy, Ferd., 3572.
Poyard, C., 8490.
Prarond, Ern., 3505-3629-3630-3631-3756-4069-4090-4091.
Prépetit de Grammont, Al. de, 3506.
Prévost, A. Fr., 3416.
Prodhomme, J. B., 3412.
Prodrome, Th., 3812.
Prudhomme, 3989.
Puibusque, Ad. de, 3824.
Putlitz, G. zu, 3799.
Puteanus, Erycius, 3368.
Pybus, W. H., 3405.

Q

Quinet, E., 3472. Quintilien, M. F., 3467.

R

Rabelais, 4020. Richter, Lud., 3861.
Racine, Jean, 3749. Rieger, Max., 3681.
Racine, Louis, 3576. Rigault, Hipp., 4016.
Radcliffe, Anne, 3835. Rigault, Nic., 3475.
Rafn. C. C., 3462. Riou, 3928-3929-3930-3932.
Ragefort, Hardi de, 3975. Riquier, A., 3472.
Ramberg, A. von, 3861. Ritter von Alpenburg, J. N.
Ranc, A., 3971. 3950.
Raoul, 3557. Rivarol, A. de, 3383-3553.
Rapin, R., 3506. Rochefort, Henri, 4024.
Rask, R. K., 3464-3721. Rochholtz, E. L., 3948.
Rastelli, S., 3373-3887. Rochmondet, G. M. de, 3461.
Ratisbonne, L., 3633. Rogers, S., 3666.
Raymond, F., 3381. Rolland, J. M., 4032.
Redwitz, G. von, 3715. Rollin, Ch., 3467--3507.
Regnard, J. Fr., 3750. Roman, J. J. Th., 3534.
Regnault, A., 3552. Romani, Fel., 3767.
Reichenecker, J. M., 3899. Ronna, A., 3525.
Reiff, Ch. Ph., 3466. Rosegarten, J. G. L., 3726.
Reimnitz, F. W., 3435. Rosset, Fr. de, 3878.
Remacle, L., 3426. Rossi, Gaetano, 3767.
Rembault, Félix, 3552. Roujoux, P. G., de, 3565.
Remi, J. H., 3481. Rousseau, J. J., 3894.
Remy, J., 3399. Rousseau, P. J., 3643.
Renan, Ern., 3337-3347. Rousseau de la Valette, 3883.
Renauld de Beaujeu, 3558. Rowe, N., 3773.
Renier, P. J., 3447. Rozan, Ch., 4101.
Restif de le Bretonne, 3895. Rukert, Fr., 3706-3707-3708-
Reusner, Nic., 3508. 3709-3710-3711-3727-3728-
Ricard, Dom., 3812. 3792.
Richelet, P., 3998. Ruhs, Fr., 3720.
Richter, Jean Paul, 3852.

S

Sabatier de Castres, A., 3817-4075.
Sabinus, G., 3508.
Sacchetti, F., 3819.
Sadler, P., 3451.
Sæmund Sigfusson, 3718.
Sæmundar, 3717.
Sainmore, Blin de, 4033.
Saint Germain de Beaupré, L. de, 3506.
Saint Germain Le Febvre, 3506.
Saint Julien, Ch. de, 3743.
Saint Pierre, Bernardin de, 3897-3898-3899.
Saint Simon, 4031.
Sainte-Beuve, C. A., 4004-4082-4083-4084-4085-4086-4087.
Saintive, P., 3608.
Saladin, Mademoiselle, 3840.
Salis, J. G. von, 3698.
Salvador, 3979.
Salvini, Ant., 3813.
Salvucci, Salv., 3820.
Samson, J. Isid., 3600.
Sandeau, J., 3918.
Sannazar, J., 3516.
Sardou, Vict., 3744.
Saudbreuil, 4022.
Saussure, Adr Albertine de, 4042.
Sauton, G., 3968.
Schade, Ch. B., 3430.
Scherer, Edmond, 4094.

Schiller, J. F. Ch. de, 3674-3690-3784-3996-3997.
Schiller, Charlotte de, 3996-3997.
Schlegel, A. W., 3674-4042.
Schlegel, Fr., 4026.
Schneider, 3864.
Schonhuth, O. F. H., 3678-3682.
Schubart, Ch. F., 3685.
Schulze, Ernst, 3693.
Schutt, Fr., 3687.
Schutz, Ch. G., 3736.
Schwartz, W., 3953.
Scoppa, Ant., 3375-3523.
Scott, Walter, 3653-3654-3661-3662.
Scribe, Eug., 3742.
Sealsfield, Ch., 3857.
Second, Albéric, 3921-3970.
Seguin, P., 4032.
Ségur, J. A., de, 4014.
Ségur, Ph. P. de, 4017.
Semet, L. F., 4013.
Sévigné, Mad. de, 3999.
Sezzi, Esther, 3809.
Sforzosi, L., 3762.
Shakespeare, W., 3756-3768-3769-3771-3772-3774-3775-3776-3777-3778.
Shéridan, R. B., 3768.
Simon, A. Al., 3810.
Simrock, K., 3683-3722.
Smith, L., 3453.
Smolett, Tobie, 3831.

Snorre Sturleson, 3721.
Soave, Fr., 3819.
Sophocle, 3735-3737.
Sorel, A. A., 4018.
Sorel, Léop., 3552.
Sotos-Ochando, B., 3382.
Soulié, Fr., 3741.
Southey, Rob., 3664.
Soutsos, Al., 3814.
Souvestre, Em., 3654.
Spiegel, Fr., 4038.
Spiers, A., 3438-3645.
Stael, Mad. la B^{ne} de, 4078.

Stebbing, H., 3647.
Stern, Daniel, 4048.
Sterne, L., 3829-3830.
Stieglitz, H., 3702.
Stober, A., 3940.
Stolberg, F. L. von, 3684.
Streel, Du Vivier de, 3587.
Sturzius, F. G., 3365.
Surville, Clotilde de, 3564-3565.
Swetchine, Mad. de, 4003.
Swift, Jonathan, 3828.
Syrtema de Grovestins, 4098.

T

Tacite, 4029.
Taine, H., 4036.
Tallemant des Réaux, 4031.
Tarbé, P., 3422-3550.
Tasse T., 3537-3538-3539-3540-3541-3759-4033.
Tastu, Mad. Am., 3909.
Tell, 3394.
Tencin, Mad. de, 3865.
Theil, N., 3371.
Théophile, 3569.
Théroulde, 3555.
Thesaurus, Emm., 3517.
Thibault de Champagne, 3550.
Thiele, J. M., 3956.
Thou, J. A. de, 3506.

Thuanus, J. A., 3506.
Tibulle, 3496.
Tieck, L., 4026-4027.
Tiedge, C. A., 3674-3701.
Tissot, P. T., 3476.
Tivier, H., 3472-3720-4044-4067.
Tournachon, J., 3979.
Toussaint, F. V., 3831.
Townley, J., 3779.
Travers, J., 3504-3617.
Trébutien, J. S., 4004-4005.
Tréogate, Loaisel de, 3893.
Trognon, A., 3812.
Tromlitz, A. von, 3802.

U

Uhland, L., 3704.
Ulbach, L., 3972.

Ursinus, 3508.

V

Vachette. E., 3979.
Vadé, Guillaume, 4007.
Vaillant, H., 3507.
Valcroissant, M. de, 3882.
Valla, G., 3503.
Valletta, Ign., 3778.
Vallongnes, P. de, 3506.
Valois, Alf. de. 3535.
Van de Putte, H., 3368.
Vanderburg, Ch., 3564.
Vander Velde, C. F., 3851.
Vanière, J., 3367-3519.
Vapereau, G., 4095.
Varanius, Val., 3512.
Vasseur, F., 3636.
Vasseur, Raoul, 3552.
Vaux, M. de, 3880.
Vavasseur, Fr., 3506.
Veda-Vyasa, 3724.
Veldegg, W., 3941.
Veneroni, J., 3373.
Venturi, P., 3528.
Verani, P. J., 3552.
Verconsin, Eug., 3757.
Vergani, A., 3524.
Vernaleken, Th., 3947.
Verne, Jules, 3928-3929-3930-3931-3932-3933-3934.
Vernhes, 3552.
Verrier, Alfred, 3452-3977.
Vertus, A. de, 3341.
Veuillot, L., 4025.
Vianus, J. Cl., 3506.
Vida, Jér., 3514.
Vigfússon, G., 3955.
Villedieu, Mad. de, 3884.
Villemain, A. Fr., 3775-3777-3812-3999-4040-4081.
Villemessant, H. de, 3971.
Villers, P. de, 3751.
Viollet le Duc, 3740.
Vion, Michel, 3345.
Virgile, 3498.
Vitry, L., 3506.
Vitry, Ph. de, 3550.
Vittement, J., 3479.
Vogelweide, W. von, 3683.
Voiture, V., 3985.
Voltaire, 3552-3580-4000-4007-4034.
Von der Hagen, F. H., 4056-4057.
Voss, J. H., 3684.

W

Wackernagel, W., 3445-3446.
Wailly, N. F. de, 3396.
Wailly, Et. A., 3396.
Walker, John, 3459.
Walter Scott, 3653-3654-3661-3662-3836-3837.
Washington Irving, 3841-3842.
Weber, C. Maria von, 3794-4028.
Weigand, K., 3440.
Werner, F. L. Z., 3787.

Westwood, T., 3668.
Weyer de Streel, Ch., 3587.
Wiasa, 3726.
Wieland, C., M., 3691.
Williams, H. M., 3666.
Wilson, 3654.

Wolf, J. W., 3937-3939-3944-3945.
Wolf, O. L. B., 3640.
Wolfius, Hier., 3468.
Wordsworth, W., 3665.
Wrest, Mrs., 3839.

X

Xénophon d'Ephése, 3812-3813.

Y

Yvert, E., 3497-3501-3502-3552-3604-3605-3606-3607-3741.

Z

Zédlitz, J. Ch. von, 3705.
Zedlitz, L., von, 3856.
Zieman, Ad., 3444.

Zingerle, I. V., 3951.
Zorrilla, Jose, 3547.

HISTOIRE

PROLÉGOMÈNES.

Philosophie de l'histoire.

5001. — Idées sur la philosophie de l'histoire de l'humanité, par Herder. Ouvrage traduit de l'allemand et précédé d'une introduction par *Edgar* Quinet.
Paris. 1827-1828. Levrault. 3 vol. in-8.

5002. — Leçons d'histoire, prononcées à l'Ecole normale en l'an III de la République française (1795); par *C.F.* Volney. 3ᵉ édit.
Paris. 1822. Bossange fr. 1 vol. in-8.

5003. — Projet d'histoire universelle par nationalités, siècles, époques et hommes caractéristiques, ou vies des hommes illustrés des temps anciens et modernes; par le Bᵒⁿ *Ernest* Roguet. Ouvrage posthume. Avril 1858.
Paris. 1861. Dumaine. 1 vol. in-8.

Atlas historiques et géographiques.

5004. — Atlas universel d'histoire et de géographie, contenant 1° la chronologie; 2° la généalogie; 3° la géographie.... Par M. N. Bouillet.
Paris. 1865. Hachette. 1 vol. in-8. Cart.

Dictionnaires d'histoire et de géographie.

5005. — Dictionnaire historique portatif.. Par M. l'Abbé LADVOCAT. N° édit,
Paris. 1755. Didot. 2 vol. in-12.

PREMIÈRE PARTIE.

GÉOGRAPHIE.

Dictionnaires géographiques.

5006. — Dictionnaire géographique portatif, des quatres parties du monde, traduit de l'anglois sur la dernière édition de *Laurent* ÉCHARD, par VOSGIEN. N° édit, revue par *J.-Fr.* BASTIEN.
Paris. 1795. Deterville. 1 vol. in-8.

5007. — Dictionnaire géographique universel, contenant la description de tous les lieux du globe intéressans sous le rapport de la géographie physique et politique, de l'histoire, de la statistique, du commerce, de l'industrie, etc. Par une Société de géographes.
Paris. 1823-33. Kilian. 10 vol. in-8.

5008. — Grand dictionnaire de géographie universelle, ancienne et moderne, ou description physique, ethnographique, politique, historique, statistique, commerciale, industrielle, scientifique, littéraire, artistique, morale, religieuse, etc., de toutes les parties du monde, par M. BESCHERELLE aîné et M. G. DEVARS, avec la collaboration de plusieurs géographes français et étrangers.
Paris. 1857. Administration générale. 4 vol. in-4.

5009. — Le petit dictionnaire du tems, pour l'intelligence des nouvelles de la guerre. Par M. L'Admiral. 3ᵉ éd. Paris. 1748. Blanche. 1 vol. in-12. Pl.

Géographie ancienne.

** — Geographi græci minores. E codicibus recognovit, prolegomenis, annotatione, indicibus instruxit, tabulis æri incisis illustravit *Carolus* Mullerus.
Parisiis. 1855-61. F. Didot fr. 2 vol. in-8.

Voyez : Script. græc. Bibl. Polyg. 276.

5010. — La table de Peutinger d'après l'original conservé à Vienne, précédée d'une introduction historique et critique, et accompagée 1° d'un index alphabétique des noms de la carte originale avec les lectures des éditions précédentes ; 2° d'un texte donnant, pour chaque nom, le dépouillement géographique des auteurs anciens, des inscriptions, des médailles et le résumé des discussions touchant son emplacement ; 3° d'une carte de redressement contenant tous les noms à leur place et identifiés, quand cela est possible, avec les localités modernes correspondantes ; 4. d'une seconde carte établissant la conformité des indications générales de la table avec les connaissances présumées des Romains sous Auguste, (*Orbis pictus d'Agrippa*). Par *Ernest* Desjardins
Paris. 1867. Hachette. in-fol.

Traités généraux de géographie.

5011. — Trésor des cartes géographiques des principaux estatz de l'Univers. (Par *Jean* Boisseau).
Paris. 1643. J. Boisseau. 1 vol. in-8.

A la suite :

— La clef de la géographie générale, ou sommaire discours pour l'intelligence de la Mappemonde droicte du sieur Boisseau, Enlumineur du Roy pour les Chartes géographiques. Par Maistre *Isaac* du Mas le Fores.
Paris. 1645. L. Vendosme. in-8.

** — Eléments de géographie. Par P. L. DE MAUPERTUIS.
Voyez : Œuvres de MAUPERTUIS. III. Polyg. N. 203.

5012. — Géographie élémentaire... Par J. H. HASSENFRATZ.
Paris. An 2. Guillaume Junior. 1 vol. in-12.

5013. — Précis de la géographie universelle, ou description de toutes les parties du monde, sur un plan nouveau... Par M. MALTE-BRUN.
Paris. 1810-29. Buisson & André. 8 v. in-8. atl. in-f.

5014. — Petite méthode de géographie élémentaire, par F. FAROCHON.
Amiens. 18 . Lenoel-Hérouart. in-8.

5015. — Résumé d'un cours élémentaire de géographie physique, autorisé par l'Université, pour l'enseignement de cette partie de l'histoire naturelle, par J. V. F. LAMOUROUX.
Caen. 1821. Poisson. 1 vol. in-8.

Atlas géographiques.

5016. — Atlas géographique.
4 vol. grand in-fol.
Cet atlas est composé de cartes de différents auteurs ; une table se trouve en tête de chaque volume.

5017. — Atlas illustré de géographie commerciale et industrielle..., dressé par A. VUILLEMIN.
Paris. 1863. Delarue. 1 vol. in-fol.

Mélanges géographiques.

5018. — Bulletin de la Société de géographie, rédigé, avec le concours de la Section de publication, par les Secrétaires de la Commission centrale.
Paris. 1821-74. 102 vol. in-8. Cart. Incomplet.
1 série (1820-1833) 20 vol. — 2 série [1834-1843] 20 vol. — 3 série [1844-1850] 14 vol. — 4 série (1851-1860) 20 vol. — 5 série (1861-1870) 20 vol. — 6 série (1871-1874) 8 vol.

** — L'Univers. Histoire et description de tous les peuples.
Voyez : N. 652.

VOYAGES

Collections générales de voyages.

5019. — Recueil de voyages et de mémoires publié par la Société de géographie.
Paris. 1824-1866. 7 vol. in-4. Cart.

5020. — Nouvelles annales des voyages et des sciences géographiques.
Paris. 1819-1870. 144 vol. in-8. Cart. Incomplet.
1° série, par MM. Eyriès et Malte-Brun. 1817-25. 30 vol. — 2° série, par MM. Eyriès, Larenaudière et Klaproth. 1826-33. 30 vol. — 3° série, par MM. Eyriès, A. de Humbolt, de Larenaudière, A. de Saint Hilaire, Walckenaer et Dureau de la Malle. 1834-1839. 24 vol. — 6° série, par V. A. Malte-Brun. 1855-1870. 60 vol.

5021. — Annuaire des voyages et de la géographie pour les années 1844-1845-1846, par une réunion de géographes et de voyageurs, sous la direction de M. *Frédéric* Lacroix.
Paris. 1844-45-46. Guillaumin & Gide. 3 vol. in-18.

5022. — Le tour du monde, nouveau journal des voyages, publié sous la direction de M. *Edouard* Charton et illustré par nos plus célèbres artistes.
Paris. 1860-74. Hachette. 26 vol. in-4. Fig.

Voyages autour du monde.

5023. — Quinze ans de voyages autour du monde par le Capitaine *Gabriel* Lafond (de Lurcy).
Paris. 1840. Lopatta. 2 vol. in-8. Port.

5024. — Voyage autour du monde, Australie, Java, Siam, Canton, Pékin, Yeddo, San-Francisco, par le Comte de Beauvoir.
Paris. 1873. H. Plon. 1 vol. in-8. Fig.

Voyages en Europe, Asie et Afrique.

5025. — Voyages du Prince Persan Mirza Aboul Taleb Khan, en Asie, en Afrique, en Europe; écrits par lui-même, et publiés, pour la première fois, en français, par M. *Charles* Malo.
Paris. 1819. Dupont. 1 vol. in-8.

5726. — *César* Vimercati. Constantinople et l'Égypte, avec un frontispice et une carte géographique des lieux saints et de l'embranchement de l'isthme de Suez, 3ᵈ édit. rev. et corrig. par *Charles* Hertz.
Paris. 1856. H. & Ch. Noblet. 1 vol. in-8. Port.

Voyages en Afrique et en Amérique.

5027. — Mémoires du capitaine Landolphe, contenant l'histoire de ses voyages pendant trente-six ans, aux côtes d'Afrique et aux deux Amériques ; rédigés sur son manuscrit, par *J. S.* Quesné.
Paris. 1823. Arthus Bertrand. 2 vol. in-8. Port.

Voyages en Orient.

5028. — Voyage dans le Levant, en 1817 et 1818, par M. le Cte de Forbin.
Paris. 1819. Imprimerie royale. 1 vol. in-8.

5029. — Quatre années en Orient et en Italie ou Constantinople, Jérusalem, Rome, en 1848, 1849, 1850, 1851, par l'Abbé *Charles* Berton. (1)
Paris. 1854. L. Vivès. 1 vol. in-8.

5030. — Voyage en Orient, Grèce, Turquie, Egypte. Par *A.* Regnault.
Paris. 1855. P. Bertrand. 1 vol. in-8.

5031. — En Orient. Souvenirs de voyage. 1858-1861. Par *Fernand* Schickler.
Paris. 1863. Michel Lévy fr. 1 vol. in-18.

5032. — Journal de voyage. Paris à Jérusalem. 1839 et 1840. Par *Jean-Baptiste* Morot.
Paris. 1869. Claye. 1 vol. in-8.

5033. — Les saint lieux, pélerinage à Jérusalem en passant par l'Autriche, la Hongrie, la Slavonie, les provinces danubiennes, Constantinople, l'Archipel, le Liban, la Syrie, Alexandrie, Malte, la Sicile et Marseille, par Mgr. Mislin.
Paris. 1858. Lecoffre. 3 vol. in-8.

---

(1) Berton *Charles-Etienne*, né à Abbeville le 1 oct. 1825, mort à Amiens le 17 nov. 1866.

5034. — Voyage en terre sainte, par F. DE SAULCY. — Paris. 1865. Didier. 2 vol. in-8.

Voyages en Europe.

5035. — Voyage à Constantinople, par l'Italie, la Sicile e la Grèce, retour par la mer Noire, la Roumélie, la Bulgarie, le Bessarabie russe, les provinces danubiennes, la Hongrie, l'Autriche et la Prusse, en Mai, Juin, Juillet et Aout 1853. Par M. BOUCHER DE PERTHES.
Paris. 1855. Treuttel & Wurtz. 2 vol. in-18.

5036. — Voyage en Espagne et en Algérie, en 1855, par M. BOUCHER DE PERTHES.
Paris. 1859. Treuttel et Wurtz. 1 vol. in-18.

5037. — Voyage en Danemarck, en Suède, en Norwége, par la Belgique et la Hollande. Retour par les villes anséatiques, le Meklenbourg, la Saxe, la Bavière, le Wurtemberg et le grand Duché de Bade. Séjour à Bade. En 1854. Par M. BOUCHER DE PERTHES.
Paris. 1858. Treuttel et Wurtz. 1 vol. in-18.

5038. — Voyage en Russie, retour par la Lithuanie, la Pologne, la Silésie, la Saxe et le Duché de Nassau; séjour à Wisebade, en 1856, par M. BOUCHER DE PERTHES.
Paris. 1859. Treuttel & Wurtz. 1 vol. in-18.

5039. — Voyages et voyageurs. 1837-1854. Par CUVILLIER-FLEURY.
Paris. 1854. Michel Levy fr. 1 vol. in-18.

5040. — *Emile* DESCHANEL. A pied et en wagon.
Paris. 1862. Hachette. 1 vol. in-18.

SECONDE PARTIE.

HISTOIRE.

Introduction. — Chronologie.

5041. — Introductio chronologica, sive, opusculum de computo ecclesiastico ad chronologiam accommodato. Authore R. P. Henrico PHILIPPI.

Coloniæ Agripp. 1621. J. Kinchius. 1 vol. in-4.

** — Chronologia brevis ab orbe condito ad annum Domini MDCLIV. Authore Roberto BELLARMINO.

Voyez : Rob. BELLARMINI de script. eccl. lib. Polyg. N. 746.

5042. — Manuel classique de chronologie; publié par L. Am. SÉDILLOT.

Paris. 1834. L. Colas. 1 vol. in-16.

5043. — Chronologie universelle suivie de la liste des grands états anciens et modernes, des dynasties puissantes et des princes souverains de premier ordre, avec les tableaux généalogiques des familles royales de France et des principales maisons régnantes d'Europe. Par Ch. DREYSS.

Paris. 1853. Hachette 1 vol. in-18.

PREMIÈRE DIVISION.

HISTOIRE UNIVERSELLE.

5044. — Ætatum mundi septem supputatio, per Carolum BOVILLUM Samarobrinum.

Venundatur Iodoco Badio Ascensio. 1 vol: g. in-8.

on lit à la fin.

Libelli de septem mundi ætatibus seu temporum intervallis finis. Editi in Samarobrina divi Quintini, anno domini millesimo quingentesimo vigesimo, Vigilia dominicæ Nativitatis.

5045. — Harmonies historiques. Exposé des faits caractéristiques et chronologie de l'histoire universelle depuis la création jusqu'à nos jours, par Edouard W. (WAUTIER) D'HALLUVIN.

Tours. 1854. Bouserez. 1 vol. in-18.

5046. — Tableau synoptique de l'histoire universelle depuis les temps les plus reculés jusqu'à nos jours, par M. Robert DE LABORDE.

Lille. 1859. Lefebvre-Ducrocq. 1 f. in-plano.

Ensemble les 4 feuilles suivantes :

— Tableau chronographique des Etats anciens et modernes de l'Italie.
— Tableau chronographique des Etats anciens et modernes auxquels répond la Turquie d'Europe actuelle.

— Empire romain considéré dans ses divisions principales sous Auguste, Adrien et Constantin.

— Généalogie des maisons souveraines de l'Europe depuis le 1 janvier 1846 jusqu'à Guillaume 1ᵉʳ duc de Normandie, Roi d'Angleterre, auteur commun, né à Falaise, (Calvados) en 1027.

5047. — Tableau synchronique et universel de la vie des peuples, par M. l'Abbé *Augustin* MICHEL.
Orléans. 1865. G. Jacob. 1 vol. in-fol.

5048. — Discours sur l'histoire-universelle, à Monseigneur le Dauphin ; pour expliquer la suite de la Religion, et les changemens des Empires. Par Messire *Jacques-Benigne* BOSSUET. Nᵉ édit.
Paris. 1739. David. 2 vol. in-12.

5049. — Cronica cronicarum abbrégé et mis par figures, descentes et rondeaulx...
Paris. 1521. Jacques Ferrebouc. gr. in-fol.
Nous n'avons ici que les 11 premiers feuillets (a-l) de la seconde partie de cette chronique ; ils sont imprimés sur vélin, d'un seul côté, et réunis en un rouleau ; les figures sont coloriées; ces feuillets comprennent le sixième âge, de l'incarnation à Hugues-Capet.

5050. — L'histoire générale depuis la création jusqu'à Napoléon III, succinctement présentée en CXI résumés, conformément au programme officiel du 30 aout 1852, plus un coup d'œil sur l'époque contemporaine, par *J.* BELIN DE LAUNAY.
Paris. 1854. Just-Bernard. 1 vol. in-8.

5051. — Essai sur l'histoire universelle, par M. PRÉVOST-PARADOL. 2ᵉ édit.
Paris. 1865. Hachette. 2 vol. in-18.

Mélanges d'histoire universelle.

5052. — De la vicissitude ou variété des choses en l'univers, et concurrence des armes et des lettres par les premiers et les plus illustres nations du monde, depuis le temps où a commencé la civilité, et mémoire humaine jusques à présent. Par *Loys* LE ROY dict REGIUS.
Paris. 1584. P. L'Huillier. 1 vol. in-8.

5053. — *Joh.* JONSTONI naturæ constantia : seu diatribe, in qua, per posteriorum temporum cum prioribus

collationem, Mundum, nec. ratione sui totius, nec ratione partium, universaliter et perpetuo in pejus ruere, ostenditur.
Amstelodami. 1634. J. Janssonius. 1 vol. in-16.

5054. — I fatti d'arme famosi, successi tra tutte le nationi del mondo, da che prima han cominciato a guerreggiare sino ad hora ; cavati con ogni diligenza da tutti gli Historici, et con ogni verità raccontati da M. *Gio. Carlo* SARACENI.
Venetia. 1600. D. Zenaro. 2 vol. in-4.

5055. — *Nicolai* REUSNERI Symbolorum imperatoriorum classes tres. Quibus symbola continentur Impp. ac Cæsarum Romanorum, Italicorum, Græcorum, Germanicorum, à C. Julio Cæsare, usque ad Rudolphum II, Cæs. Austriacum Opus philologicum et politicum. 3ª edit.
Francoturti. 1607. Saurius. 1 vol. in-8.

A la suite :

Nicolai REUSNERI Symbolorum heroicorum liber singularis : in quo Impp. Cæsarum Austriacorum, Regum, Principum, Comitum et Baronum, inprimis Germanicorum, symbola magnâ rerum et sententiarum varietate atque elegantiâ leguntur.
Jenæ. 1607. Lippold. in-8.

5056. — Idem opus, à J. Cæsare, usque ad Ferdinandum II. Cæs. Austriacum, 5ᵉ edit.
Francofurti. 1624. E. Kempffer. 1 vol. in-8.

5057. — The ruins: or a survey of the empires. By M. VOLNEY. Translated from the french (by MARSHAL.)
New-York. 1796. W. Davis. 1 vol. in-12.

5058. — Du serment et de sa formule. Etude historique depuis les temps les plus anciens jusqu'à nos jours, par *Jules* DECLÈVE.
Bruxelles. 1873. Muquardt. 1 vol. in-8.

** Bulletin des sciences historiques.... Publié sous la direction de M. le Baron DE FÉRUSSAC. 19 vol. in-8.

Voyez : Bibliog. N. 830.

5059. — Mémoires de la Société des Antiquaires de France.
Paris. 1817-1873. 34 vol. in-8. Pl.

5060. — Bibliothèque de l'Ecole des Chartres, revue d'érudition spécialement consacrée à l'étude du moyen-âge.
Paris. 1839-1874. 35 vol. in-8.
5061. — Revue des questions historiques.
Paris. 1866-1874. V. Palmé. 16 vol. in-8.

SECONDE DIVISION.

Histoire Ancienne.

5062. — Education complette, ou abrégé de l'histoire universelle, mêlé de géographie et de chronologie. Par M° Le P. (Prince) de Beaumont. (Histoire ancienne).
La Haye. 1763. Gosse. 2 vol. in-12.

Histoire des Juifs.

5063. — Le secret et mystère des Juifz faisant le commancement du premier livre du recueil de Suidas, traduit de grec en vulgaire par *François* Le Feure.
Paris. 1557. J. Kerver. 1 vol. in-12.
5064. — Histoire du peuple de Dieu, depuis son origine jusqu'à la naissance du Messie, par le P. Berruyer. Edition corrigée et enrichie de notes par des Directeurs du Séminaire de Besançon.
Paris. 1828. Gauthier fr. 7 vol. in-8.
5065. — Histoire du peuple de Dieu, depuis la naissance du Messie jusqu'à la fin de la Synagogue, par le Père Berruyer Edition corrigée et enrichie de notes par des Directeurs du Séminaire de Besançon.
Paris. 1829. Gauthier fr. 3 vol. in-8.

** — G. E. Phaletrani de sceptri judaici ablatione exercitatio.
Voyez : Syntagma variarum dissertationum. Polyg. N. 279.

Histoire des Perses et de quelques peuples anciens de l'Asie.

** — Ctésias et les Chronographes grecs Castor et Erathostène, publiés par *Ch.* Muller.
Voyez: Script. Grec. Bibl. Polyg. N. 276.

** — Ctésias : Histoire de Perse ; histoire de l'Inde.
Voyez : Panthéon litt. Polyg. N. 280.

5066. — Histoire des Perses d'après les auteurs orientaux, grecs et latins, et particulièrement d'après les manuscrits orientaux inédits, les monuments figurés, les médailles, les pierres gravées, etc., par le Comte de GOBINEAU.
Paris. 1869. Plon. 2 vol. in-8.

** — Palestine. — Description géographique, historique et archéologique par *S.* MUNK.
Paris. 1845. F. Didot fr, 1 vol. 8.   Voyez : l'Univers. N. 652.

** — Asie Mineure. Description géographique, historique et archéologique des provinces et des villes de la Chersonèse d'Asie par *Charles* TEXIER.
Paris. 1862. F. Didot fr. 1 vol. in.8.   Voyez : l'Univers N. 652.

** — Asie Mineure depuis les temps les plus anciens jusqu'à la bataille d'Ancyre, en 1402, par M. *Ph.* LE BAS, terminée par M. CHÉRON.
Paris. 1863. F. Didot fr. 1 vol. in-8.   Voyez : l'*Univers.* N. 652.

** — Chaldée, Assyrie, Médie, Babylonie, Mésopotamie, Phénicie, Palmyrène, par M. *Ferd.*-HOEFER.
Paris. 1852. F. Didot fr. 1 vol. in-8.   Voyez : l'Univers. N. 652.

Histoire des Grecs.

5067. — ΠΑΥΣΑΝΙΟΥ Ελλαδος περιηγησις. Description de la Grèce de PAUSANIAS. Traduction nouvelle avec le texte grec collationné sur les manuscrits de la Bibliothèque du roi, par M. CLAVIER.
Paris. 1814-1821. Eberhardt Bobée. 6 vol. in-8.

5068. — Histoires d'HÉRODOTE. Traduction de *Pierre* SALIAT, revue sur l'édition de 1575, avec corrections, notes, table analytique et glossaire, par *Eugène* TALBOT.
Paris. 1864. Plon. 1 vol. in-8.

5069. — Dr GOLDSMITH's history of Greece, abridged for the use of schools. A new edition.
Paris. 1830. Bobée and Hingray. 1 vol. in-12.

5070. — G. GROTE. Histoire de la Grèce depuis les temps les plus reculés jusqu'à la fin de la génération contemporaine d'Alexandre le Grand. Traduit de l'anglais par *A. L.* DE SADOUS.
Paris. 1864-1867. A. Lacroix. 19 vol. in-8. Cart. & Pl.

5071. — Histoire de la Grèce ancienne, par *V.* DURUY. 2ᵉ éd.
Paris. 1867. Hachette. 2 vol. in-8.

5072. — DICTYS *Cretensis* de bello trojano.
Lugduni. 1520. Joan. Marion. 1 vol. in-4.

5073. — Geschichte Alexanders des Grossen von *Joh.-Gust.* Droysen.
Hamburg. 1833. Perthes. 1 vol. in-8. Cart.
5074. — Histoire de la démocratie athénienne par A. Filon.
Paris. 1854. Durand. 1 vol. in-8.
** — J. Jonsenius de Spartis.
Voyez : Syntagma var. dissert. Polyg. N. 279.

Histoire romaine.

5075. — Polybii historici de primo bello punico, *Leonardo* Aretino interprete, libri tres. — *Leonardi* Aretini de temporibus suis liber unus. — Plutarchi parallelia, Guarino Veronensi paraphraste opusculum aureum.
Parisis. 1512. In ædibus Ascensianis. 1 vol. in-fol.
5076. — C. Suetonii Tranquilli XII Caesares, et in eos *Laevini* Torrentii commentarius.
Antuerpiæ. 1591. Off. Plantiniana. 1 vol. in-4.
5077. — Memorabilia gesta virorum illustrium Arboris Capitoline, cum quibusdam incidentüs ejus temporis compendiosissime collectis, cum marginariis annotationibus nunquam antea impressis. (Autore *Jacobo* Duresio.)
Parrhisius. 1512. J. Gourmont. 1 vol. in-4.
5078. — Romische Geschichte von *Theodor* Mommsen, 2ᵉ ed.
Berlin. 1856-58. Weidmann. 3 vol. in-8. Cart.
5079. — Histoire romaine par *Theodore* Mommsen, traduite par *C. A.* Alexandre.
Paris. 1864-1872. Franck. 8 vol. in-8.
5080. — L'histoire romaine à Rome, par *J. J.* Ampère. 2ᵉ éd.
Paris. 1863-64. Michel Lévy fr. 4 vol. in-8.
5081. — L'empire romain à Rome, par *J. J.* Ampère.
Paris. 1866-1867. Michel Lévy fr. 2 vol. in-8.
5082. — Histoire des Romains, depuis les temps les plus reculés jusqu'à la fin du règne des Antonins, par *Victor* Duruy. Nouv. édit.
Paris. 1870-71. Hachette. 3 vol. in-8.
5083. — El Romulo, por *D. Fabricio* Lanario de Aragon. (Tradetto de *Virgilio* Malvezzi.)
Napoli. 1635. Egid. Longus. 1 vol. in-4.

5084. — Histoire d'Annibal, par M. *E.* Hennebert. Tom. I.
Paris. 1870. Imprimerie impériale. 1 vol. in-8.
5085. — A dissertation on the passage of Hannibal over the Alps. By *Henry* L. Wickham and the Rev. J. S. Cramer. 2d edit.
London. 1828. Whittaker. 1 vol. in-8. Cart.
5086. — Histoire de Jules César. (Par Napoléon III.)
Paris. 1865-1866. Plon. 2 vol. in-8. Atl. in-4.
5087. — Les campagnes de Jules César dans les Gaules. Études d'archéologie militaire, par *F.* de Saulcy. 1re partie.
Paris. 1862. Didier. 1 vol. in-8. Cart.
5088. — L'Eglise et l'Empire romain au IVe siècle, par M. *Albert* de Broglie.
Paris. 1856-1866. Didier & Ce. 6 vol. in-8.
5089. — Les Césars, par le Cte *Franz* de Champagny. 3e éd.
Paris. 1859. Bray. 3 vol. in-8.
5090. — Les Antonins. Ans de J. C. 69-180. Par le Cte *Franz* de Champagny.
Paris. 1863. Bray. 3 vol. in-8.
5091. — Les révolutions romaines d'après un livre de M. Bélot : Histoire des chevaliers romains considérée dans ses rapports avec les différentes constitutions de Rome. Septembre 1866. Par M. Assolant.
Troyes. 1869. Dufour-Bouquot. in-8.
5092. Polybe ou la Grèce conquise par les Romains. Thèse présentée à la Faculté des lettres de Paris, par *N.* Fustel de Coulanges.
Amiens. 1858. T. Jeunet. 1 vol. in-8.
5093. — Examen critique des historiens anciens de la vie et du règne d'Auguste, par *A. E.* Egger.
Paris. 1844. Dezobry, Magdeleine & Ce. 1 vol. in-8.
** — *Ch. Fr.* Frankenstein de Ærario populi romani.
Voyez : Polygraphie N. 279.
5094. — Romische Alterthümer von *Ludwig* Lange.
Berlin. 1856. Weidmann. 2 vol. in-8.

TROISIÈME DIVISION.

HISTOIRE DU MOYEN-AGE.

5095. — Origines europaeae. Die alten Volker Europas mit ihren Sippen und Nachbarn. Studien von *Lorenz* DIEFENBACH.
Franckfurt am M. 1861. Baer. 1 vol. in-8.

** — La civilisation au cinquième siècle. Introduction à une histoire de la civilisation aux temps barbares, suivie d'un essai sur les écoles en Italie, du Ve au XIIIe siècle, par *A. F.* OZANAM.
Paris. 1855. Lecoffre. 2 vol. in-8.
Voyez : Œuvres complètes de A. F. OZANAM. Polyg, N. 241.

** — Les familles d'outre mer de DU CANGE, publiées par M. *E. G.* REY.
Paris. 1869. Imprimerie impériale. 1 vol. in-4.
Voyez : Collection de docum. N. 2352.

QUATRIÈME DIVISION.

HISTOIRE MODERNE.

CHAPITRE I.

Histoire moderne universelle.

5096. — Précis de l'histoire moderne par M. MICHELET. 5e éd.
Paris. 1835. Hachette. 1 vol. in-8.

5097. — G. G. GERVINUS. Histoire du dix-neuvième siècle depuis les traités de Vienne. Traduit de l'allemand par J. F. MINSSEN.
Paris. 1864-74. A. Lacroix. 22 vol. in-8.

5098. — L'année historique ou revue annuelle des questions et des événements politiques en France, en Europe et dans les principaux états du monde. Par *Jules* ZELLER.
Paris. 1860-61. Hachette. 2 vol. in-18.

** — Annuaire des deux mondes. Histoire générale des divers états, 1850-67.
Paris. 1851-68. Revue des deux mondes. 14 vol. in-8.
Voyez N. 1137.

CHAPITRE II.

Histoire moderne de l'Europe.

5099. — D.' *Michaelis* Ritii compendiosi et veridici de regibus christianis feŕe libelli.
Apud Parrhisios.1507. Inædibus Ascensianis. 1v.in-8

5100. — Mercure historique et politique, contenant l'état présent de l'Europe, ce qui se passe dans toutes les Cours, l'intérêt des Princes, leurs brigues, etc. (Par Sandras de Courtilz, Bayle, La Brune, etc.)
Parme. La Haye. 1686-1745. 135 vol. in-12. Incomplet.

5101. — Recueil des traités de paix.
1 vol. in-4 contenant :

1 — Patentes de Henry IV pour toute la nation Suisse en général, au renouvellement des traités d'alliance qu'il fist en 1682 avec Elle, pour l'exemption de tous droits d'Aydes, de Tailles, d'autres impôts et charges de ville et de police, sur le pied de celle de Louis XI...
Paris. 1663. Langlois.

2 — N. 1189. 4.

3 — Traité de paix avec les articles entre les deux couronnes ensuitte les feux de joie fait par ordre de leurs Majestez, Premièrement dans la ville d'Aix et pareillement dans la ville de Paris, avec la réjouisance de tout le peuple, signé par Mgr le Cardinal Mazarin, et le Seig. Dom Louis Mendez de Haro, Plénipotentiaires de leurs Majestez, en l'Isle dite de Faisauns.. 1660.
Paris. 1660. Bureau d'adresse.

4 — Traité de paix et de commerce, navigation et marine, entre la France et les Etats-généraux des Provinces unies des Pays-Bas. Conclus à Nimègue le 10 Aoust 1678.
Paris. 1678. Léonard.

5 — Ratifications du traité de paix entre le Roy, l'Empereur et l'Empire. Avec tous les articles dudit traité, et ceux du traité du Roy de Suède avec l'Empereur et l'Empire.
Paris. 1679. Benard.

6 — Traité de paix entre le Roy et Mgr l'Evesque et Prince de Panderborn, Avec les ratifications et les pleinpouvoirs.

7 — Articles et conditions de suspension d'armes entre sa Majesté très Chrestienne et le Roy de Suède, d'une part; et le Roy de Danemark et l'Electeur de Brandebourg d'autre part, conclus et signez à Nimègue le 31 Mars 1679.

8 — Traité de paix entre le Roy, le Roy de Suède et l'Electeur de Brandebourg, conclu à S. Germain-en-Laye le 29 Juin 1679. Avec les ratifications.

9 — Traité pour l'exécution de la paix entre... Léopold Empereur de Romains et .. Louis XIV.

10 — Traité de paix entre le Roy, le Roy de Suède et le Roy de Danemark, conclu à Fontainebleau le 2 Sept. 1679. Avec les ratifications.
Paris. 1679. S. Benard.

11 — Mémoire portant déclaration de la guerre contre l'Empereur et l'Empire avec les raisons qui ont obligé le Roy à reprendre les armes.
Orléans. 1688. J. Borde.

12 — Réglement au sujet des prises qui seront faites en mer pendant la guerre. Donné à Fontainebleau le 21 Oct. 1688.
Paris. 1688. E. Michallet.

13 — Ordonnance du Roy portant déclaration de guerre par mer et par terre contre les Hollandois... 26 Nov. 1688.

14 — Ordonnance du Roy portant déclaration de guerre par mer et par terre contre les Espagnols.... 15 Avril 1689.

15 — Ordonnance du Roy portant déclaration de guerre contre l'usurpateur des Royaumes d'Angleterre et d'Ecosse, et contre ses fauteurs et adhérans. Du 25 Juin 1689.
Paris. 1689. Muguet.

16 — Traité de paix entre les couronnes de France et d'Espagne, conclue et signée dans le Château de Rijswick le 20 Sept. 1697.
Amiens. 1697. G. Le Bel.

17 — Traité de paix fait, conclu et arrêté à Rijswick en Hollande le 20 Sept. 1697 entre les Ambassadeurs et Plenipotentiairs de Sa Majesté très Chrétienne et les Ambassadeurs et Plenipotentiaires des Seigneurs Estats généraux des Provinces unies du Pays-Bas.

18 — Déclaration du Roy pour l'exécution de plusieurs articles des traités de paix conclus à Riswick. 23 Juin 1698.
Paris. 1698. Fr. Muguet.

19 — N. 1247. 81.

20 — Ordonnance du Roy portant déclaration de guerre contre le Duc de Savoye. Du 4 Déc. 1703.

21 — Lettre du Roy à M. le Duc de Tresmes... Au sujet des propositions extraordinaires qui avoient été faites pour la paix, de la part des puissances alliées.
Paris. 1709. Imprimerie royale.

22 — Traité de suspension d'armes entre la France et l'Angleterre. 1 Sept. 1712.

23 — Traité de suspension d'armes entre la France et l'Espagne d'une part, et le Portugal de l'autre, conclu à Utrecht le 7 Nov. 1712.
Paris. 1712. F. Léonard.

24 — Lettres patentes du Roy qui admettent la renonciation du Roy d'Espagne à la couronne de France, et celles de M. le Duc de Berry et de M. le Duc d'Orléans à la couronne d'Espagne, et qui révoquent les lettres patentes de Sa Majesté, du mois de Déc. 1700.
Paris. 1713. V° Muguet.

25 — Ordonnance du Roy, pour la publication de la paix entre le Roy et l'Empereur. Donnée à Marly le 13 Avril 1714.
Paris. 1714. Fournier.

26 — L'ordre de la marche pour la publication de la paix.
Paris. 1714. Mergé.

27 — Lettres patentes du Roy pour l'enregistrement de quelques articles des traités de paix et de commerce, conclus à Utrecht, le 7 Avril 1714.

28 — Relation de la trahison tramée contre la ville de Luxembourg en MDCCXXX.
La Haye. 1742. Ch. Le Vier.

29 — Traité de paix entre le Roy, l'Empereur et l'Empire, conclu à Vienne le 18 Nov. MDCCXXXVIII.
Strasbourg. 1739. L. Petit.

30 — Ordonnance du Roy portant déclaration de guerre contre le Roy d'Angleterre, 15 Mai 1744.

31 — Ordonnance du Roy concernant la suspension d'armes par mer. Du 26 Mai 1748.

32 — Ordonnance du Roy portant déclaration de guerre contre le Roy d'Angleterre. du 9 Juin 1756.

5102. — Recueil historique d'actes, négociations, mémoires et traitez. Depuis la paix d'Utrecht jusqu'au second Congrès de Cambray inclusivement. Par M. ROUSSET.
La Haye. 1728-1743. Scheurleer & Gosse. 16 v. in-8.

5103. — L'observateur hollandais, ou lettres (46) de M. Van.. à M. H... de la Haye, sur l'état présent des affaires de l'Europe. (Par *J. M.* MOREAU).
La Haye. 1755-1757. 4 vol. in-12.

** — Fragments historiques. 1688 et 1830. Par NAPOLÉON III.
Voyez : Œuvres de NAPOLÉON III. T. I. Polyg. N. 247.

5104. — Le dix-huitième siècle, étude politique et morale d'après les écrits contemporains. Par le Président HIVER 1re partie.
Paris. 1862. Aubry. (Amiens. A. Caron.) 1 vol. in-12

5105. — Les intérêts nouveaux en Europe depuis la révolution de 1830. Par *Louis* DE CARNÉ.
Paris. 1838. Bonnaire. 2 vol. in-8.

5106. — Histoire et mémoires par le Général Cte DE SÉGUR.
Paris. 1873. F. Didot fr. 7 vol. in-8.

5107. — Des nationalités, Par *A.* VERRIER. (1).
Bruxelles. 1868. Lebègue. 1 vol. in-8.

---

(1) VERRIER (*Alfred-Ferdinand*) est né à Amiens le 10 Sept. 1835.

CHAPITRE III.

Histoire moderne divisée par nations.

ITALIE.

5108. — Le véritable guide des voyageurs en Italie, avec la description des routes et des postes... Par *François* TIROLI. (Italien-françois).
Rome. 1775. P. Giunchi. 1 vol. in-12. Cart.

5109. — Mes souvenirs de bonheur, ou neuf mois en Italie; par *Paul* DE JULVÉCOURT.
Paris. 1832. Silvestre. 1 vol. in-8.

5110. — Le Tyrol et le Nord de l'Italie. Esquisse de mœurs, anecdotes, paysages, chants populaires, croquis historiques, statistiques, etc. Extrait du journal d'une excursion dans ces contrées en 1830, par M. *Frédéric* MERCEY.
Paris. 1833. Paulin. 2 vol. in-8.

5111. — Souvenirs et récits de voyages.(Les Alpes françaises et la haute Italie). Par *F. B.* DE MERCEY.
Paris. 1857. Sartorius. 1 vol. in-8.

5112. — Voyage en Italie. Par *Jules* JANIN.
Paris. 1839. Bourdin. 1 vol. in-8.

5113. — Historiæ patriæ monumenta edita jussu Regis Caroli Alberti.
Augustæ Taurinorum. 1836-73. Typ. regia. 13 v. in-f.

5114. — Commentaire historique et chronologique sur les éphémérides, intitulée Diurnali di Messer *Matteo* DI GIOVENAZZO, par *H. D.* DE LUYNES.
Paris. 1839. Didot fr. 1 vol. in-4.

** — Italie par M. le Ch. ARTAUD. Sicile par M. DE LA SALLE.
Paris. 1835. F. Didot fr. 1 vol. in-8.
Voyez : l'Univers. N. 652.

5115. — Nouvelle édition du théâtre de la guerre en Italie, contenant les cartes particulières de tous les Estats d'Italie et plusieurs provinces desdits Estats. Par *J. B.* NOLIN.
Paris. 16... J. B. Nolin. 1 vol. in-fol.

5116. — Histoire des Italiens par M. *César* CANTU, traduite sous les yeux de l'auteur par M. *Armand* Lacombé, d'après la deuxième édition italienne.

Paris. 1859-1862. Didot fr. 12 vol. in-8.

5117. — Histoire de l'Italie en 1848-49, par *César* Vimercati. Illustrée de six gravures sur acier dessinées et exécutées par MM. *H. de Montaut* et *G. de Montaut*. 3ᵉ édit. précédée d'une préface par *Charles* Hertz.

Paris. 1856. H. & Ch. Noblet. 1 vol. in-8.

5118. — Le Pape, le Piémont et l'Italie. Par *Jules* Lefebvre.

Abbeville. 1860. P. Briez. Pièce in-8.

5119. — Rome et ses environs avec une description générale très-exacte de tous ses monumens anciens, et un abrégé de ses beautés les plus remarquables, en moderne, comme les meilleures peintures, sculptures et architectures, par l'Antiquaire *André* Manazzale.

Rome. 1803. 2 vol. in-12. Pl.

5120. — Campagne de Rome. Par *Charles* Didier. 2ᵉ édit.

Paris. 1844. J. Labitte. 1 vol. in-8.

5121. — Promenades dans Rome par de Stendhal (*Henry Beyle*).

Paris. 1858. Michel Lévy fr. 2 vol. in-18.

5122. — De vero stato degli Hebrei di Roma.

Roma. 1668. Varese. 1 vol. in-4.

5123. — Catastrophe de Murat, ou récit de la dernière révolution de Naples, avec les pièces justificatives, par M. *Alphonse* de Beauchamp.

Versailles. 1815. Lebel. 1 vol. in-8.

5124. — Historia *Hugonis* Falcandi *Siculi* de rebus gestis in Siciliæ regno, jam primùm typis excusa, studio et beneficio Rev. D. Dom. Matthæi Longogæi Suessionum pontificis... Accessit in librum præfatio, et historicæ lectionis encomium per *Gervasium* Tornacæum Suessionensem.

Parisiis. 1550. M. Dupuys. 1 vol. in-4.

5125. — Souvenirs de la Sicile, par M. le Cte de Forbin.
Paris. 1823. Impr. royale. 1 vol. in-8.

5126. — Les curiosités de la ville de Milan et de ses environs ou description de tous ses monumens.
Milan. 18 . Vallardi. 1 vol. in-8. Pl.

5127. — L'Italie des gens du monde. Venise ou coup-d'œil littéraire, artistique, historique, poétique et pittoresque sur les monuments et les curiosités de cette cité, par *Jules* Lecomte.
Paris. 1844. H. Souverain. 1 vol. in-8.

5128. — Christianorum Reipublicæ Venetæ civium et amicorum, ad antichristianam Cardinalis Baronii paraenesim responsio.
S. n. n. l. 1606. 1 vol. in-4.

5129. — Apologia adversus duos libellos nuper in lucem editos, quorum alteri titulus est, Consultatio ad Clariss. Venetum. Alter vero ita inscribitur, Pro libertate Status et Reip. Venetorum, Gallofranci ad Philenetum epistola.
S. n. n. l. 1607. 1 vol. in-4.
à la suite :
** — *Ascanii* Torrii (*Justini* Benedicti) pro libertate ecclesiastica ad Gallofrancum apologia. 1607.
** — *Gerardi* Loppersii sententiæ Ill. ac Rev. Card. Baronii in sacro Consistorio dictæ propugnatio adversus Jon. Marsilium. Neapolitanum. 1607.

5130. — Chronicon Placentinum et Chronicon de rebus in Italia gestis historiæ stirpis imperatoriæ Suevorum illustrandæ aptissima. Ad fidem Parisiensis et Londinensis codicum nunc primum recensuit, edidit et præfatione instruxit *J. L. A.* Huillard-Bréholles. Auspiciis et sumptibus H. de Albertis de Luynes.
Parisiis. 1856. H. Plon. 1 vol. in-4.

5131. — Monaco et ses princes, par *Henri* Métivier.
La Flèche. 1865. Jourdain. 2 vol. in-8.

5132. — L'église des chevaliers de Saint-Etienne à Pise, par *Arthur* Demarsy.
Arras. 1870. V° Rousseau-Leroy. in-8.

5133. — De bello Melitensi, et ejus eventu Francis imposito, ad Carolum Cæsarem V *Nicolai* Villagagnonis commentarius.
Parisiis. 1553. C. Stephanus. 1 vol. in-4.

Espagne.

5134. — Voyage en Espagne du Chevalier Saint-Gervais. Par Lantier. N° edit.
Paris. 1836. A. Bertrand. 3 vol. in-8.

5135 — Victoires et conquêtes de l'Espagne depuis l'occupation des Maures jusqu'à nos jours, par le Baron *Edouard* de Septenville.
Paris. 1862. Sartorius. 1 vol. in-3.

5136. — Histoire du Cardinal Ximenès. Par M. *Esprit* Fléchier. 2° édit.
Paris. 1694. Anisson. 2 vol. in-12.

5137. — Charles-Quint. Son abdication, son séjour et sa mort au monastère de Yuste, par M. Mignet. 5° éd.
Paris. 1862. Didier. 1 vol. in-8.

5138. — La pratique de l'éducation des Princes, contenant l'histoire de Guillaume de Croy, surnommé le Sage... Par M. Varillas.
Amsterdam. 1686. H. Westein. 1 vol. in-12.

** — Don Alonzo ou l'Espagne, histoire contemporaine, par *N. A.* de Salvandy. 4° édit
Paris. 1828. Baudouin. 4 vol. in-12.
Voyez : Belles-lettres, N. 2727.

5139. — Souvenirs de la guerre d'Espagne dite de l'indépendance. 1809-1813. Par *A. L. A.* Fée.
Strasbourg. 1856. V° Berger-Levrault. 1 vol. in-18.

5140. — L'Espagne à cinquante ans d'intervalle. 1809-1859. Par *A. L. A.* Fée.
Paris. 1861. Michel Lévy fr. 1 vol. in-18.

5141. — Etudes historiques, politiques et littéraires sur les Juifs d'Espagne par Don José Amador de los Rios,

traduites pour la première fois en français par J. G. MAGNABAL.
Paris. 1861. Durand. 1 vol. in-8.

Portugal.

5142. — Anacephalæoses id est, summa capita actorum Regum Lusitaniæ. Auctore P. *Antonio* VASCONCELLIO. Accesserunt Epigrammata in singulos Reges ab insigni Poeta *Emmanuele* PIMENTA. — Et illorum effigies ad vivum expressæ, curâ, et sumptibus *Emmanuelis* SUEYRO et Domini DE VOORDE.
Antuerpiæ 1621. P. & J. Belleri. 1 vol. in-4. Port.

5143. — Découvertes et conquêtes du Portugal dans les deux mondes, par le Baron *Edouard* DE SEPTENVILLE.
Paris. 1863. Dentu. 1 vol. in-18.

5144. — Les contemporains portugais, espagnols et brésiliens. Par *A. A.* TEIXEIRA DE VASCONCELLOS. Tom. I. Le Portugal et la maison de Bragance.
Paris. 1859. 1 vol. in-8. Port.

Grèce moderne.

** — Grèce depuis la conquête romaine jusqu'à nos jours, par M. BRUNET DE PRESLE et par M. *Alex.* BLANCHET.
Paris. 1860. Didot fr. 1 vol. in-8. Pl.
Voyez : l'Univers. Histoire N. 652.

** — Voyage archéologique en Grèce et en Asie Mineure Par *Ph.* LE BAS et W. H. WADDINGTON, avec la collaboration d'*Eugène* LANDRON,
Voyez : N. 276.

5145. — Etudes sur le Péloponèse, par *E.* BEULÉ.
Paris. 1855. F. Didot fr. 1 vol. in-8.

5146. — L'Acropole d'Athènes, par *E.* BEULÉ.
Paris. 1853-54. F. Didot fr. 2 vol. in-8. Pl.

5147. — Athènes au xve, xvie et xviie siècles, par le Cte DE LABORDE.
Paris. 1854. J. Renouard & Ce. 2 vol. in-8. Pl.

5148. — Le mont Olympe et l'Acarnanie. Exploration de ces deux régions, avec l'étude de leurs antiquités, de leurs populations anciennes et modernes, de leur géographie et de leur histoire, par *L.* HEUZEY.
Paris. 1860. F. Didot fr. 1 vol. in-8. Pl.

5149. — Mission archéologique de Macédoine.— Fouilles et recherches exécutées dans cette contrée et dans les parties adjacentes de la Thrace, de la Thessalie, de l'Illyrie et de l'Epire, en l'année 1861. Par *Léon* Heuzey et *H.* Daumet.
Paris. 1864-1874. F. Didot fr. 2 vol. in-4. Pl.

Empire Ottoman.

5150. — Voyage dans la Turquie d'Europe. Description physique et géologique de la Thrace, par *A.* Viquesnel.
Paris. 1855-1868. Bertrand. 2 vol. in-4. Atl. in-fol.

5151. — De Turcarum moribus epitome, *Bartholomœo* Georgievitz authore.
Lugduni. 1555. Tornaesius. 1 vol. in-16.

5152. — De la naissance, durée, et cheute des Estats, où sont traittées plusieurs notables questions sur l'establissement des Empires, et Monarchies. Par *René* de Lusinge. Sieur *des Alymes*.
Paris. 1588. Marc Orry. 1 vol. in-8.

** — Originum rerumque Constantinopolitanarum variis auctoribus manipulus. *F. Franciscus* Combefis ex vetustis MSS. Codd. partim eruit, cuncta reddidit, ac notis illustravit.
Parisiis. 1664. Piget. 1 vol. in-4

Voyez : Hist. des rel. N. 249.

5153. — Histoire de l'empire de Turquie, depuis son origine jusqu'au 19 Octobre 1821... Par M. *H.* Lemaire.
Paris. 1821. Ledentu. 1 vol. in-12.

5154. — Constantinople et la Turquie. Tableau historique, pittoresque et statistique de l'Empire ottoman, par *Louis* Enault.
Paris. 1855. Hachette. 1 vol. in-18.

Suisse.

5155. — Voyage de M. de Mayer en Suisse, en 1784, ou tableau historique, civil, politique et physique de la Suisse.
Amsterdam. Paris. 1786. Leroy. 2 en 1 vol. in-8.

5156. — Voyage dans les xiii cantons suisses, les Grisons, le Vallais, et autres pays et états alliés, ou sujets des Suisses. Par M. Robert.
Paris. 1789. Hotel d'Aubeterre. 2 vol. in-8.

5157. — Manuel du voyageur en Suisse. Par M. J. G. EBEL. Traduit de l'allemand. 2ᵉ édit.
Zurich. 1810. Orell. 4 vol. in-8. Pl.

5158. — Merveilles et beautés de la nature en Suisse, ou description de tout ce que la Suisse offre de curieux et d'intéressant... Par *J. B.* RICHARD.
Paris. 1824. Audin. 2 en 1 vol. in-12. Pl.

5159. — Lettre d'un voyageur en Suisse. (Par M. CHAILLOU).
Paris. 1806. Didot l'ainé. 1 vol. in-8.

** — Guillaume-Tell ou la Suisse libre. Par M. DE FLORIAN.
Voyez : Œuvres de FLORIAN. Bell. lett. N. 3096.

** — Considérations politiques et militaires sur la Suisse. Par *Ch. L. Nap* BONAPARTE. Voyez : Œuvres de NAPOLÉON III. Polyg. N. 247.

5160. — Nouveau guide de l'étranger à Genève et dans ses environs en 1845.
Genève. 1845. Jullien. 1 vol. in-18. Cart.

5161. — Régeste genevois ou répertoire chronologique et analytique des documents imprimés relatifs à l'histoire de la ville et du diocèse de Genève avant l'année 1312. Publié par la Société d'histoire et d'archéologie de Genève.
Genève. 1866. Ramboz & Schuchardt. 1 v. in-4. Cart.

5162. — Mémoire instructif touchant la compétence des trois Estats de la Souveraineté de Neuf-Chastel, pour la décision des différens qui regardent la succession de cette Souveraineté. Où l'on voit aussi tout ce qui s'est passé sur ce sujet entre Madame la Duchesse de Longueville curatrice de Monsieur son fils, et Madame la Duchesse de Nemours.
S. n. n. l. n d. 1 vol. in-4.

5163. — Trésor de l'abbaye de Saint-Maurice d'Agaune décrit et dessiné par *Edouard* AUBERT.
Paris. 1872. Vᵉ Morel. 2 vol. gr. in-4.

Allemagne.

5164. — Wanderungen durch Franken. Von *Gustav von* HEERINGEN. Mit 30 Stahlstichen.
Leipsig. 1851. Wigand. 1 vol. in-8.

5165. — Wanderungen durch Thüringen. Von *Ludwig* Bechstein. Mit 30 Stahlstichen.
Leipzig. 1851. Wigand. 1 vol. in-8.

5166. — Wanderungen durch den Harz. Von *Wilhelm* Blumenhagen. Mit 30 Stahlstichen.
Leipzig. 1851. Wigand. 1 vol. in-8.

5167. — Wanderungen durch das Riesengebirge und die Grafschaft Glatz. Von *H.* Herlosssohn. Mit 30 St.
Leipzig. 18.. Wigand 1 vol. in-8.

5168. — Wanderungen durch Tyrol und Steyermark. Von *Joh. Gab.* Seidl. Mit 60 Stahlstichen.
Leipzig. 1851 Wigand. 2 vol. in-8.

5169. — Wanderungen an der Nord-und Ostsee. Von *Theodor von* Kobbe und *Wilh.*Cornelius. Mit 30 St.
Leipzig. 1851. Wigand. 2 en 1 vol. in-8.
Ces huit volumes se trouvent réunis sous le titre de :
Das malerische und romantische Deutschland.

5170. — Wanderungen durch Schwaben. Wegweiser durch Würtenberg und Baden. Von *G.* Schwad und K. Klupfel. Mit 30 Stahlstichen.
Leipzig. 1851. Haendel. 1 vol in-8.

5171. — Vanderungen durch die Sachsische Schweiz und durch die reizendsten Gegenden Sachsens. Von *Johann* Sporschil. Mit 30 Stahlstichen. 2 A.
Leipzig. 1851. Haendel. 1 vol. in-8.

5172. — Die Donaulander.Nebst Wanderungen in das baierische Hochland und das salzburgische Hochgebirge. Von *Edouard* Duller. Mit 30 Stahlstichen.
Leipzig. 1849. Haendel. 1 vol. in-8.

5173. — Das malerische und romantische Rheinland. Von *D. Karl* Simrock. Mit 60 Stahlstichen.
Leipzig. 1851. Haendel. 1 vol. in-8.

5174. — Guide de Wiesbade et de ses environs. Par *Charles* Rossel.
Wiesbade. 18.. Kreidel. 1 vol. in-8. Plan.

5175. — Salzburg, Ischl und Gastein nebst deren Umgebungen. Ein Taschenbuch. Nach mehrmaligen eignen Warhnehmungen und den besten Quellen bearbeitet von Dr. *K. F. H.* Strass.
Berlin. 1853. 1 vol. in-8.

5176. — Beschreibung der Erzbischoflichen Dom-und Münsterkirche zu Freiburg im Brisgau. Eine Darstellung der Merkwürdigkeiten und der Geschichte des Münsters. Von *Georg.* Engelberger.
Freiburg. 1847. Lippe. 1 vol. in-8. Pl.

5177. — Huit jours à Aix-la-Chapelle, par M. *A.* de Surigny. Lettre à M. de Caumont.
Caen. 1869. Le Blanc-Hardel. in-8.

5178. — Danzig und seine Umgebungen. Par Dr. *Gotthilf* Loschin. 4° édit.
Danzig. 1853. Anhuth. 1 vol. in-12. Cart.

5179. — Monumenta Germaniae historica inde ab anno Christi quingentesimo usque ad annum millesimum et quindgentesimum, auspiciis Societatis aperiendis fontibus rerum Germanicarum medii aevi edidit *Georgius Heinricus* Pertz.
Hannoverae. 1826-1868. Hahn. 21 vol. in-fol.

5180. — Bibliotheca rerum germanicarum. Edidit *Ph.* Jaffé.
Tomus primus. Monumenta Corbeiensia.
Tomus secundus. Monumenta Gregoriana.
Berolini. 1864-65. Weidmann. 2 vol. in-8

5181. — Teutschlands Geschichte für alle Stande teutscher Zunge von den frühesten Zeiten bis zum Jhare 1832. Von Dr. *J. H.* Wolf.
Munchen. 1832-1834. Fleischmann. 4 vol. in-8.

5182. — Der heutige Volksglaube und das alte Heidenthum mit Bezug auf Norddeutschland und besonders die Marchen. Eine Skisse von Dr. *W. F.* Schwartz.
Berlin. 1850. Hertz. in-4.

** — Les Germains avant le Christianisme. Recherches sur les origines, les traditions, les institutions des peuples germaniques, et sur leur établissement dans l'Empire romain, par *A. F.* Ozanam.
Paris. 1855. Lecoffre. 2 vol. in-8.
Voyez : Œuvres de A. F. Ozanam. Polyg. N. 241.

5183. — Histoire des Germains depuis les temps les plus reculés jusqu'à Charlemagne, pour servir d'introduction à l'histoire de l'empire germanique, par Men. de Ring.
Strasbourg. 1850. Treuttel & Wurtz. 1 v. in-8. Cart.

5184. — Histoire de la grande guerre des paysans, par A*lexandre* Weill. 3º édit.
Paris. 1860. Poulet-Malassis. 1 vol. in-18.

5185. — Historia diplomatica Friderici Secundi sive constitutiones, privilegia, mandata, instrumenta quæ supersunt istius Imperatoris et filiorum ejus. Accedunt epistolæ Paparum et documenta varia. Collegit, ad fidem chartarum et codicum recensuit, juxta seriem annorum disposuit et notis illustravit *J. L. A.* Huillard-Bréholles. Auspiciis et sumptibus H. de Albertis de Luynes.
Parisiis. 1853-1861. H. Plon. 7 en 12 vol. in-4.

5186. — Frédéric II.
Paris. 1869. Dumaine. 1 vol. in-12.

** — Correspondance de l'Empereur et de l'Impératrice relative à la succession de la Bavière.
Voyez : Œuvres de Frédéric II. Tome V. Polyg. N. 217.

5187. — Geschichte der Deutschen am Niederrhein und in Westphalen. Von der ersten geschichtlichen Kenntniss an bis auf Karl den grossen. Von Dr. *J. F.* Knapp.
Elberfeld und Barmen. 1830. Weise. 1 vol. in-8.

5188. — Les droits des Arpad (Crouy-Chanel de Hongrie) par A*lbert* Nyary, baron de Nyarégyhara. Traduit du hongrois.
Turin. 1862. Imp. des Compositeurs-typographes. in-16

5189. — Geschichte von Bohmen. — Grosstentheils nach Urkunden und Handschriften von *Franz* Palacky.
Prag. 1836-67. Tempsky. 5 en 10 vol. in-8.

5190. — Geschichte Marienburgs, der Stadt und des Haupthauses des deutschen Ritter Ordens in Preussen, von *Johanne* Voigt.
Koenigsberg. 1824. Bortraeger. 1 vol. in-8. Pl.

5191. — Geschichte der gefürsteten Reichs-Abtei Corvey und der Stadte Corvey und Horter. Von *Paul* Wigand.
Hoxter. 1819. Bohn. 2 en 1 vol. in-8. Pl.

5192. — Der Corveysche Güterbesitz, aus den Quellen dargestellt und als Fortsetzung der Corveyschen Geschichte herausgegeben von Dr. *Paul* Wigand.
Lemgo. 1831. Meyer. 1 vol. in-8. Cart.

5193. — Wibald von Stablo und Corvey, (1098-1158) Abt, Staaatsmann und Gelehrter. Von Dr. *Joh.* Janssen. Munster. 1854. Coppenrath. 1 vol. in-8.

5194. — Vervemung des Herzogs Heinrich des Reichen von Baiern durch die heimliche Acht in Westphalen. Ein vollstandiger Bemprozess nach neuentdekten Urkunden dargestellt von Dr. *Bernhardt* Thiersch. Essen. 1835. Badeker. 1 vol. in-8.

Provinces Danubiennes.

** — Provinces danubiennes et roumaines, par MM. Chopin et A. Ubicini. — Bosnie, Servie, Herzegovine. Bulgarie, Slavonie, Illyrie, Croatie, Dalmatie, Montenegro, Albanie, par M. Chopin. — Valachie, Moldavie Bukovine, Transylvanie, Bessarabie, par M. Ubicini.
Paris. 1856. F. Didot fr. 1 vol. in-8.

Voyez : l'Univers. N. 652.

Belgique.

** — *Valerii* Andreæ topographia Belgii totius sive Germaniæ Inferioris descriptio.
Voyez : *Val.* Andreæ Bibliotheca Belgica. Bibliog. N. 695.

5195. — Carte chorographique de la Belgique en 69 feuilles, dressée d'après celle de Ferraris, augmentée et publiée par *L.* Capitaine et *P. G.* Chanlaire.
Paris. An IV. Goujon. 1 vol. in-fol.

5196. — Guide illustré du voyageur en Belgique...
Bruxelles. 18.. Hauman & Cⁿ. 1 vol. in-18. Fig.

5197. — Le Promeneur dans Bruxelles et ses environs...
Bruxelles. 1834. Wahlen. 1 vol. in-18. Cart.

5198. — Guide des étrangers dans la ville d'Anvers....
Anvers. s. d. Philippe-Ville. 1 vol. in-12.

** — Collection de chroniques belges inédites publiée par ordre du Gouvernement et par les soins de la Commission royale d'Histoire.
Bruxelles. 1838-74. Hayez. 36 vol. in-4.

Voyez N. 1736.

Il faut ajouter aux ouvrages déjà cités :

** — Chronique des ducs de Brabant, par *Edmond* de Dynter, publiée d'après le ms. de Corsendonck, avec des notes et l'ancienne traduction française de *Jehan* Wauquelin ; par *P. F. X.* de Ram. 3 vol.

** — Chronique de Jean de Stavelot, publiée par *Ad.* Borgnet. 1 vol.

** — Les quatorze livres sur l'histoire de la ville de Louvain du docteur en théologie *Jean* Molanus, publiés d'après le manuscrit autographe, accompagnés d'une notice sur la vie et les écrits de Molanus, de notes et d'appendices, par *P. F. X.* de Ram. 2 vol. in-4.

** — Ly mireur des histors, chronique de *Jean* DES PREIS dit d'OUTREMEUSE, publiée par *Ad.* BORGNET. 3 vol.

** — Table chronologique des chartes et diplomes imprimés concernant l'histoire de la Belgique, par *Alphonse* WAUTERS. 3 vol.

** — Monuments pour servir à l'histoire des provinces de Namur, de Hainaut et de Luxembourg.(Cartulaire de l'abbaye de Cambron, publié par *J. J.* LE SMET.) 2 vol.

** — Chroniques relatives à l'histoire de la Belgique sous la domination des Ducs de Bourgogne. Textes latins.)Chroniques des Religieux des Dunes, *Jean* BRANDON, — *Gilles* DE ROYE, — *Adrien* DE BUT, publiées par M. le Baron KERVYN DE LETTENHOVE. 1 vol. in-4.

** — Cartulaire de l'abbaye de Saint-Trond, publié par *Ch.* PIOT. 1 vol.

5199. — *J. B.* GRAMAYE antiquitates Belgicæ emendatiores, et auctæ antiquitatibus Bredanis, nunc primum editis.Accedunt hac editione *Nicolai* DE GUYSE Mons Hannoniæ, *Davidis* LINDANI Teneræmonda.
Lovanii. Bruxellis. 1708. 1 vol. in-fol. Pl.

5200. — Ruræmonda vigens, ardens, renascens... (Autore *G.* DE BLITTERSWYCK.)
Bruxellæ. 1666. G. Scheybels. 1 vol. in-fol.

5201. — Louis de Bourbon, Evêque-Prince de Liège (1455-1482). Par *Ed.* GARNIER.
Paris. 1860. Dumoulin. 1 vol. in-8.

5202. — De la Belgique en 1830. Par *Casimir* LECOMTE.
Amiens. 1830. Boudon-Caron. 1 vol. in-8.

Pays-Bas.

5203. — Guide des voyageurs dans les Pays-Bas et le Grand-duché du Rhin. 2ᵉ édit.
Bruxelles. 1823. Ferra 1 vol. in-8. Cart.

5204. - Nouvel itinéraire portatif des Pays-Bas... Par M PERROT,
Paris. 1827. H. Langlois. 1 vol. in-8. Cart.

5205. — Les amusemens de la Hollande, avec des remarques nouvelles et particulières sur le genie, mœurs et caractères de la nation. Entremelés d'épisodes curieux et intéressans.
La Haye, 1739. P. Van Cleef. 1 vol. in-12.

5206. — Statistique de la Batavie. Par EMILAN ESTIENNE.
Paris. An XI. Imp. des sourds-muets. 1 vol in-8.

5207. — En Hollande. Septembre 1867. Fragments d'un carnet de voyage. (Par *A*. DEMARSY et *F*. LE PROUX).
Arras. 1868. Rousseau-Leroy. in-8.

Géographie et histoire des Pays septentrionaux de l'Europe.

5208. — Voyage dans les steps d'Astrakhan et le Caucase. Histoire primitive des peuples qui ont habité anciennement ces contrées. — Nouveau périple du Pont-Euxin. Par le Comte *Jean* POTOCKI. Ouvrages publiés et accompagnés de notes et de tables, par M. KLAPROTH.
Paris. 1829. Merlin. 2 vol. in-8. Pl.

5209. — Lettres sur la Russie, la Finlande et la Pologne, par *X*. MARMIER. 2ᵉ édit.
Paris. 1851. Garnier fr. 1 vol. in-18.

5210. — Das heroische Zeitalter der nordisch — germanischen Volter, und die Wikingeras Züge. — Eine Ubersetzung aus dem dritten und vierten Abschnitte von P. A. Munch « Det norske Folks Historie » von *Georg Freidrich* CLAUSSEN.
Lubeck. 1854. Dittmer. 1 vol. in-8.

5211. — Coup d'œil sur quelques points de l'histoire générale des peuples slaves et de leurs voisins les Turcs et les Finnois, par M. *Aug.* VIQUESNEL.
Lyon. 1865. Pinier. 1 vol. in-8.

Pologne.

5212. — Compendio delle istorie di Polonia di *Giuseppe* TAMBRONI.
Milano. 1807. Destefanis. 2 vol. in-8.

5213. — Geschichte Polens unter Stanislaus August. Eine Darstellung der dreissigjahrigen Anstrengungen der Polnischen Nation, ihrem Waterlande aufzuhelfen von *Joachim* LELEWEL. — Aus der noch ungedruckten Originalhandschrift übersetzt von A. V. DRAKE.
Braunschweig. 1831. Vieweg. 1 vol. in-8.

5214. — *Léonard* CHODZKO. Histoire de Pologne, septième série de la guerre d'Orient, illustrée par JANET-LANGE

et *Gustave* Janet, ornée d'une carte de la Pologne par *A. H.* Dufour.
Paris. 1856. G. Barba. 1 vol. g. in-8.

5215. — Histoire du roi Jean Sobieski et du royaume de Pologne. Par *N. A.* de Salvandy. N° édit.
Paris. 1863. Didier. 2 vol. in-8.

5216. — Thaddaeüs Kosciuszko. — Dargestellt von *Karl* Falkenstein.
Leipzig. 1827. Brockhaus. 1 vol. in-8.

Russie.

** — Histoire de Russie et de Pierre le Grand, par le général Cte de Ségur.
Voyez : N. 5106.

Danemark.

** — Danemark, par M. *J. B.* Eyriès
Paris. 1846. F. Didot fr. 1 vol. in-8.
Voyez : l'Univers N. 652.

5217. — Om Toldwœsen i Almindelighed og det danske Toldwœsen i Sœrdeleshed. Of *W. C. E. G*reve Sponneck.
Kiobenhavn. 1840. 1 vol. in-8.

Suède et Norwège.

** — Voyage au cercle polaire — Voyage en Laponie. Par Maupertuis.
Voyez : Œuvres de Maupertuis. III. Polyg. N. 203.

5218. — Voyages de la Commission scientifique du Nord, en Scandinavie, en Laponie, au Spitzberg et aux Feroë, pendant les années 1838, 1839 et 1840, sur la corvette la Recherche, commandée par M. Fabvre; publiés par ordre du Roi, sous la direction de M. *Paul* Gaimard. (Relation du voyage, Littérature Scandinave, par M. *Xavier* Marmier. Tom. 1. 2. 3.)
Paris. 18.. A. Bertrand. 3 vol. in-8. Atlas. in-fol.

5219. — Voyage dans les mers du Nord à bord de la corvette la Reine Hortense, par *Charles Edmond* (Choiecki) Notices scientifiques communiquées par MM. les membres de l'expédition. — Carte du voyage. — Carte géologique de l'Islande. Dessins de M. *Karl* Girardet d'après les aquarelles de MM. *Ch. Giraud* et *d'Abrantès*.
Paris. 1857. M. Lévy. 1 vol. gr. in-8. Pl.

** — Snorre-Sturlesons Edda. Samt Skalda. Ofversattning fran scandinaviska Forn-spraket.
Stockholm. 1819. Chanberg. 1 vol. in-8.
Voyez : Bell. lett. N. 3721.

** — Gustave Vasa ou la Suède au seizième siècle, roman historique par M. Mardelle.
Paris. 1830. Dehay. 5 vol. in-12.
Voyez : Belles-lettres. N. 2722.

5220. — Historia di Carlo XII, Re di Suezia, del Signor di Voltaire.
Venezia. 1744. F. Pitteri. 1 vol. in-8.

5221. — Histoire de la Laponie, sa description, l'origine, les mœurs, la manière de vivre de ses habitans, leur religion, leur magie, et les choses rares de Païs... Traduites du latin de M. Scheffer, par L. P. A. L. (Le Père A. Lubin et P. Richelet.)
Paris. 1678. C. de Varennes. 1 vol. in-4. Pl.

Angleterre.

5222. — Quinze jours à Londres à la fin de 1815, par M. (A. J. B. Defauconpret.) 2e édit.
Paris. 1817. Eymery. 1 vol. in-8.

5223. — Guide de l'étranger à Londres, ou description générale de cette ville, son histoire, ses monumens, etc. par J. W. Lake.
Paris. 1827. Truchy. 1 vol. in-18. Cart.

5224. — Leigh's new picture of London ; or, a view of the political, religious, medical, literary, municipal, commercial, and moral state of the Britith Metropolis; presenting a luminous guide to the stranger.
London. 1834. Leigh and son. 1 vol. in-18. fig.

5225. — Guide illustré du voyageur à Londres et aux environs, précédé d'une description historique des villes, bourgs, villages et sites sur le parcours des chemins de fer de Paris à Londres, orné de 100 vignettes dessinées sur les lieux par MM. Daubigny et Freeman, accompagné de cartes et plans gravés par P. Tardieu et Erhard.
Paris. 18.. E. Bourdin. 1 vol. in-12.

5226. — *A.* DE CONTY. Londres en poche et ses environs. Guide pratique illustré.
Paris. 186. Faure. 1 vol. in-18. Cart.

5227. — Histoire d'Angleterre jusqu'à l'époque de la révolution française, avec un résumé chronologique des événements jusqu'à nos jours, par M. *Emile* DE BONNECHOSE.
Paris. 1859-62. Didier. 4 vol. in-8.

5228. — Histoire de Guillaume le Conquérant, duc de Normandie et roi d'Angleterre. Par M. l'Abbé P***. (PRÉVOST D'EXILES).
Paris. 1742. Prault. 2 vol. in-12. Port.

5229. — Mémoires et instructions pour les Ambassadeurs, ou lettres et négociations de WALSINGHAM, Ministre sous Elisabeth Reine d'Angleterre. Avec les Maximes politiques de ce Ministre et des Remarques sur la vie des principaux Ministres et Favoris de cette Princesse. Traduit de l'anglais (par M. BOULESTEIS DE LA CONTIE.) 2ᵉ édit.
Amsterdam. 1717. Etienne Roger. 4 vol. in-12.

5230. — Apologia pro Juramento Fidelitatis primùm quidem ΑΝΩΝΥΜΟΣ: nunc verò ab ipso Auctore JACOBO Dei gratià Magnæ Britanniæ, Franciæ, Hiberniæ Rege, denuo edita.—Cui præmissa est præfatio monitoria Sacratiss. Cæsari Rodolpho II, eodem Auctore.
Londini 1609. Norton. 1 vol. in-4.

5231. — Apologie pour le Serment de fidélité que le Ser. Roy de la grand' Bretagne requiert de tous ses sujets tant ecclésiastiques que séculiers... Premièrement mise en lumière sans nom, maintenant reconnue par l'auteur, JACQUES... Roy de la grand' Bretagne...
Londres. 1609. Norton. 1 vol. in-8.

5232. — In Georgium Blacuellum Angliæ Archipresbyterum à Clemente Papa Octavo designatum, quæstio bipartita : cujus Actio prior Archipresbyteri jusjurandum de Fidelitate præstitum. — Altera ejusdem

juramenti Assertionem contra Cardinalis Bellarmini literas continet.
Londini 1609. Norton. 1 vol. in-4.

5233. — Strena catholica, seu explicatio brevis, et dilucida novi Fidelitatis juramenti. Ab E. I. Sacræ Theologiæ studioso composita. Ad conscientias Catholicorum Anglorum plenius circa idem juramentum instruendas et serenandas.
Augustæ. 1620. B. Faber. 1 vol. in-8.

5234. — Nuntius à mortuis, hoc est stupendum juxta ac tremendum colloquium, distinctis alternisque vocibus à pluribus auditum, inter manes Henrici VIII. et Caroli I. Angliæ Regum, in Ecclesia Windsoriensi in Anglia, ubi sub eodem marmore contumulati sunt. In quo totà Divini Judicii series in istis infortunatis Insulis à capite usque ad calcem cœlesti quodam penicillo liquidò depingitur.
Londini & Parisiis. 1657. 1 vol. in-8.

5235. — Histoire d'Angleterre depuis l'avénement de Jacques II, par Lord MACAULAY. Traduit de l'anglais par le Vicomte *Jules* DE PEYRONNET. 2ᵉ édit.
Paris. 1861. Perrotin. 3 vol. in-8.

5236. — Histoire du régne de Guillaume III pour faire suite à l'histoire de la révolution de 1688, par Lord MACAULAY. Traduit par *Amédée* PICHOT. 2ᵉ édit.
Paris. 1861. Perrotin. 4 vol. in-8.

5237. — Etudes sur la révolution d'Angleterre. Portraits politiques des hommes des différents partis, Parlementaires, — Cavaliers, — Républicains, — Niveleurs. Par M. GUIZOT. Nᵉ édit.
Paris 1855. Didier. 1 vol. in-8.

5238. — Lettre sur l'émeute arrivée à Londres le 2 juin 1780, et sur les Anglais.
Partout et nulle part. 1780. in.12.

" — L'intention de l'Angleterre en 1863, par le Baron *Ed.* DE SEPTENVILLE.
Paris. 1863. Dentu. in-8.

Voyez : Sc. et Arts. N. 3735.

5239. — Magna Charta and the Bill of Rights, with the petition of Right presented to Charles the First by the Lords and Commons, together with his Majesty's answer; and the coronation oath. 6ᵉ edit.
London. s. d. Blacklock. 1 vol. in-8.

5240. — Constitution de l'Angleterre, ou état du gouvernement anglais, comparé avec la forme républicaine et avec les autres monarchies de l'Europe; par (*J.-B*). DE LOLME. 5ᵉ édit.
Paris. 1819. Lemonnier. 1 vol. in-8.

5241. — Précis de l'histoire de la constitution d'Angleterre, depuis Henri VII jusqu'à Georges II ; d'après Hallam, par *A. R.* BORGHERS.
Paris. 1828. Ponthieu. 1 vol. in-8.

5242. — De l'Angleterre et des Anglais, par *Jean-Baptiste* SAY. 2ᵉ édit.
Paris. 1816. Arthur Bertrand. 1 vol. in-8.

5243. — Les nuits angloises, ou recueil de traits singuliers, d'anecdotes, d'événements remarquables, de faits extraordinaires, de bisarreries, d'observations critiques et de pensées philosophiques, etc. propre à faire connoître le génie et le caractère des Anglois.
Paris. 1771. Costard. 4 vol. in-12.

5244. — The sports and pastimes of the people of England ; including the rural and domestic recreations, may-games, mummeries, shows, processions, pageants and pompous spectacles from the earliest period to the present time. By *Joseph* STRUTT. A new edition, with a copious index, by *W.* HONE.
London. 1845. Th. Tegg. 1 vol. in-8. Fig.

5245. — Relations politiques de la France et de l'Espagne avec l'Ecosse au XVIᵉ siècle ; papiers d'Etat, pièces et documents inédits ou peu connus tirés des bibliothèques et des archives de France, publiés par *Alexandre* TEULET. Nᵉ édit.
Paris. 1862. Vᵉ J. Renouard. 5 vol. in-8.

5246. — Les Ecossais en France et les Français en Écosse, par *Francisque* Michel.
Paris. 1862. Franck. 2 vol. in-8.

5247. — Histoire de Marie Stuart, par M. Mignet. 2ᵉ édit.
Paris. 1852. Didier. 2 vol. in-8. Port.
** — Marie-Stuart, Reyne d'Ecosse. Nouvelle historique par M. de Bois Guilbert.
Paris, 1775. Barbin. 2 vol. in-12.
Voyez : Bell. lett. N. 2674.

5248. — The scottisch Gaël ; or celtic manners, as preserved among the Highlanders : being an historical and descriptive account of the inhabitants, antiquities, and national peculiarities of Scotland;.. more particularly of the northern,.. By James Logan.
London. 1831. Smith, Elder. 2 vol. in-8. Fig.

Histoire de France.

a. — Traités généraux.

5249. — Introduction générale à l'histoire de France, par *Victor* Duruy.
Paris. 1865. Hachette. 1 vol. in-8.

5250. — Carte du nivellement général de la France, figuré par des courbes d'altitude à l'échelle de 1 à 800,000.
Paris. 1872. Autogr. Lemercier. 6 f. in-fol

b. — Géographie de la Gaule.

5251. — Carte de la Gaule. Monuments de l'age de pierre. Dolmens et tumuli-dolmens. Par *Alexandre* Bertrand. (Etat actuel de nos connaissances). Dessinée par Chartier. 1867.
Paris. 1867. Imprimerie impériale. 1 f. in-fol.

5252. — Dictionnaire archéologique de la Gaule. Epoque celtique. Publié par la Commission instituée au Ministère de l'Instruction publique d'après les ordres de S. M. l'Empereur.
Paris. 1867. Imprimerie impériale. in-4. En Public.

5253. — Alésia. (Septième campagne de Jules César). Résumé du débat. Réponse à l'article de la Revue des deux mondes du 1ᵉʳ mai 1858. Conclusion suivie d'un

appendice renfermant des notes inédites écrites de la main de Napoléon 1ᵉʳ sur les Commentaires de Jules César. Par *Ernest* Desjardins.
Paris. 1849. Didier & Cᵉ. 1 vol. in-8.

5254. — Congrés archéologique de France. xxviiᵉ session. Mémoire sur la 6ᵉ question d'archéologie. Comment se nomment aujourd'hui les localités désignées dans la *Notice de l'Empire Romain ?* Othonæ, Dubris, Lemannis, Branoduno, Gariannono, Regulbio, Rutupis, Anderidæ, Adurni, Marcis in littore saxonico, Loco Quartensi et Hornensi, Portu Apatiaci ? Par *G.* Souquet.
Amiens. 1861. Lenoel-Herouart. in-8.

5255. — Géographie de diplomes mérovingiens, par *Alfred* Jacobs.
Paris. 1862. Durand. 1 vol. in-8.

5256. — Géographie de Grégoire de Tours, de Frédégaire et de leurs continuateurs, par *Alfred* Jacobs. 2ᵉ édit.
Paris. 1861. Didier. 1 vol. in-8.

    c. — *Géographie moderne de la France.*

5257. — Dictionnaire topographique de la France comprenant les noms de lieu anciens et modernes, publié par ordre du Ministre de l'Instruction publique et sous la direction du Comité des travaux historiques et des Sociétés savantes.
Paris. 1861-73. Imprimerie nat. 12 vol. in-4,
Cette collection comprend les départemants suivants.
** — Aisne, par M. *Auguste* Matton. 1871, .
** — Basses-Pyrenées, par M. *Paul* Raymond. 1863.
** — Dordogne, par M. le Vicomte de Gourgues. 1873.
** — Eure, par M. *Lucien* Merlet. 1861.
** — Gard, par M. E. Germer-Durand, 1868.
** — Haut-Rhin, par M. *Georges* Stoffel. 1868.
** — Hérault, par M. *Eugène* Thomas. 1865.
** — Meurthe, par M. *Henri* Lepage, 1862.
** — Meuse, par M. *Félix* Liénard. 1871.
** — Morbihan, par M. Rosenzweig. 1870.
** — Nièvre, par M. *Georges* de Soultrait. 1865.
** — Yonne, par M. *Max*, Quantin. 1863.

5258. — Dictionnaire géographique, historique, industriel et commercial de toutes les communes de la France et de plus de 20,000 hameaux en dépendant. Par A. GIRAULT DE SAINT-FARGEAU.
Paris. 1844-1846. F. Didot. 3 vol. in-4. Fig.

5259. — Dictionnaire des postes de l'Empire, nomenclature complète des communes de France, publié par la Direction générale des Postes.
Noyon. 1860. Mary-Dupuis et Ce 1 vol. in-4.

5260. — Dictionnaire géographique, administratif, postal, statistique, archéologique, etc., de la France, de l'Algérie et des colonies;.. précédé d'une introduction sur la France, par *Adolphe* JOANNÉ. 2e édit.
Paris. 1859. Hachette. 1 vol. in-8.

5261. — La France illustrée, géographie, histoire, administration et statistique, par *V. A.* MALTE-BRUN.
Paris. 18.. Barba. 2 vol. & atlas in-4.

5262. — La France (avec ses colonies). Géographie et statistique. Par *E.* LEVASSEUR. 2e édit.
Paris. 1872. Delagrave. 1 vol. in-18.

5263. — Cartes pour servir à l'intelligence de la France et ses colonies. (Géographie et statistique.) Par MM. *Ch.* PÉRIGOT et *E.* LEVASSEUR.
Paris. 1872. Delagrave. 1 vol. in-18.

5264. — Traité inédit de géographie métallurgique, contenant la description succincte de l'Empire français, ses relations commerciales, son industrie, sa politique et les diverses productions de son sol, avec des détails très intéressans de géologie, de physique et d'histoire naturelle. Par *J. P.* CHEVALIER.
Amiens. 1835. Machart. 1 vol. in-8.

h. — Voyages en France.

5265. — Itinerarium per nonnullas Galliæ Belgicæ partes, *Abrahami* ORTELII et *Joannis* VIVIANI.
Antuerpiæ. 1584. Off. Plantiniana. 1 vol. in-8. Pl.

5266. — Guide du voyageur en France, par M. RICHARD.
Paris. 1823. Audin. 1 vol. in-12. Cart.

5267. — Guide classique du voyageur en France et en Belgique... Par Richard. 16ᵉ édit.
Paris. 1834. Audin. 1 vol. in-12. Cart.

5268. — Les soirées helvétiennes, alsaciennes et fran-comtoises. (Par M. le Marquis de Pezay.)
Amsterdam. Paris. 1771. Delalain. 1 vol. in-8.

5269. — Même ouvrage.
Londres. 1772. 1 vol. in-12.

5270. - Voyage fait dans les départemens nouvellement réunis, et dans les départements du Bas-Rhin, du Nord, du Pas-de-Calais et de la Somme, à la fin de l'an X, par *A. G.* Camus.
Paris. An XI. (1803). Baudouin. 2 vol. in-16. Pl.

5271. — Promenade de Paris à Bagnères-de-Luchon, par l'Ile de France, l'Orléanais, le Berry, le Bourbonnais, l'Auvergne, le Rouergue, l'Albigeois, le Languedoc, le Roussillon et la partie orientale de la chaîne des Pyrénées; par le comte *P. de V.* (P.L. Rigaud de Vaudreuil).
Paris. 1820. Egron. 1 vol. in-8.

5272. — Voyage aux Pyrénées, par *H.* Taine. 2ᵉ édit.
Paris. 1858. Hachette. 1 vol. in-18.

5273. — La Haute Savoie, récits d'histoire et de voyage, par *Francis* Wey. 2ᵉ édit.
Paris. 1865. Hachette. 1 vol. in-12.

i. — Statistique.

5274. — Annales de statisque, ou journal général d'économie politique, industrielle et commerciale ; de géographie, d'histoire-naturelle, d'agriculture, de physique, d'hygiène et de littérature. Par *L. J. P.* Ballois.
Paris. An X (1802). Valade. 5 en 4 vol. in-8.

5275. — Itinéraire de l'ami des arts, ou statistique générale des académies, bibliothèques, cabinets d'histoire naturelle, de physique et de chimie... de Paris et des départemens, par *C. O.* Blanchard-Boismarsas.
Paris. 1821. Mathiot. 1 vol. in-8.

— Statistique de la France publiée par le Ministre des Travaux publics, de l'Agriculture et du Commerce. Voyez N. 2213.

h. — Chronologie.

5276. — Liste complète des souverains de la France jusqu'à nos jours, par J. Lefebvre. (1)
Abbeville. 1859. Briez. 1 vol. in-8.
5277. — Même ouvrage. 2ᵉ édit.
Abbeville. 1867. Briez. 1 vol. in-8.
5278. — Tableaux généalogiques des souverains de la France et de ses grands feudataires, par Éd. Garnier.
Paris. 1863. Herold. 1 vol. in-4.

h. — Philosophie de l'histoire de France.

5279. — Tableau historique des progrès de la civilisation en France, depuis l'origine de la monarchie jusqu'à nos jours. Par C. Desmarais.
Paris. 1823. Masson fils. 1 vol. in-16.
** — La civilisation chrétienne chez les Francs. Recherches sur l'histoire ecclésiastique, politique et littéraire des temps mérovingiens et sur le règne de Charlemagne, par A. F. Ozanam.
Paris. 1855. Lecoffre. 1 vol. in-8.
Voyez : Œuvres complètes de A. F. Ozanam. Polyg. N. 214.
5280. — Discours qui a remporté le prix d'Histoire proposé par l'Institut national de France, décerné dans sa séance publique du 15 vendémiaire an 9, sur cette question : *Par quelles causes l'esprit de liberté s'est-il développé en France, depuis François Iᵉʳ jusqu'en 1789 ?* Par le citoyen *Nicolas* Ponce.
Paris. An IX. Baudouin. 1 vol. in-8.

m. — Histoires générales.

5281. — Abrégé de l'histoire de France, comprenant les Gaulois, les Gallo-romains, les Franks et les Français, jusqu'à nos jours, avec des tableaux de synchronismes. Par M. *J. J.* Bourgon.
Besançon. 1832. Bintot. 2 vol. in-12.
5282. — Précis de l'histoire de France jusqu'à la révolution française, par M. Michelet.
Paris. 1833. Hachette. 1 vol. in-8.

---

(1) Lefebvre (*Jules*) né à Abbeville le 15 Octobre 1846.

5283. — Histoire de France servant de texte explicatif aux galeries historiques de Versailles.
Paris. 1838. Duverger. 4 vol. in-4.

5284. — Histoire de France à l'usage de la jeunesse, par M. l'Abbé Crampon. (1)
Paris. 1868. Tolra & Haton. 1 vol. in-18.

5285. — Histoire de France par M. *Auguste* Trognon.
Paris. 1863-1865. Hachette. 5 vol. in-8.

5286. — Histoire de France depuis les origines jusqu'à nos jours, par M. *C.* Dareste.
Paris. 1865-1873. Plon. 8 vol. in-8.

5287. — Histoire de France par *Victor* Duruy. N^e édit.
Paris. 1873. Hachette. 2 vol. in-18. Pl. & Cart.

o. — Biographies et iconographies.

5288. — Amours et galanteries des rois de France, mémoires historiques sur les concubines, maîtresses et favorites de ces princes, depuis le commencement de la monarchie jusqu'au règne de Charles X ; par Saint Edme (*Edme Théodore* Bourg.)
Paris. 1830. Amable Costes. 2 vol. in-8.

p. — Inventaires d'archives.

5289. — Ministère d'Etat. Archives de l'Empire. Inventaires et documents publiés par ordre de l'Empereur, sous la direction de M. le Comte de Laborde.
** — Layettes du Trésor des chartes, par M. A. Teulet. Tom. I.II.
** — Actes du Parlement de Paris, par M. *E.* Boutaric. 1re série. I.II.
** — Collection de sceaux, par M. Douet d'Arcq. I.II.
** — Monuments historiques, par M. *Jules* Tardif I.
** — Titres de la maison ducale de Bourbon, par M. Huillard-Bréholles. I.
Paris. 1863-1867. Plon. 8 vol. in-4.

5290. — Archives nationales. — Inventaires et documents publiés par la Direction générale des Archives Nationales. — Inventaire sommaire et tableau méthodique des fonds conservés aux Archives nationales. 1re partie. Régime antérieur à 1789.
Paris. 1871. Imprimerie nationale. 1 vol. in-4.

(1) Crampon (*Théodore-Joseph-Auguste*) né à Franvillers, le 4 Février 1826.

q. — Collections de Chroniques et de Mémoires.

5291. — Les mémoires et l'histoire en France, par *Charles* CABOCHE. (1)
Paris. 1862-63. Charpentier. 2 vol. in-8.

5292. — Rapport au Ministre de l'Instruction publique sur une collection de pièces curieuses relatives à l'histoire de France (par *Lorédan* LARCHEY.)
Paris. 1873. Paul Dupont. in-8.

5293. — Collection universelle des mémoires particuliers relatifs à l'histoire de France. (Recueillis par ROUCHER, *Antoine* PERRIN, DUSSIEUX et DUCHESNAY.)
Londres. Paris. 1785-1791. 7 vol. in-8.
Cette collection contient :
I.III. JOINVILLE avec les dissertations de DU CANGE. — III.IV. DU GUESCLIN. — V. CHRISTINE DE PISAN. — *Pierre* DE FENIN. — VI. BOUCICAUT. — VII. Richemont par *G.* GRUEL. — Florent d'Illiers par *D.* GODEFROY. — VIII.IX. *Olivier* DE LA MARCHE. — IX. DU CLERCQ. — X.XII *Philippe* DE COMINES. — XIII. Jean DE TROYES. — XIV.XVI. *G.* DE VILLENEUVE. — Mémoires de la Trémouille par J. BOUCHET. — Mémoires de Bayard par le Loyal serviteur. — XVI FLEURANGE. — LOUISE DE SAVOYE. — XVII.XXI. *G.* et *M.* DU BELLAY. - XXII-XXVI. *Blaise* DE MONTLUC. — XXVI.XXVIII. — *G.* DE TAVANNES. — XXVIII-XXXIII.—Mémoires de Vieilleville par *V.* CARLOIX.—XXXIII. XXXVII. — VILLARS. — XXXVII.XXXIV. *Fr.* DE RABUTIN. XXXIX. XL. *B.* DE SALIGNAC. — XL. COLIGNY. — LA CHASTRE. — DE ROCHECHOUART. — XLI. MERGEY. — XLI.XLVI. *M.* DE CASTELNEAU. — XLVI *A.* GAMON. — J. PHILIPPI. — XLVII. *F.* DE LA NOUE. — XLVII. XLIX. *H.* DE LA TOUR D'AUVERGNE, Duc DE BOUILLON. — XLIX. *G.* DE SAULX TAVANNES. — LI. *Ph.* CHEVERNY. — LII. MARGUERITE DE VALOIS. — LIII. LIV. *J. A.* DE THOU. — LIV. *Mathieu* MERLE. — *Jean* CHOISNIN. — LV-LX. *P. V.* PALMA-CAYET. — LXI. *Jean* PAPE. — LXI-LXII. *Nic.* DE NEUFVILLE, sieur DE VILLEROY. — LXII. *Ch.* DE VALOIS, Duc d'Angoulême. — LXIII.LXVIII. BRANTOME. — LXIX-LXX. Tables.

5294. — Collection des chroniques nationales françaises écrites en langue vulgaire du treizième au seizième siècle, avec notes et éclaircissements, par *J. A.* BUCHON.
Paris. 1825-1828. Verdière. 47 vol. in-8.
Cette collection comprend :
I-II. DU CANGE. Histoire de l'Empire de Constantinople. — III. Chronique de VILLE-HARDOIN avec la continuation de *Henri* DE VALEN-

---

(1) CABOCHE (*Pierre-Charles*), né à Péronne, le 9 Novembre 1810, mourut à Paris le 11 Février 1874.

ciennes. — Chronique en dialecte rouchy. — Description du Bosphore et de Constantinople, par *Pierre* GILLES, traduite par M. le C. d'HAUTERIVE. — Discours de NICÉTAS-CHONIATES sur les monuments détruits ou mutilés par les Croisés en 1204. — IV Chronique de la conquête de Constantinople et de l'établissement des Français en Morée. — V.-VI. Chronique de *Ramon* MUNTANER. — VI. Conspiration de Jean Prochyta. — VII. Chronique métrique de St-Magloire. — Chronique métrique d'ADAM DE LA HALLE. — VII-VIII. Branche des royaux lignages; chronique métrique de *Guillaume* GUIART. — Chronique métrique de Philippe Le Bel par GODEFROY DE PARIS. — Livre de la taille de Paris de l'an MCCCXIII. — X.XXIV. Chroniques d'*Enguerrand* DE MONSTRELET. — XV.XVII. Mémoires de *Jean* LEFEVRE DE St-REMY. — XVIII. Chronique et procès de la Pucelle. — XIX.XX. Chronique de MATHIEU DE COUSSY. — XXI.XXIV. Chronique de *Jacques* DU CLERQ. — XXIV. Journal d'un bourgeois de Paris. — XXV.XXL. Chronique de Jean FROISSART — XL. Poésies de Jean FROISSART. — XLI. Chronique de *Jacques* de Lalain par *Georges* CHASTELLAIN. — XLII XLIII Chronique des Ducs de Bourgogne par *Georges* CHASTELLAIN. — XLIII. Poëme de la bataille de Liége en 1468. — XLVI.XLVII. Chronique de *Jean* MOLINET.

* — Collection de documents inédits sur l'histoire de France, publiés par les soins du Ministre de l'Instruction publique. Voyez N. 2352.

Il faut y ajouter :

1 — Appendice au cartulaire de S. Bertin, par M. *Fr.* MORAND. 1867. 1 v.
2 — Cartulaire de l'Abbaye de S. Victor de Marseille publié par M. QUERARD avec la collaboration de MM. MARION et DELISLE. 1857. 2 vol.
3 — Cartulaire de l'Abbaye de Redon en Bretagne, publié par M. *Aurelien* DE COURSON. 1863. 1 vol.
4 — Cartulaires de l'église cathédrale de Grenoble dits cartulaires de Saint Hugues, publiés par M. *Jules* MARION. 1859. 1 vol.
5 — Cartulaire de l'Abbaye de Beaulieu (en Limousin) par M. *Maximin* DELOCHE. 1859. 1 vol.
6 — Les Familles d'Outre-mer de DU CANGE, publiées par *G.* REY. 1869 1 v.
7 — Priviléges accordés à la couronne de France par le Saint-Siège, publiés par M. TARDIF. 1855. 1 vol.
8 — Histoire de la guerre de Navarre de 1276 et 1277 par *Guillaume* ANELIER de Toulouse, publiée avec une traduction, une introduction et des notes, par *Francisque* MICHEL. 1856. 1 vol.
9 — Le mistère du siége d'Orléans publié pour la première fois par MM. *F.* GUESSARD et *E* DE CERTAIN. 1862. 1 vol.
10 — Mémoires de *Claude* DE HATON concernant le récit des événements accomplis de 1559 à 1583, publiés par M. *Félix* BOURQUELOT. 1857. 2 vol.
11 — Négociations, lettres et pièces relatives à la conférence de Loudun, publiées par M. BOUCHITTÉ. 1862. 1 vol.
12 — Journal d'*Olivier* LEFÉVRE D'ORMESSON, et extraits des mémoires d'*André* LEFÉVRE D'ORMESSON, publiés par M. CHÉRUEL. 1860-64 2 vol.
13 — Mémoires de *Nicolas Joseph* FOUCAULT, publiés et annotés par *F.* BAUDRY. 1862. in-4.

14 — Lettres du Cardinal Mazarin pendant son ministère, recueillies et publiées par M. A. Chéruel. 1872. 1 vol.
15 — Négociations diplomatiques de la France avec la Toscane, documents recueillis par *Giuseppe* Canestrini et publiés par Abel Desjardins 1859-72. 4 vol.
17 — Etudes sur les monuments de l'architecture des Croisés en Syrie et dans l'île de Chypre, par G Rey. 1871. 1 vol.
18 — Statistique monumentale de Paris. Explication des planches par M. *Albert* Lenoir. 1867. 1 vol.
19 — Li livre dou trésor de *Brunetto* Latini, publié par P. Chabaille. 1863. 1 vol.

r. — *Recueil de dissertations et mélanges.*

5295. — Nouvelles recherches sur la France, ou recueil de Mémoires historiques sur quelques provinces, villes et bourgs du royaume. (Par *J. L.* Hérissant.
Paris. 1766. Hérissant. 2 vol. in-12.

5296. — Mélanges historique et critiques, contenant diverses pièces relatives à l'Histoire de France, etc. (Par Damiens de Gomicourt). (1)
Amsterdam. Paris. 1768. De Hansy. 2 vol. in-12.

** — Table générale des Bulletins du Comité des travaux historiques et de la Revue des Sociétés savantes, par M. *Octave* Teissier.
Paris. 1873. Imprimerie nationale. 1 vol. in-8.
Voyez : Hist. litt. N. 573 et suiv.

5297. — Annuaire bulletin de la Société de l'histoire de France.
Paris. 1863-1872. Vᵉ J. Renouard. 9 vol. in-8.

5298. — Le cabinet historique, revue contenant, avec un texte et des pièces inédites, intéressantes ou peu connues, le catalogue général des manuscrits que renferment les bibliothèques publiques de Paris et des départements touchant l'histoire de l'ancienne France et de ses diverses localités, sous la direction de *Louis* Paris.
Paris. 1854-74. Cabinet historique. 36 vol. in-8.
Chaque année se divise en 2 parties ; Documents et Catalogues.

5299. — Etudes historiques par M. *Auguste* Nicaise.
Paris. 1860. Aubry. 1 v. in-8.

---

(1) Damiens de Gomicourt *(Auguste-Pierre* né à Amiens le 7 Mars 1723, mourut à Paris en 1790.

** — Laissez passer la justice d'une femme, par Madame *Fanny* Dénoix des Vergnes.
Paris. 1866. Collignon. 1 vol. in-18.
Voyez. Polyg. N. 274.

I. — Histoires par époques

Histoire avant la domination romaine.

** — *G. G.* Leibnitii de origine Francorum disquisitio.
Voyez : *G. G.* Leibnitii opera IV. Polyg. N. 144.

5300. — La découverte de l'origine et de l'étymologie de tous les mots composant la langue française, avec l'explication des noms d'hommes et de leurs prénoms, des noms des villes, villages, fleuves, rivières, etc., ou l'histoire des peuples de la Gaule-Belgique, au temps de l'invasion romaine ; ouvrage offrant à tout le monde une lecture curieuse, instructive et amusante. Par *L. N. H. L.* (Letellier).
Saint-Quentin. 1846. Moureau. 1 vol. in-8.

5301. — Ethnogénie gauloise ou mémoires critiques sur l'origine et la parenté des Cimmériens, des Cimbres, des Ombres, des Belges, des Ligures et des anciens Celtes, par Roget Baron de Belloguet.
Paris. 1861-1873. Maisonneuve. 4 vol. in-8.

Histoire sous la domination romaine.

5302. — Essai sur l'histoire du régime municipal romain dans le nord de la Gaule, par M. Tailliar. 2ᵉ édit.
Douai. 1861. Vᵉ Adam. 1 vol. in-8. Pl.

Histoire sous les trois premières races.

5303. — Deux dissertations préliminaires pour une nouvelle histoire de France, depuis l'établissement de la Monarchie dans les Gaules. (Par le P. Daniel).
Paris. 1696. Benard. 1 vol. in-12.

5304. — Histoire des Carolingiens par *L. A.* Warnkoenig et *P. A. F.* Gérard.
Paris. 1862 Durand. 2 vol. in-8.

5305. — Richeri historiarum quatuor libri. Histoire de Richer en quatre livres, publiée par l'Académie

impériale de Reims, avec traduction, notes, cartes géographiques et *Fac simile* du manuscrit de Richer, par *A. M.* POINSIGNON.
Reims. 1852. Regnier. 1 vol. in-8.

II. — HISTOIRES DE PLUSIEURS RÈGNES.

A partir de Philippe VI.

5306. — Le premier livre des chroniques de *Jehan* FROISSART, texte inédit, publié, d'après un manuscrit de la bibliothèque de Vatican, par M. le baron KERVYN DE LETTENHOVE.
Bruxelles. 1863. Heussner. 2 vol. in-8.

5307. — Chroniques de *J.* FROISSART, publiées, pour la Société de l'histoire de France, par *Siméon* LUCE.
Paris. 1869-73. Vᵉ J. Renouard. 4 v. in-8 En pub.

A partir de Charles VI.

5308. — Chronique de la Pucelle ou chronique de COUSINOT, suivie de la Chronique normande de P. COCHON relatives aux règnes de Charles VI et de Charles VII, restituées à leurs auteurs et publiées pour la première fois intégralement à partir de l'an 1403, d'après les manuscrits, avec notices, notes et développements, par M. VALLET DE VIRIVILLE.
Paris. 1859. Delahays. 1 vol. in-8.

A partir de Charles VII.

* — La satire en France ou la littérature militante au XVIᵉ siècle. Par C. LENIENT. Voyez : Hist litt. N. 421.

5309. — Chronique de MATHIEU D'ESCOUCHY, nouvelle édition revue sur les manuscrits et publiée, avec notes et éclaircissements, pour la Société de l'histoire de France, par G. DU FRESNE DE BEAUCOURT.
Paris. 1863-64. Vᵉ J. Renouard. 3 vol. in-8.

A partir de François Iᵉʳ.

5310. — Commentaires et lettres de *Blaise* DE MONLUC, Maréchal de France; Edition revue sur les manuscrits et

publiée, avec les variantes, pour la Société de l'histoire de France, par M. *Alphonse* DE RUBLE.
Paris. 1864-72. V° J. Renouard. 5 v. in-8. En publ.

A partir de Henri II.

** — Mémoires de *Claude* HATON. publiés par M. F. BOURQUELOT.
Voyez : Coll. de Doc. N. 2352.

A partir de Charles IX.

5311. — Mémoires du Marquis de BEAUVAIS-NANGIS et Journal du procès du Marquis de la Boulaye, publiés pour la première fois, pour la Société de l'histoire de France, par MM. MONMERQUÉ et A. H. TAILLANDIER.
Paris. 1862. V° J. Renouard. 1 vol. in-8.

A partir de Henri IV.

** — Lettres de *Nicolas* PASQUIER. Voyez : Polyg. N. 164.
** — Anecdotes historiques et littéraires racontées par l'ETOILE, BRANTOME, TALLEMANT DES REAUX, SAINT-SIMON, BACHAUMONT, GRIMM, etc.
Paris. 1853. Hachette. 1 vol. in-18.
Voyez : Bell. lett. N. 4031.

A partir de Louis XIV.

5312. — La Monarchie française au XVIII° siècle. Etudes historiques sur les règnes de Louis XIV et de Louis XV par le Comte *Louis* DE CARNÉ.
Paris. 1859. Didier. 1 vol. in-8.

A partir de Louis XV.

** — Mémoires de M. le Baron de BESENVAL. Voyez N. 2890.

A Partir de Louis XVI.

5313. — Sous dix rois. Souvenirs de 1791 à 1860, par M. BOUCHER DE PERTHES.
Paris. 1856. Durand. 1 vol. in-8.

III. — HISTOIRES PAR RÈGNES.

Philippe II, Auguste, 1180-1223.

5314. — Catalogue des actes de Philippe Auguste, avec une introduction sur les sources, les caractères et l'importance historique de ces documents, par *Léopold* DELISLE.
Paris. 1856. Durand. 1 vol. in-8.

Louis IX, *le Saint.* 1226-1270.

5315. — OEuvres de Jean, Sire de Joinville, comprenant l'Histoire de Saint-Louis, le Crédo et la Lettre à Louis X, avec un texte rapproché du français moderne mis en regard du texte original, corrigé et complété à l'aide des anciens manuscrits et d'un manuscrit inédit, par M. *Natalis* De Wailly.
Paris. 1869. Adrien Le Clère. 1 vol. in-8. Pl.

5316. — Vie de Saint-Louis, roi de France, par Le Nain de Tillemont, publiée pour la Société de l'Histoire de France, d'après le manuscrit de la bibliothèque royale, et accompagnée de notes et d'éclaircissements par *J.* de Gaulle.
Paris. 1847-51. J. Renouard. Anelier. 6 vol. in-8.

Philippe III, *le Hardi.* 1270-1285.

** — Histoire de la guerre de Navarre en 1276 et 1277 par *Guillaume* Anelier de Toulouse, publiée, avec une traduction, une introduction et des notes, par *Francisque* Michel. 1856. 1 vol,
Voyez : Coll. de Doc. inéd. N. 2352.

Philippe VI. — *Jean* II. — *Charles* V. 1328-1380.

5317. — La première campagne d'Edouard III en France, par *René* de Belleval. (1)
Paris. 1864. Durand. (Amiens. Lemer.) 1 vol. in-8.

5318. — Choix de pièces inédites relatives au règne de Charles VI, publiées, pour la Société de l'histoire de France, par *L.* Douet d'Arcq.
Paris. 1863-64. V\ J. Renouard. 2 vol. in-8.

Charles VII, *le Victorieux.* 1422-1461.

5319. — Histoire de Charles VII, roi de France, et de son époque, 1403-1461, par M. Vallet (de Viriville.)
Paris. 1862-1865. V\ J. Renouard. 3 vol. in-8.

5320. — Jacques Cœur et Charles VII ou la France au XV\ siècle, étude historique précédée d'une notice sur la valeur relative des anciennes monnaies françaises

---

(1) De Belleval (*Marie-René*) né à Abbeville le 27 Juin 1837,

et suivie de pièces justificatives et documents la plupart inédits, par M. *Pierre* CLÉMENT.
Paris. 1853. Guillaumin. 2 vol. in-8. Port.

5321. — Jeanne d'Arc, par J. MICHELET.
Paris. 1856. Hachette. 1 vol. in-12.

5322. — Jeanne d'Arc par *H.* WALLON.
Paris. 1860. Hachette. 2 vol. in-8.

5323. — Procès de condamnation et de réhabilitation de Jeanne d'Arc dite la Pucelle, publiés pour la première fois d'après les manuscrits de la Bibliothèque royale, suivis de tous les documents historiques qu'on a pu réunir, et accompagnés de notes et d'éclaircissements par *Jules* QUICHERAT.
Paris. 1841-1849. J. Renouard. 5 vol. in-8.

** — Le Mistère du siège d'Orléans publié pour la première fois, d'après le manuscrit unique conservé à la Bibliothèque du Vatican, par MM. F, GUESSART et *E.* DE CERTAIN.
Paris. 1862. Imprimerie imp. 1 vol. in-4.
Voyez : Coll. de Doc. inéd. N. 2532.

Louis XII. 1498-1515.

** — *Jacobi* SADOLETI de bello suscipiendo contra Turcas, ad Ludovicum Christ. Galliarum Regem oratio.
Vide J. SADOLETI opera. Polyg. N. 119.

François I. 1515-1547.

** — Relation mémorable du siège de Péronne par le P. P. FÉNIER.
Voyez : Hist loc.

Charles IX. 1560-1574.

5324. — Advertissement sur le pourparlé qu'on dit de paix, entre le Roy et ses rebelles. Avec son contrepoison.
1568. s. n. n. 1. Pièce in-12.

5325. — Du massacre de la Saint-Barthélemi, et de l'influence des étrangers en France, durant la ligue : discours historiques avec les preuves. Par *Gab.* BRIZARD.
Paris. 1790. Imprimerie nationale. 2 en 1 vol. in-8.

Henri III. 1574-1589.

5326. — Advertissemens à la Noblesse sur une lettre imprimée et publiée soubz le nom du Roy de Navarre à la dicte Noblesse.
Imprimé au mois de Juin 1589. in-8.

Henri IV. 1589-1610.

5327. — Histoire du règne de Henri IV par M. A. Poirson.
Paris. 1856. V. Colas & C°. 3 vol. in-8.

5328. — Anti-chopinus, seu epistola congratulatoria M.*Nicodemi* Turlupini (J. de Villiers-Hotman) ad M. Renatum Chopinum S. Unionis Hispanitalo gallicæ Advocatum incomparabilissimum.
1592. 1 vol. in-4.

Louis XIII, le Juste. 1610-1643.

5329. — Harangue faicte de la part de la Chambre ecclésiastique, en celle du tiers Estat, sur l'Article du Serment. Par Mgr le Cardinal du Perron.
Paris. 1615. Ant. Estienne. 1 vol. in-4.

5330. — Plainte apologétique à Mgr. l'ill. Cardinal de Rets, Evesque de Paris. Par le P. Boucher.
Paris. 1619. D. Moreau. in-8.

5331. — Le Diogène françois.
S. n. n. l. n. d in-8.

5332. — *Alexandri Patricii* Armacani (*Cornelii* Jansenii), Theologi, Mars Gallicus, seu de justitià armorum, et fœderum Regis Galliæ, libri duo.
s. l. n. n. Anno 1635. 1 vol. in-fol.

** — Négociations, lettres et pièces relatives à la conférence de Loudun, publiées par M. Bouchitté. 1862. 1 v.
Voyez : Coll. de Doc. inéd. N. 2352.

** — Cinq-Mars ou une conspiration sous Louis XIII, par le Comte *Alfred* Vigny. 5 édit.
Paris. 1833. Gosselin. 2 vol. in-8.
Voyez : Bell. lett. N. 2730.

5333. — Richelieu.
Paris. 1869. Dumaine. 1 vol. in-12.

5334. — Testament politique d'*Armand* du Plessis, Cardinal Duc de Richelieu. N° édit.
Amsterdam. 1708. Desbordes. 2 en 1 vol. in-12.

Louis XIV, le Grand. 1643-1715.

5335 — Louis XIV et sa cour. Portraits, jugements et anecdotes extraits des Mémoires authentiques du Duc de Saint-Simon. 1694-1715.
Paris. 1857. Hachette. 1 vol. in-18.

5336. — Louis XIV.
　　Paris. 1869. Dumaine. 1 vol. in-12.
** — Lettres du Cardinal Mazarin pendant son ministère, recueillies et publiées par M. A. Chéruel. Voyez : Coll. de Doc. inéd. N. 2352.

5337. — Factum contenant les justes deffenses des Rentiers de l'Hostel de ville de Paris : et les moyens véritables de la seureté de leurs Rentes et de leur conservation.
　　Paris. 1649. Pepingué. in-4.
** Bibliographie des Mazarinades, publiée par C. Moreau.
　　Paris. 1850-51. J. Renouard. 3 vol. in-8.
　　　　　　　　　　　　　　　Voyez : Bibl. N. 785.

5338. — Recueil de pièces pour l'histoire du règne de Louis XIV. 1 vol. in-4.
*. — On y trouve les Mazarinades inscrites dans la Bibliographie de M. Moreau. sous les n°° 25 — 105 — 198 — 302 — 303 — 305 — 306 — 308 — 309 — 314 — 319 — 359 — 371 — 500 — 530 — 866 — 879 — 880 — 881 — 883 — 884 — 890 — 931 — 1292 — 1341 — 1513 — 1582 — 1589 — 1591 — 1595 — 1596 — 1615 — 1825 — 1853 — 1871 — 1904 — 1906 — 2004 — 2023 — 2042 — 2054 — 2070 — 2116 — 2136 — 2151 — 2156 — 2157 — 2159 — 2160 — 2165 — 2172 — 2189 — 2220 — 2232 — 2278 — 2281 — 2285 — 2663 — 2796 — 2889 — 3008 — 3045 — 3064 — 3114 — 3126 — 3192 — 3195 — 3296 — 3325 — 3327 — 3365 — 3411 — 3422 — 3452 — 3455 — 3496 — 3506 — 3605 — 3608 — 3648 — 3764 — 3811 — 3820 — 3823 — 3826 — 3836 — 3841 — 3908 — 3920 — 3950 — 3958 — 3962.

Et les pièces suivantes :

14 — Lettre du Roy envoyée au sieur Piétre, Procureur du Roy en l'hostel de sa bonne ville de Paris.
　　Compiégne. 1652. J. Courant.

21 — Anagramma in Nob. et Ill. Dom. Pomponii Bellievri Parlamenti Par. Protopresidis nomen, (à Car. de Saint-Germain) 1655.

22 — Traduction en français par l'auteur.

49 — Arrest contradictoirement rendu au Conseil d'Estat du Roy en faveur des Marchands Arméniens contre le sieur Chevalier de Bourlemont portant condamnation, et par corps, de leur rendre et restituer les marchandises sur eux mal prises.
　　Paris. 1651. N. Bessin.

49 — Arrest notable de la Cour de Parl. Pour MM. les Doyen et Chapitre de l'Eglise Cathédrale et métropolitaine de Paris, contre les Curés de la ville, faux-bourgs et banlieue de Paris. Du 7 Sept. 1651.

52 — Arrest de la Cour de Parl. donné en l'audience de la grande Chambre le 13 Juin 1651 au profit de M. le Duc de Vandosme, Contre M. le Duc et Me la Duchesse d'Elbeuf, touchant les biens et succession de feue Me la Duchesse de Beaufort. Ensemble les playdoyers des Avocats des parties et de M. Talon qui ont parlé en cette cause.
　　Paris. 1651. Vᵉ Guillemot.

54 — Instruction baillée par le Roy à Madame d'Elbeuf sallant de sa part trouver M. le Duc de Vendosme.
56 — Factum pour M. le Duc de Vandosme contre les prétentions de M, et de M⁵ d'Elbeuf.
57 — Sentence de l'official d'Amiens, donnée sur la nullité du mariage de M⁰ la Duchesse de Beaufort avec. M. Damerval de Liancourt. 24 Déc. 1594.
58 — Contrat de mariage de M. le Duc de Vandosme.
59 — Factum pour M. le Duc d'Elbeuf contre M. le Duc de Vandosme. 1651.
60 — Suite de la relation présentée au Roy en son Conseil sur la dissipation de 16 à 17 millions de livres des revénus du Roy, sur 42 millions de livres dont Sa Majesté doit jouyr par chacun an. toutes charges généralement déduites. 1651.
61 — Supplique de J. Ferd. de Marchin, baron de Modalue, prisonnier à Perpignan.
75 — Instruction sur le faict des monnoies. 1651.
82 — Arrest notable de la Cour des Aydes, donné contre les Officiers des Elections qui commettent des abus, malversations et faussetez en l'exercice de leurs charges,
Paris. 1651. N. Bessin.
86 — Arrest du Parl. de Bretagne pour la liberté des Estats de la province contre M. le Maréchal de la Meilleraye.
Paris. 1651. P. Le Petit.
93 — Arrest de la Cour de Parl. donné contre les prisonniers qui ont fait bris et rupture aux prisons de la conciergerie du palais, et qui se sont sauvez, avec les noms desdits prisonniers. Du 15 Mars 1652.
94 — Arrest de la Cour de Parl, pour remédier aux désordres et pillages que commettent les gens de guerre. Du 13 Juin 1652.
98 — Arrest contre les séditieux. Du 27 Juin 1652.
104 — La Lettre de l'Archiduc Léopold à son Altesse Royale.
Paris. 1652. Salomon de la Fosse.

5339. — **Lettre du Roy, sur la détention des Princes de Condé et de Conty, et Duc de Longueville. Envoyée au Parlement le 20 Janvier 1650.**
Paris. 1650. Les Imp. et Lib. ord. de S. M. in-fol.
à la suite :

— Prise de possession de l'Archevesché de Paris par Mgr. l'Em. Cardinal de Retz.

— Avis sincères d'un Evesque pieux et des-intéressé, envoyez au C. de Retz. Sur une lettre publiée dans Paris sous le nom de ce Cardinal. 1655.

— Raisons et moyens observez par M. le Procureur général du Roy en la Chambre de justice, sur les Procès-verbaux dressez par MM. les Commissaires de la dite Chambre sur les Registres de l'Espargne ; Estats de menus de comptant ; Ordonnances et autres pièces estant à l'Espargne. 1663.

** — Mémoires concernant la guerre de la succession d'Espagne par FÉNÉLON
Voyez : Œuvres de FÉNÉLON. XXII. Polygr. N. 187.

** — Journal d'*Olivier* LEFÈVRE D'ORMESSON et extraits des mémoires d'*André* LEFÈVRE D'ORMESSON, publiés par M. CHÉRUEL. 2 vol.
Voyez : Coll. de Doc. inéd. N. 2352.

5340. — Mémoires de l'Abbé LEGENDRE, Chanoine de Notre-Dame, Secrétaire de M. de Harlay, Archevêque de Paris, Abbé de Clairfontaine, publiés d'après un manuscrit authentique, avec des notes historiques, biographiques et autres, par M. ROUX.
Paris. 1863. Charpentier. 1 vol. in-8.

** — Mémoires de *Nicolas-Joseph* FOUCAULT, publiés et annotés par F. BAUDRY. 1862. 1 vol.
Paris. 1862. Impr. imp 1 vol. in-4.
Voyez : Coll. de Doc. inéd. N. 2352.

Louis XV. 1715-1774.

5341. — Aux manes de Louis XV, et des grands hommes qui ont vécu sous son règne, ou Essai sur les progrès des arts et de l'esprit humain, sous le règne de Louis XV. (Par GUDIN.)
Deux-Ponts. 1776. Imp. Ducale. 2 vol. in-8.

5342. — Journal et mémoires de *Mathieu* MARAIS, Avocat au Parlement de Paris, sur la régence et le règne de Louis XV (1715-1737), publiés pour la première fois d'après le manuscrit de la Bibliothèque impériale, avec une introduction et des notes, par M. DE LESCURE.
Paris. 1863-64. F. Didot. 2 vol. in-8.

5343. — Mémoires de Madame la Marquise DE POMPADOUR, écrits par elle-même, et publiés par R. P. (*René* PERRIN.)
Paris. 1808. V° Lepetit. 5. en 2 vol. in-12.

Louis XVI. 1774-1793.

5344. — Louis XVI et sa cour par *Amédée* RÉNÉE. 2° édit.
Paris. 1858. F. Didot fr. 1 vol. in-8.

— 465 —

5345. — Le Sieur Calonne dénoncé à la nation françoise et à la postérité; et pris à partie par l'Ombre de feu M. de la Chalotais.

— Sixième développement de la requête qu'a fait imprimer M. de Calonne, ex-Ministre, réfugié en Angleterre; ou le Sieur Calonne... dénoncé...
London. 1787. Foxhunter. 1 vol. in-8.

5346. — Histoire du procès de Louis XVI, dédiée à S. M. Louis XVIII. Par *Maurice* MÉJAN.
Paris. 1814. Patris. 2 vol. in-8.

** — Mémoires de CONDORCET sur le règne de Louis XVI et la révolution, extraits de sa correspondance et de celle de ses amis. Publiés par M. le Marquis de LAROCHEFOUCAULD-LIANCOURT.
Voyez : Œuvres choisies de M. le Marquis de LAROCHEFOUCAULD-LIANCOURT. VII. VIII. — Polygr. N. 245.

3347. — Souvenirs d'un Page de la cour de Louis XVI. Par *Félix*, Comte de FRANCE D'HÉZECQUES, *Baron de Mailly*, publiés par M. le Comte D'HÉZECQUES.
Paris. 1873. Didier. 1 vol. in-18.

5348. — Une page d'histoire. 1789-1793. Par l'Abbé J. E. DECORDE.
Neufchatel. 1853. Duval. in-8.

5349. — Recueil de pièces.
10 vol. in-8 contenant :
Tome I.

— Réflexions sur les affaires politiques du tems présent de la France. En trois parties,
Paris. 1790.
— Discours de M. l'Archevêque d'Aix (J. R. DE BOISGELIN) sur le rapport du Comité ecclésiastique concernant la constitution du Clergé.
— Opinion de M. GOULLARD, curé de Roanne, sur le projet du Comité ecclésiastique pour l'organisation du Clergé.
— Déclaration de M. l'Evêque de Soissons (H.J. DE BOURDEILLES) adressée à MM. les Administrateurs du Directoire du département de l'Aisne, en réponse à leur lettre et acte de délibération du 8 Octobre (1790.)
— Adresse aux Français de toutes les classes qui ont été victimes du feu, des armes, du pillage ou des menaces les plus insultantes de la Révolution...

Tome II.

— Du pouvoir de la nation dans la formation des lois.
Paris. 1789. Froullé.

30

— Petit dictionnaire des grands hommes de la révolution; par un Citoyen actif, ci-devant Rien (Ant. DE RIVAROL et DE CHAMPCENETZ).
Paris 1790. Imprimerie nationale.
— Catéchisme nouveau et raisonné, à l'usage de tous les Catholiques français.
En France, la seconde année de la persécution.
— Eloge non funèbre de Jésus et du Christianisme.
Imprimé sur les débris de la Bastille et des buchers de l'Inquisition. L'an deuxième de la liberté, et du Christ 1791.

Tome III.

— Les grands hommes du jour. 3 parties.
S. n. n. l. 1790-1791.

Tome IV.

— Bon Dieu! qu'ils sont bêtes ces Français! (Par M. D'AGOULT.) 3ᵉ édit.
Paris. 1791. Imprimerie d'un royaliste.
— Lisez ceci, bons Français.
S. n. n. l. n. d.
— Des monstres ravagent tout.
Paris. Imprimerie d'un Royaliste.
— L'horoscope de la révolution. (Par M. SALLO DE VARENNES).
Londres. Paris. 1790. Chez les impartiaux
— Dialogue intéressant et vrai entre le Maire, le Procureur syndic d'une province, le Curé, un Bourgeois, une riche Fermière, un Grenadier et deux Fédérés. (Divisé en trois parties.)
En France. L'an II du Désordre et de l'Anarchie.
— Le porte-feuille de Louis-Philippe d'Orléans, trouvé dans la poche de M. La Fayette.
Paris. 1791. Imprimerie du Pont-neuf.
— Louis XIV au manège. Dialogue entre Louis XIV, Alexandre Lameth, Desprémesnil, Mirabeau, Barnave. (Par JULIEN.)
Aux Tuileries, de l'Imprimerie du Manège. 1790.
— Vie privée de Charles-Philippes de France, ci-devant Comte d'Artois, frère du Roi, et sa correspondance avec ses complices.
Turin. 1790. Port.
— Façon de voir d'une bonne vieille, qui ne radote pas encore.
S. n. n. l. n. d.

Tome V.

— Lettres au très-honorable Edmund Burke, au sujet de ses réflexions sur la révolution de France; par Joseph PRIESTLEY. Ouvrage traduit sur la seconde édition.
S. n. n. l. 1791.
— Réflexions sur la révolution de France et sur les procédés de certaines sociétés à Londres, relatifs à cet événement. En forme d'une lettre, qui avoit dû être envoyée d'abord à un jeune homme, à Paris. Par le

Right honourable Edmund-Burke. Traduit de l'anglois, sur la troisième édition, [par J. S. Dupont de Nemours.) 2⁰ édit.
Paris. 1791. Laurent.

Tome VI.

— Interrogatoire de Monsieur Marie-Paul-Joseph-Roch-Yves-Gilbert de la Fayette, Commandant général de la garde nationale parisienne, etc. Pardevant les grands-jurés du Palais-Royal et de la terrasse des Feuillans, avec les conclusions du Procureur général des amis de la vérité, et le jugement de la cour du public.
Paris. s d. Webert.
— Mémoires historiques et pièces authentiques sur M. De La Fayette, pour servir à l'histoire des révolutions.(Par *L. P.* de Bérenger.)
Paris. An 2. Le Tellier.
— Considérations politiques sur la révolution de France. Par *E.* Brandes. Traduit de l'allemand, sur la troisième édition.
Paris. 1791. Laurent.

Tome VII.

— Louis XIV à Saint-Cloud, au chevet de Louis XVI. Dialogue.
— Louis XIV trouvant Louis XVI dans son cabinet, un verre de barbade à la main. Second dialogue.
— Henri IV et Louis XIV au petit coucher de Louis XVI, à Saint-Cloud. Quatrième dialogue.
— Louis XIV trouvant Louis XVI sur la terrasse de Saint-Cloud, ayant pour couronne un bourlet, pour sceptre un hochet, et pour cordon une lisière. Cinquième dialogue.
— Le songe de Louis XVI et sa conversation avec Henri IV à Saint-Cloud, pour faire suite aux entretiens de Louis XIV, Henri IV et Louis XVI. Sixième dialogue.
— Les entretiens des Bourbons, ou dialogues entre Louis XIV, Henri IV et Louis XVI à Saint-Cloud. Septième dialogue.
— Louis IX à Saint-Cloud, ou apparition de S. Louis à Louis XVI.
Imprimerie des Patriotes.
— Vie de Louis-Philippe-Joseph Duc d'Orléans. Troisième et dernière édition. Traduite de l'anglois par R. D. W.
Londres. 1790. Imprimerie du Palais Saint-James.
— Mémoire à consulter et consultation pour M Louis-Philippe-Joseph d'Orléans.
S. n. n. l. n. d. (1790).
— Les vœux et doléances de M Comte d'Artois, frère du Roi.
— Le réveil d'Epiménide, à Paris, comédie en un acte, en vers, par M. de Flins.
Paris. 1790. Maradan.

Tome VIII.

— Discours sur les finances, le crédit des assignats, la circulation de l'argent, et la baisse de l'intérêt de l'argent. Prononcé à la séance du

13 Août 1790 de la Société des Amis de la Constitution... Par M. Gouget-Deslandres.

Paris. 1790. Imprimerie nationale.

— Examen du mémoire adressé à l'Assemblée nationale, par le premier Ministre des finances, contre l'émission des assignats, prononcé à la séance du 3 Septembre 1790 de la Société des Amis de la Constitution, par M. Gouget-Deslandres.

Paris. 1790. Baudouin.

— Lettre de J. P. Brissot à M. Barnave, sur ses rapports concernant les colonies, les décrets qui les ont suivis, leurs conséquences fatales; sur sa conduite dans le cours de la révolution; sur le caractère des vrais démocrates; sur les bases de la constitution, etc.

Paris. 1790. Desenne.

— Les droits et les devoirs d'un peuple libre, ou le triomphe de la liberté française.

Paris. s. d. Pain.

— Plan de législation criminelle. Par M. Marat.

Paris. 1790. Rochette. Port.

Tome IX.

— Histoire de Henri III, roi de France et de Pologne; contenant des détails très-intéressans sur l'Assemblée des Etats-généraux, tenus deux fois sous le règne de ce Prince. (Par Billardon de Sauvigny.)

Paris. 1788. Regnault. Port.

— Le parc au cerf, ou l'origine de l'affreux déficit. Seconde édition.

S. n. n. l. 1790. Pl.

Tome X.

— De l'état de la France tel qu'il peut et qu'il doit être, par M. de Calonne; pour faire suite à l'Etat de la France présent et à venir.

Londres. Paris. 1790.

— Notes additionnelles sur le dernier ouvrage de M. Calonne, intitulé. de l'Etat de la France, présent et futur.

Paris. 1790. Imprimerie d'un Royaliste.

— Je tremble sur nos maux : mes craintes sont-elles fondées?.. Par un Ami du Roi.

Nanci. 1790.

— Mémoire à consulter et consultation : 1º sur la compétence de l'Assemblée nationale par rapport aux Décrêts qu'elle a rendus; 2º sur les Droits des Provinces réunies. au royaume de France, en vertu de Traités et de Capitulations particulières; 3º sur les Droits des Princes étrangers qui possèdent des terres dans la partie du Royaume de France qui a été anciennement démembrée de l'Empire.

S. n. n. l. n. d.

— Aux immortelles milices nationales de l'Empire français. Essai sur l'organisation de l'armée française, ou Réfutation de l'ouvrage de M. de Guibert sur la force publique du dedans et du dehors.

Paris. An 1. Garnéry.

— Tarif sur les droits de patentes, précédé de la loi sur les maitrises et et les jurandes.
Paris. 1791. Dubosquet.
— Lettre pastorale de M. l'Evêque du départ. de l'Aisne, *Claude-Eustache-François* MAROLLE... à tous les Pasteurs et Fidèles de son diocèse.
Saint-Quentin. 1791. Moureau.

Révolution.

5350. — Tablettes des révolutions de la France de 1789 à 1848, avec des considérations sur ses changements de gouvernement, ses journées insurrectionnelles, ses coups d'état, ses conspirations et ses complots politiques depuis soixante ans, ou précis historique des conflits des pouvoirs souverains dans les affaires d'état. Par M. CADIOT. 3ᵉ édit.
Paris. 1848. Rue de Babylome. 1 vol. in-16.
— Considérations sur la France. Par M. le Comte DE MAISTRE.
Paris. 1822. Rusand. 1 vol. in-8.
Voyez : Œuvres de M. le Comte DE MAISTRE.— Polyg. N. 234.

5351. — La révolution. Par *Edgar* QUINET.
Paris. 1865. A. Lacroix. 2 vol. in-8.

5352. — Bulletin décadaire de la République française.
Paris. An VII Imprimerie de la République 1 v. in-8.
On y a joint :
1. — Robespierre aux frères et amis (par PÉRAC), et Camille Jordan aux fils légitimes de la Monarchie et de l'Eglise (par PASTEUR).
2. — Avis au public (sur les assemblées primaires du 1ᵉʳ germinal au 7.)

5353. — Précis de l'histoire de la Révolution française. Par *Ernest* HAMEL.
Paris. 1870 Pagnerre. 1 vol. in-8.

5354. — Histoire de la République française sous le Directoire et sous le Consulat, faisant suite au Précis de l'histoire de la Révolution. Par *Ernest* HAMEL.
Paris 1872 Pagnerre. 1 vol. in-8.

5355. — Histoire de la terreur, 1792-1794, d'après les documents authentiques et des pièces inédites. Par M. MORTIMER-TERNAUX. 2ᵉ édit.
Paris. 1868-69. Michel Lévy fr. 7 vol. in-8.

Consulat et Empire.

5356. — Atlas de l'histoire du Consulat et de l'Empire dresssé et dessiné sous la direction de M. Thiers, par MM. A. Dufour et Duvotenay, gravé par Dyonnet.
Paris. 1859. Paulin, Lheureux & Comp. 1 v. in-fol.

5357. — Correspondance de Napoléon Ier, publiée par ordre de l'Empereur Napoléon III.
Paris. 1858-69. Imprimerie impériale. 32 vol. in-4.

** — Des idées Napoléoniennes. Par Napoléon III.
Voyez : Œuvres de Napoléon III. T I. — Polyg. N. 247.

5358. — Jugement philosophique, politique et historique sur Napoléon-le-Grand. Par *Edouard* Poullain. (1)
Amiens. 1864. Prévost-Allo (Lemer). 1 vol. in-18.

Restauration. 1814-1830.

5359. — Histoire de la restauration. 1814-1830. Par *Frédéric* Lock.
Paris. 1861. Dubuisson. 1 vol. in-16.

5360. — Histoire de la restauration. Par M. *Louis* de Viel-Castel.
Paris. 1860-74. Michel Lévy fr. 16 vol. in-8.

5361. — Louis XVI (du séjour des Heureux) à son auguste et respectable frère Louis XVIII faisant sa première entrée au Château des Tuileries. (Par *J. B. M.* Robert).
Paris. 1814. Saint-Michel. 1 vol. in-8. Port.

5362. — Du gouvernement de la France depuis la restauration, et du ministère actuel. Par *F.* Guizot. 3e édit. rev. corr. et augm. d'un Avant-propos et d'une note sur l'état actuel des royaumes d'Espagne, de Naples et de Portugal.
Paris. 1820. Ladvocat. 1 vol. in-8.

Révolution de 1830. — *Louis-Philippe.* — 1830-1848.

5363. — Révolution de Juillet 1830. Son caractère légal et politique... Par M. Dupin.
Paris. 1835. Joubert. 1 vol. in-12.

---

(1) Poullain (*Edouard*) né à Amiens, y mourut le 22 Octobre 1868.

Révolution de 1848. — *Empire.* — 1848-1871.

5364. — Histoire de la chûte du roi Louis-Philippe, de la République de 1848 et du rétablissement de l'Empire.(1847-1855). Par M. *A.* Granier de Cassagnac.
Paris. 1857. H. Plon. 2 vol. in-8.

5365. — Les 52,par *Emile* de Girardin.—VI.La Constituante et la Législative.
Paris. 1849. Michel Lévy fr. 1 vol. in-16.

5366. — Histoire de la révolution de 1848. Par *A.* de Lamartine. 3ᵉ édit.
Paris. 1852. Perrotin. 2 vol. in-8. Fig.

5367. — Histoire de la révolution de 1848. Par Garnier-Pagès. 2ᵉ édit.
Paris. 1866-72. Pagnerre. 10 vol. in-8. Port.

5368. — OEuvres de M. A. de Lamartine.—Le passé, le présent, l'avenir de la République,
Paris. 1850. Le Conseiller du Peuple. 1 vol. in-8.

5369. — Considérations sur le temps présent. (Août 1848). Par Gaudefroy.
Laon. 1848. Fleury & Chevergny. in-8.

5370. — Napoléon III et la révolution. (Peuple et soldats). Par Le Luyer.
Paris. s. d. Preve & Comp. in-8.

5371. — Etude sur Napoléon III. Par *E.* Fourmestraux.
Paris 1862. Dumaine. 1 vol. in-8.

5372. — Discours,messages et proclamations de l'Empereur.
Paris. 1860. Plon. 1 vol. in-8.

5373. — Les titres de la dynastie napoléonienne.
Paris. 1868. Imprimerie impériale. 1 vol. gr. in-8.

5374. — Même ouvrage. 1 vol. in-8.

5375. — Août 1858. Voyage de l'Empereur en Normandie et en Bretagne. Relation complète.. Texte par **A.** Davons. Dessins par Janet-Lange, Bertrand, Beaucé,gravés par Lacoste,Madame de Caudin.2ᵉéd.
Paris. 1858. Dondey-Dupré. Gr. in-8.

5376. — L'Empereur et l'Impératrice en Auvergne. Par *Félix* Ribeyre.
Paris 1862. Pick. 1 vol. in-8. Port.

5377. — Voyage de Leurs Majestés l'Empereur et l'Impératrice dans les départements du Nord. (Août 1867).
Paris. 1867. Marc. Gr.in-8.

5378. — L'Impératrice Eugénie sœur de charité, par le Comte Gazan de la Peyrière. 2ᵉ éd.
Paris. 1867. Dentu. 1 vol. in-8.

5379. — L'Impératrice Eugénie et quinze ans d'histoire contemporaine. Par *Gabriel* Ferry.
Paris. 1868. Lahure. 1 vol. in-16.

Révolution de 1870. — *République.*

5380. — La lanterne électorale. Texte par *E. A.* Spoll. Dessins et légendes par *Gilbert* Martin.
Paris. 1868. Poitrine. in-3.

5381. — Pérégrinations aux principaux théâtres de la guerre 1870-1871. Par *A.* Ognier.
Saint-Quentin. 1873. Poette. 1 vol. in-16.

5382. — Assemblée nationale. — Enquête parlementaire sur les actes du Gouvernement de la défense nationale. — Dépositions des témoins. Tomes I à IV. — Rapports. Tomes I à IV.
Versailles. 1873. Cerf & fils. 8 vol. in-4.

Histoire administrative de la France.

Administration.

5383. — Dictionnaire historique des institutions, mœurs et coutumes de la France. Par A. Chéruel.
Paris. 1855. Hachette. 2 vol. in-18.

5384. — Dictionnaire de l'administration française. Par *Maurice* Block.
Paris. 1856. Vᵉ Berger-Levrault. 1 vol. in-8.

5385. - Histoire du gouvernement féodal, par A. Barginet.
Paris. 1825. Raymond 1 vol. in-12.

5386. — Essai sur l'histoire de la formation et des progrès du Tiers-État, suivi de fragments du recueil des monuments inédits de cette histoire. Par *Augustin* Thierry. 4ᵉ éd.
Paris. 1864. Furne. 1 vol. in-18.

5387. — La paix et la trêve de Dieu, histoire des premiers développements du Tiers-Etat par l'Église et les associations, par *Ernest* Sémichon.
Paris. 1857. Didier. 1 vol. in-8.

5388. — De l'administration en France sous le ministère du Cardinal de Richelieu, par J. Caillet.
Paris. 1857. F. Didot fr. 1 vol. in-8.

5389. — Lettres, instructions et mémoires de Colbert, publiés d'après les ordres de l'Empereur, sur la proposition de Son Excellence M. Magne., Ministre secrétaire d'Etat de finances, par *Pierre* Clément.
Paris. 1861-73. Imprimerie imp. & nat. 7 en 8 v. in-8.

5390. — De l'administration intérieure de la France, par M. *Ferdinand* Béchard. — Avec un Appendice sur les lois municipales des principaux Etats de l'Europe, par M. Bergson.
Paris. 1851. Giraud & Dagneau. 2 vol. in-18.

Etats généraux et provinciaux.— Assemblées délibérantes.

5391. — Histoire du gouvernement parlementaire en France, 1814-1848 (1814-1830); précédée d'une introduction, par M. Duvergier de Hauranne.
Paris. 1867-72. Michel Lévy fr. 10 vol. in-8

5392. — Liste par ordre alphabétique des Représentans du peuple au Corps législatif; avec leur demeure et l'indication de leur département, etc. 2e édit.
Paris. An VI. Marchant. 1 vol. in-16.

5393. — L'administration provinciale et communale en France et en Europe: 1785-1870. Par M. A. Hesse. (1)
Amiens. 1870. Alf. Caron fils. 1 vol. in-8.

Histoire diplomatique.

5394. — Traité de paix, entre les couronnes de France et d'Espagne, conclu, arresté et signé par Mgr le Card. Mazarini, et le Seig. Dom Louis Mendez de Haro,

1) Hesse (*Charles-François-Alexandre*) né à Amiens, le 6 Décembre 1807.

Plénipotentiaires de leurs Majestez Très-Chrestienne et Catholique, en l'Isle dite des Faisans, en la rivière de Bidassoa, aux confins des Pyrénées, le 7 Novembre 1659.

Paris. 1660. Imprimerie royale. 1 vol. in-fol.

5395. — Repliques du sieur Favier, Procureur du Roy Très-Chrestien, au règlement des limites, en exécution du traité de Nimègue, à la Réponse fournie par le Sr de Maleingréau, Procureur du Roy Catholique, en la mesme Commission, sur la demande du Procureur de S. M. T. C. contenue en la déclaration par luy délivrée le 4 Aoust 1681.

5396. — Histoire diplomatique de la guerre d'Orient en 1854, son origine et ses causes. Par M. X. Tanc.

Paris. 1864. Dentu. 1 vol. in-8.

5397. — Ma mission en Prusse; par le Comte Benedetti. 3e éd.

Paris. 1871. H. Plon. 1 vol. in-8.

Maison du Roi.

5398. — Comptes de l'hôtel des rois de France aux XIVe et XVe siècles, publiés, pour la Société de l'histoire de France, par M. L. Douet-d'Arcq.

Paris. 1865 Ve J. Renouard. 1 vol. in-8.

Finances.

5399. — Correspondance des Contrôleurs généraux des finances avec les Intendants des Provinces, publiée, par ordre du Ministre des finances, d'après les documents conservés aux Archives nationales, par A. M. de Boislisle. Tome Ier. 1683-1699.

Paris. 1874. Imprimerie nationale. 1 vol. in-4.

Conseils du Roi.

5400. — Histoire des conseils du roi depuis l'origine de la monarchie jusqu'à nos jours, par M. de Vidaillan.

Paris. 1856. Amyot. 2 vol. in-8.

Offices judiciaires et Parlements.

5401. — Les Parlements de France, essai historique sur leurs

usages, leur organisation et leur autorité, par le Vicomte DE BASTARD D'ESTANG.
Paris. 1858. Didier. 2 vol. in-8. Pl.

5402. — Le Parlement de Paris, son organisation, ses premiers présidents et procureurs généraux, avec une notice sur les autres Parlements de France et le tableau de MM. les premiers présidents et procureurs généraux de la Cour de Paris (1334-1859). Par *Charles* DESMAZE.
Paris. 1859. Michel Lévy fr. 1 vol. in-8.

Histoire et organisation militaire.

5403. — Histoire de l'armée et de tous les régiments depuis les premiers temps de la monarchie française jusqu'à nos jours, par M. *Adrien* PASCAL, avec des tableaux synoptiques représentant l'organisation des armées aux diverses époques et le résumé des campagnes de chaque corps, par M. BRAHAUT, et des tableaux chronologiques des combats, siéges et batailles, par M. SICARD. Illustrée par MM. *Philippoteaux, E. Charpentier, H. Bellangé, de Moraine, Morel-Fatio, Sorieul...*
Paris. 1847-1850. Barbier. 4 vol. in-8.

5404. — Histoire de l'ancienne infanterie française, par *Louis* SUSANE.
Paris. 1849-53. Correard. 8 vol in-8 & atlas.

5405. — Campagnes de la révolution française dans les Pyrénées orientales et description topographique de cette moitié de la chaine pyrénéenne ; par J. *Napoléon* FERVEL. 2º édit. augm. d'un atlas de 15 pl.
Paris. 1861. Dumaine. 2 vol. in-8 & atlas in-fol.

5406. — L'expédition de Crimée jusqu'à la prise de Sébastopol. Chroniques de la guerre d'Orient, par le Baron DE BAZANCOURT. 3ª édit.
Paris. 1856. Amyot. 2 vol. in-8.

5407. — Histoire de l'armée d'Orient et de tous les régiments qui ont pris part aux campagnes de la mer Noire et de la mer Baltique, par *Jules* DUCAMP, avec

les noms des généraux, officiers, sous-officiers et soldats cités avec honneur. Illustrée par *Lalaisse*.
Paris. 1858. Barbier. 1 vol in-8.

5408. — La campagne d'Italie de 1859. Chroniques de la guerre par le Baron de Bazancourt. 2ᵉ éd.
Paris. 1860. Amyot. 2 vol. in-8.

5409. — Les expéditions de Chine et de Cochinchine d'après les documents officiels. Par le Bᵒⁿ de Bazancourt.
Paris. 1861-62. Amyot. 2 vol. in-8.

5410. — Journal de la campagne de Chine 1859-1860-1861, par *Charles* de Mutrécy, précédé d'une Préface de *Jules* Noriac.
Paris. 1861. Bourdilliat. 2 vol. in-8.

5411. — Examen critique et réfutation d'une relation de l'expédition de Chine en 1860 rédigée par le lieutenant de vaisseau Pallu. (Par J. Chanoine).
Paris. 1864. Dentu. in-18.

5412. — *Camille* Farcy. Histoire de la guerre de 1870-1871. L'Empire. - La République. — (Campagne du Rhin, de Metz, de Sedan, de Paris, de la Loire et de l'Ouest, du Nord, des Vosges et de l'Est).
Paris. 1874. Dumaine. 1 vol. in-8.

5413. — La guerre franco-allemande de 1870-71. Rédigée par la section historique du grand état-major prussien. Traduction par *E.* Costa de Serda. Première partie. Histoire de la guerre jusqu'à la chute de l'Empire.
Paris. 1872-74. Dumaine. 1 vol. in-8. Atlas in-fol.

5414. — Campagne de 1870-1871. La première armée de la Loire, par le Général d'Aurelle de Paladines. 3ᵉ éd.
Paris. 1872. H. Plon. 1 vol. in-8. Cart.

5415. — Campagne de 1870-1871. La deuxième armée de la Loire, par le Général Chanzy. 4ᵉ édit.
Paris. 1872. H. Plon. 1 vol. in-8. Atlas in-fol.

5416. — Campagne de 1870-1871. Siège de Paris. Opérations du 13ᵉ corps et de la troisième armée. Par le Général Vinoy. 2ᵉ édit.
Paris. 1872. H. Plon. 1 vol in-8. Atlas in-fol.

5417. — Campagne de l'armée du Nord, en 1870-1871, avec une carte, des notes et des pièces justificatives . . . Par le Général de division L. Faidherbe. Nouv. éd.
Paris. 1872. Dentu. 1 vol. in-8.
A la suite :
— Armée du Nord. Réponse à la relation du Général Von Gœben, pour faire suite à la campagne du Nord, par le Général Faidherbe.
Paris. 1873. Dentu. in-8.

5418. — Garde nationale mobilisée du Nord. Carnet d'étapes du 2e bataillon du 4e régiment de marche à l'armée du nord. Notes pour servir à l'histoire de la campagne de France en 1870 et 1871. Par le Capitaine Alfred Girard, volontaire au 2e bataillon.
Paris. 1871. A. Lacroix. 1 vol. in-18. Cart.

5419. — La campagne du nord. Opérations de l'armée française du nord (1870-1871). Avec cartes d'ensemble et plans de bataille.
Paris. 1873. Tanera, (Amiens. Jeunet). 1 vol. in-18.

Histoire de la marine.

5420. — Note sur l'état des forces navales de la France. (Par F. F. Ph. L. M. d'Orléans, Prince de Joinville).
Paris. 1844. Garnier fr. 1 vol. in-16.

5421. — L'expédition de Crimée. La marine française dans la mer Noire et la Baltique. Chroniques maritimes de la guerre d'Orient, par le Bon de Bazancourt.
Paris. 1858. 2 vol. in-8. Port.

5422. — La marine au siége de Paris. Par le Vice-amiral Bon de la Roncière le Noury, d'après les documents officiels. 2e édit.
Paris. 1872. H. Plon. 1 vol. in-8. Atlas.

Mœurs et usages des Français.

5423. — Histoire morale de la Gaule, depuis les temps les plus reculés jusqu'à la chûte de l'Empire romain. Gouvernement, lois, coutumes, religion, morale, philosophie, littérature et arts. Par L.-Aug. Martin.
Paris. 1848. Comon & Comp. 1 vol. in-8.

5424. — Histoire des classes laborieuses en France depuis la conquête de la Gaule par Jules César jusqu'à nos jours. Par M. *F.* DU CELLIER.
Paris. 1859. Didier. 1 vol. in-8.

5425. — Histoire des classes ouvrières en France, depuis la conquête de Jules César jusqu'à la révolution. Par *E.* LEVASSEUR.
Paris. 1859. Guillaumin. 2 vol. in-8.

5426. — La misère au temps de la Fronde et Saint-Vincent de Paul ou un chapitre de l'histoire du paupérisme en France. Par *Alph.* FEILLET. 2e édit.
Paris. 1863. Didier. 1 vol. in-8.

5427. — Recherches sur les anciennes sociétés et corporations de la France méridionale, par *Henry* VASCHALDE.
Paris. 1873. Bachelin-Deflorenne. 1 vol. in-8.

5428. — La société française au XVIIe siècle, d'après le Grand Cyrus de Mlle de Scudery. Par M. *V.* COUSIN.
Paris. 1858. Didier. 2 vol. in-8.

5429. — Les Français peints par eux-mêmes. (I.IV).— Province. (V. VI). — Le Prisme. (VII). — Encyclopédie morale du dix-neuvième siècle.
Paris. 1840-41. Curmer. 7 vol. in-8. Pl.

Monuments de la France.

5430. — Répertoire archéologique de la France, publié par ordre du Ministre de l'Instruction publique et sous la direction du Comité des travaux historiques et des Sociétés savantes.
Paris. 1861-72. Imprimerie imp. & nat. 6 v. in-4.
Sont publiés les répertoires des départements suivants :
— Aube, par M. D'ARBOIS DE JUBAINVILLE. 1861.
— Morbihan, par M. ROSENZWEIG. 1863.
— Oise, par M. *Emmanuel* WOILLEZ. 1862.
— Seine-Inférieure, par M. l'Abbé COCHET. 1872.
— Tarn, par M. *Hippolyte* CROZES. 1865.
— Yonne, par M. *Max* QUANTIN. 1868.

5431. — Les monuments de l'histoire de France, catalogue des productions de la sculpture, de la peinture et de

gravure relatives à l'histoire de la France et des Français. Par M. HENNIN.
Paris. 1856-63. Delion. 10 vol. in-8.

5432. — Monuments de la maison de France; collection de médailles, estampes et portraits recueillis et décrits par G. COMBROUSE.
Paris. 1856. Claye. 1 vol. in-fol.

5433. — Essai sur les chateaux royaux, villas royales ou palais du fisc des rois mérovingiens et carolingiens, avec plans des vestiges de ces chateaux et de leurs annexes. Par *C. P. H.* MARTIN-MARVILLE.
Amiens. 1873. E. Glorieux. 1 vol. in-8. Pl.

HISTOIRE DES PROVINCES ET DES VILLES.

Alsace.

5434. — *F.* HANDTKE's Karte von Elsass-Lothringen.
Glogau. 1871. Flemming. in-fol.

** — D. *Theodorici* RUINARTI iter litterarium in Alsatiam et Lotharingiam. Voyez : Œuvres posthum. de MABILLON et de RUINART. Polyg. N. 192.

5435. — Œuvres historiques inédites de *Ph. And.* GRANDIDIER. (Publiées J. LIBLIN.)
Colmar. 1865-68. Decker. 6 vol. in-8.

5436. — Niederbronn et ses environs, par le docteur KUHN fils. 2ᵉ édit.
Paris. 1866. Vᵉ Berger-Levrault. 1 vol. in-12.

5437. — Revendication de l'Alsace et de la Lorraine par *Eug.* MADARÉ, d'Amiens. (1).
Amiens. 1871. Alf. Caron. in-8.

5438. — Société belfortaine des abris alsaciens-lorrains. — Acte de société pour la construction d'abris aux Alsaciens-Lorrains, à Belfort et dans son territoire. — Société civile de bienfaisance.
Belfort. 1872. Clerc. in-8.

Angoumois, Aunis et Saintonge.

5439. — La Rochelle protestante. Recherches politiques et religieuses. 1126-1792. Par *P. S.* CALLOT.
La Rochelle. 1863. Mareschal. 1 vol. in-8.

---

[1] MADARÉ (*Eugène-Hippolyte*) né à Amiens le 18 Mars 1806.

5440. — Jean Guiton, dernier maire de l'ancienne commune de la Rochelle. 1623. Sa famille ; sa naissance ; ses actions comme citoyen et comme amiral des Rochelais; sa mairie pendant le siége de la Rochelle; ce qu'il devint après la reddition de la ville; sa mort; ses descendants. Par *P. S.* Callot. 2e édit.
La Rochelle. 1847. A. Cailland. 1 vol. in-8.

5441. — Même ouvrage. 2e édit.
La Rochelle. 1872. Thoreux. 1 vol. in-8.

5442. — Bords de la Charente.—Le chateau de Jarnac.— Ses barons et ses comtes.—Bataille de Jarnac.—Par P. Lacroix.
Cognac. 1856. Durosier. 1 vol. in-8.

Anjou.

5443. — Le Maine et l'Anjou historiques, archéologiques et pittoresques, par le Baron de Wismes. Recueil des sites et des monuments les plus remarquables sous le rapport de l'art et de l'histoire, des départements de la Sarthe, de la Mayenne et de Maine-et-Loire, dessinés par le Baron de Wismes, lithographiés par les meilleurs artistes de Paris, et accompagnés d'un texte historique, archéologique et descriptif, par le Baron de Wismes, et par plusieurs autres écrivains des provinces de l'Ouest.
Nantes. 1859. V. Forest. 2 vol. in-fol.

5444. — Inventaire analytique des archives anciennes de la mairie d'Angers, suivi de tables et de documents inédits, publiés sous les auspices du Conseil municipal, par M. *Célestin* Port.
Angers. 1861. Cosnier et Lachèse. 1 vol. in-8.

Artois.

5445. — Notice de l'état ancien et moderne de la province et comté d'Artois. Par M*** (Bultel.)
Paris. 1748. G. Desprez. 1 vol. in-12.

5446. — Histoire d'Artois, jusqu'à Hugues-Capet, par Dom Devienne.
S. n. n. l. 1784. 1 vol. in-8.

5447. — Description topographique et statistique de la France par *J.* Peuchet et *P. G.* Chanlaire. — Département du Pas-de-Calais.
Paris. 1811. Courcier. 1 vol in-4.

5448. — Géographie du département du Pas-de-Calais. Par *Adolphe* Joanne.
Paris. 1873. Hachette. 1 vol. in-18. Cart.

5449. — Statistique monumentale du département du Pas-de-Calais, publiée par la Commission des Antiquités départementales.
Arras. 1858-73. Tierny. 2 vol. in-4. Pl.

5450. — Bulletin de la Commission des Antiquités départementales. (Pas-de-Calais.)
Arras 1849-73. Tierny. 3 vol. in-8. Pl.

5451. — La terreur dans le Pas-de-Calais et dans le Nord. Histoire de Joseph Le Bon et des tribunaux révolutionnaires d'Arras et de Cambrai, par *A. J.* Paris.
Arras. 1864. Rousseau-Leroy. 2 vol. in-8.

5452. — Histoire de l'invasion allemande dans le Pas-de-Calais, suivie d'une Notice historique sur les Bataillons et les Batteries d'artillerie de la Garde nationale mobile et sur les Légions de la Garde nationale mobilisée de ce département, par *Adolphe* de Cardevacque.
Arras. 1872. De Sède et Cᵉ 1. vol. in-8.

** — Recherches sur les livres imprimés à Arras depuis l'origine de l'imprimerie dans cette ville jusqu'à nos jours par MM. d'Héricourt et Caron.
Arras. 1851-53. Vᵉ Degeorge. 2 en 1 vol. in-8.
Voyez : Bibl. N, 647.

** — Appendice au Cartulaire de l'Abbaye de Saint-Bertin, publié par M. *François* Morand.
Paris. 1867. Imprimerie impériale. 1 vol. in-4.
Voyez : Coll. de Doc. inéd. N. 2352.

5453. — Monographie des Prévotés et Prieurés dépendant de l'Abbaye de Saint-Vaast. Par *A.* de Cardevacque. Prévoté d'Angicourt. — Prévoté de Gorre. 2 Pl. — Prévoté de S. Michel. 1 Pl.
Arras. 1869. Tierny. 1872. Sède & Cᵉ. in-4.

31

5454. — L'Abbaye du Mont Saint-Eloy. 1068-1792. Par *Adolphe* DE CARDEVACQUE.
Arras. 1859. Brissy. 1 vol. in-4. Pl.

5455. — Monographie de l'église des Dames Ursulines d'Arras par M. l'Abbé VAN DRIVAL.
Arras. 1865. Tierny. 1 vol. in-4. Pl.

5456. — Rapport sur les pierres tombales trouvées en 1860 dans l'ancien couvent des Carmes maintenant occupé par les Dames Ursulines. Par MM. le Comte D'HÉRICOURT et *Alexandre* GODIN.
Arras. 1862. Tierny. in-8.

5457. — Eglise d'Ablain-Saint-Nazaire, par A*chmet* D'HÉRICOURT.
Arras. 1856. A. Tierny. in-4. 2 Pl.

5458. — Des chronogrammes. — Recueil de ceux qui ont été composés dans la ville d'Aire, avec des éclaircissements historiques sur chacun d'eux. Par *François* MORAND.
Boulogne-sur-mer. 1865. V⁰ Déligny. in-8.

5459. — Notice archéologique sur les églises d'Aix, de Souchez et de Vimy par A*chmet* D'HÉRICOURT.
Arras. 1861. Tierny. in-4. 2 Pl.

5460. — L'Abbaye d'Anchin. 1079-1792. Par *E. A.* ESCALLIER.
Lille. 1852. Lefort. 1 vol. gr. in-8. Pl.

5461. — Notice historique sur le canton de Beaumetz-les-loges (Arrondissement d'Arras) et sur les communes qui en dépendent, par Ad. DE CARDEVACQUE.
Arras. 1873. Sueur. 1 vol. in-8.

5462. — Eglise de Gouy-en-Artois. — Pierres tombales. Par M. DE CARDEVACQUE.
Arras. 1873. De Sède. in-8 Pl.

5463. — Description de l'Eglise d'Hénin Liétard. Par M. DANCOISNE.
Arras. 1868. Tierny. in-4. Pl.

5464. — Notice historique sur le Château et les Seigneurs de Remy. Par *A.* DE CARDEVACQUE.
Arras. 1873. De Sède. in-4. Pl.

5465. — Notice historique sur Saint-Laurent-Blangy. Par *A.* DE CARDEVACQUE.
Arras. 1873. Sueur. in-8.

5466. — La tour de Villers-Chatel, par le même.
Arras. 1873. De Sède. in-8. Pl.

5467. — Traicté en forme de contredicts touchant le Comté de Sainct-Paul. Dressé par le commandement du Roy Henry le Grand. Par Messire *Jacques* DE LA GUESLE. Auquel les droicts de la Couronne de France sur ledit Comté sont amplement exposez, et l'injuste prétention des Archiducs pertinemment contredite.
Paris. 1634. J. Villery. 1 vol. in-4.

Auvergne.

5468. — Cartulaire de Brioude (Liber de honoribus S^{to} Juliano collatis) publié par l'Académie des sciences, belles-lettres et arts de Clermont-Ferrand, avec des notes et des tables par M. *Henry* DONIOL.
Clermont Fd. 1863. Thibaud. 1 vol. in-4.

5469. — Cartulaire de Sauxilllanges publié par l'Académie.. de Clermont-Ferrand, avec des notes et des tables par M. *Henry* DONIOL.
Clermont Fd. 1864. Thibaud. 1 vol. in-4.

Bourbonnais.

5470. — Collection des Guides-Joanne. Vichy et ses environs, par *Louis* PIESSE. N° édit.
Paris. 1863. Hachette. 1 vol. in-18. Fig.

Bourgogne.

** — D. J. MABILLONII itinerarium Burgundicum, anni MDCLXXXII.
Voyez : Œuvres posthumes de MABILLON et de RUINART. Pol. N. 192.

5471. — Notes et extraits des Archives de Lille concernant la Bourgogne et la Flandre, par M. le Docteur (*P. J. E.*) DE SMYTTÈRE.
Auxerre. 1865. Perriquet. in-8.

5472. — Recherches sur la géographie et la topographie de la cité d'Auxerre et du Pagus de Sens, par *Max.* QUANTIN.
Auxerre. 1858. Perriquet & Rouillé. 1 vol. in-4.

5473. — Recherches historiques sur les armoiries des villes d'Auxerre et de Nevers par le D^r DE SMYTTÈRE.
Auxerre. 1867. Perriquet. in-8:

5474. — Senonensis Ecclesiæ querela de Primatu Galliarum adversus Lugdunensem, et de metropolitico jure adversus Parisiensem. Studio *Joan. Bapt.* DRIOT.
Senonis. 1657. Prussurot. 1 vol. in-12.

Bretagne.

** — Cartulaire de l'Abbaye de Redon en Bretagne, publié par M. *Aurélien* DE COURSON.
Paris. 1863. Impr. imp. 1 vol. in-4.
Voyez : N. 2352.

Champagne.

5475. — FLODOARDI historia Remensis ecclesiæ. Histoire de l'Eglise de Reims par FLODOARD, publiée par l'Académie impériale de Reims, et traduite avec le concours de l'Académie par M. LEJEUNE.
Reims. 1854. Regnier. 2 vol. in-8.

5476. — Histoire des Ducs et des Comtes de Champagne depuis le VIe siècle jusqu'à la fin du XIe, par H. D'ARBOIS DE JUBAINVILLE.
Paris. 1859-69. Durand. 7 en 8 vol. in-8.
Le VII volume a pour titre :

** — Livre des vassaux du Comté de Champagne et de Brie, 1172-1222, publié d'après le manuscrit unique des Archives de l'Empire par *Auguste* LONGNON.

** — Mémoires de *Claude* HATON contenant le récit des événements accomplis de 1553 à 1582, principalement dans la Champagne et la Brie, publiés par M. *Félix* BOURQUELOT.
Paris. 1857. Imprimerie impériale. 2 vol. in-4.
Voyez : Coll. de Doc. inéd. pour l'hist. de France. N. 2352.

Corse.

** — Etat physique de la Corse. Par *C. F.* VOLNEY.
Voyez : Œuvres de *C. F.* VOLNEY. Polyg. N. 233.

** — Voceri, chants populaires de la Corse, précédés d'une excursion faite dans cette île en 1845, par *A. L. A.* FÉE. Voyez : Bell. lett. N. 3544.

Dauphiné.

5477. — Histoire de Saint-Vallier, de son Abbaye, de ses seigneurs et de ses habitants, par *Albert* CAISE.
Paris. 1868. Dumoulin. 1 vol. in-12. fig.

** — Cartulaires de l'Église cathédrale de Grenoble dits cartulaires de St-Hugues, publiés par M. *Jules* MARION.
Paris. 1869. Imp. imp. 1 vol. in-4.
Voyez : Coll. de Doc. inéd. N. 2352.

Flandre.

5478. — Recueil d'actes des XIIe et XIIIe siècles, en langue romane wallonne du Nord de la France, publié avec une introduction et des notes par M. TAILLIAR.
Douai. 1849. Adam d'Aubers. 1 vol. in-8.

5479. — Chronique d'Arras et de Cambrai, par BALDERIC, chantre de Térouane au XIe siècle, revue sur divers manuscrits et enrichie de deux supplémens, avec commentaires, glossaire et plusieurs index, par le Docteur LE GLAY.
Paris. 1834. Levrault. 1 vol. in-8.

5480. — Histoire des Comtes de Flandre jusqu'à l'avénement de la maison de Bourgogne ; par *Edward* LE GLAY.
Paris. 1843. Imprimeurs unis. 2 vol. in-8.

5481. — Bauduin de fer, Comte de Flandre, et les pierres d'Acq, par M. le Comte A. D'HÉRICOURT.
Arras. 1861. A. Courtin. in-8.

5482. — Kronyk der byzonderste gebeurtenissen te Belle en omstreken voorgevallen, in de jaren 1647 à 1673. Uitgegeven door *Lodewyk* DE BAECKER.
Rousbrugge-Haringhe. 1860. Allaert-Caron. in-8.

5483. — Cameracum christianum ou histoire ecclésiastique du diocése de Cambrai extraite du *Gallia christiana* et d'autres ouvrages, avec des additions considérables et une continuation jusqu'à nos jours, publiée sous les auspices de S.E.M. le Cardinal Archevêque de Cambrai, par M. LE GLAY.
Lille. 1849. Lefort. 1 vol. gr. in-8.

5484. — Recherches historiques sur les seigneurs, chatelains et gouverneurs de Cassel des XIe, XIIe et XIIIe siècles, par le Docteur P. J. E. DE SMYTTÈRE.
Lille. 1866. Danel. 1 vol. in-8.

5485. — Mémoire sur l'apanage de Robert de Cassel (1320). Par le Docteur P. J. E. DE SMYTTÈRE.
Lille. 1864. Lefebvre-Ducrocq. 1 vol. in-8. 4 Pl.

5486. — Les Flamands à la bataille de Cassel (1328). Noms des Flamands morts dans cette journée, publiés pour la première fois d'après le manuscrit unique de la Bibliothèque impériale, avec introduction, table et notes philologiques, par E. MANNIER.
Paris. 1863. A. Aubry. 1 vol. in-8.

5487. — La bataille du Val-de-Cassel de 1677, ses préludes et ses suites.— Duc d'Orléans, — Prince d'Orange. Par P. J. E. DE SMYTTÈRE.
Hazebrouck. 1865. Guermonprez. 1 vol. in-8. Pl.

5488. — Inauguration du monument historique érigé au Square du Mont-Cassel le 21 Septembre 1873. (Par M. DE SMYTTÈRE).
Hazebrouck. 1873. David. in-8. Pl.

5489. — Plan de la ville et du port de Dunkerque en 1841.
Dunkerque. 1841. Leys Hochart & fils. in-fol.

5490. — Mémoire pour Fives.
S. n. n. l. n. d. (1723) in-4.

5491. — Défense des droits attachés aux Ordres du Clergé et de la Noblesse des Etats de la Province de Lille, pour servir de Replique à la Réponse des Baillis des Seigneurs de Phalempin, Cysoing, Wavrin et Comines, quatre d'entre les hauts-justiciers des Châtellenies de Lille, Douai et Orchies, et les Mayeurs et Echevins de ces trois villes, représentans le Tiers-Etat. (Par LE SAFFRE.)
S. n. n. l. 1764. 1 vol. in-4.

3492. — Mémoire sur les rivières et canaux de la ville de Lille, dans lequel il est prouvé, par titres et documents reposant aux Archives, que tous appartiennent au Domaine communal. (Par Ch. PAEILE).
Lille. 1868. Lefebvre-Ducrocq. 1 vol. in-8.

5493. — Arrets et décrets de Sa Majesté Catholique, et du Sérénissime Prince D. Jan d'Austriche, en langue

espagnolle et françoise : pour l'effect du restablissement du Révérend Père en Dieu M. D. Nicolas Du Bois en la possession et administration de sa Prélature et Abbaye de S. Amand en Pevele.
S. n. n. l. 1661. 1 vol. in-4.

5494. — Description des fêtes populaires données à Valenciennes les 11, 12, 13 Mai 1851, par la Société des Incas. Par A. Dinaux.
Lille. 1856. Vanackere. 1 vol. gr. in-8. Pl.

Franche-Comté.

5495. — Etude sur le droit municipal au XIIIe et au XIVe siècle en Franche-Comté et en particulier à Montbéliard, d'après les documents conservés aux Archives de l'Empire, à la Bibliothèque impériale et aux archives communales de la Franche-Comté. Par M. A. Tuetey.
Montbéliard. 1864. Barbier. 1 vol. in-8.

5496. — Histoire de la ville et des thermes de Luxeuil (Haute-Saône) depuis les temps les plus reculés jusqu'à nos jours. Par *F.* Grandmougin et *A.* Garnier.
Paris. 1866. Pillet. 1 vol. in-fol. Pl.

Guyenne et Gascogne.

5497. — Cour impériale de Bordeaux. La justice révolutionnaire à Bordeaux. (Lacombe et la Commission militaire.) Discours prononcé le 3 Novembre 1865 par M. Fabre de la Bénodière, Substitut du Procureur général, avec notes et pièces justificatives.
Bordeaux. 1865. Gounouilhou. 1 vol. in-8.

5498. — Recueil sommaire des titres qui établissent l'antiquité, et l'authenticité des immunités dont jouissent les Citoyens, Bourgeois et Habitants de Périgueux, choisis parmi ceux qui ont échapés aux guerres, et aux malheurs des temps.
S. n. n. l. 1770. in-8.

** — Sainte-Marie d'Auch, atlas monographique de cette cathédrale par M. l'Abbé F. Canéto.
Paris. 1857. V. Didron. 1 vol. in-fol. Pl.
Voyez : Sc. et Arts. N. 4304.

5499. — Séries et acta Episcoporum Cadurcensium quotquot hactenus summa cura inveniri potuerunt. Auctore *Guillelmo* DE LA CROIX.
Cadurci. 1617. Cl. Roussæus. 1 vol. in-4.

5500. — Idem opus.
Cadurci. 1626. J. Dalvy. 1 vol. in-4.

Ile de France.

5501. — Nouvelles Annales de Paris, jusqu'au règne de Hugues-Capet. On y a joint le Poëme d'ABBON sur le fameux siége de Paris par les Normans en 885 et 886, beaucoup plus correct que dans aucune des éditions précédentes ; avec des Notes pour l'intelligence du texte. Par Dom TOUSSAINTS DU PLESSIS.
Paris. 1753. Vᵉ Lottin & Butard. 1 vol. in-4.

5502. — Histoire de la ville et de tout le diocèse de Paris par l'Abbé LEBEUF. Nᵉ édit. annotée et continuée jusqu'à nos jours par *Hippolyte* COCHERIS.
Paris. 1863-67. Durand. 3 vol. in-8. En publ.

5503. — Histoire générale de Paris, collection de documents fondée avec l'approbation de l'Empereur par M. le Bᵒⁿ HAUSSMANN, Sénateur, Préfet de la Seine, et publiée sous les auspices du Conseil municipal.
Paris. 1866-73. Imprimerie imp. 11 vol. in-fol. Pl.
Cette publication comprend les ouvrages suivants :
** — Introduction. 1866. I vol.
** — La Seine. — I. Le bassin parisien aux âges antéhistoriques par E. BELGRAND. 1869. 2 vol. et atlas.
** — Topographie historique du vieux Paris par *Adolphe* BERTY, continuée par H. LEGRAND. Région du Louvre et des Tuileries I. II. 1866-68, 2 v.
** — Plans de restitution. — Paris en 1380. Par H. LEGRAND. 1868. 1 vol.
** — Paris et ses historiens au XIVᵉ et XVᵉ siècles. Documents et écrits originaux recueillis et commentés par LEROUX DE LINCY et L. M. TISSERAND. 1867. I vol.
** — Les anciennes Bibliothèques de Paris, Eglises, Monastères, Collèges, etc. par *Alfred* FRANKLIN. 1867-73. 3 vol.
** — Le cabinet des manuscrits de la Bibliothèque impériale. Etude sur la formation de ce dépôt, comprenant les éléments d'une histoire de la calligraphie, de la miniature, de la reliure, et du commerce des livres à Paris avant l'invention de l'imprimerie, par *Léopold* DELISLE. Tome I.

5504. — Les travaux historiques de la ville de Paris. Etude

critique sur les deux premiers volumes de la collection par *Urbain* DESCHARTES.
Paris. 1867. Boulevard Montmartre. 1 vol. in-8.

5505. — Ville de Paris.— Bulletin de statistique municipale publié par ordre de M. le préfet de la Seine. 7e 8e et 9e année.
Paris. 1871-74. Ch. de Mourgues. 4 vol. in-4.

5506. — Préfecture de la Seine. Documents relatifs aux eaux de Paris.
Paris. 1858-61. Ch. de Mourgues. 1 vol. in-4. Pl.
Ce recueil contient :
1 — Premier, second et troisième mémoire présenté par M. le Préfet de la Seine (G. E. HAUSSMAN) au Conseil municipal.
2 — Rapport au nom de la Commission des eaux. Par M. DUMAS.
3 — Rapport de la Commission d'enquête administrative chargée d'examiner le projet de dérivation des sources de la Dhuis.

5507. — Rapport de la commission d'enquête administrative chargée d'examiner le projet de dérivation des sources de la Dhuis.
Paris. 1861. Ch. de Mourgues. 1 vol. in-4.
A la suite :

— Préfecture de la Seine. Ville de Paris. Sources de la Dhuis. Décret du 4 mars 1862. Comité consultatif. — Séance du 26 mai 1862. Rapport et avis.
Paris. 1862. Ch. de Mourgues. in-4.

— Rapport de la commission spéciale des puits artésiens (de la ville de Paris).
Paris. 1861. Ch. de Mourgues. in-4.

— Rapport à M. le Préfet de la Seine sur les irrigations et les prairies à marcites du Milanais, par *Ad.* MILLE.
Paris. 1862. Ch. de Mourgues. in-4. Cart.

— Marseille et le canal de la Durance. Rapport à M. le Sénateur, Préfet de la Seine. Par *Ad.* MILLE.
Paris. 1864. Ch. de Mourgues. in-4. 1 pl.

— Rapport à M. le Sénateur Préfet de la Seine, sur le drainage de Londres et l'utilisation des eaux d'égoût en Angleterre. Par *Ad.* MILLE.
Paris. 1866. Ch. de Mourgues. in-4. 1 pl.

— Rapport sur l'avant-projet de la dérivation de la Vanne, fait au Conseil municipal de Paris, par M. *Léon* Cornudet, au nom de la Commission spéciale des eaux. — Séance du 29 Décembre 1865.
Paris. 1866. Ch. de Mourgues. in-4.

5508. — Rapport de MM. Delesse, Beaulieu et Yvert, nommés experts par le Conseil de préfecture de la Seine, au sujet de l'inondation souterraine qui s'est produite dans les quartiers Nord de Paris en 1856.
Neuilly. 1861. Guiraudet. 1 vol. in-4. Pl.

5509. — Préfecture du département de la Seine. Traité entre la ville de Paris et la Compagnie générale des eaux.
Paris. 1861. P. Dupont. in-8.

5510. — Eaux de Paris. Lettre à un Conseiller d'Etat pour servir de réponse aux adversaires des projets de la ville de Paris. Par Robinet.
Paris. 1862. V° Bouchard-Huzard. 1 vol. in-8.
à la suite :

— Académie impériale de médecine. Quelle eau boivent les Parisiens ? Réponse à cette question par M. Robinet.
Paris. 1865. Baillière. in-8.

5511. — Bazar parisien, ou annuaire raisonné de l'industrie des premiers artistes et fabricans de Paris, etc., etc.
Paris. 1821. Everat. 1 vol. in-8.

** — Almanach du commerce de Paris, des départements de la France et des principales villes du monde, de J. de la Tynna ; continué et progressivement amélioré, par *Séb.* Bottin. Année 1834.
Paris. 1834. P. Dupont. 1 vol. in-8.

Voyez : Sciences et Arts. N. 1330.

** — Almanach du commerce de Paris, des départements de la France et principales villes du monde, par *Séb.* Bottin. 42° année.
Paris. 1829. P. Dupont. 2 vol. in-8.

Voyez : Sciences et Arts. N. 1331.

5512. — Description des catacombes de Paris, précédée d'un Précis historique sur les catacombes de tous les peuples de l'ancien et du nouveau continent ; par L. Héricart de Thury.
Paris. 1815. Bossange & Masson. 1 vol. in-8. Fig.

5513. — Eclaircissement de l'ancien droit de l'Évêque et de l'Église de Paris sur Pontoise et le Vexin-François. Contre les prétentions des Archevêques de Rouen, et les fausses idées des Aréopagites. Avec la réfutation du livre intitulé, Cathedra Rotomagensis in suam diœcesanam Pontesiam. Par M. DESLIONS.
Paris. 1694. Villery. 1 vol. in-8.

** — Histoire archéologique, descriptive. et graphique de la Sainte-Chapelle du Palais. Par MM. DECLOUX et DOURY.
Paris. 1865. Morel. 1 vol. in-fol. Pl.
Voyez : Sciences et Arts. N. 4303

5514. — Privilegium S. Germani adversus J. Launoii Inquisitionem propugnatum. Auctore D. Roberto QUATREMAIRES.
Lutetiæ Par. 1657. Bechet & Billaine. 1 v. in-8.

** — Histoire du Monastère et Couvent des Pères Célestins de Paris, contenant ses antiquitez et priviléges... Par le P. Louis BEURRIER.
Paris. 1634. Chevalier. 1 vol. in-4. Sans titre.
Histoire des rel. N. 1049.

5515. — Hôtel d'Artois à Paris. Comte Achmet D'HÉRICOURT.
Arras. 1863. Tierny. in-4. 1 Pl.

5516. — Le champ de Mars depuis son origine jusqu'à l'exposition universelle de 1867. Par Théodore FAUCHEUR.
Paris. 1867. Dentu. 1 vol. in-12.

5517. — Notice archéologique et historique sur le canton de Luzarches, avec l'indication des usages locaux, et précédée d'une introduction. Par Alexandre HAHN.
Versailles. 1868. Brunox. 1 vol in-8. Cart.

5518. — Monuments celtiques des environs de Luzarches (Seine-et-Oise). Par Alexandre HAHN.
Paris. 1867. Bouquin. in-8.

5519. — Essai sur l'histoire de Luzarches et de ses environs. Par Alexandre HAHN.
Paris. 1864. Ducrocq. 1 vol. in-8.

** — Chateau de Marly-le-Roy, construit en 1676, détruit en 1798, dessiné et gravé d'après les documents puisés à la Bibliothèque impériale et aux Archives, avec texte par Aug.-Alex. GUILLAUMOT.
Paris. 1865. Morel. 1 vol. in-fol.
Voyez : Sciences et Arts. N. 4302.

5520. — Fac-simile d'un dessin à la plume conservé à la

Bibliothèque de Pontoise. (Una parte della Villa et Castello de Pontese... 15...) Par *Arthur* DEMARCY.
Compiègne. 1864. Autographie Leroy. in-fol.

5521. — Cartulaire de l'Abbaye de Notre-Dame de la Roche, de l'ordre de Saint-Augustin, au diocèse de Paris, d'après le manuscrit original de la Bibliothèque impériale, enrichi de notes, d'index, et d'un dictionnaire géographique, suivi d'un Précis historique et de la description de l'ancienne abbaye, d'une Notice sur la paroisse et la seigneurie de Lévis, et de Notes historiques et généalogiques sur les seigneurs de Lévis, par A*uguste* MOUTIÉ, sous les auspices et aux dépens de M. H. d'Albert, Duc de Luynes.
Paris. 1862. Plon. 1 vol. in-4 & atlas in-fol.

5522. — Cartulaire de l'abbaye de Notre-Dame des Vaux de Cernay, de l'ordre de Citeaux, au diocèse de Paris, composé d'après les chartes originales conservées aux Archives de Seine-et-Oise, enrichi de notes, d'index et d'un dictionnaire géographique par MM. *Luc.* MERLET et A*ug.* MOUTIÉ, sous les auspices et aux dépens de M. H. d'Albert, Duc de Luynes.
Paris. 1857-58. H. Plon. 2 en 3 vol. in-4 & atl.in-f.

5523. — Guides—Cicerone.— Fontainebleau et ses environs. Par *Frédéric* BERNARD.
Paris. 1853. Hachette. 1 vol. in-12. Fig.

5524. — Annales de la Société musicale et littéraire de Meaux, l'Orphéon.
Meaux. 1864. A. Cochet. 1 vol. in-8.

5525. — Recueil de pièces imprimées et manuscrites concernant le Duché de Nemours. — Contrat de cession et transport du duché à Philippe de Savoye en 1528. — Juridiction des bailliages.
1 vol. in-fol.

Languedoc.

5526. — Précis historique du canal du Languedoc ou des deux mers, servant d'explication au plan en relief de ce

canal, exécuté par MM. Querin, Bidauld, Louis Lacoste et Lacoste jeune.
Paris. 18 . Roblot-Gondar. Pièce in-8.

5527. — Les mines d'argent de Largentière (Ardèche), par *Henry* VASCHALDE.
Privas. 1868. Roure fils. in-8.

Limousin.

** — Cartulaire de l'Abbaye de Beaulieu (en Limousin) publié par M. *Maximin* DELOCHE.
Paris. 1859. Imprimerie impériale. 1 vol. in-4.
Voyez : Coll. de Doc, inéd. N. 2352.

5528. — Calendrier ecclésiastique et civil du Limousin. Année 1782.
Limoges. 1782. Barbou. 1 vol. in-24.

Lyonnais.

5529. — Lyon antique restauré d'après les recherches et documents de *F. M.* ARTAUD. Par A. *M.* CHENAVARD.
Lyon. 1850. Boitel. 1 vol. in-fol.

5530. — De primatu Lugdunensi et ceteris primatibus dissertatio *Petri* DE MARCA.
Parisiis. 1644. J. Camusat. 1 vol. in-8.

5531. — Requeste au Roi, et à Nosseigneurs les Commissaires nommez par Sa Majesté pour la Primatie de Lyon. Pour M⁰ Claude de Saint-George, Archevesque de Lyon, demandeur aux fins de la Requeste insérée en l'arrest du Conseil du 27 Sept. 1697 évoqué par arrest du 26 Nov. suivant, contre Messire Jacques-Nicolas Colbert, Archevesque de Rouen. Requeste au Roy. . . pour M. J. N. Colbert. . . contre M. Cl. de Saint-George.
S. n. n. l. 1698. 1 vol. in-12.

** — Description des antiquités et objets d'art contenus dans les salles du Palais-des-Arts de la ville de Lyon par le Docteur A. COMARMOND.
Lyon. 1855-1857. Dumoulin. 1 vol. in-4. Pl.
Voyez : Archéologie.

Normandie.

5532. — Géographie normande. Quelques pagi picards et normands.—Pays d'Aumale.—Carte des frontières Nord-Est de la Normandie. Par M. Semichon.
Paris. 1862. Didier. in-8. Carte.

5533. — Le gouvernement de Normandie au XVII° et au XVIII° siècle. Documents tirés des archives du chateau d'Harcourt par C. Hippeau. Première partie. Guerre et marine.
Caen. 1863. Goussiaume de Laporte. 2 vol. in-8.

5534. — Histoire des grands panetiers de Normandie et du franc-fief de la grande paneterie, par le Mis De Belbeuf.
Paris. 1856. Dumoulin. 1 vol. in-8. Fig.

5535. — Recherches historiques sur le tabellionage royal, principalement en Normandie, et sur les divers modes de contracter à l'époque du moyen-âge, d'après de nombreuses pièces MSS. et sigillographie normande en XXIV planches (183 sceaux) avec fac-similé d'une belle charte ducale du XI° siècle commentée par Dom Tassin en 1758 en deux lettres inédites. Par A. Barabé.
Rouen. 1863. Boissel. 1 vol. in-8. Pl.

** — Manuel du bibliographe normand... Par *Ed.* Frère.
Rouen. 1858-60. Le Brument. 2 vol. in-8.
Voyez : Bibliog. N. 713.

5536. — La Seine-Inférieure historique et archéologique. Par M. l'Abbé Cochet. Epoques gauloise, romaine et franque, avec une Carte archéologique de ces trois périodes (dressée par *F. N.* Leroy.)
Paris. 1864. Derache. 1 vol. in-4. Fig.

5537. — Rapport des travaux du département de la Seine-Inférieure, depuis le mois de Novembre 1792, jusqu'au renouvellement au premier brumaire an IV de la République.
Rouen. 1797. An V. Imprimerie des Arts. 1 vol. in-4.

5538. — Conseil général du département de la Seine-Infé-

rieure. — Session ordinaire de 1854. — Procès-verbaux des délibérations.
Rouen. 1854. Péron. 1 vol. in-8.

5539. — Rapport de la Commission d'archéologie nommée par le Congrès scientifique de France dans l'une de ses séances tenues à Rouen au mois d'Août 1865, sur le Musée spécial des Antiquités de Rouen créé par *J. M.* Thaurin, avec une introduction et des notes finales par le propriétaire-fondateur.
Rouen. 1866. Brière in-8.

5540. — Observations sur les projets de rues à ouvrir dans la ville de Rouen par *E.* De la Quérière.
Rouen. 1859. Péron. Pièce in-8.

5541. — Rothomagensis Cathedra, seu Rothomagensium Pontificum dignitas, et auctoritas in suam Diœcesanam Pontesiam. Auctore *Roberto* Denyaldo.
Parisiis. 1633. Châtelain. 1 vol. in-4.

5542. — Saint-Cande-le-jeune, église paroissiale de Rouen, supprimée en 1791; par *E.* De la Quérière.
Rouen. 1858. Brière. Pièce in-4. Pl.

5543. — Histoire de la ville d'Aumale (Seine-Inférieure) et de ses institutions depuis les temps anciens jusqu'à nos jours, par *Ernest* Semichon.
Paris. 1862. A. Aubry. 2 vol. in-8. Pl.

5544. — 1866. Annuaire de l'arrondissement de Dieppe, publié, sous la direction de M. de Revel du Perron, Sous-Préfet, par MM. Béranger et *Jules* Thieury.
Havre. 1866. Lemale. 1 vol. in-8. Cart.

5545. — Histoire de la ville de Gisors, par *P. L. D.* Hersan.
Gisors. 1858. De Lapierre. 1 vol. in-18.

5546. — Examen de quelques passages du mémoire de M. Mangon de la Lande sur l'antiquité des peuples de Bayeux, par M. de Cayrol.
Louviers. 1835. Achaintre. in-8.

5547. — Statistique monumentale de l'arrondissement de Bayeux ; par M. de Caumont.
Caen. 1858. Hardel. 1 vol. in-8. Fig.

5548. — Histoire mystérieuse du château de Tourlaville près Cherbourg. (Par M. L. DE PONTAUMONT).
Tourlaville. (Cherbourg). 1856. Feuardent. 1 v. in-8.

Orléanais.

5549. — Du nom de Guépin donné aux Orléanais. (Par F. Dupuis.)
Orléans. 1863. Herluison. in-8.

5550. — *Joannis* LAUNOII inquisitio in chartam fundationis et privilegia Vindocinensis Monasterii.
S. n. n. l. 1661. 1 vol. in-8.

** — Châteaux de la renaissance. Monographie du chateau d'Anet construit par Philibert de l'Orme en MDXLVIII, dessinée, gravée et accompagnée d'un texte historique et descriptif par *Rodolphe* PFNOR.
Paris. 1846. 1 vol. in-fol. Pl.
Voyez : Sciences et arts. N. 4301.

Provence.

5551. — Etat descriptif de l'arrondissement d'Arles, par le le Comte DE REVEL DU PERRON et par le Marquis DE GAUCOURT. — Dictionnaire topographique comprenant les noms de lieu anciens et modernes, rédigé sous les auspices de l'Académie des sciences, agriculture, arts et belles-lettres d'Aix. Tome X.
Amiens. 1871. Alf. Caron fils. 1 vol. in-4.

** — Cartulaire de l'Abbaye de Saint-Victor de Marseille, publié par M. GUÉRARD, avec la collaboration de MM. MARION et DELISLE.
Paris. 1857. Lahure. 2 vol. in-4.
Voyez : N. 2352.

5552. — Cartulaire municipal de Saint-Maximin, suivi de documents puisés dans les archives de la ville; publié par M. L. ROSTAN, sous les auspices et aux dépens de M. H. d'Albert, Duc de Luynes.
Paris. 1865. Plon. 1 vol. in-4.

PICARDIE.

5553. — Nouvel atlas chorographique de la Picardie et de l'Artois, comprenant le Haut et le Bas-Boulonnois, le Pays reconquis, l'Artois avec la Gouvernance

d'Arras, divisés en ses Bailliages ; la Généralité d'Amiens en Elections, Bailliages et Doyennés et la Généralité de Soissons, qui confine à la Haute Picardie. Levés sur les lieux et détaillés dans toutes leurs parties. (Par Desnos).
Paris. 1766. Desnos. 1 vol. in-4.

5554. — Plans et profilz des principalles villes de la province de Picardie, avec la carte générale et les particulières de chascun gouvernement dicelles. Par Tassin.
Paris. 1638. M. Tavernier. 1 vol. in-8. Oblong.

5555. — Catalogue analytique des chartes, documents historiques, titres nobiliaires, etc., composant les Archives du Collége héraldique et historique de France.— Première partie. — Picardie.
Paris. 1866. L. Techener. 1 vol. in-8.

5556. — Recherches sur les historiographes de Picardie et sur l'histoire de cette ancienne Province, par P.-Ch. Damiens.(1) — Exposé sommaire de ces recherches.
Paris. 1864. Dumoulin. in-8.

5557. — Recueil de documents inédits concernant la Picardie, publiés (d'après les titres originaux conservés dans son cabinet) par Victor de Beauvillé. (2)
Paris. 1860-67. Imprimerie impériale. 2 vol. in-4.

5558. — Recueil de documents inédits, concernant la Picardie, par M. de Beauvillé. (Paris. Impr. imp. 1860. in-4). Compte-rendu par M. Douet-d'Arcq).
Paris. 1861. F. Didot fr. Pièce in-8.

** — Mémoires de la Société des Antiquaires de Picardie
Voyez : N. 3576. 3577, 3578.

5559. — Rapport fait à la Section d'histoire et de philologie du Comité impérial des travaux historiques sur les Mémoires (1858-1859) et le Bulletin (1856-1858) de la Soc. des Antiquaires de Pic. Par M. J. Desnoyers.
Paris. 1859. P. Dupont. in-8.

5560. — La Picardie, revue littéraire et scientifique, publiée à Amiens, sous les auspices des Académies et Socié-

---

(1) Damiens (Pierre-Charles) né à Abbeville.
(2) Cauvel de Beauvillé (Louis-Joseph-Victor) né à Montdidier le 18 Juillet 1817.

tés savantes des départements de la Somme, de l'Aisne, de l'Oise et du Pas-de-Calais.(Par LENOEL-HEROUART. (1)

Amiens. 1855-73. Lenoel-Herouart. 18 vol. in-8.

5561. — Pièces pour l'histoire de la Picardie.

1 vol. in-4 contenant :

1 — Ordonnance de Fr. de Gouy, grand Maistre Enquesteur et général, Réformateur des Eaux et Forêts au département de l'Isle de France, Brie, Perche, Picardie... du 22 Juin 1654. (Chauffage des officiers et usagiers des forêts.

2 — Arrêsts du Conseil d'Etat du Roy.. concernant les enclaves de Picardie, Artois, Boulonnois, etc, des 8 Septembre 1739, 10 Mai 1740; 27 Juillet 1741 et 13 Avril 1743.

3 — Arrest de la Cour de Parlement, qui règle la manière de payer, les fermages stipulez par les baux payables en une certaine quantité fixe de grains. Du 14 Décembre 1740.

Amiens. 1740. Ch. Caron-Hubault.

4 — Arrest du Conseil d'Etat... portant règlement concernant le tourbage, les adjudications, le produit et la police générale des Communes de la Picardie et de l'Artois, du 3 Avril 1753.

Amiens. 1753. Caron père.

5 — Arrest du Conseil... portant permission aux Négocians de la Province de Picardie de faire le commerce des Isles et Colonies françoises et celui de la Côte de Guinée,par le port de St-Valeri. Du 14 Oct. 1754.

Amiens. 1754. Ve Godart.

6 — Edit du Roi qui ordonne que pendant six années il sera payé au Roy un don gratuit par toutes les villes et fauxbourgs.... Août 1758.

7 — Arrest de la Cour de Parlement, rendu dans l'affaire des Capucins. portant entr'autres choses suppression de la Requête du 18 Août 1764, et du Mémoire intitulé : *Supplément signifié par Frère Clément de Rethel et consors*... Du 7 Septembre 1764.

Amiens. 1764. Ve Caron.

8 — Arrest du Conseil d'Etat qui déclare nul un rôle de contributions fait par les Gardes-jurés de la Communauté des Saiteurs-Haute-lisseurs d'Amiens,et rendu exécutoire par les Maire et Echevins de ladite ville le 15 Juin 1765.. Du 12 Avril 1766.

Amiens. 1766. Ve Godart.

9 — Arrest du Conseil d'Etat... qui ordonne l'exécution des arrêt et lettres patentes du 13 Février 1765; déclare nulles les sentences des Maire et Echevins d'Amiens et du Bailliage,des 15 Octobre 1765 et 10 Mars 1766 et maintient les Fabricans de la campagne dans la faculté d'acheter à Amiens les matières,outils et ustensiles propres pour toutes espèces de fabrications... Du 4 Juillet 1766.

---

(3) LENOEL. (*Jean-Baptiste-Sylvain*) né à Amiens le 17 Février 1805, y mourut le 17 Février 1874.

10 — Ordonnance de G. J. Dupleix, Intendant de justice...en Picardie... [Du 1 Janvier 1767, concernant les voitures nécessaires pour l'armée.)
11 — Ordonnances de F. Bruno, Comte d'Agay, Intendant, (du 3 Juin 1753, qui fait défense de toucher aux arbres sur les grandes routes.]
12 — Déclaration du Roy (concernant les Offices de Jurés-Crieurs, Huissiers-audienciers, Essayeurs, Controleurs et Marqueurs des ouvrages d'estain.. Du 13 Juillet 1700.
13 — Arrest du Conseil... (Même sujet. 17 Oct. 1701,
14 — Ordonnance de L. de Bernage, Intendant... (concernant les palissades à fournir pour les places de la Généralité d'Amiens. 24 Mai 1710.)
— Autre du 21 Nov. 1710.
15 — Ordonnance (portant défense aux Officiers de l'Élection d'attenter aux personnes et biens des supplians). Du 5 Nov. 1660.
16 — Ordonnance du Roy du 15 Déc. 1671. (Portions congrues.)
17 — Ordonnance du Roi du 12 Sept. 1686. (Serges façon de Nimes...)
18 — Extrait des registres du Conseil d'Etat... Du 22 Déc. 1693. (Election des Mayeur et Eschevins d'Amiens.)
19 — Extrait... du 18 Novembre 1692, qui unit et incorpore au corps et communauté de la ville les Offices de Maire perpétuel, Assesseurs, Commissaires aux revues, moyennant 96800 livres.
20 — Extrait...du 17 Avril 1696.(Les habitants d'Amiens exempts du service du ban et arrière-ban).
21 — Extrait..du 8 Juin 1700,(qui décharge la ville d'un Office de Conseiller garde-scel).
22 — Arrest du Conseil d'Etat..qui ordonne que le rôle du 21 Avril 1705 pour droits d'amortissement et de nouvel acquest d'une maison et jardin nommez la Grapin sera exécuté.
23 — Arrest du Conseil...du 10 Novembre 1778. (Perception des droits dus au Roi à cause de sa directe dans la ville et banlieue d'Amiens.
24 — Ordonnance des Officiers municipaux de la ville d'Amiens (portant défense de mendier). 10 Décembre 1778.

Amiens. 1778. L. Ch. Caron.

25 — Arrest du Parlement du 17 Février 1723, rendu au profit de J.-B. Thiery...Lieutenant général au Bailliage et Siége présidial d'Amiens... contre Jean Gougier, Lieutenant-criminel.
26 — Adresse aux citoyens actifs du district d'Amiens (Août 1791). Signé LOYER, Président, LEUDER et CORNETTE, Secrétaires.

Amiens. s. d. Fr. Caron-Berquier.

27 — Vengeance de Joseph Lebon. An III.
28 — BARBIER-JENTY, Commissaire du Directoire exécutif près l'Administration municipale d'Amiens à ses concitoyens.

Amiens. An V. Patin. in-fol.

29 — Anniversaire de la fondation de la République. 27 Fruct. an 8.
30 — Instruction aux Adjoints des Maires pour l'exercice du Ministère public près les Tribunaux de police. 21 Germ. an 9.
31 — Département de la Somme. Règlement sur les chemins vicinaux. [Du 7 Septembre 1813.
32 — Extrait des Registres du Conseil d'Etat du 30 Mars 1706. [Mesureurs de grains d'Abbeville.

33 — Arrest... par lequel Sa Majesté permet aux Majeur et Echevins de la ville d'Abbeville de continuer la perception, pendant 20 années, de 4 liv. par muid de vin et d'eau-de-vie... Du 25 Déc. 1753.

34 — Arrest.. qui confirme une sentence rendue par la Sénéchaussée de Ponthieu à Abbeville, le 28 Fév. 1766. (contre J. Fr. Lefebvre de la Barre), et surçoit à l'égard de Ch F. M. Moisnel.)

35 — Extrait des registres du Conseil d'état du 19 Aout 1656. (Confirmation aux Minimes de Péronne de l'exemption de droit sur le vin.]

36 — Arrest du 30 Août 1776 en faveur de Dragon-Gomicourt contre la Fabrique et le Curé de Sailly-le-Sec.

37-38 — Mémoires par M. H. Le Roy, Marquis de Jumelles. (Fief d'Oresmeaux.]

39 — Factum pour Jacques Ponchencux, contre Michel Martin. 1673.

40 — Requête de P. Le Gillon, Sieur du Gros-Tison.

41 — Factum pour Guislain Le Bel, imprimeur libraire. contre la veuve Hubaut. 1689.

42 — Extrait des Reg. du Conseil d'Etat. . du 27 Avril 1751 [Affaire de fabricants et de teinturiers.]

43 — Factum pour Dame Y. Barbe de Bassompierre vefve de Al. de Hallewin. (Terres de Hames et de Sangate.)

44 — Extraits du registre aux causes du Bailliage de Péronne. [Notaires et Tabellions]. 10 Mars 1698.

45 — Arrest de la Chambre de justice contre Jean Lempereur, Subdélégué en titre d'office de la Ville et Élection de Montdidier. Du 8 Oct. 1716.

46 — Jugement souverain contre Jean Lempereur Du 26 Mars 1726.

47 — Arrest du Parlement qui maintient les Officiers du Marquisat d'Albert dans le droit d'apposer les scellez chez les Ecclésiastiques, les Nobles, etc., Du 17 Janvier 1708.

48 — Arrest du Conseil d'Etat...qui condamne les Habitans, Corps et Communauté de Romescamp, au paiement du prix de leur tâche de corvées... Du 19 Avril 1765.

49 — Arrest de la Cour de Parlement du 22 Août 1699 rendu en faveur des Religieux de l'Abbaye royale de S. Riquier, gros décimateurs de la paroisse de Caux, contre le Curé.

50 — Arrest notable..portant réglement général entre les Officiers du Bailliage et de la Prevosté de Mondidier. Du 5 Juin 1659.

51 — Extrait des Reg. du Parl. du 15 Mai 1686. (L'Hôpital de Noyon et les héritiers de Haussi].

52 — Arrest du Parl. du 9 Août 1686.(Réglement entre le Procureur du Roy au Bailliage.. de Chasteau-Thiery.., et le Substitut).

53 — Arrest du Conseil d'Etat du 15 Juin 1694,(Défense aux Maires et Echevins de S Quentin, Laon et autres de villes de donner aucuns logemens de gens de guerre aux pourvus ou commis des offices de Colonels, Majors, Capitaines, et Lieutenans des Bourgeoisies.

54 — Règlement sur le partage des Manses, le nombre des Religieux, les charges claustrales. . . entre Mgr l'Evêque de Soissons, Abbé du Gard, et les Religieux de cette Abbaye. 8 Avril 1702.

55 — Arrest du Conseil d'Etat privé en faveur des Archers et Gardes de la Connestablie. . . (Pour l'exemption des tailles. . .) 5 Août 1704.

56 — Arrest... qui déclare sujets aux droits de francs-fiefs les habitans de la Ville et Comté de Boulogne. Du 28 Mars 1752

57 — Lettres patentes du Roi du 26 Fév. 1624.(Dettes du Cardinal de Guise, Abbé de Saint-Denis, Corbie, Ourscamp...]

58 — Extraits des Registres du Conseil privé. [Renvoi de la requête de divers Curés pour insuffisance de revenu.] 2 Oct. 1671.

59 — Extrait... du 27 Avril 1672. [Portions congrues.]

60 — Mémoire instructif remis de la part du Roi au Comité des subsistances des Etats-généraux par le Directeur général des finances. [1789.)

61 — Contre deux Bonapartistes [André Dumont et M. de la Tour du Pin.]

62 — Département de la Somme. Liste générale des Agents sanitaires.
Amiens. 1818. Maisnel fils. Placard in-fol.

63 — Ville d'Amiens. Fête municipale le Dimanche 29 Septembre 1850.
Amiens. 1850. Alfr. Caron. Placard in-fol.

64 — Ville d'Amiens. Fondation Boucher de Perthes en faveur des ouvrières d'Amiens les plus méritantes. Avis du Maire. Programme du Concours.
Amiens. 1863. Lambert-Caron. in-f.

65 — Ville d'Amiens. Fêtes à l'occasion du Concours régional agricole et du concours hippique ouverts entre les huit départements du Nord, du Pas-de-Calais, la Somme, l'Oise, la Seine, Seine et Marne, l'Aisne et Seine et Oise. Du 25 Mai au 9 Juin 1867.
Amiens. 1867. A. Caron fils. Placard de couleur.

66 — Ville d'Amiens.—Concours régional.—Cavalcade au profit des pauvres le Dimanche 26 Mai 1867.
Amiens. 1867. Caron-Lambert. Plac.

67 — Ville d'Amiens.— Ecole des Beaux-Arts.—Concours pour la concession d'une subvention municipale.
Amiens. 1873. Challier. Placard.

5562. — Recueil de cartes, plans et dessins concernant la Picardie.

1 carton in-fol. contenant :

— Ambiani.— Archidiaconé d'Amiens, de l'Evesché d'Amiens, où sont les Balliage et Eslection d'Amiens en partie, Prevosté et Eslection de de Mondidier, Eslection de Doulens en partie.

— Britanni.— Archidiaconé de Ponthieu dans l'Evesché d'Amiens où sont les Comté, Senéchaussée et Eslection de Ponthieu. Partie des Balliage et Eslection d'Amiens, et de l'Eslection de Doulens. Par *N*. Sanson.
Paris. 1656. l'auteur. 2 f. in-fol.

— Les environs d'Abbeville, Doùrlens, Amiens, Corbie et du cours de la Somme.
Bruxelles. 1746. Fricx. in-fol.

— Abbeville. Vue. *Joh.* Peeters del.

— La même, plus petite.

— Plan d'Abbeville, du même.

— Cascade de 23 pieds de hauteur formée par la rivière d'Ancre à Albert, département de la Somme.

— Plan de la propriété de l'usine située à Albert. Par *Alph*. LEROY.

Paris. s. d. Lith. Langlumé. in-fol.

— Amiens — Metz — Toul — Kameryk — Sedan — Verdun. Plans des fortifications. Par LEMAN DE LA JAISSE.
— Amiens. Vue. *Joh*. PEETERS del.
— La même, plus petite.
— Amiens. Vue.
— Profil de la ville d'Amiens du coté de Pont-de-Mez.

Paris. s. d. Basset.

— Profil de la ville épiscopal d'Amiens, capitale de Picadie (sic).

Paris. s. d. Jean Boisseau.

— Vue d'Amiens au XVII siècle, copie exacte de l'original encre de Chine fait par un habitant de cette ville à cette époque.

Amiens. 1858. Lith. Boileau.

— Portrait de la ville d'Amiens assiégée par le Roy de France et de Navarre.
— Amiens. Plan. Par *Jean* PEETERS.
— Le même, plus petit.
— Modification d'alignement entre la Porte de Noyon et la rue de la Porte-Paris, à Amiens. 1831.— Variante. 1833.

Amiens. 1831-33. Lith. A. Le Prince.

— Ville d'Amiens. — Projet de place et de Cours... Boulevard du Mail. Par J. HERBAULT. 1845.

Amiens. 1845. Alf. Caron. in-fol.

— Place Longueville. — Projet de champ de foire. Par *A*. VIGREUX.
— Elargissement de la rue des Crignons. 4 variantes. 1847-1861-1863. Par VIELHOMME, Inspecteur-voyer.
— Ouverture de rue dans les terrains de l'ancienne caserne du Collége.
— 4 nouveaux projets. Par VIELHOMME.

Amiens. 1863. Aut. Boileau. 1 f.

— Plan de lotissement des terrains à vendre entre le Boulevard de l'Est et la rue du Vivier.

Amiens. 1865. Aut. Boileau.

— Ville d'Amiens. Ouverture d'une rue entre celles des Jacobins et des Trois-Cailloux. Dressé par VIELHOMME.

Amiens. 1862. Autogr. L. Boileau. in-fol. pl.

— Ville d'Amiens. Projet d'entrée pour la rue des Trois-Cailloux. Par DAULLÉ (1) et J. HERBAULT.

Amiens. 1863. L. Boileau. in-fol.

— Ville d'Amiens. Enquête ouverte sur la direction définitive à donner à la rue diagonale comportant la nouvelle entrée de ville à créer sur la place Saint-Denis. (Observations de MM. DAULLÉ et J. HERBAULT consignées au procès-verbal le 27 Aout 1867.

Amiens. 1867. Autogr. Boileau. in-fol.

— Projet de dégagement et d'embellissement des abords de la Cathédrale

---

(1) DAULLÉ (*Natalis*), né à Doullens le 14 Mai 1806, mourut à Amiens le 26 Aout 1873.

à compléter d'une rue d'aspect dans l'axe du portail principal... Par MM. DAULLÉ et HERBAULT. 18 Septembre 1871.

Amiens. 1871. Boileau (et Jeunet) 1 f. in-plano.

— Cathédrale d'Amiens. — Projet de rue perspective. — Lettre à M. le Maire et à Messieurs les Membres du Conseil municipal de la ville d'Amiens. Par MM DAULLÉ et J. HERBAULT. 20 Mars 1872.

Amiens. 1872. Yvert & Boileau. 2 pages et 1 plan.

— Cathédrale d'Amiens. Projet d'un square au-devant du portail principal entre le Parvis et les rues Henri IV, Basse-Notre-Dame et Basse-Saint-Martin. Mémoire démontrant l'opportunité et les facilités d'exécution de ce projet, avec dessins à l'appui, par MM. DAULLÉ et J. HERBAULT.

Amiens. 1864. Lenoel-Herouart. in-fol.

— Chapelle du Jeudi-Saint à la Cathédrale d'Amiens. DUFOURMANTELLE (1) Canonicus h. Ambian. sculpsit.

Amiens. s d. Lith. Lebel.

— Bibliothèque d'Amiens construite en 1825 par M. Cheussey. DUTHOIT del.

Amiens. s d. Delaporte Lith.

— Hotel du Cange. 1610-1648 — Abbaye du Paraclet. 1648-1790. Rue des Jacobins 38 et 40 Amiens. — Pensionnat famille Michel Vion.

Amiens. 18. J. Moncourt Lith.

— Hotel de M. V. de Franqueville à Amiens, construit par J. Herbault DUTHOIT del.

Paris. 1847. Thierry fr. Lith.

— Vue de la maison des Orphelines des Religieuses des Sacrès-Cœurs de Jésus et de Marie dites de Louvencourt, établie à St-Acheul-lès-Amiens. fondée par Madame la Marquise de Gerville, bénie par Mgr J. Mioland Evêque d'Amiens, le I Aout 1845, et construite par J. Herbault. 1844-1845. DUTHOIT del.

Paris. 1845. Thierry fr. Lith.

— Filature de lin du faubourg de Hem construite par M. CHEUSSEY.
— Distribution de drapeaux à la Garde nationale d'Amiens, au nom du Roi des Français, par M. le Général Théodore de Rumigny, le 24 Oct. 1840. *Benj*. GODART inv. del. (2)
— Banquet réformiste d'Amiens. 5 Décembre 1847. *Ch*. HUGOT.

Amiens. 1847. Lith. Bédu.

— Plantation de l'arbre de la liberté à Amiens, le 2 Avril 1848. Dédié au Citoyen Porion, Maire. D. LEBEL del. (3)

Amiens. 1848. Lith. Lebel. 2 épreuves.

— Plan dressé pour la revue qui aura lieu le 11 Juin 1848 à la Hotoie à l'occasion des fêtes de la Fraternité.
— Entrée des Gardes nationaux à Amiens pour la fête de la Fraternité. Juin 1848. L. DUTHOIT del.
— Fête fraternelle d'Amiens. — Vue du banquet offert le 11 Juin 1848 par

---

(1) DUFOURMANTELLE (*Casimir-Célestin-Adolphe*) né à Amiens le 6 Avril 1806.

(2) GODART (*Antoine-Joseph-Benjamin*) né à Amiens le 13 Septembre 1799, y mourut le 9 Mars 1853.

(3) LEBEL (*François-Desiré*), né à Amiens le 11 Avril 1809.

la Garde nationale d'Amiens aux Gardes nationales de Paris, Rouen, Lille, Douai, Valenciennes, Cambrai, Arras, Boulogne, St-Omer, St-Quentin, Beauvais, Clermont, Breteuil et à celles du Département de la Somme. *C.* PINSARD éd.

Paris. 1848. Lith. Decan. in-f.
— Société des Orphéonistes d'Amiens, fondée le 20 Octobre 1860. Diplome d'orphéoniste. DOUILLET del. (1)

Amiens. 1860. Lith. Caillaux. Exemp. noir. Ex. coul.
— Corbie. Vue et plan. *Joh.* PEETERS del.
— Les mêmes, plus petit.
— Corbie en Picardie. Par le Sr DE BEAULIEU.

Paris. s. d. de Beaulieu.
— Eglise de l'Abbaye de Corbie, Portail. Dessin manuscrit.
— Eglise de Corbie. Portail.

Amiens. 1837. Lith. Delaporte.
— Eglise de St-Pierre de Corbie. — Vue de l'Abbaye. DEROY del. (Publié par M. V. DE BEAUVILLÉ).

Paris. s. d. Lith. Lemercier.
— Dourlans. Vue. *Joh.* PEETERS del.
— La même, plus petite.
— Doullans. Plan. Par J. PEETERS.
Le même, plus petit.
— Plan général de la propriété et vues du chateau d'Heilly.

Paris. 1846. Journal le Plan.
— Charte (présumée) de la commune de Ham, en 1188, autographiée par *Ch.* GOMART en 1863, d'après l'original qui se trouve aux Archives de la ville d'Albert.
— Vue de la ville et du chateau de Ham. S. n. n. l. n. d. Publié par *Ch.* GOMART.
— Plan de la ville et du chateau de Ham édité par MM. *Ch.* GOMART et MAROTTE. 1862.

Saint-Quentin. 1862. Lagache-Morgand. in-fol.
— Plan de la ville et du château de Ham. 2 édit. Par M. *Ch.* GOMART.

St-Quentin. 1864. Levaire fr. in-fol.
— Plan du château de Ham. *Ch* GOMART del.

St-Quentin. Lith. Cliche.
— Vue du château de Ham prise des bords du canal, vis-à-vis la grosse tour.
— Inscription et signes héraldiques gravés au-dessus de l'entrée de la grosse tour (de Ham).
— La pierre qui pousse. (Menhir de Viéville près Ham). D'après un dessin de *Ch.* GOMART.
— St-Pierre de Montdidier.

Amiens. Lith. Lebel.
— Armes de Péronne.
— Péronne. Vue. *Joh.* PEETERS delin.

---

(1) DOUILLET (*Auguste-François*) né à Amiens le 15 Septembre 1828.

— Péronne. Plan. Par le même.
— Même plan. plus petit.
— Beffroi de Péronne. D. Lebel del.
— Ruines du château de Picquigny. D. Lebel del.
— St-Denis de Poix.
— St-Pierre de Roye.

Amiens. Lith. Lebel.

— Rue. Vue. Joh. Peeters del.
— Rue. Plan. Par le même.
— Même plan, plus petit.
— Tombeau de noble homme François de Guillebon en son vivant seiseigneur d'Angivillers, qui trépassa le 25e jour de Mars 1559 et de demoiselle Gabrielle de Gomer, sa femme, existant en 1873 dans l'église d'Angivillers. [Oise.] J. Moncourt del. (1)

Amiens. 1874. J. Moncourt Lith. in-fol.

— Beauvais. (Vue].
— Compiégne. [Vue].
— Fac simile d'un plan de Compiègne levé en 1637. G. Blot del.

Compiégne. s. d. Lith. Leradde.

— Jeanne d'Arc prise sous les murs de Compiègne. [24 Mai 1430]. Ch. Pérint inv. et sculps.

Compiègne. Lith. Escuyer.

— Monuments historiques — Chateau de Pierrefonts. Façade Nord-Est Viollet Le-Duc architecte — Wyganowski del.

Paris. 1873. Lith. Jailly.

— La haute borne. (Menhir de Bois-lès-Pargny [Aisne]. D'après un dessin de Ch. Gomart.
— Plan de l'ancien chateau et du périmètre de la ville de Bohain Ch. Gomart del.

Saint-Quentin. Lith. Moureau.

— La Capelle. Vue. Joh. Peeters del.
— La ville et Chasteau de la Fere en Picardie, assiégée, et prise par le Roy Henry le Grand l'an 1595. Copie autographiée de la gravure de Chastillon, publiée par Charles Gomart. 1863.

Saint-Quentin 1863 Lagache. in-fol.

— Laudunum vulgo Laon en Picardie. Copie lithographiée en 1866, par les soins de Ch. Gomart, d'une ancienne gravure du xviie siècle représentant la vue à vol d'oiseau de la ville de Laon, par J. Janssonius.
— L'ancien Chateau de Renansart d'après un plan fait en 1820, par Q. C. Lemaire. (Avec légende).

Paris. s. d. Best. in-fol.

— Armes de S. Quentin. E. Ancelet del.

Saint-Quentin, Lith. Moureau. in-fol.

— Origines de la ville de St-Quentin. Ch. Gomart.

---

(1) Moncourt (*Pierre-Jules*) né à Amiens le 11 Octobre 1825.

— Plan d'une partie de la ville de Saint-Quentin, pour servir à déterminer le périmètre de l'ancien Castellum. *Ch.* Gomart del.

Saint-Quentin. Lith. Lagache.

— Plan des bornage et enceinte de la juridiction du Chapitre de St-Quentin et des 28 maisons canoniales. — 13 Juin 1750. *G.* Testart.
— Urbs S. Quintini.— Copie autographiée, en 1858, par les soins de M. *Ch.* Gomart, de St-Quentin, d'une gravure de *Jérome* Cock, représentant le siège de la ville de St-Quentin, en 1557. Tirée de la collection de M. H. Du Sevel, d'Amiens.
— Plan de la ville de Saint-Quentin et des opérations du siège en 1557. 2° édition corrigée. *Ch.* Gomart del.

Saint-Quentin. 1855. Melotte. in-fol.

— Plan... 3° éd.

Saint-Quentin. 1859. Lagache.

— Plan de la ville de Saint-Quentin, avec ses fortifications au commencement du XVIII siècle. *Ch.* Gomart dir.

Saint-Quentin. 1854. Moureau. in-fol.

— Plan de la ville de St-Quentin en 1855 publié, par *Ch.* Gomart.

Saint-Quentin. 1855. Moureau. in-fol. 2 Ex.

— Carte pour servir à l'intelligence de la bataille St-Laurent, 10 Aout 1557. publiée avec la nouvelle édition du siège de St-Quentin en 1557, par *Ch.* Gomart.

Saint-Quentin. 1859. Lith. Lagache.

— Copie lithographiée en 1865, par les soins de M. *Ch.* Gomart, d'une ancienne gravure : *le siège de la ville de St-Quentin.* en 1557.

Péronne. 1865. J, Quentin. in-fol.

— Plan d'une partie des Champs Elysées de la ville de St-Quentin pouvant être affectée, d'après le projet, à un Casino d'été.
— Plan de la collégiale de St-Quentin gravé par Ancelet. 1854.

Paris. 1854. Chardon.

— Vue de l'hotel-de-ville de St-Quentin en 1850. Ancelet.
— Clocher de l'église St-André.
— Portail et tour de l'église St-Jacques en 1854.
— Musée de St-Quentin. Inscription de Clotaire II.
— Eglise de St-Quentin. Pierre tombale de Mehaus Patrelote. 1272
— Trésor de St-Quentin en l'isle. Croix à double traverse.
— Eglise collégiale de St-Quentin. Carrelage.
— Eglise de Sissy. Pierre tombale de Jehan Deffosses. 1505.
— Ardres. Vue. *Joh.* Peeters del.
— Ardres. Plan. Par le même.
— Boulongne. Vue. *Joh.* Peeters del. — Plan par le même.
— Calais. Vue. *Joh.* Peeters del. — Plan par le même.
— Estaples. Vue. *J.* Peeters. del.
— Le Mont-Hulin. Vue par le même. — Plan par le même.
— Montreuil. Vue. — Monstreuil. Plan. Par le même.
— Fonts baptismaux de l'église de Beuvry. [Pas-de-Calais.
— Fonts baptismaux d'Oisy-le-Verger. (Pas-de-Calais,

Douai. 1858. Lith. Robaut.

5563. — Œuvres de *Ch.* Gomart. — Plans,— vues,— reproductions. 1 vol. in-fol.
   Ce recueil contient des vues et plans de St-Quentin, Laon, Le Fère, Ribemont, Bohain, le Catelet, Soissons, Péronne, Ham et Roye.

5564. — Manuscrits de Pagès,(1) marchand d'Amiens, écrits à la fin du 17ᵉ et au commencement du 18ᵉ siècle sur Amiens et la Picardie, mis en ordre et publiés par *Louis* Douchet. (2)
   Amiens. 1856. A. Caron. 1857. E. Herment. 58-59. Vᵉ Herment. 1862. Lemer. 5 vol in-12.

5565. — Supplément aux Manuscrits de Pagès, marchand d'Amiens, écrits à la fin du 17ᵉ et au commencement du 18ᵉ siècle. Extraits du Manuscrit dit *Petit-Pagès* et d'autres documents inédits recueillis pendant la publication des cinq premiers volumes, édités de 1854 à 1862 par *Louis* Douchet.
   Amiens. 1864. Jeunet 1 vol. in-18.

5566. — Les bords de la Somme. Par *J.P.* Faber (Lefebvre).
   Tournai. 1861. Casterman. 1 vol. in-12. Fig.

5567. — Veillées picardes. Par *J. P.* Faber (Lefebvre).
   Tournai. 1860. Casterman. 1 vol. in-12. Fig.

5568. — By-roads and battle-fields in Picardy : with incidents and gatherings by the way between Ambleteuse and Ham ; including Agincourt and Crécy. By *G. M.* Musgrave. With illustrations.
   London. 1861. Bell and Daldy. 1 vol. in-8.

5569. — Situation financière des villes de Picardie, sous Saint Louis, par M. *Ch.* Dufour.
   Amiens. 1858. Vᵉ Herment. 1 vol. in-3.

5570. — Sur quelques tournois en Picardie. Notice lue à la séance publique de la Société des Antiquaires de Picardie, le 20 Juillet 1862, par M. *A.* Janvier.
   Amiens. 1866. Lemer. in-12.

5571. — Récits picards. — Procès célèbres. — Exécutions capitales. Par *A.* Janvier. — Le meurtre du Pont-Dolent. 1615. — François de Jussac d'Ambleville,

---

(1) Pagès (*Jean*) né à Amiens le 24 mars 1655, y mourut le 3 novembre 1723.
(2) Douchet (*Louis-Jean-Baptiste-Nicolas*) né à Amiens le 12 Janvier 1807, y mourut le 15 Décembre 1866.

Sieur de Saint-Preuil, Mareschal des camps et armées du roi Louis XIII. 1600-1641. — Balthazar de Fargues. — Révolte du régiment de Bellebrune. 1658-1665. — L'horloger de Senlis. 1789.
Amiens. 1869. Caillaux. 1 vol. in-8.

5572. — Souvenirs d'un Chevau-léger de la Garde du Roi, par *Louis-René* DE BELLEVAL, publiés par *René* DE BELLEVAL, son arrière-petit-fils.
Paris. 1866. Aubry. 1 vol. in-8. Port.

5573. — L'administration sous l'ancien régime. — Les Intendants de la Généralité d'Amiens (Picardie et Artois). Par DE BOYER DE SAINTE-SUZANNE).
Paris. 1865. P. Dupont. (Amiens. Jeunet). 1 v. in-8.

5574. — Histoire des Protestants de Picardie, particulièrement de ceux du département de la Somme, d'après des documents la plupart inédits, par *L.* ROSSIER.
Paris. 1861. Grassart. (Amiens. Lemer). 1 vol. in-18.

5575. — *Gustave* DORIEUX. — Examen critique de l'Histoire des Protestants de Picardie de M. L. Rossier.
Paris. 1861. Dentu. (Amiens. Lemer). in-18.

Somme.

5576. — Département de la Somme, extrait de la Carte topographique de la France, levée par les Officiers d'Etat-Major et gravée au Dépôt général de la Guerre, sous la direction du Lieutenant général PELET, publiée avec l'autorisation du Ministre de la Guerre.
Paris. 1839. Aut. et Imp. J. Baouset. 4 f. in-fol.

5577. — Carte routière et administrative du département de la Somme par *A.* FOURNIER, Agent-voyer en chef.
Paris. 1861. Lith. Gratia. in-fol.

5578. — Même carte, continuée en vertu de la décision de la Commission départementale et sous l'administration de M. Pouguy, Préfet, par *A.* DAULLÉ, Agent-voyer en chef. 1874.
Paris. 1874. Lith. Regnier. in-fol.

(I) FOURNIER (*Pierre-François-Achille*) né à Abbevil e le 18 Décembre 1802, mourut à Paris, le 25 Mai 1872.

5579. — Carte du réseau des chemins de fer d'intérêt local du département de la Somme étudié par le service des Ponts et Chaussées, sous la direction de M.Fuix, Ingénieur en chef du département, conformément au vote du Conseil général du 25 Août 1865, et en vertu de la lettre de M.J.Cornuau, Conseiller d'Etat, Préfet du département, en date du 30 du même mois.
Paris. 1866. Lith. Gratia. 1 f.

5580. — Carte routière et administrative des quatre cantons d'Amiens. Par *A.* DAULLÉ. 1874. (1)
Paris. 1874. Monrocq. in-fol.

5581. — Géographie, histoire, statistique et archéologie des 89 départements de la France par *Adolphe* JOANNE. — Somme.
Paris. 1869. Hachette. 1 vol. in-12. carte & fig.

5582. — Petite géographie pour le département de la Somme à l'usage de l'enseignement primaire, publiée sous la direction de *E.* LEVASSEUR. Comprenant : 1. géographie du département... par *D.* BERTRAND. 2. Notions premières sur le globe... par *Ch.* PÉRIGOT.
Paris. 1873. Delagrave. 1 vol. in-12. Fig.

5583. — Almanach du Franc-Picard, annuaire commercial du département de la Somme. 21ᵉ année. 1865.
Amiens. 1865. Alfred Caron. 1 vol. in-12.

** — Conseil général du département de la Somme. —Sessions.
Voyez : N. 3634.

** — Recueil des actes administratifs. Voyez : N. 3639.

5584. — Département de la Somme. Règlement et instruction sur le service des chemins vicinaux.
Amiens. 1872. Alfred Caron fils. 1 vol. in-8.

5585. — Département de la Somme. — Défense nationale.— Extraits des Procès-verbaux du Conseil général. — Session de 1871. (Rapport de M. DUFLOS (2) sur les dépenses de la Défense nationale).
Amiens. 1871. Alfred Caron fils. 1 vol. in-8.

---

(1) DAULLÉ (*Alfred*) né à Bonneville le 27 Février 1821.
(2) DUFLOS (*Alexandre-Gaspard*) né à Abbeville le 5 Août 1821.

5586. — Mémoire pour M. Fossé. — Equipements militaires. (Adressé au Conseil général de la Somme.)
Amiens. 1872. Jeunet. in-4.

5587. — Manuel des postes pour la circonscription du bureau d'Amiens, indicateur des heures de départ et d'arrivée des différents courriers. — Affranchissement des correspondances pour la France et l'Algérie. — Renseignements généraux. - Tarif de l'étranger. (Par C. F. M. (Morgand).
Amiens. 1870. Jeunet. in-8.

5588. — Caisse de Crédit foncier pour le département de la Somme. Projet de statuts (6 Mai 1852) et explications. (Par M. Frénoy (1).
Amiens. 1852. Yvert. in-8.

5589. — Recherches sur l'histoire des travaux hydrographiques de *Lamblardie* et particulièrement sur son projet d'un port au Hâble d'Ault, et sur les vicissitudes de ce projet jusqu'à nos jours. Par P. Ch. Damiens. Fragment détaché de ces recherches.
Paris. 1865. Dumoulin. (Amiens. Jeunet.) in-8

5590. — Enquête sur la continuation des digues de Saint-Valery-sur-Somme entre le Cap Hornu et le Hourdel. — Délibération et avis de la Chambre de Commerce d'Amiens. — Séance du 5 Mars 1862.
Amiens. 1862. E. Yvert. in-8.

6591. — Conseil général de la Somme. Session d'Avril 1873. — Commission spéciale de la baie Somme.
Amiens. 1873. Alfred Caron. 1 vol. in-8.

5592. — Chemins de fer traversant le département.
Carton in-4 contenant :

1 — Note relative à un embranchement de chemin de fer sur Saint-Valery et à l'emprunt d'un million pour cet objet par la Compagnie d'Amiens à Boulogne. 25 Janvier 1851. (Par M. Courbet-Poulard)
Abbeville. 1851. Paillart. in-8.

2 — Embranchement de chemin de fer sur Saint-Valery. Extrait du *Courrier de la Somme* du 28 Janvier 1851. Par M. Courbet-Poulard.
Abbeville. 1851. Paillart. in-8.

---

(1) Frénoy (*Pierre-Alexis*), ré à Dommartin le 21 Décembre 1791, mourut à Contre le 4 Septembre 1855.

3 — Chemin de fer de Rouen à Amiens. Exposé des délégués de la Vallée de Conty. Par M. GAULTHIER DE RUMILLY.
Amiens. 1857. L. Challier. in-8.

4 — Note sur le tracé du chemin de fer d'Amiens à Rouen, au nom des cantons de Molliens-Vidame, Poix, Hornoy et Oisemont. 1 Septembre 1859. Par M. DE DOMPIERRE-D'HORNOY. (I)
Amiens. 1859. A. Caron. in-8.

5 — Les intérêts industriels de la ville d'Amiens dans la vallée de la Selle et les cantons de Conty, Grandvillers et Crèvecœur. — Mémoire présenté aux Commissions d'enquête instituées dans la Somme, l'Oise et la Seine-Inférieure sur le projet du chemin de fer de Rouen à Amiens, par Ch. DUFOUR. Octobre 1859.
Amiens. 1859. Caron & Lambert. in-8.

6 — Chemin de fer de Rouen à Amiens. — Station de Famechon. — Observations sur l'utilité publique de cette station et notamment en faveur des cantons de Conty et de Grandvillers. (Par M. Ch. DUFOUR.)
Amiens. 1864. Lemer. in-8.

7 — Comité central du chemin de fer de Béthune au Hâvre, par Auxi-le-Château, Abbeville et Dieppe. — Procès-verbal de la séance du 19 Janvier 1863, tenue en l'Hôtel-de-Ville d'Abbeville... du 9 Mars 1864... du 16 Mai 1867.
Abbeville. 1863-67. Briez. 3 pièces in-8.

8 — Commission d'enquête pour le chemin de fer de Béthune à Dieppe et au Hâvre, section de Frévent à Gamaches. Séances tenues à la Préfecture de la Somme les 8 Juin et 6 Juillet 1867. — Procès-verbaux.
Abbeville. 1867. Briez. in-8.

9 — Chemin de fer d'intérêt local de Doullens à Amiens. — Extrait du *Mémorial d'Amiens*. Par CHALLIER DE GRANDCHAMPS.
Amiens. 1868. Challier. in-4.

10 — Observations en faveur du tracé de chemin de fer de Doullens à Gamaches par Airaines, avec embranchement sur Hangest. Par F. DE DOMESMONT. (2)
Amiens. 1868. Aut. Ve Alfred Caron. in-4.

11 — Chambre de Commerce d'Abbeville. — Séance du 11 Mars 1868. — Délibération sur les divers projets d'un chemin de fer entre Doullens et Amiens et sur leur rapport avec la ligne de Lille au Havre, par Abbeville.
Abbeville. 1868. Briez. 1 vol. in-4 Cartes.

12 — Conseil d'arrondissement de Péronne (Somme). — Chemin de fer d'intérêt local. — Extrait du rapport du Sous-Préfet (M. G. VALLOIS). — Session de 1866. — Session de 1868.
Péronne. 1866-1868. Quentin 2 pièces in-8.

13 — Chemin de fer de Cambrai à Gannes. — Observations du Conseil municipal de Péronne pour le tracé de Péronne à Roye par Chaulnes, en réponse au mémoire présenté en faveur de la variante par Nesle.
Péronne. 1870. J. Quentin. in-fol.

(I) DE DOMPIERRE D'HORNOY (*Alexandre-Gaston*) né à Hornoy le 31 Octobre 1812, y mourut le 11 Août 1873
(2) FRANÇOIS DE DOMESMONT (*Henri-Gaspard-Séverin*) né à Amiens le 12 Février 1800.

14 — Beauvais et le chemin de fer du Nord. (Par M. DANJOU.)
Beauvais 1869. D. Père. in-8.

15 — Chambre de Commerce d'Amiens.— Lettres à Messieurs les Ministres des Travaux publics et des Finances, à Messieurs les Membres de l'Assemblée nationale, à Messieurs les Conseillers généraux des départements du Nord, du Pas-de-Calais, de Seine-et-Oise, de l'Oise, de l'Aisne, de la Seine-Inférieure et de la Somme. — Mars 1874.— Chemin de fer de Picardie et Flandres. —
Amiens. 1874 Jeunet. in-8.

16 — Chemin de fer. — Compagnie civile le Progrès.— Extrait du mémoire du 20 Aout 1869. — Ligne d'Arras à Nancy.
Bruxelles. 1870. Engelen in-4.

5593. — Des chemins de fer d'intérêt local du département de la Somme. Par J. FUIX.
Amiens. 1867. Jeunet. 1 vol. in-4.

5594. — Le Petit Journal de la Somme, journal quotidien.
Amiens. 1870-71. Alfred Caron. 1 vol. in-fol.

Ce journal commença de paraitre le 25 Sept. 1870 et cessa le 14 Mai 1871 avec le n° 108. Interrompu le 27 Novembre, à cause de l'occupation, il avait reparu le 28 Mars. Jusqu'au 21 Octobre le gérant fut M. R. VASSEUR (I) ; à cette époque, L. CARON signa en qualité de Propriétaire-gérant et le Directeur fut Ed. ROBERT. Ce journal représentait l'opinion républicaine. Il cessa avec l'apparition de la *Somme*.

5595. — La Vérité, journal quotidien.
Amiens. 1870-71. 1 vol in-fol.

Ce journal qui commença le 21 Sept. 1870, cessa de paraitre avec le n° 91. le 30 Mars 1871.

Du n° 1 au n° 62 il fut imprimé chez Caillaux et eut pour gérant M. A. DELABOVE employé au chemin de fer du Nord. La publication interrompue à cette époque (26 Nov.) par l'invasion prussienne, fut reprise le 30 Avril, sous le titre *La Vérité, organe républicain, journal politique quotidien*. Le rédacteur était M. *Victor* LONGUET, commissionnaire de roulage.

Ce journal était l'organe du parti républicain radical.

La 2e partie fut imprimée rue de Narine, par les presses du Progrès.

Une lettre de faire part imprimée chez Alfred-Caron fit connaître la perte que la République française, la Liberté, l'Égalité, la Fraternité et la Justice avaient faite en la personne de la Vérité.

5596. — Le Progrès de la Somme, organe de la démocratie, journal politique hebdomadaire.
Amiens 1869-70. gr. in-fol.

---

(1) VASSEUR (*Louis-Raoul*) né à Amiens le 1 Mai 1841.

Ce journal a paru du 16 Mai au 27 Novembre 1870, signé de M. Paul Sémanne, Administrateur-gérant; il y a 81 numéros.

5597. — Le Progrès de la Somme.
Amiens. 1872-74. in-fol.
Le Progrès a reparu du 20 Mai 1872 au 15 Février 1874. Il fut interdit par un arrêté du Gouverneur de Paris du 14 du même mois. Il est signé *Ch.* Loisel jusqu'au 20 Décembre 1872, ensuite *Fr.* Petit(1).

5598. — L'Écho de la Somme.
Amiens. 1870-74. Yvert. in-fol.
L'Echo a commencé le 12 Octobre 1870 et continue de paraître tous les jours, sous la direction de M. *Henri* Yvert. (1)

5599. — La Somme, journal politique et quotidien, rédacteur en chef *Edmond* Magnier.
Amiens. 1871-72. E. Magnier. 2 vol in-fol.
Le premier numéro a paru le 15 Mai 1871 et le dernier le 5 Mai 1872, par suite du départ de M. Magnier, rédacteur en chef de l'*Evénement*.

5600. — Le Messager d'Amiens, journal du département de la Somme.
Amiens. 1871-74. E. Glorieux.
Ce journal quotidien a commencé le 24 Octobre 1871 et continue sous la direction de M. *E.* Glorieux.

5601. — Journal de Péronne.
Péronne. 1864-74. J. Quentin. in-fol.
Ce journal, publié par M. J. Quentin, a commencé en 1811; il a 2 éditions: l'une bi-hebdomadaire parait le Jeudi et le Dimanche, l'autre, hebdomadaire, seulement le Dimanche.

5602. — Gazette de Péronne, Écho du Santerre.
Péronne. 1867-74. Recoupé. in-fol.
Ce journal bi-hebdomadaire a commencé en 1841. sous la direction de M. Recoupé ; il eut pour principaux rédacteurs M. Tilloy, F. de Fry (1870) et M. *Denis* Louis.

5603. — Les petites affiches du département de la Somme, feuille spécialement consacrée à la publication des annonces... paraissant tous les samedis.
Amiens. 1851-74. Lenoel-Herouart. in-fol.
Cette feuille d'affiches prit plus tard le titre de l'*Etoile de la Somme, petites affiches du département*, et parut le Dimanche; elle a commencé le 27 juillet 1850 et fut dirigée par M. Lenoel-Hérouart.

5604. - Le Moniteur picard, remplaçant le Commerce de la Somme et l'Indicateur d'Amiens.
Amiens. 1858-61. Alfred Caron. in-4 & in-fol.

---

(1) Petit (*François-Frédèric*) né à Bussy-les-Dours le 3 Juin 1836.
(2) Yvert (*Henri-Alexandre-Héléne*) né à Amiens le 26 Septembre 1834.

Le Moniteur parut le Dimanche, publié par *Alfred* Caron(1), du 2 Janvier 1858 au 26 Mars 1861. Il changea de format en 1859, et prit pour titre : *Le Moniteur picard, journal d'annonces et avis divers.*

5605. — Chronique de Picardie, journal d'Amiens et du département de la Somme.
Amiens 1858. E. Yvert. in-fol.
La chronique, a paru, sous la direction de M. Antonin Boudin, les Dimanche et les Jeudi, du 14 Nov. au 9 Déc. 1858; elle a 8 numéros.

5606. — Le Bonhomme picard.
Amiens 1870. Jeunet. in-fol.
Ce journal non politique a paru tous les Dimanches du 13 Février au 28 Août 1870 (n° 1 à 29), sous la signature de M. R. Vasseur.

5607. — L'Eclaireur de la Somme, paraissant le dimanche, journal instructif et intéressant.
Amiens. 1870. Caillaux. in-fol.
Ce journal, non politique, publié avec la signature *E.* Caillaux, du 13 Février au 13 Mars, a 5 numéros.

5608. — L'Indicateur d'Amiens, feuille d'avis du département de la Somme, paraissant le dimanche.
Amiens. 1874. H. Yvert. in-fol.
Ce journal, dirigé par M. André, a commencé le 15 Mars 1874.

Amiens.

5609. — Plan illustré de la ville d'Amiens. Par P. Viénot.
Paris. 1867. Lith. Goyer. 1 f.

5610. — Nouveau plan de la ville d'Amiens avec ses faubourgs et sections rurales. Par P. Viénot (2).
Paris. 1874. Monrocq. 1 f.

5611. — Le vieil Amiens dessiné d'après nature par *Aimé* et *Louis* Duthoit, (2) autographié par *Louis* Duthoit. 1873. — 200 dessins — Enceinte de la ville, Rues — Canaux, Ponts, Hôtels et Maisons, etc. — Edifices civils et religieux, Cimetières et promenades, etc., etc. En partie existant encore, mais pour la plupart détruits ou mutilés depuis 1820.
Amiens. 1873-1874. Jeunet. 1 vol. in-fol.

5612. — Guide de l'étranger à Amiens, description de ses monuments anciens et modernes, suivie d'une

---

(1) Caron (*Alfred*) né à Amiens le 23 Janvier 1815, y mourut le 11 Janvier 1862.
(2) Viénot (*Paul-Alexis*) né à Amiens le 26 Novembre 1830.
(3) Duthoit (*Aimé-Adrien*) né à Amiens le 25 Nov. 1803, y mourut le 21 Fév. 1869.

Biographie des hommes remarquables qui sont nés dans cette cité. Par H. CALLAND. Augmenté de nombreuses notes historiques et biographiques par A. DUBOIS. (1) Ouvrage illustré de vignettes et du plan de la ville. 4° édit.
Amiens. 1869. Lambert-Caron. 1 vol. in-12.

5613. — Annuaire de la ville d'Amiens. 20° année 1864. — 23° 1867. — 25° 1870. — 27° 1874.
Amiens. 1864-78. Alfred Caron fils. 4 vol. in-18.

5614. — Etudes sur les Coutumes du bailliage d'Amiens, rédigées en 1507, et publiées par M. Bouthors. Par M. J. BELIN DE LAUNAY. I. Si les habitants d'Amiens ont été serfs de leur évêque?—II. La féodalité ; son organisation, ses droits et son origine. — III. La ghilde n'est pas l'origine de la commune.
Amiens. 1855. Lenoel-Herouart. in-8.

5615. — Recherches sur Amiens. Par A. DUBOIS (1).
1 vol. in-8 contenant :

** — La ligue, documents relatifs à la Picardie, d'après les registres de l'échevinage d'Amiens.
Amiens. 1859. E. Yvert. 1 vol. in-8.

** — Entrées royales et princières dans Amiens pendant les 15° et 16° siècles, augmentées de quelques faits inédits relatifs à l'histoire de cette ville,
Amiens. 1868. Lambert-Caron. in-8.

** — Les pestes ou contagions à Amiens pendant les XV, XVI et XVII siècles.
Amiens. 1873. E. Glorieux. in-8.

** — Etudes historiques sur Amiens.
Amiens. 1869. Caillaux. in-8.

** — Les ponts d'Amour.
Amiens. 1860. Alf. Caron.

** — Notice sur l'ancien hotel-de-ville d'Amiens.
Amiens. 1861. Caron & Lambert. in-8.

** — Maison du Blanc-Pignon.
Amiens. 1869. Challier. in-8.

** — Justice et bourreaux à Amiens dans les XV et XVI siècles.
Amiens. 1860. Caron & Lambert. in-8.

** — Récréations de nos pères aux XV et XVI siècles.
Amiens. 1860. L. Challier. in-8.

** — Recherches sur Vincent Voiture.
Amiens. 1867. Caillaux. in-8.

---

(1) DUBOIS (*Alexis-Auguste-Florent*) né à Amiens le 4 Janvier 1824.

5616. — Journal historique de *Jehan* PATTE, (1) bourgeois d'Amiens (1587-1617), publié sur le manuscrit de la Bibliothèque d'Amiens, par M. J. GARNIER.
Amiens. 1863. Lemer ainé. 1 vol. in-8.
** — Le Siége d'Amiens, roman historique du XVI siècle. Par M. MACHART.
Amiens. 1830. R. Machart. 4 vol. in-12.
Voyez : Belles-Lettres. N. 2721.

5617. — Le Siége d'Amiens en 1597 et les Jésuites. (Par M. *Albert* DE BADTS DE CUGNAC).
Amiens. 1873. Lenoel-Herouart. 1 vol. in-8.

5618. — Le lépreux ou un courage de femme, épisode du siège d'Amiens, drame en trois actes, par P. A. A. (SCRIBE (1). 1597.
Amiens. 1845. Prévost-Allo. (E. Yvert). 1 vol. in-8.

5619. — Variétés historiques et littéraires. Bonaparte dans Amiens. Par A. JANVIER.
Amiens. 1872. Lenoel-Herouart. in-8.

5620. — Note pour servir à l'histoire du siége de la citadelle d'Amiens le 29 Novembre 1870.
Amiens, 1871. Lambert-Caron. in-8.

5621. — La foire d'Amiens dite de la Saint-Jean.
Amiens. 1861. Wallon. (Imp. Lemer). in-12.

5622. — Ville d'Amiens. — Résumé des délibérations du Conseil municipal. 1862. — 1863. — 1864.
Amiens. 1862-1864. Jeunet. 3 vol. in-4.

5623. — Rapports au Conseil municipal et délibérations.
Carton in-4. contenant :
** — Ville d'Amiens. Compte moral et financier présenté par M. ALLART, Maire, au Conseil municipal, dans la séance du 7 Juillet 1860.
Amiens. 1860. T. Jeunet. in-4.
** — Rapport de M. le Maire (M. DE CHASSEPOT), à la Commission des travaux et des finances, nommée par le Conseil municipal, à la suite de l'exposé financier présenté dans la séance du 6 Novembre 1860.
Amiens. 1860. Alf. Caron. in-8.
** — Situation financière. — Travaux à achever. — Améliorations nouvelles à réaliser. — Emprunt à contracter. — Exposé présenté par M. le Cte *Léon* DE CHASSEPOT, Maire. — Séance du 6 Novembre 1860.
Amiens. 1860. Alf. Caron. in-4.

---

(1) PATTE (*Jehan*). né à Amiens en Mai 1569, y mourut le 15 Octobre 1652.
(2) SCRIBE (*Pierre-Alexandre-Adolphe*) né à Albert le 7 Avril 1799.

**   — Conseil municipal. — Séance du 8 Mars 1861, présidée par M. le Comte Léon de Chassepot, Maire. — Rapport de la Commission des Travaux et des Finances. Membres de la Commission M. Daveluy président, MM. Duvette, Cagnard, Allou, Péru-Lorel, Deberly, Dehesdin, Dufétel et A. DAUPHIN, (1) rapporteur.

**   — Observations présentées par M. le Comte *Léon* DE CHASSEPOT, Maire, sur le rapport de la Commission des Travaux et des Finances.—18 Mars 1861.

**   — Propositions faites par M ALLOU, Maire, de concert avec la Commission des Finances, sur le projet d'emprunt ayant pour objet l'exécution de travaux d'utilité communale. — Délibération du 20 Avril 1861.
Amiens. 1861. Alf. Caron. in-4.

;   — Dépenses d'utilité communale. — Voies et moyens. — Emprunts. — Centimes additionnels. — Taxes d'octroi.— 27 Oct. 1866. — (Rapport de M. DHAVERNAS, (2) Maire.
Amiens. 1866. Lemer.

**   — Commission des voies et moyens pour dépenses extraordinaires. — Rapport fait au nom de la Commission par M. *Charles* LABBÉ. (3) — Séance du 6 Mars 1869.
Amiens. 1869. Lambert-Caron. in-4.

**   — Enquête sur la question des octrois municipaux. Délibération du 4 Mars 1870 sur le rapport fait au nom d'une Commission spéciale par M. *Ch.* DUFOUR (4).
Amiens. (1870) Lambert-Caron. in-4.

**   — Délibération du 4 Décembre 1863. — Foire de la Saint-Jean.

5624. — Amiens en 1869.— Un mot sur ses ressources. Par M. J. MANCEL.
Amiens. 1869. E. Yvert. in-8.

5625. — Règlement et tarif de l'octroi de la ville d'Amiens, département de la Somme.
Amiens. 1854-1871. Lenoel-Hérouart. 1 vol. in-8.

5626. — Eglise du faubourg S. Pierre.
2 pièces in-4.

1 — Réponse à la Requête présentée au Conseil de préfecture du département de la Somme, par M. le Maire d'Amiens, relativement aux excédants de dépenses de l'Église de Saint-Pierre, soumise à MM. les Président et Membres du Conseil de Préfecture par MASSENOT.

2 — Observations et conclusions définitives... dans l'intérêt de Massenot, en réponse au dernier Mémoire de la ville d'Amiens.
Paris. 1859. Jouaust.

5627. — Ville d'Amiens. Eclairage public à l'huile. Cahier des charges. 10 Novembre 1855.
Amiens. 1855. A. Caron fils. in-8.

---
(1) DAUPHIN (*Henri-Albert*) né à Amiens le 28 Août 1827.
(2) DHAVERNAS (*Pierre-François-Eugène*) né à Hallois-les-Pernois le 29 Juin 1816.
(3) LABBÉ (*Charles-Félix*) né à Amiens le 11 Avril 1823.

5628. — Ville d'Amiens. Eclairage par le gaz. Traité conclu par la ville avec la Compagnie européenne et celle du Gaz français. 1ᵉʳ Janv. 1865 au 31 Déc. 1914.
Amiens. 1865. Lemer. in-4.

5629. — Ville d'Amiens. — Service des pompes funèbres exercé directement par les Fabriques des églises d'Amiens réunies en syndicat. — Délibération du Conseil municipal du 22 Octobre 1873.
Amiens. 1873. E. Glorieux. in-4.

5630. — Distribution solennelle de médailles d'honneur au corps des Sapeurs-Pompiers d'Amiens. Procès-verbal du 21 Décembre 1856.
Amiens. 1857. Alfred Caron. in-8.

5631. — Ville d'Amiens. — Récompenses municipales pour belles-actions.— Délibération du Conseil municipal du 6 Juin 1857.
Amiens. 1860. Lenoel-Herouart. in-8.

5632. — Ville d'Amiens. — Récompenses municipales pour belles actions. — Délibération du Conseil municipal du 24 Décembre 1859.
Amiens. 1860. Lenoel-Herouart. in-8.

5633. — Souvenirs du Logis-du-Roi d'Amiens, par M. *H.* Dusevel.
Amiens. 1857. E. Yvert. in-8.

5634. — Notice sur les halles de la ville d'Amiens. Origine, traditions, époques gauloise, gallo-romaine, moyen-âge et moderne, par deux Membres de la Société des Antiquaires de Picardie (Douchet et Janvier).
Amiens. 1856. Alfred Caron. 1 vol. in-18.

5635. — Notice historique et technologique sur l'horloge du Beffroi d'Amiens. Par M. *Martial* Roussel. (1.)
Amiens. 1866. E. Yvert. 1 vol. in-8.
A la suite :
Notice sur l'horlogerie, description d'un échappement nouveau pour les montres. Par M. *M.* Roussel.
Amiens. 1841. Duval & Herment. in-8. Pl.

___

(1) Roussel (*Martial*) né à Amiens le 1 Juillet 1803, y mourut le 20 Mai 1874.

5636. — Notice sur quelques vieilles enseignes de la ville d'Amiens. Par A. JANVIER.
Amiens. 1856. Alfred Caron. in-18.

5637. — Ville d'Amiens. — Système hydraulique. — Rapport du Maire au Conseil municipal, 20 Novembre 1869. — Rapport de M. BELGRAND, du 11 Août 1869.
Amiens. 1869. Caillaux. in-4.

5638. — Réflexions soumises à l'Administration municipale et à MM. les Conseillers municipaux sur le projet de déplacement du théâtre de la ville d'Amiens. (Par M. DAULLÉ, Architecte.)
Amiens. 1860. Jeunet. in-8.

5639. — Inauguration de la double statue de Lhomond, poëme en style de complainte.
Amiens. 1860. Challier. pièce in-8.

A la suite :

— Académie.... séance du 26 Mai 1870. Rapport présenté à l'Académie par le Directeur (M. TIVIER) au nom de la Commission d'examen, sur les résultats du concours ouvert pour l'éloge de Lhomond.
Amiens. 1860. Lenoël-Herouart. in-8.

5640. — Ville d'Amiens. — Plantations communales. — Les arbres de la Hotoie. — Avis de la Société d'horticulture de Picardie. (Rapports par MM. DE GOMER et D'HANGEST (1).
Amiens. 1873. H. Yvert. in-8.

5641. — Ville d'Amiens. — Les plantations de la promenade de la Hotoie. — Enquête ouverte à la Mairie du 29 Mars au 5 Avril 1873. — Observations présentées par M. DE BEAUSSIRE sur la délibération du Conseil municipal du 22 Mars 1873.
Amiens. 1873. L. Challier. in-8.

5642. — Musée Napoléon. — Recueil de pièces.
1 vol. in-8 contenant :

** — Société des Antiquaires de Picardie. — Le Musée Napoléon et les Mareaucourt. — Réponse aux observations présentées au Conseil municipal, à la suite du Rapport fait dans la séance du 4 Novembre. (Par MM. A. BOUTHORS et Ch. DUFOUR).
Amiens. 1854. Duval & Herment. in-8.

** — Le Musée-Napoléon cédé à la ville d'Amiens par la Société des Antiquaires de Picardie.
Amiens. 1867. Caillaux. in-8.

** — Le passé et le présent de la question du Musée Napoléon, note présentés à M.G. d'Auribeau, Préfet de la Somme, par la Commission de cession de Musée, au nom de la Société des Antiquaires de Picardie.
Amiens. 1869. Jeunet. in-8.

** — Musée Napoléon. — Discours historique sur les loteries prononcé le 2 Décembre 1860, dans la grande salle de l'Hotel-de-ville d'Amiens, par M. l'Abbé J. CORBLET, Vice-Président de la Commission, à l'occasion du premier tirage de la Loterie concédée par le Gouvernement pour l'achèvement du Monument fondé par S. M. l'Empereur à Amiens.
Amiens. 1861. Jeunet. in-8.

** — Discours prononcé le 5 Mai 1861, par M. J. GARNIER, Secrétaire de la Commission, à l'occasion du deuxième tirage de la loterie.
Amiens. 1861. T. Jeunet. in-8.

** — Discours prononcé le 15 Aout 1861 par MM. Ch. DUFOUR, Président de la Commission, à l'occasion du dernier tirage de la loterie.
Amiens. 1861. Lemer. in-8.

** — Les comptes de la Loterie du Musée Napoléon publiés avec le concours de la Commission du Monument impérial d'Amiens, instituée par arrêté ministériel du 6 Février 1855.
Amiens. 1862. Jeunet. Pièce in-8.

** — Rapport sur les comptes de la dernière loterie du Musée Napoléon.
Amiens. 1866. Lemer. in-8.

5643. — **Rues à ouvrir.**
Carton in-4 contenant :

** — Compagnie immobilière d'Amiens Louis Fée et Cie, constituée suivant acte passé devant Me. Corby, Notaire à Amiens, le 14 Novembre 1857. Rapport au Conseil municipal d'Amiens sur l'ouverture d'une rue centrale (présenté par MM. L. FÉE (1) et Ch. PINSARD, le 16 Nov. 1857.)
Paris. 1857. Autogr. Dewailly. in-4.

** — Ville d'Amiens. Projet d'ouverture de la rue centrale entre le port d'Amont et le port d'Aval. Extraits du Registre des délibérations du Conseil municipal. Séance du 16 Mai 1858. (Rapport par M. ALLOU).
Amiens. 1858. T. Jeunet. in-4.

** — Compagnie immobilière d'Amiens, Louis Fée et Cie. Observations sur le Rapport fait au Conseil municipal relativement au projet de percement d'une rue du port d'Aval au port d'Amont, jusqu'à la gare du chemin de fer du Nord, dite *rue Centrale*. (Par *Louis* FÉE et PINSARD).
Amiens. 1858. Jeunet. in-4.

** — La rue Centrale jugée. (Par M. *Louis* FÉE).
Amiens. 1860. Jeunet. in-8.

---

(1) D'HANGEST (*François-Marie-Gustave*) né à Amiens le 16 Novembre 1816.
(2) FÉE (*Louis Etienne Isidore*) né à Thésy-Glimont le 12 Juillet 1826, mourut à Paris le . . . . 1869.

** —. Quelques mots sur la rue Centrale et sur l'avenir de la ville d'Amiens.
Amiens. 1860. Jeunet in-18.

** — Ville d'Amiens. Rue Centrale. Extrait du registre des délibérations du Conseil municipal de la ville d'Amiens.Séance extraordinaire du Samedi 2 Mars 1861. (Rapport de la Commission, par M. Allou.)
Amiens. 1861. Alf. Caron. in-4.

** — Ville d'Amiens. Les halles aux grains à transférer dans le quartier St-Leu, pour sa régénération. Projet de M. De Baussaux,Hydraulicien,(1) dressé en Avril 1863.
Amiens. 1863. Autog. Rossignol. in-4.

** — Elargissement de la rue des Crignons.Etat de la question par Vallet(I)
Amiens. 1861. E. Yvert. in-4.

** — Conseil municipal d'Amiens. Projets d'ouverture de rues à travers les terrains de l'ancienne Caserne du Collège. 14 Mars 1863.
Amiens. 1863. Lambert-Caron. in-4.

** — Ville d'Amiens. Projet d'entrée pour la rue des Trois-Cailloux. Par MM. M. Daullé et J. Herbault.
Amiens. 1863. E. Yvert. in-4.

** — Ville d'Amiens. Projet d'entrée monumentale et de rélargissement de la rue des Trois-Cailloux vers la place Saint-Denis, amélioration immédiate de la circulation de cette rue au moyen d'une rue diagonale dérivative, ensemble de dispositions proposées par MM. Daullé et Herbault, Architectes, et adoptées par le Conseil municipal. Projet satisfaisant en outre à la nécessité de relier les rues Saint-Dominique et des Jacobins, ainsi que nos services publics les plus actifs établis du côté gauche de la Cité, avec la place Saint-Denis et la Gare de nos Chemins de fer. Nouveaux éclaircissements sur l'utilité et l'économie de ce projet le plus avantageux et le meilleur marché de toutes les combinaisons adverses proposées, fournies par M. Daullé.10 Déc.1865.
Amiens. 1865. Lenoel-Herouart. in-4.

** — Ville d'Amiens. Projet d'achèvement de l'Hotel-de-ville d'un grand caractère monumental demasquant le Beffroi, créant immédiatement place, square, avenue, débouchant les quartiers de Saint-Germain,des Tanneurs, des Chaudronniers, des Halles et Marchés, etc. tout en réalisant une économie considérable. Mémoire à l'appui des plans présentés à l'examen de l'Administration et du Conseil municipal par Daullé et J. Herbault, architectes, en Octobre 1865.
Amiens. 1865. Yvert. in-4.

** — Dégagement des abords de la Cathédrale. (Par M. Vente).
Amiens. 1860. Jeunet. in-8.

** — Ville d'Amiens. — Conseil municipal. — Délibération du 23 Mars 1872. Dégagement de la façade principale de la Cathédrale d'Amiens.(Rapport fait par M. Ch. Dufour).
Amiens 1872. Glorieux. in-4.

---

(1) De Baussaux, (François-Nicolas) né à Amions le 6 Février 1808,
(2) Vallet (Auguste-Désiré) né à Amiens le 23 Septembre 1807, y mourut le 22 Juin 1866.

5644. — Suppression de la citadelle d'Amiens. (Par M. Bazot).
Amiens. 1866. Lambert-Caron. in-8.

5645. — Le Dimanche, semaine religieuse du diocèse d'Amiens, publiée sous le patronage de l'Evêché par M. l'Abbé J. Corblet.
Amiens. 1870-74. Langlois. (H. Yvert). 6 vol. in-8.

5646. — Notice historical and descriptive on the cathedral church of Amiens by M. H. Dusevel, translated from french by S. Ferguson, jun'. Third edition.
Amiens. 1856. Caron & Lambert. 1 vol. in-18. Fig.

5647. — Petite description de l'église cathédrale d'Amiens. Par M. A. Goze.
Amiens. 1860. Alfred Caron. 1 vol. in-18. Fig.

5648. — Grand guide pour visiter la Cathédrale d'Amiens. (Par M. l'Abbé Duval).
Amiens. s. d. Caron & Lambert. in-12. Fig.

5649. — Cathédrale d'Amiens. Les stalles et les clôtures du chœur. Par MM. les Chanoines Jourdain et Duval. Avec 18 planches lithographiées.
Amiens. 1867. V° Alfred Caron. 1 vol. in-8.

5650. — Le sanctuaire de la Cathédrale d'Amiens. Par *Edmond* Soyez (1).
Amiens. 1873. Lambert-Caron. 1 vol. in-8. Pl.

5651. — Cathédrale d'Amiens. — Notre-Dame du Puy et Notre-Dame de Foy. Par *Edmond* Soyez.
Amiens. 1872. H. Yvert. in-8.

5652. — L'incendie du clocher de la Cathédrale d'Amiens en 1527, d'après un témoin oculaire, par M. *Ch.* Dufour.
Amiens. 1863. Lemer. in-8.

5653. — Histoire des évêques d'Amiens. Par M. J.B.M.D.S. (*Jean-Baptiste-Maurice* de Sachy) (2).
Abbeville. 1770. V° De Vérité. 1 vol. in-12.

5654. — Indulgences octroyées par N.S. Père le Pape Innocent X aux Confrères, Maistres et Maistresses de la Confrérie de Notre-Dame du Puy, érigée en l'Eglise

---

(1) Soyez (Pierre-François-Edmond) né à Amiens le 31 Aout 1839.
(2) Sachy (Jean-Baptiste-Maurice de) né à Abbeville en 1702.

Cathédrale d'Amiens. — (Ensuit l'État général des Fondations suivant leur datte).
Amiens. 1731. L. Godart. 1 vol. in-4.

5655. — Recueil de toutes les pièces qui concernent le différent du P. Jacques Desmothes, Prestre de la Compagnie de Jésus et Prédicateur du Collége des Jésuites d'Amiens, avec les Curez de la mesme Ville, touchant la Confession Paschale...
Paris. 1687. Muguet. 1 vol in-4.

5656. — Souvenirs d'un vieux picard ou particularités et anecdotes concernant la Cathédrale, le Clergé et plusieurs personnages importants de la ville d'Amiens, de 1771 à 1781, par l'Abbé Tiron(1). Précédés d'une notice sur la vie et les écrits de l'auteur, par M. l'Abbé J. Gosselin (2).
Amiens. 1864. Lenoel-Hérouart. 1 vol. in-8

5657. — Histoire de l'église S. Germain d'Amiens, ouvrage posthume de M. *François* Guérard (3).
Amiens. 1860. V° Herment. 1 vol. in-8.

5658. — Solennité religieuse célébrée à Amiens le 28 Février 1867 en l'honneur de Mgr Daveluy, Evêque in partibus d'Acône, martyrisé en Corée le 30 Mars 1866, jour du Vendredi-Saint.
Amiens. 1867. Lambert-Caron. in-8.

5659. — Hospices.
Recueil in-4 contenant :

1 — Administration des Hospices d'Amiens. — Hospice des Incurables. — Legs fait à cet hospice par M. Aug. Leprince. — Délib. du 28 Mars 1856.
Amiens. 1856. Duval & Herment.

2 — Legs de M. Leprince. Terrain de la Fosse-Ferneuse. Observations présentées au Conseil municipal. Par M. J. Mancel. 30 Juin 1856.
Amiens. 1856. E. Yvert.

3 — Reconstruction de l'Hospice des Incurables. Procès-verbal de la pose de la première pierre. (2 Avril 1859).
Amiens. 1859. Jeunet.

4 — Plan des terrains à vendre par l'Administration des Hospices entre le prolongement de la rue Montplaisir et la rue Laurendeau. 1868.

---

(1) Tiron (*René*) né à Mailly le 18 Aout 1761, mourut à Bruxelles le 24 Mars 1851.
(3) Gosselin (*Jules-Louis-Henri*) né à Mailly, le 17 Septembre 1835.
(4) Guérard (*François*) né à Amiens le 29 Oct. 1795, y mourut le 20 Février 1857.

6 — Hospices civils d'Amiens. Compte d'administration. Année 1860.
Amiens. 1861. Jeunet.

6 — Compte moral administratif pour l'exercice 1863 (par M. BLOT)... Pour 1870 (par M. JOLY-MONTMERT (I)... Pour 1871 (par M. JUMEL (2)... Pour 1872 par M. BLOT (3).

7 — Hommage public à la mémoire de Charles Alexandre, bienfaiteur des Hospices de la ville d'Amiens. Délibération du Conseil municipal du 9 Décembre 1871. Décret du Président de la République du 30 Avril 1872. (Notice par M. H. DAUPHIN.)
Amiens. 1872. Lenoel-Herouart. in-8.

5660. — **Bureau de bienfaisance.**

Carton in-4 contenant :

** — Bureau de bienfaisance d'Amiens. 1774 à 1867. (Administration des secours publics de la ville d'Amiens. Organisation et composition du bureau de bienfaisance. (Par M. JOLY-MONMERT (1).
Amiens. 1867. Caillaux. in-4.

** — Bureau de bienfaisance d'Amiens. — Compte moral administratif de l'exercice 1865. — 1866. — 1867. — 1868. (Par M. JOLY-MONMERT.)
Amiens. 1866-69. Caillaux. in-4.

5661. — **Maison Cozette. 1859-1870.**

1 carton in-4 contenant :

** — Ville d'Amiens.—Legs Cozette.—Fondation d'une maison de secours et de travail.— 1° Testament du 22 Septembre 1839.— Ordonnance royale du 2 Décembre 1842. — 3. Décret impérial du 2 Mai 1857. — 4. Réglement du 27 Novembre 1858. — 6 Janvier 1859.
Amiens. 1859. Alf. Caron. in-8.

** — Ville d'Amiens. Maison Cozette. Etablissement de secours et de travail. Compte moral présenté par la commission administrative pour l'exercice 1859, conformément à ses statuts... Pour l'exercice 1860.

** — Compte moral présenté pour l'exercice 1861 par M. VION(4).—1862 par M. F. LEGENDRE. — 1863 par M. ROUSSEL. — 1864 par M. DUPARC. — 1885 par M. BON-HERBET (5). — 1866 par M. Ed. FLEURY (6).
Amiens. 1860-67. Challier. in-4.

5662. — **Ville d'Amiens. Fondations de bienfaisance dues aux libéralités de M. Vagniez-Fiquet.—Récompenses au travail et à la bonne conduite. Année 1871.**
Amiens. 1872. E. Glorieux. in-8.

---

(1) JOLY (*Theodore-Augustin*) né à Amiens le 22 Décembre 1816.
(2) JUMEL (*Marie-Alexandre-Joseph*) né à Dury le 17 Avril 1808.
(3) BLOT (*Jules-Pierre-Stanislas*) né à Amiens le 29 Décembre 1815.
(4) VION (*Charles-Fuscien-Alphonse*) né à Amiens, le 19 Novembre 1816,
(5) BON (*Pierre-François-Louis*) né à Amiens le 5 Octobre 1819, y mourut le 19 Juillet 1866.
(6) FLEURY (*Nicolas-Edouard*) né à Boves le 5 Août 1813.

5663. — Chambre de commerce d'Amiens. Comptes-rendus.
1 vol. in-8 contenant :
1 — Compte-rendu des travaux de la Chambre de commerce d'Amiens à la séance d'installation des nouveaux membres le 14 Février 1849. —(Travaux de 1847 à 1849, par M. DAVELUY Président.)
2 — ... Pendant les années 1849, 1850, 1851 et 1852. Lu par M. DAVELUY le 27 Avril 1853.
3 — Pendant les années 1853 et 1854. Lu par M. DAVELUY, le 10 Aout 1855.
4 — Du mois de Juin 1855 au mois d'Aout 1857. Lu par M. DAVELUY, le 18 Novembre 1857.
5 — Du mois d'Aout 1857 au mois de Mai 1859. Lu par M. DAVELUY, le I Juin 1859.
6 — Du mois de Mai 1859 au mois de Septembre 1862. Lu par M. PÉRU-LOREL, Président, le 3 Décembre 1862.
Amiens. 1849-62. E. Yvert. in-8.

5664. — Amiens industriel, son passé, son présent, son avenir, lecture faite à l'Assemblée générale publique de la Société industrielle d'Amiens le 17 Janvier et le 31 Juillet 1864, dans la grande salle de l'Hôtel-de-Ville, par M. *Narcisse* PONCHE (1). 1re et 2e partie.
Amiens. 1864. Jeunet. in-8.

5665. — Fête de l'industrie à Amiens, le 23 Décembre 1855.
Abbeville. 1855. Briez. in-8.

5666. — Préfecture de la Somme.— Distribution des primes et des rentes viagères aux ouvriers et ouvrières de l'agriculture et de l'industrie, dans l'une des galeries du Musée Napoléon, à Amiens. 26 Août 1861. — (Discours par M. J. CORNUAU, Préfet, Comte DE BEAUMONT, Sénateur, COURBET-POULARD, Rapport^r.)
Amiens. 1861. Alfred Caron. 1 vol. in-8.

5667. — Fête du travail et du devoir. Distribution solennelle des récompenses aux ouvriers et ouvrières de l'industrie, dans l'une des galeries du Musée Napoléon, le 22 Août 1864, sous la présidence de M. le Conseiller d'Etat, J. Cornuau, Préfet de la Somme.
Amiens. 1864. Alfred Caron fils. in-8.

5668. — Chambre de commerce d'Amiens. — Traités de commerce avec l'Angleterre et avec la Belgique. — Mai 1873. — Délibérations.
Amiens. 1873. Jeunet. in-8.

---

(2) PONCHE (*Louis-Narcisse*) né à Amiens le 12 Juin 1826.

5669. — Rétablissement de la Bourse de commerce à Amiens. Par Chivot-Naudé.
Amiens. 1867. Jeunet. in-8.

5670. — Règlement de la Société industrielle d'Amiens constituée comme établissement d'utilité publique par décret de l'Empereur.
Amiens. 1861. Jeunet. in-8.
— Statuts de la Société industrielle d'Amiens.
Amiens. 1864. Jeunet. in-8.
— Règlement de la Société industrielle d'Amiens.
Amiens. 1865. Jeunet. in-8.

5671. — Département de la Somme. — Société industrielle d'Amiens.—Compte-rendu de l'Assemblée générale extraordinaire tenue dans la grande salle de l'Hôtel-de-Ville d'Amiens le 15 Décembre 1861. (Discours de M. le Cte de Beaumont, rapport de M. V. Mollet).
Amiens. 1861. Jeunet. in-4.

5672. — Magasins généraux.
1 carton contenant :
1 — Société Anonyme pour l'établissement à Amiens d'entrepots et de magasins généraux, avec salles de ventes publiques, autorisés par le gouvernement.— Notice.
Amiens. 1864. Jeunet. in-8.
2 — Compagnie d'entrepots et de magasins généraux (d'Amiens). Statuts.
Amiens. 1864. Jeunet. in-8.
3 — Magasins généraux autorisés par l'Etat. (Loi du 8 Mai 1857). Compagnie anonyme. Entrepots et magasins généraux avec salles de ventes publiques à Amiens, autorisés par décrets des 7 Novembre 1863 et 25 Janvier 1865. Livret renfermant les lois, décrets généraux, décret spécial d'autorisation, règlement particulier et tarif régissant les entrepots et les magasins généraux de la Compagnie anonyme d'Amiens.
Amiens. 1865. Jeunet. in-8.
4 à 12 — Société Anonyme d'entrepots et de magasins généraux à Amiens. — Assemblées générales 1865-1874.
Amiens. 1865-74. Jeunet. 9 Pièces in-8.

5673. — Chambre syndicale des Entrepreneurs de bâtiments de la ville d'Amiens autorisée par décision de M. le Préfet de la Somme en date du 25 Février 1854. — Statuts constitutifs et règlement adoptés en Assemblée générale le 15 Mars 1870.
Amiens. 1870. Jeunet. in-8.

— 527 —

5674. — Étude de M⁰ Bazot. Statuts de la Société en commandite du journal le *Courrier de la Somme.*
Amiens. 1848. Alf. Caron. in-8.

5675. — Préfecture de la Somme. — Concours régional des animaux reproducteurs de la race chevaline à Amiens, du Jeudi 24 au Dimanche 27 Mai 1860. — Catalogue.
Amiens. 1860. Alf. Caron. in-8.

— Recherches historiques sur l'imprimerie et la librairie à Amiens, avec une description des livres imprimés dans cette ville. Par *Ferd.* Pouy.
Amiens. 1861. Lemer. 1 vol. in-8.
Voyez : Bibl. N. 645.

— Recherches historiques et bibliographiques sur l'imprimerie et la librairie et sur les arts industriels qui s'y rattachent, dans le département de la Somme, avec divers fac-simile, par *Ferd.* Pouy.
Amiens. 1863-64. 2 en 1 vol in-8.
Voyez : Bibl. N. 646.

5676. — Réglement de l'Académie des Sciences, Belles-lettres, Arts, Agriculture et Commerce du département de la Somme. 25 Germinal an XI (15 Avril 1803. - 10 Juillet 1831. — 1 Septembre 1842. — 12 Février 1858. — 27 Mai 1870.
Amiens. An XI. et 1870. 5 pièces in-3.

5677. — Lycée d'Amiens. — Distribution solennelle des prix. 1851-1873.
Amiens. 1851-73. Yvert & Jeunet. Incomplet.

5678. — Lycée impérial d'Amiens. Cours préparatoires à l'Industrie, au Commerce et à l'Agriculture. Prospectus.
Amiens. 1860. Jeunet. in-8.

5679. — Association de bienfaisance des anciens élèves du Lycée d'Amiens. Compte-rendu. 1857-1866.
Paris. 1858-67. Renou & Maulde. 1 v. in-8. Incomp.

5680. — Ecole libre de la Providence. — Distribution solennelle des prix. 1851-1873.
Amiens. 1851-73. Caron & Lambert. 3 vol. in-8.
Cette école porta le titre de *Collége de la Providence* de 1851 à 1860.

5681. — Elèves de l'Ecole libre de la Providence. 1855-1873.
Amiens. 1855-73. Caron & Lambert. 2 vol. in-16.

5682. — Ville d'Amiens. Cours publics de sciences et d'arts appliqués à l'industrie. — Ecoles communales des

faubourgs et des sections rurales. — Distribution solennelle des prix. 1851-1870.
Amiens. 1851-1870. 1 vol. in-8.

5683. — Ville d'Amiens. Concours entre les élèves les plus avancés des écoles communales des faubourgs et des sections rurales. Rapports de la commission.
Amiens. 1852-70. 1 vol. in-8.

5684. — Discours historique sur le Jardin des Plantes et le Cours de botanique d'Amiens, depuis leur fondation jusqu'à nos jours, prononcé à l'ouverture de ce cours, le 22 Mai 1858, par le Dr J. JAMES.
Amiens. 1858. E. Yvert. in-8.

5685. — Association des anciens élèves de l'Ecole mutuelle d'Amiens. Statuts (approuvés le 12 Août 1868).
Amiens. 1868. Jeunet. in-16.

5686. — Cour d'appel d'Amiens. Installation de magistrats.
1 vol. in-8 contenant :
— Installation de M. HURÉ, Procureur général, et de M. JOLIBOIS, Avocat général, à l'audience solennelle du 14 Mars 1848.
— Installation de M. DAMAY, Procureur-général, et de M. JOLIBOIS, 1e Avocat général, à l'audience solennelle du 24 Juin 1848.
— Installation de M. GUYHO, Procureur général, à l'audience solennelle du 16 Novembre 1854.
— Installation de M. DUFOUR, Procureur général. (4 Décembre 1856).
Amiens. 1848-1856. Duval & Herment.
— Réception et installation de M. le Premier Président de THORIGNY, Sénateur. 17 et 18 Janvier 1859.
Amiens. 1859. Ve Herment.
— Installation de M. le Premier Président SAUDBREUIL et de M. le Procureur général TALANDIER. 22 Aout 1868.
Amiens. 1868. Caillaux.

5687. — Cour d'Amiens. Discours de rentrée.
1 vol. in-8. contenant :
— Cour royale d'Amiens. Discours prononcé à l'audience solennelle de rentrée, le 4 Novembre 1847, par M. JALLON, Procureur général. — Du Ministère public à la Cour d'Assises.
— Cour impériale d'Amiens. Discours prononcé à l'audience solennelle de rentrée le 3 Novembre 1855, par M. GUYHO, Procureur général. — Rapports du pouvoir politique et du pouvoir judiciaire.
— Le 4 Novembre 1856, par M. *Em.* SIRAUDIN, Premier Avocat général. — Origines du droit français, ses transformations.
Amiens. 1847-1856. Duval & Herment.

— Le 3 Novembre 1857.Par M.Becot,Avocat-général.—De l'esprit d'équité dans nos lois et dans la magistrature.
Amiens. 1857. Herment.
— Le 3 Novembre 1858.Par M. *Louis* Dufour. Procureur général.—Mœurs et coutumes des magistrats.
— Le 3 Novembre 1859.Par M.Em.Siraudin,Premier Avocat général.—De la loi salique.
— Le 3 Novembre 1860.Par M. Jacquin de Cassières, Substitut du Procureur général. (1)'— Du droit de grace.
Amiens. 1858-1860. Vᵉ Herment.
— Le 4 Novembre 1861.Par M. *Paul* Wateau, Avocat général.—Du Ministère public.
— Le 3 Nov. 1863. Par M. Becot, Premier Avocat général. — Philippe de Beaumanoir.
— Le 3 Novembre 1864. Par M. Saudbreuil, Procureur général. — Du droit de marché.
— Le 3 Novembre 1865.Par M. Gesbert de la Noë-Seiche, Avocat général. — Etude sur Du Cange, sa vie et ses œuvres.
— Le 3 Novembre 1866. Par M. *Marie-Paul* Bernard,Substitut du Procureur général. — Influence des Etats-généraux sur l'unité de la législation française.
Amiens. 1861-1866. Lemer.
— Le 4 Novembre 1867. Par M. *Paul* Wateau, Premier Avocat général. — Antoine Loysel.
Amiens. 1867. Caillaux.
— Le 3 Novembre 1871 . De l'organisation judiciaire.Par M. Coquilliette
Amiens. 1871. Glorieux et Cᵉ.

5688. — Inauguration du Palais-de-Justice d'Amiens. — 16 Avril 1874.
Amiens. 1874. E. Glorieux. in-8. Pl.

5689. — Tribunal de commerce de l'arrondissement d'Amiens. — 28 Octobre 1862. - Séance d'installation du tribunal.—Procès-verbal.—Discours (de MM.*Al.* Duflos et Cornet-d'Hunval.
Amiens. 1862. Yvert. in-8.

5690. — Tribunal de commerce de l'arrondissement d'Amiens. — Audience du 30 Octobre 1866. — Installation de MM. les Président, Juges et Juges suppléants institués par décret impérial du 1ᵉʳ Octobre 1866. (Discours de MM.*F.* Legendre et *Al.*Duflos.)
Amiens. 1866. Challier. in-4.

5691. — Tribunal de Commerce d'Amiens. — Audience du

---
(1) Jacquin de Cassières (*Armand-Emmanuel-Jules*) né à Abbev. le 11 Août 1820.

21 Avril 1874. — Installation du Tribunal de Commerce dans le nouveau Palais de justice.—(Discours de MM. Saudbreuil et Labbé).
Amiens. 1874. Jeunet. in-8.

5692. — Règlement du Conseil des Prudhommes séant à Amiens, département de la Somme.
Amiens. 1859. Vᵉ Herment. in-8.

5693. — Tableau général des Notaires qui ont exercé leurs fonctions dans l'arrondissement d'Amiens, fesant connaître l'espace de temps et le lieu de l'exercice de chacun d'eux, ainsi que les noms des Notaires qui sont actuellement détenteurs de leurs minutes, dressé en conformité d'une délibération prise par l'assemblée générale des Notaires de l'arrondissement, dans sa séance du 4 Août 1835.
Amiens. 1838. Boudon-Caron. 1 vol. in-4.

5694. — Statuts de la Conférence des Clercs de Notaire d'Amiens, adoptés dans la séance du 26 Août 1869.
Amiens. 1869. Caillaux. in-8.

5695. — Caisse d'Épargne et de Prévoyance d'Amiens.
1 carton in-4. contenant :

I — Caisse d'épargne et de prévoyance du département de la Somme. Séance publique tenue le I Février 1835, en la grande salle de l'Hôtel-de-Ville à Amiens. (Rapport sur son établissement et ses opérations jusqu'au 31 Décembre 1834. Par M. V. Warmé.)
Amiens. 1835. Machart. in-8.

2-9 — Caisse d'épargne et de prévoyance d'Amiens, fondée en Juillet 1833:— Compte-rendu des opérations pendant l'année 1859, présenté au Conseil des Directeurs... par M. Vion. — 1861 par M. J. Renard.(1)—1862-1863 par M. Is. Duvette(2).— 1864-1865 par M.E. Obry(3) — 1867-1868 par M. Ch. Noyelle. (4)
Amiens. 1860-69. 8 pièces in-4.

10 — Caisse d'épargne d'Amiens. Mémoire pour le rétablissement des anciennes succursales et notamment de celle de Conty. Par M Ch. Dufour.
Amiens. 1862. Lemer. in-8.

---

(1) Renard (*Louis-Pierre-François-Jules*), né à Amiens le 6 Mars 1821, y mourut le 6 Avril 1873.

(2) Duvette (*François-Isidore*) né à Amiens le 1 Novembre 1814. mourut à Brest le 6 Octobre 1866.

(3) Obry (*Ernest*) né à Amiens le 5 avril 1829

(4) Noyelle (*Charles-Edouard*) né à Amiens le 1 Mai 1816.

5696. — Société de Prévoyance et de Secours mutuels d'Amiens.
   1 vol. in-8 contenant :
   — Statuts.
   Amiens. 1857. E. Yvert.
   — Comptes-rendus des assemblées générales de 1853 à 1869.
   Amiens. 1853-59. Yvert. 1860-69. Jeunet.
   — Société de secours mutuels entre les ouvriers. Avis aux fondateurs.
   — Quelques mots aux ouvriers à l'occasion de la fondation de la Société de prévoyance et de secours mutuels d'Amiens.
   Amiens. 1852. E. Yvert. in-8.

5697. — Association de secours mutuels en faveur des anciens militaires médaillés de Sainte-Hélène. (Assemblées générales de 1861 à 1866. Rapports de M Al. Duflos.)
   Amiens. 1862-66. Challier. 1 vol. in-8.

5698. — Société des maisons ouvrières.
   Carton in-8 contenant :
   — Statuts de la Société anonyme des maisons ouvrières à Amiens. 1866.
   Amiens. 1866. Lambert-Caron.
   — Statuts de la Société anonyme des maisons ouvrières à Amiens, approuvés par décret en date du 1 Octobre 1866.
   Amiens. 1866. Lenoel-Herouart.
   — Société anonyme des maisons ouvrières d'Amiens. — Compte-rendu de l'assemblée générale des actionnaires du 15 Déc. 1867. (Par M. C. Labbé).
   — Compte-rendu... du 31 Janvier 1869 et Rapport présenté au nom du Conseil d'administration. Par M. Ch. Noyelle.
   Amiens. 1869. Jeunet.

5699. — Boucherie par actions d'Amiens. (Rapport concernant les opérations pendant le mois de Décembre 1858, par F. Laurent.
   Amiens. 1859. E. Yvert. in-8.

5700. — Projets de statuts d'une société coopérative de consommation.
   — Projets de statuts. — L'Union, société coopérative de consommation.
   Amiens. 1867. Lenoel-Herouart. in-8.

5701. — Statuts de la Société philharmonique d'Amiens.
   Amiens. 1861. Yvert. in-8.

5702. — Société des Orphéonistes d'Amiens, placée sous le patronage de l'Administration municipale et auto-

risée par arrêté préfectoral en date du 20 Octobre 1860. Réglement. (6 Novembre 1865).
Amiens. 1865. Lemer aîné. in-12.

— Société des Orphéonistes d'Amiens. Rapport présenté par le Vice-Président (M. A. JANVIER) à l'assemblée générale du 10 Janvier 1864. — Du 13 Janvier 1867.— Du 1 Mai 1872.— Du 2 Févr. 1873.
Amiens. 1867-72. Lemer & Glorieux. in-8.

5703. — Statuts et réglement intérieur du Cercle amiénois.
Amiens. 1838. Boudon-Caron. in-8.

5704. — Cercle de l'Union, fondé en 1850. Statuts et réglement. (7 Janvier 1859).
Amiens. 1859. Yvert. in-8.

5705. — Société des Paumistes d'Amiens. Statuts constitutifs. - Règlements. — Règles du jeu de longue-paume. — Sociétaires, — etc.
Amiens. 1856. Alfred Caron. 1 vol. in-16.

5706. — Mémoire pour les communes d'Arguel et du Quesne demanderesses en désunion des biens provenant de leur ancienne maladrerie, contre l'Hospice d'Airaines. Par M. *Ch.*DUFOUR.
Paris. 1860. Bonnet et C°. in-4.

5707. — Bourdon et ses anciens seigneurs, vicomtes de Domart, par l'Abbé E. JUMEL (1).
Amiens. 1868. Lambert-Caron. 1 vol. in-8.

5708. — Notice sur les chateau, seigneurie et village de Boves, canton de Sains, département de la Somme. Par *Charles* SALMON.
Amiens. 1858. Lenoel-Herouart. in-8.

5709. — Souvenirs du combat de Cachy, épisode de la bataille de Villers-Bretonneux (27 Novembre 1870), accompagnés d'une carte et de la liste des morts. Par J. JOUANCOUX.
Amiens. 1871. E. Magnier. in-8 Pl.

5710. — Histoire civile, ecclésiastique et littéraire du doienné

---
(1) JUMEL (*Edouard*) né à Corbie le 8 Janvier 1832.

de Conty, par M. l'Abbé DAIRE, publiée d'après le manuscrit autographe par M. J. GARNIER.
Amiens. 1865. Lemer aîné. 1 vol. in-12.

5711. — Notice sur l'Eglise, le Chateau et la Seigneurie de Conty, arrondissement d'Amiens, département de la Somme, par M. A. Gabriel REMBAULT.
Amiens. 1861. Alfred Caron. 1 vol. gr. in-8. Pl.

5712. — Notice sur Corbie, comprenant quelques documents historiques sur l'Abbaye et la Ville, la Commune et l'Hôtel-de-Ville ; et suivie du programme officiel des fêtes qui seront célébrées à Corbie les Dimanche 11 et Lundi 12 Juin 1854, à l'occasion de l'inauguration de l'Hôtel-de-Ville, par le B^{on} DE C. DE S.-A. (DE CAIX DE SAINT-AYMOUR (1).
Amiens. 1857. Alfred Caron. Pièce in-12.

5713. — Règlement pour le service intérieur de l'Hôpital-hospice de la ville de Corbie. (25 Octobre 1855).
Amiens. 1856. E. Yvert. Pièce in-8.

5714. — Règlement du Bureau de bienfaisance de la ville de Corbie. (21 Mai 1856).
Amiens. 1856. E. Yvert. Pièce in-8.

5715. — Histoire abrégée du trésor de l'Abbaye royale de Saint-Pierre de Corbie. Nouvelle édition augmentée de notes par M. H. DUSEVEL.
Amiens. 1861. Lemer. 1 vol. in-12.

5716. — Monographie de Croy, par l'Abbé Ed. JUMEL.
Amiens. 1869. Lenoel-Herouart. in-8.

5717. — Notice sur Molliens-Vidame, par Albert RENARD (2).
Amiens. 1864. Lenoel-Herouart. in-8.

5718. — Histoire civile, ecclésiastique et littéraire du doyenné de Picquigny, par M. l'Abbé DAIRE, publiée d'après le manuscrit autographe par M. J. GARNIER.
Amiens. 1860. Ve Herment. 1 vol. in-12. Pl.

5719. — Picquigny et ses seigneurs, vidames d'Amiens, par M. F. I. DARSY.
Abbeville. 1860. Briez. 1 vol. in-8. Pl.

---

(1) DE CAIX (Louis-Marie-Oswald) né à Amiens le 25 Avril 1812 mourut à Paris le 19 Novembre 1867.
(2) RENARD (Charles-Albert-Léon) né à Amiens le I Mars 1827.

5720. — Monographies picardes.— Deuxième série. — Quevauvillers. Par M. l'Abbé *Ed.* Jumel.
Amiens. 1873. Lenoel-Herouart. in-8.

5721. — Notice historique sur l'ancienne abbaye et le village de Saint-Fuscien-au-bois, près Amiens, par *Charles* Salmon.
Amiens. 1857. Lenoel-Herouart. 1 vol. in-8

5722. — Monographies picardes.— Deuxième série.—Vignacourt, par l'Abbé *Ed.* Jumel.
Amiens. 1871. Lenoel-Herouart. 1 vol. in-8.

5723. — Souvenirs de Villers-Bretonneux. 4 Juillet 1871.
Amiens. 1871. H. Yvert. in-8.

5724. — Relation du combat de Villers-Bretonneux, accompagnée d'une petite carte du Santerre indiquant les positions respectives de l'armée française et de l'armée prussienne pendant la journée du 27 Novembre 1870, d'un Plan topographique très-complet du champ de bataille et de la liste des soldats français morts sur le champ de bataille ou dans les ambulances de Villers-Bretonneux, de Cachy et de Gentelles. Par M. Pécourt (1). (Avec un supplém.)
Amiens. 1872. Alf. Caron. in-8.

Arrondissement d'Abbeville.

5725. — Geographie historique et populaire des communes de l'arrondissement d'Abbeville, par *Florentin* Lefils.
Abbeville. 1868. Gamain. 1 vol. in-8.

5726. — Répartition entre les gentilshommes tenant fiefs nobles en Ponthieu de l'indemnité allouée à Messire André de Bourbon-Rubempré, délégué aux Etats-généraux de Blois. — 1577. — Document inédit publié par le Baron *Albéric* de Calonne. (2)
Amiens. 1872. E. Glorieux. in-8.

5727. — Notice historique sur le régiment de Ponthieu, par *Arthur* Demarsy.
Abbeville. 1867. Briez. in-8.

---

(1) Pécourt *(Louis-François)* né à Thieulloy-l'Abbaye le 17 Octobre 1823.
(2) de Calonne *(Louis-Maurice-Albéric)* né à Amiens le 17 Mai 1843.

5728. — Histoire de cinq villes et de trois cents villages, hameaux ou fermes. Par *Ernest* Prarond.
Abbeville. 1861-68. Briez. 6 vol. in-18.

5729. — De quelques lieux du Ponthieu, ou voisins du Ponthieu, qui ne font pas partie de l'arrondissement d'Abbeville, par *E.* Prarond.
Paris. 1868. Dumoulin. (Amiens. Lenoel.) in-8.

5730. — Les châteaux de l'arrondissement d'Abbeville, par *E.* Prarond.
Paris. 1860. Dumoulin. (Amiens. Lenoël). 1 v. in-8.

5731. — *Florentin* Lefils. — Mélanges, récits, anecdotes et légendes concernant la topographie, l'archéologie et l'histoire des côtes de la Picardie.
Paris. 1859. (Abbeville. R. Housse). 1 vol. in-8.

5732. — Promenade dans le Marquenterre. Par *J.* Mancel.
Abbeville. 1858. Housse. Pièce in-18.

5733. — La topographie historique et archéologique d'Abbeville, par *Ernest* Prarond. Tome I.
Abbeville. 1871. Briez, Paillart & Retaux. 1 v. in-8.

5734. — Quelques faits de l'histoire d'Abbeville tirés des registres de l'échevinage, suivant des notes de la main de M. Traullé ; mises en ordre, complétées et publiées par *E.* Prarond.
Paris. 1857. Dumoulin. Abbeville. Briez. 1 v. in-12.

5735. — La ligue à Abbeville. 1576-1594. Par *E.* Prarond.
Paris. 1873. Dumoulin. 3 vol. in-8.

5736. — Les annales modernes d'Abbeville. Par *Ernest* Prarond. Première partie : la Révolution, la République et l'Empire. Tome I.
Abbeville. 1862. P. Briez. 1 vol. in-8.

5737. Abbeville pendant la guerre de 1870-71. Par un Officier de la garnison.
Abbeville. 1874. Briez, Paillart & Retaux. 1 v. in-8.

5738. — Quelques études sur les biens communaux à Abbeville. Par *A.* Courbet-Poulard.
Abbeville. 1866. Briez. 1 vol. in-8.

5739. — Documents et renseignements concernant les legs

de M. Emile Magnier en faveur des villes d'Abbeville et de Berck. (Par M. P. Labitte).
Amiens. 1874. Jeunet. 1 vol. in-8.

3740. — Les Garde-scel, Auditeurs et Notaires d'Abbeville, 1333-1867, d'après le Manuscrit de M. Traullé(1), annoté et complété par E. Prarond.
Amiens. 1867. Lenoel-Hérouart. 1 vol. in-8.

5741. — Saint-Vulfran d'Abbeville. Par E. Prarond.
Abbeville. 1860. P. Briez. 1 vol. in-8.

5742. — Essai sur l'église du Saint-Sépulcre d'Abbeville. Par M. l'Abbé *Théodose* Lefèvre. (2).
Amiens. 1872. Lenoel-Herouart. in-8.

3743. — L'église du Saint-Sépulcre d'Abbeville, par E. Prarond.
Abbeville. 1872. Briez, Paillart & Retaux. in-8.

5744. — Prix des grains sur le marché d'Abbeville depuis l'année 1590. (Par M. Pannier). (3)
Abbeville. 1865. Briez. in-8.

5745. — Copie d'une pétition adressée à Messieurs les Président et Membres de la Chambre des Députés, par les négociants, commerçants et débitants de liquides, de la ville d'Abbeville.
Abbeville. 1845. Paillart. in-4.

5746. — Copie de la pétition adressée à M. le Sous-Préfet de l'Arrondissement, par tous les Cultivateurs des cinq Faubourgs d'Abbeville, contre la délibération du Conseil municipal, en date du quinze Novembre 1866, qui étendait à toutes les récoltes faites dans les limites du terroir communal extra-muros, l'application du tarif de l'Octroi.
Abbeville. 1867. Lith. Gillard. in-8.

5747. — Tribunal de Commerce d'Abbeville. Installations. 1 vol. in-8 contenant :

---

(1) Traullé (*Laurent Joseph*) né à Abbeville vers 1757, y mourut le 10 Oct. 1829.
(2) Lefèvre (*Théodose*) né à Amiens le 17 Mars 1842.
(3) Pannier (*Louis-Alexandre-Edmond*) né à Abbeville le 1 Décembre 1805, y mourut le 8 Mai 1865.

— Installation du Tribunal de Commerce d'Abbeville le 7 Nov. 1856.
Abbeville. 1858, Briez. in-8.
— Installation du Tribunal de Commerce d'Abbeville le 8 Janvier 1858.
Abbeville. 1858. Briez. in-8.
— Installation du Tribunal de Commerce d'Abbeville le 24 Déc. 1858.
Abbeville. 1859. Briez. in-8.
— Installation du Tribunal de Commerce d'Abbeville le 3 Février 1860.
Abbeville. 1860. Briez. in-8.
— Installation du Tribunal de Commerce d'Abbeville le 7 Décembre 1860.
Abbeville. 1860. Briez. in-8.
— Installation du Tribunal de Commerce d'Abbeville le 2 Décembre 1864.
Abbeville. 1864. Briez. in-8.
** — Chambre de Commerce d'Abbeville. Délibérations et Mémoires.
Voyez : Sciences et Arts. N. 3853.

5748. — Donation de M. Boucher de Crèvecœur de Perthes.
Liasse in-8.
** — Donation de M. Boucher de Crèvecœur de Perthes à la ville d'Abbeville. — Programme du concours. — 20 Janvier 1861.
— Fondation de M. Boucher de Crèvecœur de Perthes. — Distribution des récompenses aux ouvrières d'Abbeville le 27 Janvier 1861.
Abbeville. 1861. Briez. Pièce in-12.
— Distribution des récompenses... le 7 Décembre 1862.
Abbeville. 1862. Briez. in-12.
— Distribution des récompenses... le 29 Novembre 1863.
Abbeville. 1863. Briez. in-12.
— Distribution des récompenses... le 8 Août 1864.
Abbeville. 1864. Briez. in-12.

5749. — Hospices d'Abbeville. — Compte-rendu de l'exercice 1854, dressé en exécution du décret du 7 Floréal an XIII et des instructions ministérielles du 8 Février 1823 et 10 Avril 1835. — De l'exercice 1861.
Abbeville. 1856-1863. P. Briez. 2 pièces in-4.

5750. — Cayeux-sur-Mer. Étude statistique et administrative. Par A. Blaize.
Paris, 1867. Plon. 1 vol. in-8.

5751. — Bataille de Crécy. Marche et position des armées française et anglaise rectifiées, avec une carte, par le Baron Seymour de Constant. 3e édit. augm. de quelques observations sur un Mémoire récemment publié sur le même sujet, par M. Ambert.
Abbeville. 1851. T. Jeunet. 1 vol. in-8. Carte.

5752. — Histoire de la ville du Crotoy et de son château,

par *Fl.* LEFILS. Avec des annotations par M. *H.* DUSEVEL.
Abbeville. 1860. R. Housse. 1 vol. in-18.

5753. — *Florentin* LEFILS. Le Crotoy.
Paris. 1861. Poulet-Malassis. 1 vol. in-18. Pl.

5754. — Description archéologique et historique du canton de Gamaches, par M. *F. I.* DARSY.
Amiens. 1858. V° Herment. 1 vol. in-8. Pl.

5755. — Église St-Pierre et St-Paul à Gamaches (Somme). Par *J.* GIRARD. (7 planches sans texte).
Paris. 1867. Lithogr. Goyer. in-4.

5756. — Notice sur Long et Longpré-lès-Corps-Saints et sur leur commune seigneurie, par M. *E.* DELGOVE. (1)
Amiens. 1860. V° Herment. in-8.

5757. — Campagne de 1870-71. — L'affaire de Longpré (Somme). — 28 Décembre 1870. — Topographie. Avant-postes d'Abbeville : 4° bataillon des mobiles du Pas-de-Calais. — Affaires du 24, — du 27, — du 28. — Courage des habitants de Longpré; cruautés prussiennes. — La place d'Abbeville. — Une nuit de captivité dans l'Église d'Airaines.
Arras. 1872. Brissy. 1 vol. in-18. Carte.

5758. — La journée de Mons-en-Vimeu et le Ponthieu après le traité de Troyes. Par *René* DE BELLEVAL.
Paris. 1861. Durand. 1 vol. in-12.

5759. — Notice sur Rambures par *E.* PRAROND.
Paris. 1859. Dumoulin. in-8.

5760. — Le canton de Rue, histoire de seize communes. Par *E.* PRAROND.
Paris. 1860. Dumoulin.(Abbeville. Briez.)1 v. in-18.

5761. — Histoire civile, politique et religieuse de la ville de Rue et du pays de Marquenterre, par *Fl.* LEFILS, avec des annotations par M. *H.* DUSEVEL.
Abbeville. 1860. R. Housse. 1 vol. in-18.

5762. — Le procédé historique de M. Fl. Lefils à propos des

---

(1) DELGOVE (*Edouard-Eugène*) né à la Vacquerie le 27 Octobre 1815.

histoires de Rue et du Crotoy ; remarques par *E.* Prarond.
Abbeville. 1861. Briez. 1 vol. in-8.

5763. — De quelques assertions de M. Fl. Lefils. Rectifications par *E.* Prarond.
Abbeville. 1861. Briez. 1 vol. in-8.

5764. — Jean de la Chapelle (1) et la chronique abrégée de Saint-Riquier. (Publié par *Ernest* Prarond).
Abbeville. 1856. P. Briez. 1 vol. in-8.

5765. — Rapport sur la visite à Saint-Riquier (du Congrès scientifique réuni à Amiens), le 8 Juin 1867, par M. l'Abbé Hénocque. (2)
Amiens. 1868. Caillaux. in-8.

5766. — Histoire civile, politique et religieuse de Saint-Valery et du comté du Vimeu, par *Fl.* Lefils, avec des annotations par M. *H.* Dusevel.
Abbeville. 1858. R. Housse. 1 vol. in-8.

5767. — Histoire de Saint-Valery. Par *Ernest* Prarond.
Paris. 1862. Dumoulin. (Abbeville. Briez). 1 v. in-18.

5768. — Invasion allemande — 1870-1871. — Compte-rendu administratif et historique présenté à la Commission municipale provisoire de Saint-Valery-sur-Somme par M. Hérichard, Maire provisoire. Edition complète.
Amiens. 1872. Jeunet. in-8.

5769. — Chemin de fer du Nord. - Saint-Valery. — Régates de la baie de Somme.
Amiens. 1858. T. Jeunet. in-8.

5770. — Notice historique sur l'Abbaye de Sery au diocèse d'Amiens. Par M. *F. I.* Darsy.
Amiens. 1861. Lemer ainé. 1 vol. in-8. Pl.

Arrondissement de Doullens.

5771. — Histoire de la ville de Doullens et des localités voisines. Par *A. J.* Warmé.
Doullens. 1863. Grousilliat. 1 vol. in-8.

---

(1) Jean de la Chapelle est né à Oneux au commencement du XV° siècle.
(2) Hénocque (*Jules*) né à Boulainvillers (commune de Tronchoy) le 6 Mars 1812.

5772. — Histoire de la ville de Doullens, par M. E. DELGOVE.
Amiens. 1865. Lemer. 1 vol. in-4.

5773. — La prise de Doullens par les Espagnols en 1595. Pièces contemporaines publiées et annotées par Arthur DEMARSY.
Péronne. 1869. J. Quentin. in-s.

Arrondissement de Péronne.

5774. — Histoire de l'arrondissement de Péronne et de plusieurs localités circonvoisines. Par l'Abbé Paul DE CAGNY.
Péronne. 1869. J. Quentin (1). 2 vol. in-s. Pl.

5775. — Recherches généalogiques sur les familles nobles de plusieurs villages des environs de Nesle, Noyon, Ham et Roye, et recherches historiques sur les mêmes localités, par M. LEROY-MOREL.
Amiens. 1867. Lenoel-Herouart. 1 vol. in-8.

5776. — Note sur l'extinction de la mendicité et sur la bienfaisance publique. — L'arrondissement de Péronne en 1847. (Par M. MAURET DE POURVILLE, Sous-Préfet).
Amiens. 1848. Duval & Herment. 1 vol. in-8.

5777. — L'invasion en Picardie. Récits et documents concernant les communes de l'arrondissement de Péronne pendant la guerre allemande, 1870-1871 ; par *Gustave* RAMON (2) (VINDEX).
Péronne. 1871-73. J. Quentin. 1 vol. in-8. Pl.

5778. — Essais sur l'histoire de Péronne. Par *Eustache* DE SACHY. (3)
Péronne. 1866. Trépant. (Paris. Claye). 1 vol. in-8.

5779. — Essai historique et chronologique sur la ville de Péronne. Par le Docteur *F. J.* MARTEL. (4)
Péronne. s. d. J. Quentin. 1 vol. in-8.

---

(1) QUENTIN (*François-Jules*) né à Péronne le 31 Janvier 1815.
(2) RAMON (*François-Gustave-Hyacinthe*) né à Péronne le 7 Février 1847.
(3) DE SACHY (*Eustache*) . . . né à Barleux au commencement du XVIII siècle.
(4) MARTEL (*Furcy-Joseph*) né à Péronne le 14 Janvier 1794.

5780. — Pièces et documents relatifs au siége de la ville de Péronne en 1537. (Publiés par M. le Vte d'Auteuil).
Paris. 1864. Techener. 1 vol. in-8.
5781. — Notice historique sur la bannière du siége de Péronne. Par *E.* Quentin. (1).
Péronne. 1863. J. Quentin. 1 vol. in-8.
5782. — Péronne. — Fortifications et servitudes militaires. Par *A.* Caraby. (2)
Péronne. 1871. Récoupé. in-8.
5782. — Histoire du bombardement de Péronne. 1870-1871. Par *Achille* Caraby.
Péronne. 1873. Récoupé. 1 vol. in-8. Pl.
5784. — Notice historique sur le Collége de Péronne. Par *G.* Vallois.
Péronne. 1864. J. Quentin. 1 vol. in-8.
5785. — Les cloches de Péronne. Par *G.* Vallois.
Péronne. 1865. J. Quentin. 1 vol. in-12. Pl.
5786. — Notice sur l'église de Saint-Jean-Baptiste de Péronne. Par *Alfred* Danicourt (3).
Péronne. 1873. J. Quentin. in-8. Pl.
5787. — Notice historique sur Sobotécluse et le faubourg de Paris. Par *Achille* Caraby.
Péronne. 1865. J. Quentin. in-8. Pl.
5788. — Notice descriptive et historique sur l'église Saint-Nicolas de Bray-sur-Somme, par M. l'Abbé J. Gosselin. (4)
Amiens. 1862. Lenoel-Herouart. 1 vol. in-8. Pl.
A la suite :
Promenade archéologique et pittoresque dans la partie est du canton de Bray. Montagne de Vaux. — Vaux. — Eclusier. Par l'Abbé J. Gosselin.
Péronne. 1868. Quentin. in-8.
5789. — Le chateau de Ham, son histoire, ses seigneurs et ses prisonniers. Par *J. G. C.* de Feuillide.
Paris. 1842. Dumont. 1 vol. in-8.

---

[1] Quentin [*Jules-Eugène*] né à Péronne le 26 Novembre 1843.
[2] Caraby (*Fidèle-Achille*) né à Péronne le 23 Avril 1826.
[3] Danicourt [*Charles-Alfred*] né à Péronne le 11 Décembre 1837.
[4] Gosselin (*Jules-Louis-Henri*) né à Mailly le 17 Septembre 1835.

5790. — Ham, son chateau et ses prisonniers, par *Ch.* Gomart. Ouvrage couronné en 1863 par la Société des Antiquaires de Picardie, illustré d'un grand nombre de gravures et d'un plan de la ville de Ham.
Saint-Quentin. 1864. Doloy. 1 vol. in-8.

Arrondissement de Montdidier.

5791. — Histoire de la ville de Montdidier. Par V^{or} de Beauvillé.
Paris. 1857. F. Didot. 3 vol. in-4. Pl.

5792. — Trois lettres publiées, la première et la troisième dans le Propagateur Picard, journal local, et la seconde dans l'Ami de l'Ordre, journal du département de la Somme, sur la nouvelle histoire de Montdidier par M. V. de Beauvillé. (Par MM. Labordère, Creton et Gaudissart).
Montdidier. 1858. Radenez. Pièce in-4.

5793. — Histoire de la ville de Montdidier par Victor de Beauvillé. Compte-rendu par *Louis* de Baecker.
Paris. 1859. Ad. Le Clere. in-4.

. — Compte-rendu par A. Bouthors.
Amiens. 1859. Jeunet. in-4.

. — Compte-rendu par *L.* Douët-d'Arcq.
Paris. 1859. F. Didot fr. in-4.

. — Compte-rendu par M. *H.* Dusevel.
Amiens. 1858. E. Yvert. in-4.

. — Compte-rendu par *Ch.* Louandre.
Amiens. 1858. Jeunet. in-4.

5794. — Les cosaques à Montdidier, épisode de l'invasion de 1814. Par M. *Ch.* Dumas.
Paris. 1862. Blot. in-8.

5795. — Monographies picardes ou études historiques sur les communes.— Davenescourt. Par l'Abbé *Ed.* Jumel.
Amiens. 1870. Lenoel-Herouart. 1 vol. in-8. Pl.

5796. — Notice sur le village, le chateau, les seigneurs, l'église et les tombeaux de Folleville, canton d'Ailly-sur-Noye, arrondissement de Montdidier (Somme), par A. Goze.
Montdidier. 1865. Mérot-Radenez. 1 vol. in-8. Pl.

5797. — Les fêtes religieuses du château de Moreuil (7 et 9 Juin 1868) par l'Abbé J. Corblet.
Amiens. 1868. Lambert-Caron. in-8.

5798. — Siéges et prises de la ville de Roye en 1636 et en 1653. Par *E.* Coët.
Amiens. 1863. Lemer. in-8.

5799. — Notice historique sur les compagnies d'Archers et d'Arbalétriers de la ville de Roye, par M. *E.* Coët.
Amiens. 1865. Lemer. 1 vol. in-8.

5800. — Babeuf à Roye, par *E.* Coët.
Péronne. 1865. Récoupé. in-8.

5801. — Les prussiens à Roye. Episode de la guerre de 1870-71. — Par *E.* Coët.
Ham. 1872. E. Quentin. in-8.

** — Topographie médicale et statistique de la ville de Roye, par *Emile* Coët.
Arras. 1861. Rousseau Leroy. 1 vol. in-8.
Voyez : Médecine N. 3927.

** — Hydrologie du canton de Roye, par *Emile* Coët.
Arras. 1861. Rousseau Leroy. 1 vol. in-8.
Voyez : Médecine. N. 3928.

5802. — Tilloloy, ses seigneurs, son château, son église. Par *E.* Coët.
Saint-Quentin. 1873. Poette. 1 vol. in-8.

Oise.

5803. — Précis statistiques sur les cantons du département de l'Oise. Par M. *L.* Graves.
Beauvais. 1827-1855. 7 vol. in-8 avec cartes.
Ces précis ont paru dans l'Annnaire de l'Oise, savoir :

Attichy. 1840	Estrées-S-Denis. 1832.	Nanteuil-le-Haudouin, 1829.
Auneuil. 1831.	Formery. 1859.	
Beauvais. 1855.	Froissy. 1832.	Nivillers. 1830.
Betz. 1851.	Granvillers. 1840.	Noailles. 1842.
Breteuil. 1843.	Guiscard 1833.	Noyon. 1851.
Chaumont. 1827.	Lassigny. 1834.	Pont Ste-Maxence 1834
Clermont. 1838.	Liancourt. 1837.	Ressons-sur-Matz. 1838
Compiègne. 1850.	Maignelay. 1839.	Ribécourt. 1839.
Coudray-S-Germer. 1841	Marseille. 1833.	St-Just-en-Chaussée. 1855.
Creil. 1828.	Méru. 1837.	
Crépy. 1843.	Mouy. 1835.	Senlis. 1841.
Crèvecœur. 1836.	Neuilly-en-Thelle. 1842.	Songeons. 1836.

En tête se trouve :
Esquisse topographique et statistique du Département de l'Oise. (Extrait de l'Annuaire de 1826.)

5804. — Notice archéologique sur le département de l'Oise. (Par *L.* Graves). 2ᵉ édit.
Beauvais. 1856. A. Desjardins. 1 vol. in-8.

5805. — Archéologie des monuments religieux de l'ancien Beauvoisis pendant la métamorphose romane, composée 1° d'un texte, précédé d'une Introduction historique, et dont la partie descriptive est rédigée conformément aux *Instructions du Comité des arts et monuments* ; 2° d'une carte archéologique et de 129 planches comprenant plus de 1200 sujets ; par le D' *Eug. J.* Woillez.
Paris. 1839-49. Derache. 1 vol. in-fol.

5806. — Campagne de J. César contre les Bellovaques étudiée sur le terrain. Par M. Peigné-Delacourt.
Beauvais. 1862. A. Desjardins. in-8. Cart.

5807. — Campagne de Jules César contre les Bellovaques. 1re et 2e étude. Par A*d.* de Grattier.
Noyon. 1863-66. Andrieux-Duru. in-8.

5808. — Etude sur les IIe et VIIIe livres des Commentaires de César, pour servir à l'histoire des Bellovaques, des Ambianois et des Atrébates. Par M. l'Abbé Devic.
Arras. 1865. Rousseau-Leroy. 1 vol. in-8.

5809. — Ça et là. Etudes historiques. par Mme *Fanny* Dénoix des Vergnes. 1e partie.
Paris. 1866. Collignon. 1 vol. in-18.

5810. — Cahier de l'ordre de la Noblesse du Bailliage de de Beauvais; et Extrait du procès-verbal des séances de l'assemblée dudit ordre.
S. n. n. l. 1789. in-8.

5811. — Supplément à l'histoire du Beauvaisis. Par M. Simon.
Paris. 1704. G. Cavelier. 1 vol. in-12.

5812. — Notice sur la ville et les cantons de Beauvais, extraite du Tableau géographique, statistique, historique et administratif du département de l'Oise ; ouvrage inédit, sur un plan entièrement neuf, par D. J. Tremblay; publié sur la demande de M. le Maire de Beauvais; et aux frais de la Ville.
Beauvais. 1815. Desjardins. 1 vol. in-8.

5813. — Notice historique sur la ville de Beauvais et ses environs, extraite du Dictionnaire statistique, historique, administratif et commercial des villes, bourgs et communes du département de l'Oise; par *Victor* Tremblay.

Beauvais. 1846. Em. Tremblay. 1 vol. ln-8.

5814. — Beauvais. Par Mme *Fanny* Dénoix des Vergnes.

Paris. 1858. Ledoyen. (Beauvais. Desjardins). in-18

5815. — Même ouvrage. 2ᵉ édit.

Paris.1868.Dumoulin. (Arras. Rousseau-Leroy).in-18

5816. — Histoire de la cathédrale de Beauvais Par *Gustave* Desjardins.

Beauvais. 1865. Pineau. (Lyon. Perrin). 1 v. in-4.Pl.

5817. — Description des vitraux des hautes fenêtres du chœur de la cathédrale de Beauvais, contenant en abrégé la vie des principaux saints du diocèse de Beauvais ; Saint-Lucien, Saint-Maxien et Saint-Julien, Saint-Evrost, Saint-Just, Saint-Germer, Saint-Eloi, Saint-Quentin, Sainte-Maxence, etc. Par M. l'Abbé Barraud.

Beauvais. 1862. V. Pineau. in-8.

5818. — Description de l'ancienne église collégiale Saint-Barthélemy de Beauvais, par M. l'Abbé Barraud.

Beauvais. 1862. V. Pineau. in-8.

5819. — Charte de donation et confirmation de dons faits à l'Abbaye de Saint-Lucien de Beauvais, en l'an 1109, par Henri, Comte d'Eu, publiée et annotée d'après l'original par M. Peigné-Delacourt.

Beauvais. 1858. A. Desjardins. in-8. (Fac-simile).

5820. — Les Frères de la doctrine chrétienne à Beauvais. Lettre écrite au Progrès de la Somme par Mme *Fanny* Dénoix des Vergnes. 2ᵉ édit.

Amiens. 1869. Jeunet. in-8.

5821. — Histoire de Breteuil, faite en l'année mil huit cent vingt-un, par *Pierre* Mouret, Pépiniériste audit Breteuil.

1 vol. in-8. Sans titre, ni lieu, ni date.

5822. — Promenades ou itinéraires des jardins de Chantilly, orné d'un plan et de vingt estampes qui en représentent les principales vues, dessinées et gravées

par Mérigot. (Par le Comte *C.-St-X.* de Girardin).
Paris. 1791. Mérigot. 1 vol. in-8.

5823. — Notice historique et archéologique sur le Palais, l'Abbaye et les deux églises de Choisy-au-Bac près Compiègne (Oise), par *Zacharie* Rendu.
Compiègne. 1856. Dubois. 1 vol. in-4. Pl.

5824. — Le mont Gannelon à Clairoix près de Compiègne, étude d'archéologie, de philologie et d'histoire, par *Edmond* Caillette de l'Hervilliers.
Amiens. 1860. Lenoel-Herouart. 1 vol. in-8.

5825. — Nouveau précis statistique sur le canton de Chaumont. (Par M. Frion). Extr. de l'Annuaire de 1859.
Beauvais. 1859. Desjardins. 1 vol. in-8. Carte.

5826. — Recherches historiques sur la ville de Clermont (Oise). Par E. Féret. 1857-68.
1 vol. in-8 contenant :
— 7e. brochure. Le pays et ses notabilités.
— 8e. La ville de Clermont et les La Rochefoucauld.
— 9e. Eloge funèbre d'Edouard-Marie-Jean-Thomas Duguey du Fay, dernier de ce nom.
— 10e. Le pays et ses bienfaiteurs.
— 11e. Le prieuré de Saint-Arnoult, d'après d'anciens titres authentiques conservés aux archives de l'Hospice de Clermont.
— 12e. Notes biographiques sur la famille Bosquillon.
— 13e. Eloge funèbre de Jacques-Ferdinand Semel.
— 15e. Filiation en ligne directe de la famille Chrestien de Sainte-Berthe, depuis l'année 1539 jusqu'en 1860.
— 16e. Eloge funèbre de Marie-Nicolas-Philippe Godefroy, né à Clermont, le 19 Thermidor an III (6 Août 1795), décédé au château de Villette, le 12 Mai 1861.
— 17e. Sophie Legras de Préville, dernière du nom.
— 18e. M. Albert Montemont au château du Fay. — Réponse en vers par M. A. Montemont.
— 19e. Mort et funérailles de Madame la Vicomtesse de Plancy.
— 20e. Le mois de Février en Picardie, son origine, ses proverbes et ses rimes.
— 21e. Lutte biographique. Jean Fernel. Par un bibliomane royen. (M. Mérice).
— 22e. Notice biographique sur Alphonse-Joseph Massé, né à Clermont le 8 Juin 1794. décédé à Paris le 9 Février 1865.
— 23e. Notice biographique sur François-Zacharie Follet.
— 24e. Pont stratégique découvert sous la tourbe dans les marais de Breuil-le-Sec et Breuil-le-Vert.
— 25e. Opinion de M. *Henri* Martin sur le pont stratégique découvert dans les marais de Breuil-le-Sec et Breuil-le-Vert.

— Inauguration de la Salle de spectacle de Clermont le Lundi 30 Juillet 1860. (En vers.)
— Nécrologie. Victor-Paul-Isidore Delattre, né à Clermont (Oise) le 10 Avril 1810, (décédé à Paris le 4 Mai 1856).
— Notice biographique sur M. Féret. (Par Guyot de Fère).
Clermont (Oise). 1857-1868. Huet. 1 vol. in-s.

5827. — Note sur le terrier du Comté de Clermont en Beauvoisis, suivie d'un extrait de ce manuscrit par *Arthur* De Marsy.
Beauvais. 1867. Père. in-.s.

5828. — Le duc de Brunswick Erich II, Comte de Clermont, par *Louis* de Baecker.
Clermont (Oise). 1862. Daix. in-s.

5829. — Essai historique, descriptif et statistique sur la maison d'aliénés de Clermont (Oise), accompagné du plan général de cet asile ; par *Eug.-J.* Woillez.
Clermont (Oise). 1839. V° Danicourt. 1 vol. in-s.

5830. — Bibliographie compiégnoise. Par A. De Marsy.
Compiègne. 1874. Edler. 1 vol. in-s.

5831. — Le Compiégnois, almanach de Compiègne et du département de l'Oise pour 1866. 2e année.
Compiègne. 1866. Delhaye. 1 vol. in-12.

5832. — Le Compiégnois... pour 1867. 3e année.
Compiègne. 1867. Delhaye. 1 vol. in-12.

5833. — De l'ancienne décoration de la façade de l'Hôtel-de-Ville de Compiègne. Par A. De Marsy.
Arras. 1874. Planque & Comp. in-s.

5834. — Statuts et règlement de la Société historique de Compiègne. (8 Février — 15 Juillet 1868).
Compiègne. 1868. Delhaye. in-s.

5835. — Bulletin de la Société historique de Compiègne.
Compiègne. 1869-72. V. Edler. 1 vol. in-s.

5836. — Société historique de Compiègne. Compte-rendu des travaux de la Société pendant l'année 1872. Par A. De Marsy.
Compiègne. 1873. Edler. in-s.

5837. — Jeanne Darc et Guillaume de Flavy, par Z. Rendu.
Compiègne. 1865. Delhaye. In-s.

5838. — Le séjour de Louis xv à Compiègne en 1764. Par A. De Marsy.
Compiègne 1872. V. Edler. in-s.

5839. — Notre-Dame-de-Bon-Secours de Compiègne, recherches historiques sur l'origine de cette Chapelle et sur e pélerinage dont elle est le but chaque année, par *Edmond* Caillette de l'Hervilliers.
Paris. 1861. Durand. (Amiens. Lenoel). 1 vol. in-8

5840. — L'église de Nogent-les-Vierges (Oise) par M. *Elie* Petit.— Note additionnelle par M. *Elie* Petit.
Paris. 1862. Blériot. (Arras. Rousseau-Leroy). in-8.

5841. — Antiquités de Noyon, ou étude historique et géographique, archéologique et philologique des documents que fournit cette ville à l'histoire des cités gallo-romaines et féodales de France. Par *C.-A.* Moët de la Forte-Maison.
Paris. 1845. Aubry. 1 vol. in-8. Pl.

5842. — Société des Antiquaires de Picardie. Assises archéologiques tenues à Noyon (Oise), les 9, 10 et 11 Septembre 1856, sous la présidence de M. l'abbé J. Corblet, Président de la Société...
Noyon. 1856. Cottu-Harlay. 1 vol. in-8.

5843. - Une visite à Notre-Dame de Noyon ou description sommaire de la cathédrale de Noyon et de ses dépendances, par M. l'Abbé Laffineur.
Noyon. 1858. Andrieux-Letellier. 1 vol. in-8

5844. — Essai sur la chatellenie et l'abbaye de Saint-Just, par *Charles* de l'Escalopier. (1).
Paris. 1835. V° Dondey-Dupré. in-8.

5845. — Le Pas des armes de Sandricourt, relation d'un Tournoi donné en 1493 au château de ce nom, publié d'après un manuscrit de la Bibliothèque de l'Arsenal et l'imprimé du temps. Par *A.* Vayssière.
Paris. 1874. L. Willem. 1 vol. in-8.

5846. — Sarcus (Département de l'Oise). Par M. le Comte *Amédée* de Sarcus).
Paris. 1858. Nap. Chaix. 1 vol. in-4. Pl.

5847. — Notice sur le château de Sarcus tel qu'il devait être

---

(1) L'Escalopier (*Marie-Joseph-Charles*) né à Liancourt-Fosse le 9 Avril 1812, y mourut le II Octobre 1861.

en 1550, précédée d'une notice biographique sur Jean de Sarcus auquel on devait la construction du château, par M. *A. G.* Houbigant.
Beauvais. 1859. A. Desjardins. 1 vol. in-8. Pl.

5848. — Notice sur le portique dit de Sarcus existant à Nogent-les-Vierges, et faisant partie de l'habitation de M. Houbigant, portique élevé au moyen de quelques débris provenant de l'ancien château de Sarcus abattu en 1833. (Par M. *A. G.* Houbigant).
Beauvais. 1858. A. Desjardins. 1 vol. in-8. Pl.

5849. — Réponse aux critiques faites par M. Paul Lacroix de deux notices sur le château de Sarcus, publiées par la Société académique du département de l'Oise, par M. Houbigant.
Paris. 1860. Plon. in-8.

5850. — Recherches sur divers lieux du pays des Silvanectes. Etudes sur les anciens chemins de cette contrée, gaulois, germains, gaulois-romanisés et mérovingiens. Par M. Peigné-Delacourt.
Amiens. 1864. Lemer. 1 vol. in-8. Pl.

5851. — La grande voie romaine de Senlis à Beauvais et l'emplacement de Litanobriga ou Latinobriga. — Solutions du problème proposées jusqu'à ce jour. — Études de l'Abbé Caudel. — Recherches de MM. *G.* Millescamps et Hahn. — Divergences des deux tracés désormais ramenés à une direction unique. — Rapport (accompagné de deux cartes) par A*m*. de Caix de Saint-Aymour.
Paris. 1873. Didier. (Senlis. Payen). 1 vol. in-8.

5852. — Mémoire sur l'origine de la ville et du nom de Senlis. Par M. A*m*. de Caix de St-Amour.
Senlis. 1863. Duriez. in-8.

5853. — Recherches historiques sur la ville de Senlis, présentant un tableau chronologique des évènements principaux qui se sont passés dans cette antique cité depuis le 6ᵉ siècle jusqu'en 1832. Par *J. F.* Broisse. Cette collection, publiée sous les auspices

de M. le Maire, est suivie de la nouvelle édition d'un Opuscule en vers sur Senlis par le même auteur.
Senlis. 1835. Desmarets. 1 vol. in-8.

5854. — Un coin de la vieille Picardie ou les arquebusiers de Senlis. Par *E.* DE MARICOURT.
Tournai. 1861. Casterman. 1 vol. in-12.

5855. — Quelques notes concernant Senlis et ses environs à l'époque de Charles VI. Par A. DE MARSY.
Senlis. 1874. Payen. in-8.

Aisne.

5856. — Dictionnaire des communes du département de l'Aisne, précédé d'un aperçu statistique, publié, sous les auspices de M. le Préfet et de MM. les Membres du Conseil général, par *J. J.* BAGET et par A. LECOINTE.
Laon. 1837. Lecointe. 1 vol. in-12.

5857. — Dictionnaire historique, généalogique et géographique du département de l'Aisne, publié avec le concours du Conseil général de ce département, par MELLEVILLE.
Laon. 1857. E. Fleury. 2 vol. in-8. Pl.

5858. — Géographie du département de l'Aisne, par A*dolphe* JOANNE. 2e édit.
Paris. 1874. Hachette. 1 vol. in-18. Carte & pl.

— Recherches bibliographiques sur le département de l'Aisne. Catalogue et table des livres, chartes, lettres-patentes, édits, arrets, lois, biographies, notices et documents imprimés concernant le département de l'Aisne, par C. PÉRIN.
Soissons. 1866-67. Cervaux. 2 vol. in-8.

Voyez : Bibliographie. N. 787.

5859. — Mélanges sur le Vermandois aux XIVe et XVe siècles réunis, par A. DE MARSY.
Saint-Quentin. 1874. Poette. in-8.

5860. — Notice sur quelques pierres tombales curieuses du Vermandois. Par *Ch.* GOMART.

— Quelques monuments du Vermandois, du IVe au IXe siècle. Par *Ch.* GOMART.
S. n. n. l, n. d, in-8, Fig.

5861. — Le duché de Valois pendant les quinzième et seizième siècles, par A*ntony* Poilleux.
Soissons. 1842. M° Lamy. 1 vol. in-8.

5862. — Antiquités religieuses du diocèse de Soissons et Laon, ouvrage contenant beaucoup de renseignements sur l'Histoire générale de l'Église de France. Par J. F. M. Lequeux.
Paris. 1859. Parmantier. 2 vol. in-18.

5863. — Quel est le résultat logique des doubles propositions suivantes qui se trouvent dans le premier volume des Annales du diocèse de Soissons? Par C. P. H.Mis Marville.
Noyon. 1865. Andrieux-Duru. in-8.

5864. — Notice sur divers monuments de l'époque celtique dans le département de l'Aisne. Mémoire lu à la séance de l'Académie des inscriptions et belles-lettres, le 30 Juillet 1864, par Peigné-Delacourt.
Paris. 1864. Durand. in-8. Fig.

5865. — Les églises fortifiées de la Thiérache. Par A*rthur* Demarsy.
Vervins. 1864. Papillon. Pièce in-8.

5866. — Histoire de l'Abbaye et de l'ancienne Congrégation des Chanoines réguliers d'Arrouaise, avec des notes critiques, historiques et diplomatiques, par M. Gosse.
Lille. 1786. Danel. 1 vol. in-4.

5867. — Jeanne d'Arc au château de Beaurevoir. Par C*h.* Gomart.
Saint-Quentin. 1863. Doloy. in-8.

5868. — Le château de Bohain et ses seigneurs. Par M. C*h.* Gomart.
Valenciennes. 1859. Pringuet. in-8. Pl.

5869. — Monographie de l'ancienne Abbaye royale de Saint-Yved de Braine, avec la description des tombes royales et seigneuriales renfermées dans cette église. Par *Stanislas* Prioux.
Paris. 1859. Didron. 1 vol. in-fol. Pl.

5870. — Notice descriptive sur l'église Notre-Dame de Bruyères, canton de Laon, par M. *Ch.* Hidé.
Laon. 1854. Fleury. in-8. Pl.

5871. — Breve chronicon Abbatiæ Buciliensis. Chronique abrégée de l'Abbaye de Bucilly, rédigée par *Casimir* Oudin, publiée... par *Arthur* Demarsy.
Laon. 1870. Coquet & Stenger. in-8.

5872. — Notice historique sur la maison natale de Jean de La Fontaine à Chateau-Thierry, par A*lph.* Barbey.
Paris. 1870. P. Dupont. in-8.

5873. — Notice historique sur la ville de Chauny, suivie d'un traité sur les mesures locales, nouvelles et anciennes, par *L.* Capaumont.
Noyon. 1840. Soulas-Amoudry. 1 vol. in-12.

5874. — Les sires de Coucy, par *Carle* Ledhuy.
Paris. 1844. Perisse. 1 vol. in-12. Fig.

5875. — Histoire de la ville et des sires de Coucy-le-Chateau, suivie d'une notice historique sur Anizy, Marle, Vervins, La Fère, St-Gobain, Pinon, Folembray, Saint-Lambert, et sur les anciennes abbayes de Nogent et de Prémontré, par M. Melleville.
Laon. 1848. Fleury. 1 vol. in-8. Fig.

5876. — Notices sur les sires de Coucy, accompagnée d'une description du château de cette ville et précédée d'une étude sur la féodalité, par *Jérome* Ulauss. (*Jules* Moreau).
Coucy. 1862. Em. Guerin. 1 vol. in-12. Pl.

5877. — Histoire de ce qvi s'est passé de plvs remarqvable, à l'occasion d'vne image de la Sainte-Vierge, dite Notre-Dame de Paix, novvellement trovvée av village de Fievlaine, diocèse de Noyon, et des effets miracvlevx qve Dieu y a fait paroître. Approvvée et reconnvc par Monscignevr l'Evêque Comte de Noyon, Pair de France. Dédiée à la Reine-Mère. (Par *Charles* Bourdin). — Réimpression conforme à l'édition publiée en MDCLXII, à St-Quentin, par Claude Le Queux.
Soissons. 1851. Fossé-Darcosse. 1 vol. in-12.

5878. — Histoires des communes du canton d'Hirson, suivie de la biographie des hommes célèbres nés dans ce canton, et de notes historiques, par A. DESMASURES.
Vervins. 1863. Papillon. 1 vol. in-12.

5879. — Le siége de La Fère par Henri IV. (1595-1596). Par *Ch.* GOMART.
St-Quentin. 1868. Doloy. (Amiens. Lenoël). 1 v.in-8.

5880. — Histoire de la commune du Laonnois. Par M. MELLEVILLE.
Paris. 1853. Dumoulin. 1 vol. in-8.

5881. — Histoire de l'Abbaye de Saint-Vincent de Laon, par Dom *Robert* WYARD, publiée, annotée et continuée par l'Abbé CARDON et l'Abbé A. MATHIEU.
Saint-Quentin. 1858. Moureau. 1 vol. in-8. Fig.

5882. — L'abbaye d'Origny Sainte-Benoite, par *Ch.* GOMART
Amiens. 1857. Caron & Lambert. Pièce in-8.

5883. — Origny Ste-Benoite et son abbaye, par *Ch.* GOMART.
Saint-Quentin. 1869. Doloy. in-8. Fig.

5884. — Essai historique sur la ville de Ribemont et son canton, ouvrage illustré d'un grand nombre de gravures et d'un plan de Ribemont, par *Ch.* GOMART.
Saint-Quentin. 1869. Doloy. 1 vol. in-8.

5885. — Notice historique sur Rouy-Amigny, suivie d'une étude sur le nom et la fondation de l'Abbaye de Prémontré. Par C. P. H. Mⁱⁿ. MARVILLE.
Noyon. 1864. Andrieux. in-8.

5886. — Charte d'affranchissement de Selens et Saint-Aubin, publiée par C. P. H. MARTIN-MARVILLE.
Laon. 1869. H. de Coquet & Stenger. in-8.

5887. — Notice historique sur le village et le monastère de Saint-Paul-aux-bois. Par C.P.H. MARTIN-MARVILLE.
Laon. 1864. H. de Coquet & Stenger. in-8. Pl.

** — Etudes Saint-Quentinoises. Par Ch. GOMART.
Paris. 1862-73. Dumoulin. 4 vol. in-8. Cart. & pl.
Le 3 manque. Voyez : N. 3944.

5888. — Siége de Saint-Quentin et bataille Saint-Laurent en 1557. Avec un Plan de la ville de Saint-Quentin, en 1557. — Une Carte géographique de la bataille Saint-Laurent. — Un Fac-simile de la Vue (à vol

d'oiseau) de la prise de Saint-Quentin, par *Gérôme* Cock, peintre du roi d'Espagne Philippe II, et plusieurs gravures sur bois. Par C*h*. Gomart.
Saint-Quentin. 1859. Doloy. 1 vol. in-8. Pl.

5889. — Notice sur l'église de St-Quentin. Par C*h*. Gomart.
Saint-Quentin. 1873. Doloy. 1 vol. in-8. Pl.

5890. — Etude sur l'hôtel-de-ville de Saint-Quentin, par C*h*. Gomart.
Saint-Quentin. 1858. Doloy. in-8. Fig.

5891. — Coup-d'œil sur les anciennes enseignes de Saint-Quentin ; par M. C*h*. Gomart.
Caen. 1858. Hardel. Pièce in-8.

5892. — Les tombes de l'Abbaye de Fervaques. — La Bonne mort, peinture murale de l'église de Péronne. Par C*h*. Gomart.
S. n. n. l. n. d. in-8. Fig.

5893. — Ville de Saint-Quentin. Conseil municipal. Séance du 7 Décembre 1861. Observations sur la Proposition d'un emprunt de 1,200,000 francs à contracter au Crédit foncier, présentées par M. C*h*. Gomart.
Saint-Quentin. 1861. Moureau. in-8.

5894. — Nouvelles observations à la Réponse de M. le Maire, présentées au Conseil municipal de Saint-Quentin, à l'occasion du Projet d'emprunt de 1,200,000 francs. Par M. C*harles* Gomart.
Saint-Quentin. 1861. Moureau. in-8.

5895. — Examen des moyens d'exécution des fontaines publiques à Saint-Quentin, proposition faite au Conseil municipal de cette ville, dans la séance du 25 Février 1865, par C*h*. Gomart.
Saint-Quentin. 1865. Doloy & Penet. in-8.

5896. — Notice historique sur le Collége de Saint-Quentin. (1141-1856). Par *Jules* Moureau.
Saint-Quentin. 1856. Ad. Moureau. 1 vol. in-8. Pl.

5897. — Promenade archéologique dans les environs de Soissons. Rapport fait à la Société historique, archéologique et scientifique de Soissons, sur les églises, châteaux et abbayes d'Amblegny, Laversine,

Cœuvres, Valsery et Longpont, par l'Abbé Poquet.
Paris. 1856. V. Didron. (Laon. Fleury). 1 vol. in-8.

5898. — Annales du diocèse de Soissons, par l'Abbé Pécheur.
Soissons. 1863-68. Morel. 2 vol. in-8.

5899. — Histoire de la ville de Soissons, par M. Leroux.
Soissons. 1839. Fossé-Darcosse. 2 vol. in-8.

5900. — Siége de Soissons en 1617. Par *Ch.* Gomart.
Saint-Quentin. 1870. Doloy. 1 vol. in-8. Pl.

5901. — Les fortifications de Soissons aux différentes époques de son histoire. 66 ans avant J.-C. — 1850.
Par M. *Jules* Leclercq de Laprairie.
Laon. 1854. Fleury & Chevergny. 1 vol. in-8.

5902. — Pélérinage à l'ancienne abbaye de Saint-Médard-lès-Soissons, par M. l'Abbé Poquet. 2ᵉ édit.
Soissons. 1849. in-8.

5903. — Le cimetière mérovingien de Vendhuile. Par *Ch.* Gomart.
Laon. 1858. Fleury. in-8.

5904. — Tombeau de Pierre d'Estourmel. Par *Ch.* Gomart.
Cambrai. s. d. Simon. in-8.

5905. — Le camp romain de Vermand (Aisne) avec 14 gravures sur bois, par *Ch.* Gomart.
Saint-Quentin. 1860. Doloy. in-8.

5906. — Précis historique et archéologiques sur Vic-sur-Aisne, suivi du poême de Sainte-Léochade, par Gauthier de Coinsi. Par l'Abbé Poquet.
Paris. 1854. V. Didron. (Laon. Fleury). 1 vol. in-8.

Boulonnais.

5907. — Histoire du Boulonnais par *J. Hector* de Rosny.
Amiens. 1868-73. Yvert. 4 vol. in-8.

5908. - Essai sur l'histoire topographique-physico-médicinale du district de Boulogne-sur-mer, département du Pas-de-Calais. Par le Citoyen Souquet.
Boulogne. An 2. Dolet. 1 vol. in-12.

5909. — Histoire de Boulogne-sur-mer, par Aᵗᵉ d'Hauttefeuille et Lˢ Bénard.
Boulogne. 1860. Ch. Aigre. 2 vol. in-18.

5910. — Lettre à M. Bouillet sur l'article Boulogne de son Dictionnaire universel d'histoire et de géographie; par M. Aug. MARIETTE. 1re partie. Dissertation historique et archéologique sur les différents noms de Boulogne dans l'antiquité romaine : *Portus Icius, Gesoriacum, Bononia.*
Boulogne-sur-mer. 1847. Leroy-Mabille. in-8.

5911. — Journal du siége de Boulogne par les Anglais, précédé d'une Lettre de HENRI VIII à la Reine sur les opérations du siége ; traduits de l'anglais (avec le texte en regard), par *Camille* LE ROY.
Boulogne-sur-mer. 1863. C. Leroy. 1 vol. in-8.

5912. — Chroniques du siége de Boulogne en 1544 ou journal de ce siége en vers, composé par A. MORIN, Prêtre, publié pour la première fois, d'après les copies manuscrites qui en restent, avec une notice et des notes, par M. *François* MORAND.
Paris. 1866. Imprimerie impériale. in-8.

5913. — Projet d'élever une statue à Godefroy de Bouillon, sur la place de l'hôtel-de-ville, à la haute-ville de Boulogne-sur-mer, par M. *Amédée* DE POUCQUES D'HERBINGHEM.
Amiens. 1856. Duval & Herment. in-8.

5914. — Étude historique sur l'existence d'un siége épiscopal dans la ville de Boulogne avant le VIIe siècle, par l'Abbé D. HAIGNERÉ.
Boulogne-sur-mer. 1856. Aigre. in-8.

5915. — Programme des fêtes qui seront célébrées dans l'église Notre-Dame, à Boulogne-sur-Mer, du 15 au 30 Août 1857, à l'occasion des Pélerinages et de la bénédiction d'une statue monumentale de Notre-Dame, Patronne de la ville.
Boulogne-sur-mer. 1857. Berger fr. in-8.

5916. — Almanach de Boulogne-sur-mer pour 1852, (15e année), par J. BRUNET. Édité par C. WATEL.
Boulogne. 1852. Watel. 1 vol. in-16.

5917. — Almanach de Boulogne-sur-mer pour 1858, (21e).
Boulogne. 1858. C. Watel, 1 vol. in-16.

5918. — Lettre en forme de requeste civile, Pièces et Mémoires touchant la cause de la Baronie d'Andres. Pour la Reyne mère du Roy. Contre Messire Charles Hypolite de Spinola, Comte de Broüay, Gouverneur de l'Isle en Flandre. Par Mre *Henry* Daudiguyer Sr du Mazet.
1662. s. n. n. l. 1 vol. in-4.

5919. — Commission des Antiquités du Pas-de-Calais. Excursion historique et archéologique dans le Canton d'Étaples. Par G. Souquet. 8 Août 1861.
Arras. 1862. Tierny. in-8.

5920. — Histoire chronologique de Quantowic et d'Étaples, par G. Souquet.
Amiens. 1863. Lenoel-Herouart. 1 vol. in-8.

5921. — Histoire des rues d'Étaples, par G. Souquet.
Amiens. 1860. Lenoel-Herouart. 1 vol. in-8. Pl.
A la suite :
— Usages anciens conservés à Étaples. Par G. Souquet.
Montreuil. 1861. J. Duval. Pièce in-8.
— Société des Antiquaires de la Morinie. Compte municipal rendu à Étaples en 1621, faisant connaitre à cette époque les frais de procédure, les honoraires des avocats et procureurs, ainsi que la valeur des substances alimentaires. Communication de M. Souquet.
Montreuil. 1855. Duval. in-8.
— Communication relative aux fouilles du château d'Étaples, en 1854, Par G. Souquet.
Arras. 1864. Tierny. in-8. Pl.

5922. — Histoire militaire et navale d'Étaples, depuis 1800 jusqu'à 1806. Par G. Souquet.
Montreuil. 1856. Duval. in-8.

5923. — Les seigneurs de Maintenay, essai historique, par *Albéric* de Calonne.
Amiens. 1864. Lemer aîné. in-8. Pl.

5924. — Histoire de Montreuil-sur-mer et de son château par *Fl.* Lefils, avec des annotations par M. H. Dusevel.
Abbeville. 1860. R. Housse. 1 vol. in-18

5925. — La question du Portius-Itius, par *Jules* Lion.
Amiens. 1866. Lemer. in-4.

Calaisis.

5926. — Notice historique sur l'état ancien et moderne du Calaisis, de l'Ardresis, et des pays de Bredenarde et de Langle, contenant quatre communes urbaines et quatre rurales, qui formèrent le district ou arrondissement administratif et judiciaire de Calais. Par *P. J. M.* Collet.
Calais. 1833. Leleux. 1 vol. in-8.

5927 — Annales de Calais, depuis les temps les plus reculés jusqu'à nos jours, par *Charles* Demotier.
Calais. 1856. Demotier. 1 vol. in-8.

Chapitre iv.

HISTOIRE D'ASIE, D'AFRIQUE & D'AMÉRIQUE.

Asie et Afrique.

— *Herm.* Conringii de Asiæ et Ægypti dynastiis adversaria chronologica.
Voyez : Syntagma variarum dissertationum. Polyg. N. 279.

— Etat physique et politique de l'Egypte et de la Syrie. Par C.F. Volney.
Voyez ; Œuvres de C. F. Volney. Polyg. N. 233.

Asie et Amérique.

5928. — Histoire naturelle et morale des Indes, tant Orientalles qu'Occidentalles. Où il est traicté des choses remarquables du ciel, des élémens, métaux, plantes et animaux qui sont propres de ces païs. Ensemble des mœurs, cérémonies, loix, gouvernemens et guerres des mesmes Indiens. Composée en Castillan par *Joseph* Acosta, et traduite en François par *Robert* Regnault.
Paris. 1598. Marc Orry. 1 vol. in-8.

Chapitre v.

HISTOIRE DES PEUPLES D'ASIE.

— L'Asie en plusieurs cartes nouvelles et exactes ; et en divers traittés de géographie, et d'histoire. . Par le Sieur Sanson d'*Abbeville*.
Paris. 1652. L'Autheur. in-4.
Voyez : Théologie. N. 857.

5929. — Du berceau de l'espèce humaine, selon les Indiens, les Perses et les Hébreux, par *J-.B-.F.* Obry.
Paris. 1858. Durand. (Amiens. V⁰ Herment.) 1v.in-8.

5930. — Société asiatique. — Maçoudi. Les prairies d'or. Texte et traduction par C. Barbier de Meynard et Pavet de Courteille.
Paris. 1861-64. Imp. imp. 3 vol. in-8. En publ.

5931. — Mélanges asiatiques, ou choix de morceaux critiques et de mémoires relatifs aux religions, aux sciences, aux coutumes, à l'histoire et à la géographie des nations orientales ; par M. *Abel* Rémusat.
Paris. 1825-26. Dondey-Dupré. 2 vol. in-8.

5932. — Nouveaux mélanges asiatiques, ou recueil de morceaux de critique et de mémoires relatifs aux religions, aux sciences, aux coutumes, à l'histoire et à la géographie des nations orientales ; par M. *Abel* Rémusat.
Paris. 1829. Schubart & Heideloff. 2 vol. in-8.

— Recherches sur l'origine du despotisme oriental Par Boulanger.
Voyez : Œuvres de Boulanger Polyg. N. 201-202.
— Journal asiatique. Voyez : N. 4018.

c. — *Perse.*

5933. — Relation historique du détrônement du Roy de Perse et des révolutions arrivées pendant les années 1722, 1723, 1724 et 1725.
Paris. 1727. Huart. in-4.

— La Perse et la question d'Orient. Par M. *Louis* de Baecker.
Saint-Omer. 1866. Guermonprez. in-8.
Voyez : Sciences et arts N. 3736.

d. — *Syrie et Arménie.*

5934. — Ministère de l'Instruction publique et des Cultes.— Instructions à l'usage des voyageurs en Orient, publiées sous les auspices du Comité de la langue, de l'histoire et des arts de la France.—Histoire. Les Croisades, par M. le Marquis de Pastoret. — Monuments de l'ère chrétienne, par M. *Albert* Lenoir.
Paris. 1856. Impr. imp. 2 vol. in-8.

5935. — Expédition scientifique en Mésopotamie exécutée, par ordre du Gouvernement, de 1851 à 1854, par MM. *Fulgence* FRESNEL, *Félix* THOMAS et *Jules* OPPERT, publiée, sous les auspices de S. E. M. le Ministre d'Etat, par M. *Jules* OPPERT.
Paris. 1856-63. Gide & Baudry. 2 vol. in-4 & atl.

5936. — Exploration archéologique de la Galatie et de la Bithynie, d'une partie de la Mysie, de la Phrygie, de la Cappadoce et du Pont, exécutée en 1861 et publiée par *Georges* PERROT, *Edmond* GUILLAUME et *Jules* DELBET.
Paris. 1862-72. F. Didot fr. 2 vol. in-fol.

5937. — Mission de Phénicie dirigée par M. *Ernest* RENAN. — Planches exécutées sous la direction de M. THOBOIS.
Paris. 1864. Impr. imp. in-4 & atl.in-fol. En publ.

e. — Indes.

5938. — Mémoires sur les contrées occidentales, traduits du sanscrit en chinois, en l'an 648, par HIOUEN-THSANG, et du chinois en français, par M. *Stanislas* JULIEN
Paris. 1857-58. Impr. imp. 2 vol. in-8. Cart.

g. — Chine.

— Chronologie des Chinois, par *Nic.* FRÉRET.
Paris. 1796. Dandré. 4 vol. in-12.
Voyez : Œuvres complètes de FRÉRET. Polyg. N. 193.

5939. — Traité de la chronologie chinoise, divisé en trois parties ; composé par le père GAUBIL, Missionnaire à la Chine, et publié pour faire suite aux Mémoires concernant les Chinois, par M. SILVESTRE DE SACY.
Paris. 1814. Treuttel & Würtz. 1 vol. in-4.

5940. — Histoire universelle de la Chine, par le P. *Alvarez* SEMEDO. Avec l'Histoire de la Guerre des Tartares, contenant les révolutions arrivées en ce grand royaume, depuis quarante ans : par le P. *Martin* MARTINI. Traduites nouvellement en françois.
Lyon. 1667. Hier. Prost. 1 vol. in-4.

5941. — Mémoires concernant l'histoire, les sciences, les

arts, les mœurs, les usages, etc. Par les Missionnaires de Pékin.
Paris. 1776-1791. Nyon. 15 vol. in-4. Pl.

Chapitre VI.
HISTOIRE DE L'AFRIQUE.

5942. — Voyages en Egypte et en Nubie, contenant le récit des recherches et découvertes archéologiques faites dans les pyramides, temples, ruines et tombes de ces pays. Suivis d'un voyage sur la côte de la mer Rouge et à l'Oasis de Jupiter Ammon. Par *G*. Belzoni. Traduits de l'anglais et accompagnés de notes, par *G. B.* Depping.
Paris. 1821. Gagliani. 2 vol. in-s. Cart.

** — L'Egypte à l'Exposition universelle de 1867, par M. *Charles* Edmond.
Paris. 1867. Dentu. 1 vol. in-8.
Voyez : Sciences et arts. N. 4218.

5943. — Proclamation du général commandant les troupes françaises aux habitants d'Alger et aux gens des tribus, lors de l'expédition de 1830. Texte par M. Sylvestre de Sacy, traduction manuscrite par M. A. de Clermont-Tonnerre. (Deux exemplaires.)
Paris. 1830. Engelmann. In-fol. gr. & pet. format.

5944. — Carte archéologique et historique du diocèse d'Alger comparé au temps où florissait l'Église d'Afrique. Rédigée par ordre de Son Excellence M. le Comte de Chasseloup-Laubat, étant Ministre secrétaire d'Etat au département de l'Algérie et des colonies. Continuée et publiée par ordre de Son Excellence M. Rouland, Sénateur, Ministre-secrétaire d'Etat au département de l'Instruction publique et des Cultes. Par *I.* Rigaud.
Paris. 1865. Gratia. in-fol.

** — Un mot sur la politique française en Algérie. Par M. Jourdeuil.
Toulon. 1870. Robert. in-8.
Voyez : Sciences et arts. N. 3738.

5945. — Voyage archéologique dans la régence de Tunis,

exécuté et publié sous les auspices et aux frais de M. H. d'Albert, Duc de Luynes; par *V.* Guérin.
Paris. 1862. Plon. 2 vol. in-8. Cart.

5946. — Roudh el-Kartas. — Histoire des souverains du Maghreb (Espagne et Maroc) et Annales de la ville de Fès. Traduit de l'arabe (de l'Iman Abd el-Halim) par A. Beaumier.
Paris. 1860. Impr. imp. 1 vol. in-8.

5947. — Traités de paix et de commerce et documents divers concernant les relations des Chrétiens avec les Arabes de l'Afrique septentrionale au moyen-âge, recueillis par ordre de l'Empereur et publiés avec une introduction historique par M. *L.* de Mas Latrie.
Paris. 1868-72. Plon. 1 vol. in-4.

5948. — Un été dans le Sahara. Par *Eugène* Fromentin.
Paris. 1857. Michel Lévy fr. 1 vol. in-18.

5949. — Voyage en Ethiopie, au Soudan oriental et dans la Nigritie. Par P. Trémaux.
Paris. 1862. Hachette. 2 vol. in-8 & atl. in-fol.

5950. — Voyage aux deux Nils (Nubie, Kordofan, Soudan oriental) exécuté de 1860 à 1864 par ordre de l'Empereur, par *Guillaume* Lejean.
Paris. s. d. Hachette. 1 vol. in-4 & atl. in-fol.

5951. — Sainte-Hélène par *E.* Masselin. Dessins de Staal d'après les croquis de l'auteur.
Paris. 1862. Plon. 1 vol. in-8.

Chapitre VII.

HISTOIRE DE L'AMÉRIQUE.

5952. — OEuvres de *George* Bancroft. Histoire des Etats-Unis depuis la découverte du continent américain, traduite de l'anglais par Mlle *Isabelle* Gatti de Gamond.
Paris. 1861-64. Didot fr. 9 vol. in-8.

5953. — Mœurs domestiques des Américains par Mistress

TROLLOPE ; ouvrage traduit de l'anglais sur la quatrième édition. 3ᵉ édit.
Paris. 1841. Gosselin. 1 vol. in-18.

5954. — Les Etats-Unis en 1861. — Un grand peuple qui se relève. Par le Cᵗᵉ *Agénor* DE GASPARIN. 2ᵉ édit.
Paris. 1873. Michel Lévy fr. 1 vol. in-18.

5955. — Note sur les aqueducs du Croton et du Potomac destinés à l'alimentation en eau des villes de New-York et de Washington. Par M. HUET.
Paris. 1864. Dunod. 1 vol. in-8. Pl.

5956. — Récit historique, exact et sincère, par mer et par terre, de quatre voyages faits au Brésil, au Chili, dans les Cordillères des Andes, à Mendoza, dans le Désert, et à Buénos-Aires ; par *Victor-Athanase* GENDRIN. (Précédé de diverses lettres à l'auteur.)
Versailles. 1856. Klefer. 1 vol. in-8. Pl.

5957. — Voyage dans l'Amérique du Sud, Pérou et Bolivie, par *Ernest* GRANDIDIER.
Paris. 1861. Michel Lévy fr. 1 vol. in-8.

5958. — Peruvian antiquities. By *Mariano Edward* RIVERO and *John James* von TSCHUDI. — Translated into english, from the original spanish, by *Francis L.* HAWKS. New edition.
New Yorck. 1857. Putnam and Co. 1 vol. in-8. Pl.

5959. — La traite, l'émigration et la colonisation au Brésil, par *Charles* EXPILLY.
Paris. 1865. A. Lacroix. 1 vol. in-8.

5960. — L'Empire du Brésil à l'exposition universelle de Vienne en 1873. (Avec une carte).
Rio de Janeiro. 1873. E. & H. Laemmert. 1 v. in-8.

5961. — Recherches sur les ruines de Palenqué et sur les origines de la civilisation du Mexique par M. l'Abbé BRASSEUR DE BOURBOURG.
Paris. 1866. A. Bertrand. 1 vol. in-4.
Voyez aussi : Sc. et Arts. N. 4296.

5962. — Histoire physique, économique et politique du

Paraguay et des établissements des Jésuites, par *L. Alfred* DEMERSAY.

Paris. 1861. Hachette. 2 vol. in-8 & atlas in-fol.

5963. — **Mission scientifique au Mexique et dans l'Amérique centrale.**

Paris. 1868... Imprimerie imp... vol. in-4 En publ.

— Cette publication comprend aujourd'hui :

1 — Linguistique. Manuscrit Troano. Etudes sur le système graphique et la langue des Mayas. Par M. BRASSEUR DE BOURBOURG. 2 vol.

2 — Voyage géologique dans les républiques de Guatemala et de Salvador par MM. A. DOLLFUS et E. DE MONT-SERRAT.

3 — Recherches botaniques publiées sous la direction de M. J. DÉCAISNE. 1e partie. Cryptogamie, par M. *Eug.* FOURNIER. 1 vol.

4 — Recherches zoologiques publiées sous la direction de M H. MILNE EDWARDS.

3e partie... Etudes sur les Reptiles et les Batraciens, par MM. *Aug* DUMERIL et BOCOURT.

5e partie... Etudes sur les Xiphosures et les Crustacés par M. *Alphonse* MILNE EDWARDS.

6e partie.. Etudes sur les Insectes Orthoptères et les Myriapodes, par M. *Henri* DE SAUSSURE et A. HUMBERT.

7e partie... Etudes sur les Mollusques terrestres et fluviatiles. par MM. FISCHER et H. CROSSE.

5964. — **Popol Vuh. Le livre sacré et les mythes de l'antiquité américaine, avec les livres héroïques et historiques des Quichés. Ouvrage original des indigènes de Guatémala, texte quiché et traduction française en regard, accompagnée de notes philologiques et d'un commentaire sur la mythologie et les migrations des peuples anciens de l'Amérique, etc., composé sur des documents originaux et inédits, par l'Abbé BRASSEUR DE BOURBOURG.**

Paris. 1861. A. Bertrand. 1 vol. in-8. Pl.

5965. — **Méxique, Havane et Guatémala. Notes de voyage par Al***fred* DE VALOIS.

Paris. 1861. Hetzel. 1 vol. in-18.

** — Expédition du Mexique. Corps législatif. Séance du 7 Février 1863. Discours de S. Exc. M. BILLAULT.

Paris. 1863. Panckoucke. in-8.

Voyez : Sc. et arts. N. 3730.

5966. — **Archives de la Commission scientifique du Mexique publiées sous les auspices du Ministère de l'Instruction publique.**

Paris. 1865-1867. Imprimerie impériale. 3 vol. in-8.

5967. — Les renards, les dindons et le Mexique. Par *H.* Arbelli.
Bordeaux. 1863. Bissei. in-8

5968. — Notice sur le Golfo Dulce dans l'état de Costa-Rica (Amérique centrale), et sur un nouveau passage entre les deux océans, par *G*^{el} Lafond *de Lurcy.*
Paris. 1856. Fontaine. 1 vol. in-8.

Chapitre VIII.
OCÉANIE.

5969. — Histoire de la colonisation pénale et des établissements de l'Angleterre en Australie, par le *Marquis* de Blosseville.
Evreux. 1859. A. Hérissey. 1 vol. in-8.

5970. — Ka Mooolelo Hawaii. Histoire de l'archipel Havaiien (Iles Sandwich). Texte et traduction précédés d'une introduction sur l'état physique, moral et politique du pays. Par *Jules* Remy (Lipalani).
Paris. 1862. Franck. 1 vol. in-8.

Chapitre IX.
HISTOIRE DES NATIONS ou TRIBUS RÉPANDUES DANS LES DIVERSES PARTIES DU MONDE.

** — Esquisse sur l'histoire, les mœurs et la langue des Cigains connus en France sous le nom de Bohémiens, suivie d'un recueil de sept cents mots cigains, par Michel de Kogalnitchan.
Berlin. 1837. Behr. 1 vol. in-8.

Voyez : Bell. lett. N. 3351.

Chapitre X.
HISTOIRE DES ORDRES DE CHEVALERIE.

5971. — Ordre chevaleresque et souverain du Saint-Esprit, depuis sa création jusqu'en 1830. (Publication du Chartrier français).
Orléans. 18... P. Masson. 1 vol. in-8 incomplet.

5972. — Mémoires historiques concernant l'Ordre royal et militaire de Saint-Louis et l'Institution du Mérite militaire. (Par A*nt.-J.* Meslin).
Paris. 1785. Impr. roy. 1 vol. in-4.
5973. — Histoire de l'ordre royal et militaire de Saint-Louis depuis son institution en 1693 jusqu'en 1830 ; par A*lex.* Mazas. Terminée par *Théodore* Anne. 2ᵉ édit.
Paris. 1860-1861. Didot fr. 3 vol. in-8.

CINQUIÈME DIVISION.
Histoire des familles.

b. — Art héraldique.

5974. — Nouveau traité historique et archéologique de la vraie et parfaite science des armoiries. Par M. le *Marquis* de Magny (*Claude* Drigon).
Paris. 1856. Aubry. 2 vol. in-4. Pl.

c. — Armoriaux.

5975. — Armorial d'Artois et de Picardie, généralité d'Amiens. Recueil officiel dressé par les ordres de Louis xiv. 1696-1710. Publié d'après les manuscrits de la Bibliothèque impériale et suivi d'un Nobiliaire de Flandre et d'Artois, par Borel-d'Hauterive. Tome II de l'Armorial général de France.
Paris. 1866. Dentu. 1 vol. in-8. Pl.
5976. — Dissertation sur les armoiries attribuées à la province de Picardie, par M. *Ch.* Dufour.
Amiens. 1857. Vᵉ Herment. Pièce in-8. Pl.
5077. — A. Dutilleux. Notes et recherches pour servir à l'histoire héraldique de la Province de Picardie.
Amiens. 1863. Lemer. in-8. Pl.
5978. — Armorial des évêques d'Amiens. Par A. Demarsy.
Paris. 1865. J.-B. Dumoulin. in-8.
5979. — Armorial des évêques de Beauvais. Par A. Demarsy.
Paris. 1865. Dumoulin. in-8.
5980. — Armorial des évêques de Laon. Par A. Demarsy.
Paris. 1865. Dumoulin. in-8.

5981. — Armorial des évêques de Noyon. Par A. Demarsy.
Paris. 1864. J. B. Dumoulin. in-8. Pl.
5982. — Notes pour servir à un armorial des évêques de Senlis. Par *Arthur* Demarsy.
Paris. 1866. Dumoulin. Arras. Rousseau-Leroy. in-8.
5983. — Notes pour servir à un armorial des évêques de Soissons. Par *Arthur* Demarsy.
Paris. 1865. Dumoulin. Arras. Rousseau-Leroy. in-8.

e. — *Histoires généalogiques générales.*

5984. — Indicateur du grand armorial général de France, recueil officiel dressé en vertu de l'édit de 1696, par Charles d'Hozier, Juge d'armes, publié par le Cabinet historique (M. *Louis* Paris).
Paris. 1866. Cabinet historique. 2 vol. in-8. Incompl.
5985. — Annuaire de la noblesse de France et des maisons souveraines de l'Europe, publié par M. Borel d'Hauterive. 1869. 26e année.
Paris. 1869. Dentu. 1 vol. in-18. Pl.
5986. — Le Chartrier français ou recueil de documents authentiques concernant la noblesse, par plusieurs collaborateurs.
Orléans. 1867-1871. P. Masson. 4 vol. in-8. Incompl.
5987. — Le Chartrier français. Armorial général des Croisés du xixe siècle, sous le Pontificat de S. S. Pie IX.
Orléans. 186.. P. Masson. 1 vol. in-8, inachevé.
5988. — Dictionnaire des anoblis, ou Recueil des noms des familles ayant été anoblies depuis l'an 1270 jusqu'en 1830. (Publication du Chartrier français).
Orléans 186.. P. Masson. 1 vol. in-8. Tome Ier.
5989. — Esquisses généalogiques concernant un grand nombre de familles alliées entre elles et remontant à Saint-Louis, Rodolphe de Habsbourg, Jean-sans-terre, Saint-Ferdinand, etc., suivies d'Appendices, Armorial et Tables. (Par *Emm.* Hays.)
Paris. 1863. Dumoulin. 1 vol. in-8.
5990. — Trésor généalogique de Picardie ou recueil de documents inédits sur la noblesse de cette province, par

un Gentilhomme picard (le Cte *René* DE BELLEVAL).
Amiens. 1859-60. V° Herment. 3 liv. in-4.

5991. — Catalogue des gentilshommes de Picardie qui ont pris part ou envoyé leur procuration aux assemblées de la noblesse pour l'élection des députés aux États généraux de 1789, publié d'après les procès-verbaux officiels par MM. *Louis* DE LA ROQUE et *Edouard* DE BARTHÉLEMY.
Paris. 1863. Aubry. Pièce in-8.

g. — Généalogies particulières.

5992. — Liste complète et authentique des Comtes de Ponthieu. Par *J.* LEFEBVRE.
Abbeville. 1860. Briez. Pièce in-8.

5993. — Notice historique et généalogique sur la branche ainée des Ducs et Comtes de Ponthieu d'origine royale et sur celle des Princes et Comtes de Vismes de la maison de Ponthieu. (Par *A. G. B.* SCHAYES).
Bruxelles. 1843. Devroye. 1 vol. in-8. Pl.

5994. — Les Vicomtes d'Abbeville et du Pont-de-Remy. — Notice inédite de *Charles* DU FRESNE, Sieur DU CANGE (publiée par *A.* DEMARSY). (Extrait de la Revue nobiliaire, t. II, n° 11).
Angers. 1864. Cosnier & Lachèse. in-8.

5995. — Histoire généalogique et héraldique sur la maison des Tyrel, Sires, puis Princes de Poix, et sur les familles de Moyencourt et de Poix (en Picardie, en Berry, en Poitou et en Touraine) depuis l'an 1030 jusqu'en 1869, avec tableaux généalogiques et preuves. Ouvrage illustré d'un grand nombre d'écussons. Par M. CUVILLIER-MOREL-D'ACY.
Paris. 1869. L'auteur. 1 vol. in-8. Pl.

5996. — Généalogie de Tillette, seigneurs de Mautort, Cambron, Hangest-sur-Somme, Eaucourt-sur-Somme, comtes et barons de Mautort, comtes de Clermont-Tonnerre ; seigneurs de Belleville, du Mesnil, d'Offinicourt, Port, Longvillers, d'Achery, Acheux,

Brancourt, Catigny, Courcelles, Ruigny, Hesdimeux, Yonval, Espagne, Buigny, Le Mesge, Biencourt, Woirel, Le Bus.
Abbeville. 1870. Briez, Paillart et Retaux. 1 v.in-8.

5997. — Armorial général de France de d'Hozier. (Complément). — Notice généalogique sur la famille de Calonne. (Par M. A*lbéric* DE CALONNE).
Paris. 1869. F. Didot fr. in-fol.

5998. — Armorial général de France de d'Hozier (Complément). — Notice généalogique sur la famille de Forceville. (Par M. A. DE CALONNE).
Paris. 1869. F. Didot fr. in-fol.

5999. — Histoire des Princes de Condé pendant les XVIe et XVIIe siècles, par M. le Duc D'AUMALE (Avec cartes et portraits gravés sous la direction de M. *Henriquel-Dupont.*)
Paris. 1863. Michel Lévy fr. 2 vol. in-8. Port.

6000. — Mémoire pour servir à MM. les Comtes de Bréda contre la rédaction anonyme du *Chartrier français*. Par J. NOULENS.
Paris. 1871. Claye. 1 vol. in-4.

6001. — Généalogie historique, anecdotique et critique de la maison Du Prat, par le Mis DU PRAT, rédigée d'après les documents historiques, titres, mémoires, notes conservés aux archives de la famille.
Versailles. 1857. Dagneau. 1 vol. in-8.

6002. — Notice, rédigée d'après le Nobiliare de Belgique et d'autres ouvrages et documents authentiques, sur la très ancienne noble maison de Kerckhove, dite Van der Varent, et sur son représentant actuel M. le Vicomte Joseph-Romain-Louis de Kerckhove-Varent ; par N. J. VAN DER HEYDEN.
Anvers. 1856. Buschmann. Pièce in-8.

6003. — Famille de Le Bidart de Thumaide et le chevalier Alphonse-Ferdinand de Le Bidart de Thumaide. Par E. DE GLATIGNY.
Anvers. 1859. Buschmann. Pièce in 8.

6004. — Notices historiques et généalogiques sur les nobles

et très-anciennes maisons Van der Heyden, dite de la Bruyère, de Flandre; Van der Heyden en Condroz, dite delle Heyd de Flémale ; Van der Heyden-à-Blisia (Bilsen) ; de Bylandt ; Van der Moten ou de la Mote ; de Cordes, dite de Waudripont ; de Maulde et de Tayaerdt. Par *N. J.* VAN DER HEYDEN. **Anvers. 1847. J. de Cort. in-8.**

SIXIEME DIVISION
BIOGRAPHIE.

a. — Biographie générale, ancienne et moderne.

6005. — A new and general biographical dictionary ; containing an historical and critical account of the lives and writings of the most eminent persons in every nation ; particularly the British and Irish ; from the earliest account of time to the present periode. (Vith a supplement).
London. 1761-67. Osborne. 12 vol. in-8.

6006. — Nouvelle biographie générale depuis les temps les plus reculés jusqu'à nos jours, avec les renseignements bibliographiques et l'indication des sources à consulter, publiée par MM. Firmin Didot frères, sous la direction de M. le Dr HOEFER.
Paris. 1855-1866. F. Didot fr. 46 vol. in-8.

b. — Biographie moderne.

6007. — Dictionnaire universel des contemporains, contenant toutes les personnes notables de la France et des pays étrangers... Ouvrage rédigé et tenu à jour avec le concours d'écrivains et de savants de tous les pays par *G.* VAPEREAU.
Paris. 1861. Hachette. 1 vol. in-8.

e. — Biographies spéciales.

6008. — Leeven en Daaden der doorluchtigste Zee-helden, beginnende met de Tocht na Damiaten, voorgevallen in den Jare 1217. En eindigende met den beroemden Admirael M.A. de Ruyter.Door V.D.B. **Amsteldam. 1683. Jan ten Hoorn. 1 en 3 v. in-4.**

6009. — Biographie universelle des musiciens et bibliographie générale de la musique. Par *F. J.* Fétis. 2e éd. **Paris. 1860-65. F. Didot fr. 8 vol. in-s.**

d. — Biographies locales.

6010. — Biographies picardes.
Recueil factice en 2 vol. in-s.
Tom I contenant :

1 — *Auguste* Galimard. Les grands artistes contemporains. Aubry-Lecomte, Hyacinthe-Louis-Victor-Jean-Baptiste, dessinateur - lithographe. 1797-1858.
Paris. 1860. E. Dentu.

2 — Notice sur M. Baillon (Louis-Antoine-François.) Par M. *E.* Prarond.
Abbeville. 1857. P. Briez.

3 — Hospice de la Maternité de Paris. Notice sur la vie et les ouvrages de M. Baudelocque. Lue à la séance publique de l'Hospice de la Maternité, le 20 Juin 1810. Par M. Chaussier.

4 — Philippe de Beaumanoir. — Cour impériale d'Amiens. — Audience de rentrée du 3 Novembre 1863. Discours prononcé par M. Bécot.
Amiens. 1863. Lemer.

5 — Catalogue de l'œuvre de Jacques-Firmin Beauvarlet d'Abbeville, précédé d'une notice sur sa vie et ses ouvrages par l'Abbé Dairaine(1)
Abbeville. 1860. Briez.

6 — Notice sur M. Berville (par *L. H.* Moulin.)
Annales du Barreau français. in-s.

7 — Jean-Baptiste-Honoré Binet, chef de bataillon d'infanterie en retraite...
S. n. n. l. n. d.

8 — Notice sur M. G. J. A. Breuil par M. J. Garnier.
Amiens. 1866. Lemer. in-s.

9 — Notice sur la vie et les travaux de M. Cordier, par M. le Comte Jaubert.
Paris. 1862. Martinet. in-s.

10 — Notice sur la vie et les travaux de P. L. A. Cordier, membre de l'Institut (Académie des sciences)... Suivie d'une liste chronologique et raisonnée de ses ouvrages, 2e édit. revue et augmentée de son mémoire posthume sur l'origine des roches calcaires et des dolomies, ouvert par l'Académie des sciences, le 17 Février 1862. (Par *Charles* Read.)
Paris. 1862. B. Duprat. in-s.

11 — Les hommes utiles au XIXe siècle. Biographie de Napoléon Cordier de

---

(1) Dairaine (*Rémi-Dominique-Isidore*) né à Millencourt (canton de Nouvion), le 1 Octobre 1802, mourut à Abbeville le 5 Décembre 1864.

Moreuil (Somme), artisan, artiste, industriel. (Par A*nthime* LEJEUNE.)
Amiens. 1868. Jeunet. in-8.

12 — Notice nécrologique sur M. le Chevalier Alexandre-Auguste-Donat-Magloire Coupé de St-Donat... Par E. SAINT-MAURICE CABANY.)
Paris. 1846. Nécrologe universel. in-8.

13 — Notice sur M. Creton par M. *Henri* HARDOUIN.
Amiens. 1866. Yvert. in-8.

14 — A. DESPLANQUE. Biographies départementales du Nord. n° 4. M. De la Fons, Baron de Melicocq.
Valenciennes. 1868. Giard. in-8.

15 — Notice nécrologique sur M. Delambre, par *Charles* DUPIN.
Paris. 1822. Revue encyclopédique. in-8.

16 — Obsèques de M. Demarsy, Procureur impérial à Compiègne. (Discours de MM. LANUSSE, COQUILLIETTE, VOL DE CONANTRAY et GARNIER.)
Compiègne. 1862. Vol de Conantray. in-8.

17 — Notice sur M. Demarsy. Par M. J. GARNIER.
Amiens. 1862. Lemer. in-8.

18 — Notice biographique sur M. Demarsy. Par J. LEFEBVRE.
Abbeville. 1863. Briez. in-8.

19 — Notice nécrologique sur M. Demarsy par J. LEFEBVRE.
Abbeville. 1867. Briez. in-8.

20 — M. de Raismes, Curé de Saint-Gilles.
Abbeville. 1852. Jeunet. (Extrait du Pilote de la Somme.)

21 — Société de médecine d'Amiens. Le Docteur Desprez. (1750-1829. Etude par le Docteur COURTILLIER.
Amiens. 1858. V° Herment. in-8.

22 — Obsèques de M. de Roucy, Président du Tribunal de Commerce d'Amiens. 28 Juin 1862. (Discours de M. A. DUFLOS.)
Amiens. 1862. Yvert. in-8.

23 — Notice sur M. l'Abbé Devillers, curé-doyen de Saint-Jacques d'Amiens. (Par l'Abbé VOCLIN.) (1)
Amiens. (1860) Lenoel-Herouart. in-8.

24 — Etude sur Du Cange, sa vie et ses œuvres. Par M. GESBERT DE LA NOË-SEICHE.
Amiens. 1865. Lemer. in-8.

25 — Obsèques de M. Dufour, ancien avoué, ancien adjoint, 27 Mars 1862. (Discours de MM. ALLOU et CRETON.)
Amiens. 1862. T. Jeunet. in-8.

26 — Notice sur la vie de M. Alexandre-Victor Duminy, Chanoine titulaire de la Cathédrale d'Amiens.
Amiens. 1838. Caron-Vitet. in-8.

27 — Fernel et son temps. Discours prononcé dans la séance solennelle de rentrée de l'École préparatoire de Médecine et de Pharmacie d'Amiens, le 7 Novembre 1864. Par J. LENOEL.
Amiens. 1864. Lenoel-Hérouart. in-8.

---

(1) VOCLIN (*Amable-Jean-Baptiste*) né à Amiens le 2 Septembre 1821.

28 — Vie du général Foy, suivie de la collection des discours et des vers qui ont été prononcés sur sa tombe.
Paris. 1825. Stahl. in-8. Port.
29 — Friant (Par J. L BELIN.)
Paris. 18. . Ducessois. in-8. Port.
Tom II contenant :
30 — Eloge de Gresset, qui a concouru pour le prix proposé par l'Académie d'Amiens. Par M. GIROUST.
Paris. 1786. Bailly. in-8.
31 — Correspondance relative à Gresset, communiquée par *St. A.* BERVILLE.
Amiens 1839. Duval & Herment. in-8.
32 — Gresset, sa vie et ses ouvrages : essai historique offert à la Ville et à l'Académie d'Amiens, par *St. A.* BERVILLE.
Amiens. 1863. Lenoel-Hérouart. in-8.
33 — Notice sur la vie et les ouvrages de M. François Guérard, Conseiller à la Cour impériale d'Amiens, Membre fondateur et ancien Président de la Société des Antiquaires de Picardie, par M. *Henri* HARDOUIN.
Amiens. 1857. Herment. in-8.
34 — Biographie de M. Guyon, (Jean-Louis-Geneviève), Docteur en médecine, chirurgien principal des armées, officier de la légion d'honneur.
(Extrait de la Biographie des hommes du jour).
Paris. 1841. Krabbe. in-8.
35 — Eloge historique de Louis-Mathieu Langlès, membre de l'Institut, Par M. *P. R.* AUGUIS. (Mém. de la Société des Antiquaires de France).
Paris. 1826.
36 — Notice historique sur la vie et les ouvrages de M. Langlès, par M. DACIER.
Paris. 1825. in-8.
37 — Société de médecine d'Amiens. Lapostolle. (1749-1831). Par le Docteur COURTILLIER.
Amiens. 1859. V⁰ Herment. in-8.
38 - Notice sur Antoine Le Conte. jurisconsulte noyonnais, par *C. E.* DEMARSY.
Noyon. 1861. Andrieux Duru. in-8. Port.
39 — Liste des écrits imprimés de M. *Henri* LEPAGE.
Saint-Nicolas près Nancy. (1864). Trenel. in-8.
40 — Notice biographique sur M le Docteur Lerminier. Par *A. M.* GAUDET.
Paris. 1836. Moessard et Jousset. in-8.
41 — Notice nécrologique sur M. D. M. F. E. Le Roy, par M. J. GARNIER.
Amiens. 1868. Caillaux. in-8.
42 — Jean-François Le Sueur. Par *Stéphen* de LA MADELAINE. in-8.
43 — Notice biographique sur Lhomond, publiée au profit du monument qui lui est élevé sur la place de Chaulnes. Par l'Abbé *P.* DE CAGNY.
Péronne. (1859). J. Quentin. in-8.
44 — Eloge public de l'Abbé Lhomond, prononcé le jour de l'inauguration de sa statue (29 mai 1860), sur la place de Chaulnes (Somme), son pays natal,... Par l'Abbé *Paul* DECAGNY.
Péronne. 1860. J. Quentin. in-8.

45 — Etude sur Lhomond. Par Eugène MAGNE.
Amiens, 1860. T. Jeunet. in-s.

46 — Académie des Sciences, Belles-lettres, Arts, Agriculture et Commerce du Département de la Somme. Rapport présenté à l'Académie par le Directeur (M. TIVIER) au nom de la Commission d'examen, sur les résultats du concours ouvert pour l'éloge de Lhomond.
Amiens. 1860. Lenoel-Herouart. in-s.

47 — Biographie de M. François-César Louandre. Par *E*. PRAROND.
Amiens. 1863. Jeunet. in-s.

48 — Notice biographique. M. Malot. (M. A. *Gabriel* REMBAULT et CRETON. Extraits du Journal d'Amiens.
Amiens. 1864. Jeunet. 1n-s.

49 — Notice sur M. Morel de Campenelle (Marie-Mathieu) Par M. *E.*PRAROND.
Abbeville. 1857. P. Briez. in-s.

50 — Notice sur la vie et les ouvrages de C. P. J. Normand, architecte. dessinateur et graveur.
Paris. 18. . Ducessois. in-s. Port.

51 — Obsèques de M. L. Obry, Directeur des papeteries de Prouzel.(Discours par M. *Ch.* DUFOUR.)
Amiens. 1861. Jeunet. in-s.

52 — Notice sur M. Pannier, par M. J. GARNIER.
Amiens. 1865. Lemer. in-s.

53 — Eloge d'A. A. Parmentier, membre de l'Institut. officier de la Légion d'honneur, premier Pharmacien des armées, inspecteur général du service de santé, etc ; lu à la Séance publique de la Société de Pharmacie de Paris le 16 Mai 1814 ; par C. *L.* CADET DE GASSICOURT.
Paris. 1814. Fain. in-s.

54 — Notice sur le général Picot par M. *E*. PRAROND.
Abbeville. 1857. P. Briez. in-s.

55 — Notice sur M. le Docteur Rigollot par M. J. GARNIER.
Bruxelles.1854. Decq. In-s.

56 — Agnès Sorel était elle tourangelle ou picarde ? Par PEIGNÉ DELACOURT.
Noyon. 1861. Andrieux-Duru. Pièce in-s.

6011. — Les hommes utiles de l'arrondissement d'Abbeville, par E. PRAROND.
Amiens. 1858. Lenoel-Herouart. 1 vol. 1n-s.

6012. — Les hommes illustres du département de l'Oise. Bibliothèque du Beauvaisis.Notices biographiques, critiques, analyses littéraires, citations d'ouvrages, documents particuliers, etc., recueillis et publiés par *Ch.* BRAINNE.
Beauvais. 1858-1864. Desjardins. 3 vol. in-s.

6013. — Recherches historiques sur les hommes célèbres de la ville d'Etaples, par G. SOUQUET.
Montreuil. 1857. Duval. in-s.

g. — Mélanges biographiques.

6014. — Œuvres du seigneur de Brantome. N° éd.
Paris. 1787. Bastien. 8 vol. in-8. Le 3° manque.

** — Œuvres complètes de *Pierre* de Bourdeille, Abbé séculier de Brantome, et d'*André*, Vicomte de Bourdeille. Edition revue et augmentée d'après les manuscrits de la Bibliothèque royale, avec notices littéraires par J. A. C. Buchon.
Paris. Desrez. 1838. 2 vol. in-8.
Voyez : Panthéon littéraire. Polyg. N. 280.

6015. — Œuvres complètes de *Pierre* de Bourdeille, seigneur de Brantome, publiées d'après les manuscrits, avec variantes et fragments inédits, pour la Société de l'histoire de France, par *Ludovic* Lalanne.
Paris. 1864-69. V° J. Renouard. 4 v.in-8. En publ.

** — Les grands hommes du jour.
S. n. n. l. 1790. 1791. 3 en 1 vol. in-8.
Voyez : N. 3549.

** — Notices biographiques par *François* Arago.
Voyez : Œuvres complètes de *Fr.* Arago. I.II. Polyg. N. 242.

** — Notices biographiques par le Baron de Stassart.
Voyez : Œuvres complètes du Baron de Stassart. Polyg. N. 243.

6016. Portraits et notices historiques et littéraires par M. Mignet. 2° éd.
Paris. 1852. Didier. 2 vol. in-8.

6017. — Eloges historiques. Par M. Mignet.
Paris. 1864. Didier. 1 vol. in-8.

6018. — Essais historiques et biographiques par lord Macaulay, traduits par M. *Guillaume* Guizot. Traduction autorisée par l'auteur.
Paris. 1860-62. Michel Lévy fr. 2 vol. in-8.

** — Portraits littéraires par C. A. Sainte-Beuve.
Voyez : Bell. lett. N. 4082 à 4087.

** — Galerie de portraits du xviii siècle, par *Arsène* Houssaye.
Voyez : Bell. lett. N. 4088. 4089.

6019. — Vie des grands hommes. Tome III.
(Cromwell. Milton. Mad. de Sévigné. Jacquard.
Paris. 18. . Morris. 1 vol. in-8.

Biographies d'hommes.

6020. — Recueil de biographies.
1 vol. in-8 contenant :

1 — Notice nécrologique sur feu le docteur F. A. d'Ammon, de Dresde, par le docteur Sichel.
   Caen. 186 . Poisson. in-8.

2 — Rentrée de l'Ecole de médecine d'Amiens le 11 Novembre 1861. — Discours prononcé par le docteur *Henri* Herbet. (Notice sur M. le docteur Barbier*).*
   Amiens. 1861. Alfred Caron. in-8.

3 — Table générale bibliographique des ouvrages publiés par M. le Chevalier Joseph Bard, (de la Côte-d'or), dressée en 1855 et précédée d'une biographie par *Charles* Aubertin.
   Vienne. 1855. Timon frères. in-8.

4 — M. Baudelocque (Auguste-César).
   Paris. 1843. Cosson. (Médecins célèbres.)

5 — Notice sur la vie et les écrits d'Antoine de Beaulincourt, Roi d'armes de la Toison d'or, 1550-1561. Par M. de Linas,
   Saint-Omer. 1854. Chanvin fils.

6 — Nécrologie. J. Boucher de Crévecœur Perthes. Par M. Prarond.
   Abbeville. 1868. Briez, Paillart et Retaux.

7 — Notice sur Jacques Boucher de Crévecœur de Perthes. Par M. Buteux.
   Amiens. 1870. Lenoel-Herouart. In-8.

8 — Michel Bourdin, statuaire orléanais. Par *F.* Dupuis.
   Orléans. 1863. Jacob. In-8.

9 — Charles-Julien Bourdon. Notice biographique. Par M. A. Charma.
   Caen. 1853. Delos.

10 — M. Calluaud, député à l'assemblée nationale. (Par *E.* Prarond).
   Abbeville. (1871). Briez, Paillart et Retaux. in-8.

11 — Société académique de Saint-Quentin. Notice nécrologique sur Charles Cave. Discours de réception, par *Georges* Lecocq.
   Saint-Quentin. 1873. Ch. Poette.

12 — Notice biographique sur M. de Cayrol. (Par M. *E.* Demarsy).
   Compiègne. 1859. F. Valliez. in-8.

13 — Sur le trente-deuxième congrès scientifique ouvrant à Rouen, le 31 Juillet 1865. A propos d'Alain Chartier. (Par M, *Ed.* de Gaucourt.)
   Neufchatel. 1865. M!!e Feray. in-8.

14 — M. Duparcque (Frédéric.)
   Paris. 1843. (Médecins célèbres.)

15 — Obsèques de M. Feuilloy, Chevalier de la Légion d'honneur, ancien Président du Tribunal de Commerce, premier Adjoint au Maire de la ville d'Amiens, décédé en exercice le 26 Mars 1873. (Discours de M. A. Dauphin, Maire, et de M. *Ch.* Labbé, Président du Tribunal de Commerce)
   Amiens. 1873. E. Glorieux. in-8.

16 — Notizie storiche e biografiche intorno al conte Gian Francesco Fiochetto, Protomedico generale, Archiatro de S. A. S. il Duca Carlo Emanuele Primo de Savoia, raccolte dal Dottore *Benedetto* Trompeo.
   Torino. 1867. Bottero Luigi. in-8.

17 — Notice biographique sur Alexandre Hermand. par M. *Louis* Deschamps de Pas.
Saint-Omer. 1858.
18 — Notice sur Armand-Gustave Houbigant, par M. Danjou.
Beauvais. 1863. A. Desjardins.
19 — Jean-Baptiste de la Salle. Par l'Abbé J. Corblet.
Amiens. 1873. H. Yvert.
20 — Notice sur M. Constant Leber, par M. F. Dupuis.
Orléans. 1860. G. Jacob.
21 — Notice sur M. Le Berriays. Par P. A. Lair.
Caen. 1808. Poisson.
22 — Notice historique sur la vie et les travaux de Jean Méry. Anatomiste... Par le Docteur J. *Ch.* Herpin (de Metz).
Paris. 1864. Baillière & fils. Port.
23 — Jehan Molinet, poëte et historien du xv siècle (d'après un manuscrit de la Bibliothèque d'Arras) par. le Comte A. d'Héricourt.
Arras. 1869. Tierny.
24 — Notice biographique sur M. Nell de Bréauté, par M. l'Abbé Cochet.
Dieppe. 1855. Delevoye. Port.
25 — Notice nécrologique sur M. le Chanoine Petit, par M. l'Abbé J. Corblet.
Amiens. 1874. Langlois. (H. Yvert). in-8.
26 — Notice sur Jean, Placentius poète et historien du xvi° siècle. par *Ulysse* Capitaine,
Liége. 1855. Carmanne.
27 — Prim. Par M. Jourdeuil.
Poitiers. 1871. Dupré. in-8.
28 — Du prétendu suicide de J.-J. Rousseau. Par *St*-A. Berville.
Meulan. 1868. Masson. in-8.
29 — Notice sur M. l'Abbé Solente, Curé de Saint-Germain. Par M. l'Abbé J. Corblet
Amiens. 1872. Langlois (H. Yvert). in-8.
30 — Notice sur M. Gustave Souquet d'Etaples. Par M. J. Garnier.
Amiens. 1871. Glorieux. in-8.
31 — Notice sur M. le baron de Stassart. Par A. d'Héricourt.
Arras. 1855. Courtin.
32 — Jules Usiglio, Directeur de l'usine des produits chimiques de la Compagnie de Saint-Gobain, Chauny et Cirey, à Chauny (Aisne). 1865-71.
Chauny. 1871. Bugnicourt. in-8.
33 — Notice sur Pierre-Joseph-Emmanuel Woillez(1799-1071.)Par M.Garnier
Amiens. 1872. E. Glorieux.

6021. — Abbatucci, Garde des sceaux..., sa vie comme magistrat, comme député et comme homme d'état, ses opinions sur les événements et les hommes célèbres de notre époque par *Jean* de la Rocca.
Paris. 1858. L. Janet. 1 vol in-8. Port.

6022. — Abd-el-Kader, sa vie politique et militaire par Alex. Bellemare.
Paris. 1863. Hachette. 1 vol. in-18.

6023. — Institut de France. — Académie des Inscriptions et Belles-lettres. — Notice sur la vie et les travaux de M. Charles Alexandre... Par M. Guigniaut.
Paris. 1871. F. Didot fr. in-4.
** — Notice sur Ch. Alexandre, par M. H. Dauphin.. Voyez : N. 5659.

6024. — *Edouard* de Pompery. Beethoven. Sa vie, son caractère, sa musique.
Paris. 1865. Petit Journal. 1 vol. in-18.

6025. — Histoire contemporaine. Portraits et silhouettes du xix° siècle. Béranger. Par *Eugène* de Mirecourt.
Paris. 1867. Faure. 1 vol. in-16. Port.

6026. — Les contemporains. Berlioz. Par *E.* de Mirecourt
Paris. 1856. Havard. 1 vol. in-16. Port.

6027. — Notice biographique sur M. Saint-Albin Berville, par *Louis* Wiesener, son gendre.
Paris. 1872. Maillet. 1 vol. in-18.

6028. — Notice sur les travaux d'anatomie et de zoologie de M. *Emile* Blanchard. 1835-1850.
Paris. 1850. Plon. 1 vol. in-4.

6029. — L'OEuvre de Blasset ou plutôt Blassel, célèbre sculpteur amiénois (1600 à 1659), par *A.* Dubois.
Amiens. 1862. Caron et Lambert. 1 vol. in-8. Pl.

6030. — Etudes sur la vie de Bossuet jusqu'à son entrée en fonctions en qualité de précepteur du Dauphin (1627-1670), par *A.* Floquet.
Paris. 1855. F. Didot fr. 3 vol. in-8. Port.

6031. — Bossuet précepteur du Dauphin fils de Louis XIV, et évêque à la cour (1670-1682), par *A.* Floquet.
Paris. 1864. Didot fr. 1 vol. in-8.

6032. — L'Abbé Le Dieu. Mémoires et journal sur la vie et les ouvrages de Bossuet, publiés pour la première fois d'après les manuscrits autographes, et accompagnés d'une introduction et de notes, par M. l'Abbé Guettée.
Paris. 1856-57. Didier et C°. 4 vol. in-8.

6033. — Buffon, sa famille, ses collaborateurs et ses familiers. Mémoires par M. *Humbert* Bazile, son secrétaire, mis en ordre, annotés et augmentés de documents inédits par M. *Henri* Nadault de Buffon.
Paris. 1863. V° J. Renouard. 1 vol. in-8. Port.

" — L'histoire de Castruccio Castracani, souverain de Luques ; contenant les grandes aventures et les bons mots de ce grand capitaine.Traduite de l'italien de Machiavel. (Par Guillet de Saint-Georges).
Paris. 1571. Barbier. 1 vol. in-12.
Voyez : Bell. lett. N. 2387.

6034. — Biographie du général Cavaignac.
Paris. 1848. Plon. 1 vol. in-16.

6035. — Vita di *Benvenuto* Cellini da lui medesimo scritta.
Milano. 1824. G. Silvestri. 1 vol. in-12. Port.

6036. — Biographie de J.-P. Chevalier (de Saint-Pol en Artois), écrite d'après des documents particuliers recueillis par *Gustave* Dorieux. Edition ornée du portrait et d'un autographe de J.-P. Chevalier.
Paris. 1861. Dentu. (Amiens. Lemer). 1 vol. in-12.

6037. — Etude sur Clicquot-Blervache, économiste du XVIII° siècle, par *Jules* de Vroil.
Paris. 1870. Guillaumin et C°. 1 vol. in-8.

6028. — Etude sur Jean Cousin, suivie de notices sur Jean Leclerc et Pierre Woeiriot, par *Ambroise-Firmin* Didot. Orné d'un portrait inédit de Jean Cousin, de la reproduction photographique des cinq portraits peints par lui, et du portrait de P. Woeiriot.
Paris. 1872. Amb.-F. Didot. 1 vol. in-8. Pl.

6039. — Analyse des travaux de Georges Cuvier, précédée de son éloge historique, par P. Flourens.
Paris. 1841. Paulin. 1 vol. in-18.

" — Catalogue raisonné de l'œuvre gravé de Jean Daullé, d'Abbeville, précédé d'une notice sur sa vie et ses ouvrages, par *Em.* Delignières.
Abbeville. 1872. Briez, Paillart et Retaux. 1 v.in-8.
Voyez : Sciences et arts. N. 4264.

6040. — Maurice-Quentin de la Tour, Peintre du roi Louis XV. Par *Charles* Desmaze.
Paris. 1854. Michel Lévy fr. 1 vol. in-18.

6041. — Les contemporains. — Louis Desnoyers. Par *Eugène* de Mirecourt (*E.* Jacquot).
Paris. 1855. Havard. 1 vol. in-16. Port.

6042. — Etude sur la vie et les ouvrages de Du Cange, par *Léon* Feugère.
Paris. 1852. P. Dupont. 1 vol. in-8.
** — Étude sur Du Cange, par M. Gesbert de la Noé Seiche.
Voyez : N. 5687 et N. 6006.

6043. — Notice sur Du Cange, par *Charles* Louandre. (1).
Amiens. 1873. Jeunet. In-16.

6044. — M. Ducarne de Blangy. Lecture faite à la Société des Antiquaires de Picardie, par M. de Roquemont.
Amiens. 1873. E. Glorieux. In-8.

6045. — Institut impérial de France. — Académie des sciences. — Funérailles de M. Duméril. — Discours de M. *Milne* Edwards. — Discours de M. *Is.* Geoffroy Saint-Hilaire. — Discours de M. *A.* Valenciennes. = Académie de médecine. — Discours de M. le Professeur Cruveilhier. — Discours de M. le Professeur Piorry. — Paroles prononcées par M. le Docteur Laboulbène. — Notice sur la vie et les œuvres de M. Duméril par M. *Ch.* Dunoyer.
Paris. 1860. in-4.

6046. — Eloge de M. Duméril prononcé à la séance de rentrée de la Faculté de médecine de Paris, le 15 Novembre 1861, par M. Moquin-Tandon.
Paris. 1861. Rignoux. in-4.

6047. — Vie d'Antoine Du Prat..., par le Marquis Du Prat.
Paris. 1857. Techener. 1 vol. in-8. Port.

6048. — Apologie, ou justification d'Erasme. Par M. l'Abbé Marsollier.
Paris. 1713. Fr. Babuty. 1 v. in-12.

6049. — Critique de l'Apologie d'Erasme de M. l'Abbé Marsolier. Par** (le R. P. Gabriel, *Augustin Déchaussé*.)
Paris. 1720. Joubert. 1 vol. in-12.

6050. — Fénélon. Par *A.* De Lamartine. (1651-1715.)
Paris 1853. Hachette. 1 vol. in-18.

6051. — La jeunesse de Franklin racontée par un ouvrier et publiée par *L.* Bessière (Tabarly.)
Senlis. 1866. Duriez. 1 vol. in-12.

---

(1) Louandre (*Charles-Léopold*) né à Abbeville le 15 Mai 1812.

6052. — Galileo Galilei. Sa vie, son procés et ses contemporains d'après les documents originaux... Par *Philarète* CHASLES.
Paris. 1862. Poulet-Malassis. 1 vol. in-8.

6053. — Esquisse biographique du Baron de Giey, Maréchal de Camp, (1649-1733), par *Gustave* VAN HOOREBEKE.
Gand. 1858. Annoot-Braeckman. 1 vol. in-8.

6054. — Eloge de Gresset par ROBESPIERRE, publié par *D.* JOUAUST.
Paris. 1868. Académie des Bibliophiles. 1 vol. in-8.

6055. — Guillaume de Conches. Notice biographique, littéraire et philosophique. Par M. *A.* CHARMA.
Paris. 1857. Hachette. 1 vol. in-8.

6056. — Notice biographique et littéraire sur Alexandre-Auguste Guilmeth, de Brionne. Par *B. C.*
Paris. 1860. F. Didot fr. 1 vol. in-8.

6057. — Esquisse historique de Gutenberg par J. P. GAMA.
Paris. 1857. Germer Baillère. 1 vol. in-8.

6058. — *Olivier* MERSON. Ingres, sa vie et ses œuvres, avec un portrait photographié par Légé et Bergeron, et le Catalogue des œuvres du maître par *Emile* BELLIER DE LA CHAVIGNERIE. (Le portrait manque.)
Paris. 18. . Hetzel. 1 vol. in-16.

6059. — *Francisci* GUINETI Justinianus magnus.
A la suite :
Francisci GUINETI Institutionum munus.. in Academiâ Pontimussanâ ineuntis, oratio.
Parisiis. 1628. S. Cramoisy. 1 vol. in-8.

6060. — Notice biographique sur M. Lacave-Laplagne-Barris. (Par *Henri* HARDOUIN).
Paris. 1860. Cosse & Marchal. 1 vol. in-8.

6061. — Histoire contemporaine. Portraits et silhouettes du XIXe siècle. Lamartine. Par *Eugène* DE MIRECOURT.
Paris. 1867. Faure. 1 vol. in-16. Port.

6062. — Joseph Le Bon dans sa vie privée et dans sa carrière politique, par son fils *Emile* LE BON. Notice historique d'après des documents retrouvés, en 1858, aux Archives de l'Empire. — Quelques lettres de *Joseph*

Le Bon antérieures à sa carrière politique.— Ses lettres à sa femme pendant les quatorze mois qui ont précédé sa mort. — Réfutation, article par article, du Rapport à la Convention sur sa mise en accusation.
Paris. 1861. Dentu. 1 vol. in-8.

6063. — Notice sur M. le Chanteur, Commissaire principal de la Marine, suivie d'actes inédits relatifs aux siéges de Flessingue et d'Anvers, en 1809 et 1814. Par M. *Edouard* Thierry.
Cherbourg. 1848. Thomine. 1 vol. in-8.

6064. — Histoire de Louvois et de son administration politique et militaire jusqu'à la Paix de Nimègue. Par *Camille* Rousset.
Paris. 1862-1863. Didier & C. 4 vol. in-8.

6065. — Souvenirs du théâtre.—Méhul. Sa vie et ses œuvres. Par *P. A.* Vieillard.
Paris. 1859. Ledoyen. 1 vol. in-18.

" — Mémoire sur la vie et les ouvrages de M. l'Abbé François-Philippe Mésenguy, Acolythe du diocèse de Beauvais. (Par *Claude* Lequeux).
S. n. n. l. 1763. 1 vol. in-12.
Voyez : Théologie. N. 3880.

6066. — Notice sur la vie et les ouvrages de Michel-Ange. Par *Ernest* Breton.
Saint-Germain-en-Laye. 1860. Beau. 1 vol. in-8.

6067. — Notice historique sur César Moreau (de Marseille), rédigée d'après des documents officiels et des pièces authentiques, par E. Pascallet.
Paris. 1854. Delacombe. 1 vol. in-8.

6068. — Le mie prigioni, memorie di *Silvio* Pellico.
Parigi. 1833. Baudry. 1 vol. in-12.

" — Exposé analytique des principaux travaux d'anatomie, de physiologie, d'hygiène, de chirurgie..... de *P.-A.* Piorry.
Paris. 1856. J.-B. Baillère. 1 vol. in-4.
Voyez : Médecine. N. 3759, 51.

6069. — Histoire contemporaine. Portraits et silhouettes au xix° siècle. Ponsard. Par *Eugène* de Mirecourt.
Paris. 1867. Faure. 1 vol. in-18. Port.

6070. — Rabelais. Sa vie et son œuvre, par *E.* Noel. 2° éd.
Paris. 1857. Michel Lévy fr. 1 vol. in-18.

6071. — Jean Paul (Richter)'s Lebensbilder.
Pesth. 1816. Hartleben. 1 vol. in-12.
6072. — Jean-Paul-Fr. Richter's Leben nebst characteristik seiner Werke ; von *Heinrich* Doering.
Erfurt und Gotha. 1831. Flinzer. 1 vol. in-12. Port.
6073. — Les confessions de J. J. Rousseau, première édition complète, collationnée sur le manuscrit de l'Auteur, déposé au Comité d'Instruction publique.
Paris. An VI. Poinçot. 4 vol. in-12.
6074. — François de Jussac d'Ambleville, Sieur de Saint-Preuil, Mareschal des camps et armées du Roi Louis XIII, par A^{te} Janvier.
Abbeville. 1859. R. Housse. 1 vol. in-8.
6075. — Schillers Leben. Verfasst aus Erinnerungen der Familie seinen eigenen Briefen und den Nachrichten seines Freundes Körner.
Stuttgart und Tübingen. 1850. Cotta. 1 vol. in-12.
6076. — Schiller's Jugendjahre von *Eduard* Boas. Herausgegeben von *Wendelin* von Maltzahn.
Hannover. 1856. Rumpler. 2 vol. in-8.
6077. — Notice sur les travaux scientifiques de M. Sichel.
Paris. 1867. Martinet. 1 vol. in-4.
6078. — Mémoires historiques et littéraires sur F. J. Talma, par *M.* Moreau.
Paris. 1825. Ladvocat. 1 vol. in-8.
6079. — The life of Torquato Tasso by the rev. *R.* Milman.
London. 1850. Colburn. 2 vol. in-8.
6080. — Biographies des célébrités contemporaines. N. 7. — M. Thiers.
Spa. 1870. Wollesse. in-16.
6081. — Lettre à M. Bégon, Intendant de marine à Rochefort, au sujet de feu M. Pitton de Tournefort, contenant un Abrégé de sa vie. (Par *Joseph* Lauthier).
Paris. 1709. J. B. Delespine. in-4.
6082. — Turgot. Sa vie, son administration, ses ouvrages, par *J.* Tissot.
Paris. 1862. Didier. 1 vol. in-8.
6083. — Turgot. Sa vie et sa doctrine. Par A. Mastier.
Paris. 1862. Durand. 1 vol. in-8.

6084. — La vie et les sentimens de Lucilio Vanini. (Par *David* Durand).
Rotterdam. 1717. Fritsch. 1 vol. in-12.

6085. — Nachrichten aus dem Leben und über die Musik-Werke Carl Maria von Weber's, mit dem sehr ahnlichen Bildnisse desselben.
Berlin. 1826. Trautwein. 1 vol. in-4. Port.

6086. — Carl Maria von Weber. Ein Lebensbild von *Max Maria* von Weber. Band I.
Leipzig. 1864. Keil. 1 vol. in-8. Port.

6087. — Johann von Werth im nachsten Zusammenhange mit der Zeitgeschichte. Dargestellt von *Fried. Wilh.* Barthold.
Berlin. 1826. Reimer. 1 vol. in-8 br.

Biographies de femmes.

— De memorabilibus et claris mulieribus : aliquot diversorum scriptorum opera :
Parisiis. 1521. S. Colinæus. in-fol.
Voyez : Théol. N. 2371.

6088. — Histoire de la dame du Faïel. Par *Ch.* Gomart.
Amiens. 18... Lenoel-Herouart. In-8.

6089. — Jacqueline Pascal. Premières études sur les femmes illustres et la société du xviie siècle. Par M. *Victor* Cousin. 3e édit.
Paris. 1856. Didier. 1 vol. in-8.

6090. — Madame de Chevreuse. Nouvelles études sur les femmes illustres et la Société du xviie siècle. Par M. *Victor* Cousin. 2e édit.
Paris 1862. Didier. 1 vol. in-8. Port.

6091. — Madame de Hautefort. Nouvelles études sur les femmes illustres et la Société du xviie siècle. Par M. *Victor* Cousin.
Paris. 1856. Didier. 1 vol. in-8. Port.

6092. — Madame de Longueville. Nouvelles études sur les femmes illustres et la société du xviie siècle. Par M. *Victor* Cousin. (La jeunesse de Madame de Longueville). 4e édition.
Paris. 1859. Didier. 1 vol. in-8. Port.

6093. — (Madame de Longueville pendant la Fronde. 1651-1653.) Par M. *Victor* Cousin.
Paris. 1859. Didier. 1 vol. in-s.

6094. — Madame de Sablé. Nouvelles études sur la société et les femmes illustres du xvii⁰ siècle. Par M. *Victor* Cousin. 2⁰ éd.
Paris. 1859. Didier. 1 vol in-s.

6095. — Les nièces de Mazarin. Études de mœurs et de caractères au xvii⁰ siècle. Par *Amédée* Renée. 2⁰ édit.
Paris. 1856. F. Didot fr. 1 vol. in-s.

6096. — Madame de Montmorency. Mœurs et caractères au xvii⁰ siècle. Par *Amédée* Renée. 2⁰ édit.
Paris. 1858. F. Didot fr. 1 vol. in-s.

6097. — Mémoires sur la vie de Mademoiselle de Lenclos, par M. B**. (Bret), (et Lettres de Mademoiselle *Ninon* de Lenclos, au Marquis de Sévigné. (Publiées par *Louis* Damours). N⁰ édit.
Amsterdam. 1763. Joly. 3 en 1 vol. in-12. Port.

6098. — Madame de Maintenon, pour servir de suite à l'Histoire de la Duchesse de la Vallière. Par Mme de Genlis.
Paris. 1806. Maradan. 2 en 1 vol. in-12.

6099. — Madame de Maintenon et la Maison royale de Saint-Cyr (1686-1793). Par *Théophile* Lavallée. 2⁰ édit.
Paris. 1872. H. Plon. 1 vol. in-s. Port.

6100. — Anecdotes sur Madame la Comtesse Du Barri, Maîtresse de Louis XV. (Par Pidansat de Mairobert.)
Au Pont aux Dames. 1776. 1 vol. in-12.
A la suite :

. — Remarques sur les anecdotes de Madame la Comtesse du Barri, par Madame *Sara* G** (Goudar).
Londres. 1777. in-12.

6101. — Souvenirs de Madame *Louise - Elisabeth* Vigée-Lebrun.
Paris. 1835. Fournier. 3 vol. in-s. Port.

6102. — Madame la Duchesse d'Orléans, Hélène de Mecklembourg-Schwerin (Par Mme *Georges* d'Harcourt.)
Paris. 1859. Michel Lévy fr. 1 vol. in-12.

SEPTIEME DIVISION.

Archéologie.

Dictionnaires. — Traités généraux.

6103. — Dictionnaire des antiquités grecques et romaines de Furgault. Nouvelle édition revue et augmentée par M. Boinvilliers.
Paris. 1824. Delalain. 1 vol. in-8.

6104. — Dictionnaire des antiquités romaines et grecques, accompagné de 2,000 gravures d'après l'antique, représentant tous les objets de divers usages d'art et d'industrie des Grecs et des Romains, par *Anthony* Rich. Traduit de l'anglais sous la direction de M. Chéruel.
Paris. 1861. F. Didot fr. 1 vol. in-18.

6105. — Archaeologische Worterbuch zur Erklarung der in den Schriften über mittelalterliche Kunst vorkommenden Kunstausdrücke, von *Heinrich* Otte.
Leipzig. 1857. Weigel 1 vol. in-8. Fig.

6106. — Eléments d'archéologie nationale, précédés d'une histoire de l'art monumental chez les anciens; par le Dr *Louis* Batissier.
Paris. 1843. Leleux. 1 vol. in-18.

6107. — Manuel élémentaire d'archéologie nationale, par l'Abbé *Jules* Corblet. Nouvelle édition, entièrement refondue, illustrée de 700 gravures intercalées dans le texte et de 3 planches lithographiées.
Paris. 1873. Régis-Ruffet. 1 vol. in-8.

Archéologie Egyptienne.

6108. — Mélanges d'archéologie égyptienne et assyrienne.
Paris. 1872. Impr. nat. In-4. En publication.

6109. — Monuments divers recueillis en Egypte et en Nubie, par *Auguste* Mariette-Bey. Ouvrage publié sous les auspices de S. A. Ismaïl Pacha, Khédive d'Egypte.
Paris. 1872. Franck. In-fol. En publ.

Archéologie grecque et romaine.

6110. — Griechische Alterthümer von G.-F. SCHOEMANN.
Berlin. 1855. Weidmann. 2 vol. in-8.

6111. — La cité antique. Étude sur le culte, le droit, les institutions de la Grèce et de Rome. Par FUSTEL DE COULANGES.
Paris. 1864. Durand. 1 vol. in-8.

6112. — Les jeux des anciens, leur description, leur origine, leurs rapports avec la religion, l'histoire, les arts et les mœurs, par L. BECQ DE FOUQUIÈRES. Ouvrage accompagné de gravures sur bois d'après l'antique, dessinées et gravées par M. *Léon* LE MAIRE.
Paris. 1869. Reinwald. 1 vol. in-8. Fig.
** — L'origine du jeu des échecs, par *Nic.* FRÉRET.
** — Recherches sur l'ancienneté et sur l'origine de l'art de l'équitation chez les Grecs, par *Nic.* FRÉRET.
Voyez : Œuvres de FRÉRET, XVII. Polygraphie. N 193.

6113. — Thesaurus antiquitatum Romanarum, congestus a *Joanne Georgio* GRAEVIO. Accesserunt variae et accuratae tabulae aenae.
Traject. ad Rhen. 1694-99. P. vander AA. 12 v.in-f.

6114. — Mœurs romaines du règne d'Auguste à la fin des Antonins, par L. FRIEDLÆNDER. Traduction libre faite sur le texte de la deuxième édition allemande, avec des considérations générales et des remarques, par *Ch.* VOGEL.
Paris. 1865-1874. Reinwald. 4 vol. in-8.

Archéologie préhistorique.

6115. — L'homme avant l'histoire, étudié d'après les monuments et les costumes retrouvés dans les différents pays de l'Europe, suivi d'une description comparée des mœurs des sauvages modernes, par Sir *John* LUBBOCK. Traduit de l'anglais par *Ed.* BARBIER, avec 156 figures intercalées dans le texte.
Paris. 1867. Germer Baillière. 1 vol. in-8. Fig.

6116. — Archéologie préhistorique. — Recueil contenant :
1. — Le congrès international d'archéologie préhistorique

de Copenhague en 1869. Compte-rendu sommaire adressé à la Société impériale d'Émulation d'Abbeville par A*rthur* DEMARSY.
Arras. 1870. V⁰ Rousseau-Leroy. in-8.

2. — Sur les silex travaillés trouvés dans le diluvium ou terrain quaternaire, près d'Abbeville et d'Amiens ; par M. BUTEUX. (Ext. du Bull. de la Soc. géol. de Fr. Séance du 21 Nov. 1859).
Paris. 1859. Martinet. in-8.

3. — Notice sur les objets d'art trouvés dans le diluvium, par M. FERGUSON fils, SENEX, *J.* EVANS, *E.* EDWARDS, *Robert-H.* COLLYER, *J.* WYATT). 1860.
Amiens. 1860. Yvert. in-8.

4. — Archéologie. — Hachettes diluviennes du bassin de la Somme. — Rapport adressé à M. le Sénateur-Préfet de la Seine-Inférieure, par M. l'A*bbé* COCHET.
Paris. 1860. Aubry. (Abbeville. Briez). in-8.

5. — Notice sur les silex taillés des temps anté-historiques, par M. *J.* GARNIER.
Amiens. 1862. Yvert. in-8.

6. — Note sur les terrains contenant des silex travaillés, près d'Amiens et d'Abbeville, par M. BUTEUX. (Extrait du Bulletin de la Société géologique de France. Séance du 16 Nov. 1863.)
Paris. 1863. Martinet. in-8.

7. — La patine des silex travaillés de main d'homme et quelques recherches sur les questions diluviale et alluviale. (Extrait (chapitre V⁰) d'un mémoire intitulé : Le bassin hydrographique du Couzeau.) Par *Ch.* DES MOULINS.
Bordeaux. 1864. Coderc. in-8.

8. — Les mystifiés de l'Académie des Sciences, défi adressé à MM. Decaisne et Elie de Beaumont par *Gabriel* DE MORTILLET. (Silex taillés de Pressigny.)
Paris. 1865. Marpon. in-8.

9. — Notice sur le Campigny, station de l'âge de la pierre

polie sise à Blangy-sur-Bresle, (Seine-Inférieure), par *E.* et *H.* DE MORGAN.
Amiens. 1872. H. Yvert. In-8.

10. — Archéologie préhistorique. — Note sur une tête de lance en silex trouvée dans le diluvium, à Caudecote, près Dieppe, par *Michel* HARDY.
Dieppe. 1872. Delevoye. In-8. Fig.

11. — Archéologie préhistorique. — Découverte d'une station de l'âge néolithique à Bernouville, commune de Hautot-sur-Mer (Seine-Inf.) Par *Michel* HARDY.
Dieppe. 1873. Delevoye. In-8. Pl.

6117. — Archéologie préhistorique. Le camp de Catenoy (Oise), station de l'homme à l'époque dite de la pierre polie, par *N.* PONTHIEUX.
Beauvais. 1872. J. Noulens. 1 vol. in-8. Pl.

Archéologie chrétienne.

6118. — Handbuch der kirchlichen Kunst-Archäologie des deutschen Mittelalters, von *Heinrich* OTTE.
Leipzig. 1854. Weigel. 1 vol. in-8. Fig.

6119. — Die kirchliche Archaeologie dargestellt von *F.-H.* RHEINWALD.
Berlin. 1830. Enstin. 1 vol. in-8.

6120. — Mythologie und Symbolik der chrislichen Kunst von der altesten Zeit bis in's sechzehnte Jahrhundert. Von *Ferdinand* PIPER.
Weimar. 1847. 2 vol. in-8.

6121. — Iconographie chrétienne, ou étude des sculptures, peintures, etc., qu'on rencontre sur les monuments religieux du moyen-âge, par M. l'*Abbé* CROSNIER.
Caen. 1848. Hardel. 1 vol. in-8. Fig.

6122. — Die bildlichen Darstellungen von Tode und der Himmelfahrt Mariae. Eine ikonographische Abhandlung.
Frankfurt a M. 1854. Hermann. In-8.

6123. — Sacred and legendary art. By Mrs JAMESON. 2^d edit.
London. 1850. Longman. 1 vol. in-8. Fig.

6124. — Legends of the monastic orders, as represented in

the fine arts. Forming the second series of sacred and legendary art. By Mrs JAMESON. 2^d edit.
London. 1852. Longman. 1 vol. in-8. Fig.

6125. — Legends of the Madonna, as represented in the fine arts. Forming the third series of sacred and legendary art. By Mrs JAMESON.
London. 1852. Longman. 1 vol. in-8. Fig.

6126. — Karls des Grossen Kalendarium und Ostertafel aus der Pariser Urschrift herausgegeben und erlautert nebst einer Abhandlung über die lateinischen und griechischen Ostercykeln des Mittelalters. Von D. *Ferdinand* PIPER.
Berlin. 1858. Decker. 1 vol. in-8. Pl.

6127. — Symbols and emblems of early and mediæval christian art. By *Louisa* TWINING.
London. 1852. Longman. 1 vol. in-4. Fig.

6128. — Sinnbilder und Kunstvorstellungen der alten Christen. Von Dr *Friedrich* MUNTER.
Altona. 1825. Hammerich. 2 vol. in-4. Pl.

6129. — Denkwürdigkeiten aus der Christlichen Archaeologie; mit bestandiger Rücksicht auf die gegenwartigen Bedürfnisse der christlichen Kirche, von D. *Johann-Christian-Wilhelm* AUGUSTI.
Leipzig. 1817-1831. Dyk. 12 vol. in-8.

6130. — Organ für christliche Kunst. Herausgegeben und redigirt von *Fr.* BAUDRI, in Koln.
Koln. 1857-65. Du Mont-Schauberg. s v. in-.4 Fig.

6131. — Revue de l'Art chrétien, recueil mensuel d'archéologie religieuse dirigé par M. l'Abbé J. CORBLET.
Amiens. 1857-59. Arras. 1860-74. 17 vol. in-8. Pl.

Traités spéciaux.

6132. — Pompa feralis, sive justa funebria *Petri* MORESTELLI.
Parisiis. 1621. Melchior Mondière. 1 vol. in-8.

6133. — Histoire des usages funèbres et des sépultures des peuples anciens, par *Ernest* FEYDEAU. — Planches et plans exécutés sous la direction de M. *Alfred* FEYDEAU.
Paris. 1856-58. Gide et Baudry. 2 v. in-fol. Inach

6134. — Sépultures gauloises, romaines, franques et normandes, faisant suite à « La Normandie souterraine, » par M. l'*Abbé* Cochet.
Paris. 1857. Derache. 1 vol. in-8. Fig.

6135. — Les litres et les ceintures funèbres, par *Arthur* Demarsy.
Paris. 1865. Dumoulin.(Arras. Rousseau-Leroy).in-8.

6136. — *Julii Cæsaris* Bulengeri liber de spoliis bellicis, trophæis, arcubus triumphalibus, et pompa triumphi.—Cui accessit liber *Onuphrii* Panvini de triumpho et ludis circensibus.
Parisiis. 1601. Barth. Macæus. 1 vol. in-8.
La seconde partie a pour titre :
Onuphrii Panvinii de ludis circensibus, libri II.—De triumphis, liber unus. Quibus universa ferè Romanorum veterum sacra ritusque declarantur. Cui accessit Tertulliani liber de spectaculis.
Parisis. 1601. Barth. Macæus. 1 vol. in-8.
** — Dissertatio historica de Pallio archiepiscopali, auctore D. *Theodorico* Ruinart.
Voyez : Œuvres posthumes de Mabillon et de Ruinart. Polyg.N.192.

6137. — *Antonii* Kerkoetii Aremorici (*Dionysii* Patavii) Mastigophorus tertius, sive elenchi confutationis, quam Claudius Salmasius sub Francisci Franci J.C. nomine Animadversis Kerkoetianis opposuit, pars tertia. (De Pallio).
Parisiis. 1623. 1 vol. in-8.

6138. — *Joannis Bapt.* Donii dissertatio de utraque pænula.
Parisiis. 1644. S. et G. Cramoisy. 1 vol. in-8.

6139. — *Julii Cæsaris* Bulengeri de theatro, ludisque scenicis libri duo. Editio prima.
Tricassibus. 1603. P. Chevillot. 1 vol. in-8. Fig.

6140. — Supplément à la notice sur le théâtre de Champlieu publiée en 1858 par Peigné-Delacourt.
Noyon. 1859. Andrieu-Duru. In-8. Pl.

6141. — Fouilles archéologiques. N° 4. — Vase antique : prix donné à des Bestiaires. — Phalères en bronze, objets trouvés dans l'Amphithéâtre romain de Nimes. Par *Henry* Révoil.
Paris. 1872. Vᵉ Morel. In-8. Pl.

** — De l'art dramatique et des divisions du théâtre antique chez les Romains, par DE BOYER DE SAINTE-SUZANNE.
Amiens. 1861. E. Yvert. In-8.

Voyez : Hist. litt. N. 383.

6142. — *Hieronymi* MAGII de equuleo liber postumus. Cum notis *Goth.* JUNGERMANNI. Accedit appendix virorum illustrium, idem argumentum pertractantium.
Amstelodami. 1664. And. Frisius. 1 vol. in-s. Fig.

6143. — La Colombe messagère plus rapide que l'éclair, plus prompte que la nue: par *Michel* SABBAGH. Traduit de l'arabe en françois, par *A.-I.* SILVESTRE DE SACY.
Paris. 1805. Imprimerie impériale. 1 vol. in-s.

6144. — Les métaux dans l'antiquité. Origines religieuses de la métallurgie ou les dieux de la Samothrace représentés comme métallurges d'après l'histoire et la géographie. De l'orichalque, histoire du cuivre et de ses alliages, suivie d'un appendice sur les substances appelées électre, par *J.-P.* ROSSIGNOL.
Paris. 1803. Durand. 1 vol. in-s.

6145. — Notice raisonnée sur deux instruments inédits de l'âge de pierre, un tranche-tête et une lancette. Par M. PEIGNÉ-DELACOURT.
Paris. 1866. Claye. in-4. Pl.

6146. — Report on excavations made on the site of the roman castrum at Lymne, in Kent, in 1850, by *Charles* ROACH SMITH. With notes on the original plan of the castrum, and on the ancient state of the Rommey Marshes by *James* ELLIOTT, Jun.
London. 1852. Printed for the Subscribers. 1 v. in-4.

6147. — Découverte d'un fonderie celtique (âge de bronze) dans le village de Larnaud, près de Lons-le-Saulnier (Jura), en 1865. Rapport, procès-verbal et inventaire. — Extrait des Mémoires de la Société d'émulation du Jura.
Lons-le-Saulnier. 1867. Gauthier fr. In-s.

6148. — Les piliers symboliques de Forres et de Dunkeld (Ecosse), d'après un mémoire de M. J. Marion, par A. DE MARSY.
Arras. 1873. A. Planque. In-8.

6149. — Antiquités franques.— Découvertes et observations faites en 1866, 1869, 1871 et 1872, par *E.* Hecquet d'Orval. (1)
Abbeville. 1873. Briez, Paillart et.Retaux. In-8.
** Voyez : Céramique, Sc. et Arts. N. 4282-4284.

6150. — Notice sur une découverte d'objets romains faite à St-Acheul-lès-Amiens en 1861, par M. *J.* Garnier.
Amiens. 1863. Lemer aîné. In-8. Pl.

Chapitre ii.

PALÉOGRAPHIE ET DIPLOMATIQUE.

a. Paléographie.

6151. — Études égyptologiques comprenant le texte et la traduction d'une stèle éthiopienne inédite et de divers manuscrits religieux, avec un Glossaire égyptien grec du décret de Canope, par *P.* Pierret.
Paris. 1873. A. Franck. 1 vol. in-4. lithogr.
** — Manuscrit pictographique américain, précédé d'une notice sur l'idéographie des Peaux rouges. Par l'Abbé Domenech.
Voyez : Bell. Lett. N. 3359.

b. diplomatique.

6152. — Un mot sur l'utilité des recherches dans les archives, par M. *F.-J.* Darsy.
Amiens. 1861. Lemer aîné. In-8.

6153. — Notice sur l'origine des testaments, sur un testament militaire du xvie siècle et sur son auteur, par A*d.* de Grattier.
Noyon. 1865. Andrieux-Duru. In-8.

c. Epigraphie.

6154. — Description d'une plaque d'or portant une inscription en langue et caractères grecs, du tems du Troisième des Ptolemées, qui fut trouvée en 1818, dans les ruines de l'ancien Canopus, entre Rosette et Alexandrie, en Egypte.
Amiens. 18   . Alf. Caron. 1 f. in.-4.

---

(1) Hecquet d'Orval (*Pierre-Emile*) né à Abbeville le 29 Mai 1816.

6155. — Inscriptionum latinarum selectarum amplissima collectio ad illustrandam Romanae antiquitatis disciplinam accommodata. Volumen tertium Collectionis Orellianae supplementa emendationesque exhibens edidit *Guilielmus* Henzen. Accedunt indices rerum ac notarum quae in tribus voluminibus inveniuntur.
Turici. 1856. Typis Orellii, Fuesslini et Soc. 1 v. in-8.

6156. — Codex inscriptionum romanarum Rheni. Bearbeitet von *Hofrath* Dr Steiner.
Darmstadt. 1837. 2 en 1 vol. in-8.

6157. — Inscriptions inédites ou peu connues du musée de Narbonne, par M. Tournal.
Caen. 1864. Hardel. In-8.

6158. — Nouveau recueil de pierres sigillaires d'oculistes romains, pour la plupart inédites, extrait d'une monographie inédite de ces monuments épigraphiques, par *J.* Sichel.
Paris. 1866. V. Masson. 1 vol. in-8.

Chapitre III.

Sigillographie.

6159. — J. Charvet. — Description des collections de sceaux-matrices de M. E. Dongé.
Paris. 1872. (Evreux. Hérissey.) 1 vol. in-8. Fig.

6160. — Inventaire des sceaux de la Flandre recueillis dans les dépôts d'archives, musées et collections particulières du département du Nord. Ouvrage accompagné de 30 planches photoglyptiques, par *G.* Demay.
Paris. 1873. Imprimerie nationale. 2 vol. in-fol.

6161. — Sceaux des Évêques de Noyon. Communication faite au Comité archéologique de Noyon, par *Arthur* de Marsy.
Paris. 1865. Dumoulin. (Noyon. Andrieux). In-8.

6162. — Sceau de la comtesse Eliénor de Vermandois, par *Ch.* Gomart.
Caen. 18... Hardel. In-8.

Chapitre IV.

Numismatique.

6163. — Élémens de numismatique ou introduction à la connaissance des médailles antiques. Par M. Du Mersan. Suivis de quelques détails sur la manière de supputer les monnaies anciennes, et sur leur valeur; d'après M. de Hennin.
Paris. 1834. Bibl. popul. 1 vol. in-16.

6164. — Traité élémentaire de numismatique générale, par J. Lefebvre. 2° édition.
Abbeville. 1860. R. Housse. 1 vol. in-8.

6165. — Observations numismatiques, par J. Lefebvre.
Abbeville. 1862. R. Housse. In-8. Pl.

6166. — Lettres du Baron Marchant sur la numismatique et l'histoire, annotées par MM. Ch. Lenormant, F. de Saulcy, L. de la Saussaye, J. de Witte, Marquis de Lagoy, Ad. de Longpérier, Al. Maury, Victor Langlois, et H. Fournier du Lac. N° éd.
Paris. 1851. Leleux. 1 vol. in-8. Pl.

6167. — Description des médailles grecques composant la collection de M. *J. Gréau*, par *Henri* Cohen. (Vente le 11 nov. 1867.)
Paris. 1867. Pillet. 1 vol. in-8. Pl.

6168. — Description historique des monnaies frappées sous l'empire romain, communément appelées monnaies impériales, par *Henri* Cohen.
Paris. 1859-62. Rollin. 6 vol. in-8. Pl.

6169. — Description d'une trouvaille de monnaies romaines, par Alfred Danicourt.
Péronne. 1872. Quentin. In-8. Pl.
<small>Le titre est :
Note à M. le Secrétaire de la Société des Antiquaires de Picardie sur une trouvaille de monnaies romaines faite à Falvy, près Péronne, en 1868.</small>

6170. — Archéologie gallo-romaine. — Les cachettes monétaires du III° siècle dans la Seine-Inférieure, à

propos d'une découverte faite à Saint-Pierre-en-Val, en Novembre 1872, par *Michel* Hardy.
Dieppe. 1873. Delevoye. in-8.

** — Monuments de la maison de France. Voyez : N. 5432.

6171. — Monnaies féodales de France. Par *Faustin* Poey d'Avant.
Paris. 1858-62. Rollin. 3 vol. in-4. Pl.

6172. — Catalogue des monnaies nationales de France, collection de M. J. Rousseau, en vente à l'amiable, aux prix fixés sur le catalogue, chez Rollin et Feuardent.
Paris. 1861. Claye. 1 vol. in-8.

6173. — Collection Jean Rousseau. — Monnaies féodales françaises décrites par *Benjamin* Fillon.
Paris. 1861. Jean Rousseau. 1 vol. in-8. Pl.

6174. — Monnaie de Charles VIII frappée à Marseille. (Par M. *Fernand* Mallet).
Paris. 1862. Thunot. Pièce in-8.

6175. — Petite notice sur les monnaies des Comtes de Ponthieu, par J. Lefebvre.
Abbeville. 1863. Briez. in-8.

6176. — Denier d'argent de Sainte-Marie de Laon. Par E. Demarsy. (1).
Laon. 18 . Fleury. in-8.

6177. — Collection J. Charvet. — Monnaies inédites de Provence des Princes de la maison d'Anjou, par A. Carpentin.
Paris. 1868. J. Charvet. in-8.

6178. — Histoire métallique de Napoléon ou recueil des médailles et des monnaies qui ont été frappées depuis la première campagne de l'armée d'Italie jusqu'à la fin de son règne. Par Millin et Millingen.
Paris. 1854. Delahays. 1 vol. in-4.

6179. — *J.* Charvet. — Origines du pouvoir temporel des Papes précisées par le numismatique.
Paris. 1865. Dentu. 1 vol. gr. in-8. fig.

---

(1) Demarsy (*Charles-Eugène*) né à Amiens le 30 Octobre 1814, mourut à Compiègne le 23 Juin 1862.

Ce travail sert d'introduction à celui de Le Blanc qui est publié à la suite et a pour titre :

Dissertation historique sur quelques Monnoyes de Charlemagne, de Louis le Débonnaire, de Lothaire et de leurs successeurs, frappées dans Rome. Par lesquelles on réfute l'opinion de ceux qui prétendent, que ces Princes n'ont jamais eu aucune autorité dans cette ville, que du consentement des Papes. — Paris. MDCLXXXIX. J.-B. Coignard.

6180. — De la numismatique papale, par M. l'Abbé V. Pelletier.
Paris. 1859. Pringuet. Amiens. Caron & Lambert. in-8

6181. — Notice sur des plombs historiés trouvés dans la Seine et recueillis par Arthur Forgeais.
Paris. 1858. Dumoulin. 1 vol. in-8. Fig.

6182. — Collection de plombs historiés trouvés dans la Seine et recueillis par Arthur Forgeais. Première série. Méreaux des corporations de métiers.
Paris. 1862. Aubry. 1 vol. in-8. fig.

6183. — Notice sur quelques enseignes de pélérinage en plomb concernant la Picardie. Par M. J. Garnier.
Amiens. 1865. Lemer. in-8. Pl.

6184. — Histoire des assignats. — Recherches sur les billets de confiance de la Somme. Par A. Bazot.
Amiens. 1862. Caron & Lambert & Lemer. 1 v. in-8

Chapitre V.

Mélanges archéologiques.

6185. — Notice historique et bibliographique sur Bartolomeo Borghesi. Par *Ernest* Desjardins.
Paris. 1860. Didier. in-8.

. — Publication des œuvres de Bartolomeo Borghesi. — Rapport adressé à S. M. l'Empereur. Par M. *Ern.* Desjardins. — Arrêté ministériel. — Rapport à S. Ex. le Ministre d'État. (Par le Secrétaire de la Commission, *E.* Desjardins.) 9 Aout et 10 Déc. 1860.
—Deuxième rapport. 12 Avril 1861.
—Troisième rapport. 15 Juin 1864.
Paris. 1861-64. Panckoucke. in-8.

6186. — Œuvres complètes de *Bartolomeo* Borghesi publiées par les ordres et aux frais de S. M. l'Empereur Napoléon III (par *Ernest* Desjardins).
Paris. 1862-72. Imprimerie imp. 6 vol. in-4. port.

6187. — *Friedrich* Creuzer's deutsche Schriften, neue und verbesserte.

    Cette collection comprend :

— Zur archaeologie oder zur Geschichte und Erklarung der alten Kunst. Abhanlungen von *Friedrich* Creuzer. Besorgt von *Julius* Kayser, 3 v.
— Die historische Kunst der Griechen in ihrer Entstehung und Fortbildung. Von *Friedrich* Creuzer. Zweite verbesseszte und vermehrte Ausgabe, besorgt von *Julius* Kayser.— 1 vol.
— Aus dem Leben eines alten Professors. Von Dr. *Fried.* Creuzer.—1 v.
Leipzig und Darmstadt. 1845. Leske. 4 vol. in-8.
— Zur Geschichte der classischen Philologie seit Wiederherstellung der Literatur, in biographischen Skissen ihrer älteren Häupter und einer literarischen Ubersicht ihrer neueren. Von *Friedrich* Creuzer. Besorgt von *Julius* Kayser.
Francfurt a. M. 1854. J. Baer. 1 vol. in-8.
— Paralipomena der Lebensskizzen eines alten Professors. Gedanken und Berichte über Religion, Wissenschaft und Leben, von Dr. *Friedrich* Creuzer.
Frankfurt a. M. 1858. J. Baer. 1 vol. in-8.

6188. — Mélanges d'histoire et d'archéologie. Par feu M. *François* Guerard.
Amiens. 1861. Lemer aîné. 1 vol. in-8.

6189. — Mélanges archéologiques, Par M. A. de Caumont. 1 vol. in-8 contenant :

— Synchronisme des différents genres d'architecture, dans les Provinces de France.
Au Mans. 1840. Richelet.
— Note sur les tombeaux et les cryptes de Jouarre. (Seine-et-Marne).
Caen. 1843. Hardel.
— Statistique routière de Caen à Rouen.
Caen. 1843. Hardel.
— Rapport verbal fait à la Société française pour la conservation des monuments, dans la séance administrative du 7 Décembre 1844, sur quelques antiquités du Midi de la France.
Caen. 1845. Hardel.
— Rapport verbal sur une excursion dans le Midi de la France, fait à la Société française, le 23 Octobre 1852.
Paris. 1853. Caen. Hardel.
— Note sur les murs gallo-romains de Dax.
Caen. 1857. Hardel.

— Société française d'archéologie. — Séance académique internationale tenue à Dives, pour l'inauguration de la liste des compagnons de Guillaume à la conquête de l'Angleterre, en 1066, dans l'église de cette commune, le 17 Août 1862.
Caen. 1863. Hardel.
— Nécrologie gallo-romaine ou excursions dans les musées lapidaires de France.
Caen. 186 . Hardel.
— Rapport verbal fait à la Société française d'archéologie sur divers monuments dans les séances du 30 Août 1863, du 30 Novembre 1864 et des 20 Août et 25 Octobre 1865.
Caen. 1866. Le Blanc-Hardel.
— Deux excursions archéologiques dans le canton de Mézidon, aux environs des deux stations du chemin de fer situées dans ce canton.
Caen. 1866. Le Blanc-Hardel.
— Rapport verbal sur l'état des musées lapidaires de Nevers, Moulins, Clermont, Bourges et Orléans
Caen. 1869. Le Blanc-Hardel.
— Mes souvenirs
Caen. s. d. Le Blanc-Hardel.
— Notice sur la souscription et liste nominative des souscripteurs pour la médaille offerte à M. de Caumont par le Congrès des délégués des Sociétés savantes dans la séance du 26 Avril 1862.
Paris. 1863. Morris.

6190. — Mélanges d'archéologie. Par *Franz* BOCK.

1 vol. in-4 contenant :
— Die Goldschmiedekunst des Mittelalters auf der Hohe ihrer aesthetischen und technischen Ausbildung...
Koln. 1855. Du Mont-Schauberg.
— Das Karolingische Münster zu Aachen und die St. Godehards Kirche zu Hildesheim in ihrer beabsichtigten inneren Wiederherstellung.
Bonn. 1859. Henry & Cohen.
— Kurze Notizen zur Beschreibung der ehemaligen Augustinerabtei Klosterrath (Roda-Rolduc).
Koln. 1859. Du Mont-Schauberg.
— Die Benedictiner-Abteikirche der h. Vitus zu M.-Gladbach und ihre heutige Wiederherstellung.
Koln. 1859. Du Mont-Schauberg.
— Der Schatz der Metropolitankirche zu Gran in Ungarn. Mit 3 Tafeln und 18 Holzschnitten.
Wien. 1859.
— Schloss Karlstein in Bohmen. Mit 3 Tafeln und 15 Holzschnitten.
Wien. 1862.
— Die feierliche Erhebung und Uebertragung der irdischen Ueberreste der seligen Albertus Magnus.
Koln. 18 . Du Mont-Schauberg.

6191. — Mélanges d'histoire et d'archéologie. Par M. l'Abbé J. CORBLET.

1 vol. in-8 contenant :
- Notice historique sur la foire de la Saint-Jean à Amiens.
- Discours sur la destruction de l'empire d'Orient, prononcé à la séance publique de la Société des Antiquaires de Picardie, le 13 Juillet 1856.

Amiens. 1856. Duval & Herment.
- Compte-rendu des congrès archéologiques de Mende et de Valence et du congrès scientifique de Grenoble. 1857.
- Inscriptions chrétiennes du Musée d'Amiens. 1857.
- Notice historique et liturgique sur les cloches. 1857.
- Tombeau de Monseigneur Cart érigé à Nimes sur les plans de M. H. Revoil. 1858.
- Essai historique et liturgique sur les ciboires et la réserve de l'Eucharistie. 1858.
- Notice sur les chandeliers d'église au moyen-age. 1859.
- A-t-on réservé le précieux sang dans les siècles primitifs et au moyen-age. 1859.
- Note sur une cloche fondue par M. G. Morel, de Lyon.
- L'architecture du moyen-age jugée par les écrivains des deux derniers siècles. 1859.
- Étude iconographique sur l'arbre de Jessé. 1860.
- Recueil de documents inédits concernant la Picardie publiés (d'après les titres originaux conservés dans son cabinet) par Victor de Beauvillé. Compte-rendu. 1861.
- Etude historique sur les loteries. 1861.
- Le lion et le bœuf sculptés aux portails des églises. 1862.

Arras. 1857-62. Rousseau-Leroy.
- Société des Antiquaires de Picardie. — Rapport sur le concours de 1863. — (Histoire de le collégiale de Péronne, par M. l'Abbé Gosselin. — La ville et le chateau de Ham, par M. Gomart).

Amiens. 1864. Lemer.
- Histoire ecclésiastique. — 1er concile de Lyon.

Amiens. 1864. Lenoel-Herouart.
- Les manuscrits à miniatures de la bibliothèque de Laon. 1864.
- Les dessins de J. Natalis. 1864.
- Culte et iconographie de S. Jean-Baptiste dans le diocèse d'Amiens.
- Le Musée Napoléon à Amiens. 1864.
- Le pour et le contre sur la culpabilité des Templiers. 1865.
- Exposition de peintures anciennes au Musée Napoléon (d'Amiens).

Arras. 1864-65. Rousseau-Leroy.
- Rapport sur les fouilles de Beuvraignes.

Amiens. 1865. Lemer.
- Notice nécrologique sur l'abbé Ch. Berton, chanoine honoraire, supérieur de l'Ecole Saint-Martin.

Amiens. 1866. Challier.
- Notice sur une médaille de dévotion présumée d'origine amiénoise,

— Exposition rétrospective de 1866 au Musée Napoléon d'Amiens. 1866.
— Notice sur une inscription du XI° siècle provenant de l'abbaye de Corbie. 1866.
Arras. 1866. Rousseau-Leroy.

6192. — Almanach de l'archéologue français, par les membres de la Société française d'archéologie.
Caen. 1865. Hardel. 1 vol. in-16.

** — Revue archéologique. 2° série.
1860-1874. 28 vol. in-8.

Voyez : N. 4999.

** — Annales archéologiques fondées par Didron ainé, continuées par *Édouard* DIDRON.
Paris. 1844-70. V. Didron. 27 vol. in-4.

Voyez : N. 4998.

6193. — Mittheilungen der Kaiserl. Konigl. Central-Commission zur Erforschung und Erhaltung der Baudenkmale. Herausgegeben unter der Leitung des K.K. Sections-chefs und Praeses der K.K. Central-Commission *Karl* Freiherrn von CZOERNIG. Redacteur : *Karl* WEISS. III Band. Jahrgang 1858.
Wien. 1858. Braumuller. 1 vol. in-4. pl.

6194. — Jahrbuch der Kaiserl. Konigl. Central-Commission zur Erforschung und Erhaltung der Baudenkmale. III Band. Redigirt von dem Commissionsmitgliede Dr. *Gustav* HEIDER.
Wien. 1859. Braumuller. 1 vol. in-4. pl.

6195. — Mélanges d'archéologie.

1 vol. in-8 contenant :

— Iconographie de l'Immaculée conception, par l'Abbé AUBER.
— L'abbaye de Fontgombaud. Par M. l'Abbé AUBER.
— De l'an mille et de son influence prétendue sur l'architecture religieuse. Par M. l'Abbé AUBER.
— Symbolisme du Cantique des Cantiques. Par M. l'Abbé AUBER.
— Les catacombes considérées comme type primitif des églises chrétiennes. Par M. l'Abbé AUBER.
— Anneau de Sainte-Radegonde. Par l'Abbé AUBER.
— Pénalité et iconographie de la calomnie. Par *Louis* DE BAECKER.
— Le tombeau de la première reine chrétienne du Danemark, X° siècle. Par *Louis* DE BAECKER.
— Epigraphie et iconographie des catacombes de Roma et spécialement d'Anagni. Par M. l'Abbé BARBIER DE MONTAULT.
— Peintures claustrales des monastères de Rome. Par l'Abbé X. BARBIER DE MONTAULT.

— Anciens inventaires inédits des établissements nationaux de Saint-Louis des François et de Saint-Sauveur in Thermis, à Rome, par l'Abbé X. BARBIER DE MONTAULT.
— Notre-Dame de Reims. Par M. *Edouard* DE BARTHÉLEMY.
— Lettre à M. E. Hucher sur l'iconographie de quelques saints de Bretagne. (Par M. *Anatole* DE BARTHÉLEMY).
— Sarcophage-autel de l'église Saint-Zénon à Vérone. Par M. *Antonio* BERTOLDI.
— Eglise Sainte-Clotilde de Paris. Par *Auguste* BLANCHOT.
— Piscine de l'église d'Ahun (Creuse) Par M. *Aglaus* BOUVENNE.
— Ruines de l'église Saint-Hippolyte à Paris. Par *Aglaus* BOUVENNE.
— Lettres archéologiques sur l'Auvergne, de Clermont à la Chaise-Dieu. Par M. *Dominique* BRANCHE.
— Nouvelles constructions ogivales. L'église d'Eurville (Haute-Marne). Par J. CARNANDET.
— Quelques particularités relatives à la sépulture chrétienne du moyen-age. Par M. l'Abbé COCHET.
— Nouvelles particularités relatives à la sépulture chrétienne du moyen-age. Par M. l'Abbé COCHET.
— Note sur des marmites en bronze conservées dans quelques collections archéologiques, à propos d'un vase de ce genre trouvé à Caudebec-lès-Elbeuf, en 1861. Par M. l'Abbé COCHET.
— Note sur quelques chapiteaux mérovingiens. Par M. l'Abbé COCHET.
— Archéologie chrétienne. Le tombeau de Sainte-Honorine à Graville près le Hâvre. Par M. l'Abbé COCHET,

Rouen. 1869. Cagniard.

— Pavage des églises dans le pays de Bray. Par l'Abbé J E. DECORDE.
— Monographie de l'église de Saint-Martin de Sescas (Gironde). Par M. *Léo* DROUYN.
— Chapiteaux romans de la Gironde. Par M. *Léo* DROUYN.
— Sainte-Cécile glorifiée par les arts. Par A. DUPRÉ.
— Oliphant du musée d'Angers, par M. GODARD-FAULTRIER.
— Art chrétien primitif. Le Christ triomphant et le don de Dieu, étude sur une série de nombreux monuments des premiers siècles, par M. H. GRIMOUARD DE SAINT-LAURENT.
— Du nu dans l'art chrétien. Par M. H. GRIMOUARD DE SAINT-LAURENT.
— Rapport adressé à M. le Préfet du Pas-de-Calais sur la restauration des pierres tombales de Willerval, par le Comte A. D'HÉRICOURT.

Arras. 1869. Tierny.

— Notice sur l'ancienne cathédrale d'Apt (Vaucluse), par M. l'Abbé JOUVE.
— Rétable gothique de l'église paroissiale de Buvrinnes. Par T. LEJEUNE.
— Notre-Dame de Cambron et sa légende. Par M *Th* LEJEUNE.
— Carreaux à dessins incrustés pour le pavage des églises. Par J. B. MATHON.
— De la peinture chrétienne. Par M le Comte DE MELLET.
— Ex voto de l'église de Saulges. Par Dom *Paul* PIOLIN,
— La croix de Caravaca. Par Dom F. RENON.

— Une église cathédrale du Ve siécle et son baptistère. Saint-Étienne de Mélas (Ardèche). Par M. le Vicomte F. DE SAINT-ANDRÉOL.
— Coup-d'œil sur les travaux de construction ou de restauration en style du moyen-âge exécutés en Belgique depuis 1830. Par M. A. G. B. SCHAYES.
— Sainte Marie d'Auch. — Atlas monographique de cette cathédrale. Par M. l'Abbé Canéto. (Compte-rendu par *Em.* THIBAUD).

Toutes ces pièces, à l'exception des deux qui portent une indication spéciale, sont des tirages à part de la *Revue de l'Art chrétien*.

HISTOIRE

TABLE

A

Abd-El-Halim, 5946.
Aboul Taleb, Mirza, 5025.
Abrantès, J. d', 5219.
Acosta, J., 5928.
Adam de la Halle, 5294.
Agoult, M. d', 5349.
Alexandre, C. A., 5075.
Allart, Cas., 5623.
Allou, J.-B., 5623-5643-6010.
Amador de los Rios, 5141.
Ampère, J.-J., 5080-5081.
Ancelet, E., 5562.
André, S., 5608.
Anelier, G., 2352.
Angoulême, Ch. duc d', 5293.
Anne, Th., 5973.
Arbelli, H., 5967.
Arbois de Jubainville, J. d', 5430-5476.
Aretino, Léon., 5075.
Armacanus, Pet., 5332.
Artaud, P. M., 5529.
Assolant, 5091.
Auber, l'Abbé, 6195.
Aubert, Ed., 5163.
Aubertin, Ch., 6020.
Auguis, P. R., 6010.
Augusti, J. C. W., 6129.
Aumale, le Duc d', 5999.
Aurelle de Paladines d', 5414.
Auteuil, le V⁰ d', 5780.

B

Badts de Cugnac, Alb. de, 5617.
Baecker, L. de. 5482-5793-5828-6195.
Baget, J. J., 5856.
Ballois, L. J. P., 5274.
Bancroft, G., 5952.
Barabé, A., 5535.
Barbey, Alph., 5872.
Barbier, Ed., 6115.
Barbier de Meynard. C., 5930.
Barbier de Montault, X., 6195.
Barbier-Jenty, 5561.
Barginet, A., 5385.
Barraud l'Abbé, 5817-5818.
Barthélemy, Anat. de, 6195.
Barthélemy, Ed. de, 5691-6195.
Barthold, F. W., 6087.
Bastard d'Estang, le Vte de, 5401
Bastien, J. Fr., 5006.
Batissier, L., 6106.
Baudry, F., 2352-6130.
Baussaux, F. Nic. de, 5643.
Bayard, 5293.
Bayle, 5100.
Bazancourt, le B^{on} de, 5406-5408-5409-5421.
Bazile, H., 6033.
Bazot, A., 5644-6183.
Beaucé, 5375.
Beauchamp, Alph. de, 5123.
Beaucourt, G. Dufresne de, 5309.
Beaulieu, 5508.
Beaulieu, de, 5562.
Beaumer, A., 5946.
Beaumont, le Cte B. de, 5666-5671.
Beaumont, Mad. le Prince de, 5062.
Beaussire, L. de, 5641.
Beauvais-Nangis, 5311.
Beauvillé, V. de, 5557-5791.
Beauvoir, le Cte de, 5024.
Béchard, F., 5390.
Bechstein, L., 5165.
Bécot, 5687-6010.
Becq de Fouquières, 6112.
Belbœuf, le Marquis de, 5534.
Belgrand, E., 5503-5637.
Belin de Launay, J. L., 5050-5614-6010.
Bellemare, Al., 6022.
Belleval, R. de, 5317-5572-5758-5990.
Bellier de la Chavignerie, 6058.
Belloguet, Roget de, 5301.
Belzoni, G., 5942.
Bénard, L., 5909.
Benedetti, le Cte, 5397.
Béranger, 5544.
Bérenger, L. P. de, 5349.
Bergson, 5390.
Bernard, Fr., 5523.
Bernard, M. P., 5687.
Berruyer, le P., 5064-5065.
Bertoldi, Ant., 6195.
Berton, Ch., 5029.

Bertrand, 5375.
Bertrand, Alex., 5251.
Bertrand, D., 5582.
Berty, Adolphe, 5503.
Berville, St. A., 6010-6020.
Bescherelle, ainé, 5008.
Bessière, E., 6051.
Beulé, E., 5145-5146.
Beyle, Henri, 5121.
Billardon de Sauvigny, 5349.
Blaize, A., 5750.
Blanchard, Em., 6028.
Blanchard-Boismoras, C. O, 5275.
Blanchot, A., 6195.
Blitterswyck, G. de, 5200.
Block, Maurice, 5384.
Blosseville, Mis de, 5969.
Blot, G., 5562.
Blot, J., 5659.
Blumenhagen, W., 5166.
Boas, Ed., 6076.
Bock, Fr., 6190.
Bocourt, F. 5963.
Boinvilliers, J. E. J., 6103.
Boisjelin, J. R. de, 5349.
Boislisle, A. M. de, 5399.
Boismoras, C. O., 5275.
Boisseau, J., 5011.
Bon-Herbet, P. F. L., 5661.
Bonnechose, Em. de, 5227.
Borel d'Hauterive, 5975-5985.
Borghers, A. R., 5241.
Borghesi, B., 6186.
Borgnet, Ad., 1736.
Bossuet, J. B., 5048.
Boucher, le P., 5330.

Boucher de Perthes, 5035-5036-5037-5038-5313.
Bouchet, J., 5293.
Bouchitté, L. F. H., 2352.
Boudin, Ant., 5605.
Bouillet, N., 5004.
Bouillon, H. Duc de, 5293.
Boulesteis de la Contie, 5229.
Bourdeilles, H. J. de, 5349.
Bourdeilles, P. de, 6014-6015.
Bourdin, Ch., 5877.
Bourg, E. Th., 5288.
Bourgon, J. J., 5281.
Bourquelot, F., 2352.
Boutaric, Edgar, 5289.
Bouthors, A., 5793.
Bouvenne, Aglaus, 6195.
Bovillus, Car., 5044.
Boyer de Sainte-Suzanne, de, 5573.
Brahaut, 5403.
Brainne, Ch., 6012.
Branche, D., 6195.
Brandes, E., 5349.
Brandon, J., 1736.
Brantome, 6014-6015.
Brasseur de Bourbourg, 5961-5963-5964.
Bret, A., 6097.
Breton, Ernest, 6066.
Brissot, J. P., 5349.
Brizard, Gab., 5325.
Broglie, Albert de, 5088.
Broisse, J. F. 5853.
Brunet, J., 5916-5917.
Brunetto Latini, 2352.
Bulengerus, Cæsar, 6136-6139.

Bultel, 5445.
Burke, Edmund, 5349.
Bussy de Rabutin, Fr. de, 5293.

But, Ad. de, 1736.
Buteux, 6020-6116.

C

Caboche, Ch., 5291.
Cadet de Gassicourt, C. L., 6010.
Cadiot. 5350.
Caillaux, E., 5607.
Caillet, J., 5388.
Caillette de l'Hervillers, Ed., 5824-5839.
Caise, Albert, 5477.
Caix de Saint-Aymour, Am., 5851-5852.
Caix de Saint-Aymour, O., 5712.
Calland, H., 5612.
Callot, P. S., 5439-5440-5441.
Calonne, Ch. Al., de, 5349.
Calonne, Alb. de, 5726-5923-5997-5998.
Camus, A. G., 5270.
Canestrini, G., 2352.
Cantu, César, 5116.
Capaumont, L., 5873.
Capitaine, L., 5195.
Capitaine, U., 6020.
Caraby, A., 5782-5783-5787.
Cardevacque, Ad. de, 5452-5453-5454-5457-5461-5462-5464-5465-5466.
Cardon, l'Abbé, 5881.
Carloix, V., 5293.

Carnandet, J., 6195.
Carné, L. de, 5105-5312.
Caron, Alfred, 5604.
Caron, L., 5594.
Carpentin, A., 6177.
Cassagnac, A. Granier de, 5364.
Cassières, J. Jacquin de, 5687.
Castelnau, M. de, 5293.
Caudin, Mad. de, 5375.
Caumont, A. de, 5547-6189.
Cauvel de Beauvillé, V., 5557-5791.
Cayrol, L. N. S. S. de, 5546.
Certain, E. de, 2353.
Cellini, Benvenuto, 6035.
Chabaille, P., 2352.
Chaillou, 5159.
Challier de Grandchamp, O., 5592.
Champagny, Franz de, 5089-5090.
Champcenetz, le Ch^r, 5349.
Chanlaire, P. G., 5195-5447.
Chanoine, J., 5411.
Chanzy, 5415.
Charma, A., 6020-6055.
Chartier, 5251.
Charton, Edouard, 5022.
Charvet, J., 6159-6179.

Chasles, Ph., 6052.
Chassepot, D. de, 5623.
Chastellain, G., 5294.
Chastillon, 5562.
Chaussier, Fr., 6010.
Chenavard, A. M., 5529.
Chéruel, A., 2352-5383-6104.
Cheussey, 5562.
Chevalier, J. P., 5264.
Cheverny, Ph., 5293.
Chivot-Naudé, 5669.
Chodzko, Léon., 5214.
Choiecki, Ch. E., 5219.
Choniates, Nicetas, 5294.
Choisnin, Jean., 5293.
Christine de Pisan, 5293.
Claussen, G. Fr., 5210.
Clavier, Et., 5067.
Clément, P., 5320-5389.
Clermont-Tonnerre, Am. de, 5943.
Cocheris, H., 5502.
Cochet, l'Abbé, 5430-5536-6020-6116-6134-6195.
Cochon, P., 5308.
Cock, Jérôme, 5562-5888.
Coet, Emile, 5798-5799-5800-5801-5802.
Cohen, H., 6167-6168.
Colbert, J.-B., 5389.
Coligny, G. de, 5293.
Collet, P. J. M., 5926.
Collyer, R. H., 6116.
Combrouse, G., 5432.
Comines, Philippe de, 5293.

Constant de Seymour, 5751.
Conty, A. de, 5226.
Coquillette, 5687-6010.
Corblet, l'Abbé J., 5642-5644-5797-6020-6107-6137-6191.
Cornelius, W., 5169.
Cornet d'Hunval, 5687.
Cornette, 5561.
Cornuau, J., 5666.
Cornudet, L., 5507.
Costa de Serda, E., 5413.
Coucy, Mathieu de, 5294-5309.
Courbet-Poulard, 5592-5666-5738.
Courtillier, A. M., 6010.
Courtilz, Sandras de, 5100.
Coulanges, Fustel de, 5092-6111
Courteille, Pavet de, 5930.
Cousin, Victor, 5428-6089-6090-6091-6092-6093-6094.
Cousinot, 5293-5308.
Coussy, Mathieu de, 5294-5309.
Cramer, J. S., 5085.
Crampon, A., 5284.
Creton, 6010-5792.
Creuzer, F., 6187.
Crosnier, l'Abbé, 6121.
Crosse, H., 5963.
Croze, H., 5430.
Cruveilhier, J. 6045.
Cugnac, Alb. de Bats de, 5617.
Cuvillier-Fleury, 5039.
Cuvillier-Morel d'Acy, 5995.
Czoernig, K. von, 6193.

D

Dacier, André, 6010.
Dairaine, l'Abbé, 6010.
Damiens, P. Ch., 5556-5589.
Damiens de Gomicourt, 5296.
Damours, L., 6097.
Dancoisne, 5463.
Danicourt, Alfred, 5786-6169.
Daniel, le P., 5303.
Danjou, 5592-6020.
Dareste, C., 5286.
Darsy, F.-I., 5719-5754-5770-6152.
Daudiguier, H., 5918.
Daubigny, 5225.
Daullé, A., 5578-5580.
Daullé, Nat., 5562-5638-5643.
Daumet, H., 5149.
Dauphin, Albert, 5623-6020.
Dauphin, Henri, 5659.
Daveluy, Isid., 5663.
Davons, A., 5375.
De Baecker, L., 5482-5793-5828-6195.
De Baussaux, F. N., 5643.
De Cagny, Paul, 5774-6010.
Decaisne, J., 5963.
De Caix de Saint-Aymour, O., 5712.
De Caix de Saint-Aymour, Am., 5851-5852.
Declève, J., 5058.
Decorde, l'Abbé J. E., 3348-6195.
Defauconpret, A.J.B., 5222.

Delabove, A., 5595.
Delacroix, G., 5499-5500.
De la Quérière, E., 5540-5542.
Delbet, J., 5936.
Delesse, 5508.
Delgove, l'Abbé, E., 5756-5772.
Delisle, Léop., 2352-5314-5503.
Deloche, Max., 2352.
Delolme, J. B., 5240.
Demarsy, Eugène, 6010-6020-6176.
De Marsy, Arthur, 5132-5207-5520-5727-5773-5827-5830-5833-5836-5838-5855-5859-5865-5871-5978-5979-5980-5981-5982-5983-5994-6116-6135-6148-6161.
Demay, G., 6160.
Demersay, Alfred, 5962.
Demotier, Ch., 5929.
Denoix, M⁰ Fanny, 5809-5814-5815-5820.
Denyaldus, R., 5541.
Depping, G. B., 5942.
Deroy, 5562.
Deschamps de Pas, L., 6020.
Deschanel, Emile, 5040.
Deschartes, Urb., 5504.
Desjardins, Abel, 2352.
Desjardins, Ernest, 5010-5253-6185-6186.
Desjardins, G., 5816.
Deslions, 5513.
Desmarais, C., 5279.

Desmasures, A., 5878.
Desmaze, Charles, 5402-6040.
Desmoulins, Ch., 6116.
Desmyttère, P. J. E., 5471-5473-5484-5485-5487-5488.
Desnos, 5553.
Desnoyers, J., 5559.
Desplanque, A., 6010.
Des Preis, Jean, 1736.
Devars, G., 5008.
Devie, l'Abbé, 5803.
Devienne, J. B., 5446.
Dewailly, Natalis, 5315
D'Hangest, G., 5640.
Dhavernas, Eug., 5623.
Dictys Cretensis, 5072.
Didier, Charles, 5120.
Didot, Amb. F., 6038.
Dieffenbach, L., 5095.
Dinaux, A., 5494.
Doering, H., 6072.
Dollfus, A., 5963.
Domesmont, S. François de, 5592.
Dompierre-d'Hornoy, Gaston de, 5592.
Doni, J. B., 6138.
Doniol, H., 5468-5469.
Dorieux, G., 5575-6036.
Douchet, Louis, 5564-5565-5634.
Douet-d'Arcq, L., 5289-5318-5398-5558-5793.
Douillet, Aug., 5562.
Drake, A. V., 5213.
Dreyss, Charles, 5043.

Drigon, Claude, 5974.
Driot, J. B., 5474.
Drouyn, Léo, 6195.
Droysen, J. G., 5073.
Dubois, A., 5612-5615-6029.
Du Bellay, G., 5293.
Du Bellay, M., 5293.
Ducamp, J., 5407.
Du Cange, Charles, 5293-5294-5994.
Du Cellier, F., 5424.
Duchesnay, 5293.
Duclecq, J., 5293.
Duflos, Al., 5356-5585-5689-5690-5697-6010.
Dufour, A., 5356.
Dufour, A. H., 5214.
Dufour, Charles, 5569-5592-5623-5642-5643-5652-5695-5706-5976-6010.
Dufour, Louis, 5686-5687.
Dufourmantelle, Ad., 5562.
Dufresne de Beaucourt, G., 5309.
Dufresne Du Cange, 5293-5294-5994.
Du Guesclin, 5293.
Duller, Ed., 5172.
Dumas, J. B., 5506.
Dumas, Ch., 5794.
Du Mas le Fores, Isaac, 5011.
Du Mazet, H., 5918.
Duméril, Aug., 5963.
Du Mersan, T., 6163.
Dunoyer, Ch., 6045.
Duparc, 5661.

Du Perron, le Card., 5329.
Dupin, A. M. J. J., 5363.
Du Plessis, Armand, 5334.
Du Plessis, Toussaints, 5501.
Dupont de Nemours, J. S., 5349.
Du Prat, le Mis, 6001-6047.
Dupré, 6195.
Dupuis, F., 5549-6020.
Durand-David, 6084.
Dureau de la Malle, 5020.
Duresius, J., 5077.
Duruy, Victor, 5071-5082-5249-5287.
Dusevel, H , 5633-5646-5715-5752-5761-5766-5793-5924.
Dussieux, L E., 5293.
Duthoit, Louis, 5562-5611.
Dutilleux, A., 5977.
Duval, l'Abbé, 5648-5649.
Duvergier de Haurame, 5391.
Duvette, Isidore, 5695
Duvotenay, 5356.
Dynter, Edmond de, 1736
Dyonnet, 5356.

E

Ebel, J. G., 5157.
Echard, L., 5006.
Edmond, Ch., 5219.
Edmund Burke, 5349.
Edwards, E., 6116.
Edwards, A. Milne, 5963.
Edwards, H. Milne, 5963-6045.
Egger, A. E., 5093.
Elliot, J., 6146.
Emilan, Estienne, 5206.
Enault, L., 5114.
Engelberger, G., 5176.
Erhard, 5225.
Escouchy, Mathieu d', 5294-5309.
Estang, H. de Bastard d', 5401.
Escallier, E. A., 5460.
Estienne, Emilan, 5206.
Evans, J., 6116.
Expilly, Ch , 5959.
Eyriès, 5020.

F

Faber, J. P., 5566-5567.
Fabre de la Bénodière, 5497.
Faidherbe, L., 5417.
Falcandus; H., 5124.
Falkenstein, K., 5216.
Farcy, Camille, 5412.
Farochon, F., 5014.
Faucheur, Th., 5516.
Fée, A.L.A., 5139-5140-5643.
Feillet, A., 5426.
Fenin, Pierre de, 5293.
Féret, Ed., 5826.
Ferguson, S., 5646-6116
Ferraris, 5195.

Ferry, Gab., 5379
Fervel, J. N., 5405.
Fétis, F. J., 6009.
Feuardent, 6172.
Feugère, Léon, 6042.
Feuillide, J. G. C. de, 5789.
Feydeau, Alfred, 6133.
Feydeau, Ernest, 6133.
Fillon, Benj., 6173.
Filon, A., 5074.
Fischer, 5963.
Fléchier, Esprit, 5136.
Fleurange, Robert de, 5293.
Fleury, Ed., 5661.
Flins, E. de, 5349.
Flodoard, 5475.
Floquet, A., 6030-6031.
Florent d'Illiers, 5293.
Flourens, P, 6039.
Forbin, L. N. Ph. A. Cte de, 5028-5125.
Forgeais, A., 6181-6182.

Foucault, N. J., 2352.
Fouquières, Becq de, 6112.
Fourmestraux, E., 5371.
Fournier, A., 5577-5578.
Fournier, Eug., 5963.
Fournier du Lac, 6166.
François de Domesmont, S., 5592.
Franklin, Alfred. 5503.
Freeman, 5225.
Frénoy, P. A., 5588.
Fresnel, F., 5935.
Friedlænder, L., 6114.
Frion, 5825.
Froissart, Jehan, 5294-5306-5307.
Fromentin, Eug., 5948.
Fry, Fréd. de, 5602.
Fuix, J., 5579-5593.
Furgault, Nic., 6103.
Fustel de Coulanges, 5092-6111.

G

Gabriel, le P., 6049.
Gaimard, Paul, 5218.
Galimard, Aug., 6010.
Gama, J. P., 6057.
Gamon, A., 5293.
Gamond, Isab. Gatti de, 5952.
Garnier, A., 5496.
Garnier, Ed., 5201-5278.
Garnier, J., 5616-5642-5710-5718-6010-6020-6116-6150-6183.
Garnier-Pagès, 5367.

Gasparin, Agénor de, 5954.
Gatti de Gamond, Isab., 5952.
Gaubil, le P., 5939.
Gaucourt, E. de, 5551-6020.
Gaudefroy, 5369.
Gaudet, A. M., 6010.
Gaudissart, 5792.
Gaulle, J. de, 5316.
Gaulthier de Rumilly, 5592.
Gauthier de Coinsi, 5906.
Gazan de la Peyrière, 5378.
Gendrin, V. Ath., 5956.

Genlis, Mad. de, 6098.
Geoffroy Saint-Hilaire, Isid. 6045.
Georgiewitz, B., 5151.
Gérard, F. A. F., 5304.
Germer-Durand, E., 5257.
Gervinus, G. G., 5097.
Gesbert de la Noë-Seiche, 5687-6010.
Gilles, Pierre, 5294.
Gilles de Roye, 1736.
Giovenazzo, M. de, 5114.
Girard, J., 5755.
Girard, Alph., 5418.
Girardet, K., 5219.
Girardin, Em. de, 5365.
Girardin, C. St-X. de, 5822.
Giraud, Ch., 5219.
Girault de St-Fargeau, 5258.
Giroust, 6010.
Glatigny, E. de, 6003.
Glorieux, Emile, 5600.
Gobineau, le Cte de, 5066.
Godart, Benj., 5562.
Godart Faultrier, 6195.
Godefroy, D., 5293.
Godefroy de Paris, 5294.
Godin, Al., 5456.
Goldsmith, Ol., 5069.
Gomart, Charles, 5562-5563-5790-5860-5867-5868-5879-5882-5883-5884-5888-5889-5890-5891-5892-5893-5894-5895-5900-5903-5904-5905-6088-6162.
Gomer, Max. de, 5640.
Gosse, 5866.
Gosselin, l'Abbé J., 5656-6788.
Goudar, Sara, 6100.
Gouget-Deslandres, 5349.
Goullard, l'Abbé, 5349.
Gourgues, le Vte de, 5257.
Goze, A., 5647-5796.
Graevius, J. G., 6113.
Gramaye, J. B., 5199.
Grandidier, Ph. And., 5435.
Grandidier, Ern., 5957.
Grandmougin, F., 5496.
Granier de Cassagnac, A., 6364.
Grattier, Ad. de, 5807-6153.
Graves, Louis, 5803-5804.
Grimouard de Saint-Laurent, 6195.
Grote, G., 5070.
Gruel, G., 5293.
Guarinus, Veron., 5075.
Gudin, 5341.
Guerard, Fr., 5657-6188.
Guérard, Benj., 2352.
Guerin, Victor, 5945.
Guessard, F., 2352.
Guettée, l'Abbé, 6032.
Guiart, G., 5294.
Guigniaut, J. D., 6023.
Guillaume, Edm., 5936.
Guinet, Fr., 6059.
Guizot, Fr., 5237-5362.
Guizot, Guil., 6018.
Guyho, 5686-5687.
Guyot de Fère, 5826.
Guyse, Nic. de, 5199.
Guzan de la Peyrière, 5378.

H

Hahn. Al., 5517-5518-5519.
Haignéré, l'Abbé Daniel, 5914.
Halluvin, Wautier de, 5045.
Hamel, Ernest, 5353-5354.
Handtke, F., 5434.
Harcourt, Mad. G. d'. 6102.
Hardouin, Henri, 6010-6060.
Hardy, Michel, 6116-6170.
Hassenfratz, J. H., 5012.
Haton, Cl. de, 2352.
Haussmann, G.E., 5503-5506.
Hautefeuille, A. d', 5909.
Hauterive, le Cte d', 5294.
Hauterive, J. Borel d', 5975-5985.
Hawks, F. L., 5958.
Hays, Em., 5989.
Hecquet de Roquemont, 6044.
Hecquet d'Orval, E., 6149.
Heeringen, Gustav von, 5164.
Heider, G., 6194.
Hennebert, E., 5084.
Hennin, M., 5431-6163.
Hénocque, l'Abbé J., 5765.
Henri de Valenciennes, 5294.
Henriquel-Dupont, 5999.
Henzen, G., 6155.
Herbault, J., 5562-5643.
Herbet, H., 6020.
Herbinghem, Am. de Poucques d', 5913.
Herder, J. G., 5001.
Héricart de Thury, L., 5512.

Hérichard, 5768.
Héricourt, A. d', 5456-5457-5459-5481-5515-6020-6195.
Hérissant, J. L., 5295.
Herlossohn, H., 5167.
Hérodote, 5068.
Herpin, J. Ch., 6020.
Hersan, P. L. D., 5545.
Hertz, Ch., 5026-5117.
Hesse, Al, 5393.
Heuzey, L., 5148-5149.
Hézecques, F. Cte de France d', 3347.
Hézecques, le Cte, 3347.
Hidé, Ch., 5870.
Hippeau, C., 5533.
Hiver, 5104.
Hoefer, Ferd., 6006.
Hone, W., 5244.
Hornoy, G. de Dompierre d', 5592.
Houbigant, A.G., 5847-5848-5849.
Houen-Thsang, 5938.
Huet, 5955.
Hugo, Ch., 5562.
Huillard-Bréholles, J.L.A., 5130-5185-5289.
Humbert, A., 5963.
Humbolt, A. de, 5020.
Hunval, Cornet d', 5687.
Huré, 5686.

I

Illiers, Florent d', 5293.

J

Jacobs, Alfred, 5255-5256.
Jacques I, roi d'Angleterre, 5230-5231.
Jacquin de Cassières, J., 5687.
Jacquot, Eug., 6025-6826-6041-6061-6069.
Jaffé, Ph., 5180.
Jallon, 5687.
James, J., 5684.
Jameson, Mad., 6123-6124-6125.
Janet, Gust., 5214.
Janet-Lange, 5214-5375.
Janin, J., 5112.
Jansenius, Corn., 5332.
Janssen, J., 5193.
Janssonius, J., 5592.
Janvier, A., 5570-5571-5619-5634-5636-5702-6074.
Jaubert, le Cte, 6010.
Jean de la Chapelle, 5764.
Jean de Troyes, 5293.
Jean des Preis, 1736.
Jean d'Outremeuse, 1736.
Joanne, Ad., 5260-5448-5581-5858.
Joinville, Jehan, 5393-5315.
Joinville, le Prince de, 5420.
Jolibois, Eug., 5686.
Joly-Monmert, Th. A., 5659-5660.
Jonston, John, 5053.
Joancoux, J. B., 5709.
Jouaust, D., 6054.
Jourdain, Ed., 5649.
Jourdeuil, 6020.
Jouve, l'Abbé, 6195.
Jubainville, d'Arbois de, 5430-5476.
Julien, 5349.
Julien, Stan., 5938.
Julvecourt, P. de, 5109.
Jumel, l'Abbé Ed., 5659-5707-5716-5720-5722-5795.
Jungermann, G., 6142.

K

Kayser, J., 6187.
Kerkoet, Ant., 6137.
Kervyn de Lettenhove, 1736-5306.
Klaproth, H. J., 5020-5208.
Kluppel, K., 5170.
Knapp, J. F., 5187.
Kobbe, Th. von, 5169.
Kuhn, 5436.

L

Labbé, Charles, 5623-5691-5698-6020.
La Bénodière, Fabre de, 5497.
Labitte, P., 5739.
Laborde, Rob. de, 5046.
Laborde, le Cte J. de, 5147.
Labordère, 5792.
Laboulbène, 6045.
Labrune, 5100.
La Chapelle, Jean de, 5764.
La Chastre, Edme de, 5293.
La Chavignerie, Bellier de, 6058.
Lacombe, Armand, 5116.
La Contie, Boulesteis de, 5229.
Lacoste, 5375.
Lacroix, Fr., 5021.
Lacroix, G. de, 5499-5500.
Lacroix, P., 5442.
Ladmiral, 5009
Ladvocat, J. B., 5005-5006.
Laffineur, l'Abbé, 5843.
Lafond de Lurcy, Gab., 5023-5968.
Lagoy, Marquis de, 6166.
La Guesle, J. de, 5467.
Lair, P. A., 6020.
Lajaisse, Leman de, 5562.
Lake, J. W., 5223.
Lalain, J. de, 5294.
Lalaisse, 5407.
Lalanne, Lud., 6015.
La Madeleine, St. de, 6010.
La Malle, Dureau de, 5020.

La Marche, Olivier de, 5293.
Lamartine, A. de, 5366-5368-6050.
Lamouroux, J. V. F., 5015.
Lanario, F., 5083.
Landolphe, 5027.
Lange, Ludwig, 5093.
Langlois, Victor, 6166.
Langlois de Septenville, Ed., 5135-5143.
La Noue, F. de, 5293.
Lantier, E. F., 5134.
Lanusse, 6010.
La Peyrière, Gazan de, 5378.
La Prairie, Le Clercq de, 5901.
La Quérière, E. de, 5540-5542.
La Rocca, J. de, 6021.
Larchey, Lorédan, 5292.
La Renaudière, 5020.
La Roncière le Nourry, de, 5422.
La Roque, L. de, 5991.
La Saussaye, L, de, 6166.
Latini, Brunetto, 2352.
La Tour d'Auvergne, H de, 5293.
La Trémouille, 5293.
Launoi, Jean de, 5550.
Laurent, Fl., 5699.
Lauthier, Joseph, 6081
Lavallée, Th., 6099.
Lebel, Désiré, 5562.
Lebeuf, l'Abbé J., 5502.

Le Blanc, Fr., 6179.
Le Bon, Emile, 6062.
Le Bon, Joseph, 6062.
Lebrun, L. E., 6101.
Le Clercq de la Prairie, J., 5901
Lecocq, G., 6020.
Lecointe, A., 5856.
Lecomte, Casimir, 5202.
Lecomte, J., 5127.
Ledhuy, C., 5874.
Ledieu, l'Abbé Fr., 6032.
Lefebvre, Jules, 5118-5276-5277-5992-6010-6164-6165-6175.
Lefebvre, J. P., 5566-5567.
Lefebvre de St-Remy, 5294.
Lefèvre d'Ormesson, And., 5352.
Lefèvre d'Ormesson, Ol., 5352.
Lefevre, Fr., 5063.
Lefevre, Th., 5742.
Lefils, Florentin, 5725-5731-5752-5753-5761-5766-5924.
Le Fores, Is. Du Mas, 5011.
Legendre, l'Abbé L., 5340.
Legendre, Ferd., 5661-5690.
Le Glay, A. J. G., 5479-5483.
Le Glay, Edwards, 5480.
Legrand, H., 5503.
Leigh, 5224.
Lejean, G., 5950.
Lejeune, Anthime, 6010.
Lejeune, T., 6195.
Lejeune, 5475.
Lelewel, Joachim, 5213.
Le Luyer, 5370.

Lemaire, H., 5153.
Lemaire, L., 6112.
Lemaire, Q. C., 5562.
Leman de la Jaisse, 5562.
Le Nain de Tillemont, 5316.
Lenclos, Ninon de, 6097.
Lenoir, Albert, 2352-5934.
Lenoel, J., 6010.
Lenoel-Hérouart, 5560-5603.
Le Normant, Ch., 6166.
Lepage, H., 5257-6010.
Leprince de Beaumont, Mad. 5062.
Leproux, F., 5207.
Lequeux, J. F. M., 5862.
Leroux, 5899.
Leroux de Lincy, 5503.
Leroy, Alph., 5562.
LeRoy, Camille, 5911.
LeRoy, L., dit Regius, 5052.
Leroy, F. N., 5536.
Leroy-Morel, 5775.
Le Saffre, 5491.
L'Escalopier, Ch. de, 5844.
Lescure, de, 5342.
Letellier, L. N. H., 5300.
Lettenhove, Kervyn de, 1736-5306.
Leuder, 5561.
Levasseur, Emile, 5262-5263.
L'Hervilliers, E. de, 5425-5582-5824-5839.
Liblin, J., 5435.
Liénard, F., 5257.
Linas, de, 6020.
Lindanus, David, 5199.

Lion, Jules, 5925.
Lipalani, 5970.
Lock, Frédéric, 5359.
Logan, James, 5248.
Lolme, J.-B. de, 5240.
Longogæus, M., 5124.
Longuet, Victor, 5595.
Longpérier, Adrien de, 6166.
Loppersius, G., 5129.
Loschin, G., 5178.
Los Rios, Amador de, 5141.

Louandre, Charles, 5793-6043.
Loisel, Ch., 5597.
Louis, Denis, 5602.
Louise de Savoye, 5293.
Loyer, 5561.
Lubbock, J., 6115.
Lubin, le P. A., 5221.
Luce, Siméon, 5307.
Lusinge, René de, 5152.
Luynes, H. de, 5114.

M

Macaulay, Th., 5235-5236-6018.
Maçoudi, 5930.
Madaré, Eugène, 5437.
Magius, H., 6142.
Magnabal, J. G., 5141.
Magne, E., 6010.
Magnier, Edmond, 5599.
Magny, Marquis de, 5974.
Mairobert, Pidansat de, 6100.
Mallet, Fernand, 6174.
Malo, Ch., 5025.
Malte-Brun, V. A., 5261.
Malte-Brun, Conrad, 5013-5020.
Maltzahn, W. von, 6076.
Malvezzi, V., 5083.
Manazzale, And., 5119.
Mancel, J., 5624-5659-5732.
Mannier, E., 5486.
Marais, Mathieu, 5542.
Marat, J. P., 5349.
Marca, P. de, 5530.

Marchant, le Baron, 6166.
Marguerite de Valois, 5293.
Maricourt, E. de, 5854.
Mariette, Auguste, 5910-6109.
Marion, Jules, 2352.
Marmier, Xavier, 5209-5218.
Marolle, Cl. E. Fr., 5349.
Marotte, 5562.
Marshal, 5057.
Marsollier, l'Abbé, 6048.
Martel, F. J., 5779.
Martin, Gabriel, 5380.
Martin, Henri, 5826.
Martin, L. A., 5423.
Martin, Martini, 5940.
Martin-Marville, 5433-5863-5885-5886-5887.
Marville, C. P. H. Martin, 5433-5863-5885-5886-5887.
Mas Latrie, L. de, 5947.
Masselin, E., 5951.
Massenot, F. C., 5626.

Mastier, H., 6083.
Mathieu, l'Abbé H., 5881.
Mathieu de Coucy, de Coussy, d'Escouchy, 5294-5309.
Mathon, J. B., 6195.
Matton, Aug., 5257.
Mauret de Pourville, 5776.
Maury, Alfred, 6166.
Mayer, de, 5155.
Mazarin, J., 2352.
Mazas, Al., 5973.
Mellet, le Comte de, 6195.
Melleville, 5857-5875-5880.
Mercey, Fr., 5110-5111.
Mergey, J. de 5293.
Merice, 5826.
Mérigot, 5822.
Merle, Mathieu, 5293.
Merlet, Lucien, 5257-5522.
Merson, Olivier, 6058.
Meslin, A. J., 5972.
Metivier, H., 5131.
Meynard, Barbier de, 5930.
Michel, Aug. 5047.
Michel, Francisque, 2352-5246.
Michelet, Jules, 5096-5282-5321.
Mignet, Fr. A. Al., 5137-5247-6016-6017.
Mille, Ad., 5507.
Millin, A. L., 6178.
Millingen, J., 6178.
Milman, R., 6079.
Milne Edwards, Henri, 5963-6045.
Milne Edwards, Alph., 5963.
Minssen, J. F., 5097.

Mirecourt, Eugène de, 6025-6026-6041-6061-6069.
Mirza-Aboul-Taleb, 5025.
Mislin, Jacques, 5033.
Moet de la Forte-Maison, 5841
Molanus, J., 1736.
Molinet, Jean, 5294.
Mollet, Vulfran, 5671.
Mommsen, Th., 5078-5079.
Moncourt, J., 5562.
Monmerqué, L. J. N., 5311.
Montserrat, E. de, 5963.
Monstrelet, Eng. de, 5294.
Montault, Barbier de, 6195.
Montémont, Albert, 5826.
Montluc, Blaise de, 5293-5310.
Moquin-Tandon, A., 6046.
Morand, Fr., 2352-5458-5912.
Moreau, Jules, 5876.
Moreau, M., 6078.
Moreau, J. M., 5103.
Morestelli, P, 6132.
Morgan, E. de, 6116.
Morgan, H. de, 6116.
Morgand, C. F., 5587.
Morin, A, 5912.
Morot, J. B., 5032.
Mortillet, G. de, 6116.
Mortimer-Ternaux, 5355.
Moulin, L. H., 6010.
Moureau, Jules, 5896.
Mouret, Pierre, 5821.
Moutié, Auguste, 5521-5522.
Muntaner, Ramon, 5294.
Munter, Fr., 6128.
Musgrave, G. M., 5568.
Mutrecy, Ch. de, 5410,

N

Nadault de Buffon, H., 6033.
Napoléon Ier, 5253-5357.
Napoléon III, 5086-5372.
Neufville, Nic. de, 5293.
Nicaise, Aug., 5299.
Nicetas Choniates, 5294.
Noel, E., 6070.
Nolin, J. B., 5115.
Noriac, J., 5410.
Noulens, J., 6000.
Noyelle, Ch , 5695-5698.
Nyarégyhara, A. de, 5188.
Nyary, Alb., 5188.

O

Obry, J. B. F., 5929.
Obry, E., 5695.
Ognier, A., 5381.
Olivier de la Marche, 5293.
Oppert, J., 5935.
Orléans, F.F.Ph.L.d', 5420.
Ormesson, Olivier Lefèvre d', 2352.
Ormesson, André Lefèvre d', 2352.
Ortelius, Abr., 5265.
Orval, E. Hecquet d', 6149.
Otte, H., 6105-6118.
Oudin, Cas., 5871.
Outremeuse, Jean d', 1736.

P

Paeile, Ch., 5492.
Pagès, J., 5564-5565.
Palacky, Fr., 5189.
Palma-Cayet, P.V., 5293.
Pannier, Edm., 5744.
Panvinus, On., 6136.
Pape, J., 5293.
Paris, A. J., 5451.
Paris, Louis, 5298-5984.
Pascal, Ad., 5403.
Pascallet, E., 6067.
Pasteur, L., 5352.
Pastoret, le Marquis de, 5354.
Patte, Jehan, 5616.
Patavius, D., 6137.
Pausanias, 5067.
Pavet de Courteille, 5930.
Pécheur, l'Abbé, 5898.
Pécourt, L. F., 5724.
Peeters, J., 5562.
Peigné-Delacourt, 5806-5819-5850-5864-6010-6140-6145.
Pelet, le Gén., 5576.
Pelletier, l'Abbé V., 6180.
Pellico, Silvio, 6068.
Pérac, 5352.
Périgot, Ch., 5263-5282.
Perint, Ch., 5562.
Perrin, Ant., 5293.
Perrin, René, 5343.

Perrot, A. M., 5204.
Perrot, G., 5936.
Pertz, G. H., 5179.
Péru-Lorel, 5663.
Petau, D., 6137.
Petit, Elie, 5840.
Petit, Fréd., 5597.
Peuchet, J., 5447.
Peutinger, 5010.
Peyronnet, J. de, 5235.
Pezay, le Marquis de, 5268-5269.
Philippes de Comines, 5293.
Philippi, H., 5041.
Philippi, J., 5293.
Pichot, Am., 5236.
Pidansat de Mairobert, 6100.
Pierret, P., 6151.
Piesse, L., 5470.
Pimenta, Em., 5142.
Pinsard, C., 5562-5643.
Piolin, P., 6195.
Piorry, 6045.
Piot, Ch., 1736.
Piper, Ferd., 6120-6126.
Pisan, Christine de, 5293.
Plutarque, 5075.
Poey d'Avant, F., 6171.

Poilleux, Ant., 5861.
Poinsignon, A. M., 5305.
Poirson, A., 5327.
Polybe, 5075.
Pompadour, Mad. de, 5343.
Pompery, Ed. de, 6024.
Ponce, Nic., 5280.
Ponche, Narcisse, 5664.
Pontaumont, L. de, 5548.
Ponthieux, V., 6117.
Poquet, l'Abbé, 5897-5902-5906.
Port, Cél., 5444.
Potocki, Jean, 5208.
Poucques d'Herbinghem, Am. de, 5913.
Poullain, Ed., 5358.
Pourville, Mauret de, 5776.
Prarond, Ernest, 5728-5729-5730-5733-5734-5735-5736-5740-5741-5743-5759-5760-5762-5763-5764-5767-6010-6011-6020.
Prévost d'Exiles, 5228.
Prévost-Paradol, 5051.
Priestley, Jos., 5349.
Prioux, Stan., 5869.

Q

Quantin, Max., 5257-5430-5472.
Quatremaires, R., 5514.
Quentin, E., 5781.

Quentin, J., 5601.
Quesné, J. S., 5027.
Quicherat, J., 5323.
Quinet, Edgar, 5001-5351.

R.

Rabutin, Fr. de, 5293.
Ram, P. F. X. de, 1736.
Ramon, G., 5777.
Raymond, P., 5257.
Read, Ch., 6010.
Recoupé, 5602.
Regius, L., 5052.
Regnault, A., 5030.
Regnault, R., 5928.
Rembault, M. G., 5711-6010.
Rémusat, Abel, 5931-5932.
Remy, Jules, 5970.
Renan, Ernest, 5937.
Renard, Albert, 5717.
Renard, Jules, 5695.
Rendu, Z., 5823-5837.
Renée, Amédée, 5344-6095-6096.
Renon, F., 6195.
Reusner, Nic., 5055-5056.
Revel du Perron, de, 5544-5551.
Révoil, H., 6141.
Rey, G., 2352.
Rheinwald, F. H., 6119.
Ribeyre, F., 5376.
Rich, Ant., 6104.
Richard, J.B. 5158-5266-5267.
Richelet, P., 5221.
Richelieu, Arm. de, 5344.
Richemont, A. de, 5293.
Richer, 5305.

Rigaud, I., 5944.
Rigaud de Vaudreuil, P. L., 5271.
Ring, Max. de, 5183.
Ritius, Mich., 5099.
Rivarol, A. de, 5349.
Rivero, M. E., 5958.
Roach-Smith, Ch., 6146.
Robert, Fr., 5156.
Robert, Ed., 5594.
Robert, J. B. M., 5361.
Robespierre, Max. de, 6054.
Robinet, 5510.
Rochechouart, G. de, 5293.
Roget de Belloguet, 5301.
Roguet, Ern., 5003.
Rollin, Ch., 6172.
Roquemont, H. de, 6044.
Rosenzweig, 5257-5430.
Rosny, H. de, 5907.
Rossel, Ch., 5174.
Rossier, L., 5574.
Rossignol, J. P., 6144.
Rostan, L., 5552.
Rousseau, J. J., 6073.
Roussel, M., 5635-5661.
Rousset, Jean, 5102.
Rousset, Camille, 6064.
Roux, 5340.
Roye, Gilles de, 1736.
Ruble, Alph. de, 5310.
Rumilly, Gaulthier de, 5592.

S

Sabbagh, M., 6143.
Sachy, J. B. M. de, 5653.
Sacy, Silvestre de, 5939-5943-6143.
Sadous, A. L. de, 5070.
Saint-Andréol, F. de, 6195.
Saint-Edme, Th., 5288.
Saint-Fargeau, Girault de, 5258.
Saint-Germain, Ch. de, 5338.
Saint-Hilaire, H. de, 5020.
Saint-Laurent, Grimouard de, 6195.
Saint-Maurice-Cabany, E., 6010.
Saint-Remy, Lefebvre de, 5294.
Saint-Simon, L. de, 5335.
Sainte-Suzanne, de Boyer de, 5573.
Saliat, P., 5068.
Salignac, B. de, 5293.
Sallo de Varennes, 5349.
Salmon, Ch., 5708-5721.
Salvandy, N. A. de, 5215.
Sandras de Courtilz, 5100.
Sanson, Nic., 5562.
Saraceni, G. C., 5054.
Sarcus, Am. de, 5846.
Saudbreuil, 5686-5687-5691.
Saulcy, F. de, 5034-5087-6166.
Saulx Tavannes, G. de, 5293.
Saussure, H. de, 5963.
Sauvigny, Billardon de, 5349.

Say, J. B., 5242.
Schayes, A. G. B., 5993-6195.
Scheffer, Jean, 5221.
Schickler, F., 5031.
Schoeman, C. F., 6110.
Schwab, G., 5170.
Schwartz, W. F., 5182.
Scribe, A., 5618.
Sédillot, L. Am., 5042.
Ségur, le Cte Ph. P. de, 5106.
Seidl, J. G., 5168.
Semanne, P., 5596.
Semedo, Alv., 5940.
Semichon, Ern., 5387-5532-5543.
Senex, 6116.
Septenville, Ed. de, 5135-5143.
Serda, E. Costa de, 5413.
Seymour, Constant de, 5751.
Sicard, Fr., 5403.
Sichel, J., 6020-6077-6158.
Simon, Denis, 5811.
Simrock, K., 5173.
Siraudin, Em., 5687.
Silvestre de Sacy, A.I, 5939-5943-6143.
Smet, J. J. de, 1736.
Smyttère, P. J. E. de, 5471-5473-5484-5485-5487-5488.
Soultrait, G. de, 5257.
Souquet, 5908.
Souquet, G., 5254-5919-5920-5921-5922-6013.
Soyez, Edm., 5650-5651.

Spoll, E. A., 5380.
Sponneck, W. C. C. G., 5217.
Sporschill, J., 5171.
Staal, 5951.
Stavelot, J. de, 1736.
Steiner, H., 6156.
Stendhal, 5121.
Stoffel, G., 5275.
Strass, K. F. H., 5175.

Strutt, Jos., 5244.
Suétone, 5076.
Sueyrus, Emm., 5142.
Suidas, 5063.
Surigny, A. de, 5177.
Susane, L., 5404.
Sylvestre de Sacy, 5939-5943-6143.

T

Tabarly, 6051.
Taillandier, A. H., 5311.
Tailliar, E., 5302-5478.
Taine, H., 5272.
Talandier, 5686.
Talbot, Eug., 5068.
Talon, Omer, 5338.
Tambroni, G., 5212.
Taine, X., 5396.
Tardieu, P., 5225.
Tardif, J., 2352-5289.
Tassin, 5554.
Tavannes, G. de Saulx, 5293.
Teixeira de Vasconcellos, H. A., 5144.
Tertullien, 6136.
Testart, G., 5562.
Teulet, Alex., 5245-5289.
Thaurin, J. M., 5539.
Thibaud, Em., 6195.
Thiers, Ad., 5356.
Thierry, Aug., 5386.
Thierry, Ed., 6063.
Thiersch, B., 5194.

Thieury, J., 5544.
Thobois, 5937.
Thomas, Eug., 5257.
Thomas, F., 5935.
Thorigny, L. de, 5686.
Thou, J. B. de, 5293.
Thoury, L. Héricart de, 5512.
Tillemont, Le Nain de, 5316.
Tilloy, 5602.
Tiroli, Fr., 5108.
Tiron, l'Abbé R., 5656.
Tisserand, L. M, 5503.
Tissot, J., 6082.
Tivier, H., 5637-6010.
Tornacæus, G., 5124.
Torrentius, L., 5076.
Torrius, A., 5129.
Tournal, 6157.
Toussaints, du Plessis, 5501.
Traullé, J.-L., 5734-5740.
Trémaux, P., 5949.
Tremblay, D. J., 5812-5813.
Trognon, Aug., 5285.
Trollope, M., 5953.

Trompeo, Ben., 6020.
Troyes, Jean de, 5293.
Tschudi, J.J. von, 5958.
Tuetey, A., 5495.
Turlupin, Nic., 5328.
Twining, L., 6127.

U

Ulaus, J., 5876.

V

Valenciennes, A., 6045.
Valenciennes, Henri de, 5294.
Vallet, A. D., 5643.
Vallet de Viriville, 5308-5319.
Vallois, G., 5592-5784-5785.
Valois, Alfred de, 5965.
Valois, Ch. de, 5293.
Valois, Marguerite de, 5293.
Van der Heyden, N.J., 6002-6004.
Van Drival, l'Abbé, 5455.
Van Hoorebeke, 6053.
Vapereau, G., 6007.
Varennes, Sallo de, 5349.
Varillas, Antoine, 5138.
Vaschalde, H., 5427-5527.
Vasconcellos, Teixeira de, 5144.
Vasseur, R., 5594-5606.
Vaudreuil, P. L. Rigaud de, 5271.
Vayssière, A., 5845.
Vente, 5643.
Verrier, Alfred, 5107.
Vidaillan, A. de, 5400.
Vieilleville, le Maréchal de, 5293.
Viel-Castel, L. de, 5360.
Vielhomme, 5562.
Viellard, P. A, 6065.
Viénot, P., 5609-5610.
Vigée-Lebrun, L. E., 6101.
Vigreux, A., 5562.
Villagagnon, Nic., 5133.
Villars, L. H. de, 5293.
Ville-Hardouin, 5294.
Villeneuve, G. de, 5293.
Villeroy, Nic. de, 5293.
Villiers Hotman, J. de, 5328.
Vimercati, César, 5026-5117.
Vindex, 5777.
Vinoy, 5416.
Vion, Ch., 5661-5695.
Viquesnel, A., 5150-5211.
Vivianus, J., 5265.
Voclin, l'Abbé A. J. B., 6010.
Vogel, Ch., 6114.
Voigt, Joh., 5190.
Vol de Conantray, 6010.
Volney, C. F., 5002-5057.
Voltaire, 5220.
Voorde, de, 5342.
Vosgien, 5006.
Vroil, J. de, 6037.
Vuillemin, A., 5017.

W

Wailly, Nat. de, 5315.
Walckenaer, Ch. A., 5020.
Wallon, H., 5322.
Walsingham, Fr., 5229.
Warmé, A. J., 5771.
Warmé, Vulfran, 5695.
Warnkœnig, L. A., 5304.
Wateau, P., 5687.
Watel, C., 5916-5917.
Wauquelin, Jehan, 1736.
Wauters, Alph., 1736.
Wautier d'Halluvin, Ed. 5045.
Weber, M. Maria von, 6086.
Weill, Al., 5184.

Weiss, K., 6193.
Wey, Fr., 5273.
Wickham, H. L., 5085.
Wiesener, L., 6027.
Wigand, P., 5191-5192.
Wismes, le Baron de, 5443.
Witte, J. de, 6166.
Woillez, Emm., 5430.
Woillez, Eug., 5805-5829.
Wolf, J. H., 5181.
Wyard, Rob., 5881.
Wyatt, J., 6116.
Wyganowski, 5562.

Y

Yvert, 5508.

Yvert, H., 5591.

Z

Zeller, J., 5098.

HISTOIRE DES RELIGIONS.

ORIGINE. — HISTOIRE.

2243. — Histoire des différentes religions depuis leur origine jusqu'à nos jours... Par M. Sulau de Lirey. 2ᵉ éd. **Paris. 1845. 1 vol. in-s. Pl.**

2244. — Croyances et légendes de l'antiquité. Essais de critique appliquée à quelques points d'histoire et de mythologie.... Par *L.-F.-Alfred* Maury. **Paris. 1863. Didier & Comp. 1 vol. in-s.**

PREMIÈRE DIVISION

Religions de l'antiquité payenne.

** — Mythologie. Par *Nic.* Fréret.
    Voyez : Œuvres complètes de Fréret. Polyg. N. 193.

2245. — Mythologie. Par M. *H.* Tivier et M. *A.* Riquier. **Paris. 1868. Delagrave. 1 vol. in-18.**
    Petit cours d'histoire et de géographie à l'usage de l'enfance, par MM. A. Riquier et l'Abbé Combes.

2246. — Mythologie. Par M. H. Tivier et M. A. Riquier.
    (Cours élémentaire d'histoire et de géographie à l'usage de la jeunesse, par MM. A. Riquier et l'Abbé Combes).
    Paris. 1868. Delagrave. 1 vol. in-18.

2247. — Symbolik und Mythologie der alten Volker besonders der Griechen von *Friedrich* Creuzer.
    Leipzig u. Darmstadt. 1836-42. Leske. 4 v. in-s. Pl.

2248. — Geschichte des Heidenthums im nordlichen Europa. Von Dr. *Franz Joseph* Mone.
Leipzig und Darmstadt. 1822-23. Leske. 2 v. in-8.
(C'est un supplément à la symboliqne de Creuzer).
Le faux-titre porte :
Symbolik und Mythologie der alten Volker von Dr. Creuzer. Fortgesetzt von Dr. Mone.

2249. — Mythologische Forschungen und Sammlungen von *Wolfgang* Menzel.
Stuttgart und Tubingen. 1842. Cotta. 1 vol. in-8.

2250. — Griechische Mythologie von *L.* Preller.
Leipzig. 1854. Weidmann. 2 vol. in-8.

2251. — Romische Mythologie von *L.* Preller.
Berlin. 1858. Weidmann. 1 vol. in-8.

2252. — Les dieux de l'ancienne Rome. Mythologie romaine de *L.* Preller. Traduction de *M. L.* Dietz. Avec une Préface par M. *L.-F.-Alfred* Maury.
Paris. 1865. Didier. 1 vol. in-8.

2253. — OEdipe et le Sphinx; étude mythologique par *H.* Dauphin.
Amiens. 1866. Yvert. in-8.

2254. — Deutsche Mythologie. Von *Jacob* Grimm.
Gottingen. 1835. Dieterich. 1 vol. in-8.

2255. - Deutsche Mythologie. Von *Jacob* Grimm. 2 A.
Gottingen. 1844. Dieterich. 1 vol. in-8.

2256. — Beitrag zur deutschen Mythologie von *Friedrich* Panzer.
München. 1848. Kaiser. 2 vol. in-8. Pl.
Le second volume a pour titre :
Bayerische Sagen und Brauche.

2257. — Beitrage zur deutschen Mythologie. Von *J. W.* Wolf.
Gottingen. 1852-57. Dieterich. 2 vol. in-8. Pl.

2258. — Die deutsche Gotterlehre. Ein Hand-und Lesebuch für Schule und Haus. Nach Jacob Grimm u. a. von *J. W.* Wolf.
Gottingen. 1852. Dieterich. 1 vol. in-8.

2259. — Zeitschrift für deutsche Mythologie und Sittenkunde. Begründet von Dr. *J. W.* Wolf. Herausgegeben von Dr. *W.* Mannhardt.
Gottingen. 1853-59. Dieterich. 4 vol. in-8.

2260. — Handbuch der deutschen Mythologie mit Einschluss der nordischen. Von *Karl* SIMROCK.
Bonn. 1853-55. Marcus. 2 en 1 vol. in-8.

2261. — Germanische Mythen, Forschungen von W*ilhelm* MANNHARDT
Berlin. 1858. Schneider. 1 vol. in-8.

2262. — Der Ursprung der Mythologie dargelegt an griechischer und deutscher Sage von Dr. *F.-L.* SCHWARTZ.
Berlin. 1860. Hertz. 1 vol. in-8.

2263. — Zur deutschen Mythologie. Von *Wolgang* MENZEL. — I. Odin.
Stuttgart. 1855. Neff. 1 vol. in-8.

2264. — Ueber Odins Berehrung in Deutschland. Ein Beitrag zur deutschen Alterthumskunde. Von Dr. *Heinrich* LEO.
Erlangen. 1822. Heyder. 1 vol. in-12.

2265. — Die Stammsagen der Hohenzollern und Welfen. Ein Beitrag zur deutschen Mythologie und Heldensage. Von *Nicolaus* HOCKER.
Düsseldorf. 1857. Kaulen. 1 vol. in-8.

2266. — Alkuna.—Nordische und Nord-slawische Mythologie. Von D. *G. Th.* LEGIS.
Leipzig. 1831. Hartmann. 1 vol. in-8. Fig.

2267. — Die Herabkunft des Feuers und des Gottertranks. Ein Beitrag zur vergleichenden Mythologie der Indogermanen. Von *Adalbert* KUHN.
Berlin. 1859. Dümmler. 1 vol. in-8.

** — *Th.* REINESII de deo Endovellico.
Voyez : Syntagma variarum dissertationum. Polyg. N. 279.

2268. — Iwein ein celtischer Frühlinggott. Ein Beitrag zur comparativen Mythologie. Von *Karl* W*ilhelm* OSTERWALD.
Halle. 1853. Pfeffer. 1 vol. in-8.

2269. — Uber den thüringischen Gott Stuffo. Eine Untersuchung der altern Geschichte des Hülfensberges, eines berühmten Wallfahrtsortes im Fichsfelde. Von *H.* WALDMANN.
Heiligenstadt. 1857. Delion. 1 vol. in-8.

2270. — Wodana. Museum voor Nederduitsche Oudheidskunde, uitgegeven door *J. W.* WOLF.
Gent. 1843. Annot-Braeckman. 1 vol. in-8.

2271. — The fairy mythology; illustrative of the Romance and Superstition of various countries. By *Thomas* KEIGHTLEY.
London. 1833. Whittaker. 2 vol. in-12.

2272. — Festgabe zur hohen Vermahlungs-Feier der durchlauchtigsten Princessin Alexandrine von Baden Hoheit. Von der Albert-Ludwigs-Universitat zu Freiburg im Breisgau ehrerbietigst dargebracht. (Die Feen in Europa. Eine historisch-archaeologische Monographie von Dr. *Heinrich* SCHREIBER).
Freiburg im Breisgau. 1842. Groos. in-4.

2273. — Der Werwolf. Beitrag zur Sagengeschichte von Dr. *Wilhelm* HERTZ.
Stuttgart. 1862. Kroner. 1 vol. in-8.

2274 — Flora mythologica oder Pflanzenkunde in Bezug auf Mythologie und Symbolik der Griechen und Romer. Ein Beitrag zur altesten Geschichte der Botanik, Agricultur, und Medicin. Von Dr. *Johann-Heinrich* DIERBACH.
Francfurt am Main. 1833. Sauerlander. 1 vol. in-8.

TROISIEME DIVISION.

HISTOIRE DE L'ÉGLISE CHRÉTIENNE.

** — Ecclesiastica hystoria (EUSEBII Cesariensis, RUFINO interprete).
S. n. n. 1 n. d. in-fol.
Voyez : Théologie N. 1036.

** — R.P. *Aloysii* NOVARINI S chediasmata sacro-profana : hoć est, observationes antiquis Christianorum, Hebræorum, aliarumque gentium ritibus in lucem eruendis.
Lugduni. 1635. Durand. in-fol.
Voyez : Théologie. N. 1164.

2275. — Notitia Episcopatuum orbis christiani, sive codex provincialis Romanus. *Aubertus* MIRÆUS ex vetusto

codice ante annos quingentos scripto publicabat, notisque illustrabat.
Parisiis. 1610. S. Cramoisy. 1 vol. in-fol.

2276. — Geschichte der christlichen Kirche der ersten Iahrhunderts, von *Johann August* STARCK.
Berlin und Leipzig. 1779-80. Decker. 3 vol. in-8.

2277. — Histoire générale de l'Eglise depuis la création jusqu'à nos jours, par l'Abbé *J. E.* DARRAS.
Paris. 1870-74. Vivès. 20 vol. in-8. En publ.

2278. — Défense de l'Eglise contre les erreurs historiques de MM. Guizot, Aug. et Am. Thierry, Michelet, Ampère, Quinet, Fauriel, Aimé-Martin, etc., par l'Abbé *J. M. Sauveur* GORINI. Nouv. édit.
Lyon. 1859. Girard & Josserand. 3 vol. in-8.

2279. — Saint-Anselme de Cantorbery. Tableau de la vie monastique et de la lutte du pouvoir spirituel avec le pouvoir temporel au onzième siècle, par M. *Charles* DE RÉMUSAT. Nouv. édit.
Paris. 1856. Didier & C⁰ 1 vol. in-8.

2280. — Copie d'une lettre escripte à Mgr Paulino, autrefois Dataire, sous le Pontificat de Clement VIII d'heureuse mémoire. Traduit de latin en françois.
S. n. n. l. 1610, in-8.

2281. — Recueil historique des Bulles, Constitutions, Brefs, Décrets, et autres Actes, concernant les Erreurs de ces deux derniers siècles, tant dans les matières de la Foy, que dans celles des mœurs. Depuis le Saint Concile de Trente, jusqu'à notre temps. (Par le P. LE TELLIER.) 5ᵉ édit.
Mons. 1710. G. Migeot. 1 vol. in-8.

2282. — Mémoires pour servir à l'histoire des immunités de l'Église, ou les conférences ecclésiastiques de Madame de ** ou si l'on veut la voix de la femme.
S. n. n. l. 1750. in-12.

2283. — Mémoires du Cardinal CONSALVI, avec une introduction et des notes par J. CRÉTINEAU-JOLY. 2ᵉ éd.
Paris. 1866. H. Plon. 2 vol. in-8. Port & Autogr.

Chapitre V.

2. — *Histoire de l'Église en France.*

2284. — L'apostolat de Saint-Firmin, 1er Évêque d'Amiens, rétabli au IIIe siècle. Discours par M. Ch. Dufour.
Amiens. 1864. Lemer. in-8.

2285. — Recherches sur l'époque de la prédication de l'Évangile dans les Gaules et en Picardie, et sur le temps du martyre de Saint-Firmin, premier Évêque d'Amiens et de Pampelune, par Ch. Salmon.
Amiens. 1865. Lemer. 1 vol. in-8.

2286. — Recherches sur la prédication de l'évangile dans les Gaules au 1e siècle, par M. l'Abbé Gordière.
Noyon. 1867. Andrieux. 1 vol. in-8.

2287. — Origines chrétiennes de la Gaule et date de Saint-Firmin, contre Tillemont, MM. Dufour, Tailliar, Salmon, Obàllos, etc, et refutation de M. Am. Thierry sur l'Église naissante, ses Martyrs, leurs Actes. (Par l'Abbé Chevalier.)
Paris. 1867. Dumoulin. (Beauvais. Père) 1 vol. in-8.

2288. — Essai sur les origines et les développements du Christianisme dans les Gaules, par M. Tailliar.
Caen. 1868. Le Blanc-Hardel. 1 vol. in-8.

2289. — Origines de la foi chrétienne dans les Gaules et spécialement dans le diocèse d'Amiens, par M. l'Abbé J. Corblet.
Paris. 1870. Dumoulin. (Arras. Ve Rousseau.) 1 v.in-8

2290. — Origines de l'Eglise de Tours, par M. Ch. Salmon.
Arras. 1869. Ve Rousseau-Leroy. in-8.

2291. — Saint Grégoire et les origines de l'Eglise de Tours, par M. l'Abbé Rolland.
Tours. 1870. Bouserez. in-8.

2292. — De quelques contradictions de Saint-Grégoire de Tours au sujet de ses prédécesseurs.... Par M. *Charles* Salmon.
Amiens. 1870. Caillaux. in-8. 1 Pl.

2293. — Défense de la célèbre déclaration faite par le Clergé de France sur la puissance ecclésiastique, le XIX

— 639 —

Mars 1682, composée par l'Ill. et Rév. J. B. BOSSUET. (Traduit en français par *Ch. Fr.* LEROY.)
1735. 1 vol. in-4.

À la suite :
— Réflexions sur un endroit important de la Harangue faite au Roy à Versailles le 17 Septembre 1730 par Mgr l'Evêque de Nimes pour la cloture de l'Assemblée générale du Clergé de France. 1730.
— Censures et conclusions de la Faculté de Théologie de Paris touchant la souveraineté des Rois, la fidélité que leur doivent leurs Sujets, la sureté de leurs Personnes, et la tranquillité de l'État.
Paris. 1717. J. B. Delespine.

** — De l'Eglise gallicane. Par le Comte DE MAISTRE,
Voyez : Œuvres de M. le Comte J. M. DE MAISTRE. Polyg. N. 234.

2294.. — **Affaires de l'Evêché d'Embrun.**
1 vol. in-4. contenant :

1 — Réflexions sur les remarques que l'on a imprimées à costé de la requeste de Mgr l'Archevesque d'Ambrun.
Paris. 1668. S. Mabre Cramoisy.

2 — Lettre à Mgr l'Archevesque d'Ambrun, où l'on montre l'imposture insigne de son défenseur, touchant la Lettre sur la constance et le courage qu'on doit avoir pour la vérité. (Par *P.* NICOLE). 1668.

3 — Mémoire abrégé où l'on montre l'incompétence du Concile d'Embrun, pour juger M. de Senez. (Par J. SOANEN). 1728.

4 — Lettre de Mgr l'Archevesque d'Utrecht (BARCHMAN-WUYTIERS) et de Mgr l'Evesque de Babylone (*Dominique* VARLET) à Mgr l'Evesque de Senez, au sujet du jugement rendu à Ambrun contre ce prélat. 1728.

5 — Déclaration de S. Em. Mgr le Cardinal de NOAILLES, Archevesque de Paris; dans laquelle il explique le désistement qu'il a donné au sujet de son opposition au Bref de Sa Sainteté du 17 Décembre 1727 confirmatif du Concile d'Ambrun. . . 1728.

6 — Mandement et instruction pastorale de Mgr l'Archevêque de Cambray (*Charles* DE ST-ALBIN) au sujet d'un écrit qui a pour titre : *Consultation de Messieurs les Avocats du Parlement de Paris, au sujet du jugement rendu à Embrun, contre Mgr l'Evesque de Senez.* 3e édit.
Paris. 1730. Bordelet.

6 — Mandement de Mgr l'Archevêque Prince d'Embrun (*Pierre* DE GUÉRIN DE TENCIN) portant condamnation de l'écrit intitulé : *Représentations justes et respectueuses à Nosseigneurs les Cardinaux, Archevêques et Evêques, assemblez extraordinairement à Paris par les ordres du Roy*, pour donner à Sa Majesté leurs avis et jugements sur un écrit imprimé qui a pour titre : Consultation de Mess. les Avocats...
Grenoble. 1729. P. Faure.

7 — Lettre de Mgr l'Archevesque d'Embrun à M. le Cardinal de Fleury, du 7 Février 1729.

8 — Quatrième lettre de Mgr l'Archevesque d'Embrun à Mgr l'Evesque de Senez, communiquée aux Ecclésiastiques du Diocèse d'Embrun, pour leur instruction. 1er Juillet 1729.

9 — Cinquième lettre, 25 Janvier 1730..
10 — Sixième lettre. — 20 Juin 1730..
Grenoble. 1729-30. Faure.
11 — Lettre de Mgr l'Evêque de Senez aux Religieuses de...
12 — Lettre circulaire des Religieuses de la Visitation Sainte-Marie de la ville de Castellane, Diocèse de Senez, à tous les Monastères de leur Institut. 28 Décembre 1730.
13 — Seconde lettre des mêmes du 7 Février 1732 en réponse à la lettre de M. ***, Docteur de Sorbonne, du 17 Janvier.
Paris. 1732. Mazières.
14 — Mandement de Mgr l'Archevesque d'Embrun portant condamnation d'un livre intitulé : *Morale chrétienne rapportée aux instructions que Jésus Christ nous a données dans l'Oraison dominicale.* 1 Mai 1732.
15 — Deux lettres, de Mgr l'Evêque de Senez, l'une à Mgr l'Evêque de Babylone, avec la réponse de ce Prélat, l'autre à M. Le Gros. 1736.

2295. — **Histoire de l'Église de France pendant la révolution;** par M. l'Abbé JAGER.
Paris. 1852. F. Didot fr. 3 vol. in 8.

2296. — **Pièces pour servir à l'histoire de l'Église.**
1 vol. in-8 contenant :
1 — Lettre d'un Théologien à M. N. N. touchant la Censure de M. le Cardinal Grimaldi, Archevêque d'Aix, et l'Arrest du Parlement de Provence contre *le Miroir de la piété chrétienne*. 2e édit. 1678.
2 — Lettre d'un Ecclésiastique à un Evesque très-sçavant et amateur de la vérité, touchant les écrits de l'Archevesque de Rouen. 1629.
3 — Mémoire touchant la Protestation des Respondants en Théologie, faict en l'année 1629.
4 — Traduction des éloges donnez à Saint-Augustin et mis au commencement du livre intitulé : *Sanctus Augustinus per seipsum docens Catholicos et vincens Pelagianos...*
5 — La vie et la conduite de Messieurs les Evesques d'Alet et de Pamiers.
6 — Avis touchant l'entretien d'un philosophe chrétien avec un philosophe chinois, composé par le P. MALEBRANCHE.
Paris. 1708. M. David.
7 — Lettre d'un grand Vicaire à un Evêque sur les Curés de campagne. Publiée par M. SÉLIS.
Paris. 1790. Cailleau.
8 — Règles de conduite que les fidèles doivent suivre, d'après l'instruction dressée le 26 Septembre 1791, par ordre de N. S. P. le Pape Pie VI, sur quelques questions proposées par les Evêques de France, relativement au schisme.
Paris. 1791. Guerbart.
9 — Playdoyer prononcé au Tribunal du District d'Arles, par M. DURAND le jeune ; en la cause d'entre Prosper Audier, Vigneron, demandeur en nullité et révision d'un contrat d'achat de biens ecclésiastiques; et Xavier Delabat, Notaire, défendeur. 2e édit.
Paris. 1792. Marchands de nouveautés.

10 — Entretien d'une bonne Veuve avec deux Religieuses. Par l'Auteur des Entretiens d'une Mère avec ses Filles et d'une Tante avec sa Nièce et sa Filleule.
Paris. 1792. Pecquereau.

11 — Question importante. Un chrétien peut-il faire le serment de la Liberté et de l'Egalité, pris dans le sens de ceux qui le prescrivent? ou Examen d'un écrit intitulé : *Réflexions sur le nouveau serment.* 1792.

12 — Le catéchisme constitutionnel, pour les gens de la campagne.
Paris. 1792. Guerbart.

14 — Lettre à M. Gobel, Métropolitain de l'Eglise constitutionnelle de Paris, sur un ouvrage intitulé : *l'Accord de la Religion et des Cultes chez une nation libre,* par *Charles-Alexandre* de Moy.
Paris. 1796. Guerbart.

15 — Les loisirs d'un Curé déplacé ou les actes de l'Eglise constitutionnelle. N. XIX et N. XXII.
Paris. 1792. Guerbart.

2297. — Lettre-circulaire de Mgr l'Évêque de Grenoble. (*Jacques Marie Achille* Ginouilhiac) à son Clergé, sur les reproches adressés au Clergé dans les circonstances présentes.
Paris. 1861. Douniol. in-8.

4. — Histoire de l'Église en Belgique et en Hollande.

2298. — S. D. N. D. Benedicti divinâ Providentiâ Papæ XIII, literæ in formâ Brevis ad universos Catholicos in Fœderato Belgio commorantes. 1725.

. — Archiepiscopi Ultrajectensis, et Capituli ejusdem Ecclesiæ Romano-catholici, publica declaratio ad Ill. et Rev. Ecclesiæ Catholicæ Archiepiscopos, Episcopos... directa...

. — De consecratione Archiepiscopi Ultrajectensis adversus Dissertationem Doctoris Damen Epistola I. II. III. Presbyteri Ultrajectensis ad Amicum.
Ultrajecti. 1725-1726. in-4.

6. — Histoire de l'Eglise dans les pays du Nord de l'Europe.

2299. — Kristni-Saga, sive historia religionis christianæ in Islandiam introductæ ; nec non Pattraf Isleifi Biskupi, sive narratio de Isleifo Episcopo; ex manuscriptis Legati Magnæani, cum interpretatione lati-

na, notis, chronologia, tabulis genealogicis, et indicibus, tam rerum, quam verborum.
Hafniæ. 1776. Godiche. 1 vol. in-8.

2300. — La Suède et le Saint-Siège sous les rois Jean III, Sigismond III et Charles IX, d'après des documents trouvés dans les archives du Vatican, par *Augustin* Theiner. Traduit de l'allemand par *Jean* Cohen.
Paris. 1842. Debécourt. 3 en 2 vol. in-8.

CHAPITRE VI.

Histoire des Hérésies, des Schismes.

2301. — Histoire de la réformation du seizième siècle, par *J. H.* Merle d'Aubigné. 4e édit.
Paris. 1856-61. Meyrueis. 5 vol. in-8.

2302. — Histoire de la réformation en Europe au temps de Calvin, par *J. H.* Merle d'Aubigné.
Paris. 1863. Michel Lévy, fr. 2 vol. in-8.

2303. — Pièces pour l'histoire du Protestantisme.
1 vol. in-4 contenant :

1 — Montauban justifié et response aux fidèles de la Religion réformée, qui demandent, I. Si l'on peut faire son salut dans l'Église Romaine. II. S'il leur est permis pour des advantages temporels, et particulièrement en temps d'affliction, de changer de religion. Par J. D. B.
Paris. 1662. Muguet.

2 — Soyez toujours appareillez à répondre avec douceur et révérence à chacun qui demande raison de l'espérance qui est en vous. (Par Pean.)
Paris. 16. . J. de la Caille.

3 — Liste des faussetez commises par le Sr Ouvriet dans le récit de ce qu'il a publié de ce qui s'est passé entre luy et le P. *Gabriel* de Boissy,

4 — Adressée par le mesme Père à Messieurs de la R. P. R.
Chaalons. 1666. Seneuze.

5 — Raison des Catholiques pour la démolition du temple d'Alencon.
Extrait des registres du Conseil d'Etat (ordonnant la fermeture du temple d'Alençon. Du 7 Sept. 1663.

6 — Estat sommaire de l'affaire des Catholiques de la ville de Pamiez contre les Huguenots, qui veulent y rentrer.

7 — L'erreur découverte de la Religion P. R., par deux fameux Ministres qui ont écrit au Sr Claude, touchant leur adjuration faite entre les mains de Monseigneur l'Évêque d'Angers....
Rouen. 1665. Tieucelin.

8 — Lettre d'un Ecclésiastique à un de ses amis, contenant quelques réflexions sur le libelle intitulé, Requeste présentée au Roy par MM. de la R.P.R., publiée dans Paris. Jouxte la copie imprimée à St-Omer.
Bruxelles. 1680. F. Foppens.

9 — Motifs très puissans pour retourner en l'Église Romaine, contenus dans une Réponse qu'une Damoiselle adresse à un de ses parens.
Paris. Muguet.

10 — Mémoire touchant les moyens dont se servent les Religieuses Hospitalières envoyées depuis peu à Charenton par Mgr l'Archevesque de Paris, pour empescher que ceux de la R. P. R. ne continuent d'y pervertir les catholiques...

11 — Acte d'abjuration de l'Hérésie de Calvin, faite par Ambroise Pointié, le 23 juillet 1683.

12 — Lettre d'un Gentilhomme Champenois de la R.P.R. sur les doutes de sa conscience. 30 juillet 1648. Signée JONAS.

13 — Remonstrances présentées au Roy par les Officiers de la R. P. R. de la Chambre de l'Édit de Castres.

14 — Lettre touchant une ancienne hérésie renouvelée depuis peu.
Cologne. 1690. Anhelline.

15 — 3e et 4e lettre d'un catholique à un de ses amis de la R. P. R. sur les trois prêches du jour de jeune. 10 Sept. 8 Oct. 1684.
Caen. 1684. Cavelier.

16 — Observations sur la Prophétie de Pierre Du Moulin qui prédit le rétablissement de la R. P. R. en l'année 1689.
Rouen. 1686. Besongne.

17 — Même pièce.
Caen. 1686. Poisson.

18 — Mémoire sur les entreprises des Protestans; présenté au Roy par l'Assemblée du Clergé de France en 1780.

2304. — Almanach des Protestans de l'Empire français, pour l'an de grâce 1810. Rédigé et mis en ordre par M. A. D. G. 3e année.
Paris. 1810. Bretin. 1 vol. in-16. Port.

CHAPITRE VII.

HISTOIRE DES INSTITUTIONS.

Première section.

1. — *Histoire des Papes.*

2305. — Triomphe des libertés gallicanes, ou traité historique sur les prérogatives et les pouvoirs de l'Église de Rome et de ses Évêques. (Par le P. MAIMBOURG). Ne édit. Par M. DE ROQUEFEUIL.
Nevers. 1831. Delavau. 1 vol. in-8.

** — Vie du pape Grégoire-le-Grand, légende française publiée pour la première fois par *Victor* Luzarche.
Tours. 1857. J. Bouserez. 1 vol. in-18.

Voyez : Bell. lett. N. 3560.

** — Beati Urbani Papæ II vita, Auctore D. *Th.* Ruinart.
Voyez : Œuvres posthumes de D. J. Mabillon et de *Th.* Ruinart.

Polygr. N. 192.

3. — *Histoire des Conclaves.*

2306. — F. *Petri-Mariæ* Passerini de Sextulâ tractatus de electione summi Pontificis.
Romæ. 1670. N. A. Tinassius. 1 vol. in-fol.

Deuxième Section.

Histoire des Conciles.

2307. — Synopsis Conciliorum, in quâ videtur, quale, ubi, quando, et propter quid habitum sit unumquodque Concilium, sive quid in eo notatu dignum actum sit. . . . Quam sequitur Chronologia Patrum. — Accessit etiam Chronologia S.S. Pontificum, Imperatorum Orientis et Occidentis ab anno I Domini ad 1612. Adjunctâ continuatione Chronologiæ ecclesiasticæ ab anno 1612 ad annum 1671, operâ *D.* Doujat.
Parisiis. 1671. Alliot. 1 vol. in-12.

2308. — Epistola decretalis Vigilii Papæ pro confirmatione quintæ Synodi œcumenicæ. Græcè nunc primùm edita ex MS. Bibl. Reg. Cum interpretatione latina et dissertatione *Petri* de Marca. — Accessere epistola Eutychii ad Vigilium, cum Vigilii rescripto : et Anathematismi V Synodi. Quæ nunc primùm græcè eduntur.
Parisiis. 1642. Camusat. 1 vol. in-8.

2309. — Le Concile de Constance et les origines du gallicanisme. Par M. l'Abbé *J.* Corblet.
Arras. 1869. Vᵉ Rousseau-Leroy. in-8.

Chapitre VIII.

Histoire des ordres religieux.

2310. — Mémoire sur la nécessité de diminuer le nombre et de changer le système des maisons religieuses.(Par le P. Arcère).
S. n. n. l. 1755. in-12.

§ 1..— Congrégations d'hommes.

— Epitome historica vitæ monasticæ magni Antistitis Augustini, institutionis sacræ Eremitarum familiæ, antiquitatis et continuationis ejusdem. Auctore R. P. F. Joanne Gonzalez de Critana, ex hispanico idiomate in latinum versa par F.G.A.D.(*Gregorium Aurelium* d'Ayneff.)
Antuerpiæ. 1612. Verdussen. in-8.
Voyez : Théologie N. 2365.

2311. - Description abrégée de la Sainte-Montagne du Liban, et des Maronites qui l'habitent.
Paris. 1671. J. B. Coignard. 1 vol. in-12.

2312. — De canonicorum ordine disquisitiones. Quibus hujusce Ordinis origo, propagatio varia ac multiplex, et natura dilucidè articulatèque tractantur. Auctore P.** (*Fr.-Ant.* Chartonnet alias *Alain* Le Large)? è Gallicanà Canonicorum Regularium Congregatione.
Parisiis. 1697. Couterot. 1 vol. in-4.

2313. — Histoire des Chanoines, ou recherches historiques-critiques sur l'ordre canonique. (Par le P. *Raymond* Chaponnel.)
Paris. 1699. Charles Osmont. 1 vol. in-12.

2314. — Bref de N. S. P. le Pape Urbain VIII à Mgr le Cardinal de la Rochefoucault, portant prorogation de trois ans pour la Réformation des Monastères de l'Ordre des Chanoines Réguliers de S. Augustin.
—Avec les Lettres patentes du Roy pour l'exécution dudit Bref.
Paris. 1630. P. de Bresche. in-8.

2315. — Les moines d'occident depuis Saint-Benoît jusqu'à Saint-Bernard. Par le Comte de Montalembert.
Paris. 1863-67. Lecoffre. 5 vol. in-8.

2316. — Regelbüchlein des heiligen und fürtrefflichen Abts Benedicti.
Coln. 1618. Crithius. 1 vol. in-16.

— Pièces pour servir à l'histoire des Bénédictins par D. J. MABILLON.
Voyez : Œuvres posthumes de D.J. MABILLON et de D. *Th.* RUINART.
Polyg. N. 192.

2317. - Monasticum gallicanum. Planches gravées des monastères de l'Ordre de Saint-Benoit, Congrégation de Saint-Maur. — Province ecclésiastique de Reims. Vingt-cinq planches gravées sur cuivre, offrant les vues à vol d'oiseau des Abbayes et Prieurés. Publié par M. PEIGNÉ-DELACOURT, en 1864.
Paris. 1864. in-fol.

— Privilegium S. Germani adversus J. Launoii Doc. Par. inquisitionem propugnatum auctore D. *Roberto* QUATREMAIRES.
Lutetiæ. 1657. Denys Bechet. 1 vol. in-8.
Voyez : Hist. N. 5514.

— *Joannis* LAUNOII inquisitio in chartam immunitatis, quam Germanus Parisiorum Episcopus suburbano monasterio dedisse fertur.
Lutetiæ Parisiorum. 1657. E. Martinus. in-8.
Voyez : Hist. des relig. N. 239.

— *Johannis* LAUNOII inquisitio in chartam fundationis et privilegia Vindocinensis Monasterii.
1661 1 vol. in-8.
Voyez : Hist. N. 5550.

2318. — Pièces pour l'histoire des Bénédictins.
1 vol. in-8 contenant :

I — Benedicite. Idée d'un plan général, tendant à réformer les abus que le relâchement a introduit dans la Congrégation de St. Maur; présenté par un jeune Prieur d'icelle à tous les Chefs et Membres; spécialement aux Supérieurs, Majeurs et Députés qui s'assembleront dans l'Abbaye de Marmoutier les-Tours, le Jeudi de la quatrième semaine d'après Pâques, pour la célébration du Chapitre général de 1754.

2 — Pax Christi. (Circulaire de Fr. P. Fr. BOUDIER, Supérieur-général, du II Juillet 1770).

3 — Lettre de D*** à Dom Mo. A.D.L.C.D.S.M. sur la diète de 1779.

4 — Réponse d'un Religieux Bénédictin à une lettre anomine adressée à D. Mo. A.D.L.C.D.S.M.

5 — Suite des lettres à M. le Comte de *** sur la Congrégation de Saint-Maur. Lettre IX.

6 — Réfutation de la Requête présentée au Roi par quelques-uns des Religieux de l'Abbaye de S. Germain-des-Prés. ensemble quatre observations qui accompagnent cette Requeste, ou Discours adressé aux Religieux de l'Abbaye de ***, de la Congrégation de S. Maur; à l'occasion de ladite Requête et des susdites observations.
S. n. n. l. n. d.

2319. — Très-humble remontrance à Nosseigneurs du Grand Conseil, sur le Procès de la juridiction entre les

Religieux de l'Etroite Observance de Cluny, et M. Emm. Théod. de la Tour d'Auvergne, Cardinal de Bouillon; Abbé commendataire dudit Cluny. Où l'on répond au Mémoire et aux Réflexions de M. Le Vaillant. (Par BAUDOIN, Avocat.)

. — Arrest du Grand Conseil du 30 Mars 1705 portant réglement (à ce sujet).

. — Arrest du Conseil d'État du Roy du 14 Avril 1708 confirmant celui du grand Conseil du 30 Mars.
Paris. 1705-08. Imbert de Bats. 1 vol. in-4.

2320. — Bref de N. S. P. le Pape ALEXANDRE VII et Lettres patentes du Roy, vérifiées au Grand Conseil, obtenues par Mgr le Cardinal Mazarini, Abbé, Chef, Supérieur, Général et Administrateur perpétuel de l'Abbaye et de tout l'Ordre de Cluny; pour la réformation dudit Ordre.
Paris. 1657. in-fol.

2321. — Pour le Chapitre général de l'Ordre de Cisteaux. Contre les abstinents du mesme Ordre.
Paris. 1660. 1 vol. in-fol.

2322. — Triumphus panegyrica oratione, sex encomiis, heroicis epiciniis, pæane lyrico expressus, solennibus Paranymphi Prædicatorum feriis, in scholis D. Thomæ Aquinatis, celeberrimo Primariorum Virorum concursu. Adjectæ tres Odæ, Hymni totidem. Per M. J. BANNERET.
Parisiis. 1638. S. Le Moine. 1 vol. in-s.

2323. — Consultation de Messieurs les Avocats du Parlement de Paris, pour le P. Viou, Dominicain. Où l'on déduit les moyens qui l'autorisent à appeler comme d'abus de deux decrets lancés par le Général de l'Ordre de S. Dominique contre ce Religieux, pour l'exclure de son Ordre à perpétuité... Avec un Mémoire où l'on expose les faits qui ont précédé et suivi ces décrets. 1744. (Par DENYAU).
S. n. n. l. 1744. 1 vol. in-4.

2324. — Priviléges concedez et octroyez tant à S. François

de Paule, Fondateur et Instituteur de l'Ordre des Minimes, qu'aux Convents et Religieux de son Ordre, par les Roys de France. (1488-1645).
1 vol. in-4.

2325. — Statuta municipalia Fratrum Minorum Missionariorum de observantia Provinciæ Galliæ. (Ambiani, V Idus Januarii 1856.)
Ambiani. 1856. Caron & Lambert. 1 vol. in-12.

2326. — La rédemption des captifs faicte par les Religieux de l'Ordre de la Saincte Trinité, dit les Mathurins. Ensemble l'ordre de la Procession d'iceux captifs, faicte à Paris, le 20 May 1635.
Paris. 1635. J. Petit-Pas in-8.

•• — Bibliographie historique de la compagnie de Jésus, ou catalogue des ouvrages relatifs à l'histoire des Jésuites depuis leur origine jusqu'à nos jours. Par le P. Aug. CARAYON.
Paris. 1864. Durand. 1 vol. in-4.

Voyez : Bibl. 788.

2327. — Notices historiques sur quelques membres de la Société des Pères du Sacré-Cœur et de la Compagnie de Jésus, pour faire suite à la vie du R. P. Joseph Varin. Par le P. *Achille* GUIDÉE. (1)
Paris. 1860. Douniol. 2 vol. in-18.

2328. — Règlement du Séminaire de S. Firmin de la Congrégation de la mission, établi au Collége des Bons-Enfans.
Paris. 1722. Billiot. 1 vol. in-8.

§ 2. — *Congrégations de femmes.*

2329. — Port-Royal. Par *C. A.* SAINTE-BEUVE. 2ᵉ édit.
Paris. 1860. Hachette. 5 vol. in-8.

2330. — Origines royennes de l'Institut des Filles-de-la-Croix, d'après des documents inédits. Par l'Abbé *J.* CORBLET.
Paris.1869.Dumoulin.(Arras. Rousseau-Leroy).in-8.

---

(1) GUIDÉE (*Achille-Paul-Etienne*) né à Amiens le 18 Août 1792, y mourut le 13 Janvier 1866.

Chapitre ix.

Hagiographie.

2331. — Acta Sanctorum quotquot toto orbe coluntur, vel a catholicis Scriptoribus celebrantur, ex latinis et græcis, aliarumque gentium antiquis monumentis collegit, digessit, notis illustravit *Joannes* Bollandus, servata primigenia Scriptorum phrasi. Operam et studium contulerunt *God.* Henschenius et Socii. Editio novissima, curante *Joanne* Carnandet.
Parisiis. 1863-68. V. Palmé. 54 vol. in-fol.

2332. — Les apôtres. Par *Ernest* Renan.
Paris. 1866. Michel Lévy fr. 1 vol. in-8.

2333. — Saint-Paul. Par *Ernest* Renan. Avec une carte des voyages de Saint-Paul par M. Kiepert.
Paris. 1869. Michel Lévy fr. 1 vol. in-8.

2334. Hagiographie du diocèse d'Amiens ou histoire des Saints qui appartiennent à cette église par leur naissance, leur qualification, leur séjour prolongé ou leur mort. Par l'Abbé *J.* Corblet. Introduction.
Paris. 1868. Dumoulin. in-8.

2335. — Hagiographie du diocèse d'Amiens. Par l'Abbé *J.* Corblet.
Arras. 1868-74. Rousseau-Leroy. 5 vol. in-8.

2336. — Vie des Saints Fuscien et Victoric, Apôtres de la Morinie et de la Picardie, et Gentien, leur hôte, martyrs, et de Saint Evrols, premier abbé du monastère de S^t. Fuscien-au-Bois (diocèse d'Amiens). Par *Charles* Salmon.
Amiens. 1853. Yvert. 1 vol. in-12.

f. — Vies particulières de Saints.

2337. — Histoire du martyre de Saint Adrien. (Par l'Abbé *Ed.* Jumel).
Amiens. 1864. Lambert-Caron. in-8.

2338. — Etude sur la vie de Saint Angilbert, viie Abbé de

Saint Riquier, d'après une chronique du monastère, par M. l'Abbé Hénocque.
Amiens. 1866. Lemer. in-8.

2339. — Étude sur la vie de Saint Angilbert, vii° Abbé de Saint-Riquier. — Mariage de Saint Angilbert avec la Princesse Berthe. — Réponse à M. Dufour, par M. l'Abbé Hénocque.
Amiens. 1866. Lemer. in-8.

2340. — Saint Angilbert, Abbé de Saint-Riquier, et l'historien Nithard, par M. l'Abbé Hénocque.
Amiens. 1868. Caillaux. in-8.

2341. — Étude sur Nithard. — Réponse à M. Carlot, Curé de Manicamps (Aisne), par M. l'Abbé Hénocque.
Amiens. 1871. Caillaux. in-8.

2342. — La vie et les miracles de Saint-Antoine, Abbé. Avec la vie de Sainte-Marie-Egyptienne.
Troyes. s. d. J. A. Garnier. 1 vol. in-8.

2343. — Diatriba de Sancto Benigno, ab *Ismaele* Bullialdo scripta anno MDCXL.
Parisiis. 1657. S. & G. Cramoisy. in-8.

2344. — Origine du patronage liturgique des boulangers. — Saint-Honoré. Par M. l'Abbé *J*. Corblet.
Arras. 1869. V° Rousseau-Leroy. in-8.

2345. — La vie du grand Saint Hubert, Fondateur et premier Évêque de la noble Cité de Liége. Nouvelle édition, augmentée de la manière de faire la Neuvaine, et d'un Cantique sur la vie du même Saint.
Troyes. s. d. Baudot. in-12.

2346. — Le bienheureux Benoit-Joseph Labre à Pertain. Traditions recueillies par M. l'Abbé *J*. Gosselin. (1)
Amiens. 1872. Lenoel-Herouart. in-8.

2347. — La vie des saints frères martyrs Lugle et Luglien, patrons de la ville de Montdidier-en-Picardie et de Lillers-en-Artois, par l'Abbé *L*. Dangez. (2).
Montdidier. 1862. Mérot-Radenez. 1 vol. in-16,

---

(1) Gosselin (*Jules-Louis-Henri*) né à Mailly le 16 Décembre 1835.
(2) Dangez (*Luglien-Antoine-Simon*) né à Montdidier le 9 Septembre 1803, y mourut le 25 Octobre 1865.

2348. — Examen de quelques passages d'une dissertation de M. l'Abbé Dangez sur la vérité du fait de la translation des reliques des saints Lugle et Luglien à Montdidier, par V. DE BEAUVILLÉ.
Amiens. 1862. Jeunet. 1 vol. in-8.

2349. — Notice sur S. Nigaise, Apôtre du Vexin, et Dissertation sur le lieu de son martyre, établissant que c'est bien Ecos, suivies d'un Appendice où sont les pièces justificatives, dont plusieurs inédites. Par L. L. GOUBERT.
Paris. 1867. Lithog. Monrocq. 1 vol. in 8. Fig.
Ce volume, autographié par l'auteur, n'a pas été mis dans le commerce.

2350. — La vie du très-illustre martyr S. Quentin, Apôtre et Patron du Vermandois, avec tout ce qui s'est passé de plus notable après sa mort. Le tout tiré des Actes de son martyre, et d'autres anciens monumens qui se conservent dans son église. Par M. C. BENDIER.
Saint-Quentin. 17 . Devin. 1 vol. in-12.

g. — Vies particulières de Saintes.

2351. — Petit abrégé de la vie de Ste Colette, Réformatrice de l'Ordre de Ste Claire, composé en latin en 1510 par *Josse* CLITHOU, Docteur de Sorbonne, traduit et augmenté de plusieurs chapitres par M. DOUILLET.
Amiens. 1867. Lambert-Caron. in-12.

2352. — Sainte-Colette. Sa vie, ses œuvres, son culte, son influence. Ouvrage composé sur les documents primitifs les plus authentiques, imprimés et manuscrits, quelques-uns inconnus jusqu'à ce jour. Enrichi de plusieurs Lettres de la Sainte encore inédites, mis en rapport avec les événements du xve siècle. Par l'Abbé DOUILLET. (1).
Paris. 1869. Bray et Retaux. 1 vol. in-12.

2353. — Histoire de la vie et du culte de Sainte Savine, vierge et patrone d'une église dédiée sous son invocation, dans un fauxbourg de Troyes.
Troyes. 1774. Garnier le jeune. in-12.

---

(1) DOUILLET (*Florimond-Auguste*) né à Ribeaucourt le 3 Juin 1822.

2354. — Basilii Seleuciæ in Isauria Episcopi, de vita ac miraculis D. Theclæ Virginis martyris Iconiensis, libri duo. — Simeonis Metaphrastæ Logothetæ de eadem martyre tractatus singularis. — *Petrus* Pantinus *Tiletanus* è tenebris nunc primùm eruit, latinè vertit, notisque illustravit.
Antuerpiæ. 1608. Off. Plantiniana. 1 vol. in-4.

2355. — La légende de Sainte Ulphe, fragment d'une histoire inédite de Boves par *Auguste* Janvier.
Amiens. 1863. Lemer. 1 vol. in-4.

2356. — Die Sage von der heiligen Ursula und den elftausend Jungfrauen. Ein Beitrag zur Sagenforschung von *Oscar* Schade.
Hannover. 1854. Rümpler. 1 vol in-8.

4. — *Vies d'hommes pieux.*

2357. — Monseigneur Boudinet, Évêque d'Amiens; notes et documents publiés par les soins de M. l'Abbé Fallières, son vicaire général.
Amiens. 1873. Lenoel-Hérouart. 1 vol. in-12. Port.

2358. — Notice sur le P. Pascase Broët de la Compagnie de Jésus, l'un des dix premiers compagnons de Saint-Ignace, par le P. *Antoine* Bonucci, de la même Compagnie, suivie d'une note sur lieu de la naissance et sur la famille du P. Broët, par le même P. A. Bonucci. Traduction de l'italien.
Metz. 1868. Nouvian. 1 vol. in-8.

2359. — Vie du Révérend Père Achille Guidée, de la Compagnie de Jésus, par le P. *F.* Grandidier. (Avec un portrait photographié par Kaltenbacher.)
Amiens. 1867. Lambert-Caron. 1 vol. in-8.

2360. — Histoire de M. de la Motte, Évêque d'Amiens, par l'Abbé Delgove.
Paris. 1872. Bray et Retaux. 1 vol. in-8. Port.

2361. — Jacques de Sainte-Beuve, Docteur de Sorbonne et Professeur royal. Étude d'histoire privée contenant

des détails inconnus sur le premier Jansénisme. (Par M. *Eugène* DE SAINTE-BEUVE).
Paris. 1865. Durand. 1 vol. in-8. Port.

2362. — Vie de Monseigneur de Salinis, Évêque d'Amiens, Archevêque d'Auch, par M. l'Abbé DE LADOUE.
Paris. 1864. Tolra et Haton. 1 vol. in-8.

5. — *Vies de femmes pieuses.*

2363. — Vie de la vénérable mère Anne des Anges (Anne Garault), Religieuse Carmélite du Monastère dédié à la Sainte-Mère de Dieu, de Paris. Par M. l'Abbé DES MAULETS.
Paris. 1694. Ch. Remy. 1 vol. in-8.

2364. — Vie de Mademoiselle de Louvencourt, Fondatrice des Religieuses des Sacrés-Cœurs de Jésus et de Marie, par M. l'Abbé FALLIÉRES.
Amiens. 1874. Langlois. (Abbeville.Briez).1 v. in-12.

CHAPITRE X.

Histoire des lieux, des objets consacrés, des pèlerinages, des reliques, des miracles.

2365. — Aperçu historique sur le culte de Marie , par M. l'Abbé J. CORBLET.
Amiens. 1873. Langlois. (H. Yvert.) in-8.

** — Lettres et écrits sur le culte des saints inconnus.
Voyez : Œuvres posthumes de J. MABILLON et de T. RUINART.
Polyg. N. 192.

** — Miracles de la Sainte Epine.
Voyez : Jurisprudence. N. 1724.

2366. — Le pélerinage du diocèse d'Amiens à Notre-Dame de Lourdes (2 Juillet 1873) et la guérison miraculeuse de Caroline Esserteaux. Souvenirs et documents publiés par l'Abbé CANAPPE. (1) 2e édit.
Amiens. 1873. Langlois. (H. Yvert). in-4.

(1) CANAPPE (*François-Ovide-Emmanuel*) né à Wailly le 25 Juillet 1849,

2367. — Pièces justificatives du miracle arrivé le 20 Février 1786, à Albert, Diocèse d'Amiens.
S. n. n. l. 1786. in-8.

2368. — Notice historique sur les précieuses reliques de Saint François de Sales depuis leur translation de Lyon à Annecy jusqu'à nos jour, par un Curé du diocèse d'Annecy.
Annecy. 1865. C. Burdet. 1 vol. in-8.

HISTOIRE DES RELIGIONS.

TABLE

A

Alexandre VII, 2320.
Arcère, le P., 2310.
Aubigné, J. H. Merle d', 2301-2302.

B

Banneret, J., 2322.
Basile de Seleucie, 2354.
Baudoin, 2319.
Beauvillé, V. de., 2348.
Bendier, S., 2350.
Benoit (Saint), 2316.
Benoit XIII, 2298.
Boissy, Gab. de, 2303.
Bollandus, J., 2331.
Bonucci, le P. A., 2358.
Bossuet, J. B., 2293.
Boudier, Fr., 2318.
Brachman-Wuytiers, 2294.
Bullialdus, Ismael, 2343.

C

Canappe, E., 2366.
Carnandet, J., 2331.
Cauvel de Beauvillé, V., 2348.
Chaponnel, R., 2313.
Chartonnet, F. A., 2312.
Chevalier, l'Abbé, 2287.
Clithou, Josse, 2351.
Cohen, J., 2300.

Colette (Sainte), 2352.
Combes, l'Abbé, 2245-2246.
Consalvi, le Card., 2283.
Corblet, l'Abbé J., 2289-2309-
2330-2334-2335-2344-2365.
Crétineau-Joly, J., 2283.
Creuzer, Fr., 2247.

D

Dangez, l'Abbé L., 2347.
Darras, l'Abbé J. E., 2277.
Dauphin, H., 2253.
Delgove, l'Abbé E., 2360.
Denyau, 2323.
Des Maulets, l'Abbé, 2363.
Dierbach, J. H., 2274.
Dietz, L., 2252.
Douillet, l'Abbé Fl. A., 2351-2352.
Doujat, D., 2307.
Dufour, Charles, 2284.
Durand, 2296.

E

Eutychius, 2308.

F

Fallières, l'Abbé, 2357-2364.

G

Ginouilhiac, J. M. A., 2297.
Gordière, l'Abbé, 2286.
Gorini, l'Abbé, J. M. S., 2278.
Gosselin, l'Abbé J., 2346.
Goubert, L. L., 2349.
Grandidier, le P. F., 2359.
Grimm, J., 2254-2255.
Guerin, P. de, 2294.
Guidée, le P. Ach., 2327.

H

Hénocque, l'Abbé J., 2338-2339-2340-2341.
Henschenius, G., 2331.
Hertz, W., 2273.
Hocker, Nic., 2265.

J

Jager, l'Abbé, 2295.
Janvier, A., 2355.

Jumel, l'Abbé Ed., 2337.

K

Kaltenbaker, 2359.
Keightley, Th., 2271.

Kiepert, 2333.
Kuhn, Ad., 2267.

L

Ladoue, l'Abbé de, 2362.
Legis, Th., 2266.
Le Large, Alain, 2312.
Le Mire, Aubert, 2275.

Léo, H., 2264.
Le Roy, Ch. Fr., 2293.
Le Tellier, le P., 2281.
Lirey, Sulau de, 2243.

M

Maimbourg, le P., 2305.
Malebranche, le P., 2296.
Mannhardt, W., 2259-2261.
Marca, P. de, 2308.
Maury, Alfred, 2244-2252.
Menzel, W., 2249-2263.

Merlé d'Aubigné, J. H., 2301-2302.
Miræus, A., 2275.
Mone, F. J., 2248
Montalembert, le Cte de, 2315.

N

Nicole, P., 2294.

Noailles, le Card de, 2294.

O

Osterwald, K. W., 2268.

P

Pantinus, P., 2354.
Panzer, Fr., 2256.
Passerinus, P. M., 2306.

Péan, 2303.
Peigné-Delacourt, 2317.
Preller, L., 2250-2251-2252.

R

Rémusat, Ch. de, 2279.
Renan, Ernest, 2332-2333.
Riquier, A., 2245-2246.

Rolland, l'Abbé, 2291.
Roquefeuil, l'Abbé de, 2305.

S

Saint-Albin, Ch. de, 2294.
Sainte-Beuve, C A., 2329.
Sainte-Beuve, Eug. de, 2361.
Salmon, Charles, 2285-2290-2292-2336.
Schade, O., 2356.
Schreiber, H., 2272.

Schwartz, F. L , 2262.
Sélis, N. J., 2296.
Siméon le Métaphraste, 2354.
Simrock, Karl, 2260.
Soanen, Jean, 2294.
Storck, J. A , 2276.
Sulau de Lirey, 2243.

T

Tailliar, Eug., 2288.
Tencin, P. de Guerin de, 2294.

Theiner, le P. A., 2300.
Tivier, Henri, 2245-2246

U

Urbain VIII, 2314.

V

Varlet, Dom., 2294.

Vigilius, Pape, 2308.

W

Waldmann, H., 2269.

Wolf, J. W., 2257-2258-2259-2270.

FIN.

Amiens. — Imp. H. YVERT, rue des Trois-Cailloux, 64.

www.ingramcontent.com/pod-product-compliance
Lightning Source LLC
Chambersburg PA
CBHW070836250426
43673CB00060B/1457